RABAŞ'IN YAZILARI

MAKALELER

Beşinci Cilt

LAITMAN

KABBALAH

PUBLISHERS

Rav Baruch Shalom Halevi Ashlag

RABAŞ Yazıları
Cilt Beş – Makaleler

Telif Hakkı © 2024 Michael Laitman Tüm hakları saklıdır
Laitman Kabbalah Publishers tarafından yayınlandı

İletişim Bilgileri
E-posta: info@kabbalah.info
Web sitesi: www.kabbalah.info
ABD ve Kanada'da ücretsiz: 1-866-LAITMAN

1057 Steeles Avenue West, Suite 532, Toronto, ON, M2R 3X1, Kanada
info@kabbalahbooks.info

ABD'de basılmıştır

Bu kitabın hiçbir bölümü kullanılamaz veya çoğaltılamaz, kısa alıntılar dışında, yayıncının yazılı izni olmaksızın eleştirel makalelerde veya incelemelerde hiçbir şekilde kullanılamaz.

ISBN: 978-1-77228-183-5

Çeviri: Aslı Fırat, Fulya Özturan, Güher, Lale Taner ve Yasemin Koçak Tezel
İçerik Düzenleme: Yasemin Koçak Tezel
Düzenleme ve Düzeltme: Yasemin Koçak Tezel
İç Tasarım: Nurçin Küçükoğlu, Vahit Can Soğancı
Kapak Tasarımı: Baruch Khovov/Inna Smirnova, Vahit Can Soğancı
Genel Yayın Yönetmeni: Chaim Ratz
Baskı ve Post Prodüksiyon: Uri Laitman

İLK BASKI: MAYIS 2024
İlk baskı

İçindekiler

Tav-Şin-Nun-Alef (1990-1991)

Çalışmada "Bizim Senden Başka Kralımız Yok" Ne Demektir?......................... 7
Çalışmada "Ey İsrail, Tanrın Efendine Dön" Ne Demektir? 16
Çalışmada "Günahkârlar Hazırlayacak ve Erdemliler Giyecek" Ne Demektir? 24
Çalışmada "Sabotajcı Selde Kaldı ve Öldürüldü," Ne Demektir?..................... 33
Çalışmada "Erdemlilerin İyi İşleri Nesillerdir" Ne Demektir?....................... 40
Çalışmada "Avram'ın Sığırlarının Çobanları ve Lut'un Sığırlarının Çobanları" Nedir?
.... 48
Çalışmada "İnsan" Nedir ve "Hayvan" Nedir? 56
Çalışmada Geçen "Ve İbrahim Çok Yaşlanmıştı, Birçok Gün Geçirmişti" İfadesi
Nedir?.. 64
Çalışmada "Giysilerinin Kokusu" Nedir? 72
Çalışmada, Mahsul Olgunlaştığında Kral Tarlasında Ayakta Durur Ne Demektir? .. 80
Çalışmada İyi Eğilimin ve Kötü Eğilimin Kişiyi Koruması Ne Anlama Gelir? 88
Bu Kandiller Kutsaldır... 96
Çalışmada 'Zayıf Olanın Eline Güçlüyü Verdin 'Ne Demektir 102
Çalışmada İnsanın Kutsanmasının Oğulların Kutsanması Olması Ne Demektir? ... 110
Çalışmada "Bu Yerde Benim İçin Bir Mucize Yaratan" Kutsaması Nedir? 117
Çalışmada Efendi'nin Tanrı Olduğunu Bilmek İçin Neden "Kalbine Cevap Vermeye"
İhtiyacımız Var? 124
Çalışmada, "Onun Kalbini Katılaştırdığım İçin," Nedir?............................... 132
Çalışmada Sağ Elimizi Sol Elimizin Üzerine Kaldırmalıyız Ne Anlama Gelir? 137
Çalışmada "Kalk Ey Efendimiz ve Düşmanların Dağılsın" Ne Anlama Gelir?........... 144

Çalışmada "Yeri Olmayan Hiçbir Şey Yoktur" Nedir?......................................152
Çalışmada, Purim'den Önce, Zahor (Hatırlama) Bölümünü Okumamızın Anlamı Nedir?..159
Çalışmada "Dikenlerin Arasındaki Zambak" Nedir?......................................167
Çalışmada Bir İneğin Küllerinin Arındırılması Ne Demektir?........................175
Çalışmada Kişinin Bir Oğul ve Bir Kız Çocuk Doğurması Ne Anlama Gelir?......182
Tövbe Eden Kişinin Mutluluk İçinde Olması Ne Anlama Gelir?......................190
Çalışmada Bir Kısım İfşa Etmek ve İki Kısım Gizlemek Nedir?......................198
"Önce Kadın Döllenirse Erkek Çocuk Doğurur" Ne Anlama Gelir?...................206
Çalışmada Kutsallık ve Saflık Nedir?..214
Çalışmada Bir Başrahibin Bakire Bir Eş Alması Ne Anlama Gelir?..................222
Çalışmada, Uzak Bir Yolda Olan Birinin İkinci Bir Pesah'a Ertelenmesi Ne Anlama Gelir?..230
Çalışmada Yoksullara Verilen Sadakanın Kutsal Adı Yapması Ne Anlama Gelir?...238
Çalışmada Sancak Nedir?..246
Çalışmada Yaradan'ın Birini Kayırması Ne Anlama Gelir?............................254
Çalışmada Meyvelerini Bu Dünyada Yemek ve Aslını Öbür Dünya İçin Saklamak Nedir?..262
Çalışmada "Casuslar" Ne Anlama Geliyor?..270
Çalışmada "Barış, Barış, Uzaklara ve Yakınlara" Nedir?..............................278
Çalışmada "Tora" Nedir ve "Tora'nın Yasası" Nedir?...................................285
Çalışmada "Sağ Çizgi" Nedir?...293
Çalışmada Sağın Soldan Daha Büyük Olması Ne Anlama Geliyor?................301
Çalışmada Gerçek ve Yalan Nedir?..309
Kişi Kötü Niteliklerle Doğmuşsa Ne Yapmalıdır?..317
Çalışmada "Öküz Sahibini Bilir, vs., İsrail Bilmez" Ne Demektir?..................325
Çalışmada "Sırtımı Göreceksiniz, Ama Yüzüm Görünmeyecek" Ne Demektir?..........333
Çalışmada İsrail'in Toprağın Mirası ile Ödüllendirilmesinin Sebebi Nedir?.............341
Çalışmada Yargıcın Mutlak Surette Doğru Hüküm Vermesi Ne Anlama Gelir?........349
Çalışmada Sevilenin Oğlu ve Nefret Edilenin Oğlu Nedir?.............................357
Çalışmada Sağ ve Solun Zıtlık İçinde Olması Ne Anlama Gelir?....................365

Tav-Şin-Nun-Alef

(1990-1991)

Çalışmada "Bizim Senden Başka Kralımız Yok" Ne Demektir?

Makale No. 1, Tav-Şin-Nun-Alef, 1990/91

"Bizim Senden başka kralımız yok" dediğimizde bunun ne anlama geldiğini anlamalıyız. Yaradan'ı "Bizim Senden başka kralımız yok" diye övdüğümüzde, bizim birçok tanrısı olan dünya ulusları gibi olmadığımızı, sadece Senin kralımız olduğunu ifade eder.

Öyle ki, Yaradan sanki onlardan daha yücedir. Eğer Yaradan onlardan daha önemliyse ve biz Yaradan'ı seçtiysek, bu neden bu kadar önemlidir? Bunu Zohar'da ("Zohar Kitabına Giriş," Madde 161) yazılı olduğu şekilde söyleyebiliriz: "Rabbi Aba dedi ki, 'Şöyle yazılmıştır: 'Kim Senden korkmaz ki, ulusların Kralı, çünkü bu Senin hakkındır? Bu ne tür bir övgüdür? Rabbi Şimon ona şöyle dedi: 'Bu ayet O'na fazla saygı göstermiyor, çünkü 'Ulusların tüm bilgeleri arasında ve tüm krallıklarında Senin gibisi yoktur' diye yazılmıştır. Varlığı olmayan insanlarla bu karşılaştırma neden?"

Bunun birçok yorumu olmakla birlikte, biz bunu çalışmada açıklayacağız. Bilinir ki, çalışmanın düzeni her şeyden önce inanç temelinde başlar. Çalışmanın hemen başında, Yaradan'ın, dünyanın lideri olduğuna inanmak demek olan cennetin krallığının yükünü üzerimize alıyoruz. Yani, "Baal HaSulam'dan Çalışmanın Düzeni" makalesinde de belirtildiği gibi, O dünyayı İlahi Takdir ile gözetmektedir.

Sonrasında, kendi üzerimize aldığımız inancın daha düşük bir öneme sahip olduğunu yani her şey bilinseydi ve inanmak zorunda kalmasaydık, kişi için bu bilginin daha önemli hale geleceğini bilmeliyiz. Şimdi kişi, inanç bir kişi için çok az öneme sahip olsa da bilgelere, onların edindiklerine ve söylediklerine inandığı için, özellikle bu inanç yolunda mantık ötesinde gitmeyi seçtiğine inanmalıdır.

Ancak bilgelere inancı olmayan biri, bilginin insanın çalışması için inançtan daha faydalı olduğunu söyler, kişinin düşündüğü ve söylediği gibi, eğer Yaradan'a hizmet etmek bilme durumunda olsaydı ve inanmak zorunda olmasaydık, muhtemelen Yaradan'ın daha çok hizmetkârı olurdu ve birçok insan kendini bu çalışmaya adardı. Ancak kişi hem Yaradan'a hem de bilgelere inanmak zorunda olduğunda, insanların sahip olmaları gereken inanç, onları işçi olmaktan uzaklaştırır.

Bununla birlikte, Yaradan'a yaklaşmak isteyen bir kişi, eğer bilgi yolu, dünyaya rehberlik etmek için gerçekten daha iyi olsaydı, Yaradan'ın bize bu çalışmayı bilme tarzında vereceğini söyleyen bilgelere inanmalıdır.

Bunun yerine, Yaradan bir insanın hedefe ulaşması için en başarılı yolun, yani insanın utanç ekmeği olmadan haz ve memnuniyet alabilmesi için O'nun yarattıklarına iyilik yapma arzusunun, özellikle inanç yoluyla olduğunu bilir.

Ancak, insan kendini sevme doğasıyla doğduğu için, beden kendini sevme doğasına daha yakın olan şeylerden zevk alır. Bu nedenle, bir kişiye inanç temelinde Tora ve Mitzvot'a [emirlere/iyi işlere] uyması gerektiği söylendiğinde, bu onun için zordur. Her şey biliniyor olsaydı, daha mutlu olurdu.

Bununla birlikte, inançla, yani bir kişinin neye inanması gerektiğiyle ilgili pek çok tartışma vardır. Mesele basittir: Kişi sadece ödül ve cezaya inanmalıdır. Yani, kişi Tora ve Mitzvot'a uyarsa ödüllendirilecek, uymazsa cezalandırılacaktır.

Her seviyede ödül ve ceza vardır. Tek fark, ödülün ve cezanın ne olduğu konusunda yatar. Bu konuda dereceler arasında farklılıklar vardır. Bu aynı zamanda maddesel konular için de geçerlidir. Örneğin, bir çocuğa yemek yemek istemezse cezalandırılacağı, yemek yiyen tüm çocuklar geziye gittiğinde yemek yemek istemeyen çocuğun evde kalacağı söylenir.

Bazen ödül ve ceza yemek yemenin kendisinde ifade edilir; ebeveynlerin emrettiğini yapmayan biri bugün yemek yemeyecek ve aç kalacaktır. Sonuç olarak bu durum tüm insanlar için aynıdır: Ödül ve ceza, insana ilerlemesi için itici güç verir.

Bu nedenle, bazen kişi Tora ve Mitzvot'a uyarak bu dünyada ödüllendirileceğine inanır, Zohar'da şöyle yazar: "Korkusu bu dünyanın ödül ve cezasında, yani uzun yaşam, sağlık vb. olan insanlar vardır ve ödül ve cezası öbür dünyada olan, yani Cennet Bahçesi'ne sahip olanlar vardır. Ayrıca, korkusu Lişma [O'nun rızası için] olan, yani "O yüce ve hükmeden olduğu için" Kral'a hizmet ettikleri için ayrıcalıklı olan insanlar vardır ve bu onların ödülüdür ve başka bir ödüle ihtiyaçları yoktur.

Başka bir deyişle, onlar kendi otoritelerini iptal ederler, kendileri için hiçbir kaygıları yoktur ve tek kaygıları Yaradan'ı hoşnut etmektir. "Alma arzusu" denilen beden, bunu kabul etmediği için bu çalışmaya direnir. Dolayısıyla tam da burada, kişinin ihsan etmek için çalışmak istediği çalışmada, yükselişler ve düşüşler vardır.

Bu çalışmada "ödül ve ceza", ödül almak için yapılan çalışmada uygulananlardan tamamen farklıdır. Kişi çalışmasında bir tat aldığında ve Yaradan'a biraz yaklaştığını hissettiğinde, onun ödülü budur. Eğer Yaradan'ın çalışmasından atıldığını hissederse, yani çalışmada herhangi bir tat hissetmezse, kişi bunu "en büyük ceza" olarak görür.

Başka bir deyişle, çalışma hissi yoktur. Yine de kişi hissettiği bu itilişin Yaradan'dan uzak olmasından kaynaklandığını söylemelidir, zira kişi Yaradan'a daha yakın olsaydı, şu anda hissettiğinden daha farklı hissetmesi gerekeceğini anlamıştır, şöyle yazıldığı gibi, "Güç ve neşe O'nun yerindedir."

Bu demektir ki, kişi Keduşa'nın [kutsallık] olduğu bir yerde olduğunu hissettiğinde ve Keduşa hakkında "Güç ve neşe" yazıldığı halde, şimdi hiçbir canlılığı olmadığını hissettiğinde ve her şeyi karanlık olarak gördüğünde ve içinde bulunduğu durumun üstesinden gelemediğinde, Yaradan rızası için çalışmaya gelmek isteyen bir kişi için bu en büyük ceza olarak kabul edilir.

Kişi içinde bulunduğu durumun üstesinden gelmek istediğinde, Yaradan'a yaklaşmanın imkânsız olduğunu görür. Bazen umutsuzluğa düşer, yani mücadeleden kaçmak ister ve kendi menfaatini düşünmediği, sadece Yaradan'ın iyiliğini düşündüğü bir dereceye asla ulaşamayacağına karar verir.

O halde soru şudur: Hangisi doğru? Yani, o yanılıyor mu ve tüm eylemlerinin Yaradan'ın iyiliği için olduğu bir duruma gelmek gerçekten mümkün mü, yoksa değil mi? Yani, üstesinden gelmek yardımcı olur mu ve kişi Yaradan rızası için her şeyi kendi başına yapabilecek güce sahip midir?

Cevap şöyle yazılmıştır: "Bizim Senden başka kralımız yok", çünkü üstesinden gelmek ve Senin kralımız olduğunu kabul etmek ve sadece Kralın önemi nedeniyle Sana hizmet edeceğimizi ve Sana faydalı olanın dışında kendimiz için hiçbir şey yapmayacağımızı kabul etmek için güçsüzüz. Bize bu gücü, yani ihsan etme arzusu olan ikinci doğayı yalnızca Sen verebilirsin.

Bu nedenle, önce "Babamız, Kralımız, Senin huzurunda günah işledik" deriz. Demek ki, kişi "Bizim Senden başka kralımız yok" yani bu gücü sadece Yaradan verebilir diyemez. Peki kişi bunun kendi gücü dahilinde olmadığını nasıl bilebilir? Öyleyse önce yapabileceği her şeyi yapmalıdır, şöyle yazıldığı gibi: " Elinden gelen ve gücünün yettiği her şeyi yap."

O zaman, kişi Yaradan'dan ne kadar uzak olduğunu hissettiği yani Yaradan rızası için hiçbir şey yapamadığı bir duruma gelir. Bu durumda kişi, Tora ve Mitzvot'u yerine getirmesine rağmen, Yaradan'ın rızası için çalışmadığını gördüğü için hâlâ bir günahkâr olarak görüldüğünü hisseder. Bu nedenle, kişi önce, "Babamız, Kralımız, Senin huzurunda günah işledik" demelidir. Kişi Tora ve Mitzvot'u yerine getiriyor olsa bile, Yaradan'ın rızası için hiçbir şey yapmayarak günah işlediğini hisseder.

Daha sonra tüm kalbiyle, "Babamız, Kralımız, bizim Senden başka kralımız yok" der. Başka bir deyişle, sadece Yaradan O'nun kralımız olmasına yardım edebilir, bu yüzden Kral'a hizmet ettiğimiz için çalışabiliriz ve Kral'a hizmet etme ayrıcalığına sahip olmak bizim ödülümüzdür. Bu da ancak o zaman her şeyi Yaradan rızası için yapabileceğimiz anlamına gelir.

Başka bir deyişle, eğer Yaradan kişiye bu gücü vermezse, "yüce bir Kralımız var" hissini vermezse, kişinin Yaradan rızası için çalışacak gücü olmaz, çünkü beden "Yaradan'a ihsan etmekten ne elde edeceksin?" diye iddia eder. Başka bir deyişle, alma arzusu baskın olduğu sürece, kişi güçsüzdür. Bazen başlangıçtan şüphe eder, yani şimdi boşuna çalıştığını ve emeğiyle hiçbir şey kazanmadığını gördüğünü söyler. Bu durumda gerçekten de tüm çalışmalarının boşa gittiğini görür.

Bu nedenle, Yaradan ona yardım ettiğinde ve ona ihsan etme arzusu verdiğinde ve yüce bir Krala sahip olduğunu hissettiğinde, bunu sadece Yaradan verebilir. "Babamız, Kralımız, Senden başka kralımız yok" şeklinde yazılanın anlamı budur. Yani, "Sadece Sen bize yüce bir Kralımız olduğunu O'nun için çalışmanın, O'nu hoşnut etmenin değerli olduğunu hissettirebilirsin."

Yukarıdakilere göre, Zohar'da (Haazinu, Madde 210) yazılanları yorumlamalıyız: "Kral'ı çağıran ve O'nu nasıl çağıracağını bilen kişiye ne mutlu. Eğer çağırır ama Kimi çağırdığını bilmezse, Yaradan ondan uzaklaşır, şöyle yazıldığı gibi, Yaradan O'nu çağıran herkese yakındır. O kime yakındır? Tekrarladı ve dedi ki, 'O'nu hakikatte çağıran herkese'. Peki O'na yalan yere yakaran var mıdır? Rabbi Aba, 'Evet, çağıran ama kimi çağırdığını bilmeyen kişi' dedi. 'O'nu hakikatte çağıran herkese' diye yazılmıştır. 'Hakikatte' ne demek? Bu, Kral'ın mühür yüzüğüyledir."

"'Hakikatte' ve 'yalan yere' hakkında söylediklerini, sadece 'hakikatte' çağıranların işitildiğini anlamalıyız. "'Hakikat' nedir?" diye sorar. Ayrıca, "yalan" nedir bilmeliyiz, yani bir kişinin Yaradan'a yanlış bir şekilde seslenmesinin ne anlama geldiğini bilmeliyiz.

Sulam [Zohar üzerine Merdiven yorumu] ("Zohar Kitabı'nın Girişi," Madde 175) bilgelerimizin sözlerini şu şekilde aktarır: "Dünya yaratıldığında, O meleklere, 'İnsanı kendi suretimizde yaratalım' dediğinde, Hesed [merhamet], 'Bırakın yaratılsın, çünkü o merhamet eder' dedi. Emet [hakikat], 'Yaratılmasın, çünkü o yalandan ibarettir' dedi. Yaradan ne yaptı? Hakikati aldı ve onu yeryüzüne attı, yazıldığı gibi, 'hakikati yeryüzüne attı'." Yorumu: Bilgelerimizin, "Kişi Lo Lişma [O'nun rızası için değil] olsa bile her zaman Tora ve Mitzvot'la meşgul olmalıdır, çünkü Lo Lişma'dan Lişma'ya [O'nun rızası için] gelir" dedikleri bilinmektedir. İnsan, alçaklığı nedeniyle, Yaradan'ı hoşnut etmek için O'nun Mitzvot'una hemen bağlanamaz. Bu nedenle, önce Mitzvot Lo Lişma'ya, yani kendi yararına olan Mitzvot'a bağlanmalıdır. Yine de Mitzvot'u yerine getirirken bol miktarda Keduşa alır. Yaydığı bolluk sayesinde, sonunda Mitzvot Lişma ile meşgul olmaya başlayacaktır. Hakikatin, insanın yaratılışı hakkında şikâyet ettiği ve onun tamamen yalan olduğunu söylediği şey budur.

Yukarıdakilere göre, "hakikat" in Lişma, yani Yaradan'ın rızası anlamına geldiğini ve "yanlış" ın Lo Lişma, yani kişinin kendi iyiliği için anlamına geldiğini görüyoruz. Bununla Zohar'ın "O'nu hakikatte çağıran herkese yakındır" sözünü yorumlayabiliriz. Maneviyatta "uzak ve yakın"ın, form eşitliğine "yakın" ve form eşitsizliğine "uzak" denildiği anlamına geldiği bilinmektedir.

Dolayısıyla, "hakikat" durumuna gelen bir kişi, Yaradan, Yaradan rızası için çalışmasına yardım etmedikçe, kendi başına Lişma derecesine ulaşma umudu yani her şeyi sadece Yaradan rızası için yapma umudu olmadığını hisseder. Bu nedenle, Yaradan'ı kendisine yardım etmesi ve "Yaradan'ın rızası için" denilen hakikat niteliğini vermesi için çağırır.

Başka bir deyişle, kişi Yaradan'dan kendisine "form eşitliği" olarak adlandırılan hakikat niteliğini vermesini talep eder. Bu insan için, Yaradan yakındır. Diğer bir deyişle, "O nasıl merhametliyse, sen de öyle merhametlisin" denilen Yaradan'la form eşitliği içinde olmak ister. Buna "Yaradan yakın olmak isteyenlere yakındır" denir ki bu da "form eşitliği" olarak adlandırılır.

Öte yandan, Yaradan'ı yanlış bir şekilde çağıran, yani Yaradan'ın "form eşitsizliği" olarak adlandırılan Lo Lişma ile kendilerine yardım etmesini isteyen insanlar söz konusu olduğunda, Yaradan onlardan uzaktır zira onlar "form eşitliği" olarak adlandırılan Dvekut ile Yaradan'a yaklaşmak istemezler. "Hakikate 'Kral'ın yüzüğü' denir" demesinin anlamı budur, bu hakikattir, yani onların kendi üzerlerine aldıkları cennetin krallığı "hakikat" yani Yaradan rızası için olarak kabul edilir.

Ancak, insan önce bu ışık için "ihsan etme arzusu" adı verilen bir Kli hazırlamalıdır. Bir Kli'ye "ihtiyaç" denir, yani kişi ihsan etme çalışmasına başlamadan önce kendisine yardım etmesi için Yaradan'ı çağırmaz ve bunu kendi başına edinmekten tamamen aciz olduğunu görür. O zaman kişi kendisine yukarıdan yardım verilmesini ister.

Bu nedenle, kişi yapabileceği her şeyi yaptıktan ve bu arzuyu edinmekten tamamen aciz olduğunu gördükten sonra, Yaradan'dan başka kimsenin ona yardım edemeyeceğini anlar. O zaman kişi şöyle der: "Babamız, Kralımız, bizim bir Kralımız yok, yani 'yüce ve hükmeden olduğu için' hizmet edebileceğimiz bir krala inanmamızın bir yolu yok, ama Sen varsın", yani sadece Yaradan ona yardım edebilir.

Orada, Zohar'da, Kral'ın yüzüğünün "orta çizgi" olarak adlandırıldığını ve orta çizginin "hakikat" olarak adlandırıldığını yorumlar. Başka bir deyişle, her çizgi kendi içinde eksiktir. Bunu bir alegori ile anlayabiliriz: İki kişi misafirler için bir yemek hazırlar. Biri et, balık ve diğer şeyleri hazırlarken, diğeri sadece baharat, tuz, sirke ve benzeri şeyleri hazırlamıştır. Fakat sonra aralarında bir anlaşmazlık çıkar ve her biri misafirleri yanına çağıracağını ve onlara yemek vereceğini söyler. Sadece baharat vereceğine söz veren, baharatları yemelerine, yani sirkeyi içmelerine ve tuzu yemelerine izin verdiğinde, bunu kim yiyebilir? Peki ya et, balık ve diğer yiyecekleri veren diğer kişi, tuz vs. olmadan kim et ve balık yiyebilir? İnsanlar her iki yerde de yiyemedikleri için, aralarında barış yapmak ve yemeği baharatlarla karıştırmak zorunda kalırlar ve ikisinden de iyi bir yemek ortaya çıkar.

Aynı şekilde, kişi Lo Lişma'da yürümeye başladığında, bir bütünlük halindedir. Buna "tek çizgi" denir. Ancak sol çizgiye geçtiğinde ve çalışmasının düzenini, yani hangi niyetle çalıştığını, yani çalışması için hangi ödülü istediğini sorgulamaya başladığında, acı bir tat hisseder.

Başka bir deyişle, iyi olmadığını görür. Deyim yerindeyse, Yaradan'ın rızası için hiçbir şey yapamayacağını görür. Bu durumda, her çizgi kendi içinde eksiktir, çünkü "sağın" tamamlanması sadece kendi payına düşenden memnun olduğu içindir, yani Lo Lişma olsa bile maneviyatta küçük bir kavrayışı olduğu için çok ayrıcalıklı olduğunu söyler, çünkü eylemler açısından, Yaradan'ın Mitzvot'unu yerine getirdiğinden bir şeye sahiptir. Yaradan'a olan inanç sadece kısmi bir inanç olsa da ("On Sefirot Çalışmasına Giriş," Madde 14'te yazıldığı gibi), bu kısım onun için hala önemlidir.

Sol çizgide durum böyle değildir, kişi burada kusurlarla dolu olduğunu görür ve hayatında acı bir tat hisseder. Bu tıpkı yemeği tatlandırmak için verilen bir baharat gibidir. Ama yemeksiz bir baharat yemek değildir. Dolayısıyla her bir çizgi kendi içinde eksiktir, ancak sağ ve sol olmak üzere her iki çizgiyi de kullandığımızda, buradan orta çizgiye ulaşırız.

Başka bir deyişle, bilgelerimizin şöyle dediği gibi, ruhu Yaradan verir: "Bir insanın üç ortağı vardır: babası, annesi ve Yaradan." Babaya "sağ" denir. O beyazı verir. "Beyaz" orada hiçbir eksiklik olmadığı anlamına gelir. Anneye "sol çizgi" denir. Kırmızı rengi verir ki, buna "eksiklik" denir. İkisinden de "Yaradan ruhu verir" denilen orta çizgi ortaya çıkabilir. İşte o zaman "insan" niteliği oluşur.

Şunu bilmeliyiz ki, kişi sol çizgiye geçtiğinde ve ihsan etme arzusundan ne kadar uzak olduğunu görmeye başladığında ve kendini sevmeye daldığında ve hiç hayal etmediği ölçüde kusurlarını, Yaradan rızası için çalışmaktan bu kadar uzak olduğunu gördüğünde, yabancı düşüncelerin ona Sitra Ahra'dan [diğer taraftan] gelmiş olması gerektiğini, Yaradan'ın hizmetkârı olmak isteyen biri için uygun olmayan bu düşünce ve arzuları ona kimin verdiğini düşünmeye başlar. Çalışmayan sıradan bir insan için bile bu tür düşünce ve arzulara sahip olmak uygunsuzdur. O zaman, kişi bilgelere olan inancıyla bunun üstesinden gelmeli ve "Diğer Tanrılar" makalesinde yazıldığı gibi, tüm bu düşüncelerin yukarıdan geldiğine inanmalıdır. Başka bir deyişle, bunları kişiye Yaradan göndermiştir, ancak kişi bunların daha önce kişide var olmayan ama şimdi gelen yeni düşünceler ve arzular olduğunu düşünmemelidir. Bu böyle değildir.

Aksine, bunlar daha önce insanın bedenindeydi ama ifşa edilmemişlerdi çünkü hiçbir şey sebepsiz yapılmaz. Kişi artık hakikat yolunda yürümek ve kendini ıslah etmek istediğine göre, bedeninde olan ve dışarıdan görünmeyen şeyler ona yukarıdan gösterilir. Şimdi kişi kendini ıslah etmek istediğine göre, bu düşünceler ona gösterilir ki, neyi ıslah etmesi gerektiğini bilsin.

Bunu anlamak için Bir Bilgenin Meyvesi kitabına bakmalıyız (Bölüm 1, s. 55), orada şöyle yazmaktadır: "Bu konuda haklı olduğunuzu kabul ediyorum; sizin hissettiğiniz acıları ben hissetmiyorum. Aksine, ifşa edilen ve edilmekte olan bozukluklar için seviniyorum. Ancak henüz ifşa edilmemiş bozukluklar için üzülüyor ve şikâyet ediyorum. Eğer onlar şimdi ifşa olmuşlarsa, hiç şüphe yok ki, başlangıçta da buradaydılar ama gizlenmişlerdi. Bu yüzden deliklerinden çıktıklarında mutlu oluyorum. Roş Aşana'nın [Yahudi yılının ilk günü] ilk gününde, Tav-Reiş-Peh-Alef'te [13 Eylül 1920], A.M.'nin evinden döndüğümüzde sizinle benzer şekilde konuştuğumuzu hatırlıyorum. O sabah sabah ayini [duası] sırasında gördüğünüz çok üzücü şeyleri benimle paylaşmıştınız (sabah ayininin dua lideriydi). Senin karşında sevinçle dolmuştum ve sen bana "Neden sevinç?" diye sormuştun. O zaman sana şu cevabı vermiştim: Gömülü kötülükler ortaya çıktığında, tam olarak üstesinden gelinmemiş olsalar da, onların ortaya çıkması büyük bir kurtuluş olarak kabul edilir ve günün kutsanmasına neden olur."

Bu nedenle, kişi sanki yukarıdan atılmış gibi bir düşüş yaşadığını hissederse telaşlanmamalıyız. Aksine, o anda kişi Yaradan'ın kendisiyle ilgilendiğine ve kendisine rehberlik ettiğine inanmalıdır, böylece "Ve O'na bağlanmak için" yazıldığı gibi, O'nunla Dvekut'u [bütünleşmeyi] başarabilecektir.

O zaman kişi öyle bir duruma gelir ki, günah işlediğini hisseder. Demek ki, ihsan etme çalışmasına başlamadan önce, eksik olduğunu, ama genel olarak iyi olduğunu, çünkü diğer insanların alçaklığını gördüğünü, oysa kendisinin Tanrı'ya şükür o kadar da kötü olmadığını düşünüyordu. Ama şimdi en kötüsünün kendisi olduğunu görüyor. Öyle ya, hiç kimsenin böyle düşünceleri ve arzuları yoktur.

Yanıt şudur ki, kişinin tam bir şeyi alabilmesi için, tam bir eksikliğe sahip olması gerekir. Bu nedenle, yukarıdan ona her seferinde bedeninde gizlenmiş olan eksiklikleri gösterilir. Bu nedenle, kişi Yaradan'ın kendisine merhamet ettiğini, tıpkı ona doyumu verirken olduğu gibi, ona kusurlarını gösterdiğini söylemelidir, çünkü "Eksiklik olmadan doyum olmaz."

Bununla, "Sonsuza dek Efendimizin merhametlerini söyleyeceğim, kuşaktan kuşağa Senin inancını ağzımla duyuracağım" (Mezmurlar 89) yazısını yorumlayabiliriz. "Sonsuza dek şarkı söyleyeceğim "in ne anlama geldiğini anlamalıyız. Kişi kusurlarla dolu olduğunu ve kalbinin Yaradan'la bütün olmadığını gördüğünde ve kendini Yaradan'dan uzak hissettiğinde Yaradan'a nasıl şarkı söyleyebilir? Ve bazen, mücadeleden kaçmak bile ister. Bunun Efendi'nin merhameti olduğunu ve Yaradan'a bu konuda şarkı söylediğini nasıl söyleyebilir?

Yukarıdakilere göre, kişi alçak bir durumda olmasının şimdi daha kötü hale geldiği için olmadığını söylemelidir. Aksine, şimdi, tüm eylemlerinin Yaradan'ın rızası için olması amacıyla kendini ıslah etmek istediği için, yukarıdan ona gerçek durumu gösterilmiştir -bedeninde ne olduğu, şimdiye kadar gizliydi ve görünür değildi. Bir Bilgenin Meyvesi kitabında yazıldığı gibi, şimdi Yaradan onları ifşa etmiştir.

Kişi bu konuda Yaradan'ın ona içindeki kötülüğü göstermesinin bir merhamet olduğunu, böylece gerçeği bileceğini ve Yaradan'dan gerçek bir dua isteyebileceğini söyler. Bir yandan, şimdi Yaradan'dan uzak olduğunu görür. Diğer yandan, kişi Yaradan'ın ona yakın olduğunu ve kendisine yöneldiğini ve ona kusurlarını gösterdiğini söylemelidir. Dolayısıyla, bunların merhamet olduğunu söylemelidir.

"Sonsuza dek Efendimizin merhametlerini söyleyeceğim" sözlerinin anlamı budur. Yani kişi bir yandan mutludur ve bu konuda şarkı söyler. Diğer yandan da tövbe etmesi gerektiğini görür. Başka bir deyişle, Yaradan'dan onu yakınlaştırmasını ve ona ikinci bir doğa olan ihsan etme arzusunu vermesini istemelidir.

"Nesilden nesile senin inancını duyuracağım" sözlerinin anlamı budur. "Nesilden nesile", ortada bir duraklama olduğu anlamına gelir ki bu da yükselişlerin ve düşüşlerin anlamıdır. Nesil olumlu, durma ise olumsuzdur. Ancak, özellikle bununla, inancın ışığı ortaya çıkar.

Çalışmada "Ey İsrail, Tanrın Efendine Dön" Ne Demektir?

Makale No. 2, Tav-Şin-Nun-Alef, 1990/91

Yazıda şöyle denir: "Ey İsrail, Tanrın Efendine dön, çünkü kendi kötülüğünde başarısız oldun. Yanına sözcükler al ve Efendine dön. O'na de ki: 'Bütün kötülükleri kaldır, iyilikleri kabul et, biz de dudaklarımızın meyvesiyle ödeyelim.'" Aradaki bağlantıyı anlamalıyız, çünkü " kötülüklerinizde başarısız olduğunuz" için, "Tanrınız Efendinize dönün" denmektedir. Ayrıca, "O'na de ki: 'Bütün kötülükleri kaldır'" ne demektir? Ve bilgelerimizin ne dediğini de anlamalıyız, " Büyük bir tövbedir, çünkü 'Tanrınız Efendinize' denildiği üzere, o tahta kadar ulaşır" (Yoma 86).

Çalışmada iki konuda ayrım yapmamız gerektiği bilinmektedir: 1) Genel halkla ilgili olan. Onların çalışmaları uygulamadadır ve niyet üzerine, yani ihsan etmek için çalışmazlar. Bu nedenle uygulama açısından herkes kendisinin iyi olduğunu düşünür. Her biri mükemmel bir insan olmanın imkânsız olduğuna inanır, bu yüzden genel olarak kendisinin eksiksiz olduğunu düşünür ve dostlarına baktığında onların kusurlarını, iyi olmadıklarını görür.

Öte yandan kendisi iyidir. Bir eksiği olmasına rağmen, "Yeryüzünde iyilik yapıp günah işlemeyecek tek bir erdemli yoktur" ayetiyle kendini haklı çıkarır. Dolayısıyla onun da hataları vardır ve bilgelerimizin "Çok ama çok alçakgönüllü ol" dediği gibi alçakgönüllülük niteliğine dikkat eder. Kendisinin diğer insanlardan daha yüksekte olduğunu görmesine rağmen, bilgelere güvenir ve kendisinin de muhtemelen alçakta olduğuna, yani diğer insanlardan daha kötü olduğuna mantık ötesi inanır. Ancak ona göre bu, mantık ötesi inançtır.

Sonuç olarak, halkın geneline ait olanlar Tora'yla meşgul olduklarında, kendilerinde kötülük olduğunu veya diğer insanlardan daha kötü olduklarını hissedemezler. Aksine, genel olarak, yaptıkları çalışmadan mutlu olurlar. Bu nedenle, tövbe etme zamanı olan Elul ayı [İbrani takviminde son ay] ve On Kefaret Günü geldiğinde, içlerinde tövbe etmeleri gereken kötülükleri bulmak için çok çalışmaları gerekir.

Aksi takdirde, yukarıdaki mahkemede yargılanabilir ve eylemlerinden dolayı cezalandırılabilirler. Hak ettiklerini düşündükleri ödülün gerçekleşmeyebileceğini, yani daha az ödüllendirileceklerini bilirler. Peki ya cezalar? Böyle bir şey söz konusu değildir, çünkü kendileri hakkında çok fazla Tora'ya ve çok sayıda Mitzvot'a [emirlere/iyi işlere] sahip olduklarını bilirler.

Diğer taraftan, bireysel şekilde çalışanlar, Yaradan'la Dvekut [bütünleşme] ile ödüllendirilmek isteyenler ve yerine getirdikleri Tora ve Mitzvot'un sadece Yaradan'a bağlı kalmak için 613 öğüt şeklinde olduğunu anlayanlar, tek bir kaygıya sahip olacaklardır -Yaradan'ı nasıl hoşnut edecekleri ve kendileri için hiçbir kaygı duymayacakları.

Beden buna kesinlikle direnir ve kendi söylediklerinin neden doğru olduğuna dair haklı gerekçeler sunar. Kişiye tüm dünyadan kanıtlar sunmaya başlar ki hiç kimse kendisi için alma arzusunu iptal etme ve sadece Yaradan'ın rızası için çalışma yolunda yürümemektedir. Bu kişi, alma arzusunun inanca ters düşen düşünceler getirmesi nedeniyle, Firavun'un argümanı olan, ""Efendi kim ki O'nun sesine itaat edeyim?"" diyen kötülüklerin üstesinden gelmek ister.

Bu da kişinin inançsızlık suçunda başarısız olduğu anlamına gelir. Bir kişi ne kadar güçlenirse, sapkınlık o kadar çok gelir ve kişiye hükmeder. Yani kişi her ne kadar Yaradan'ın dünyayı iyi ve iyilik yapan şeklinde izlediğine inanmak istese de beden ona bunun tam tersini gösterir. Doğal olarak, kişi her zaman başarısız olur ve bunun sonsuz olduğunu ve yükselişler ve düşüşler içinde olduğunu görür ve buna karşı ne yapacağını bilemez.

Yazı bu konuda şöyle der: "Ey İsrail, Tanrın Efendine dön." Peki neden "Tanrın Efendine dön" deniyor? Çünkü " kötülüğünüzde başarısız oldunuz". Yani, suçunuzda, yani inanç günahında başarısız olduğunuz için ve şimdi sahip olduğunuz düşünce ve arzular dünyanın en aşağılık arzuları olduğu için, kendinizi dünyanın en aşağılık insanı olarak görüyor ve maneviyattan tamamen uzaklaştığınızı hissediyorsunuz.

Başka bir deyişle, sekülerler maneviyattan uzak olduklarını söylemezler çünkü dünyada maneviyat olduğuna bile inanmazlar. Aynı şey Tora ve Mitzvot'a inanan dindarlar için de geçerlidir -her biri az ya da çok iyi olduğunu hissettiğinden, uzaklaştıklarını hissetmezler. Ve eğer kendilerinde bazı kusurlar görürlerse, bunun için mutlaka bir mazeretleri vardır. Ve özellikle de kişi, kendisi hatalar ve kötülüklerle dolu bir durumdayken, tüm dünyanın huzurlu bir yaşam sürdüğünü görür ve bu durumdan çıkış yolu göremez.

Bu nedenle, kişinin "Dön, ey İsrail" dışında başka bir öğüdü yoktur. Kişi Yaradan'a dönmeli ve Yaradan "senin Tanrın" olarak ödüllendirilene kadar O'ndan ayrılmamalıdır. Diğer bir deyişle, tam bir inançla ödüllendirilene kadar. Aksi takdirde, kişi başarısızlıklar içinde kalacaktır. Bu nedenle kişi, kendisine yukarıdan merhamet gelip de "ihsan etme arzusu" denilen güç kendisine verilinceye kadar elinden geleni yapmaya çalışmalıdır.

Yukarıdakilere göre, "Yanınıza sözcükler alın" diye yazılanları anlayabiliriz. Şöyle ki, bedenin sizinle konuştuğu ve Yaradan rızası için çalışmaya değmeyeceğini iddia ettiği bu sözleri, Yaradan'a döndüğünüzde yanınıza alın. O'na şöyle deyin: "Tüm kötülükleri kaldır" çünkü bedenin bize söylediği bu sözlerin üstesinden gelemeyiz. Yaradan'a döndüğünüzde bu sözleri alın. "Hepsi" diyor çünkü sadece Sen her şeye kadirsin; bize "ihsan etme arzusu" denen ikinci bir doğa verebilirsin. Kötülüğü ortadan kaldırırsın, yani kötülüğümüzü Sen kabul edebilir ve ıslah edebilirsin, çünkü kötülüğümüzün taşıyıcısı sadece Sensin, biz ise tamamen güçsüzüz.

Bununla birlikte, bedenin bizimle konuştuğu tüm bu sözlerin, ona bu sözleri Senin verdiğine ve bunları bize Senin göndermiş olman gerektiğine inanıyoruz ve bu kesinlikle bizim iyiliğimiz içindir. Bu nedenle, "O'na de ki: 'Bütün kötülükleri kaldır ve iyilikleri al'." Yani, bize gönderdiğin bu iyiliği al. Başka bir deyişle, bedenin Yaradan'a karşı iddia ettiği bu sözleri, Sen "ihsan etme arzusu" denilen başka bir doğa vermelisin, aksi takdirde başarısızlıklarla dolu olduğumuz için kayboluruz.

"Ve dudaklarımızın meyvesiyle ödeyeceğiz" sözlerinin anlamı budur. Dudaklarımız yerine, dudakların meselenin sonu olarak kabul edildiği, yani Keduşa'nın [kutsallığın] dışında olduğu yerde, bu nedenle arzularımız yüzünden Keduşa'nın dışında olduğumuz için, Senden "dudaklarımızın meyvesiyle ödemeyi" istiyoruz. Yani, dudaklarımızın olduğu yerde, sonunda meyvelerle bütün olmak istiyoruz, burada "meyveler" iyi işlerle döllenme ve çoğalma anlamına gelir.

Yukarıdakilere göre, bilgelerimizin ne dediğini anlayabiliriz: " Büyük bir tövbedir, çünkü tahta kadar ulaşır." Yani, halkın geneline ait olan kişiler, "ilk kötülük" olarak adlandırılan kötülükte başarısız olduklarını hissetmezler, çünkü inançları olduğunu ve iyi olduklarını hissederler. Açıklandığı üzere ("On Sefirot Çalışmasına Giriş," Madde

14) sadece kısmi bir inanca sahip olmalarına rağmen, bunu hissetmezler. Bu nedenle de tam olduklarını düşünürler.

Tersine, tek bir otorite, tekil otorite olmasını isteyen, "alma arzusu" denilen kendi otoritelerini iptal etmek ve dünyada sadece Yaradan'ın otoritesinin ifşa olmasını isteyen bireylere ait olanlar, bedenin buna nasıl itiraz ettiğini hissederler. Tövbe etmek, Yaradan'a dönmek isterler ve bu tövbe tahta kadar ulaşır.

Ancak, çalışmada tahtın ne anlama geldiğini anlamalıyız. Malhut'un "taht" olarak adlandırıldığı bilinir, "Zohar Kitabına Giriş"te (Madde 31) yazıldığı gibi, "Tahtta iki fark vardır: 1) Yazıldığı gibi Kralı örter, 'Karanlığı saklanma yeri yaptı', bunun için Kissui [örtme/gizleme] kelimesinden Kisse denir. 2) Yazıldığı gibi, 'Ve Kisse'nin [tahtın] üzerinde insan görünümünde bir suret vardı', Malhut'un görkemini dünyalarda ortaya çıkarır."

Mesele şu ki, gerçekleşen Tzimtzum [kısıtlama] ve gizlemenin yaratılanlar için bir ıslah olduğuna inanmalıyız. Başka bir deyişle, özellikle yapılan gizleme ve örtme ile yaratılanlar tamamlanacaklardır. Yaradan'ın dünyayı yönlendirdiği rehberliğin iyi ve iyilik yapmak olduğuna mantık ötesinde inanmalıyız. İyilik ve iyilik yapma rehberliğinin bizden gizlendiğini görmememizin nedeni, gerçekte rehberliğin gerçekten iyi ve iyilik yapma olduğuna, ancak bunun üzerinde onu örten bir örtü olduğuna inanmalıyız.

Her ne kadar beden buna ve mantık ötesi inanmaya karşı çıksa da "Yargıç sadece gözlerinin gördüğüne sahiptir" dese de kişi bedenin gerekçelerinin üstesinden gelmek ister. Bu zor bir çalışmadır ve yükselişler ve düşüşler içerir.

Kişi Yaradan'a bu örtüyü üzerine alabilmesi için, yani henüz görmekle ödüllendirilmediği halde, İlahi Takdirin gerçekten iyi ve iyilik yapma tarzında olduğuna inanması için kendisine yardım etmesi adına yakardığında, bu çalışma sayesinde tahta giden bir araç haline gelir. Başka bir deyişle, gerçekten bir gizleme olmasına rağmen bu tahtı kendi üzerine alır. O zaman, o sandalye [Kisse] taht haline gelir, yani tahtta oturan Şehina ile ödüllendirilir.

Bundan şu sonuç çıkar ki, daha önce bir Kisse, yani gizlenme şeklindeyken, "toz içindeki Şehina" iken, şimdi taht haline gelmiştir. "Karanlığı saklanma yeri yaptı" sözünde olduğu gibi, tahtın Kralı örttüğünü söylemenin anlamı budur. Başka bir deyişle, taht parlamaz ve karanlık bir durumdadır. Karanlığın üstesinden gelmeli ve "Onların gözleri var ama görmezler" demeliyiz.

Kisse döneminde bu duruma "çünkü kötülüklerinizde başarısız oldunuz" denir. Kisse döneminde kişi yükselişler ve düşüşler yaşar ve bu çalışmanın hiç bitmeyeceğini görür. Aksine, bu daimî bir gidip gelmedir, çünkü gizlenme sırasında kişinin üstesinden gelmesi ve Yaradan'ın iyi ve iyilik yapan bir şekilde davrandığını söylemesi zordur.

Bu nedenle, o kişi tövbe etmelidir, yani "Karanlığı saklandığı yer yaptı" olan Kisse'den, dünyada Malhut'un ihtişamını ortaya çıkardığında Kisse'nin ikinci hali görünür, şöyle yazıldığı gibi, "Ve Kisse'nin [tahtın] üzerinde, yüksekte, insan görünümünde bir suret vardı."

"Büyük bir tövbedir, çünkü tahta kadar ulaşır" sözlerinin anlamı budur. Yani tövbe, bir kişinin Kisse, yani taht anlamındaki ikinci anlayışla ödüllendirilmiş olmasıdır. "Ey İsrail, Tanrın Efendine dön" ifadesinin anlamı budur.

"Çünkü kötülüğünüzde başarısız oldunuz" sözünün anlamını şöyle yorumlamalıyız: Kişi tövbe etmek istediğinde, yani Yaradan'dan form olarak zıt olan alma arzusu nedeniyle Yaradan'dan ayrıldığında ve Yaradan'la bağ kurmak, form eşitliğine sahip olmak istediğinde, "Gizlenen şeylerin Tanrımız Efendimize ait olduğunu" görür.

Başka bir deyişle, Yaradan için, Yaradan rızası için bir şey yapmak istediğinde, bu "gizli" bir tattır. Başka bir deyişle, işin lezzeti kendisinden gizlidir. Tersine, "bizim için ve çocuklarımız için" denilen kendi yararımız için çalıştığımızda, lezzet bize ifşa edilir. Başka bir deyişle, "gizlenen" ve "açığa çıkan" tatla ilgilidir.

Bu demektir ki, bir kişi Yaradan için çalıştığında, "Tanrımız Efendimiz için" denildiğinde, çalışmadaki tat gizlenir. Ancak kişi kendi iyiliği için çalıştığında, yani "kendimiz ve çocuklarımız için" çalıştığında, tat "ifşa" olarak adlandırılır, yani çalışmanın tadı ifşa olur. Bu da başarısızlıklarımıza neden olur, çünkü şöyle yazılmıştır: "Çünkü kötülüğünüzde başarısız oldunuz." Dolayısıyla, Yaradan'a dönmekten başka bir yol yoktur, bu konuda şöyle denmiştir: "Bütün kötülükleri kaldır ve iyiliği al."

Yukarıdakilere göre, yemek için yapılan kutsamada yazılanları yorumlamalıyız: "Tanrı'nın ve insanların gözünde lütuf ve iyi anlayış bulalım." Yaradan'dan insanlar tarafından sevilmeyi neden istememiz gerektiğini anlamalıyız. İnsanların bize saygı duyması ve bizi onurlandırması ne anlama gelir? Bunun çalışmayla ne ilgisi var? Aksine, Yaradan'dan Yaradan tarafından sevilmeyi istiyoruz ve O'ndan ne istiyoruz? Bize "insan" niteliğini vermesini, çünkü insan doğası gereği alma arzusuyla yaratılmıştır, buna Malhut denir, bu da Gematria'da " hayvan" olan BON ismidir.

Bu nedenle, Tanrı tarafından sevilmeyi isteriz, böylece bize "insan" niteliğini verecektir, bilgelerimizin dediği gibi, "Size 'insan' denir, dünya uluslarına değil." İnsan, Gematria'da MA'dır ve veren anlamına gelir. Başka bir deyişle, Yaradan tarafından

20

sevilmeyi isteriz, böylece O da bize "insan" niteliğini verir. "Tanrı'nın ve insanların gözünde lütuf bulalım" sözlerinin anlamı budur, böylece O bize insan niteliğini verecektir.

Buradan insanın tek bir şey için dua etmesi gerektiği sonucu çıkar -Yaradan'ın onu daha da yakınlaştırması için. Maneviyatta "yakınlık" "form eşitliği" olarak adlandırılır. Yani, kişi Yaradan'dan kendisine "ikinci doğa" olarak adlandırılan ihsan etme arzusunu vermesini ister.

Bununla, "kalbi kırılmış olanları iyileştiren" diye yazılmış olanı (Mezmurlar 147) yorumlamalıyız. Yaradan'ın kalbi kırık olanları iyileştirmesinin ne anlama geldiğini anlamalıyız. Mesele şu ki, bilgelerimizin "Merhametli olan kalbi ister" dediği gibi, insanın özünün kalp olduğu bilinmektedir. Kalp, Keduşa'yı yukarıdan alan Kli'dir [kap]. Kapların kırılması hakkında öğrendiğimiz gibi, eğer Kli kırılırsa, içine koyduğunuz her şey dışarı dökülür.

Aynı şekilde, eğer kalp kırılırsa, yani alma arzusu kalbi kontrol ederse, bolluk oraya giremez çünkü alma arzusunun aldığı her şey Klipot'a [kabuklara] gidecektir. Buna "kalbin kırılması" denir. Dolayısıyla, kişi Yaradan'a dua eder ve şöyle der: "Bana yardım etmelisin çünkü ben herkesten daha kötüyüm, çünkü alma arzusunun kalbimi kontrol ettiğini hissediyorum ve bu yüzden kalbime Keduşa'ya dair hiçbir şey giremiyor. Hiçbir lüks istemiyorum, sadece Yaradan rızası için bir şeyler yapabilmek istiyorum ve ben bunu yapmaktan tamamen acizim, bu yüzden beni sadece Sen kurtarabilirsin."

Bununla, "Efendi kalbi kırık olanlara yakındır" (Mezmurlar 34) diye yazılmış olanı yorumlamalıyız. Yani, kalpleri kırılmasın ve bütün olsun diye Yaradan'dan kendilerine yardım etmesini isteyenler, bu ancak kişi ihsan etme arzusuyla ödüllendirilmişse gerçekleşebilir. Bu nedenle, kişi Yaradan'dan kendisine ihsan etme arzusu vermesini ister, çünkü dünyada Yaradan rızası için çalışma kabiliyetinden başka hiçbir şeye sahip olmadığını görür. Bu da sadece Yaradan'ın yakınlığını istediği anlamına gelir ve "ölçüye göre ölçü" diye bir kural vardır. Dolayısıyla, Yaradan kişiyi yakınlaştırır. " Efendi kalbi kırık olanlara yakındır" sözlerinin anlamı budur.

Yukarıdakilere göre, orada ne yazdığını anlayabiliriz: "Bütün kemiklerini korur, bir tanesi bile kırılmaz." İnsanın kemiği [İbranice'de Etzem hem "kemik" hem de "öz" anlamına gelir] kalptir, kalpteki arzudur. İnsanın kalbindeki arzular yükselişler ve düşüşler yoluyla sürekli değişir ve Yaradan, alma arzusunun Keduşa arzularına karışmaması için onların arzularını korur.

"Hiçbiri kırılmadı" sözlerinin anlamı budur. Başka bir deyişle, alma arzusu kapların kırılmasına sebep olduğu için, Yaradan onu koruduğunda, yani bir kişiye "ihsan etme arzusu" adı verilen ikinci bir doğa vererek onu "formun eşitliği" adı verilen bir yakınlığa getirdiğinde, bu Yaradan'ın koruması olarak kabul edilir, " Efendi budalaları korur" ayetinde olduğu gibi. Başka bir deyişle, kendisinin bir budala olduğunu, akılsız olduğunu hisseden kişi, "kendisi için alma arzusu" denilen Sitra Akra'nın [diğer tarafın] kontrolüne düşmekten kendini korumalıdır. Yaradan'dan onu korumasını ister. Kişi aşağıdan uyanışı verir, buna "bir arzu" ve bir Kli denir ve sonra Yaradan ona ışığı verir.

Ama kişi yükselişteyken, artık Yaradan'ın yardımına ihtiyacı olmadığını düşünür, çünkü artık "bilgi" dediği bir his temeli vardır. Başka bir deyişle, artık hangi amaç için çalıştığını bilir. Çalışması artık mantık ötesi değildir çünkü dayanacağı bir temeli, yani bu durumun kendisi için iyi olduğunu hissettiği bir duygusu vardır. Bu temel üzerinde çalışmasını belirler.

O zaman kişi derhal yukarıdan aşağı atılır ve sanki kendisine şöyle sorulur: "Bilgeliğin nerede? Çalışmanın neye dayandığını zaten bildiğini söylemiştin." Böylece, kişi kendisini bir budala olarak gördüğü sürece, yani çalışmanın temelinin mantık ötesi olduğunu ve Yaradan'ın yardımına ihtiyacı olduğunu düşündüğü sürece, " Efendi evi inşa etmedikçe, ona emek verenler boşuna çalışmış olurlar" der. Özellikle bu şekilde Yaradan'a " Efendi İsrail'in koruyucusudur" denir.

Bununla kişinin çalışmada sıkıntı içinde olmasının ne anlama geldiğini anlıyoruz. Cevap, "dar" kelimesinin Hassadim [merhametler/ Hesed'in çoğulu] eksikliği anlamına geldiğinin bilinmesidir. Dolayısıyla, kişi ihsan etmek için hiçbir şey yapamadığını gördüğünde, bu, kendi yararı için olmadığı sürece Hesed'de hareket edememek olarak kabul edilir. Kişi, içinde bulunduğu durumda, Yaradan'la asla Dvekut ile ödüllendirilmeyeceğini görür ve bundan dolayı pişmanlık duyar. Kişi ne yapabilir? Yaradan'a yakarmaktan başka bir şey yapamaz ve Yaradan da onu duyar. "Tüm sıkıntılarından [ayrıca "darlık"]," yani her durumdan, "darlık" durumunda olduğunda, ki bu Hassadim eksikliğidir, eylemlerinin üstesinden gelemediğinde, Yaradan onu kurtarır, şöyle yazıldığı gibi, "Tüm sıkıntılarından, onları kurtarır." "Hiçbir sıkıntısı yok" yazıldığında, bu, ihsan etmek için bir şey yapamadığı için pişmanlık duymadığı anlamına gelir. Bu nedenle, Yaradan'ın onu kurtarması için Kli'si yoktur çünkü olduğu yerde iyi olduğunu hisseder.

Buna göre, bilgelerimizin söylediklerini (Hulin 133), "Değersiz bir öğrenciye öğreten herkes cehenneme düşer" şeklinde yorumlamalıyız. Bunu anlamalıyız, çünkü şöyle yazılmıştır: "Yaradan, 'Kötü eğilimi Ben yarattım; Tora'yı da bir şifa olarak yarattım' dedi. Böylece, kötü eğilime sahip olan ve bunun üstesinden gelemeyen kişiye, Tora'yı bir şifa olarak yarattım dedi." Görüyoruz ki, layık olmadığımız halde bile Tora öğrenmeliyiz.

Bunu, Baal HaSulam'ın "bilgeye bilgelik verecektir" yazılı olan şey hakkında söylediği gibi yorumlamalıyız. "Aptallara" demesi gerekirdi. Cevap şudur ki, bilgeliği arayan kişi, hala ona sahip olmamasına rağmen, bilge olmayı arzuladığı için zaten "bilge" olarak adlandırılır. Burada ayrıca, layık olmak isteyene zaten " değerli bir öğrenci" dendiğini de yorumlamalıyız.

Yani, layık olmak istediği için Tora öğrenmek isteyen kişiye zaten " değerli" denir, çünkü Yaradan'a hizmet etmekten uzak olduğunu hissettiği için, sadece kendi iyiliği için çalışabildiği için, ki bu değersiz olmaktır ve layık olmak istediği halde başarısız olduğu için, onlara şöyle denmiştir: "Yaradan dedi ki, 'Kötü eğilimi yarattım; Tora'yı bir şifa olarak yarattım."

Bu nedenle, "Tora'yı layık olmayan bir öğrenciye öğretmek yasaktır" ifadesini, layık bir öğrenci olmak isteyen birinin öğrenebileceği şeklinde yorumlamalıyız.

Çalışmada "Günahkârlar Hazırlayacak ve Erdemliler Giyecek" Ne Demektir?

Makale No. 3, Tav-Şin-Nun-Alef, 1990/91

Zohar şöyle der (Emor, Madde 232), "Bir kişinin bu dünyada yaptığı iyi işlerden, o dünyada giymesi için ona görkemli, gösterişli bir giysi yapılır. Bir kişi iyi işler yapmışsa ama kötü işler ona galip gelmişse, o zaman kötüdür, çünkü hataları erdemlerinden daha büyüktür ve daha önce yaptığı iyi işleri düşünür ve pişmanlık duyar. O zaman tamamen mahvolmuştur. " Yaradan bu günahkârın daha önce yaptığı iyi şeyleri ne yapar?" diye sorar. Ve şöyle cevap verir: 'O kötü kişi, o günahkâr kaybolmuş olsa da yaptığı iyi işler ve erdemler kaybolmaz, çünkü yukarıda Kral'ın yollarında yürüyen ve iyi işlerinden giysiler diken bir erdemli vardır, ama giysilerini tamamlamadan önce dünyadan ayrılır. Yaradan, o kötü günahkârın yaptığı iyi işler sayesinde onun için giysilerini tamamlar. 'Günahkârlar hazırlayacak ve erdemliler giyecek' sözlerinin anlamı budur. O günahkâr ıslah eder ve erdemli kişi onun ıslah ettiği şeyle örtünür."

İyi işler yapan bir kişiden söz edildiğinde bunun ne anlama geldiğini ve kötü işlerin neden ona üstün geldiğini anlamalıyız. Ne de olsa, "Bir Mitzva [emir/iyi eylem] bir Mitzva'yı tetikler" diye bir kural vardır, öyleyse neden kötü eylemler onu o kadar aştı ki, başlangıcı düşündüğü bir duruma geldi ve o anda başlangıçtan şüphe ettiği için tamamen kayboldu? Ayrıca, erdemli bir kişi iyi işlerden yapılmış giysilerden yoksunsa, neden bir günahkârın işlerini alması gerektiğini de anlamalıyız. "Günahkârlar hazırlayacak ve erdemliler giyecek" ifadesinin anlamının bu olduğunu söyler. "Günahkârlar hazırlayacak" ifadesinin gerçek anlamına bakıldığında, sanki günahkârlar sadece kötü işler yapabilirmiş gibi görünür, ama burada erdemli kişinin

24

günahkârların iyi işlerini giyeceğini söyler. Bu, erdemli kişinin kötü işleri değil, iyi işleri üstleneceği anlamına gelir.

Çalışma düzeninin iki sınıfa ayrıldığı bilinmektedir:

1) Eylemler: Yani, Tora ve Mitzvot [Mitzva'nın çoğulu] ile uğraşan ve Kral'ın emirlerini yerine getiren kişi, bunun karşılığında hem bu dünyada hem de öbür dünyada ödüllendirilecektir. Bu insanlar genellikle nitelikleri açısından mümkün olduğunca iyidirler. Her biri Tora ve Mitzvot'a uymaya çalışır ve her biri sahip olduğu inancın ölçüsüne göre çalışır. "On Sefirot Çalışmasına Giriş "te (Madde 14) açıklandığı gibi, buna "kısmi inanç" denir, "Ve her biri kendisine 'Yaradan'ın hizmetkârı' denildiğini hisseder." Normalde, her biri her zaman diğerinin hatalı olduğunu görür, kendisi söz konusu olduğunda ise her zaman iyi olduğuna dair bahaneleri vardır. Birçok erdeme sahip olduğunu hisseder, dolayısıyla doğal olarak bu kişi asla başlangıçtan şüphe edecek kadar kötü düşüncelere kapılmaz.

2) Bunlar Yaradan'la Dvekut [bütünleşme], yani form eşitliği elde etmek isteyen insanlardır. Sadece Kral'ın yüceliği nedeniyle çalışmak isterler, Kral'ın yüceliğine ne ölçüde inanırlarsa, o ölçüde Kral'ın rızası için çalışma gücüne sahip olurlar. Ve eğer kendilerine Kral'ın yüceliğini ve önemini tasvir edemezlerse, o zaman Yaradan'ın rızası için çalışabilmek için yakıtları yoktur.

O zaman kişi kendisine "günahkâr" dendiğini görür, yani iyi işler yaptığı ölçüde, kendisini "aşağıdan uyandırması" için bir şeyler yaptığı ölçüde, beden ihsan etmek amacıyla çalışmayı kabul etmese ve tüm gücüyle dirense de zorlama yoluyla, bu ihsan etme çalışmasını kendi üzerinde zorla uyguladığında, her şeyi Yaradan'ın rızası için yapabileceğini umar.

Ama bu arada, kişi yaptığı iyi işlere göre Yaradan'a bağlı olması gerektiğini görür, ama aslında kötü işlerin arttığını görür, yani gerilemiş ve umutsuzluk durumuna gelmiştir ve başlangıçtan şüphe eder. Zohar bu konuda kişinin her şeyini kaybettiğini ve bu yüzden artık günahkâr olduğunu hissettiğini söyler. Dolayısıyla soru şudur: Kişi her şeyini kaybettiğine göre, başlangıçtan şüphe ederse ne gibi iyi eylemleri olabilir? Buna göre, " Yukardaki Kral'ın yollarında yürüyen ve iyi işlerinden giysiler diken bir erdemli vardır, ama giysilerini tamamlamadan önce dünyadan ayrılır. Yaradan, o kötü günahkârın yaptığı iyi işler sayesinde onun için giysilerini tamamlar."

Çalışmada bunu tek bir kişi olarak yorumlamalıyız, yani kişi Dvekut'u edinme yolunda yürümeye başladığında, ki bu form eşitliği, ihsan etmek anlamına gelir ve ihsan etme arzusuyla ödüllendirilmek için 613 Eitin [Aramice: tavsiyeler] doğrultusunda iyi işler yapmıştır. Bununla birlikte, kişinin çalışması ölçüsünde, kendini sevmeye nasıl daldığının yukarıdan kendisine ifşa edildiği bilinmektedir. Kişi o zaman gerçeği görür -alma arzusunun hükmünden çıkmasının hiçbir yolu yoktur ve tüm kaygısı sadece Yaradan'ı hoşnut etmek olacaktır ve yaptığı her şeyde, eylemleriyle O'nun yüce isminin büyümesine ve kutsanmasına neden olmayı isteyecektir.

Kişi tüm bunların kendisinden uzak olduğunu görür. Sonunda, bu seviyeye ulaşmasının hiçbir yolu olmadığına karar verir. Sonuç olarak, "boşuna çalıştım" der ve başlangıçtan şüphe eder. O zaman kendisine "günahkâr", "kötü" denir.

O zaman bir yükseliş süreci başlar, çünkü her seferinde ona yukarıdan bir uyanış verilir ve bir kez daha iyi işler yapmaya başlar. Ve sonra, bir kez daha, bir düşüş. Kişinin içindeki tüm kötülükler ortaya çıkana kadar bu böyle devam eder. O zaman, Yaradan'a kendisine yardım etmesi için dua eder çünkü o zaman da sonunda yukarıdan yardım alacağına, yani Yaradan'ın ona ihsan etme arzusu vereceğine, ki buna "ikinci bir doğa" denir, yani kendisi için alma arzusunun hükmünden çıkacağına ve sadece Yaradan'a hoşnutluk ihsan etmek isteyeceğine mantık ötesinde inanmalıdır.

Burada üç aşama olduğu anlaşılmaktadır:

1) Çalışmanın başlangıcında, iyi işler yapmaya başladığında, kötü işler onu alt eder ve o zaman bir " günahkâr " olur.

2) Yukarıdan yardımla, yani ihsan etme arzusuyla ödüllendirildiğinde ve ihsan etmek için iyi işler yapmaya başladığında. O zaman, " yukarıdaki Kral'ın yollarında yürüyen erdemli" olarak adlandırılır. Ancak giysilerini tamamlamadan önce dünyadan ayrılır. O kötü günahkârın yaptığı iyi işler sayesinde onun için giysilerini tamamlar. "Giysilerini tamamlamadan önce, dünyadan ayrılır" ifadesini, günahkâr olduğu dönemdeki giysilerini tamamlamadan önce anlamına gelecek şekilde yorumlamalıyız. "Dünyadan ayrılır", "alma arzusu" denilen dünyadan ayrıldığı ve "ihsan etme arzusu" düzeyine yükseldiği anlamına gelir.

Buradan şu sonuç çıkar ki, kişi şimdi ihsan etmek için iyi işler yaptığında, bu işler iyi olsa da "başlangıcı düşünmek" şeklinde olan Kelim'i [kapları] ıslah etmek için tamamlamaktan yoksundur. Onlara "iyi işler" der çünkü sadece yaptığı işler Yaradan'ın onu yaklaştırması, yani ona ihsan etme arzusu vermesi için tüm çabayı göstermesine neden olmuştur.

"Başlangıcı düşünme" koşulu olan eylemlerin şimdi ıslah edildiği ve onlar aracılığıyla ihsan etme arzusunun şimdi açığa çıktığı anlaşılmaktadır. Bu nedenle, kişinin başlangıçtan şüphe duyduğunu söylediği eylemler artık iyi eylemlerdir, çünkü artık faydaları ortadadır, yani Yaradan'dan kendisini yaklaştırmasını istemek için çaba göstermesine neden olmuşlardır; aksi takdirde kaybolduğunu görür. Kişi onlar aracılığıyla Keduşa'ya [kutsallığa] yükselmiştir.

Bu, "Zohar Kitabı'nın Girişi "nde (Madde 140) yazıldığı gibidir, "Yine de bazen düşünceler bir kişi üzerinde, yaptığı tüm iyi işleri merak edene ve 'O'nun emrini yerine getirmiş olmamızın ve Her Şeye Gücü Yeten Efendimizin huzurunda yas tutarak yürümemizin ne faydası var' diyene kadar hüküm sürer. O zaman kişi tam bir günahkâr olur ve bu kötü düşünceyle yaptığı tüm iyi işleri kaybeder, çünkü bunlar tüm alma kaplarının ıslahını tamamlayacaktır, dolayısıyla sadece Yaradan'ı hoşnut etmek için olacaklardır. O zaman, bizi başlangıcı düşünmeye iten düşüşler zamanındaki tüm o cezaların bizi arındırdığını açıkça göreceğiz, çünkü şimdi onlar erdemlere dönüştürülmüştür. Bu yüzden bu sözleri söyleyenler 'Efendi'den korkanlar ve O'nun adını üstün tutanlar' olarak kabul edilirler."

Yukarıdakilere göre, kötü işlerin onları alt ettiği bir koşuldayken, "Efendi'ye boşuna hizmet ettik" ve "Her Şeye Gücü Yeten Efendi'nin huzurunda yas tutarak yürüdük" dediklerinde, yani Yaradan'dan dolayı düşük bir ruh halindeyken yaptıkları işlerin ve düşüş sırasında yaşadıkları tüm bu şeylerin nasıl iyi işlere katıldığını ve yukarıdaki Kral'ın yollarında yürüyen erdemli kişi için giysi haline geldiğini görebiliriz. Kişi bu dünyadan, yani bir alma koşulundan, Bina adı verilen ve ihsan etmek anlamına gelen bir sonraki dünyaya geçtiğinde, artık sadece ihsan etme kaplarından gelen iyi işlere sahiptir. Ancak bütünlükten, yani öteki dünya ile ödüllendirilmeden önce yaptığı işlerden yoksundur. Bu işler de Keduşa'ya girmeli ve ıslah edilmeden kalmamalıdır. Bu, işlerin giysi haline gelmesinin anlamıdır.

3) Üçüncü durum, kişinin pişmanlık duyduğu iyi eylemlerin zaten katılmış olduğu durumdur. Yani kişi başlangıcı düşünme koşuluna gelmiştir. Bu dünyadan, yani alma arzusundan ayrıldıktan ve öteki dünyayı, yani ihsan etme arzusu olan Bina'yı aldıktan ve ihsan etme arzusuna sahip olduktan sonra üçüncü koşul gelir, yani başlangıçtan şüphe ettiği için kaybettiği işler şimdi iyi işler olarak katılır.

Yukarıdakilere göre, "Günahkârlar hazırlayacak ve erdemliler giyecek" diye yazılanları anlayabiliriz. Bu, kişinin yaptığı ve içindeki kötülüğü ona gösteren yukarıdan bir ifşayla ödüllendirildiği, ancak "Kim dostundan daha yüceyse, arzusu da ondan daha büyüktür" diye gizlenen iyi eylemleri ifade eder. Başka bir deyişle, bir kişiye ıslah edebileceğinden daha fazla kötülük gösterilmez. Bu, iyi ve kötünün dengeli olması gerektiği anlamına gelir. Aksi takdirde, bir kişi kendisinde iyiden önce tüm kötüyü görürse, o kişi mücadeleden kaçacak ve bu çalışmanın kendisine göre olmadığını söyleyecektir.

Bundan şu sonuç çıkar ki, kişinin sadece yapmak istediği iyi işler ve harcadığı emeğe göre, "tüm işleri Yaradan'ın rızası için olacaktır", buna "iyi işler" denir. Ama kişi kendi yararı için çalışırsa, buna "kötü işler" denir, çünkü kendi yararı "kendisi için almak" olarak adlandırılır ve Yaradan'dan form eşitliğinde değildir.

Bu işlerin onu Yaradan'dan uzaklaştırdığı ortaya çıkar. Yaradan'la Dvekut'a ulaşmak isteyen bir kişinin yaptığı iyi işler, her seferinde gerçeği görmesine neden olur, gerçekte Yaradan'dan form eşitsizliği açısından uzaktır, öyle ki bazen mesafeyi aşacak güce sahip olmasının imkânsız olduğunu söyleyecek bir duruma gelir, Yaradan'dan o kadar uzaktır ki başlangıçtan şüphe eder.

Bilgelerimiz Zohar'da bu konuda şöyle der: "Bir kişi iyi işler yapmış ama kötü işler ona galip gelmişse, o zaman kötüdür." Bu, iyi işler yaparak, içinde kötülük olduğu ve kötü olduğu kendisine yukarıdan gösterildiği anlamına gelir. "Ama kötü işler ona galip geldi" sözlerinin anlamı budur, yani yukarıdan ona ilave kötü işler verilmiştir.

"Günahkârlar hazırlayacak ve erdemliler giyecek" sözlerinin anlamı budur. Başka bir deyişle, "günahkâr" olarak adlandırıldığı kötü işlerin artması gerçeği, Yaradan'ın Kendisinden başka kimsenin ona yardım edemeyeceğini bilmesi için bir hazırlıktı. Bu kötü eylemler, erdemli kişinin erdemli olduktan sonra, yani eylemlerini ıslah ettikten sonra, yani Yaradan'la Dvekut ile ödüllendirildikten sonra giydiği giysiler haline gelir. O zaman, sebepler, yani sahip olduğu ve " günahkâr" olarak adlandırıldığı kötülük ifşaları da artık ıslah olur.

Burada ayırt edilmesi gereken iki şey vardır:

1) Kişinin yaptığı iyi işler, yani tüm işlerinin Yaradan'ın rızası için olduğu bir duruma ulaşma çabası.

2) Kötü işler. Kişi daha önce iyi işler yaptığı için, daha sonra yukarıdan kendisine içinde kötü işler olduğunun bildirildiğini görmüştür, yani içinde her şeyi kendi iyiliği için değil, Yaradan'ın iyiliği için yapma arzusunun hiçbir kıvılcımı yoktur. Bu, "yaptığı iyi işler ona kötü işler yaptırdı" olarak kabul edilir, "Bir kişi iyi işler yaptığında ama kötü işler ona galip geldiğinde" denildiği gibi. Ve kötü işlerin başlangıcı düşünme koşuluna gelmesine neden olduğu bir duruma geldiğinden, şimdi her ikisi de kötü işler haline gelmiştir, çünkü tüm işleri kaybetmiş ve kötü işlere dahil olmuşlardır. Şimdi Keduşa'ya girmekle, yani ihsan etme arzusuyla ödüllendirildiği için, hepsi ıslah edilmiş ve her şey Keduşa giysileri haline gelmiştir.

"Günahkârlar hazırlayacak" demesinin anlamı budur. Şöyle ki, başlangıcı düşünme koşuluna gelmekle her şeyin kötü hale geldiği durum, ancak önceki koşullar olmadan Keduşa'ya gelemezdi. "Günahkârlar hazırlayacak," yani yukarıda bahsedilen iki idrakin hazırlığı olmadan, her şeyin kötü hale geldiği, "günahkâr" olarak nitelendirilen, bundan " erdemliler giyecek" sonucuna varılır.

Bununla ("kapanış duası "nda) ne yazıldığını anlayacağız: "Sen günahkârların tövbe etmesini istersin ve onların ölümünü istemezsin. Ben günahkârların ölümünü değil, günahkârların yollarından dönüp yaşamalarını istiyorum." Bu demektir ki, bir kişi iyi işler yaptığında, yani Yaradan'la Dvekut'a ulaşmak istediğinde, ona içindeki kötülük yukarıdan gösterilir ve günahkâr derecesine ulaşır. O zaman, kişi mücadeleden kaçmak ister ve bu çalışmanın kendisine göre olmadığını söyler, çünkü her seferinde gerçeği görür, doğası gereği, alma arzusu kişinin onu dışarı atıp yerine ihsan etme arzusunu almasını kabul edemez.

Peki ona bu durumu, yani kötü olduğunu kim ifşa etti? Bunu ona ifşa eden Yaradan'dı. Soru şudur: Yaradan bunu ona neden ifşa etti? Günahkâr olarak ölmesi için mi? Ama Yaradan günahkârların ölmesini istemez. Öyleyse, neden ona kendisinin günahkâr olduğunu ifşa etti? Bu sadece onun tövbe etmesi içindir, şöyle yazıldığı gibi, " günahkâr yolundan dönsün ve yaşasın diye."

Bu nedenle, kişi kendisine Keduşa ruhuna uygun olmayan yabancı düşünceler geldiğinde paniğe kapılmamalıdır. Kişi Yaradan'ın kendisine günahkâr olduğu farkındalığını gönderdiğine inanmalıdır ki tövbe edebilsin, yani "ihsan etme arzusu" denilen Yaradan'ın arzusuna geri dönebilsin. Başka bir deyişle, kişi de Yaradan'dan kendisine ihsan etme arzusunu vermesini isteyecektir, açıkladığımız gibi, "O'nun arzusunun önünde kendi arzunu iptal et", yani kişi Yaradan'ın arzusu olan ihsan etme arzusunun önünde kendi alma arzusunu iptal edecektir. Başka bir deyişle, kişi ihsan etme arzusundan önce alma arzusunu atmalı ve iptal etmelidir, yani onun yerine ihsan etme arzusunu almalıdır.

Bu nedenle, düşüşler sırasında, kişi sık sık başlangıçtan şüphe ettiği bir umutsuzluk koşuluna geldiğinde, Yaradan'ın kendisine bu düşünceleri gönderdiğine ve bu düşünceler aracılığıyla tövbe edeceğine inanmalı ve Yaradan'a inancı üstlenmelidir. Başka bir deyişle, kişi ister yükseliş anında ister düşüş anında olsun, cennetin krallığını kendi üzerine almaya çalışmalıdır.

Bu, "Zohar Kitabı'nın Girişi "nde (Madde 202) yazıldığı gibidir, "Rabbi Elazar şöyle cevap verdi, 'Kesinlikle, bu korku tüm Mitzvot'ta unutulmamalı, hele ki sevgi Mitzvası'nda hiç unutulmamalıdır -ona korku eklenmelidir, çünkü sevgi bir yandan iyidir, Tanrı ona zenginlik ve bereket, uzun yaşam, oğullar ve besinler verdiğinde. O zaman, günaha neden olmamak için korku uyandırılmalıdır. Bu konuda şöyle yazılmıştır: "Ne mutlu her zaman korku içinde olana. Böylece kişi diğer tarafta sert yargılama korkusunu uyandırmalıdır. Buradan korkunun her iki tarafa da iyilik ve sevgi tarafına ve sert yargı tarafına da tutunduğu sonucu çıkar."

Burada da benzer şekilde yorumlamalıyız, yani kişi Tora ve Mitzvot'la meşgul olma konusunda kendini iyi hissetse de yani yükseliş halinde olsa da cennetin krallığını kabul etmelidir, bu durumda "iyinin tarafı" (mutlu olduğu bir durumda) veya sert yargının tarafı (kendini kötü hissettiği zaman) olarak adlandırılır. Kişi Yaradan'a inanmalı, O'nun iyi ve iyilik yapan tarzında izlediğine inanmalıdır. Yani, kişinin kendini kötü hissettiği hal de onun iyiliği içindir. Bu nedenle, kişi düşüşler sırasında yine de korku meselesini kendi üzerine almalıdır.

Bu nedenle, kişi düşüş sırasında dikkatli olmalı ve kendisine düşüşleri kimin verdiğini düşünmelidir. Eğer Yaradan'ın kendisine düşüşü verdiğine inanıyorsa, o zaman şu meşhur kurala göre zaten Yaradan'a yakındır: "Kişi düşündüğü yerdedir, oradadır." Dolayısıyla, Yaradan'ın ona düşüş verdiğini düşündüğünde, zaten Yaradan'la bir teması vardır.

Eğer kişi buna, bu inanca sahipse, Yaradan hakkında düşündüğünde, bu bağ onu düşüş durumundan kurtarabilir. Ama eğer kişi kendisi hakkında düşünürse, düşüşte olduğunu düşünürse, o zaman bedeniyle birlikte düşüştedir, çünkü düşüşteki kişiye bağlanmıştır ve Yaradan'ı düşünmez ve artık Yaradan'la bir bağı yoktur.

Ancak, Yaradan'ın ona neden düşüşler verdiğini anlamalıyız. Bunu bir alegori aracılığıyla anlayabiliriz. İki öğrenci bir zanaatkârdan zanaat öğrenmeye gelmiştir. Öğrencilerden birine göre, öğretmen iyi çalışıp çalışmadığına dikkat etmemiştir. Diğerine ise bütün gün yaptığı hatalar hakkında yorum yapıp durmuştur. O öğrenci gidip babasına şöyle der: "Neden öğretmen bütün gün bana nasıl çalışacağımı bilmediğim için bağırıyor da benden daha kötü çalışan diğerine hiçbir şey söylemiyor? Babası ona daha fazla para ödüyor olmalı ve bu yüzden onu hiç eleştirmiyor. Bu nedenle, babamdan ona da diğer öğrencilerden daha fazla para vermesini istiyorum, o zaman öğretmen diğer öğrencileri eleştirmediği gibi benim de hatalarımı dile getirmez."

Babası öğretmene gidip şöyle der: "Oğluma neden merhamet etmiyorsun? Diğer insanlar kadar para vermediğim için mi oğlumdan intikam alıyorsun?" Bunun üzerine öğretmen ona şöyle der: "Bil ki, tüm öğrenciler arasında sadece senin oğlundan hoşlanıyorum, çünkü onun yetenekli olduğunu ve dünyada bir yıldız olabileceğini görüyorum. Bu yüzden onunla bu kadar uğraşıyorum, çünkü harcadığım zamana değiyor, çünkü çalışmalarım boşa gitmeyecek. Diğer öğrencilere gelince, oğlun kadar yetenekli olmadıkları için onlara daha genel şeyler öğretiyorum. Bu yüzden onu her ayrıntıda eleştiriyorum.

"Bu nedenle, bana az para ödediğin için sana kızarak oğlunu başarısızlığa uğratmak istediğimi düşünüyorsan yanılıyorsun. Şunu bil ki, oğluna bedavaya ders vererek seni utandırmak istemeseydim, inan bana ona bedavaya ders verirdim, çünkü ondan hoşlanıyorum ve onun için harcadığım tüm çabaya değer."

Ders şudur: Yaradan'ın, Yaradan rızası için ihsan etme yolunda yürümek isteyenlere verdiği tüm düşüşler, özellikle onlarla ilgili olarak Yaradan nasıl çalıştıklarına dikkat eder. Kişi ne zaman iyi işler yapmaya çalışsa, Yaradan ona hatalarını gösterir -ne kadar kendini sevmeye dalmış olduğunu ve Yaradan rızası için çalışamadığını. Yaradan'ın kişiye gösterdiği, eylemlerinin uygunsuz olduğu yönündeki eleştiri, Yaradan'ın kişinin Yaradan rızası için çalışmaya çalıştığını görmesinden kaynaklanır, buna "iyi işler" denir, bu yüzden Yaradan ona alegoride olduğu gibi bunların doğru olmadığını gösterir.

Tersine, genel halk tarzında çalışanlara, Yaradan onlara eleştiri göstermez, bireysel çalışma için hala uygun olmadıklarından, eylemlerinin düzgün olmadığını gösterir. Buradan şu sonuç çıkar ki, genel halk çalıştığında ve hataları ifşa edilmediğinde, bunun nedeni bunun anlamsız olmasıdır.

Bu nedenle, Yaradan kişiye her zaman günahkâr olduğunu gösteren düşüşler verdiğinde kişi şikâyet etmemelidir. Bunun nedeni onun diğer insanlardan daha kötü olması değildir. Aksine, ona "özel muamele" adı verilen kişisel bir yaklaşım sergilenir çünkü sadece o kutsal çalışmaya girmeye uygundur. Bu nedenle, bir kişi Yaradan'a kendisine yardım etmesi için dua etmesine rağmen, şimdi kendisiyle ilgilenilmediğini gördüğünü söylememelidir. Aksine, bu ihsan etme çalışmasına layık olduğu için kendisine özel bir muamele yapıldığına inanmalıdır.

Bu nedenle, kişi gerçek bir ihtiyaç duymadan önce Yaradan'dan "ihsan etme arzusu" olarak adlandırılan iyiliği alamaz. Yani, kişi günahkâr olduğunu gördüğünde, Yaradan'a şöyle haykırır: "Ruhumu cehennemden kurtar, çünkü tamamen ve bütünüyle kaybolduğumu görüyorum."

Bununla, "Yeryüzünde iyilik yapıp günah işlemeyecek hiçbir erdemli yoktur" diye yazılmış olanı yorumlayabiliriz. "Yeryüzünde erdemli bir insan yoktur" ifadesinin, önce günah işlemedikçe erdemli olmanın ve Yaradan'ın ona yardım etmesinin imkânsız olduğu anlamına geldiğini açıklamalıyız. Başka bir deyişle, kişi önce günah işleme durumuna gelmelidir, yani Zohar'da yazıldığı gibi, iyi işler yaptıktan sonra kötü işlerin onu alt ettiğini görmelidir. Sonra kendisine yardım etmesi için Yaradan'a yakarır, Yaradan'ın yardımını alır ve Yaradan onu günahkârların elinden kurtarır ve kişi erdemli olur. Başka bir deyişle, Yaradan ona "ihsan etme arzusu" adı verilen ikinci doğayı verir.

Çalışmada "Sabotajcı Selde Kaldı ve Öldürüldü," Ne Demektir?

Makale No. 4, Tav-Şin-Nun-Alef, 1990/91

Zohar'da şöyle yazar, Nuh: "Bir sel vardı ve sabotajcı içinde oturuyordu." Baal HaSulam sabotajcının öldürülmesi ile selin öldürmesi arasındaki farkın ne olduğunu sordu. Selin bedensel acıya neden olduğunu, sabotajcının ise manevi acıya neden olduğunu söyledi. Başka bir deyişle, bedensel ıstırabın içinde kişinin maneviyatını öldüren bir sabotajcı vardır, yani bedenin işkenceleri kişiye yabancı düşünceler getirir, ta ki bu düşünceler maneviyatı sabote edip öldürene kadar.

Onun sözlerini yorumlamalıyız. Sel ve yağmura " ifşa olan" denir, yani sabotajcının insanları öldürdüğü gözlerimizle görülebilir. Demek ki bir kişi, eğer alma arzusunun talep ettiği şeye, yani inanca değil de bilgiye sahip olsaydı, alma arzusunun gerektirdiği gibi O'nun rehberliği hakkındaki her şeyi anlayabilseydi, Yaradan'a doğru bir şekilde hizmet edeceğini düşünecekti. Ancak, bu böyle değildir ve sonuç olarak, bir kişi için acı çekmek zor olduğundan, Hayatların Hayatından uzaklaşır ve Yaradan'ın kendisine sadece haz vermesini ister. İşte bu yüzden uzaklaşır.

Bununla birlikte, bedensel ıstırabın içinde, yani kişinin O'nun rehberliğini anlayamaması, Yaradan'ın ona alma arzusunun vermesi gerektiğini düşündüğü şeyi neden vermediğini anlayamaması ve acı çekmesinden, bundan maneviyatta ölüm yani maneviyatta ölüme neden olan manevi ıstırap uzanır. Başka bir deyişle, kişi sapkınlığa düşer.

Gerçek şudur ki, kişi bedensel acı çeker çünkü Yaradan ona düşündüğünü vermemiştir ve bu ona acı vermiştir, bu acılar da bedensellikte ölüme neden olur, "Ölü de ölü kadar önemlidir, oğlu olmayan da ölü kadar önemlidir" diye yazıldığı gibi. Ancak daha sonra manevi ıstıraba gelir yani kişi inancın üstesinden gelemez ve Yaradan'a, dünyayı iyi ve iyilik yapan rehberliği ile yönettiğine inanmaz. İşte o zaman sapkınlığa düşer.

Kişi Sitra Ahra'nın [diğer tarafın] boş alanına düştüğünde buna "manevi ölüm" denir. Daha sonra, kişi çalışmaya yeniden girdiğinde, bu "ölülerin dirilişi" olarak kabul edilir. O zaman kişi çalışmaya bir kez daha başlamış olmasının, kendi gücüyle olmadığına, aksine yukarıdan "diriliş damlacığını" aldığına inanmalıdır. Bu, yukarıdan bir uyanış aldığı için ödüllendirildiği "ölülerin dirilişi" olarak kabul edilir. Bu nedenle kişi her gün, "Ölü bedenlere ruhlarını geri veren Tanrım, Sen kutsalsın" demelidir. Ayrıca, kişi (On Sekiz Dua'da), "Sen ölüleri mutlaka diriltirsin" demelidir.

Dolayısıyla, burada acı çekmekle ilgili iki şey vardır: 1) Bedensel ıstırap, kişi ihtiyaç duyduğu şey yüzünden bedensel konularda acı çektiği ve bu yüzden ölümle karşılaştığı zamandır, "Ölü de ölü kadar önemlidir, oğlu olmayan da ölü kadar önemlidir" vb.de olduğu gibi. Buradan bu ölümün maneviyatla ilgili olmadığı sonucu çıkar. Ancak, daha sonra, Yaradan'ın dünyayı iyi ve iyilik yapan bir şekilde yönettiğine inanamadığı için bu, kişinin manevi ölümüne neden olur.

Bunun, bedensel ölüm değil, manevi ölüm olduğu sonucu çıkar. Bu, bedensel ıstırap olan yağmur selinde, daha sonra İlahi Takdiri haklı çıkaramadığı zaman manevi ıstıraba geldiğini ve bu nedenle manevi ölüme düştüğünün söylemesinin anlamıdır.

Bu, "Zohar Kitabı'na Giriş "de (Madde 138) yazıldığı gibidir, "Islahın sona ermesinden önce, Malhut'a 'iyilik ve kötülüğü bilme ağacı' denir, çünkü Malhut Yaradan'ın bu dünyadaki rehberliğidir. Alıcılar, O'nun tüm lütfunu alabilecek şekilde tamamlanmadıkları sürece, rehberlik iyi ve kötü, ödül ve ceza formunda olmalıdır. Bu böyledir çünkü alma kaplarımız hala kendi için almakla lekelenmiştir. Bu nedenle, İlahi Takdir'in bizimle ilgili faaliyetlerinde zorunlu olarak kötülük hissederiz. Yaratılanın, Yaradan'dan ifşa edilmiş kötülüğü alamayacağı bir yasadır, çünkü yaratılanın O'nu kötülük yapan olarak algılaması Yaradan'ın görkeminde bir kusurdur, zira bu tam Operatöre yakışmaz. Bu nedenle, kişi kendini kötü hissettiğinde, Yaradan'ın rehberliğini inkâr etmiş ve üs Operatör de aynı ölçüde ondan gizlenmiş olur. Bu, dünyadaki en kötü cezadır."

Bu nedenle, kişi O'ndan kötü bir şey aldığında, bu, O'nun gizlenmesine neden olur. Buna maneviyatta "ölüm" denir. Peki O'ndan kötülük görmesine kim sebep olmuştur? Neden kötülük görmüştür? Çünkü o Kelim [kaplar] hala kendisi için almakla kirliydi. Dolayısıyla, gizlenme ve saklanma tarzında bir rehberlik olmalıdır. Bu nedenle ıstırap maneviyatta ölüme neden olur.

Bu yüzden, kişi mantık ötesi gitmeli ve gördüğü ve kutsallıktaki çalışmasını üzerine inşa ettiği mantıktan etkilenmemelidir, ki böylece Keduşa'ya [kutsallığa] girerek ödüllendirilebilsin, zira bu mantık kötülükleri aldığı için gelmiştir ve mantığa göre, eğer Yaradan iyi ve iyilik yapan ise, neden kişiye ihtiyacı olduğunu düşündüğü şeyi vermiyor da bunun yerine Yaradan istediğini yapıyordur? Bundan, aklın, iyi ve kötünün rehberliği temelinde inşa edildiği sonucu çıkar. Bu nedenle, kişinin tek seçeneği, mantığın kendisine söylediği şeyin yanlış olduğunu söylemesidir, bunun hakkında söylendiği gibi, "Çünkü Benim düşüncelerim sizin düşünceleriniz değil, sizin yollarınız da Benim yollarım değil." Bunun yerine, kişi mantıktan dolayı endişeye kapılmamalı ve mantık ötesi gittiğini söylemelidir.

Bununla birlikte, Yaradan'a yaklaşma hissiyle ilgili olarak, ayırt edilmesi gereken iki yol vardır: 1) Bazen ihtiyaç duyduğu bir şeyi elde etmesi gerektiği konusunda endişelenir. Normalde, bir kişi bir şeye ihtiyaç duyduğunda, ihtiyacını karşılaması için Yaradan'a dua eder. Eğer bu şeye ihtiyacı varsa ve onu elde etmenin doğal bir yolunu göremiyorsa ve bir mucize olup da istediği şeyi elde ederse, kişi o şeyi elde etmesine yardım ettiği için Yaradan'a sevgisiyle dolar ve onu elde etmeyi Yaradan'a atfeder. Bu da Yaradan'a yaklaşmanın ona haz ve memnuniyet almakla geldiğini gösterir; bu Yaradan'a yaklaşmanın sebebidir.

Aynı şey iyileşen hasta bir kişi için de geçerlidir. Zaten umutsuzdur ve aniden daha iyiye doğru bir değişim meydana gelir ve iyileşir. O da bazen Yaradan'a yaklaşır, zira Yaradan'dan gelen iyiliği almak onu Yaradan'a yaklaştırmıştır.

Bazen de tam tersi olur. Kişi acı çeker ve bu acılar onu Yaradan'a yaklaşmaya iter. Yani, eğer Tora ve Mitzvot'un [emirlerin/iyi işlerin] yükünü üzerine alırsa, Yaradan'ın onu sıkıntılarından kurtaracağı düşünür. Buradan, ıstırabın Yaradan'a yaklaşmaya sebep olduğu sonucu çıkar. Bu konuda şunu söylemek gerekir ki, bir sıkıntı anında kişi alçaklık koşulu içindedir, zira "Efendi yücedir ve alçak olanlar görecektir" diye yazılmıştır, başına gelen sıkıntılar ve azaplardan dolayı alçaklık içinde olduğu gerçeğinden, yukarıdan yardım almaya hazırdır, yazıldığı gibi zira "Efendi yücedir ve alçak olanlar görecektir" Bununla birlikte, genellikle, ıstırabın kişiyi Yaradan'dan uzaklaştırdığını görürüz çünkü ıstırabı iyi ve iyilik yapana atfedemez. Dolayısıyla, bu onun maneviyatta ölmesine neden olur.

Bununla birlikte, aşağılık ile ilgili birçok yorum var. Başka bir deyişle, kişi kendini alçalttığı zaman soru şudur: Alçaklık nedir? Bir kişinin alçaklık içinde olduğu nasıl ifade edilir? Gerçek anlamı, alçaklığın kişinin kendini bastırması ve mantık ötesinde çalışmasıdır. Kişi kendi aklını alçalttığı ve aklının değersiz olduğunu söylediği zaman, buna "alçaklık" denir.

Başka bir deyişle, insanın mantığı, Yaradan'ın ona tüm ihtiyaçlarını karşıladığı durumda Yaradan'ı sevebileceğini belirtir, alma arzusu bunu hak ettiğini düşünür. Yani, Yaradan onu seviyor, çünkü tüm ihtiyaçlarını karşılıyor. Eğer karşılamıyorsa, kişi kendini alçaltıp ve aklının değersiz olduğunu söyleyemez. Aksine, o zaman, Yaradan'dan uzaklaşır ve "eğer O dileklerimi yerine getirmiyorsa O'na hizmet etmenin bir değeri yoktur" der. Buna "gurur" denir, zira eğer beden talep ettiğini almazsa, kişi Yaradan'ın, "iyi ve iyilik yapar" denen yolunu anlamak ister. Yaradan böyle gururlu bir kişi hakkında "O ve ben aynı yerde yaşayamam" der.

Ama eğer kendisini alçaltır ve "Yaradan'ın yollarını anlayamam," derse ve aklının dikte ettiği şeylerin değersiz olduğunu söyler ve mantık ötesi giderse, buna "alçaklık" denir. Bunun hakkındaki ayette şöyle denir: "Efendi yücedir ve alçak olanlar görecektir" Kişi, Yaradan'ın onu Kendisine yaklaştırmasıyla ödüllendirilir.

Buna göre, bilgelerimizin "Kim yücelik peşinde koşarsa, yücelik ondan kaçar" (İruvin 13) sözünü yorumlayabiliriz. Kişi şöyle der: "Bana yücelik göndermesi koşuluyla Yaradan'a hizmet edebilirim. Yani eğer O'nun yüceliğini hissedersem, Yaradan rızası için çalışabilirim. Aksi takdirde, Yaradan rızası için çalışamam." Ona "yücelik ondan kaçar" denir.

Ama kişi, "Şimdi Yaradan'ın koşulsuz bir hizmetkârı olmak istiyorum ve büyüklüğe ihtiyacım yok" dediğinde, Yaradan'a tam bir alçaklığa yani Yaradan'ın yüceliği duygusuna sahip olmamasına rağmen, "alçaklık" denen mantık ötesi hizmet etmek istiyorsa, o zaman büyüklükle ödüllendirilir çünkü o kendini alçaltır zira kendisi için değil, sadece Yaradan rızası için çalışmak ister.

Dolayısıyla, Yaradan'ın yüceliğini hissetmedikçe çalışamayacağını söylediğinde, alma arzusunun, Yaradan'ın yüceliğini mantık dahilinde anlamazsa, Yaradan rızası için çalışamayacağını söylediği sonucu çıkar. Buradan, sadece alma arzusunun işleten olduğu sonucu çıkar, ancak alma arzusu üzerinde Tzimtzum [kısıtlama] ve gizleme vardı. Bu nedenle, büyüklükle ödüllendirilmek tamamen imkânsızdır. Bunun yerine, kişi her zaman büyüklükten kaçmalıdır. O zaman, "Kim onurdan kaçarsa, onur onu kovalar" denildiği gibi denilebilir.

Dolayısıyla burada çalışmanın sıralamasında birkaç aşama olduğu sonucu çıkar: 1) Kişi önce yücelik ve onur peşinde koşmalıdır, aksi takdirde onur ve yücelik için hiçbir Kelim'e [kabı] sahip değildir, zira düşünce kişinin talep ettiği şeye göre hareket eder. Eğer mantık için Kelim'i yoksa, nasıl mantık ötesi gidebilir? Bu nedenle, bir kişi çalışmaya başladığında, Yaradan'ın yüceliğini nasıl alacağını düşünmelidir, böylece Yaradan'ın yüceliğini hissettiğinde, beden direnmeyecektir çünkü küçük olanın büyük olanın önünde iptal olması doğaldır.

Ama eğer mantık için özlem duymuyorsa yani büyük bir Krala hizmet etmek istiyorsa o zaman çalışması sadece eylemdedir ve Yaradan'ın ona yardım etmesine ihtiyacı yoktur, zira o zaman sadece ödül almak için çalışır. Ödül ve cezaya inandığı ölçüde, o ölçüde çalışabilir ve Yaradan'ın yüceliğine ihtiyacı yoktur. Başka bir deyişle, Kral o kadar büyük olmasa da, ödülü verene değil, ödüle baktığı için aldırmaz.

Eğer kişi Yaradan rızası için çalışmaya başlarsa, o zaman Kral'ın yüceliğine ihtiyacı vardır. Dolayısıyla, eğer Kral'ın yüceliğine özlem duymuyorsa, bu onun Yaradan rızası için çalışmadığının bir işaretidir. Bu nedenle, özellikle yüceliğin peşinden koştuğunda bu, onun tüm eylemlerinin Yaradan rızası için olduğunu söyleyebileceği bir duruma ulaşmak istediğinin işaretidir. Daha sonra, yüce ve önemli bir Kral'ı olduğunu bilmesi gerektiğini hissettiğinde ve bunun kendisi için ana bozguncu olan alma arzusunun üstesinden gelebilmek için ihtiyaç duyduğu şey olduğunu gördüğünde, ikinci safhaya gelir. Bu kişinin, yücelikten kaçmak zorunda kaldığı ve koşulsuz olarak Yaradan rızası için çalışmak istediği aşamadır ki buna mantık ötesi denir.

Başka bir deyişle, mantığı ona, "Görüyorsun ki sen sadece küçük bir krala inanıyorsun," dese de kişi, yine de şunu demelidir: "Sen benim için yüce bir Kral'sın, sanki böyle hissettim. Hissettiğim gibi Senin büyük bir Kral olduğuna mantığımın üzerinde inanıyorum." Dolayısıyla, bu aşamada, yücelikten ve onurdan kaçar ve sonra yücelik ve onur onu kovalar ve yüceliği almak istememesine rağmen onu yakalar çünkü ancak o zaman Yaradan'la eşitlik vardır.

Bu, Zivug de Hakaa [çarparak çiftleşme] hakkında öğrendiklerimizle aynıdır: Masah [perde] ışığı reddettiği ölçüde, Aviut'a [kalınlık] sahip olmasına rağmen yani ışığa karşı bir arzu ve özlem duymasına rağmen, yine de onu almaz çünkü alan değil veren olmak ister. Dolayısıyla, Masah'taki reddetmeyle, onun içinde Ohr Hozer [Yansıyan Işık] doğar ve bu, Ohr Hozer'de ışığı almak için yeni bir Kli [kap] alır.

Burada da durum aynıdır. İlk olarak, kişinin Yaradan'ın yüceliğini edinmek için bir arzu ve özlem edinmesi gerekir ve sonra kişi yüceliği reddetmek için güç edinmeli ve onu almak istememelidir çünkü kişi form eşitliği ister. O zaman Ohr Hozer'i edinir ve bu Ohr Hozer'de büyüklüğü ve gücü alır.

Burada üç aşama olduğu anlaşılmaktadır:

1) Özellikle Yaratan'ın büyüklüğünü istemek.

2) Özlem fikrini reddetmek yani Yaradan'ın yüceliğine dair gerçek bir hisse sahip olduğunda, bedenin kutsal çalışmayı yapmak için teslim olacağını anlamasına rağmen. Yine de, onurdan ve yücelikten kaçar ve Yaradan rızası için çalışmak istediğini söyler.

Hiçbir hissi olmamasına rağmen, Yaradan'dan kendisine alma arzusunu yenebilmesi için güç vermesini ister, buna karşı çıksa bile.

3) Yaradan'ın yüceliğinin hissine ihtiyaç duymadığı ve Yaradan rızası için koşulsuz çalıştığı zaman. O zaman, Yaradan'ın yüceliği ve Yaradan'ın görkemi ile ödüllendirilir. O zaman, "Kim onurdan ve yücelikten kaçarsa, onur onu kovalar ve ona yapışmak ister" sözleri gerçekleşir çünkü o zaten form eşitliğine sahiptir, yani kişi ihsan etmek için çalışmak ister.

Buna göre, kişi bir kez Yaradan'ın yüceliğini hissetmenin değerli olduğunu anladığında, zira o zaman beden Kral'a hizmet etmeyi kabul edecektir ve bir kez bunun için bir talebi olduğunda, Yaradan rızası için çalışmak istediğinde ama beden buna direndiğinde, zira Yaradan'ın yüceliğini hissetmediği sürece, mantık ötesi inanmak istemez, o zaman kişinin bundan kaçması gereken bir durum gelir çünkü bu sadece alma arzusunun bir argümanıdır.

Ancak kişi Yaradan'ın yüceliğini hissetmediği zaman, beden bu çalışmayı kabul etmez ve o zaman kişi şöyle demelidir: "Ama bilgelerimiz 'Kim yücelik peşinde koşarsa, yücelik ondan kaçar' demişlerdir." zira beden çalışmadan haz almasa bile kişi Yaradan'ın rızası için çalışmalıdır çünkü Yaradan'ın rızası kişinin kendi menfaatini hiçbir şekilde düşünmemesi demektir.

Bu, "Zohar Kitabı'na Giriş"de (Madde 199) yazıldığı gibidir, "Bütün sevgi, ister yargıda ister merhamette olsun, her iki tarafta da bütündür. Ve O, sizin ruhunuzu alsa bile, Yaradan'a olan sevginiz tam bir bütünlük içindedir, tıpkı O'nun size bolluk verdiği zamanki gibi. O'nu serveti, uzun ömrü, çevresinde oğulları, düşmanlarına karşı üstünlüğü ve yolunda başarısı olsun diye seven vardır. Bu yüzden O'nu sever. Eğer bunun tersi olsaydı ve Yaradan sert bir yargıyla talihini tersine çevirseydi, O'ndan nefret ederdi ve O'nu hiçbir şekilde sevmezdi. Bu nedenle, bu sevgi temeli olan bir sevgi değildir. Tam sevgi her iki tarafta da, yargıda veya merhamette ve başarılı yollarda sevgidir. Kişi Yaradan'ı, O'ndan ruhunu alsa da öğrendiğimiz gibi sevecektir. Bu sevgi tamdır."

Kişinin Yaradan'ı yükselişte sevmesi gerektiğini yorumlamalıyız - Yaradan'ın dünyayı İyi ve İyilik Yapan olarak yönettiğini hissettiğinde, zira yükseliş sırasında kişi O'nun önünde kayıtsız şartsız iptal etmek ister - ancak bu bir meşalenin önündeki mum gibidir, kişi herhangi bir akıl veya mantık olmadan fesheder. Bu, bir ruha sahip olduğunda Yaradan'a hizmet eden bir kişi olarak kabul edilir.

Yükseliş, kişinin canlı olduğu ve yaşam nefesine sahip olduğu anlamına gelir. O zaman kişinin Yaradan'a karşı sevgisi vardır ve bu, çalışmada "iyiliğin tarafı" olarak adlandırılır.

Ancak kişi Yaradan ruhunu yani Yaradan ondan yaşam nefesini aldığında da Yaradan'ı sevmelidir. Buna kişinin canlılık hissi kalmadığında, ruhu ondan alındığında ve canlılığı kalmadığında "düşüş zamanı" denir,. Eğer kişi böyle bir durumda da Yaradan'a karşı sevgi duyuyorsa, buna "tam sevgi" denir.

Böyle bir şey ancak mantık ötesinde olabilir, çünkü kişinin mantık dahilinde üstesinden gelme gücüne sahip olacağı bir canlılığı yoktur. Bu nedenle, kişi Yaradan'ın herhangi bir yakınlığını elde etmeden önce yücelik ve onurdan kaçmak için hazırlık sırasında çalışmalıdır. Yani, sadece Yaradan ona yaşam nefesi verirse ihsan etmek için çalışabileceğini söylememelidir, ancak canlılık olmadan, yani yaşam ruhu olmadan, Yaradan rızası için çalışamaz. Tora'nın görüşü bu değildir.

Aksine, kişi Yaradan'dan ruhunu aldığında ve cansız kaldığında bile Yaradan'ı sevme gücü vermesini istemelidir ki her koşulda üstesinden gelebilsin ve Yaradan'ı sevebilsin.

Yukarıdakilere göre, "O karanlığı saklanma yeri yaptı" ifadesinin anlamını yorumlamalıyız. Bunun anlamı şudur: Yaradan Kendisini bir insandan saklamak istediğinde, ki bu kesinlikle insanın iyiliği içindir, çünkü o hala ifşaya hazır değildir, kişiye karanlığı verir. Yani, ondan yaşam nefesini alır ve kişi Keduşa'nın ışığının parlamadığı karanlık bir yere düşer.

Kişi bunun bir gizlilik olduğuna inanmalıdır. Gizlilik şu anlama gelir: Dünyayı iyi ve iyilik yapan bir şekilde yöneten yüce bir Yaradan olduğuna inanır ama bu kendisinden gizlenir. Kişi bunun sadece bir gizlilik olduğuna inanmalıdır ve eğer bunun sadece bir gizlilik olduğuna ama gerçekte gördüğü gibi olmadığına inanmayı başarırsa, o zaman bu Kisse [örtü] üzerinde parlayan ışıkla ödüllendirilir, yani ışık bu karanlığın içinde parlar.

Buna göre, kişi düşüş durumundan ve yükseliş durumundan öğrenmelidir. Yani, düşüş durumu kişiye Yaradan'la Dvekut'a [bütünleşme] ulaşmak için büyük çaba sarf etmek istediğinde gelir. Ancak, kişi başka türlü görür, sanki hiçbir şey yapmamış gibidir, ihsan etmek amacıyla çalışmaya başlamadan önceki haliyle aynı durumdadır. O zaman, kişi bilgelere ve onların söylediklerine inanmalıdır, kişinin düşündüklerine ve söylediklerine değil, çünkü bu düşüşler ona yükselmek ve Yaradan'a yaklaşmak için yer açar.

Çalışmada "Erdemlilerin İyi İşleri Nesillerdir" Ne Demektir?

Makale No. 5, Tav-Şin-Nun-Alef, 1990/91

RAŞİ, bilgelerimizin "Bunlar Nuh'un nesilleridir; Nuh erdemli bir adamdı" sözlerini getirir. Neden oğulları Şem, Ham ve Yafet'in isimlerinden bahsetmiyor da "Bunlar Nuh'un nesilleridir; Nuh erdemli bir adamdı" diyor? Bu, size erdemlilerin soylarının öncelikle iyi işler olduğunu öğretmek içindir.

Erdemlilerin soylarının iyi işler olduğunu söylemenin, bu bilginin diğer insanların bilmesi için mi yoksa erdemlilerin kendilerinin bilmesi gereken bir şey olduğu için mi olduğunu anlamalıyız. Çalışmada her şeyi tek bir kişinin içinde öğrendiğimiz bilinmektedir. Bu durumda, erdemlilerin soylarının iyi işler olduğunu bilmek zorunda olan diğer insanlar da aynı bedenin içindedir. Bu demektir ki, erdemlilerin kendisi de çocuklarının iyi işler yapması gerektiğini bilmelidir. Bunu erdemlilerin kendisiyle ilişkili olarak, bu bilginin çalışmada kişiye ne kattığını bilmeliyiz.

Bunu anlamak için öncelikle çalışmada iyi işlerin veya kötü işlerin ne olduğunu bilmeliyiz. İyi işler demek, kişinin Tora ve Mitzvot'u [emirleri/iyi işleri] yerine getirirken, uygulamada Tora ve Mitzvot'u yerine getirdiğinde, yani Yaradan'a inandığında, O'nun Mitzvot'unu yerine getirdiğinde ve Tora için zaman ayırdığında, uygulamayı ayırt etmemiz gerektiği anlamına gelir. Ancak kişi niyetine yani Tora ve Mitzvot'u gözlemlediği için ödüllendirilmek üzere kendisi için mi çalıştığına, ki buna "kişisel fayda" denir, yoksa ödül almak için değil de Yaradan'ın rızası için mi çalıştığına dikkat etmez.

40

İkisi arasındaki fark, kişi hala kendi menfaati için çalıştığında ve hala kendi için almaya daldığında, bu almada Tzimtzum [kısıtlama] ve gizlemenin olmasıdır. Bu demektir ki, yaratılış amacı olan yarattıklarına iyilik yapma söz konusu olduğunda, zevk ve hazzı alamaz. Bundan çıkan sonuca göre, amacı kişinin kendi yararı olan eylemler "kötü eylemler" olarak adlandırılır, zira bu eylemler kişiyi haz ve zevk almaktan uzaklaştırır. Buna göre, kişi eylemde bulunduğunda kazanması gerekirken, burada Yaradan'dan ayrıldığı için kaybetmektedir.

Ama kişi her şeyi Yaradan da bundan zevk alsın diye Yaradan rızası için yaparsa, o zaman Yaradan'la Dvekut'a [bütünleşmeye] giden bir çizgi ve yol üzerinde yürür ki buna "form eşitliği" denir. Form eşitliği olduğunda, Tzimtzum ve gizlilik ondan kaldırılır ve kişi yaratılış düşüncesindeki haz ve zevkle ödüllendirilir, ki bu da O'nun yarattıklarına iyilik yapmasıdır. Bu nedenle, kişinin Yaradan rızası için yaptıklarına "iyi işler" denir, zira bu eylemler onun iyilikle ödüllendirilmesine yol açar.

Yukarıdakilere göre, erdemlilerin, erdemlilerin çocuklarının iyi işler olduğunu bilmeleri gerektiğini yorumlamalıyız. Çocuklara "meyveler" denir ve bunlar önceki durumun sonuçlarıdır. Buna "neden ve sonuç" ya da "baba ve evlat" denir. Sonuç olarak, bir kişi Tora ve Mitzvot'u gözlemlediğinde ve erdemli olmak istediğinde, bilgelerimizin dediği gibi (Berachot 61), "Rabba dedi ki, 'Kişi kalbinde erdemli mi yoksa günahkâr mı olduğunu bilmelidir'", erdemli olup olmadığını nasıl bilebilir? Peki, kişi bunu nasıl bilebilir?

Bu nedenle, "erdemlilerin nesilleri [soyları] iyi işlerdir" demişlerdir. Eğer bir kişi Tora ve Mitzvot'a olan bağlılığının kendisine iyi işler kazandırdığını görürse, yani yaptığı Tora ve Mitzvot, her şeyi Yaradan'ın rızası için yapmasına neden oluyorsa, bu onun erdemli olduğunun bir işaretidir.

Ancak, eğer yerine getirdiği Tora ve Mitzvot ona iyi işler değil de kötü işler kazandırıyorsa, yani sadece kendi çıkarı için çalışıyor ve ona Yaradan'ın rızası için iyi işler yapma kabiliyeti kazandırmıyorsa, o zaman Tora ve Mitzvot'u tüm detayları ve hassasiyetleriyle yerine getirse bile "erdemli" kategorisine girmez. Ancak, bu sadece çalışma için böyledir. Genel halk nezdinde, Tora ve Mitzvot'u tüm ayrıntılarıyla yerine getiren kişi erdemli kabul edilir.

Bu nedenle RAŞİ, "Nuh erdemli bir adamdı, nesillerinde tamdı" ayetiyle ilgili olarak, bilgelerimizin "Bazıları onu över, bazıları da kınar" sözlerini getirir. Neden övdüklerini ve neden kınadıklarını, yani hangisinin doğru olduğunu yorumlamalıyız.

Çalışmada, her şey tek bir kişiyle ilişkilendirilirken, soylar da birkaç bedenle değil, birkaç zamanda tek bir bedenle ilgilidir. O halde övmenin ve kınamanın anlamı nedir?

"Zohar Kitabı'na Giriş "te (Madde 140) şöyle yazar: "'Gündüzden gündüze söz akar ve geceden geceye bilgi açığa çıkar. Çoğu zaman, iyiliğin ve kötülüğün rehberliği yükselişlerimize ve düşüşlerimize neden olur. Bu nedenle her yükselişin ayrı bir gün olarak kabul edildiğini bilmelisiniz, çünkü kişi başlangıçta yaşadığı büyük düşüş nedeniyle, yükseliş sırasında yeni doğmuş bir çocuk gibidir. Bu yüzden her yükseliş belirli bir gün olarak kabul edilir ve benzer şekilde her düşüş de belirli bir gece olarak kabul edilir. Onlar ıslahın sonunda sevgiden tövbe ile ödüllendirileceklerdir, çünkü alma kaplarının ıslahını tamamlayacaklar, böylece sadece Yaradan'a hoşnutluk ihsan etmek için çalışacaklar ve yaratılış düşüncesinin tüm büyük hazzı ve zevki bize görünecektir. O zaman, açıkça göreceğiz ki, düşüş zamanlarındaki tüm bu cezalar, bu günahlar gerçek erdemlere dönüşecektir. Ve bu 'Günden güne söz dökülür'." demektir.

Yukarıdakilere göre, "Nuh erdemli bir adamdı, nesilleri tamdı" ifadesini, burada hem övgü hem de kınama olması gerektiği ve her ikisinin de doğru olduğu şeklinde yorumlamalıyız. Başka bir deyişle, eğer "nesillerinde" çoğul olarak yazılmışsa, bu, neslin birkaç aralığa bölündüğü anlamına gelir. Dolayısıyla, birçok nesil vardır. Bu, çalışma sırasında inişler ve çıkışlar olduğunda mümkündür; dolayısıyla, onlar birkaç nesle ayrılmıştır.

Dolayısıyla, Sulam'da [Zohar'a Merdiven yorumu] söylediği gibi, düşüş zamanı bir kınama olarak kabul edilir, bazen "başlangıcı düşünme" durumuna geliriz. Bundan daha kötü bir kınama olamaz. Buradan kınamaların düşüşlerle ilgili olduğu sonucu çıkar. Ayrıca, yükseliş zamanları anlamına gelen övgüler de vardır. Bu övgüdür çünkü o zaman kişinin Keduşa [kutsallık] ile bir bağı vardır.

"Tam", tüm nesillerin "tam" olarak adlandırılan bir bütünlük haline geldiği anlamına gelir. Başka bir deyişle, kişi ıslahın sona ermesiyle ödüllendirilmiştir, yani ihsan etmek üzere almak için kapların ıslahını tamamlamışlardır. Dolayısıyla, aralarında aralıklar olan nesillerin çoğalması, yani düşüşler ıslah edilmiş ve kişi kendi neslinde tamamlanmıştır. Kınamanın ve övmenin anlamı budur ve her ikisi de doğrudur ve her ikisi de "neslinde tam" olarak adlandırılan tek bir unsur haline gelir.

Bununla birlikte, çoğunlukla, Tora ve Mitzvot ile pratikte uğraşanların, başlangıcı düşünme durumuna gelebilecekleri noktaya kadar yükselişleri veya düşüşleri yoktur, zira alma arzusunu lekelemek istemedikleri sürece, beden çalışmaya o kadar da itiraz etmez. Dolayısıyla bu kişiler kendilerini tamamlanmış olarak görürler. Onlar Tora'ya baktıklarında, kendilerini o kadar da kötü değil, az çok iyi olarak görürler.

Buna "Tora'ya Ayin [göz/yetmiş] yüz" denir, bu da burada yapılması gereken iki ayrım olduğu anlamına gelir:

1) Dar gözlü yüzünü Tora'ya çevirir. Yani, Tora'yı " Hasadim'de [merhametlerde] sınırlı" olarak adlandırılan dar gözlü şeklinde yorumlar. Başka bir deyişle, kişi, kendi yararından başka bir şeyin nasıl olabileceğini anlamaz. Bu nedenle Tora'yı kendi yararına hiçbir zarar gelmeyecek şekilde yorumlar. Bilgelerimizin şöyle dediği gibi (Avoda Zara 19), "Kişi sadece kalbinin istediği yerde öğrenir." Yani, eğer kişi dar gözlü ise, Tora'nın Ayin yüzleri kendine olan sevgisini getirecek şekildedir.

2) "İyi gözlü olan kutsanacaktır" diye yazıldığı gibi, orada kutsanmış Ayin vardır. Bu, iyi bir göze sahip olan, ihsan etmeyi seven, dar gözlülerin tam tersi olarak, ihsan etmek için çalışmak istediği için, Tora'ya baktığında, Tora'daki tüm yerlerde, bir kişinin ihsan etmek için çalışması gerektiğini görür anlamına gelir. Bu, kişi için bulunduğu yerden öğrenme olarak kabul edilir. Başka bir deyişle, kişi sadece ihsan etmek için çalışmamız gerektiğini görür. Bunun sonucunda iyi gözlü kişi Hesed [merhamet/lütuf] adı verilen kutsamalarla, yani Dvekut [bütünlükle] ile ödüllendirilir. Bu sayede daha sonra yaratılış düşüncesindeki zevk ve haz ile ödüllendirilir.

Buradan, kişinin Yaradan'ın kendisine yardım edeceği ve "ihsan etme arzusu" olarak adlandırılan ikinci doğayı vereceği bir ihtiyacı edinmek için çalışması gerektiği sonucu çıkar. Ancak, herkes önce ödülü, sonra da çalışmayı ister. Yani, her biri önce kendisine ihsan etme arzusunun verilmesini ister, her ne kadar bu arzuya ihtiyacı olduğunu henüz anlamamış olsa da kişinin çalışması karşılığında aldığı ödülün yukarıdan kendisine ihsan etme arzusunun verilmesi olduğunu duymuştur. Dolayısıyla, kendisine bu arzunun verilmesini ister, ancak niyeti sadece onu edinmek için çalışmak zorunda kalmamaktadır.

Ancak, Kli [kap] olmadan ışık olmaz. Yani, eksiklik olmadan doyum olmayacağından, kişi önce bir arzu ve bu arzu için bir ihtiyaç olması için çalışmalıdır. Bu nedenle, kişi her seferinde düşüşleri kabul etmelidir, zira düşüşler sayesinde Yaradan'ın ona yardım edeceği ve içindeki alma arzusunu yenebilmesi için ona güç vereceği bir ihtiyaç edinir, ki böylece ihsan etme arzusuyla ödüllendirilsin.

Bu yüzden, Yaradan'dan bize Yaradan'la Dvekut'a sahip olabilmemiz için ihsan etme arzusu vermesini isteriz, kendi açımızdan ise alma arzumuzun üstesinden gelemeyiz ve ona boyun eğdiremeyiz ki o da kendini iptal etsin ve yerini ihsan etme arzusunun bedene hükmetmesine bıraksın.

Duanın sırası yazıldığı gibidir: "Babamız, Kralımız, bizim iyiliğimiz için değilse bile Senin rızan için yap." Bu ifade kafa karıştırıcıdır. Normalde bir kişiden bir iyilik istediğimizde ona şöyle deriz: "Bana senin için, yani senin iyiliğin için bir iyilik yap. Eğer senin yararına olacağı için bana iyilik yapmak istemiyorsan, bunu sadece benim iyiliğim için yap" deriz.

Ancak kişi kendi yararına olacağı halde ona yardım etmek istemezse buna rağmen yardım etmek istemezse ve bundan herhangi bir fayda elde etmezse ona iyilik yapmayacağı kesindir. Öyleyse "Senin rızan için yap" ne anlama geliyor ve bu da olmuyorsa, yani Senin rızan için değilse, o zaman "Bizim iyiliğimiz için yap", yani sadece bizim yararımız için yap anlamına mı geliyor? Böyle bir şey olabilir mi?

Bunu yorumlamalıyız: "Babamız, Kralımız, Senin rızan için yap" diyoruz. Yaradan'dan bize güç vermesini istiyoruz ki tüm eylemlerimizi Senin için, yani Yaradan'ın rızası için gerçekleştirebilelim. Aksi takdirde, yani Sen bize yardım etmezsen, tüm eylemlerimiz sadece kendi iyiliğimiz için olacaktır. Yani, "Aksi takdirde," yani "Sen bize yardım etmezsen, tüm eylemlerimiz sadece kendimiz için, kendi iyiliğimiz için olacaktır, çünkü alma arzumuzun üstesinden gelme gücümüz yok. Bu nedenle, Senin için çalışabilmemiz için bize yardım et. Bu nedenle, Sen bize yardım etmelisin." Buna "Senin rızan için yap" denir, yani bunu yap, bize ihsan etme arzusunun gücünü ver. Aksi takdirde, mahvoluruz; kendi iyiliğimiz için alma arzusunda kalırız.

Ancak kişi bilmelidir ki Kli olmadan ışık, eksiklik olmadan doyum olmaz. Bu nedenle, kişi öncelikle ihsan etme arzusundan yoksun olduğunu hissetmelidir. Başka bir deyişle, kişi ihsan etme arzusunu bir aksesuar olarak görmemektedir; aslında iyi olduğunu ama daha eksiksiz olmak istediğini düşünmektedir. Bunun maneviyat açısından bir eksiklik olarak görülmediğini bilmeliyiz. Maneviyatta her şey tam yani tam bir ışık, tam bir eksiklik olmalıdır. Aksesuarlar tam bir eksiklik olarak görülmez ve bu nedenle tam ışık içeri giremez.

Dolayısıyla, Yaradan'ın kişiye ihsan etme arzusunu vermesi olarak kabul edilen ışığa "tövbe ışığı" denir, zira kişi ihsan etme arzusunu almadan önce, ihsan etme arzusu olarak adlandırılan Keduşa'nın [kutsallığın] zıttı olan alma arzusunun hükmü altına girer, çünkü alma arzusu Klipot'a [kabuklara] aittir. Bu nedenle bilgelerimiz " Yaşamlarında kötü olanlara 'ölü' denir" demişlerdir.

On Sefirot Çalışması'nda (Bölüm 1, Histaklut Pnimit, Madde 17) yazılanların anlamı budur: "Bu nedenle Klipot'a 'ölü' denir, çünkü Yaşamların Yaşamına karşıtlıkları onları O'ndan koparır ve O'nun Bolluğundan hiçbir şeye sahip olamazlar. Dolayısıyla, Klipot'un artıklarıyla beslenen beden de Yaşamların Yaşamından kopmuştur. Tüm bunlar sadece alma arzusu yüzündendir. Bu nedenle, 'Yaşamlarında kötü olanlara 'ölü' denir."

Buna göre, kişi Yaradan'ın kendisine bahşedeceği ihsan etme arzusunu tam bir eksikliğe sahip olmadan edinemez, yani alma arzusunun hükmü altında olduğu ve Yaradan'dan ayrıldığı için kötü olduğunu hisseder ve tövbe etmek, ayrılmamak için

Yaradan'a bir kez daha bağlanmak ister, zira ayrılık "Yaşamlarında kötü olanlara 'ölü' denir." denildiği üzere ölüme sebep olmaktadır.

Buradan şu sonuç çıkar ki, kişi kendini kötü olarak hissetmedikçe, Yaradan'ın ona yardım etmesine, Baal HaSulam'ın "ikinci bir doğa" dediği ihsan etme arzusunun gücünü vermesine dair tam bir eksikliğe sahip olamaz. Dolayısıyla, çalışma açısından, kişi ilk önce kötü, günahkâr olduğunu hissetmeden önce tövbe etmiş sayılmaz.

Sonrasında, tövbe etmek istediği için Yaradan'dan kendisine yardım etmesini ister. Yine de, Yaradan'ın yardımı olmadan tövbe etmekte güçsüz olduğunu görür. Böyle bir durumda, kişi "tam bir Kli" olarak adlandırılan tam bir eksikliğe sahiptir ve o zaman Yaradan'dan tam yardımı, yani ihsan etme arzusunu almaya uygun hale gelir.

Ancak bilgelerimiz şöyle der: "Kişi kendini kötü olarak görmez" (Ketubot 18). Bunun nedeni, bilgelerimizin "günah işlemek ve tekrarlamak" çalışmasında "ona izin verilmiş gibi olur" demeleridir. Böylece, kişi kendisini kötü olarak görmez ve tam bir Kli'ye sahip olduğunu, Yaradan'dan gerçekten de çok uzak olduğunu, kendisini ölü gibi hissettiğini söyleyemez. Yani, "Yaşamlarında kötü olanlara 'ölü' denir" sözünü, kişinin Yaradan'ın huzurunda kötü olduğunu hissettiğini söyleyebildiği zamanlar olarak yorumlamalıyız. Bu demektir ki, kişi kendisini ölü olarak hissettiğinde -Keduşa'nın canlılığına sahip olmadığında - kendisini kötü olarak hissetmektedir.

Fakat kişi böyle bir duyguyu nereden alır? Bunun cevabı önceki makalelerde söylediğimiz gibidir: Zohar'da "Ya da ona günah işlediğini bildir" ayeti hakkında yazıldığı gibi, böyle bir farkındalık ve duygu yukarıdan gelir. "Bunu kim bildirdi?" diye sorar. O da "Yaradan bunu ona bildirdi" diye cevap verir. Buradan, kişinin günah işlediğine dair farkındalığının ve hissinin de yukarıdan geldiği sonucu çıkar. Başka bir deyişle hem eksiklik hem de doyum, hem ışık hem de Kli yukarıdan gelir.

Bununla birlikte, her şeyin aşağıdan bir uyanış gerektirdiği bilinmektedir. Bunun yanıtı, kişinin önce iyi işler yapması gerektiğidir. Yani, kişi iyi işler yapmak istediğinde çalışma başlar, bu da kişinin Yaradan'ın iyiliği için çalışmak istemesi olarak kabul edilir, kişi Yaradan'ın rızası için çalışıyor sayılır. Bu durumda, Yaradan'a yaklaşmak isteyerek ve sadece birazcık bütünlüğe ihtiyacı olduğunu ama aslında kendisinin iyi olduğunu düşündüğünde, yukarıda Yaradan'a yaklaşmak istediği görüldüğü için, her seferinde kendisinde olan eksiklik ona verilir -aslında Yaradan'dan tamamen uzaktır.

Kişi önceden düşündüğü gibi birazcık bütünlükten yoksun değildir. Aksine, ona yukarıdan Yaradan'dan formun zıtlığı noktasına kadar uzak olduğu gösterilir, öyle ki kişi Yaradan'a nazaran kötü olduğunu ve Yaradan'a memnuniyet getirmek için hiçbir şey yapamayacağını hisseder.

İşte o zaman, "kötü, günahkâr" derecesine ulaşır ve Keduşa'nın hiçbir canlılığına sahip olmadığını ve gerçekten "ölü" olduğunu görür. Bu durumda, kişi "tam Kli" olarak adlandırılan tam bir eksikliğe sahip olur ve o zaman Yaradan ona tam bir ışık, yani ihsan etme arzusu demek olan tam yardımı verebilir. Bu kişinin tövbe ettiği kabul edilir.

Ancak, bilmeliyiz ki, çalışmada, "yasa" olarak adlandırılan mantık ötesi inancın ve "hüküm" olarak adlandırılan Tora'nın olduğunu anlamalıyız. Baal HaSulam, "Yasa, mantık ötesi inanç, hüküm ise Tora anlamına gelir" demiştir. "Yukarıdakinin emrini bilmeyen biri, O'na nasıl hizmet edecek?" diye sormuştur. Bu nedenle, kişi "hüküm " olarak adlandırılan Tora'nın sözlerini anlamaya çalışmalıdır.

Bununla, "Lemeş kendine iki eş aldı: Birinin adı Adah, ötekinin adı Tzillah'tı" (Yaratılış 4:19) diye yazılanları yorumlamalıyız. Çalışmada bunun bize ne öğrettiğini, onun kaç karısı olduğunu ve onların isimlerinin ne olduğunu anlamalıyız. Lemech'in Melech [kral] harflerine sahip olması, kişinin iyi bağlantılar kurması gerektiğini yani dünyanın bir Kralı olduğunu hissetmekle ödüllendirilmesi gerektiğini ve dünyanın Kralına hizmet etmekle ödüllendirilirse bunun bir kişi için büyük bir ayrıcalık olduğunu ifade eder.

"Eşler" yardımcılar anlamına gelir, "Erkeğin yalnız kalması iyi değildir; ona karşı bir yardımcı yaratacağım" diye yazıldığı üzere, kadın yardımcı anlamına gelir. Peki, kadın nasıl yardımcı olur? Kadın erkeğe yardım ettiği için "eş" olarak adlandırılır, yani erkeğin çalışmasını kendi niteliğini kullanarak tamamlar. Bu nedenle kadının erkeğin tamamlanmasına yardımcı olduğu düşünülür.

Çalışmanın tamamlanmasının iki şekilde olduğunu bilmeliyiz: 1) Mitzva [Mitzvot'un tekili], 2) Tora. Mitzva'nın "mantık ötesi inanç" olarak adlandırıldığı ve "mantığın" "güneş" olarak kabul edildiği bilinmektedir, "Eğer mesele senin için gün gibi açıksa" diye yazıldığı gibi. Buradan "mantık ötesi "nin güneşin zıttı olduğu sonucu çıkar. Buna "gölge" denir.

Bununla, kişi bir kral olduğunu hissetmek istiyorsa, bir gölge, yani mantık ötesi bir inanç edinmelidir diye yorumlamalıyız. "Ve diğerinin adı Tzillah [İbranice: gölge]" sözlerinin anlamı budur. Başka bir deyişle, kişi inanç yoluyla Kral'a hizmet etmekle ödüllendirilmek üzere yardım alır. Ancak bu yine de bütünlük olarak kabul edilmez çünkü güneşin üzerindeki gölge, yani inancın üzerinde olması gereken mantık ötesi, henüz tam bir çalışma olarak kabul edilmemektedir.

Ayrıca Tora da gereklidir, buna "hüküm" ve bilmek denir, zira anlamadığımız şey Tora kategorisine değil, inanç kategorisine girer. Öte yandan Tora "tanıklık" olarak adlandırılır. Bilindiği gibi işitmekle tanıklık olmaz, ancak görmekle olur, zira görmek bilmek olarak kabul edilir.

Edut [tanıklık] kelimesinden gelen "Birinin adı Adah'tı" sözlerinin anlamı budur, burada kişi, gölge değil ışık olan Tora tarzında kendisine yardım eden "eş" adı verilen yardımcıdan yardım almalıdır. Kişi tam olarak Tora ve Mitzva'ya sahip olduğunda, tam bir insan olarak kabul edilir.

Adah = Yaradan'ın Yaradan hakkındaki Ed [tanıklığı], Edut olarak adlandırılan Tora'dır.

Tzillah = Yaradan'ın Tzel [gölgesi] Yaradan'ın üzerindeki bir gölge, yani inançtır.

Çalışmada "Avram'ın Sığırlarının Çobanları ve Lut'un Sığırlarının Çobanları" Nedir?

Makale No. 6, Tav-Şin-Nun-Alef, 1990/91

"Ve Avram'ın sığırlarının çobanları ile Lut'un sığırlarının çobanları arasında bir tartışma oldu" diye yazar (Yaratılış 13:7). Baal HaSulam bu konuda, "sığır "ın "mal" anlamına geldiğini, tartışmanın İbrahim'in sığırlarının çobanları arasında olduğunu söyledi ve şöyle dedi: "Av-Ram [Yüce-Baba] olarak kabul edilen manevi mallarla -ki bu özellikle mantık ötesi olan Ram [yüksek] niteliği anlamına gelir- nasıl ödüllendirilebiliriz, çünkü İbrahim niteliği inancın Av'ıdır [babasıdır].

Av-Ram, isteyeceği anlamına gelir-Av, Ava [istedi] kelimesinden gelir, "Onları göndermeyi Ava [istemedi]" gibi. Ram yukarıda anlamına gelir. Yani Avram, insanın içinde var olan ve "alma arzusu" olarak adlandırılan arzunun ve insanın içinde var olan ve "ne yaptığını bilme ve anlama arzusu ve inanmak istememe" denilen arzunun üzerine çıktı. Avram bu ikisinin, yani aklın ve kalbin üzerine çıktı. Buna "çoban" denir, çünkü ancak bu şekilde kendisini yönlendirmek ister.

"Lut'un sığırlarının çobanları" için durum böyle değildir. Lut, "lanet" kelimesinden gelen Alma DeEtlatia [Aramice: lanetli dünya] anlamına gelir, alma arzusuna atıfta bulunur, bu da yılan, yani kendisi için alma arzusudur. Lut yılan niteliği için bir araçtır. Onlar Yaradan yaratılanları bu şekilde yarattığı için -kendileri için alma arzusuyla- gidip kendimizi memnun etmemiz gerektiğini söylerlerdi. Yoksa alma arzusunu yaratmazdı, zira kim dünyada bir şeyi kullanmamak amacıyla yaratır ki? Dolayısıyla, içimizde alma arzusu yarattığına göre, bunun için çalışmalıyız ki alma arzusu tatmin olsun. Aksi takdirde, Yaradan'ın onu boşuna yarattığı düşünülür.

Bu nedenle, çalışma söz konusu olduğunda, Avram ve Lut aynı bedenin içindeki niteliklerdir. Bedende bir anlaşmazlık vardır: Bazıları Avram gibi düşünür, bazıları da tam tersini düşünür ve Lut'un tarafını tutar. Bu nedenle, bir kişinin çalışmada nasıl davranması gerektiği konusunda aralarında bir tartışma vardır. Yani, insanın çalışması Yaradan'ın rızası için mi olmalıdır ve bunu başarmak için kişi mantığın üstüne çıkmalıdır, ki bu Av-Ram niteliğidir, yoksa mantığın içinde mi olmalıdır, ki bu kişinin kendi iyiliği için alma arzusudur ve üzerinde bir Tzimtzum [kısıtlama] ve gizlilik olduğu için, bu niteliğe hiçbir zevk ve hazzın olmadığı yerde - yaratılış düşüncesinde olduğu gibi, ki oraya girebilir - bir lanet olan Lot denir ve bu, ışıktan yoksun boş bir alan olarak kalır.

Çalışmada, "çoban", İsrail halkına inanç niteliğiyle rehberlik eden Musa'nın "sadık çoban" olarak adlandırılmasında olduğu gibi, nasıl davranılması gerektiği konusunda bir rehber anlamına gelir. Lut ve Avram, kişideki iyi eğilim ve kişideki kötü eğilim anlamına gelir.

Yukarıdakilere göre, Zohar'ın söylediklerini yorumlamalıyız (Lech Lecha, Madde 162), "'Avram'ın sığır, gümüş ve altın yükü çok ağırdı. 'Çok ağır' doğudan, yani Tiferet'ten demektir. 'Sığırlarla' batıdan, yani Malhut'tan demektir. 'Ve gümüş güneyden, Hohma'dan ve 'altın' kuzeyden, Bina'dan demektir."

Çalışmada bunu anlamamız gerekir. Doğu ve batının iki zıt kutup olduğu bilinmektedir. Doğu, gün doğumu gibi parlayan şey anlamına gelir ve batı bunun tam tersidir, yani parlamayan şey anlamına gelir. Güneşin battığı ve parlamadığı yer batıdır. Tiferet olan orta çizgi her şeyi içerir. Bu nedenle "doğu" olarak adlandırılır, zira o aydınlatır çünkü tüm çizgilerden ortaya çıkan çalışmanın tamamını içerir.

"Cennetin krallığı" olarak adlandırılan batı için durum böyle değildir. Cennetin krallığını "tüm kalbimiz ve tüm ruhumuzla" kabul etmeliyiz, O ruhumuzu alıp götürse bile. Ayrıca, "inanç" olarak adlandırılan cennetin krallığını, sevgiyle üstlenmeliyiz, şöyle yazıldığı gibi (Madde No. 4, Tav-Şin-Nun-Alef), kişinin hiçbir canlılığı olmasa bile, ki buna "ruhunu alsa bile" denir, bu kişinin hiçbir canlılığı olmadığı anlamına gelir. Buna "batı" denir, yani aydınlatmaz. Yine de kişi mantık ötesi bir inanç içinde olmalıdır.

Buna "sığır" denir ve bununla "Avram'ın sığırlarının çobanları" olarak adlandırılan manevi mülkleri satın alırız. Başka bir deyişle, özellikle mantık ötesi inanç yoluyla, yani kişi bu yolda karanlık hissetse bile ve eğer Malhut gizlenerek değil de açıkça aydınlatmış olsaydı ve beden Yaradan'ın yüceliğini hissetseydi, kişi daha ileriye gitmesinin daha kolay olacağını ve her zaman çalışma durumunda olmakla ödüllendirileceğini ve hiçbir düşüş yaşamayacağını anlasa bile, yine de mantık ötesine geçmeyi seçer. Buna "Avram'ın sığırlarının çobanları" denir. Bu "batı" olarak adlandırılır, yani kendisi için parlamasa bile, sanki her şey onun için açık bir şekilde aydınlanmış gibi, tüm gücüyle devam eder.

"Avram çok ağırdı" yani doğu, orta çizgi olan Tifferet diye yazılmasının anlamı budur. "Doğu" denmesinin nedeni, orta çizginin kişinin yaptığı tüm çalışmayı içermesi ve onun tarafından tatlandırılmış olmasıdır, zira kişi yapılması gereken tüm çalışmayı zaten yapmıştır ve ışık orada bir şekilde parlamaktadır. Bu yüzden doğuya "çok ağır" denir, çünkü Efendinin ihtişamı, yani Yaradan'ın yüceliği ve önemi zaten çok fazla ifşa olmuştur, bu da o zaman Yaradan'ın ışığının parladığı anlamına gelir.

Bu nedenle, (Madde No. 4, Tav-Şin-Nun-Alef'te) açıkladığımız gibi, " Kim ki onurdan kaçar, onur onu kovalar" olarak kabul edilir. Başka bir deyişle, kişi "birbirini inkâr eden iki yazı" olarak adlandırılan iki çizgi arasındaki anlaşmazlığı geçtikten sonra, Yaradan'ın ihtişamının ifşa olduğu ve parladığı orta çizgi ile ödüllendirilir. Buna Tiferet, yani "doğu" denir.

Ancak, asıl çalışma batıdadır. Çalışmanın yeri burasıdır çünkü kişi hala yükselişlerin ve düşüşlerin olduğu karanlık bir koşulda olduğunda, tüm gizlilikler bu yerde olduğundan, "batı" olarak adlandırılır. "Batı" cennetin krallığına işaret eder ve genel olarak Malhut "inanç" olarak adlandırılır ve Zohar'da Malhut'un "iyilik ve kötülük ağacı" olarak adlandırıldığının yazıldığı gibi, iyilik ve kötülük meselesi orada gerçekleşir. Kişi ödüllendirilirse, o iyidir ve kötülük gizlenir. Eğer ödüllendirilmezse, iyilik gizlenir ve kötülük dışa doğru ifşa olur ve dışarıda olan her şey hükmeder.

Bu nedenle "batı" "sığır" olarak adlandırılır, zira kişinin edinmesi gereken ana mülk budur, ki bu da cennetin krallığıdır. Kişi buna, yani " inanç " olarak adlandırılan Malhut'a sahip değilse, o zaman hiçbir şeye sahip değildir. Bu nedenle Malhut'a "sığır" denir, şöyle yazıldığı gibi, " Avram sığırlar yüzünden çok ağırdı." Bu nedenle sığıra Malhut ve batı denir, zira "Bilgeliğin başlangıcı, Yaradan korkusudur" diye yazıldığı üzere, Keduşa'nın [kutsallığın] tüm mülkiyeti buradan başlar.

"Gümüş güneyden Hohma'dan gelir" sözlerinin anlamı budur, bilgelerimizin şöyle dediği gibi, "Bilge olmak isteyen güneye gitmelidir", bu da kişi vermek ve ihsan etmek istediğinde, Hesed'in [Hasadim'in tekili] "sevgi" olarak adlandırıldığı Hasadim [merhametler] kıyafetiyle ödüllendirilmesi anlamına gelir. Kişi O'nun huzurunda iptal olmak ister ve buna Kisufin [özlem] kelimesinden gelen "gümüş" denir, şöyle yazıldığı gibi, "Ruhum arzuladı ve aynı zamanda özlem duydu." "Güney" kişinin hiçbir şeye ihtiyacı olmadığında ve tek tutkusu Yaradan hakkında tutkulu olmak olduğunda, sağ, bütünlük anlamına gelir. Kişinin kendisi hakkında hiçbir düşüncesi yoktur ve ancak sağ safhasından sonra Bina adı verilen sol ile ödüllendirilebiliriz.

"Kuzeyden gelen altınla, Bina" ifadesinin anlamı budur. "Altın", yazıldığı üzere "Altın kuzeyden gelir" anlamına gelir. Altın, Hohma olmaya geri dönen Bina olarak kabul edilir. Ayrıca, "Bilgelik alçakgönüllüler içindir" diye yazılmıştır, yani Hohma [bilgelik], Bina'da kıyafetlenerek ve Hasadim giysisi olmaksızın görünmeyerek "alçakgönüllülük" olarak adlandırılan Hasadim giysisinde kıyafetlenmelidir.

Mesele şudur ki, Hohma'nın alma kapları içinde kıyafetlendiği bilinmektedir. Bu nedenle, alma kaplarının her zaman ihsan etmek için çalışması amacıyla muhafaza edilmesi gerekir. Dolayısıyla, kişi, alma kaplarını kullandığı için, koruma gereklidir. Bu nedenle Hasadim genişletilmelidir, çünkü bu ihsan etme kaplarında parlayan ışıktır. Bu sayede, Hohma ışığı ihsan etme niyetiyle kaplarda parlayabilir.

Bu yüzden güneyin Hohma olduğunu söylemişlerdir, bu da bilge olmak isteyen kişinin güneye gitmesi gerektiği anlamına gelir. Bilgeliğin kendi içinde kalmasını ve ayrılmamasını isteyen kişi güneye, yani "Ruhum arzuladı ve aynı zamanda özlem duydu" sözlerinden "özlem" olarak adlandırılan Hesed'e ihtiyaç duyar. Hohma ve Bina demek olan bu ikisi, "doğu", Tifferet denilen ve her şeyin dahil olduğu orta çizgiyi aydınlatır. Ancak çalışmanın özü, batıda başlar ki bu da Malhut olarak kabul edilen "sığır" denen Malhut'un niteliği ve "batı "dır.

"Batı" ve "sığır" olarak adlandırılan Malhut ile ilgili olarak, çalışmanın sırasının cennetin krallığı ile başladığını bilmeliyiz. Her Mitzva'dan [emir/iyi iş] önce, kişi Yaradan'ın dünyayı iyi ve iyilik yapan bir şekilde yönettiğine inandığı " inanç" olarak adlandırılan göklerin krallığının yükünü üstlenmelidir. Bu nedenle kişi O'nu kutsar.

Bilgelerimizin şöyle dediği gibidir: "Kişi her zaman Yaradan'a övgüde bulunmalı ve sonra dua etmelidir." Şunu sormalıyız: Kişinin Yaradan'a yapması gereken övgü nedir? Cevap şudur: Kişi Yaradan'a, O'nun dünyayı iyi ve iyilik yapan bir şekilde yönettiğine inandığını söylediği için, buna "Yaradan'ı övmek" denir. Sonrasında dua etmelidir.

Baal HaSulam bu konuda şöyle der: Kişi dostundan bir şey istediğinde, sıralama şöyledir: 1) Kişi dostunun kendisinden istediği şeye sahip olduğunu bilir ve 2) Dostu iyi kalplidir ve iyilik yapmayı sever. Bu durumda, dostundan bir şey istemek yerinde olur.

Dolayısıyla, kişi Yaradan'dan kendisine istediğini vermesini istediğinde, Yaradan'ın kendisine istediğini verebileceğine ve O'nun iyi ve iyilik yapan olduğuna inanmalıdır. Bu nedenle, insanın çalışmasının başlangıcı Yaradan'a övgüyü tesis etmektir, bu da O'nun iyi ve iyilik yapan olduğuna inanmak anlamına gelir, beden söylediklerine katılmasa ve bunun sadece sözde bir hizmet olduğunu görse bile. O zaman, kişi mantık ötesi inanmak istediğini ve en azından inanılması gereken şey hakkında gerçeği bildiği için mutlu olduğunu söylemelidir.

Söylediği bu sözler zorunlu olsa da, yani beden onun söylediklerini kabul etmeyecek olsa da, ağzıyla hakikat sözlerini söyleyebildiği için bundan da mutludur.

"Ve sonra dua et" demek, kişi Yaradan'ın övgüsünü, Yaradan'ın dünyayı iyi ve iyilik yapan bir şekilde yönettiğini kabul ettiğinde, eğer bu mantık dahilinde olsaydı, elbette mutlu olurdu demektir. Ama bu sadece mantık ötesi olduğu için, zorunlu olmasına rağmen, yine de bazen Yaradan'a bunun gerçekten böyle olduğuna inanma gücü vermesi için dua etme gücüne sahiptir ve Yaradan'ın ona sadece iyilik yapmasıyla tüm gün Yaradan'a övgüde bulunabilecektir.

Bu çalışmada yükselişler ve düşüşler vardır. Kişi kalpteki noktaya sahip olduğuna inanmalıdır ki bu da parlayan bir kıvılcımdır. Ancak bazen bu sadece siyah bir noktadır ve parlamaz. Bu kıvılcımı her zaman uyandırmalıyız çünkü bazen bu kıvılcım kendi kendine uyanır ve kişideki bir eksikliği ortaya çıkarır; kişi maneviyata ihtiyacı olduğunu, çok materyalist olduğunu hisseder ve bu koşullardan çıkmasını sağlayacak bir amaç görmez.

Bu kıvılcım ona huzur vermez. Tıpkı maddesel bir kıvılcımın aydınlatamayacağı, ancak kıvılcımı kullanarak kişinin bir şeyleri aydınlatabileceği, böylece kıvılcımın dokunduğu şeyler aracılığıyla büyük bir ateşin tutuşabileceği gibi. Aynı şekilde, insanın kalbindeki kıvılcım da parlayamaz ama bu kıvılcım onun eylemlerini aydınlatabilir, böylece eylemler aydınlanır çünkü kıvılcım onu çalışmaya iter.

Ancak bazen kıvılcım söner ve parlamaz. Bu, çalışmanın ortasında olabilir ve bu, kişinin yol kazası geçirmesi olarak kabul edilir. Başka bir deyişle, çalışmanın ortasında başına bir şey gelmiş ve bulunduğu durumdan aşağı inmiş ve bilinçsiz kalmıştır. Artık gerçekte maneviyat olduğunu bilmiyordur, her şeyi unutmuştur ve tüm duyularıyla birlikte maddesel dünyaya girmiştir.

Ancak bir süre sonra kendine gelir ve maddesel dünyada olduğunu görür ve bir kez daha yukarı tırmanmaya başlar, yani manevi eksikliği hissetmeye başlar. Sonra, bir kez daha, Yaradan'a yaklaşmak için bir dürtü alır.

Daha sonra, bir kez daha derecesinden aşağı iner ama her seferinde kıvılcımını Keduşa'ya [kutsallığa] yükselttiğine inanmalıdır. Her ne kadar bulunduğu dereceden indiğini ve çalışmasının başlangıcında bulunduğu yere geri düştüğünü görse de, yine de her seferinde yeni kıvılcımlar yükseltir. Yani, her seferinde yeni bir kıvılcım yükseltir.

"Zohar Kitabı'na Giriş "te (Madde 43) şöyle der: "İnsan doğduğunda, hemen bir Keduşa'nın Nefeş'ine [ruhuna] sahip olur. Ancak gerçek bir Nefeş'e değil, onun Ahoraim'ine, Katnut [küçüklük/bebeklik] sırasında 'nokta' olarak adlandırılan ve insanın kalbinde kıyafetlenen son idrakine sahiptir."

Henüz karanlıkta olan bu "noktanın" her seferinde kişinin kalbini arındırma çalışmasına göre ortaya çıktığını ve parladığını yorumlamalıyız. O zaman, nokta parlamaya başlar. Bu demektir ki, kişi düşüşten sonra bir kez daha yükselmeye başladığı her seferinde, bunun bir önceki yükseliş sırasında sahip olduğundan yeni bir idrak olduğuna inanmalıdır, çünkü bunu zaten Keduşa'ya yükseltmiştir. Böylece her seferinde yeni bir anlayışı başlatmış olur.

Her başlangıçta kişi cennetin krallığını kabul etmeye yeniden başlamak zorunda olduğundan, dün Yaradan'a inancı olması yeterli değildir. Bu nedenle, cennetin krallığının her kabulü yeni bir anlayış olarak kabul edilir. Bu demektir ki, şimdi cennetin krallığından yoksun boş bir alanın bir kısmını alır ve o boş yeri kabul eder ve cennetin krallığı ile doldurur. Bundan şu sonuç çıkar ki, o boş yeri alıp cennetin krallığıyla doldurmadan önce var olmayan yeni bir şeyi şimdi tasnif etmiştir. Bu, Keduşa'ya yeni bir kıvılcım yükseltmek olarak kabul edilir. Son olarak, tüm yükselişlerden, her zaman boş alandan Keduşa'ya kıvılcımlar yükseltir.

Dolayısıyla her düşüşte yeni bir başlangıca ulaşır ve yeni kıvılcımlar yükseltir. Bu nedenle, bir kişi düşüşleri olduğunu gördüğünde, ilerlemediğini görse bile mücadeleden kaçmamaya dikkat etmelidir. Aksine, her seferinde yeniden başlamaya çalışmalıdır. Demek ki, yükselmeye başlaması önceki derecesine geri döndüğü anlamına gelmez. Bu, yaptığı çalışmayla hiçbir şey yapmadığı anlamına gelir zira şu anda önceki seviyesine yükseldiğini düşünmektedir. Aksine, bunun yeni bir idrak olduğuna, özüne ait kıvılcımları yükseltene kadar her seferinde farklı kıvılcımlar yükselttiğine inanmalıdır.

Yukarıdakilere göre, bilgelerimizin söylediklerini yorumlamalıyız (Bava Metzia, Bölüm 7), "Elazar, 'Böylece, erdemliler az konuşur ve çok şey yapar ve günahkârlar çok konuşur ve az bile yapmazlar' dedi."

Çalışmadaki " günahkârlar" ve "erdemliler" ile ilgili olarak, Yaradan'ın rızası için Tora ve Mitzvot'u yerine getirmek isteyen herkese çalışmadaki "erdemliler" denildiğini, yani onların erdemli olmak istediklerini yorumlamalıyız. Buna karşılık, Tora ve Mitzvot'u Yaradan'ın rızası için yerine getirmeyenler, Yaradan'la form eşitsizliği içinde olduklarından, çalışmada "günahkâr" olarak adlandırılırlar. Bu nedenle, kötü olarak kabul edilirler (ancak halk arasında onlar da erdemli olarak görülür).

Genel halk tarzında çalışanlar arasında, örneğin, bir kişi kırk yaşına geldiğinde, Bar Mitzva [13 yaş] zamanından beri, yani on üç yaşından kırk yaşına gelene kadar, 27 yıllık Tora ve Mitzvot'a sahip olduğunu bilir. Bundan da çok şey sahibi olduklarını söyledikleri sonucu çıkar. "Çok konuşmak" bu anlama gelir. Başka bir deyişle, çok fazla Tora ve Mitzvot'a sahiptirler. Ancak Yaradan'ın rızası için en ufak bir çalışma bile yapmazlar.

Ama erdemliler "az konuşurlar". Yani, 27 yıldır Tora ve Mitzvot ile uğraştıklarını ama Yaradan rızası için hiçbir şey yapmakla ödüllendirilmediklerini söylerler. Ancak, çok şey yaptıklarına inanmaları gerekir, yani her yaptıklarından Yaradan'ın rızası için yapamadıklarını görürler ve bu onlara acı verir, buna "dua" denir.

Başka bir deyişle, Yaradan'dan ne kadar uzak olduklarını görerek, Yaradan'a memnuniyet getirme arzusu ve özlemi duyarak çok fazla dua ederler. Başka bir deyişle, uzaktalar çünkü Kral'ın yüceliğini takdir etme yeteneğine sahip değiller. Dolayısıyla, Yaradan rızası için bir şey yapma gücüne sahip değiller, sadece kendileri için yapıyorlar. Sonuç olarak, Yaradan'ın onları Kendisine yaklaştırması için çok şey yaparlar.

Dolayısıyla, kişi Yaradan rızası için çalışmak istediğinde ve her seferinde gerilediğini gördüğünde bundan etkilenmemelidir. Yaradan'a yaklaşmak ve Yaradan'ın ona ihsan etme arzusu vermesiyle ödüllendirilmek için çok şey yaptığına inanmalıdır. Yani, özellikle düşüşler ve yükselişler aracılığıyla, kişi O'na kendisini gerçekten yaklaştırması için dua edebilir, çünkü her seferinde, kendisine ait olan tüm kıvılcımları yükseltene kadar Keduşa'nın yapısına yeni kıvılcımlar yükseltir. Böylece Yaradan'ın ona "ihsan etme arzusu" adı verilen ikinci doğayı vermesiyle ödüllendirilecektir. O zaman, kalıcı inanç ile ödüllendirilecektir.

Ancak tüm çalışmalarının Yaradan'ın rızası için olmasıyla ödüllendirilmeden önce, inanca yer yoktur. Bu şöyle yazılmıştır ("Zohar Kitabı'na Giriş," Madde 138), "Yaratılanın Yaradan'dan ifşa edilen kötülüğü alamayacağı bir yasadır, çünkü yaratılanın O'nu kötülük yapan olarak algılaması Yaradan'ın yüceliğinde bir kusurdur. Bu nedenle, kişi kendini kötü hissettiğinde, üzerindeki Yaradan'ın rehberliğini inkâr etmiş olur ve üstün Operatör de aynı ölçüde ondan gizlenir."

Başka bir deyişle, kişi ihsan etme arzusuna sahip olmadığı sürece, zevk ve haz almaya uygun değildir. Bu nedenle, kişi acı çektiğinde inancını kaybeder. Ama bir kez ihsan etme arzusuyla ödüllendirildiğinde, Yaradan'dan haz ve zevk alır ve kalıcı bir inançla ödüllendirilir. Tüm bu yükselişler ve düşüşler kişiyi öyle bir duruma getirir ki Yaradan ihsan etme arzusunu edinmesine yardım eder ve o zaman tüm çalışmaları Yaradan'ın rızası için olur.

Ancak, kişi kendini sevmekten nasıl kurtulacağını göremediği bir duruma geldiğinde ve mücadeleden kaçmak istediğinde, bilgelerimizin dediği gibi (Avot, Bölüm 2:21), burada birbirine zıt iki mesele olduğunu bilmelidir: "Ne bu işi bitirmek senin elinde ne de bu çalışmadan kaçmakta özgürsün."

Dolayısıyla, bir yandan kişi çalışmalı ve asla boş durmamalıdır. Yani, "ne bu işi bitirmek senin elinde ne de bu çalışmadan kaçmakta özgürsün" dediğine göre, bunu başarmak insanın gücü dahilindedir. Bu, kişinin çalışması gerektiği anlamına gelir çünkü istediğini alacağı yani Yaratıcısına hoşnutluk getirmek için Yaradan rızası için çalışabileceği garanti edilmiştir.

Öte yandan, "İşi bitirmek sana düşmez" der. Bu, çalışmanın insanın elinde olmadığını ima eder, daha ziyade, şöyle yazıldığı gibidir, "Efendimiz benim için bitirecek." Bu, ihsan etme arzusunu edinmenin insanın kabiliyeti dahilinde olmadığı anlamına gelir.

Ancak burada iki husus vardır: 1) Kişi, "Ben kendim için değilsem, kim benim için?" demelidir. Dolayısıyla, kendisine göre büyük çaba sarf etmiş olmasına rağmen, ihsan etme arzusunu edinmekle ödüllendirilmediği gerçeğinden endişe duymamalıdır. Yine de, Yaradan'ın kişinin ne yapması gerektiğini ifşa edene kadar beklediğine inanmalıdır. 2) Daha sonra, Yaradan onun için bitirecektir, yani o zaman, "Efendinin kurtuluşu bir göz kırpması gibidir" diye yazıldığı üzere, istediğini hemen alacaktır.

Çalışmada "İnsan" Nedir ve "Hayvan" Nedir?

Makale No. 7, Tav-Şin-Nun-Alef, 1990/91

Zohar'da (VaYera, 1-2. Maddeler) şöyle yazar: "'Tomurcuklar yeryüzünde belirir'. Bu, Yaradan dünyayı yarattığında, onun hak ettiği tüm gücü, yeryüzüne yerleştirdiği anlamına gelir. Her şey yeryüzündeydi ama insan yaratılana kadar meyve vermedi. İnsan yaratıldığında, dünyadaki her şey ortaya çıktı ve toprak meyvelerini verdi. Aynı şekilde, insan gelene kadar sema yeryüzüne güç vermedi ve insan olmadığı için sema durdu ve yeryüzüne yağmur yağmadı. İnsan ortaya çıktığında, toprakta hemen tomurcuklar belirdi."

Bunun bize ne öğretmek için geldiğini anlamalıyız. Yaratılışın amacının, O'nun yarattıklarına iyilik yapma arzusundan kaynaklandığını bilmeliyiz. Ancak, O'nun eylemlerinin mükemmelliğini ortaya çıkarmak için Tzimtzum [kısıtlama] ve gizlilik vardı; burada iyilik, Yaradan rızası için çalışmakla ödüllendirilmeden önce yaratılan varlıklara ifşa edilmez. Aksi takdirde, yaratılan varlıkların alma kaplarındaki form eşitsizliği nedeniyle utanç söz konusu olur. Dolayısıyla, kişi utanç nedeniyle yaratılışın amacı olan haz ve mutluluğu alamaz. Buna "Yaradan'dan ayrılma ve uzaklaşma" denir. Yani, utanç ekmeği meselesini Yaradan'dan ayrılma olarak anlıyoruz, öyle ki bu form eşitsizliği onu "Yaşamlarında kötülere 'ölü' denir" yapar.

Bu nedenle, insanın çalışması, hayvansal durumdan çıkar ve "insan" niteliğini kazanır. Bilgelerimizin dediği gibi (Yevamot 61), "Rabbi Şimon Bar Yohay der ki, 'Sizler Benim koyunlarım, Benim otlağımın koyunlarısınız, sizler 'insan'sınız. Size 'insan' denir ve puta tapanlara 'insan' denmez." "İnsan"ın önemini, dünya uluslarının "insan" olarak adlandırılmadığını daha önce açıklamıştık. Bilgelerimizin dediği gibi (Berahot 6), "'Sonunda her şey duyulur, Tanrı'dan korkun ve O'nun emirlerine uyun, çünkü insanın tamamı budur'. 'İnsanın tamamı' ne demek? Rabbi Elazar, 'Bütün dünya sadece bunun için yaratıldı' dedi." Başka bir deyişle, Tanrı korkusuna sahip olan kişiye "insan" denir ve Tanrı korkusuna sahip olmayan kişi "insan" değil "hayvan" demektir.

Bu nedenle, bir kişi Tanrı korkusuna sahip olmakla, her şeyi Yaradan rızası için yapmakla ödüllendirilmeden önce, hâlâ bir insan olarak değil, bir hayvan olarak kabul edilir. Başka bir deyişle, onların yaptıkları her şey hayvanlar gibi sadece kendi iyilikleri içindir. Ve kişinin kendi iyiliği için alma arzusunda Tzimtzum ve gizlilik olduğu için, O'nun adına, haz ve memnuniyet zaten Keduşa'da [kutsallık] ifşa edilmiş olmasına rağmen, orada ışık ve Kli [kap] arasında form eşitliği olduğu için, yaratılan daha aşağıda olanlar, "İnsan, vahşi bir eşek olarak doğar" diye yazıldığı üzere, hâlâ insan niteliğine sahip değildir. Bu da onun Tzimtzum'un ve ışığın ifşa edilmediği gizliliğin altına yerleştirildiği anlamına gelir.

Böylece, yaratılış amacındaki tüm haz ve memnuniyet O'nun tarafından ortaya çıkarılmış ve ifşa edilmiş olmasına rağmen, bunların hepsi aşağı olanlardan gizlenmiştir. Onlar hiçbir haz ve memnuniyet görmezler, sadece Klipot'a [kabuklara] düşen Keduşa'dan gelen küçük bir ışık görürler ve tüm fiziksel dünya bunun üzerinde varlığını sürdürür.

Bununla, Zohar'ın "Tomurcuklar yeryüzünde belirir" ayetinin yorumuyla ilgili sorduğumuz soruyu yorumlayabiliriz. Yaradan dünyayı yarattığında, onun hak ettiği tüm gücü yeryüzüne yerleştirdi. Her şey yeryüzündeydi ama insan yaratılana kadar meyve vermedi." Yaradan'ın bakış açısından her şey ortaya çıkmış olsa da hepsinin Tzimtzum ve gizlilik altında olduğunu, yani gizlilik her şeyi engellediği ve dünyada haz ve mutluluk olduğunu görmedikleri için bundan zevk alabilecek kimsenin olmadığını yorumlamalıyız.

"İnsan yaratıldığında, dünyada her şey ortaya çıktı ve toprak meyvelerini gösterdi." Bu, bir kişi "insan" niteliğini edindiğinde, Tanrı korkusuna sahip olduğunda, yani yaptığı her şeyi Yaradan'ın rızası için yaptığında, gizliliğin ondan kalktığı ve kişinin "insan" niteliğini edinmeden önce görmediği, dünyada var olan tüm meyveleri gördüğü anlamına gelir.

"Aynı şekilde, insan gelene kadar sema yeryüzüne güç bahşetmedi" dendiğinde, bunun anlamı şudur: kişi "insan" niteliğiyle ödüllendirilmeden önce, yeryüzüne güç verildiğine dair kalıcı bir inanca sahip olamaz. Yani, onlar yukarıdan aşağıya, yaratılan varlıklara kutsallık basamaklarında yükselebilmeleri için güç verirler. Ancak kişi daha sonra "insan" niteliğiyle ödüllendirildiğinde, yeryüzünde, aşağılarda var olan her şeyin yukarıdan geldiğini görür ve o zaman buna inanması gerekmez, çünkü o zaman bunu edinir.

57

Bu, insan niteliği geldiğinde, dünyada her şeyin ifşa olması olarak kabul edilir. Bu, şu anda yenilenmiş olan her şeyin daha önce de var olduğu, ancak kişinin bunu görmediği anlamına gelir. "Ve gökler durdu ve insan yokken yeryüzüne yağmur yağmadı" sözlerinin anlamı budur. Yani, insan niteliği ortaya çıkmadan önce, kişi, Yaradan'a her zaman dua ettiğini, ancak kendisine yukarıdan cevap verilmediğini söyleyecektir. Buna "ve gökler durdu ve yağmur yağmadı" denir, yani duaları için hiçbir şey alamadı.

Kişinin kendisine cevap verilip verilmediğini görememesinin nedeni, henüz insan niteliğine sahip olmamasıdır. Bu nedenle, her şey ondan gizlenmiştir ve o sadece Yaradan'ın her ağzın duasını işittiğine inanabilir. Ancak daha sonra, insan ortaya çıktığında, derhal "toprakta tomurcuklar belirdi." Başka bir deyişle, o zamana kadar gizlenmiş olan her şey görünür hale geldi. İnsan niteliği geldiğinde, her şey görünür oldu. Yani, o zaman yaratılış amacında olan haz ve mutluluğun dünyada çoktan ifşa edilmiş olduğunu görürüz.

Bu nedenle, kişi mücadeleden kaçmamaya ve Yaradan'ın kendisine yardım etmek istemediğini söylememeye dikkat etmelidir, zira ondan birçok kez yardım istediğini görmüş ve sanki kendisine yukarıdan bakılmadığını düşünmüştür. Ancak, kişi dua ediyor olsun ya da olmasın, her şey aynıdır, değişmez. Bu nedenle kendisine yardım eden hiçbir şey görmez. Bunun yerine, hiçbir şeyi olmayan boş bir Kli [kap] gibi olduğunu ve Yaradan ne yapmak isterse, onu yapacağını görür. Ama insan açısından, o hiçbir şey yapamayacak kadar güçsüzdür.

Bir kural vardır: Kişi hiçbir ilerleme görmediği yerde, hiçbir çaba göstermez. O zaman tek yol, bize çalışmanın düzeninin böyle olduğuna, kişinin ne yaptığını görmemesi gerektiğine inanmamız gerektiğini söyleyen bilgelere inanmaktır. Kişi bu gizliliğin kendi iyiliği için olduğuna, kendisini Yaradan'a Dvekut [bütünleşme] ile ödüllendirmeye götüreceğine inanmalıdır. Eğer üstesinden gelir ve her şeyin kendi iyiliği için olduğuna ve Yaradan'ın her ağzın duasını duyduğuna ancak aşağıdan bir uyanış olması gerektiğine inanırsa, "ve Efendinin kurtarışı bir göz açıp kapayıncaya kadardır", yani tüm kıvılcımlar toplandığında, kişi dikkatle incelemeli ve onların Keduşa'ya girmesini istemelidir ve o zaman hemen yardım alır.

Ancak kişi kendini boş hissettiğinde, yani ne Tora'ya ne Mitzvot'a [emirlere/iyi işlere] ne de herhangi iyi bir eyleme sahip olmadığını hissettiğinde, ne yapabilir? O zaman, Yaradan'dan kendisi için parlamasını istemelidir ki Yaradan'ın büyüklüğünü ve yüceliğini mantık ötesinde edinebilsin. Başka bir deyişle, henüz "insan" niteliği ile ödüllendirilmediği için Yaradan'ın büyüklüğünü ve yüceliğini hissetmeye layık olmasa da ve "Yüzünü benden saklama" diye yazıldığı gibi Yaradan'ın Tzimtzum'u ve gizliliği hâlâ üzerinde olsa da yine de Yaradan'dan kendisine Yaradan'ın büyüklüğünü ve yüceliğini mantık ötesi olarak alma gücü vermesini ister.

Baal HaSulam'ın, bilgelerimizin söyledikleri hakkında (İruvin 19), "Aranızdaki boş olanlar bile nar gibi Mitzvot ile doludur" dediği gibi. Rimon'un [nar] Romemut [yücelik] kelimesinden geldiğini, bunun da mantık ötesi olduğunu söylemiştir. Dolayısıyla, "Aranızdaki boş olanlar bile nar gibi Mitzvot ile doldurulur" ifadesinin anlamı, dolumun ölçüsünün, "yücelik" olarak adlandırılan mantık ötesine geçme yeteneğine bağlı olduğudur.

Başka bir deyişle, boşluk tam olarak varlığın olmadığı ve kişinin Tora'dan, Mitzvot'tan ve iyi eylemlerden yoksun olduğunu hissettiği yerde olabilir. Bu durum zaman içinde devam ettiğinde, kişi kendisi için değil de Yaradan rızası için çalışmak istediğinde, o zaman yaptığı her şeyin Yaradan rızası için değil de sadece kendi menfaati için olduğunu görür. Bu durumda, hiçbir şeye sahip olmadığını ve tamamen boş olduğunu ve bu yeri sadece bir narla doldurabileceğini yani "Yaradan'ın yüceliği" olarak adlandırılan mantık ötesine geçerse doldurabileceğini hisseder. Başka bir deyişle, Yaradan'dan kendisine Yaradan'ın yüceliğine mantık ötesi inanma gücü vermesini istemelidir. Yani Yaradan'ın yüceliğini istiyor olması, "Eğer Yaradan'ın yüceliğine ve büyüklüğüne erişmeme izin verirsen, çalışmayı kabul edeceğim" dediği anlamına gelmez. Daha ziyade, Yaradan'ın kendisine Yaradan'ın yüceliğine inanma gücü vermesini ister ve bununla şu anda içinde bulunduğu boşluğu doldurur.

Dolayısıyla, eğer bu boşluk olmasaydı, yani kişi, Dvekut'u yani "ihsan etmek için" denilen form eşitliğini edinme yolunda çalışmasaydı, daha ziyade yerine getirdikleri uygulamalarla yetinen genel halk gibi çalışsaydı, bu kişiler kendilerini boş olarak değil, Mitzvot'la dolu olarak hissederlerdi.

Ancak, özellikle ihsan etmek isteyenler, içlerindeki boşluğu hissederler ve Yaradan'ın yüceliğine ihtiyaç duyarlar. Bu boşluğu, özellikle Yaradan'dan kendilerine "yücelik" olarak adlandırılan mantık ötesine geçebilme gücünü vermesini istedikleri ölçüde, "Mitzvot dolu" olarak adlandırılan yücelikle doldurabilirler. Başka bir deyişle, Yaradan'dan kendilerine yücelikte güç vermesini isterler ki bu da Yaradan'ın büyüklüğü ve önemi açısından mantık ötesidir. Yaradan'ın bunu edinmelerine izin vermesini istemezler, çünkü kendilerine koşulsuz teslimiyetle boyun eğdirmek isterler, ama Yaradan'dan yardım isterler ve bu ölçüde boş yeri Mitzvot ile doldurabilirler. "Nar gibi Mitzvot ile dolu" ifadesinin anlamı budur.

Yukarıdakilere göre, Zohar'ın (VaYera, Madde 167) şu sözlerini yorumlamalıyız: "Yaradan bir kişiyi sevdiğinde, ona bir hediye gönderir. Hediye nedir? Bir fakir, ki O'nun tarafından ödüllendirilsin. Ve kişi O'nun tarafından ödüllendirildiğinde,

Yaradan onun üzerine sağ tarafından uzanan, başının üzerine yayılan ve onu kaydeden bir lütuf ipi uzatır, öyle ki Din [yargı] dünyaya geldiğinde, o sabotajcı ona zarar vermemek adına dikkatli olacaktır. Bu nedenle Yaradan önce kişiye ödüllendirileceği bir şey verir."

Çalışmada neyin fakir olduğunu, neyin "bir lütuf ipi" olduğunu ve dünyaya gelen yargının ne olduğunu anlamalıyız. "Fakir"in bilgide fakir anlamına geldiği bilinmektedir. Bilgi bakımından fakir olan nedir? Çalışmada iki kategori vardır:

1) Öncelikle uygulamayla ilgili olan genel halk. Her şeyi Yaradan'ın rızası için yapma niyeti söz konusu olduğunda, buna hiç dikkat etmezler. Tora ve Mitzvot ile meşgul olurlar ve genellikle bütündürler, kendilerinde hiçbir eksiklik hissetmezler. Ancak bilgelerimiz kişinin alçakgönüllü olması gerektiğini söyledikleri için, "Çok ama çok alçakgönüllü ol" (Avot 4:4) sözüne uymak için kendilerinde eksiklikler ararlar.

2) Tora ve Mitzvot ile meşgul olmak ve ihsan etmek için çalışmak isteyenler, böylece her şeyi kendi iyilikleri için değil, ihsan etmek için yapabileceklerdir. Bilgelerimizin dediği gibi, " Kötü eğilimi Ben yarattım; Tora'yı bir şifa olarak yarattım." Böylece bu işçiler her gün ilerlemeleri, bilgi açısından zengin olmaları gerektiğini, yani her seferinde sadece ihsan etmek için çalışmanın değerli olduğunu anlarlar. Yine de aslında, her şeyin sadece Yaradan'ın rızası için olduğu yolda yürümek istedikleri her gün, bedenin her seferinde farklı anladığını görürler. Kişinin kendi iyiliği için çalışmasının Yaradan'ın rızası için çalışmasından daha iyi olduğunu anlamaya başlar. O zaman, neden düşündüklerinin tam tersinin ortaya çıktığına şaşırırlar. Yaradan'a kendilerine anlayış ve bilgi göndermesi için dua ederler, böylece beden Yaradan rızası için çalışmanın değerli olduğunu anlayacaktır. Ancak, aksini görürler ve çoğu zaman Yaradan dualarını duymadığı için umutsuzluğa kapılırlar ve bazen de mücadeleden kaçmak isterler.

Bunun cevabı, der Zohar, "Yaradan bir kişiyi sevdiğinde, ona bir hediye gönderir. Peki bu hediye nedir? Bir fakir." Başka bir deyişle, kişi bilgide fakir olduğunu, bedeninin neden kendi iyiliği için değil de Yaradan'ın rızası için çalışması gerektiğini anlamadığını gördüğünde, Yaradan onu sevdiği için ona fakir olduğu düşüncesi ve hissini hediye olarak gönderir. Peki Yaradan onu neden sever? Çünkü Yaradan rızası için çalışmak istemektedir. Bu nedenle Yaradan onu sever.

Ancak, kişi istese de yapamaz, zira bu doğasına aykırıdır. İnsan kendi yararı için alma arzusuyla doğmuştur. Kişi hakikat yolunda yürümeye hazır olmadığı sürece, kendisine zarar vereceği için hakikati göremeyeceğine dair bir ıslah olduğundan, ihsan etme yolunda yürümeye niyetli olmayan kişilere hakikat gösterilmez, alma arzusunun doğasına karşı gelmekten aciz olduklarını gösterilmez. Onlar, tek eksiklerinin biraz arzu olduğunu yani Yaradan'ın rızası yolunda yürümeyi kabul ederlerse, Yaradan'ın rızası için her şeyi yapabileceklerini düşünürler. Bu nedenle, bir kişi kendi başına yapabileceğini düşündüğü herhangi bir şeyi, kolay olduğu için yapmamaktan dolayı acı çekmez. Dolayısıyla, her şeyi Yaradan'ın rızası için yapmamız gerektiğini bilmesine rağmen, Yaradan'ın rızası için çalışmadığı için acı çekmez.

Bu, bilgelerimizin söylediği şu kuraldan kaynaklanır: "Tahsil edilmek üzere olan her şey tahsil edilmiş sayılır" (kişi borçludan geri alacağı herhangi bir borcunu sanki çoktan almış gibidir çünkü alacağı kesindir). Dolayısıyla, istediği zaman Yaradan rızası için her şeyi yapabileceğini bildiği için, halen yapmıyor olmasına rağmen bir eksiklik hissetmez. Bu, genel halk tarzında çalışanlar için bir ıslahtır.

Ancak, her şeyi ihsan etmek için yapma yolunda gerçekten yürümek isteyenleri, Yaradan sever, Zohar'da yazıldığı gibi, Yaradan onlara bir hediye gönderir. Hediye nedir? Bir fakir, yani bilgi bakımından fakir. Başka bir deyişle, beden Yaradan rızası için çalışabileceğimiz böyle bir şeyin nasıl olabileceğini anlamaz, çünkü bu doğasına aykırıdır. O zaman, eylemlerde bile fakir olduğunu görür. Yani, sadece bilgide değil, uygulamada da fakirdir. Başka bir deyişle, tek bir eyleminin bile Yaradan'ın rızası için olmadığını görür. Aksine, her şey kendi çıkarı içindir.

O zaman kişi Yaradan'ın kendisine yardım etmesine muhtaç hale gelir çünkü hem zihnen hem de kalben herkesin en fakiridir. Bu durumda kendisinin gerçekten kötü olduğunu görür, yani Yaradan'ın kendisine nasıl davrandığını haklı çıkaramaz ve Yaradan'a ettiği duaların bile sanki Yaradan dualarını duymuyormuş gibi olduğunu görür ve çoğu zaman umutsuzluğa düşer. Ancak, kişi hissettiği tüm bu duyguların kendisine yukarıdan geldiğine, Yaradan'ın bunları kendisine gönderdiğine ve bunların yukarıdan bir hediye olduğuna inanmalıdır.

"Ve hediye nedir?" demenin anlamı budur. O'nun tarafından ödüllendirilecek bir fakir." Soru şudur: Yoksulluğun bir armağan olduğunu nasıl söyleyebiliriz? Buna "O'nun tarafından ödüllendirilmek için" diye cevap verir. Başka bir deyişle, kişi fakir olduğunu, hiçbir şeyi olmadığını görerek, tam bir eksikliğe sahip olur, yani Yaradan'ın yardımı için tam bir arzuya sahip olur, çünkü Yaradan'dan doyum almak için kişinin tam bir arzuya ihtiyacı vardır -Yaradan'dan başka kimsenin yardım edemeyeceğini gördüğünde. Kişi böylece, yoksulluk yoluyla, alma kaplarını Yaradan'a layık hale getirme ihtiyacı edinir ve bu da ona alma arzusu yerine ihsan etme arzusu verir.

"Ve O'nun tarafından ödüllendirildiğinde" sözlerinin anlamı budur, yani kişi fakirlik aracılığıyla tam bir ihtiyaç ve eksiklik edinir, o zaman "Yaradan ona sağ taraftan uzanan bir lütuf ipi uzatır." Başka bir deyişle, Yaradan ona Hesed yani "sağ" yani "veren" olarak adlandırılan ihsan etme arzusunu verir, bu da "ihsan etme arzusu" olarak adlandırılan ikinci doğayı aldığı anlamına gelir.

"Başının üzerine yayılır" sözlerinin anlamı budur. "Baş" bilgi anlamına gelir. Kişinin aldığı Hesed başının üzerindedir, yani başının üstünde, yani mantığın üstündedir. Hesed'in ipi sayesinde, kişi mantık ötesinde yürüyebilir.

"Din [yargı] dünyaya geldiğinde, o sabotajcı ona zarar vermemek adına dikkatli olacaktır" der. Bunun anlamı şudur: Hesed'in ipi onun başında olduğu için, yani kişi mantık ötesi bir inanca sahip olduğu için, yargı -yani içinde ışık parlamayan bir yargı olan alma arzusu- geldiğinde ve bir kişiye sorularıyla zarar vermek istediğinde, "mantık ötesi inanç" olarak adlandırılan Hesed'in ipi o kişinin başının üzerinde gerili olduğu için, artık ona zarar veremez. Sabotajcı, "yargı niteliği" olarak adlandırılan alma arzusunun argümanlarıyla gelir, yani kişinin aklıyla tartışır. Dolayısıyla, kişi hem aklında hem de kalbinde Hesed ipiyle ödüllendirildiğinde ve Hesed ipi sayesinde her konuda mantık ötesi gittiğinde, artık ona zarar veremez.

Ancak, kişi fakir olduğunu hissettiğinde, yani Yaradan rızası için çalışmak istediğinde hiçbir korku duymadığında, tam tersine, o zaman Şehina'nın [Kutsallığın] onun için toz içinde olduğunu görür. Bu, onun için toz formuna sahip olduğu anlamına gelir. "Toz" yılan hakkında yazıldığı gibidir, Yaradan yılana "Hayatın boyunca toz yiyeceksin" demiştir. Bilgelerimiz, yılan ne yerse yesin, tozun tadını aldığını açıklamışlardır. Bu çalışmada, kişi bilgi ağacının günahını ıslah etmediği sürece, tozun tadını tadacağı anlamına gelir. Kişi, " tozun içindeki Şehina" olarak adlandırılan, ihsan etmek için eylemlerini yapmak istediğinde, "alma arzusu" olarak adlandırılan bedenine bunu söylemelidir.

Başka bir deyişle, kendisi için alma arzusuna maneviyatla ilgili herhangi bir korku hissetmediğini söylememelidir. Hatta alma arzusuyla çalışma konularını bile tartışmamalıdır çünkü alma arzusuyla hiçbir tartışmanın kendisine yardımcı olmayacağını bilmelidir. Bu nedenle, bir kişi fakirlik durumuna geldiğinde, sadece Yaradan'dan kendisine yardım etmesini ve bunun üstesinden gelme gücü vermesini istemelidir.

Bu, bilgelerimizin söylediği gibidir (Avot de Rabbi Natan, 7. Bölümün sonu), "Eğer bir adam seminere gelir ve kendisine saygısızca davranılırsa, gidip karısına söylememelidir." Bunun bize çalışmada ne öğrettiğini anlamalıyız. Ayrıca, kişinin saygı talep etmesine izin verilir mi? Ne de olsa bilgelerimiz "Çok ama çok alçakgönüllü olun" demişlerdir.

Seminere Tora öğrenmek için gelen bir kişi için Tora'yı, "çünkü onlar bizim hayatımız ve günlerimizin uzunluğudur" şeklinde yorumlamalıyız. Başka bir deyişle, Tora'ya saygı duyulur çünkü tüm iyi şeyler onun içindedir. Kişi seminere gelmiş ama Tora ona saygı göstermemiştir. Yani, Tora ondan gizlenmiş ve Tora'da bulunan yücelik ve önemin hiçbiri ona gösterilmemiştir. Bunun yerine tozun tadını almıştır. Bu nedenle, devam edip etmemesi gerektiğini öğrenmek için alma arzusuna danışmak ister. "Gidip karısına söylememeli" derler, yani alma arzusuna. Bunun yerine, her şeyi Yaradan'a anlatmalıdır, yani Yaradan onun gözlerini açacak ve Tora'nın ihtişamıyla ödüllendirilecektir.

Çalışmada Geçen "Ve İbrahim Çok Yaşlanmıştı, Birçok Gün Geçirmişti" İfadesi Nedir?

Makale No. 8, Tav-Şin-Nun-Alef, 1990/91

Zohar'da (VaYeşev, Madde 3) şöyle yazılmıştır: "'Fakir ve bilge bir çocuk, yaşlı ve akılsız bir kraldan daha iyidir. 'Bilge bir çocuk daha iyidir' iyi eğilimdir, insanla birlikte birkaç günlük bir çocuktur, çünkü on üç yaşından itibaren insanla birliktedir. 'Yaşlı ve aptal bir kral' kötü eğilimdir, 'Kral ve insanların dünyadaki hükümdarı' olarak adlandırılır. Dünyaya geldiği günden beri insanla birlikte olduğu için kesinlikle 'yaşlı ve aptaldır'. Bu nedenle 'yaşlı ve akılsız bir kraldır'. Ama 'bilge bir çocuk daha iyidir', 'Gençtim ve yaşlandım' diye yazıldığı gibi. Bu, kendine ait hiçbir şeyi olmayan zavallı bir çocuk olan bir gençtir. Neden ona 'genç' deniyor? Çünkü o, her zaman yenilenen ayın yeniden başlamasına [yenilenmesine] sahiptir ve o her zaman bir çocuktur."

Zohar'ın sözlerinden "yaşlı" ifadesinin kötü eğilime işaret ettiği, iyi eğilimin ise "çocuk" olarak adlandırıldığı anlaşılmaktadır. Eğer durum böyleyse, "Ve İbrahim yaşlanmıştı, çok günler görmüştü" ifadesinin anlamı nedir? "İbrahim yaşlanmıştı" derken bize ne anlatmak istiyor? İbrahim'in yaşlı ve uzun ömürlü olmasının ne gibi bir değeri vardır, çünkü metin sanki İbrahim'i övüyormuş gibi görünmektedir.

"Zohar Kitabına Giriş"te (Madde 140), "Gündüzden gündüze konuşma akar ve geceden geceye bilgi açığa çıkar" ayeti hakkında yazılmıştır. Orada şöyle der: ""Islahın sona ermesinden önce, alma kaplarımızı kendi yararımıza değil, sadece Yaradan'ımızı hoşnut etmek için almaya uygun hale getirmeden önce, Malhut'a 'iyilik ve kötülüğün ağacı' denir," çünkü Malhut insanların eylemleri aracılığıyla dünyanın rehberidir.

"Bu nedenle, Malhut'tan iyi ve kötünün rehberliğini almalıyız, çünkü bu rehberlik bizi nihayetinde alma kaplarımızı ıslah etmek amacıyla nitelikli hale getirir. Çoğu zaman, iyinin ve kötünün rehberliği bizde yükselişlere ve düşüşlere neden olur ve her yükseliş ayrı bir gün olarak kabul edilir çünkü kişi sahip olduğu büyük düşüş nedeniyle, başlangıçta şüphe duyarken, yükseliş sırasında yeni doğmuş bir çocuk gibidir. Böylece, kişi her yükselişte sanki Yaradan'a yeniden hizmet etmeye başlıyormuş gibi olur. Bu yüzden her yükseliş belirli bir gün olarak kabul edilir ve benzer şekilde her düşüş de belirli bir gece olarak kabul edilir."

Şimdi sorduğumuz soruyu yorumlayabiliriz: Neden "Ve İbrahim yaşlanmıştı, birçok gün geçirmişti" deniyor? İbrahim'in yaşlı olmasındaki erdem nedir? Cevap "birçok gün". Demek ki yaşlı olan biri vardır, bu uzun bir zaman dilimine yayılan bir koşuldur ve uzama bu durumu yaşlı bir hale dönüştürür. Zohar'da bu konuda şöyle yazar: "Kötü eğilime neden 'yaşlı' denir?" Bunun sebebinin zamanın uzamasından kaynaklandığını söyler, "çünkü o insanın dünyaya geldiği günden beri insanla birliktedir." Başka bir deyişle, durumunda hiçbir değişiklik yoktur ve doğduğundan beri aynıdır. Buna "Yaşlı ve akılsız bir kral" denir.

Ancak o bir melektir, çünkü şöyle yazılmıştır: "O meleklerine seni her yönden korumaları için senin üzerinden emir verecektir." Zohar bunun iyi eğilim ve kötü eğilimle ilgili olduğu yorumunu yapar. Peki bunun bir aptal olduğunu nasıl söyleyebiliriz?

Cevap, her meleğin görevine göre adlandırılmış olmasıdır. Dolayısıyla, kötü eğilim kişinin içine ahmaklık ruhu yerleştirdiği için, bilgelerimizin dediği gibi, "Kişi içine ahmaklık ruhu girmedikçe günah işlemez", bu nedenle kötü eğilime "ahmak" adı verilmiştir. Bununla birlikte, her zaman aynı rolü oynar -insanlara ahmaklık ruhunu yerleştirir. Bu yüzden ona "Yaşlı ve aptal kral" denir.

Ancak Keduşa'da [kutsallık], kişi Yaradan'la Dvekut [bütünleşme] yolunda çalışmaya başladığında, yani tüm eylemleri Yaradan'ın rızası için olduğunda, kişi önce kötülüğün farkına varmalıdır, yani içindeki kötülüğün ölçüsünü bilmelidir. Bilgelerimizin dediği gibi, "Kötülere kötülük saç teli gibi görünür, ama erdemlilere yüksek bir dağ gibi görünür." Bu böyledir çünkü kişiye içinde var olan iyilikten daha fazla kötülük gösterilmez, çünkü iyi ve kötü dengelenmelidir, ancak o zaman seçimden söz edebiliriz, bilgelerimizin şöyle dediği gibi, "Kişi kendini her zaman yarı suçlu, yarı masum olarak görmelidir." Bu nedenle, ihsan etme çalışmasını başarmak isteyenler, Zohar'da söylendiği gibi, yükseliş ve düşüşlerden geçerler: "Gündüzden gündüze konuşma akar ve geceden geceye bilgi açığa çıkar."

Buradan, ihsan etmek için çalışan kişinin "yaşlı" niteliğinin, bir durumun uzun zaman aldığı anlamında olmadığı sonucu çıkar. Aksine, birçok gün ve birçok gece geçirdiği için "yaşlıdır". Bu nedenle, "İbrahim yaşlanmıştı, birçok gün geçirmişti" denmektedir. "Birçok gün" ifadesini yorumlamak için, "Ve Efendimiz İbrahim'i her şeyiyle kutsadı", "her şeyiyle" nedir? Günleri çok olduğuna göre, aralarında çok gece olması gerekir, çünkü aralarında gece yoksa, çok gün de olamaz. "Efendimiz İbrahim'i her şeyiyle kutsadı" demek, gecelerin de onunla birlikte kutsandığı anlamına gelir. "Ve Efendimiz İbrahim'i her şeyiyle kutsadı" ifadesinin anlamı budur.

Yukarıdakilere göre, "Bilge bir çocuk daha iyidir" sözlerini, "Ben gençtim ve yaşlandım" şeklinde yazıldığı gibi yorumlamalıyız. Başka bir deyişle, "ben" yaşlanmış olsam da, "ben" genç kaldım. Bu böyledir çünkü çalışmanın düzeni şöyledir: kişinin mantık ötesi inancı üstlenmesi gerektiğinde, beden buna itiraz ettiğinden, bu çalışma günlüktür. Başka bir deyişle, kişi her gün inancını üstlenmelidir ve şöyle yazıldığı gibidir (Tesniye 26:16), "Bugün Tanrın Efendin sana şunu yapmanı buyuruyor." Kişinin dün bunu üstlenmiş olması yeterli değildir. RAŞİ, "Her gün, sanki o gün sana emredilmiş gibi gözünde yeni olacaklar" diye yorumlar.

Buradan, her günün kendi muhakemesi olduğu sonucu çıkar, çünkü her gün kişi bir gençtir ve cennetin krallığını kabul etmeye yeniden başlamalıdır. ARI'nin dediği gibi (Shaar HaKavanot, s 61), "Her duada Mohin girer ve duadan sonra ayrılır. Meselenin göründüğü gibi olmadığını bilmelisiniz, yani gelen Mohin gidenlerdir ve her dua ile geri dönenler de onlardır. Mesele şu ki, her dua ile yeni Mohin gelir."

Bu, bir kişi her gün yeniden başlasa da bu onun başladığı aynı yerden başlayacağı anlamına gelmez. Aksine, "birçok gün", birçok yeni güne sahip olduğu anlamına gelir. Bu, "gençtim ve yaşlandım" anlamına gelir. Demek ki, yaşlılık tek bir koşuldan kaynaklanmamaktadır, çünkü bu koşul uzatılmıştır. Aksine, Keduşa'daki "yaşlı", kişinin uzun bir süre boyunca pek çok yeniden başlangıca sahip olduğu anlamına gelir; yani yaşlanmak, "gençlik" yani çocukluk halindeki pek çok günün ardından gelmiştir. Dolayısıyla, "Gençtim ve yaşlandım" ifadesinin anlamı sadece "gençlik" dönemiyle ilgilidir; bu dönemden itibaren kişi yaşlanmıştır.

"Bu, kendine ait hiçbir şeyi olmayan zavallı bir çocuk olan bir gençtir" sözlerinin anlamı budur. Başka bir deyişle, sadece Yaradan'a ihsan etmek için olan ve kişinin kendi iyiliği için olmayan tüm çalışma, bu çalışma bedene aykırıdır; burada kişi Yaradan'ın iyiliği için değil, özellikle kendi iyiliği için çalışmak ister. O zaman, kişi her yükselişten sonra hemen bir düşüş yaşadığını görür ve kişi bundan "geceler ve gündüzler" meselesini alır.

Bu, kişi hiçbir şey yapamayacak kadar güçsüz olduğuna karar verene kadar devam eder, çünkü ilerlemek için yaptığı her şeyin tam tersini, her seferinde daha fazla kötülüğe sahip olduğunu görür. O zaman karar verir ve şöyle der: "Efendimiz bir ev inşa etmedikçe, onu inşa edenler boşuna emek harcamış olurlar." Bu nedenle, bir kişi Yaradan'ın ona ihsan etme arzusu vermesiyle ödüllendirildiğinde, yani tüm eylemlerini Yaradan'ın rızası için yapabilmekle ödüllendirildiğinde, kendisinin bir "çocuk" olduğunu görür. Yani, bir çocuğunkinden daha fazla güce sahip değildir, yani kendine ait hiçbir şeyi yoktur. Başka bir deyişle, kendi başına hiçbir şey başarmamıştır, aksine ona her şeyi Yaradan vermiştir.

O zaman, ona düşüşleri de Yaradan'ın verdiğini ve kendisi için hiçbir şeye sahip olmadığını görür. "Ona neden 'genç' deniyor?" sorusunun anlamı budur. Çünkü onda ayın yeniden başlaması [yenilenmesi] vardır." Başka bir deyişle, ayın güneşten aldığı dışında kendi ışığı olmadığı gibi, aynı şekilde, insan Yaradan'la Dvekut ile ödüllendirildiğinde, kendi gücüyle hiçbir şey kazanmadığını görür, ancak ona her şeyi Yaradan vermişken, o her zaman bir "çocuktur". Başka bir deyişle, kişi her durumda bir çocuk gibidir, hiçbir şey yapmaz ve sadece bir çocuğa verilene sahip olurken, kendisi hiçbir şey yapamaz. Bu yüzden kişi her zaman Yaradan'dan kendisine çalışmada üstesinden gelme gücü vermesini istemelidir ve kişinin kendisi tamamen güçsüzdür.

Yukarıdakilere göre, "Ve Efendimize inandı ve O da bunu erdemlilik saydı" (Yaratılış 15:6) yazısını yorumlamalıyız. Bu kafa karıştırıcı görünüyor. İbrahim'in Yaradan'a inanmış olmasındaki övgü nedir? Sonuçta, Tanrısallığın ifşasına sahip olan ve Yaradan'ın kendisiyle konuştuğu herkes Yaradan'a inanacaktır. Bunu şöyle yorumlamalıyız: İbrahim alma arzusu hükmeden olduğu için, Keduşa'da herhangi bir şeyle ödüllendirilmek üzere kendi gücünün olmadığını gördüğünde, şöyle yazıldığı gibidir, "yaşlı ve aptal bir kral" ve onun yönetiminden çıkıp Yaradan'la Dvekut ile ödüllendirilmek için güçsüzdü, bu yüzden genel olarak "Ve Efendimize inandı ve O da bunu erdemlilik olarak kabul etti" diye yazılmıştır.

Başka bir deyişle, İbrahim'in inançla ödüllendirilebilmesi sadece Yaradan'ın sadakasıdır; Yaradan ona sadaka verdi ve onu mantık ötesi inanca karşı çıkan yaşlı ve aptal kralın yönetiminden kurtardı. Av-Ram [yüce baba], özellikle "İbrahim'in sığırlarının çobanları" olarak kabul edilen mantık ötesine gitmek istediği anlamına gelir (Makale No. 1, Tav-Şin-Nun-Alef'te yazıldığı gibi).

Ancak tüm beden buna direnir. Bu nedenle, Yaradan ona mantık ötesi inancın gücünü verdiğinde, İbrahim bunu inançla ödüllendirilmiş olarak gördü, şöyle yazıldığı gibi, "Ve Efendiye inandı", yani Efendiye, O'na, Yaradan'a inandı. "Sadaka olarak," Yaradan İbrahim'e inancın gücünü vererek ona sadaka verdi.

Ancak çalışmanın sıralamasında yükselişler ve düşüşler olduğunu görüyoruz. Yükseliş sırasında, kişi önemini hissettiğinde, Yaradan'a yakın olduğunu hissettiğinde ve Yaradan'ın önemini ve büyüklüğünü biraz hissettiğinde ve Yaradan'ın sevgisini biraz hissettiği için O'nun önünde iptal olmak istediğinde ve bir meşalenin önündeki mum gibi O'nun önünde iptal olmak istediğinde, bu durumda daha önce bir düşüş durumu yaşadığını hatırlamaz. Dahası, " düşüş koşulu" diye bir şey olduğunu da hatırlamak istemez ve yükseliş koşulunun kalıcı olmasını arzular.

Ama sonunda bir düşüş yaşar. Bazen o kadar aşağı bir duruma düşer ki, Yaradan rızası için bir şey yapabilmesinin hiçbir yolu olmadığını söyler. Yaradan'ın rızası için çalışmamız, Tora ve Mitzvot'u [emirler/iyi işler] yerine getirmemiz gerektiği aklına geldiğinde, peki neden bunu yapmak istemiyorum diye kendine sorduğunda, kendi görüşüne göre buna cevap verecek bir şey olmadığı şeklinde doğru bir cevap verir, çünkü insan, yani insanın içindeki alma arzusu, düşüş sırasında hükmedendir ve Yaradan'ın rızası için her şeyi yapmaya istekli olduğunu söyler, ancak bundan alma arzumun ne kazanacağını bilmem şartıyla.

Başka bir deyişle, kişi Yaradan'ın rızası için çalışmaya isteklidir ama kendi menfaatinin bundan kazanç sağlayacağı koşuluyla. Dolayısıyla, kişi yükseliş sırasında, her seferinde aldığı düşüşlere baktığında, böyle bir şeyin nasıl olabildiğine hayret eder -yükselişler ve düşüşler arasında, cennet ve dünya arasındaki kadar bir fark vardır. Başka bir deyişle, kişi yükseliş sırasında zaten cennette olduğunu, artık maddesellikle hiçbir bağlantısı kalmadığını ve o günden sonra dünyadaki tek uğraşının maneviyatla ilgili olacağını zanneder. Hatta kendisine dünyevi işlerle uğraşması için bedenselliği verdiği ve bu şeylere, bedenselliği edinmeye zaman ve çaba harcaması gerektiği için Yaradan'a kızar.

O zaman kişi Yaradan'ın bunu hangi amaçla yarattığını anlamaz. Tüm maddesel dünya ona gereksiz görünür. Fakat tüm iyi hesaplamalarla birlikte, aniden bir düşüş yaşar ve yere düşer. Bazen düşüş sırasında bilincini tamamen kaybeder ve maneviyatı tamamen unutur. Bazen de dünyada maneviyat diye bir şey olduğunu hatırlar ama bunun kendisi için olmadığını düşünür.

Ancak, Yaradan'ın bize bu düşüşleri neden verdiğini anlamalıyız. Yani, kişi öncelikle bu düşüşleri bize Yaradan'ın verdiğine inanmalı ve sonra da Yaradan'ın bu düşüşleri hangi amaçla verdiğini sormalıdır. Başka bir deyişle, kişi Yaradan'ın bunu kendisine gönderdiğine inandığında, düşüşler kişiye bir yükseliş hali yaşadıktan sonra gelir ve kişi Yaradan'dan kendisini O'na yaklaştırmasını ister ve Yaradan'ın duasını işittiğine inanır.

Peki kişi duasının karşılığında ne almıştır? Duadan sonra, dua ederken içinde bulunduğu durumdan daha yüksek bir dereceye yükseleceğini düşünmüştür. Ama nihayetinde, Yaradan'ın kendisine, Yaradan'a dua etmeden önceki durumundan daha kötü bir durum verdiğini görür. Cevap, Baal HaSulam'ın dediği gibi, "karanlığın içindeki ışığın avantajı" meselesidir. Bir kişinin karanlığın içinden gelmedikçe ışığın önemini takdir edemeyeceğini ve onu nasıl koruyacağını bilemeyeceğini söylemiştir. O zaman kişi ışık ile karanlık arasındaki mesafeyi fark edebilir.

Onun sözlerini bir alegori ile yorumlamalıyız. Kişi bir dostuna, alıcının gözünde 100 şekel olan bir hediye verdiğinde, alıcı dostunun kendisini takdir etmesinden ve ona bir hediye göndermesinden dolayı mutlu olur ve hediyeyi büyük bir sevinçle kabul eder. Ancak alıcı daha sonra hediyenin 10.000 şekel değerinde olduğunu öğrenirse, alıcının bundan nasıl mutlu olacağını, hediyeyi verene olan sevgisinin kalbinde nasıl yer edeceğini ve hediyenin çalınmasını nasıl engelleyeceğini anlayabiliriz.

Ders şudur ki, kişi yukarıdan bir uyanış aldığında, Yaradan onu Kendisine yaklaştırdığında, kişi Yaradan'la konuştuğunu hissetmenin bir miktar önemini hisseder, ama kişi bu yakınlaşmadan gerçek hazzı alamaz, çünkü Yaradan'ın kendisiyle konuşmasından haz ve zevk almak için Yaradan'ın büyüklüğünü ve önemini henüz takdir edememektedir.

Bunun nedeni yukarıda söylendiği gibi, "karanlığın içinden gelen ışığın avantajı gibidir". Kişi Yaradan'dan uzak olduğu için acı çekmediğinden, Yaradan'a yakın olduğu bir durumun büyüklüğünü ve önemini takdir edemez ve Yaradan'a yakın olmanın ne demek olduğunu hiç hissetmemişse, Yaradan'dan uzak olmanın acısını da anlayamaz. Bu nedenle, bilgelerimizin dediği gibi (Sotah 47), "Sol her zaman reddetmeli ve sağ daha yakına çekmelidir", çalışmanın düzeni sağ ve sol olmak üzere iki ayak üzerinde yürümektedir.

"Sağ" bütünlük anlamına gelir. Yükseliş sırasında, kişi artık Yaradan'a yakın olduğunu hissettiğinde, canlılık ve neşeye sahip olur ve her şeyin iyi olduğu bir dünyada yaşar. Daha sonra, yukarıda kişinin Yaradan'ın kendisini O'na yaklaştırmasının önemini hissetmesi arzu edilir, böylece alegoride olduğu gibi 100 şekel değerinde takdir ettiği gibi olmasa da zevk alabilir ve mutlu olabilir. Bu nedenle, kişi bir düşüş yaşadığında ve düşüşte olmaktan dolayı acı hissettiğinde, düşüş sırasında her zaman düşüşte olduğunu hissetmese de yani kendi seviyesinden düşmüş ve düştüğü için acı çekmiyorsa, bu bir düşüş olarak kabul edilmez, çünkü kişi bunu hissetmediğinde düştüğünü kim bilebilir?

Aksine bu, trafik kazasında yaralanan ve bilinci yerinde olmadığı için arabanın altında kaldığını hissetmeyen bir kişinin durumuna benzer. Onun kamyonun altına düştüğünü kim bilir? Sadece dışarıdaki insanlar. Peki ama diğer insanların onun bilincinin yerinde olmadığını görmesinden ne hisseder?

Kişi bir düşüş acısı çektiğinde maneviyatta da durum aynıdır. Bu durum yukarıda bilinir ama kişi iyileştiğinde bir düşüş halinde olduğunu fark eder ve ardından yeni bir süreç başlar ve kendisine yukarıdan başka bir yükseliş ve ardından başka bir düşüş verilir. Kişi bundan ışık ve karanlık arasındaki ayrımı öğrenir. Ayrıca, bundan kişi Yaradan kendisini yaklaştırdığında bunu takdir edebileceği harfler edinir ve bununla kendisini Klipot'a [kabuklara], yani alma kaplarına bir şey düşürmekten nasıl koruyacağını bilir, çünkü "karanlığın içinden gelen ışığın avantajı olarak" ne kaybettiğini bilir. Kişinin geçmesi gereken düşüş ve yükselişlerin anlamı budur.

Zeki ve zamandan tasarruf etmek isteyen kişi, yukarıdan bir düşüşe maruz kalana kadar beklemez. Bunun yerine, bir yükselişteyken ve Yaradan'a yakınlık koşulunun önemini edinmek isterken, bir düşüş koşulunun ne olduğunu yani şimdi Yaradan'a yakın olduğu için hissettiği şeye kıyasla, Yaradan'dan uzak olmanın nasıl acı verdiğini kendi kendine tasvir etmeye başlar. Bundan şu sonuç çıkar ki, kişi yükseliş sırasında bile sanki bir düşüş koşulundaymış gibi, anlayışlardan öğrenir. O zaman, bir yükseliş ile bir düşüş arasındaki farkı hesaplayabilir ve ayırt edebilir.

O zaman, ışığın karanlığa üstünlüğünün bir resmine sahip olur çünkü kişi, düşüş koşuluna nasıl geri döndüğünün ve ihsan etme çalışmasının tüm meselesinin kendisine ait olmadığını düşündüğünün ve mücadeleden kaçmak istediğinde bu durumlardan nasıl acı çektiğinin bir tasvirini yaratabilir. Ve sadece tek bir yerden yani sadece tek bir umuttan, "Ne zaman uyuyabileceğim?" diye düşünmesinden biraz rahatlama elde edebilir, zira o zaman dünyanın üzerine karardığını hissettiğinde, tüm tahammülsüzlük koşullarından kurtulacaktır.

Artık yükseliş sırasında kişi her şeyi farklı görür. O zaman sadece Yaradan için çalışmak ister ve kendi menfaatini düşünmez. Yükseliş sırasında yapacağı tüm bu hesaplamalardan, artık ışıkla karanlığı ayırt edebileceği bir yere sahip olduğu ve kendisine yukarıdan bir düşüş koşulu verilene kadar beklemesine gerek olmadığı anlaşılmaktadır.

Yukarıdakilere göre, bilgelerimizin (Şabat 152) "Kaybetmediğim şeyi arıyorum" sözünü yorumlamalıyız. RAŞİ şöyle yorumlar, "Yaşlılığımdan kaybetmediğimi ararım, eğilerek, sallanarak yürürüm ve sanki kaybettiğim bir şeyi arıyor gibiyimdir." Bunu çalışma içinde, bize öğretmek için neyin geldiğini anlamalıyız. Yaşlı bir adam bilge kabul edilir yani kişi, bilge bir öğrenci olmak ister.

Baal HaSulam'ın dediği gibi, Yaradan "bilge" olarak adlandırılır ve O'nun tavrı ihsan etmektir. Kişi, O'nun yollarından öğrenmek yani ihsan eden olmak isterse, o kişiye "Bilgenin öğrencisi" denir. O kişi, bir düşüşe maruz kalana ve sonra tekrar yükselmeyi istemeye gelene kadar beklemez yani o kişi yükselme koşulunu kaybetmiştir ve bir kez daha yükseltilmek ister. Bunun yerine, yükseliş koşulunu kaybetmeden önce, onu çoktan kaybetmiş gibi arar. Bu sayede kişi zamandan tasarruf sağlar. Buradan, düşüşler söz konusu olduğunda, insanın yükselip ışık ve karanlık arasındaki avantajı ayırt edebileceği bir alan elde etmesi için yer olduğu sonucu çıkar.

Çalışmada "Giysilerinin Kokusu" Nedir?

Makale No. 9, Tav-Şin-Nun-Alef, 1990/91

Rabbi Zira 'Ve onun giysilerinin kokusunu aldı ve onu kutsadı' ayeti hakkında konuştu. Ve şöyle dedi: 'Oğlumun kokusu, Efendimizin kutsadığı bir tarlanın kokusu gibidir' (Yaratılış 27:27). 'Giysilerinin kokusu', ona Begadav [giysileri] demeyin, Bogdav [hainleri] deyin, çünkü aralarındaki hainlerin bile bir kokusu vardır'" (Sanhedrin, 37a).

Rabbi Zira'nın sözlerini anlamalıyız. "Giysiler" ve "hainler" arasındaki bağlantı nedir? "Giysiler" bir kişinin giydiği kıyafetlerdir, yani giysiler ve kişi arasında bir bağlantı vardır. Kişinin giysilerinin olması iyi bir şeydir. Ancak "hainler" bunun tam tersidir, çünkü bir kişi diğerine ihanet ettiğinde, bu o kişi için kötü bir şeydir. Başka bir deyişle, kişi içinde bulunduğu durumda kendini o kadar kötü hisseder ki, bu durumdan kurtulmak ister ve kendisini içinde bulunduğu kötü duruma sokan kişiye ihanet etmekten başka çaresi yoktur. O halde nasıl olur da Rabbi Zira ayet hakkında "giysilerin" "hainler" anlamına geldiğini açıklar?

Bilindiği gibi çalışmanın düzeni, kişinin kendini ıslah etmesi ve Keduşa'ya [kutsallığa] girmesidir, zira insan kötü eğilimle doğar ve doğar doğmaz bu eğilim ona gelir. Zohar bu konuda şöyle der (VaYeşev, Madde 1), "Ve kişi dünyaya geldiğinde, 'Günah kapıda çömelir' diye yazıldığı üzere, kötü eğilim onunla birlikte olmak için hemen kendini gösterir, çünkü o zaman kötü eğilim ona katılır." Orada (Madde 7), "'Yaşlı ve aptal bir kral' kötü eğilimdir. Doğduğu günden beri Tuma'sından [kirliliğinden] hiç ayrılmamıştır. Ve o bir aptaldır çünkü tüm yolları kötü yola doğrudur ve yürür ve insanları kışkırtır ve ayartır."

Bilinir ki, çalışma düzeni genel halkın çalışması, yani genel halkın yapabileceği şeyler ve bireyin çalışması, yani genel halkın yapamayacağı şeyler olarak ikiye ayrılır. Bu, Lişma [Onun rızası için] ve Lo Lişma [Onun rızası için değil] sözcükleriyle ifade edilir. Başka bir deyişle, ihsan etme çalışması özellikle bireylerle ilgilidir. Ancak ödül almak için yapılan çalışma, genel halkın da yapabileceği bir çalışmadır. Maimonides bu konuda şöyle der: "Bu nedenle, küçüklere, kadınlara ve eğitimsiz insanlara öğretirken, onlara sadece korkudan ve ödül almak için çalışmaları öğretilir. Çokça bilgi edinene ve çokça bilgelik kazanana kadar, bu sır onlara azar azar öğretilir" (Hilchot Teshuva, Bölüm 4).

Bu nedenle, bir kişi bireylerin yolunda yürümek, her şeyi ihsan etmek için yapmak isterken, kendi çıkarıyla ilgilenen ve alma arzusu olarak adlandırılan kötü eğilim, yalnızca ödül almak için çalışabilir. Kişi, Yaradan'ın rızası için çalışmak istediğinde, kötü eğilim bu çalışmaya karşı çıkar, zira bu onun doğuştan sahip olduğu doğayla çelişir. Dolayısıyla, insanın çalışması burada zorlu bir çatışmayla başlar, çünkü beden ona neden Tora ve Mitzvot'u [emirleri/iyi işleri] yerine getirdiğini sorduğunda, bedeni "Bundan ne elde edeceksin?" diye sorar. Kişi ona bilgelerimizin şöyle dediğini söyler: "Yaradan, 'Kötü eğilimi Ben yarattım; Tora'yı da bir şifa olarak yarattım' dedi."

"Bu nedenle, seni iptal etme gücüne sahip olmadığım için, Tora ile meşgul olarak seni iptal etme gücüne sahip olacağım ve "Sen yaşlı ve aptal bir kralsın" yazıldığı üzere, seni üzerimdeki krallığından çıkaracağım. Bu yüzden, benim üzerimdeki hükümranlığından seni uzaklaştırmak ve tüm kralların Kral'ı olan Yaradan'ın hükümranlığını üstlenmek istiyorum."

"Kendisi için alma arzusu" olarak adlandırılan kötü eğilim ne yapmalıdır? Tüm gücüyle müdahale etmekten başka çaresi yoktur. Bununla birlikte, normalde kişi bir şeyi kolayca elde edebiliyorsa, onu elde etmek için çaba sarf etmez. Bu nedenle, kişi çalışmaya başladığında ve onun egemenliğinden çıkmak için çok az çaba sarf ettiğinde, bedenin tüm gücüyle kişiye direnmesine gerek kalmaz. Aksine, insanın içindeki kötülük, insanın çalışmasına bağlı olarak her seferinde daha büyük bir güçle yavaş yavaş ortaya çıkar.

Başka bir deyişle, çalışmanın düzeni dengelenir, böylece kişi, iyiyi seçme ve kötüyü reddetme seçimine sahip olur. Bilgelerimizin dediği gibi, "Kişi kendini her zaman yarı suçlu, yarı masum olarak görmelidir. Eğer bir Mitzva [Mitzvot'un tekili] yerine getirirse, ne mutlu ona, çünkü kendisini erdemin tarafına mahkûm etmiştir" (Kiduşin s 40b). Kişinin kendisini "yarı suçlu, yarı masum" olarak görmesinin nedeni, böylece bir seçeneğe sahip olmasıdır. Öte yandan, eğer bir şey diğerinden daha fazla ise, artık karar veremez.

Bu nedenle, kişi bir Mitzva'yı yerine getirirse, zaten erdemin tarafına geçmiştir, o halde erdemin tarafı zaten galip geldiğine göre, nasıl bir kez daha seçim yapabilir? Bunun cevabı şudur: Kişinin içindeki kötülük, onun üstesinden geldiğini görürse, daha büyük bir güç kullanır, yani sadece Yaradan rızası için çalışmanın neden değerli olmadığına dair argümanlar getirir. Kişi ihsan etmek için bir şey yapmak istediğinde ona tozun tadını tattırır ve kendi menfaati için çalışmanın tadını daha da artırır.

Başka bir deyişle, her seferinde kişiye daha büyük bir haz verir. Diğer bir deyişle, kişi, daha fazla çaba gösterdiğinde erdemin tarafına geçtiği için, kendine fayda sağlamada bu kadar çok haz olduğunu hiç düşünmemiştir. Dolayısıyla, seçim yapabilmek için kişiye daha fazla kötülük vermelidir. Bu, ona daha fazla kötü eylem verdiği anlamına gelmez. Aksine, ona kendi yararına daha fazla haz verdiği anlamına gelir, öyle ki kişinin kendi çıkarını bir kenara bırakıp ihsan etmek için çalışması zorlaşır.

Bu, kişinin büyük düşüşler yaşaması olarak kabul edilir. Yani, kötülük ona daha büyük bir güçle göründüğünde ve onun üstesinden gelmek zorlaştığında, kişi bazen "başlangıcı düşünme" koşuluna gelir, yani boşuna emek verdiğini ve uğraştığını görür, zira aslında kötülüğün hükmünden çıkmak mümkün değildir. Dolayısıyla, boşuna çabaladığım için utanç duyuyorum. Dolayısıyla, kişi düşüş sırasında Yaradan'ın çalışmasına ihanet eder. Sonrasında, Yaradan ona yukarıdan bir uyanış gönderdiğinde, bir kez daha maneviyata yükselir ve artık Keduşa seviyesinde olacağını düşünür.

Ancak daha sonra kötülük bir kez daha ve daha büyük bir güçle içinde belirir ve tıpkı daha önce olduğu gibi başka bir düşüş yaşar. Her seferinde aynı şeyi düşünür, yani her seferinde çalışmasında ihanete düşer. "Kim dostundan daha büyükse, onun eğilimi de ondan daha büyüktür", zira aksi takdirde seçim olmazdı. Sonuç olarak, daha büyük olanın çalışmada daha fazla ihanet ettiği, üstesinden gelme gücüne sahip olmayan biri söz konusu olduğunda, kötülüğün tüm gücünü göstermesine gerek olmadığı ortaya çıkar.

Dolayısıyla soru şudur: Kişi bir günah işlemişse, vay haline, çünkü zaten karar verdiği için kendisini suçun tarafına mahkûm etmiştir, öyleyse daha sonra nasıl bir seçim yapabilir? Cevap bilgelerimizin şöyle dediği gibidir: "Günah işledi ve tekrarladı mı? Sanki ona izin verilmiş gibi olur." Başka bir deyişle, kişi günahın içinde var olan kötülüğün gücünü hissetmez ve doğal olarak aşırı bir üstesinden gelmeye ihtiyaç duymaz. Aksine, küçük bir üstesinden gelme ile iyiliği seçebilir ve içindeki azıcık kötülükten nefret edebilir.

Öte yandan, büyük olan kişinin pek çok yükseliş ve düşüşü vardır. Yani, cennetin krallığı olan İsrail topraklarına iftira atan casusların şikâyetinde olduğu gibi, çoğu zaman ihsan etme çalışmasına ihanet eder. Başka bir deyişle, krallığı üstlenmesi, Eretz [toprak] olarak adlandırılan kendi iyiliği için değil, Şamayim [cennet] nedeniyle olacaktır. Başka bir deyişle, kişi Yaradan'a hoşnutluk getirmek için Tora ve Mitzvot'un yükünü üstlenmek ister, bu yüzden Zohar'da (Shlach, Madde 63) yazıldığı gibi casuslar bunu kötülediler: "'Ve ülkeyi gezmekten geri döndüler. 'Döndüler' demek, 'Bundan ne elde ettik?' diyerek kötülük tarafına döndüler, hakikat yolundan döndüler demektir. Bugüne kadar dünyada iyi bir şey görmedik. Tora'da çalıştık ama ev bomboş. Bu dünyayı kim ödüllendirecek? Kim gelecek ve onun içinde olacak? Bu kadar uğraşmasaydık daha iyi olurdu. Biz o dünyanın bir parçasını bilmek için öğrendik. O üst dünya, Tora'da öğrendiğimiz gibi iyidir, ama onunla kim ödüllendirilebilir?"

Casusların argümanını anlamalıyız. Ne de olsa onlar hissettiklerini söylediler. Kişi düşüşteyken yalan söylemez; ne hissediyorsa onu söyler. Bu nedenle, yükseliş sırasında, bir meşalenin önündeki mum gibi O'nun huzurunda iptal olmak ister, zira bundan mutluluk duyacağını hisseder. Diğer taraftan, düşüş sırasında, alma arzusunun savunduğu her şeyin doğru olduğunu görür. O halde ayet neden "Ve onlar toprağa iftira ettiler" diyor?

Baal HaSulam'ın söylediğine göre cevap şudur: Yaradan İsrail halkına "süt ve bal akan" bir ülke olan İsrail topraklarını vereceğini vaat ettiğine göre, Yaradan'ın onlara kesinlikle vereceğine inanmaları gerekiyordu. Ancak gördükleri durum, kötülüğün bu ifşasının onlara yukarıdan geldiğine, yani insanın doğasında var olan kötülüğün ifşası olduğuna ve kişinin kötülüğün hükmünden çıkamayacağına ve Yaradan'la Dvekut [bütünleşme] ile ödüllendirilemeyeceğine inanmak zorunda olmalarıydı. Daha doğrusu, bu sadece Yaradan'ın Kendisidir. Yaradan'ın onlara ihsan etme arzusu olan ikinci bir doğa vereceğine ve bununla "süt ve bal akan bir ülke" olarak adlandırılan tüm zevk ve hazzı alacaklarına inanmak zorundaydılar. Böylece, ihsan etme kaplarına sahip olduklarında, Tzimtzum [kısıtlama] ve gizlilik üzerlerinden kalkar ve yaratılışın amacında olan haz ve zevkle ödüllendirilirler. O zaman, burası "süt ve bal akan bir ülke" olur.

Dolayısıyla bu düşüşler, kötülüğü ifşa etmek için gereklidir, böylece daha sonra sadece Yaradan'ın yardım edebileceğini bileceklerdir. O'nun yardımı özellikle tam bir eksiklik üzerine gelir, çünkü ancak o zaman tam yardım gelebilir. Bu, eğer kötülük tamamen açığa çıkmasaydı, tam bir eksiklik olmayacağı anlamına gelir. Dolayısıyla, önce kötülüğün ifşa olduğunu görmeliyiz.

Akabinde, "Yaradan'ın yardımı" denilen doyum gelir ve kişinin eksikliğini giderir. Bu, "Kli olmadan ışık olmaz" kuralını takip eder. Neden bu kadar uzun süre beklememiz gerektiğini sorabiliriz. Yani, birçok yükseliş ve birçok düşüş vardır, ancak kötülük bir anda ortaya çıkabilirdi. Cevap şudur ki, eğer kötülük tam olarak ortaya çıksaydı, hiç kimse çalışmaya başlayamazdı, zira kötülük galip gelir ve seçim için yer

75

olmazdı. Bu nedenle kötülük, kişinin çalışmasında artırdığı iyiliğin seviyesine göre ortaya çıkar.

Yukarıdakilere göre, sorduğumuz soruyu yorumlamalıyız, Rabbi Zira'nın "Ve onun giysilerinin kokusunu aldı ve onu kutsadı" ayetini yorumlaması ne anlama geliyor? "Buna Begadav [giysileri] demeyin, Bogdav [hainleri] deyin, çünkü onların arasındaki hainlerin bile bir kokusu vardır" der.

Bunu, Yakup bütünlükle ödüllendirildiği için, yani tüm düşüşlerden bütünlüğe ulaştığı için yukarıdan yardımın gelebileceği şeklinde yorumlamalıyız, zira tüm kötülükler onda ifşa olmuştur. Buradan, ihanetler olan düşüşlerin "günahlar" olarak adlandırıldığı sonucu çıkar. Işık onların içinden göründüğünde, artık günahların sevap haline geldiğini, eğer düşüşler olmasaydı, bütünlüğe ulaşamayacağımızı görürüz. Bu nedenle Rabbi Zira, giysilerinin kokmasının, tamamlanmış olmasından, yani ihanetlerin de ıslah edilmiş olmasından kaynaklandığı yorumunu yapar. Bundan da ihanetlerin de erdemler kadar güzel koktuğu sonucu çıkar, çünkü onda her şey ıslah olmuştur. Bu yüzden "hainlerinin kokusu" diyor.

Bu yüzden, kişi yükseliş halindeyken, "karanlığın içindeki ışığın avantajı gibi" yazıldığı üzere, ışık ve karanlık arasındaki farkı bilmek için düşüş sırasındaki kendi halinden öğrenmelidir. Bununla birlikte, çoğunlukla kişi karanlık zamanını hatırlamak istemez, çünkü bu ona acı verir ve insanlar sebepsiz yere acı çekmek istemez. Aksine, kişi içinde bulunduğu yükseliş halinin tadını çıkarmak ister.

Ancak kişi bilmelidir ki, yükseliş halindeyken düşüşleri göz önünde bulundurursa, bundan kendisine fayda sağlayacak iki şey öğrenecek ve bu nedenle düşüşlerden sebepsiz yere acı çekmeyecektir: 1) Kişi kendisini düşmekten mümkün olduğunca nasıl koruyacağını bilmelidir. 2) "Karanlığın içinden gelen ışığın avantajı gibi." O zaman, yükseliş durumundan daha fazla canlılığa ve neşeye sahip olacak ve Yaradan'a kendisini O'na yaklaştırdığı için şükredebilecektir. Bu demektir ki, kişi artık Yaradan'ın hizmetkârı olmanın değerli olduğunu anladığı bir durumda olmaktan dolayı iyi bir hisse sahiptir, zira artık Kral'ın yüceliğini ve önemini hissetmektedir.

Ancak düşüş sırasında bunun tam tersi olur. Beden kişiye şunu sorar: "O'nun huzurunda iptal olmayı istemekten ve kendini tüm bu dünyadan iptal etmekten ve sadece Yaradan'a nasıl memnuniyet getireceğinle ilgilenmekten ne elde edeceksin?" Kişi her iki uç noktayı da göz önünde bulundurduğunda, aralarındaki farkları görür. Bu durumda yükseliş hakkında düşündüğünden daha farklı bir öneme sahip olan değerlere kavuşur. Dolayısıyla, kişi düşüşe baktığında, yükseliş, düşüşe bakmaksızın hissettiğinden daha yüksek bir seviyeye yükselir.

Sonuç olarak, düşüşler sırasındaki ihanet zamanlarını düşündüğünde, tüm düşüşler tatlanır ve Yaradan'ın kutsamasıyla dolar, zira bunlar bir yükselişe sebep olmaktadır. Dolayısıyla, kişi çalışmayı tamamladığında, her şey erdemler olarak ıslah edilir. "Ve dedi ki, 'Oğlumun kokusu, Efendimizin kutsadığı bir tarlanın kokusu gibi'" dediği şeyin anlamı budur. Bunun anlamı şudur: Oğlumun ihanetlerinin kokusu, "Efendimizin kutsadığı bir tarla" olarak adlandırılan Malhut'un kokusu gibidir. Yani, kişi zaten Yaradan'dan tüm zevk ve haz ihsanlarını almıştır.

Buna göre, "Ve Efendi ona dedi ki, 'Senin rahminde iki ulus var ve iki halk senin karnından ayrılacak ve bir ulus diğerinden daha güçlü olacak'" sözlerini yorumlamalıyız. RAŞİ "'İki ulus' ifadesini 'Malhut'tan başka ulus yoktur' şeklinde yorumlar. 'Ayrılacak', biri kötülüğüne ve diğeri bütünlüğüne. 'Bir ulus diğerinden daha güçlü olacak', yücelikte aynı olmayacaklar; biri yükseldiğinde diğeri düşecek."

RAŞİ'nin yorumunun bize ne kattığını anlamalıyız. Burada yazı, Yaradan'la Dvekut'u edinmek istediğimizde çalışmanın düzenini getirir. "Malhut'tan başka ulus yoktur" derken "ulus" der. Demek ki, kişi Malhut'ta iki anlayış olduğunu bilmelidir: 1) yaşlı ve aptal bir kral, 2) tüm kralların Kralı.

Kötü eğilim yaşlı ve aptal krala aittir, ama aynı zamanda onda tüm kralların Kralı'na ait olan iyi eğilim de vardır. Bu nedenle, "Biri kötülüğüne, öbürü bütünlüğüne göre ayrılacak" der. 'Bir ulus diğerinden daha güçlü olacak', büyüklükte aynı olmayacaklar; biri yükseldiğinde diğeri düşecek." Bu, her birinin diğerinin üstesinden gelmek istediği yükseliş ve düşüşlerle ilgilidir, yani her biri özellikle kavga ederek büyür, "Kim dostundan daha büyükse, onun eğilimi de ondan daha büyüktür" denildiği gibi.

Buna "Bir ulus diğerinden daha güçlü olacak" denir, yani her ikisi de büyür ve her biri diğeri aracılığıyla büyür. Başka bir deyişle, yaşlı ve aptal kralın gücü, iyi eğilimlerin yükselişiyle artar. Bilgelerimizin dediği gibi, "Erdemli için kötü eğilim yüksek bir dağ gibi görünür," çünkü onun birçok yükselişi vardır ve çoğul olarak "erdemliler" olarak adlandırılır. Demek ki, çalışmada, bir kişiden bahsederken, o küçük bir dünyadır, bir kişide birçok erdem vardır, yani birçok yükseliş vardır. Onlar kötülüğün üstesinden gelerek ortaya çıkarlar. "Bir kişide birçok kötü" ile ilgili olarak, buna "birçok düşüş" denir, çünkü her düşüşte kişi kötüleşmektedir. Her biri diğeri aracılığıyla büyür. "Bir ulus diğerinden daha güçlü olacaktır" ifadesinin anlamı budur.

Öte yandan, Yaradan'la Dvekut'u yani ihsan etme arzusunu edinme yolunda yürümeyenler "kötü" olarak adlandırılırlar çünkü onlar her şeyi Yaradan rızası için yapabilecekleri bir yolda değil, daha ziyade kendi çıkarları için yaptıkları bir yolda yürümektedirler.

Ancak burada "kötü" farklı bir anlayış, tamamen farklı bir yorumdur. Yani, ortada erdemli yoktur, ama onların tüm eylemleri kötüdür, yani Yaradan'ın rızası için değil, kendi çıkarları içindir.

Çalışmada onlara "kötü" denir, ama Tora ve Mitzvot'u gözlemleyen genel halk nezdinde onlara "erdemli" denir. Onlara sadece niyet açısından, 'kötü' denir, çalışma açısından, sadece kendi iyilikleri için değil, Yaradan'ın rızası için çalışırlar. Ve aralarında bir "erdemli " niteliği olmadığından, kötülükleri bir ek almaz, çünkü sadece arada bir erdemli varsa, yani bir yükseliş varsa, kişi sadece ihsan etmek için çalışmak istediğinde, o zaman kötü onu derecesinden düşürebilmek için daha fazla kötülük almalıdır.

Bu nedenle, "Günahkârlara kötülük saç teli gibi görünür" ve kötülük onlarda büyümez. Bunun yerine, "Günah işledi ve tekrarladı mı? Sanki ona izin verilmiş gibi olur." Başka bir deyişle, kişi kötülüğü hissetmez. Bu, bilgelerimizin dediği gibi, "Ve bir ulus diğerinden daha güçlü olacaktır." RAŞİ'nin yorumladığı gibi, "Büyüklükte aynı olmayacaklar; biri yükseldiğinde, diğeri düşecek."

Ama nasıl olur da biri yükselirken diğeri düşer? Her seferinde, bir diğeri bir ilave alır. İyi yukarıdan bir yükseliş aldığında kötü düşer ve kötü yukarıdan bir kötülük aldığında iyi düşer. Bu düşüşlerin üzerine düşüşlerin sırasıdır, ta ki insanın içindeki tüm kötülükler her seferinde iyiliği alan bir kişi tarafından özellikle ifşa edilene kadar, ki buna "yükselişler" denir. "Ve bir ulus diğerinden daha güçlü olacaktır" ifadesinin anlamı budur. Bu nedenle, kişi düşüşlerden endişe duymamalıdır. Bunun yerine, her seferinde Yaradan'dan kendisini O'na yaklaştırmasını istemelidir.

Yukarıdakilere göre, "Şimdiye kadar, iyiliğin bize yardım etti ve merhametin bizi terk etmedi, Tanrımız Efendimiz" diye yorumlamalıyız. Kişinin şu anda hangi koşulda olduğunu ve sanki şu anda zevk ve haz içindeymiş gibi yeni bir şey söylemeye geldiği önceki koşulunun ne olduğunu sormalıyız. Görünen o ki, iyi bir koşulda değildi, ama mutlu olmadığı bir koşuldaydı ve şimdi bunun farkına vardı, dolayısıyla hissettiklerimiz yukarıdan, merhamet tarafından gelen yardımlardı. Kişi, bunları merhamet olarak hissetmemiş olsa da, artık o zaman da bizim kötü olarak hissettiğimiz duygularının iyilik tarafından geldiğini görmektedir. "Ve Senin merhametlerin bizi terk etmedi" demek, o zaman da İlahi Takdir'in merhametten yana olduğu ve yargıdan yana olmadığı anlamına gelir.

Bunun nasıl böyle olduğunu anlamalıyız, yani kötü koşulun da merhamet olduğunu söylemeliyiz. Mesele şu ki, Kli olmadan ışık olmaz, çünkü bir kişiye ihtiyacı yoksa bir şey verilmez. Bu, aç değilse yemek yiyemeyen bir kişinin durumuna benzer. Bu nedenle, kişi Yaradan'la Dvekut'a ulaşmak için Yaradan'ın yolunda yürümeye başladığında, Yaradan'dan yardım alamaz, çünkü normalde kişi o şeyi kendi başına edinemediği sürece birinden yardım istemez.

Bu nedenle, kişi tek başına ihsan etmek için çalışmaya gelebileceğini düşündüğünde, Yaradan'dan kendisine yardım etmesini istemez. Böylece, kişi Yaradan'ın rızası için çalışmaya başladığında ve her seferinde ihsan etmek için çalışma derecesini edinmekten aciz olduğunu gördüğünde, Yaradan'ın yardımına muhtaç hale gelir. Bunu takiben, yaşadığı tüm düşüşler, bazen umutsuzluğa kapıldığı ve "başlangıcı düşünmeye" başladığı ve mücadeleden kaçmak istediği noktaya gelir ve kesinlikle bu koşullara "kötü koşullar" denir ve kişi "kötü" bir durumdadır. Ama daha sonra, Kli'nin eksikliğini giderdiğinde, Kli'sinin eksikliklerle dolu olduğunu gördüğünde, Yaradan ona ikinci bir doğa olan ihsan etme arzusu olan yardımı verir. O zaman, şu ana kadar hissettiği birçok düşüşün sebebinin, buna uygun olmaması olduğunu düşünür ve bu yüzden düşüşlerden dolayı acı çeker, oysa şimdi bunun da Yaradan'dan gelen bir yardım olduğunu görmektedir.

"Şimdiye kadar, Senin iyiliğin bize yardım etti" ifadesinin anlamı budur ve "ve Senin merhametlerin bizi terk etmedi" diye yazıldığı gibi, bunların hepsi merhamettir.

Çalışmada, Mahsul Olgunlaştığında Kral Tarlasında Ayakta Durur Ne Demektir?

Makale No. 10, Tav-Şin-Nun-Alef, 1990/91

Atalarımız, "Efendi onun başında durdu" (Tosfot, VaYetze yazarlarından Yaşlıların Görüşü'nde sunulur) ayetiyle ilgili şöyle der: "Bunu ataların geri kalanında bulamadık. Kabalist Şimon şöyle dedi; 'Kral, ne toprak sürülüyken ne de ekiliyken tarlasında durur ancak mahsul olgunlaştığında durur.' Bu tıpkı İbrahim'in toprağı sürmesi gibidir, şöyle dendiği gibi 'Kalk, toprak boyunca yürü.' İshak ekti, şöyle söylendiği gibi 'Ve İshak ekti.' Yakup geldi ve o, mahsulün olgunlaşmasıydı, şöyle söylendiği gibi 'İsrail'in kutsallığı, ilk meyveleri, Efendi için,' onun başında durdu."

Çalışmada bunun bize ne öğrettiğini anlamalıyız. "Tarla" nedir, "Mahsul olgunlaştığında" ne demektir ve tarlasının üzerinde duran Kral alegorisi nedir? Çalışmamızın özellikle "inanç" denilen cennetin krallığı üzerine olduğu biliniyor. Atalarımız bununla ilgili olarak şöyle der: "Habakkuk geldi ve onları birliğe dayandırdı: 'Erdemli, inancıyla yaşar.'" İnanç demek, Yaradan'ın dünyayı iyi ve iyilik yapmakla yönettiğine inanma gerekliliği demektir.

Kişi, henüz bu hisse sahip olmasa da yine de inanmalı ve dünyada iyiliğin nasıl ifşa olduğunu göremediği gerçeğini söylemelidir, mantık ötesi olarak kendine-sevginin hükmünden çıkmadığı sürece, gözlerinin önündeki iyiliği göremeyeceğine inanmalıdır. Bu böyledir çünkü alma kaplarında, orada form eşitsizliği nedeniyle ışık parlamasın diye Tzimtzum (kısıtlama) vardır, Sulam'da (Zohar'a Merdiven Yorumu) ('Zohar Kitabı'na Giriş,' madde 138) yazıldığı gibi.

Bu sebeple kişi gerçeği göremez. Onun yerine bunun böyle olduğuna inanmalıdır. Genel halkın çalışmasında, ödül ve cezanın rehberliğinin aşamaları çok belirgin değildir. Fakat bireysel çalışmada, kişi tüm eylemlerinin Yaradan adına olduğu dereceyi edinmek için çabaladığında ve Verenin derecesine ulaşmak için kendini zorlamaya başladığında, o zaman çalışmanın tüm temelinin Yaradan'ın büyüklüğü üzerine kurulması gerekir. Bununla ilgili Zohar'da şöyle yazar: "Kişi O'ndan korkmalıdır çünkü O, yücedir ve hükmedendir" ve çalışma, Yaradan'ın dünyayı İyilik Yapan İyi olarak yönettiği inancı üzerinde başlar.

Ve o zaman kişiye yükseliş ve düşüş aşamaları gelmeye başlar. Diğer bir deyişle kişi, bazen ödül alır ve Yaradan'ın iyi olduğuna ve iyilik yaptığına inanır ve yüceliği sebebiyle O'nu sevebilir. Bu, kişiye ödül ve ceza inancında büyük bir çaba harcaması vasıtasıyla gelir. Bu demektir ki kişi, mantık ötesi inançla çalışırsa ödüllendirilir ve ödülü, Yaradan'ın ona olan sevgisini hissetmek olur. Kişi, özellikle mantık dahilinde gitmek istediğinde ceza ise Yaradan sevgisinden uzaklaşması olur.

Daha da kötüsü, bazen tam tersi olur, kişi, Yaradan'dan nefret eder zira defalarca Yaradan'a dua ettiği ve Yaradan'ın dualarını duymadığını gördüğü için, Yaradan'a karşı pek çok şikâyeti vardır. Ve kişi bundan düşüş ve yükseliş aşamasına gelir. Ancak, eğer kişi bunun üstesinden gelip mantık ötesi gider ve "Onların gözleri var ama görmüyorlar" derse geçici olarak ödüllendirilir ve kendisini Yaradan'a yakın hisseder.

Bununla ilgili "On Sefirot Çalışmasına Giriş" kitabında (madde 132) şöyle yazar: 'Yukarıdaki 'Orta' niteliği, kişi yüzün gizliliğinin yönetimi altında olduğunda bile geçerlidir. Ödül ve ceza inancındaki büyük çabasıyla Yaradan'a güvenin yüce ışığı onlara görünür. Bir süre için onlara, orta ölçüde, O'nun yüzünün ifşasının bir derecesi verilir. Fakat sakınca şudur, onlar, derecelerinde sürekli olarak kalamazlar zira bir derecede sürekli kalmak, sadece korkudan tövbe vasıtasıyla mümkün olur."

Öyle anlaşılıyor ki, bizler, Âdem (insanoğlu) anlayışı olan çalışmadan çıkmadan önce, çalışma düzenimiz üç dönemden oluşur. Atalarımız bununla ilgili şöyle der (Nidah 31): "Kişide üç ortak vardır -Yaradan, babası ve annesi. Babası, beyazı; annesi, kırmızıyı verir ve Yaradan, onun içine bir öz ve ruh (sırasıyla Ruah ve Neşama) yerleştirir." Bu çalışmada üç çizgi olduğunu -Hesed (lütuf), Din (yargı) ve Rahamim (merhamet)- öğrendiğimiz gibi.

Önceki makalelerde söylediğimiz gibi, kişinin yürüyebilmesi için iki bacağa -sol ve sağ- ihtiyacı vardır. Bunlar, üçüncü ayet gelip onlar arasında hüküm verene kadar birbirini reddeden iki ayet gibidirler. Bu nedenle iki çizgi belirleyici çizgiye doğum verir.

Bununla çalışmada toprağı sürmenin, ekmenin ve olgunlaşmış mahsulün ne anlama geldiğini açıklayabiliriz. Sağ çizgi, toprağı sürmektir. Bu, insanın ihsan etme çalışmasına dâhil olmak isteme çalışmasıdır. İnsan, sadece kendisiyle ilgilenmek için yaratılmıştır. Ve Yaradan'la form eşitsizliğinden dolayı utanç meselesinden kaçınmak için, kendisi için alma arzusunun üzerinde ıslah olduğundan -O'nda gördüğümüz, O'nun yarattıklarına nasıl ihsan ettiği olduğu ve O'nda hiçbir şekilde kendisi için almak olmadığı için- yaratılanlar, O'nun yarattıklarına vermek istediği haz ve memnuniyeti alamasınlar diye kendisi için alma arzusunun üzerinde bir Tzimtzum (kısıtlama) ve gizlilik yaratılmıştır.

Bu, insanın alma kaplarını sadece ihsan etmek için çalışmak üzere ıslah edebilmesini sağlamak içindir. Diğer bir deyişle insan, içindeki alma arzusunu tersine çevirip onun yerine ihsan etme arzusunu edinmelidir. Bu demektir ki, önceden kişi için en önemli olan şey -alma arzusu- şimdi düşük bir öneme sahip olacak. Kişi, onu kullanmayı istemeyecek, tam tersine onun için önemsiz olan ve kullanmak istemediği ihsan etme arzusu o sırada çok önemli olacak. Bu demektir ki, ihsan etme arzusu onun için önemli ve sadece ihsan etme arzusunu kullanmak istiyor.

Toprak alt üst olduğunda böylece yukarıda olan aşağıya, aşağıda olan yukarıya geldiğinden buna "toprağı sürmek" denir. Bu "sağ çizgi", İbrahim, Hesed olarak adlandırılır. Diğer bir deyişle kişi, o sırada sadece "ihsan etme arzusu" denilen Hesed'e ve "bütünlük" denilen sağ çizgiye bağlanmak ister. Dolayısıyla kişi henüz Hesed'i yerine getiremediğini görüyor olmasına rağmen, Hesed denilen ihsanla ödüllendirildiğini hayal etmeli ve onu ihsan etmek için bir şeyler yapmakla ödüllendirdiği için, Yaradan'a şükretmelidir.

Tüm bunlar sadece mantık ötesidir. Kişi, içinde bulunduğu durumu göz önüne alırsa başka türlü görecektir, bu bir mantık ötesi meselesidir. Bu demektir ki kişi, sanki toprağı sürmekle ödüllendirilmiş gibi ihsan etme arzusuyla ödüllendirilmiş olduğunu hayal etmelidir.

Aynı zamanda, kişi kendini küçültmeli ve şöyle demelidir; "Yaradan, bana maneviyatta bir şeyler yapabilme arzusu ve düşüncesi verdiği ve beni biraz da olsa O'na hizmet etmekle yani O'nun için bir şeyler yapabilmekle ödüllendirdiği için mutluyum ve müteşekkirim." Kişi bununla mutlu olur, çünkü Yaradan'ın, geri kalan insanlara, O'na hizmet etme şansı vermediğini görür. Bu nedenle bununla mutlu olur. Şimdi mantık ötesi olarak Yaradan'ın dünyayı iyi ve iyilik yapmakla yönettiğine inandığı için bu, "bütünlük" olarak kabul edilir ve böylece şimdi Yaradan'a olan sevgisini gösterebilir ve her zaman mutludur.

Ancak, aynı zamanda kişi öbür bacağıyla solla da yürümek zorundadır yani eylemlerini incelemelidir. Gerçeği görme arzusuna, ihsan etme amacına sahip olmak için ne kadar çaba harcadığını ve maneviyata ne kadar önem verdiğini görme arzusuna sahip olmalıdır. Kişi, kendisi için değil de sadece Yaradan için çalışmanın iyi olduğunu gerçekten anlar mı?

Bu aşamada farklı bakar: Gerçekten bütün bir insan olduğunu düşündüğü sağ çizgide yürürken şimdi sol çizgiye döndüğünde gerçekten de Yaradan adına yaptığı hiçbir şeye sahip olmadığını görür.

Buna "ekmek" denir. Örneğin, kişi iyi buğday tohumlarını alıp, onları toprağa ektiğinde eğer karşısında toprak işinden anlamayan birisi varsa tohumları alan ve onları toprağa eken kişiye deliymiş gibi bakar. Benzer şekilde burada da kişi, bunun için Yaradan'a şükrettiği bütünlük içeren iyi aşamaları edindiğinde, şimdi onları iptal eder. Bu tıpkı iyi buğday tohumu alan ve sonra onları toprağa eken bir insanın durumuna benzer.

Fakat gerçekte, kişi tek bacağı üzerinde yürüyemez. Bu iki bacağın, birbirini çürüten iki ayet olduğu düşünülür. Bu nedenle sol olan İshak, tohumunu tarlasına ekiyor olarak kabul edilir. Atalarımız bununla ilgili şöyle der: "Kişi, daima solla itmeli ve sağla çekmelidir" (Sotah 47). Bunu şöyle açıklarız, kişi Yaradan'a yakın olduğunu hissettiğinde buna "sağla çekmek" denir. "Solla itmek" demek, kişi eleştirdiğinde ihsan etme çalışmasından itildiğini görür demektir. Atalarımız gelip bize insanın iki şeye, sağa ve sola ihtiyacı olduğunu söyler, zira bizler tek bir bacakla yürüyemeyiz. Bu "ekmek" denilen İshak olarak kabul edilir.

"Sağ" yani Hesed, bütünlük denilen İbrahim, "beyazlık" olarak adlandırılır tıpkı yukarıda kişinin üç ortağının babası, annesi ve Yaradan olduğunun söylenmesi gibi. Babası ilk idrak, Hesed olan ilk çizgidir, bütünlüğü belirtir. Bütünlük, "beyaz" demektir şöyle yazıldığı gibi "Günahların kıpkırmızı olsa da kar kadar beyaz olacaklar." Kişi, Yaradan'a yaklaştırıldığını hissettiğinde buna "sağ çeker" denir.

"Ve annesi, kırmızıyı eker." Kırmızı, kişinin ihsan etme çalışmasından tamamen uzak olduğunu gördüğü eksikliği, Nukva'yı (Aramice: dişi) işaret eder. Bu nedenle kişi, yükseliş ve düşüş aşamalarından geçer. Bu, kısmi inanca sahip olmak olarak adlandırılır, On Sefirot Çalışmasına Giriş Kitabı'nda (madde 14) kişinin pek çok düşüş yaşadığı ve düşüş sırasında inanç eksikliği içinde olduğu yazılmıştır.

Ancak, kişi o sırada uzaklık aşamasında olduğu için, "ikinci çizgi" denilen sol çizgide fazla zaman geçirmemelidir. Bu nedenle kişinin çalışması çoğunlukla bütünlük aşamasında olmalıdır. Buna "ayın yenilenmesi" denir. Bu demektir ki, kişi sürekli olarak içindeki beyazı, beyazlık olan sağ çizgiyi yenilemelidir.

Fakat inanç, düşüş sırasında kişiden ayrılır ve kişi, düştüğünün farkında olmadan bir kamyonun altına düşen ve yaralanan bir insan gibi bazen bilinçsiz kalır. Buradaki ders şudur; kişi yükünün altında kalır, şöyle yazıldığı gibi, "yük altındaki düşmanının eşeğini görürsen" çünkü mantık ötesi gidemediği için mantık ötesi gitme çalışması onun için tahammül edilmez bir yük haline gelir. Dolayısıyla eğer bununla ilgili olarak kafası karışırsa, derhal kamyonun altına düşer. Buna "yol kazasında yaralanmak" denir. Dolayısıyla kişi daima dikkatli olmalı ve sağda kalmalıdır.

Öyle anlaşılıyor ki, sol çizgide yürüyen birisi, inişi ve düşüşü beklememesi ve böylece de yukarıdan ona bir uyandırılış gelmesini beklememesi nedeniyle ıslah olur. Bunun yerine solu kendine çeker, sonra düşüş aşamasında olduğunu yani ne ihsan etme amacıyla çalışmak ne de kendi menfaati adına çalışmak için en ufak bir arzusu olmadığını görür. Ve o zaman duaya gelir.

Bu tıpkı Baal HaSulam'ın "Şafağı ben uyandırırım, şafak beni uyandırmaz" diyen Davud'la ilgili söyledikleri gibidir. Bu demektir ki Kral Davud, "karanlık" denilen şafağı beklemez yani karanlığın onu uyandırmasını beklemez. Onun yerine, karanlığı o uyandırır. Yüzünü onun için aydınlatması için Yaradan'a dua eder ve dolayısıyla karanlığa hazırlık yapmak için zaman kazanır ve sonrasında onu ıslah etmek kolaylaşır.

Yukarıda bahsedilen iki çizgi -sağ ve sol-, üçüncü bir çizgiyi, orta çizgiyi yaratır. Bu tıpkı atalarımızın söylediği gibidir "Ve Yaradan özü ve ruhu içine yerleştirir." Bu nedenle kişi, iki çizgideki çalışmasını tamamladığında, içindeki tüm kötülük ifşa olur. Bu böyledir çünkü iki çizgi birbirini çürüten iki ayet gibidir. Kişi, düşüş ve yükselişlerin bir sonunun olmadığını görür ve ihsan etme arzusunu edinmesine yardım etmesi için Yaradan'a içtenlikle dua eder.

Yaradan ona yardım ettiğinde, zaten ihsan etme kaplarını edindiğinden tam ve kalıcı bir inançla ödüllendirilir. Kişinin, önce ihsan etme kaplarını edinmeden kalıcı bir inanca sahip olması imkânsızdır zira kişi, düşüşler sırasında inancını kaybeder ve Yaradan'a sürekli olarak inanmaz.

Şöyle açıklanmıştır ('Zohar Kitabı'na Giriş,' madde 138); "Alma kaplarını yaratılış amacının tersine kullandığımızdan, İlahi Yönetimin eylemlerini kötülük olarak, bize karşıymış gibi hissederiz. Bu nedenle kişi kötü hissettiğinde, O'nun İlahi Yönetimine ters düşer ve Yöneten ondan gizlenir.

Bu nedenle görüyoruz ki kişi ihsan etme kaplarıyla ödüllendirilmeden önce, kalıcı bir inanca sahip değildir. Ancak, kişi ihsan etme arzusuyla ödüllendirildiğinde -tüm kötülüğün ifşa olduğu iki çizgi arasındaki çalışmadan uzanan- sadece Yaradan'ın ona yardım edeceği sonucuna ulaşır. O zaman kişi bu çalışma için çabalar ve mücadeleden kaçmaz ve "Yaradan öz ve ruh verir" denilen orta çizgiyle ödüllendirilir. Buna "Yüzün ifşası" denir. Şöyle yazıldığı gibi 'Gizemleri bilen O, kişinin aptallığa dönmeyeceğine tanıklık ettiğinde, orada nasıl tövbe olur?'

Bununla sorduğumuz şu soruyu anlayabiliriz; "Çalışmada 'Yakup geldi ve o, mahsulün olgunlaşmasıdır' şeklinde yazılanlar ne anlama gelir, şöyle denildiği gibi 'İsrail'in kutsallığı, ilk meyveleri, Efendi içindir' onun üzerinde durur." Atalarımızın bununla ilgili bir alegorisi vardır, "Kral, mahsul olgunlaşmadıkça tarlasında durmaz."

Tarlasında duran kralın, insanı temsil ettiğini açıklamalıyız. İnsan, Malhut'tan yayılır ve Malhut'a "tarla" denir. Ve insan, "Efendi'nin kutsadığı tarla" aşamasına gelmelidir. Bu yukarıda bahsedilen iki çizgi -İbrahim'in toprağı sürmesi ve İshak'ın ekmesi- çalışmasıyla yapılır.

Sonrasında çalışmadan elde edilen Yakup olan mahsulü, ödülü görüldüğünde 'Mahsul olgunlaştığında' anlayışına gelir. Bu tıpkı yukarıda söylediğimiz gibidir, kişi, Yaradan'ın yardımıyla ödüllendirildikten sonra, Yaradan ona "yüzün ifşası" denilen ruhu verdiğinde, bu Yaradan'ın onun üzerinde kalıcı olarak durduğunun işaretidir yani kişi kalıcı inançla ödüllendirilmiştir. "Ve Efendi üzerinde durdu" şeklinde yazılanın anlamı budur. Diğer bir deyişle kişi, Yakup denilen orta çizgi derecesine ulaştığında, Yaradan onun üzerindedir tıpkı yukarıdaki alegoride bahsedildiği gibi, Kral, mahsul olgunlaştığında tarlasının üzerinde durur.

'On Sefirot Çalışmasına Giriş' kitabında (madde 54) şöyle yazılmıştır: "Yaradan, kişinin çabasını tamamladığını ve Yaradan inancı seçimini güçlendirmede yapması gereken her şeyi bitirdiğini gördüğünde, ona yardım eder. O zaman, kişi açık İlahi Yönetimi yani yüzün ifşasını edinir. Sonra, tam bir tövbeyle ödüllendirilir."

'On Sefirot Çalışmasına Giriş' kitabında (madde 56) şöyle yazılmıştır: "Gerçekte, kişi ödül ve cezanın yani yüzün ifşasının edinimiyle ödüllendirilmeden önce, bir daha günah işlemeyeceğinden kesinlikle emin olamaz. Yaradan'ın kurtarışının perspektifinden bakıldığında yüzün ifşası, 'tanıklık' olarak adlandırılır, …bu kişinin bir daha günah işlemeyeceğinin garantisidir." Bu demektir ki kişi, o sırada sürekli inançla ödüllendirilmiştir.

Şimdi şu yazılanı açıklayabiliriz, "Efendi yaşar ve Benim Kayam kutsansın." "Ruhum, Efendide yüceltilmiş olacak." Burada Yaradan'la ilgili olarak "Efendi yaşar" ifadesinin anlamını anlamalıyız. Bu ne çeşit bir Yaradan övgüsüdür? Çalışmada, "yaşar" denmesini açıklamalıyız. "Efendi yaşar" denilen kimdir? Yaradan'a, O'nun dünyayı iyilikseverlikle yönettiğine inanan kişidir. Bu kişiye "yaşar" denir.

"Benim Kayam kutsanır", Yaradan'dan şu inancın biçimini alan kişidir; Yaradan yarattıklarına iyilik yapma arzusudur. Bu insan, kendi başına mantık ötesi inancı üstlenemeyeceğinden, ona inanç verdiği için Yaradan'ı kutsar çünkü bu Tanrı'nın bir hediyesidir.

Ayrıca, "Ruhum, Efendide yüceltilmiş olacak," ifadesini açıklamalıyız. "Efendide" demek, Yaradan onu Kendine yaklaştırıyor demektir. Bunun için kişinin ruhu yüceltilir yani insanın ruhu, onu Kendine yaklaştırdığı için Yaradan'a minnettardır. Buna "Yaradan özü ve ruhu verir" denir. Kişi, kendi gücüyle bunu başaramaz. Bunun için, bir inancı olduğu için Yaradan'ı över. Ona verdikleri için Yaradan'ı kutsar. Ayrıca yukarıda belirttiğimiz gibi Yaradan'a "orta çizgi" denir, kişi sadece önceki iki çizgiyle çalışmakla Yaradan'ın verdiği öz ve ruhla ödüllendirilir.

Dolayısıyla kişinin alma kaplarının hükmünden çıkmasına sadece Yaradan yardım edebilir. Bu nedenle kişi, düşüş sırasında alma arzusuyla tartışmamalı, alma arzusunun yerinden ayrılıp ihsan etme arzusuna yer açmasının ve onun bunu anlayıp teslim olmasının kendisi için daha iyi olacağını savunmamalıdır. Kişi bilmelidir ki beden asla bununla hemfikir olmaz, bu sözcük israfıdır, boşunadır

Bunun yerine, kişi, yalnızca Yaradan onu iptal etme gücüne sahip olduğundan, Yaradan'a yalvarmalıdır. Diğer bir deyişle beden bununla asla hemfikir olmaz, bedenle tartışmak anlamsızdır. Fakat kişi, Yaradan için bir şeyler yapmak istediğinde, Yaradan'dan alma arzusunun üstesinden gelebilme gücünü ona vermesini istemelidir.

Yukarıda söylenenlerle onların söylediğini (Avot, bölüm 1:5) yorumlayabiliriz, "Kadınla yapılan konuşmayı uzatma." Bu, erkeğin kadınıyla ilgili olarak söylenmiştir. Dostunun kadınıyla ilgili olarak da bu böyledir. Çalışmada, kelime anlamı temel olsa da kadın ve erkeğin tek bir beden içinde olduğunu söyleyebiliriz. Erkeğin kadınına "dişi" denilen "alma arzusu" denir ki o daima yalnızca almak ister.

Bu nedenle bazen kişi "eril", erkek denilen ihsan etmek için bir şeyler yapmak istediği ve alma arzusu direndiğinde ve bunun için erkek, ihsan etme çalışmasının daha iyi olacağını anlaması için, alma arzusuyla tartışmaya devam etmek istediğinde, atalarımız bunun söz israfı olduğunu, kişinin boşuna konuştuğunu söyler. Şöyle derler; "Bu, kişinin kendi kadınıyla yani içindeki alma arzusuyla ilgili olarak söylenmiştir." "Bu, dostunun kadınıyla ilgili olarak daha çok böyledir." yani sadece Yaradan insanın kendisi için alma arzusunun hükmünden çıkmasına yardım edebileceğinden, dostunun alma arzusuyla tartışmak -yani onlarla tartışıp, her şeyi ihsan etmek amacıyla yapmanın daha iyi olduğunu görmelerini sağlamak- boşunadır.

Dolayısıyla böyle insanlar, bütün eylemlerinin Yaradan adına olduğu bir duruma ulaşma yolunda yürümek isteyenler, dostlarını ihsan etme çalışmasına neden bağlanmadıklarıyla ilgili olarak suçlamamalıdırlar. Çünkü eğer kişi dostunun alma arzusunu ıslah etmek isterse bu, insan sanki böyle bir güce sahipmiş gibi bir anlama gelir. Gerçekte ise kişinin ihsan etmek için yaptığı her şey, sadece Yaradan'ın gücüyle gerçekleşir. Bu nedenle dosta sitem etmek yasaklanmıştır.

Çalışmada İyi Eğilimin ve Kötü Eğilimin Kişiyi Koruması Ne Anlama Gelir?

Makale No. 11, Tav-Şin-Nun-Alef, 1990/91

Zohar şöyle der (VaYişlah, Madde 1-4), "Rabbi Yehuda şöyle başladı, 'Çünkü O, meleklerini sizi her bakımdan korumaları için görevlendirecektir. Bir kişi dünyaya geldiğinde, kötü eğilim hemen onunla birlikte gelir. 'Günahım her zaman önümdedir' diye yazılmıştır, çünkü insanı Efendisinin huzurunda günah işlemeye iter. İyi eğilim ise kişiye arınmaya geldiği andan itibaren gelir. Peki kişi ne zaman arınmaya başlar? On üç yaşına geldiğinde. O zaman insan her ikisiyle de biri sağda biri solda, sağdaki iyi eğilim ve soldaki kötü eğilimle de bağ kurar. Ve bunlar aslında görevli iki melektir. Bir insan arınmak için geldiğinde, kötü eğilim onun önünde teslim olur ve sağ sola hükmeder. Ve hem iyi eğilim hem de kötü eğilim insanı gittiği tüm yollarda tutmak üzere birleşirler."

Çalışma açısından baktığımızda, Yaradan'ın yolunda yürüyen ve Yaradan'la Dvekut'u [bütünleşmeyi] edinmek isteyen bir kişiyi iyi eğilimin koruduğunu, dolayısıyla kişinin iyi eğilimin korumasını aldığını anlamalıyız. Ancak, kişi kötü eğilimden nasıl bir koruma alır ki Yaradan'la Dvekut'a ulaşabilsin? Bu, eğer kişi kötü eğilim tarafından korunmazsa, Yaradan'la Dvekut'u edinemeyeceğini ima eder.

Ayet şöyle der (Yaratılış 25:23), "Ve Efendimiz ona şöyle dedi: 'Senin karnında iki ulus var ve bir ulus ötekinden daha güçlü olacak ve büyük olan küçüğe hizmet edecek. RAŞİ, bu ayeti şöyle yorumlar: "'Bir ulus diğerinden daha güçlü olacak', büyüklükte aynı olmayacaklar; biri yükseldiğinde diğeri düşecek." Bu demektir ki, onlar aynı anda büyük olmayacaklardır.

Çalışmanın düzeninin, tüm çalışmanızın Yaradan rızası için olduğu bir duruma gelmek olduğu bilinmektedir. Bu kişinin elinde olan bir şey değildir. Aksine, bilgelerimizin "Arınmaya gelene yardım edilir" dediği üzere, bu güç kişinin yukarıdan alması gereken bir şeydir. Bununla birlikte, Yaradan'ı hoşnut edecek bir dereceye ulaşmak, kişiye içindeki tüm kötülükleri ifşa ettikten sonra kalıcı olarak gelir. O zaman kişi "ikinci doğa" denilen ve ihsan etme arzusu olan bu gücü edinir.

Başka bir deyişle, kişi önce içindeki tüm kötülüğü ifşa etmelidir ki buna zaten kişinin tam bir Kli'ye [kap], yani tam bir eksikliğe sahip olması denir. O zaman kişi tam ışığı alır, bilgelerimizin şöyle dediği gibi: "İçindeki ışık onu ıslah eder." Ancak, kişi bu Kli'nin ifşasına ulaşmadan önce, yani Yaradan'ın yardımına ihtiyaç duymadan önce aşağıdakinin eksikliği de tamamlanmış olmalıdır -zira bu yardım tam bir yardım olmalıdır, bilgelerimizin şöyle dediği gibi, "Yukarıdan, yarım bir şey verilmez, tam bir şey verilir"-.

Ve kişiye tüm kötülüğü göstermek mümkün olmadığından, henüz iyiliğe sahip değilken, kötüyü alt edemeyeceği için, kötü iyiden daha fazla olacağından, bu nedenle, kişi Tora ve Mitzvot [emirler/iyi işler] ile meşgul olmaya başladığında, her seferinde iyiyi artırır ve kötülük de o ölçüde gösterilir. O zaman, insanın çalışması dengelenir, bilgelerimizin şöyle dediği gibi (Kidushin, s 40), "Kişi kendini her zaman yarı suçlu, yarı masum olarak görmelidir."

Bu nedenle, kişinin Tora ve Mitzvot'taki çabalarıyla iyiyi edinme çabasına göre, kötülük ona yavaş yavaş gösterilir.

Yukarıda anlatılanlara göre, bir kişi Yaradan'la Dvekut'a ulaşma yolunda yürümek ve tüm çalışmasını Yaradan'ın rızası için yapmak istediğinde, yani kendi iyiliği için değil Yaradan'ı hoşnut etmek için yapmak istediğinde, bu kendi iyiliği için alma arzusuyla yaratılmış olan insanın doğasına aykırıdır ve insanın tüm çalışması, bunu kendi gücüyle edinemeyeceğinin ancak Yaradan'ın ona ihsan etme arzusu denen gücü verebileceğinin söylenmesidir, ve kişi sadece "ikinci doğa" denen bu gücü almak amacıyla Kli'sini hazırlamalıdır. Dolayısıyla, özellikle içinde büyüyerek tamamlanan kötü eğilim sayesinde, kişi gerçek eksikliğini yani ihsan etme arzusunu kendi başına edinemeyeceğini görür. Bu da kişiyi Yaradan'ın ona ihsan etme arzusunu verdiği bir koşula getirir.

Böylece hem iyi eğilim hem de kötü eğilim kişiyi "Yaradan'la Dvekut" olarak adlandırılan form eşitliği hedefine ulaşmaya yönlendirir.

Bununla, sorduğumuz soruyu yorumlayabiliriz: Zohar neden "Çünkü O, meleklerini sizi her bakımdan korumaları için görevlendirecektir" der, ki bu kişiyi

Yaradan'la Dvekut'a ulaşması için koruyan kötü eğilimle de ilgilidir? Ama eğer kişiyi Yaradan'la Dvekut'a ulaşması için koruyorsa, neden ona "kötü eğilim" deniyor? "Kötü eğilim", onun kişiye Keduşa'ya [kutsallığa] karşı olan düşünce ve arzuları getirmesi anlamına gelir. Yani, kişinin Tora ve Mitzvot'ta çaba göstermeye değmeyeceğini düşünmesine neden olur, peki kişiyi Yaradan'la Dvekut'a ulaşması için nasıl korur, ki kişi her şeyi kendi iyiliği için değil Yaradan'ın rızası için yapsın?

Cevap şudur: Eğer kötülük bir kişiye gerçek ölçüsünde ifşa edilmezse, Yaradan'dan yardım alamaz çünkü kişinin hâlâ gerçek bir ihtiyacı yoktur. Bu da onun halen gerçek bir Kli'ye sahip olmadığı anlamına gelir. Kötü eğilim kişiye Keduşa'ya karşı düşünceler ve arzular verir ve buna "kötü eğilim" denir, Baal HaSulam'ın dediği gibi, kötü eğilim "kötülüğün tasviri" anlamına gelir, yani kötü eğilim kişiye kendi iyiliği için değil de Yaradan'ın rızası için çalışırsa bunun kendisi için kötü olacağını resmeder. Kötü eğilim bir kişiye bu tür tasvirler çizdiğinde, kişinin Yaradan'a ihsan etme çalışmasını terk etmesine neden olur.

Bu nedenle, kişi kötü eğilimin tasvirlerini hissetmeye başladığında, sadece Yaradan'ın rızası için yapılan bu çalışmadan kaçmak ister. İşte o zaman, kişi kötü eğilimin kendisi için çizdiği tasvirlerin üstesinden gelmenin imkânsız olduğunu görür. Yine de ancak o zaman üstesinden gelebilir ve Yaradan'ın kötü eğilimin kontrolünden çıkmasına yardım edeceğini söyleyebilir, zira ancak o zaman bunun bir kişinin kötü eğilimin tasvirini gördüğü bu karanlık duruma karşı bir şeyler yapabilmesinin doğasının üstünde olduğunu görür.

Bu tasvirlerden kişi neyin kötü olduğunu, yani kendi yararı için de bir şey görmedikçe Yaradan rızası için bir şey yapamayan insanın kalbinde kötülüğün ne ölçüde var olduğunu görür. Bu tasvirler aracılığıyla kişi her seferinde kötünün bir imgesini edinir. Kişi bu görüntülerin hepsini birden göremez, çünkü bunlara tahammül edemez. Aksine, bu kişiye azar azar gösterilir ve bu tasvir kısa süre sonra kaybolur. Böylece kişi sanki kendisi için değil de Yaradan için çalışma tasvirini unutmuş gibi olur. Böylelikle, ihsan etme çalışmasına bir kez daha başlama gücüne sahip olur. Kişi zaten sadece Yaradan'ın rızası için çalışabileceği bir aşamada olduğunu düşündüğünde, kötü eğilim hemen ona gelir ve Yaradan'ın rızası için çalışmanın başka bir tasvirini verir. Bu tasvir onu bir kez daha Yaradan'ın rızası için çalışmaktan uzaklaştırır.

Buradan, özellikle kötü eğilim aracılığıyla, kişinin hakikat durumuna yani kişinin kendini kandıramayacağı ve Yaradan'a hizmet ettiğini ve tüm çalışmalarının Yaradan için olduğunu söyleyemeyeceği bir duruma ulaşabileceği sonucu çıkar, zira kötü eğilim ona Yaradan'ın rızası için çalışmanın ne anlama geldiğine dair tasvirler gösterdiğinde, kişi bu çalışmadan uzak olduğunu görür. Buradan şu sonuç çıkar ki, kişi hakikat yolunda yürüdüğüne dair kendini kandıramaz, çünkü bedenin buna nasıl karşı çıktığını görür, öyle ki Yaradan'ın kendisine kendini sevmenin hükmünden çıkmasına yardım edebileceğine mantık ötesi bir şekilde inanmalıdır.

Bundan çıkan sonuç şudur ki, kötü eğilime engel olunmasaydı kişi asla gerçeği göremezdi. Öyle ki, herkes iyi eğilimin kişiyi Yaradan'a bağlı olma, yani tamamen ihsan etmek üzere çalışmanın tamamlanması yolunda koruduğunu anladığı gibi, aynı şekilde kötü eğilim olmadan da kişi her şeyi Yaradan rızası için yaptığını düşünecektir.

Ancak kötü eğilim kişiye kötü tasvirlerle gelip Yaradan rızası için çalışmanın değersiz olduğunu söylediğinde, kişi için daha önce Tora ve Mitzvot'ta yaptığı her şeyin kendi menfaati için olduğu tümüyle açık hale gelir, zira artık kötü eğilim ona sadece Yaradan rızası için çalışma durumunu gösterdiğinde, kötü eğilimin haklı olduğunu kabul eder ve kişi gerçekten Yaradan rızası için çalışmakla ne elde edeceğini göremez.

Bu durum kişinin düşmesine neden olur. Şöyle ki, kötü eğilim ona bu tasvirlerle gelmeden önce, yaptığı her şeyin Yaradan'ın rızası için olduğunu biliyordu, yani Yaradan'ın insana yapmasını emrettiği şeyi yerine getiriyordu. Aksi takdirde neden Tora ve Mitzvot'a uysun ki? Ama Yaradan'ın rızası için değil? Herkes bilir ki, Yaradan'ın rızası için çalışmayan birinin çalışması değersizdir, bu yüzden bir kişi Tora ve Mitzvot'la meşgul olduğunda, Yaradan'ın rızası için çalıştığından emin olur.

Ama şimdi kötü eğilim ona ihsan etmek amacıyla çalışmanın kötü tasvirleriyle geldiği için, kişi Yaradan rızası için çalışmaktan uzak olduğunu ve Yaradan rızası için yapılmayan çalışmanın değersiz bir çalışma olduğunu görür, bu yüzden Tora ve Mitzvot'u gözlemleme işini tamamen bırakmak ister, çünkü doğası gereği kişi sebepsiz yere çalışamaz. Kişi çalıştığında, bir şey yaptığını görmelidir. Dolayısıyla, Yaradan'ın rızası için çalışamayacağını görürse -kötü eğilimin ona tamamen Yaradan'ın rızası için çalışmanın ve kendi iyiliği için çalışmamanın ne anlama geldiğini ve Yaradan'ın rızası için çalışmamanın değersiz olduğunu görmesini sağladığı gibi - mücadeleden tamamen kaçmak istediği bir koşula gelir.

Şimdi Zohar'ın ayeti nasıl yorumladığını anlıyoruz: "Çünkü O, meleklerini seni her bakımdan korumaları için görevlendirecektir." Kötü eğilim olmadan, kişi asla ihsan etme çalışmasını başaramaz, zira ihsan etmek için her şeyi yapabilme gücünü sadece Yaradan verebilir ve bir eksiklik olmadan kişi hiçbir şey alamaz. Ancak kişi Yaradan'ın kendisine diğer doğayı, yani ihsan etme arzusunu vermesi için bu eksikliğe sahip değildir, çünkü her şeyi Yaradan'ın rızası için yaptığını düşünmektedir, zira kişi Yaradan'ın rızası için çalışmak istemediği sürece, beden kişinin Yaradan'ın yardımına ihtiyaç duyduğu noktaya değin itiraz etmez.

Ancak kişi ihsan etmek için çalışmak istediğinde, kötü eğilimin çalışması ona gelir ve Yaradan'ın rızası için çalışmanın değersiz olduğunu düşündürmeye başlar. O zaman, bu kötülük kişide Yaradan'ın yardımına yönelik bir ihtiyaç doğurur. Bu da kişinin özellikle kötülük sayesinde Yaradan'a yaklaştığı anlamına gelir. Diğer bir deyişle, kötü eğilim kişiyi Yaradan'ın rızası için çalıştığına dair kendini kandırmaktan alıkoyar.

Dolayısıyla, kişi Yaradan'a kendisine yardım etmesi için dua ettiğinde, duası açık olmalıdır. Bu demektir ki, kişi neyin eksik olduğunu bilmelidir, yani eksiklik onda şüpheye yer bırakmayacak şekilde ifşa olmalıdır; zira eksiklik ona kesin olarak ifşa edilmemişse, hissettiği eksiklikten emin değilse, bu bir dua sayılmaz. Bu nedenle, kötü eğilim kişiye kötü tasvirlerle geldiğinde, kişi neye ihtiyacı olduğunu kesin olarak bilir ve buna "tam bir eksiklik" denir.

Bu şu sözleri söyleyen Yakup hakkında yazılanlara benzer: "Kurtar beni, Sana dua ediyorum, kardeşimin elinden, Esav'ın elinden; çünkü ondan gelip beni ve çocuklarla birlikte anneleri vurmasından korkuyorum" (Yaratılış 32:11 ve VaYişlaş, Madde 70). "Bu, dua eden kişinin sözlerinin doğru yorumlanması gerektiğini ima eder. 'Kurtar beni, Sana dua ediyorum' dediğinde, kurtuluştan daha fazlasına ihtiyaç duymadığı için bunun yeterli olması gerekirmiş gibi görünür. Yine de Yaradan'a demişti ki, 'Ve beni zaten Laban'dan kurtardığını söylemeli misin? Bu yüzden 'kardeşimin elinden' diye açıklamıştır. Ve eğer Laban'ın Yakup'a 'Çünkü sen benim kardeşimsin, bu yüzden bana boşuna mı hizmet etmelisin?' dediği için diğer akrabaların da kardeş olarak adlandırıldığını söylersen, işte bu nedenle 'Esav'ın elinden' diye açıklar. Bunun sebebi nedir? Bunun nedeni konuyu doğru değerlendirmeye ihtiyacımız olmasıdır."

Bu konu hakkında sormalıyız: Etten kemikten bir kraldan söz ettiğimizde, yardım isteyen kişinin net bir talebi olması gerektiğini anlayabiliriz, böylece kral ne istediğini anlayacaktır. Ancak, biri Yaradan'dan bir şey istediğinde, talebi neden bu kadar açık olmalıdır? Yaradan kişinin kalbinde ne olduğunu bilmez mi? O kesinlikle insanın düşüncelerini bilir, çünkü Yaradan'a "Düşünceleri bilen" denir, "Düşünceleri bilen, lütfen kurtar" dediğimiz gibi. O halde neden duaya açıklık getirmeli ve "meseleyi doğru yorumlamak" için dua etmeyi istemeliyiz?

Bunun yanıtı, kişinin duayı açıklığa kavuşturmasıdır, böylece kişi için netleşir ve yorumlanmış olur. Yani, kişi neyi kaçırdığını bilmelidir, çünkü bazen hayatıyla ilgili olan ve onsuz Keduşa [kutsallık] yaşamı elde edemeyeceği şeylerden vazgeçerken, lükse ihtiyacı olduğunu düşünür ve tüm gücüyle onlar için dua eder. Kendisinin saygın ve mükemmel bir insan olmasını sağlayacak şeylere ihtiyacı olduğunu düşünür ve bunu ister, oysa aslında yaşamına ilişkin şeylerden yoksundur, yani bunlar olmadan ölü gibi kalacaktır, bilgelerimizin şöyle dediği gibi, "Kötüler yaşamlarında 'ölü' olarak adlandırılırlar."

Bu nedenle, kötü eğilim Yaradan'a memnuniyet ihsan etme çalışması hakkında kendine kötü tasvirler çizdiğinde, bu kötülük aracılığıyla bazen Zohar'ın yorumladığı gibi İsrail topraklarına iftira atan casuslar gibi "başlangıcı düşünme" durumuna gelir. O zaman kişi gerçekten kötü olduğunu ve Yaradan'a inancı olmadığını görür.

Baal HaSulam'ın dediği gibi, kişi yürüdüğü yolda Yaradan'a inancı edinmek için aşağıdan bir uyanış olarak elinden gelen her çabayı göstermelidir. Buna "Ben Tanrınız Efendinizim ve başka tanrınız olmayacak" denir. Bunlar, hayvanların yaşamının bağlı olduğu iki belirti olan Kaneh [soluk borusu] ve Veshet [yemek borusu] olarak kabul edilir. Yani, maddesellikte, bu belirtiler durursa, hayat hayvandan ayrılır. Aynı şekilde, çalışmada, "Ben... ve şimdi sahip olacaksın..." dururursa, manevi yaşam kişiden ayrılır.

Bu nedenle, kişi bazen ağlar ve düşündükleri konusunda kendisine yardım etmesi için Yaradan'a dua eder. Ancak kişi acı acı ağlasa da ölümcül bir tehlikede olduğu halde kendisine saçma sapan bir şey verilmesini istediği için bu talebi kabul edilmez. Yani, kişi kendisinin iyi olduğunu düşünmektedir, ona göre ihtiyacı olan tek şey tamamlayıcı bir şeydir, oysa gerçekte cansızdır. Bu nedenle, "kötü eğilim" adı verilen melek gelir ve tasvirleri aracılığıyla, Yaradan'ın önünde iptal etmeye değmeyeceğini, çünkü alma arzusunun bundan hiçbir şey kazanmayacağını gösterir. Kişi ancak o zaman hakikati, yani gerçekten kötü olduğunu görebilir.

Dolayısıyla, özellikle bu kötülüğün ifşası kişiyi korur, böylece Yaradan'dan kendisine "Yaradan'a inanç" denilen yaşamı vermesini isteyecektir, ki Yaradan'a tutunabilsin, şöyle yazıldığı gibi, "Ve Tanrınız Efendinize tutunan sizler bugün her biriniz hayattasınız." Zohar'ın şöyle dediği gibi, "Çünkü O meleklerini seni her bakımdan korumaları için görevlendirecektir." Yani hem iyi eğilim hem de kötü eğilim kişiyi korur, böylece kişi Yaradan'la Dvekut'a ulaşır. Kötü eğilim olmasaydı, kişi hakikati, Yaradan'dan hangi yardımı talep edeceğini bilemezdi.

Yukarıdakilere göre, bilgelerimizin "Erdemliler için kötü eğilim yüksek bir dağ gibi görünür" sözünü yorumlamalıyız. Bir kişi kötü eğilimin yüksek bir dağ gibi çok büyük olduğunu gördüğünde, bunun onun erdemli olduğunun, yani erdemli olmak için hakikat yolunda yürüdüğünün bir işareti olduğunu açıklamalı ve söylemeliyiz. Aksi takdirde, kötü eğilim ona yüksek bir dağ gibi görünmezdi. Bu böyledir çünkü içindeki kötülük kişiye ancak sahip olduğu iyilik ölçüsünde gösterilir, zira iyi ve kötü her zaman dengeli olmalıdır. O halde kişinin karar vermesi ve iyiyi seçmesi gerektiği söylenebilir.

Bununla, "Ve bak, Tanrı'nın melekleri onun üzerine yükselip alçalıyorlardı" (Yaratılış 28:12) diye yazılanları yorumlayabiliriz. Meşhur soru şudur: Neden önce Tanrı'nın melekleri yükseldi? Önce " alçaldılar" ve sonra " yükseldiler" denmeliydi. Çalışmada, "Tanrı'nın meleklerinin", bilgelerimizin (Suka 10) "Biz Mitzva'nın [Mitzvot'un tekili] habercileriyiz" dediği gibi, Yaradan'ın habercileri olmak, kutsal çalışmayı yapmak isteyen insanlar olduğunu yorumlamalıyız.

Bu nedenle, melekler gibi olmak, her şeyi Yaradan rızası için yapmak isteyenlere "Yaradan'ın elçileri" denir. Onlar önce derece derece yükselmelidirler, yani iyi işler yapmalıdırlar ki buna "derece derece yükseliş" denir ve sonra, yükselişte olduklarında, bütünlük yolunda yürüdükleri bir durumda olduklarında, tam bir bütünlük içinde olduklarını düşünebilirler. Fakat Yaradan'la Dvekut'a ulaşmayı arzuladıkları için, onlara yukarıdan gerçek her şeyi Yaradan rızası için yapmaktan hala çok uzak oldukları gösterilir. Kötülüğün tanınmasıyla, kişi kendi derecesinden düşer ve hakikati görmeye, neyi kaçırdığını görmeye başlar.

Çalışmanın düzeni budur. Kişi önce yukarıdan bir yükseliş alır, sonra da yukarıdan bir düşüş alır. Tüm bunlar yukarıda bahsedilen nedenden ötürüdür ki, kişi bu yükselişler ve düşüşler aracılığıyla tam bir eksiklik elde eder. Ve bu eksiklik o kadar büyüktür ki, dünyada Yaradan'ın Kendisinden başka hiç kimse bu eksikliği dolduramaz. Buna "tam bir Kli" O'nun yardımını almaya hazır olmak denir.

Baal HaSulam'ın bilgelerimizin söyledikleri hakkında söylediği gibi (Avot, Bölüm 2:21), "Ne bu çalışmayı bitirmek sana düşer, ne de aylaklık etmekte özgürsün." " Çalışmayı bitirmek sana düşmez" sözünün, tüm eylemlerinin Yaradan'ın rızası için olduğu bir duruma ulaşma çalışmasına atıfta bulunduğunu söylemiştir. Kişi bu çalışmayı bitiremez. Dolayısıyla, kişi zaten bitiremeyeceği bu çalışmaya neden başlasın ki? Normalde, bir kişi bitiremeyeceğini bildiği bir işe başlamaz. O halde neden "ne de aylak aylaklık etmekte özgürsün" demişlerdir? Bu, bir kişinin bu çalışmaya başlaması gerektiği anlamına gelir. Peki, soru şudur: Kişi hangi amaçla başlamalıdır?

Cevap şudur ki, her şeyde gerekli olan bir şeyi elde etmek için arzu ve özlem olmalıdır. Aksi takdirde, önceden ihtiyaç duymadan bir şey elde ettiğimizde, Kli olmadan ışık olmadığı bilindiği üzere, bundan haz almak mümkün değildir. Bu nedenle, kişi ihsan etme çalışmasına başlamalıdır ve o gücü elde etmek için birçok çaba sarf ettikten sonra, yine de ona sahip olamadığını görür, daha sonra Yaradan ona bu ihsan etme gücünü verdiğinde, bundan haz alabilir.

Baal HaSulam bu konuda şöyle demiştir: "Yapacağız ve duyacağız "ın anlamı budur, İsrail bunu dünya ulusları bunu almak istemediğinde söylemiştir, zira onlar doğaya karşı gelmenin imkânsız olduğunu görmüşlerdir. Ancak İsrail halkı, "Kalbimiz bunu istemese de zorla yapacağız ve bu sayede duymakla ödüllendirileceğiz" dedi. Başka bir deyişle, Yaradan bu çalışmanın kalp için kabul edilebilir olduğunu duymamıza izin verecektir. Buna "Kalbe göre cevap ver" denir.

Bu Kandiller Kutsaldır

Makale No. 12, Tav-Şin-Nun-Alef, 1990/91

Baal HaSulam, "Bu kandiller kutsaldır ve onları kullanmak için iznimiz yok, sadece onları görmek için iznimiz var" şeklinde yazılanlar hakkında, Hanuka mucizesi ile Purim mucizesi arasındaki farkı bilmemiz gerektiğini söylemiştir. Hanuka'da hüküm sadece maneviyatla ilgiliydi, İsrail halkının Mitzvot'u [emirleri/iyi eylemleri] yerine getirmesi engellenmişti. Mucize, Hasmonean'lara üstün geldiklerinde, Mitzvot'u gözlemleyebilmeleriydi. Maneviyatta Kelim [kaplar] olmadığından, Kelim özellikle "alma kapları" olarak adlandırıldığından, buna "yokluktan var olma" denir, bu da alma arzusudur, bu nedenle "Bu kandiller kutsaldır ve onları kullanma iznimiz yok" ıması gelir.

Purim mucizesinde durum böyle değildir. "Yok etmek, öldürmek ve ortadan kaldırmak için" (Ester 3:13) diye yazıldığı gibi, o zaman hüküm bedenler üzerindeydi. Buradan, mucizenin bedenler üzerinde olduğu sonucu çıkar. "Bedenler", "alma kapları" olarak adlandırılır. Bu nedenle Purim'de, "Sevinç, bayram ve iyi bir gün" diye yazılmıştır, burada bayram bedenle ilgilidir. Hanuka'da bize "onları kullanma izni yok, sadece onları görme izni var" mucizesi verilmiştir.

Bilgelerimizin Hanuka'nın Hanu-Koh [buraya park etmiş] anlamına geldiğini söylemelerinin anlamı budur. "Park etmiş" kelimesinin anlamı nedir diye sordu. "Park etmek" park halinde olmak anlamına gelir dedi ve bununla ilgili bir alegori verdi. Çoğu zaman, bir savaşın ortasında, askerlere bir süre izin verilir ve onlar da evlerine giderler, böylece daha sonra yürekli askerler olma cesaretine sahip olurlar. Park ettikten sonra savaş alanına geri dönerler. Ancak bazı aptallar askerlere izin verildiğini çünkü savaşın bitmiş olması gerektiğini ve artık onlara ihtiyaç olmadığını düşünür.

Ancak aralarındaki daha akıllı olanlar, düşmana karşı savaşmak için yeniden enerjik olabilmeleri amacıyla dinlenmeleri için tatil verildiğini anlarlar. Bu nedenle, dinlenmenin savaşmak için güç kazanmak amacıyla olduğunu anlarlar.

Burada da durum aynıdır. Hanuka'da kurtuluş sadece maneviyat üzerineydi, çünkü hüküm sadece maneviyat üzerineydi, şöyle yazıldığı gibi ("Mucizeler Hakkında"), "Yunanistan'ın günahkâr krallığı, Senin yasanı unutturmak ve onları Senin arzunun kurallarından ayırmak için halkın olan İsrail'in üzerinde yükseldiğinde, Sen büyük merhametinle onların sıkıntılı zamanlarında yanlarında durdun."

Buradan kurtuluşun sadece maneviyatla ilgili olduğu sonucu çıkar ve çalışmada "maneviyat" "ihsan etme kapları" olarak "ihsan etme kaplarını giydiren Hassadim'in ışığı" olarak adlandırılır. Ancak burada, ihsan etme kapları ile ödüllendirildiğimizde, bu sadece işin yarısı, savaşın yarısıdır. Demek ki, kişi aynı zamanda Keduşa'ya [kutsallığa] giren alma kaplarıyla ödüllendirilmelidir, yani onları ihsan etmek amacıyla kullanmalıdır.

Alma kapları da Keduşa'ya girdiğinde, bu kişinin almak için de Kelim'e sahip olması olarak kabul edilir. O zaman bu dereceye "Gevurot'un tatlandırılması" denir. Başka bir deyişle, kişi ihsan etmek için çalışan alma kaplarını edinmeden önce, ihsan etme kapları üzerinde ifşa olan ışığı kullanamaz, çünkü ihsan etme kapları kişinin bir şey vermesi anlamına gelir ve kişi bu vermenin karşılığında hiçbir şey istemez, zira yüce bir Kral'a hizmet ettiğine inanır. Dolayısıyla, yüce bir Kral'a hizmet etmekle ödüllendirildiği için mutludur.

Ancak kişi alma kaplarını kullandığında, yani Yaradan'dan zevk aldığında, form eşitsizliği nedeniyle Yaradan'dan ayrıldığı için, bu alma kaplarına "acı Gevurot" denir, çünkü Yaradan'dan uzak olması onun için acıdır. Gevurot, bir kişinin iki çeşit Kelim'e sahip olduğu anlamına gelir: Birine Hesed denir, yani kişi veriyordur, diğerine ise Gevura denir, yani kişi alıyordur. Bu Gevura olarak adlandırılır zira burada almak değil, Hitgabrut [üstesinden gelmek] söz konusudur. Kişi alırsa, Yaradan'dan uzaklaşır ve bu durum onun için acıdır. Dolayısıyla, ihsan etme amacını alma arzusuna yerleştirebildiği zaman, önceki Gevurot, kişinin alma kaplarını kullandığı yer, form eşitsizliğinden dolayı onun için acı olur.

Fakat şimdi bunlar tatlanmıştır, yani kişi artık alma kaplarını kullandığı için bir miktar tatlılık hisseder çünkü niyeti ihsan etmektir ve bu zaten form eşitliği olarak kabul edilir. Dolayısıyla, şimdi onlardan keyif alabilir, zira bu şekilde ihsan etmek için almada acı yoktur ve her şey yolundadır.

("Kurtuluşumun Kudretli Kayası" şarkısında) "Hasmonean'lar zamanında Yunanlılar başıma üşüştüler ve kulelerimin duvarlarını yıktılar" diyoruz. "Yunanlılar" mantık dahilinde hareket eden, mantığa aykırı olduğunda hiçbir şey yapamayan insanlardır. O dönemde Yunanlıların egemenliği vardı, yani bu egemenlik İsrail halkı üzerinde hüküm sürüyordu.

Bu otoriteye "Yunanistan'ın günahkâr krallığı" denir ve rolü onlara "Senin Tora'nı unutturmak ve onları Senin arzunun yasalarından ayırmaktır". Bu demektir ki, bu hükümranlık özellikle mantık dahilinde olmalıdır. Kuleyi koruyan duvarın aşılmasına neden olan şey de budur. "Kule", insanın içinde Yaradan'ın yüceliğinin belli bir ölçüsü olduğu anlamına gelir. Bu "duvara" "mantık ötesi inanç" denir ve özellikle mantık ötesi inanç sayesinde kişi Yaradan'ın yüceliğini hissedebilir ve Yaradan'ın yüceliğini kendine tasvir edebilir.

Kişi Yaratan'ın yüceliğini hissettiğinde, "meşalenin önündeki bir mum gibi" O'nun önünde iptal olur. Ama Yunanlılar, mantığın ötesine geçmelerine izin vermeyen mantık dahilindeki hakimiyet anlamına gelen "kulelerimin duvarlarını yıkmak" olarak kabul edilir. Başka bir deyişle, bir duvar olan mantık ötesi inancı. Bu duvarın içinde kuleler inşa edebiliriz, yani "bir kule" olarak adlandırılan Yaratan'ın yüceliğini edinebiliriz. Demek ki, özellikle mantık ötesi inanç sayesinde "Keduşa'nın mantığı" ile ödüllendiriliriz.

Dolayısıyla, Yaradan'ın yüceliğini hissederek ödüllendirilen insanın yüceliği, özellikle kendini alçaltmasıyla, yani aklını alçaltmasıyla gelir. O zaman "Keduşa'nın aklı" olarak adlandırılan Yaradan'ın yüceliğiyle ödüllendirilebilir.

Bununla, ("Ve [Efendi] Size Verecek", Şabat'tan Sonra için) " Rabbi Yohanan, 'Yaradan'ın yüceliğini nerede bulursanız, O'nun alçakgönüllülüğünü de orada bulursunuz' dedi" diye yazılanları yorumlayabiliriz. Elbette daha basit bir açıklaması vardır, ancak çalışma açısından konuştuğumuzda, yazılanları, Yaradan'ın alçakgönüllülüğünü bulduğumuzu, O'nun alçakgönüllü olduğunu anlamalıyız. Yaradan'da alçakgönüllülük niteliğinin nasıl olduğunu anlamalıyız, çünkü bu alçaklık anlamına gelir ve nasıl olur da Yaradan'da bu nitelikten bahsedebiliriz. Normalde, "Efendimiz Kraldır, O gurur giyer" diye yazılmıştır.

Bunu kişiye atıfta bulunulduğu şeklinde yorumlamalıyız. Yani, bir kişi nerede O'nun yüceliğiyle ödüllendirilirse Yaradan'ın yüceliğinden bir şey edinmek için, "orada kişinin alçakgönüllülüğünü bulursunuz." Bir kişi Yaradan'ın yüceliğiyle ne kadar ödüllendirilirse, o ölçüde kendi alçaklığını da görür.

Başka bir deyişle, kişi tam da mantık ötesine geçtiğinde, mantık ona gelir ve onu engellemek ister ve onunla tartışmaya başlar. O zaman kişi cevap verecek hiçbir şeyi olmadığını görür. Bu durumda kişi içindeki kötülüğü, daha fazla güçlenmeye ihtiyacı olduğunu ve böylece "Yunanlılar" olarak adlandırılan kötü eğilimin aklından kurtulabileceğini görür. O zaman, kendisinde ifşa olan kötülüğe göre, hiç kimsenin kendisi kadar alçak olmadığını görür, zira kendisindeki kötülük diğer insanlardan çok daha fazla ifşa olmuştur. Yukarıda da belirtildiği gibi, bu, eğer kişi hakikat yolunda yürüyor ve ihsan etmek için her şeyi yapmak istiyorsa, yaptığı iyiliğe göredir.

Sonuç olarak, kişi Yaradan'ın yüceliğinin küçük bir parçasıyla bile ödüllendirildiğinde, Yaradan'ın kendisine neden diğer insanlardan daha fazla yardım ettiğini bilmez, zira kendisinin dünyadaki tüm insanlardan daha kötü olduğunu hissediyordur. Kendi kendine, eğer insanların geri kalanı hakikat yolunu kendisinin anladığı şekilde bilselerdi, kesinlikle erdemli insanlar olacaklarını, onun gibi olmayacaklarını söyler. Dolayısıyla, kişi Yaradan'ın yüceliğini biraz olsun hissettiğinde, Yaradan'ın, kendisi kadar alçak birine yardım etmesinden dolayı alçaklık durumuna gelir. "Yaradan'ın yüceliğini nerede bulursanız, O'nun alçakgönüllülüğünü de orada bulursunuz" sözlerinin anlamı budur.

Bu nedenle, kişi Yaradan'a "Suçlulara el uzatırsın ve geri dönenleri karşılamak için Senin sağın uzanır" (Sonuç duası) dediğinde, bu şu anlama gelir: Kişi Yaradan'dan kendisini yakınlaştırmasını istediğinde, bu uzlaşma için el uzatmak olarak kabul edilir, "ve geri dönenleri karşılamak için Senin sağın uzanır." Başka bir deyişle, kişi Yaradan'a "Durumumu, dünyanın geri kalanından daha kötü ve daha suçlu olduğumu hissediyorum" der. Bu ona gelir çünkü yukarıdan ona kötülüğü gösterilmiştir. Yukarıda söylendiği gibi, kişiye içinde olandan daha fazla kötülük gösterilmez.

Bilgelerimizin söylediğini yorumladığımız gibi, "Günahkârlara kötülük eğilimi saç teli kadar, erdemlilere ise yüksek bir dağ gibi görünür." Sanki bunun tam tersi olmalıymış gibi görünüyor. Kötü eğilimin üstesinden gelemeyen günahkârlar, kötü eğilimin yüksek bir dağ gibi olduğunu söylemeli ve üstesinden gelme gücüne sahip olan erdemliler için kötü eğilim onların gözünde saç teli gibi olmalıydı.

Bunun cevabı, kişiye içindeki kötülüğün değil, yalnızca içindeki iyiliğe göre gösterilmesidir, böylece iyi ve kötü dengelenecektir. Bu nedenle, birçok iniş ve çıkışa sahip olan erdemlilerin tüm düşüşleri kötü eğilimden kaynaklanır. Birçok düşüşün sonucunda "yüksek bir dağ" inşa edilir. Har [dağ] kelimesi Hirhurim [yansımalar/düşünceler] anlamına gelir. Bu, kişinin Yaradan'ın niteliğinden şüphe ettiği, O'nun İlahi Takdirine, iyi olduğuna ve iyilik yaptığına inanmadığı herhangi bir düşünceye "kötü düşünce" denildiği anlamına gelir.

Bu nedenle, erdemliler için kötü eğilim yüksek bir dağ haline gelirken, günahkârlar için yükseliş ve düşüş yoktur, zira yükselmeden önce alçalmak mümkün değildir, Yakup'un rüyası ile ilgili olarak açıkladığımız gibi, "Bakın, Tanrı'nın melekleri onun üzerinde yükseliyor ve alçalıyordu" diye yazılmıştır, oysa önce "alçalıyor" ve sonra "yükseliyor" diye yazılması gerekirdi.

Ancak çalışmada, tüm insanlar bu dünyaya Yaradan'ın görevini yerine getirmek için geldiler ve "melek" bir "elçi" olarak adlandırılır. Bu nedenle, kişi Yaradan'a biraz yakınlık hissettiğinde, önce çalışmanın derecesinde yükselmelidir ve daha sonra düşüşler olabilir. Bu nedenle, yükselişleri olmayan günahkârların doğal olarak düşüşleri de olmaz. Gerçekten de, neden yükselmezler? Çünkü kötü eğilim onların yükselmelerini engeller. Bu nedenle, sadece bir saç teli kadar olan kötü eğilimde kalırlar.

Dolayısıyla, kötülüğün gerçek formuna sahip olan erdemliler, Yaradan onlara yardım ettiğinde, alçaklıklarını, Yaradan'ın onları yakınlaştırdığını hissederler ve buna, yazıldığı gibi, "O fakiri çöpten kaldırır" denir. Yani kişi şöyle der: "Çöplükteydim, hayvanların besin olarak aldığı her şeyin, yani çöpün tadını çıkarıyordum." Bu, "Yaradan'ın yüceliğini bulduğunuz yerde, O'nun alçakgönüllülüğünü bulursunuz" anlamına gelir.

Ancak, bunu yukarıda söylendiği gibi yorumlamalıyız, yani kişi şöyle dememelidir: "Şimdi Yaradan'ın yüceliğiyle ödüllendirildiğime göre, artık mantık ötesi inanca ihtiyacım yok çünkü çalışmamı üzerine inşa edeceğim bir şeyim, şimdi Yaradan'ın yüceliğiyle ödüllendirildiğim bir temelim var."

Bunun yerine, Baal HaSulam'ın dediği gibi, kişi Yaradan'ın yakınlığıyla ödüllendirildiğinde dikkatli olmalıdır. Artık çalışmadan iyi bir tat aldığı için kutsal çalışmayı yapmanın değerli olduğunu bildiğini söylememelidir. Aksine, "Şimdi mantık ötesinde çalışmanın değerli olduğunu görüyorum çünkü özellikle mantık ötesine geçmeyi istediğim için, Yaradan beni Kendisine biraz olsun yakınlaştırıyor" demelidir.

Dolayısıyla kişi bu yakınlaşmayı hakikat yolunda yürüdüğüne dair bir işaret olarak kabul eder. Bu nedenle, bundan böyle mantık dahilindeki hiçbir çalışmayı kabul etmek istemeyeceğine karar verir. Aksine, her şey mantık ötesi olacaktır. Sonuç olarak, Yaradan'a yakınlaşmayı Yaradan'ın hizmetkârı olmaya değer olduğunu, "çünkü zaten bir temelim var" dediği bir temel olarak almaz. Aksine, bundan sonra sadece mantık ötesinde çalışacaktır.

"Yaradan'ın yüceliğinin yerinde, O'nun alçakgönüllülüğünü bulursun" diye yazılanın anlamı budur. Yani, "O'nun yüceliğinin olduğu yerde", yani kişinin Yaradan'ın yüceliğini edindiği yerde, O'nun alçakgönüllülüğünü bulmalısınız. Başka bir deyişle, bir kişi Yaradan'ın yüceliğini bulduğu yerde, insanın alçakgönüllülüğünü bulmalıdır ki bu da "alçaklık", "tevazu" olarak adlandırılan mantık ötesi inançtır.

İnanç daha düşük bir öneme sahip olarak görüldüğü için, inanca "aşağı" denir. Demek ki, kişi Yaradan'ın yüceliğini bulduğunda, inançta çalışacak bir yer aramalı ve bulmalıdır, Yaradan'ın yüceliğinin bir yerini bulmuş olmak açısından değil.

Kişinin Yaradan'ın kimi yüceliklerini bulmakla ödüllendirildiği gerçeğini söylemesi gerektiğine göre, bunun nedeni ilk olarak "alçak", "düşük" olarak adlandırılan inançla gitmiş olmasıdır. Bu nedenle, mantık ötesi inanç yolunda devam eder çünkü bunun hakikat yolu olduğunu görür ve bunun kanıtı da özellikle bu hazırlık sayesinde Yaradan'ın onu Kendisine yaklaştırmasıdır.

"Yunanlılar başıma üşüştüler... ve kulelerimin duvarlarını yıktılar" diye yazılanların anlamı budur. Bu, bir kişinin "Yaradan'a mantık ötesi inanç" olarak adlandırılan bu duvarı koruması gerektiği anlamına gelir. Başka bir deyişle, kişi öğrenmenin ve dua etmenin vs. değerli olduğunu anlayana kadar beklememelidir. Aksine, mantığın kendisine verdiği tavsiyeleri dikkate almamalıdır. Bunun yerine, Tora'nın kişiyi yükümlü kıldığı yolu izlemelidir. Kişi bu şekilde davranmalıdır. Kişi ancak "koşulsuz teslimiyet" olarak adlandırılan bu yolla Keduşa'nın aklıyla ödüllendirilebilir.

Ve en önemlisi de duadır. Bu demektir ki, kişi Yaradan'a mantığın ötesine geçmesine yardım etmesi için dua etmelidir, yani sanki zaten Keduşa'nın aklıyla ödüllendirilmiş ve bundan büyük bir sevinç duyacakmış gibi mutlulukla çalışmalıdır. Aynı şekilde, Yaradan'dan kendisine bu gücü vermesini istemelidir, ki böylece bedenin aklının üzerine çıkabilsin.

Başka bir deyişle, beden bu çalışmayı ihsan etmek için kabul etmese de, Yaradan'dan yüce bir Kral'a hizmet eden birine yakışır şekilde sevinçle çalışabilmeyi ister. Yaradan'dan, Yaradan'ın yüceliğini göstermesini ve sonra da memnuniyetle çalışmayı istemez. Aksine, Yaradan'ın ona mantık ötesi çalışmasında sevinç vermesini ister, öyle ki bu kişi için zaten mantığa sahipmiş gibi önemli olacaktır.

Çalışmada 'Zayıf Olanın Eline Güçlüyü Verdin 'Ne Demektir

Makale No. 13, Tav-Şin-Nun-Alef, 1990/91

Çalışma düzeni şöyledir: Kişi, her şeyi Yaradan adına yapmak istediğinde, eylemlerini ödül almak için değil de ihsan etmek için yerine getirmesi, doğasına aykırıdır çünkü insan, kendisi için alma arzusuyla yaratılmıştır. Bu nedenle bizlere kendine-sevgiden çıkma ve Yaradan için ihsan etme çalışması verilmiştir.

Kendine-sevginin hükmünden çıkma çalışmasını gerçekleştirebilmek için, bizlere, Kabalist Akiva'nın "Tora'nın en önemli kuralı" dediği, "Dostunu kendin gibi sev" Mitzva'sı verilmiştir. Tora'nın Verilişi kitabında açıkladığı gibi, bu kural vasıtasıyla kendimiz için almanın hükmünden çıkarak, Yaradan için çalışabiliriz.

"Dostunu kendin gibi sev" kuralıyla ilgili olarak iki açıklama yapmalıyız:

1. Kelime anlamıyla kişi ve dostu arasında.

2. Kişi ve Yaradan arasında, atalarımızın dediği gibi (Midrash Rabah, Yitro, 27:1) "Kendi dostunu ve babanın dostunu terk etme." "Kendi dostun", Yaradan'dır, şöyle yazıldığı gibi "Kardeşlerim ve dostlarım için." Öyle görünüyor ki, "Dostunu kendin gibi sev" kuralı, kişinin kendini sevdiği gibi Yaradan'ı sevmeyi edinmesini işaret eder.

Bu nedenle "Dostunu kendin gibi sev" kuralında iki anlayış vardır:

1- Bir şifa olduğunu söylemeliyiz. Diğer bir deyişle kişinin dostunu sevmek zorunda olmasının sebebi, Tora'nın Verilişi kitabında yazıldığı gibi, onun vasıtasıyla Yaradan sevgisine gelebilecek olmasıdır. Dolayısıyla dost sevgisiyle ilgili olarak şunu söyleyebiliriz, kişi dostlarına tutunmak istediğinde, kiminle bağ kuracağını seçmiş olur. Diğer bir deyişle kişi, dostlarını seçtiğinde iyi niteliklere sahip olanları arar.

Benzer şekilde, kişi Yaradan'ı sevmek istediğinde, Yaradan'ın yüceliğini ve önemini görmeye çalışmalıdır. Bu, kişide Yaradan sevgisini uyandırır. Eğer Yaradan'ın yüceliğini ve önemini, içindeki kötülüğün Yaradan'ı kötülemesi nedeniyle göremiyorsa, Yaradan'ın yardım etmesi ve kötülüğün üstesinden gelip, mantık ötesi "O'nu sevebilmek için Yaradan'ın yüceliğine ve önemine inanmak istiyorum" diyebilme gücünü vermesi için, Yaradan'a dua etmelidir, şöyle yazıldığı gibi "Efendin Tanrını tüm kalbinle ve tüm ruhunla seveceksin." Diğer bir deyişle dost sevgisi, Yaradan sevgisi olan amacı edinmek için bir araçtır.

Bununla atalarımızın şu söylediğini yorumlayabiliriz; "Her ikisi için çaba, kötülüğü azalttığından, doğru yaklaşımla Tora'ya sahip olmak iyidir." Bu demektir ki, kişi ve dostu arasındaki çalışmada doğru yaklaşımla çaba göstermek, kişiyi "Tora" denilen Yaradan sevgisine ulaştıracak olan şifadır. Tora'nın özü, kişinin Tora vasıtasıyla Tora'yı Veren ile bağ kurmasıdır. Atalarımız bununla ilgili olarak şöyle der: "Yaradan şöyle dedi; 'Kötü eğilimi Ben yarattım, şifası için de Tora'yı yarattım.'" Bu demektir ki, şifa olan Tora vasıtasıyla kişi, Yaradan'la Dvekut (bütünleşme) ile ödüllendirilir ve bu, 'kişinin ıslahı' olarak kabul edilir.

"Her ikisi için çaba, kötülüğü azaltır" denmesinin anlamı budur. Diğer bir deyişle kişi ile dostu arasındaki ve kişi ile Yaradan arasındaki çaba vasıtasıyla yani Tora'da çaba göstermekle kötülükler azaltılır. Bu demektir ki, kötülüklerin uzandığı bilgi ağacının kötülüğü, her ikisiyle ıslah edilmiş olur.

Şöyle yazar (Mezmurlar 33, Sevin ... sen Erdemli): "Bak, Efendinin gözleri, O'ndan korkanların, O'nun merhametini bekleyenlerin üzerindedir; ruhlarını ölümden kurtarmak ve kıtlık sırasında yaşamalarını sağlamak için." "Efendinin gözleri, O'ndan korkanların üzerindedir" ne demek, anlamalıyız. Her şeyden önce, Yaradan'ın gözleri her yerde gezinir. Yaradan'ın, yalnızca O'ndan korkanları değil tüm dünyayı İlahi Yönetimde, İyi ve İyilik Yapan olarak izlediğine inanmalıyız.

Bizlerin, sadece Yaradan'ın "Sen'i eylemlerinden biliriz" perspektifinden konuştuğumuzu açıklamalıyız. Bu demektir ki, Yaradan'ın gözlerinin tüm dünyayı seyrettiğini hissedenler, özellikle O'ndan korkanlardır. Diğer bir deyişle sadece Yaradan'dan korkanlar, Yaradan'ın dünyayı İlahi Yönetimde, İyilik yapan İyi olarak izlediğini edinirler. Fakat dünyanın geri kalanı için, İlahi Yönetimde yüzün gizliliği vardır zira onlar O'nun Yönetimini İyilik Yapan İyi olarak edinemezler.

"Zohar Kitabı'na Giriş" (madde 138) kitabında şöyle yazılmıştır: "Alıcı olanlar, O'nun yaratılış düşüncesinde bizim iyiliğimiz için planladığı bütün iyilikseverliğini alabilmek için tamamlanmadıkları sürece, O'nun rehberliği, iyilik ve kötülük formunda gerçekleşmelidir."

Diğer bir deyişle alma kaplarımız, kendisi için almayı doğurduğu sürece İlahi Yönetimi, İyi ve İyilik Yapan olarak görmek mümkün değildir. Tersine, Yaradan'ın gözlerini, O'nun rehberliğinin iyi ve iyiliksever olduğunu görebilenler, yalnızca "O'nun merhametini bekleyenlerdir." Bunun nedeni, "O'nun merhameti" nin, onların Yaradan'dan Dvekut (bütünleşme) olarak bilinen, 'form eşitliği' olarak adlandırılan Hesed (merhamet), ihsan etme niteliğini almaya özlem duymaları anlamına gelmesidir

Dolayısıyla ihsan etme niteliği ile ödüllendirildiklerinde, alma kapları artık çoğalmaz. Bu durumda, O'nun yönetiminin iyi ve iyilik yapan olduğunu hissetmeleri için, "Tanrı'nın gözleri" ile ödüllendirilirler. Fakat Hesed niteliğini yani ihsan etme kaplarını edinmek istemeyenler, iyilik ve kötülüğün etkisi altında olurlar.

Peki, ikinci doğa olan "ihsan etme kapları" denilen Hesed'i, Yaradan kime verir? Herkese değil. Yaradan'ın merhametini, Hesed niteliğini vermesini bekleyen pek çok insan vardır. Ancak Yaradan, Hesed meselesinin ilave bir şey olduğunu düşünen yani kendini bütün kabul eden ve Yaradan'ın, Hesed niteliğini kendilerine tamamlayıcı olarak vermesine ihtiyaç duyan insanlara Hesed niteliğini vermez.

Bu böyledir çünkü bu, yukarıdan sadece doldurulması için Kelim'e (kaplar) sahip olanlara verilir. Diğer bir deyişle eğer gerçek bir eksiklik yoksa onu doldurmak imkânsızdır. Öyleyse özellikle böyle bir ihtiyacı doyurmak ne zaman mümkün olur? Kişi, lüksü değil gereklilikleri istediğinde. O zaman kişi bunu alır çünkü lüks, eksiklik olarak kabul edilmez.

"Efendinin gözleri, O'ndan korkanların ve O'nun merhametini bekleyenlerin üzerindedir" yazıldığında, O'nun merhametini bekleyen bu bahsi geçen, bu insanlar kimdir? Hangi amaçla Yaradan'a, onlara Hesed niteliğini vermesi için özlem duyuyorlar? Özellikle "ruhlarını ölümden korumak için" Hesed niteliğine ihtiyaç duyduklarını hisseden insanlar bunu isterler.

Diğer bir deyişle tam olarak Yaradan'la Dvekut'u edinmek, Yaşamların Yaşamına bağlanmak isteyen insanlar. Aksi takdirde Dvekut'a sahip değillerse, ölülerle eşdeğer olduklarını hissederler, tıpkı atalarımızın söylediği gibi; "Kötü olanlara yaşamlarında 'ölü' denir." Bu sebeple Yaradan'ın, onları ölümden kurtarmasını isterler çünkü form eşitsizliği, onları Yaşamların Yaşamından ayırır.

Yaradan'la Dvekut, yaşam olarak kabul edilir, şöyle yazıldığı gibi: "Ama Efendinize, Tanrınıza bağlanan sizler, bugün her biriniz hayattasınız." Öyle anlaşılıyor ki, Hesed niteliğini istemelerinin nedeni "Kötü olanlara yaşamlarında 'ölü' denir" olmamak içindir ve Yaradan, onlara Hesed niteliğini yani ihsan etme kaplarını verir.

"Ruhlarını ölümden kurtarmak" yazıldığında yani Yaradan'ın, 'Ruhlarını ölümden kurtarmak' için Hesed niteliğini vermesi talebine "bir eksiklik" denir ki bu, dolum alan bir Kli'dir (kap). Fakat Yaradan'ın yardımına bir lüks olarak ihtiyaç duyanların gerçek Kelim'i (Kli'nin çoğulu) yoktur, Yaradan'ın onlara "Ruhlarını ölümden kurtarmak için" Kelim vermesine ihtiyaç duymazlar.

Bu nedenle sadece kendi menfaatlerini önemsedikleri alma kaplarında kalırlar. Onlar, Kelim'i lekelediklerini, Keduşa'yı bu Kelim'e eklemenin imkânsız olduğunu hissetmezler zira Keduşa ve kendine fayda sağlamak birbirine tamamen zıttır.

Dolayısıyla sadece ihsan etme eylemini yerine getiremediğinde Yaşamların Yaşamından ayrılacağını anlayanlar, Yaradan'dan ihsan etme gücünü vermesini isteyecektir. Bu ikinci doğadır, tıpkı Baal HaSulam'ın Yaradan ilk doğayı, alma arzusunu verir dediği gibi, ilk doğayı, ikinci doğaya çevirmek imkânsızdır. Bunu yalnızca Yaradan yapabilir.

Mısır'dan çıkışta olduğu gibi, Yaradan'ın kendisi, onları Mısır kralı Firavun'un hükmünden çıkardı, atalarımızın Passover Hagadah'ta (Pesah öyküsü) söylediği gibi "Bizi Mısır'dan Efendimiz çıkardı, bir melek, bir serafim ya da bir elçi değil, Yaradan'ın kendisi."

Ancak, kişi, Yaradan'dan kendisi için almak olan Mısır'ın hükmünden çıkmak için yardımı ne zaman alır? Bu tam olarak, kişi lükse değil gerçek bir ihtiyaca sahip olduğunda gerçekleşir. Dolayısıyla eğer kişi Yaradan'la Dvekut'u edinmek isterse bu ihtiyacı için yardım alır. Diğer bir deyişle kişi, eksiklik içinde olduğunu yani bütünlükten yoksun olduğunu değil, yaşamdan yoksun olduğunu hissetmelidir zira içindeki kötülük çok büyüktür. Bu nedenle bir günahkâr olduğu ona yukarıdan bildirilir, Zohar'da bununla ilgili yazıldığı gibi "Ya da günahlarını ona bilinir kıl." Şöyle sorar; "Kim onu bilinir kıldı?" Ve cevap verir; "Yaradan günah işlediğini bilmesini sağladı."

Bu demektir ki Yaradan ona, Yaradan'dan ne kadar uzak olduğunu ve Keduşa'nın yaşamına gerçekten ihtiyaç duyduğunu gösterir. Dolayısıyla o zaman kişi, Yaradan'ın ona yardım etmesini ve ihsan etme arzusunu vermesini ister çünkü yaşamdan yoksundur. Ve gerçek bir ihtiyaca sahip olduğu için, Yaradan ona ikinci bir doğa, ihsan etme arzusu verir.

Yukarıdakilere göre yazılanı ('Ve Mucizelerin') yorumlamalıyız, "Ve Sen, büyük merhametinle güçlüyü zayıfın, çoğu azın ve kirliyi temizin eline yerleştirdin." Bu gelir ve bize kişinin ne kadar zayıf olduğunu, içindeki kötülüğün üstesinden gelemediği bir çokluk içinde olduğunu ve nasıl da kirli olduğunu gördüğü bir safhadan önce, yukarıdan doyumu almasının imkânsız olduğunu anlatır. Bunun nedeni, kişinin henüz Kli'nin eksikliğiyle ilgili olan dolumu almak için tam bir Kli'ye sahip olmamasıdır.

Bu sebeple şöyle yazılmıştır: "Çünkü siz tüm halkın en azıydınız." Diğer bir deyişle 'Efendimiz size sevgisini, sizler sayıca diğer insanlardan fazla olduğunuz için değil, sizler bütün insanların en azı olduğunuz için verdi ve sizi seçti.' Dolayısıyla kişi, bütün dünyadan daha kötü olduğunu gördüğünde, özellikle bayağılık seviyesinde, Yaradan onu seçer ve Mısır'ın tahakkümünden çıkarır, şöyle yazıldığı gibi "Sizi, ... Tanrınız olmak için, Mısır topraklarından çıkaran Efendiniz Tanrınız, Benim."

Şöyle yazılmıştır (Mezmurlar, Hanukka Şarkısı): "Beni yükselttiğin ve düşmanlarımın sevinmesine izin vermediğin için Seni yücelteceğim Tanrım." Davud'un, 'Ve düşmanlarımın sevinmesine izin verme' ifadesindeki düşmanların kim olduğunu anlamalıyız. Bunu şöyle yorumlamalıyız; Davud, Malhut yani cennettin krallığı olarak kabul edilir. Bu demektir ki, yaratılanlar cennettin krallığının yükünü ödül almak ve kendi menfaatleri için değil de "O yücedir ve yöneten" olduğu için üzerlerine almalıdırlar

Fakat tüm dünya buna direnir ve her şeyi kendisi için değil de Yaradan için yapmaktan nefret eder. Dolayısıyla Keduşa, bütünüyle ihsan etmek yani Yaradan için çalışmaktır, şöyle yazıldığı gibi "Ben Efendiniz kutsal olduğum için siz de kutsal olacaksınız." Bu nedenle Yaradan sadece yaratılanlara ihsan ettiğinden, yaratılanlar da Yaradan'a ihsan etmelidir, buna Yaradan'la Dvekut olarak kabul edilen "form eşitliği" denir.

Öyle anlaşılıyor ki, Yaradan için değil, sadece kendisi için çalışmak isteyenlere "Yaradan'ın düşmanları" yani cennettin krallığının düşmanları denir. Bununla onlara "Davud'un düşmanları" da denir ve bu, Davud'un şu sözlerinin anlamıdır: "Ve düşmanlarımın sevinmesine izin verme."

Genel olarak bahsettiğimiz iki anlayış vardır: 1) Yaradan 2) Yaratılanlar. Diğer bir deyişle Yaradan yaratılanları, haz ve mutlulukla doldurmak için yarattı, şöyle yazdığı gibi "O'nun arzusu, yarattıklarına iyilik yapmaktır." Günahtan önce Adam HaRişon, Neşaması ile bütünlük içindeydi çünkü o sırada BYA'dan NRN'ye ve Atzilut'dan NRN'ya sahipti. Ancak, günahtan sonra NRN ondan ayrıldı ve sadece Nefeş ile kaldı.

Sonra, Klipot'a düşen tüm Kelim'ini yükseltmek ve onları ihsan etmek için bir kez daha O'na bağlanmak anlamına gelen, Keduşa ile tekrar birleştirmek için tövbe etmek zorunda kaldı. Buna 'tövbe' denir (İbranice-geri dönmek), Zohar'da yazdığı gibi "Hey, Vav'a geri dönecek."

Hey, almak için alan Malhut demektir ve tüm ruhlar ondan gelir. Bu nedenle Malhut'a, tüm ruhları içeren "İsrail Meclisi" denir. Islah, ihsan etmek üzere çalışmasını ıslah etmek için, Malhut'un üzerine yerleştirilmiştir. Yaratılanlara, ihsan etmek için Tora ve Mitzvot'a (emirler) bağlanma çalışması verilmiştir, onlar, Atzilut'un Malhut'undaki ruhunun kökünde her birinin ihsan etmek için çalışmasına sebep olurlar. Böyle yaparak, yukarıda "Yaradan'ın ve O'nun Şehina'sının (Kutsallık) birleşmesi" denilen yani Şehina olarak adlandırılan Malhut'un, 'HaVaYaH'ın Vav'ı' olarak adlandırılan ZA ile birleşmesine sebep olurlar. Zohar'ın "Hey, Vav'a dönecek" dediği, "tövbe etmek" sözünün anlamı budur.

Genel olarak üç ayrım yapmalıyız: "Bir", "Eşsiz" ve "Birleşmiş." On Sefirot Çalışmasına Giriş kitabında (bölüm 1, madde 1) şöyle yazılmıştır: "Bir; O'nun değişmez eşitlik içinde olduğunu belirtir. Eşsiz; O'ndan geleni, O'nda olanı belirtir, tüm bu çeşitlilik içinde O, değişmez, tıpkı O'nun özü gibi. Ve Birleşmiş ise O, pek çok eylemi etkilemesine rağmen her şeyin tek bir güçle yönetildiğini ve hepsinin geri dönüp, değişmez formunda tekrar birleştiğini belirtir."

Bir'in anlamı şudur; O, değişmez eşitlik içindedir yani O, yaratılışı tek bir arzuyla, yaratıklarına iyilik yapmak için yarattı. Eşsizin anlamı şudur; iyi ya da kötü anlamına gelen pek çok eylem olduğunu görmemize rağmen yani O, iyilik ve kötülük yapıyor gibi görünse de O'na 'Eşsiz' denir çünkü O'nun farklı eylemlerinin tek bir sonucu vardır -iyilik yapmak. Öyle anlaşılıyor ki O, her eylemde eşsizdir ve farklı eylemleri nedeniyle değişmez. Her eylem üzerinde tek bir form vardır -iyilik yapmak.

Kişi buna inanmalıdır. Diğer bir deyişle kişi bu eylemlerin Yaradan'dan geldiğini hissetse, bunlar onun faydasına olmasa bile yine de bu eylemlerin onu iyiye götüreceğine inanmalıdır. Bu, insanın çalışmasıdır, anlamasa bile bunun böyle olduğuna inanmak ve bunun için Yaradan'a şükretmek.

Atalarımız şöyle der: "Kişi kötüyü, iyiyi kutsadığı gibi kutsamalıdır." Diğer bir deyişle kişi, bunun kendi iyiliği için olduğuna inanmalıdır yoksa Yaradan bu durumu hissetmesine izin vermezdi zira O'nun arzusu, yaratılış amacı bu olduğu için yarattıklarına iyilik yapmaktır

"Birleşmiş" demek, kişi halen pek çok tekil şeyin, Eşsiz olanın biçimini benimsediğini görmekle ödüllendirilmiştir yani her bir kötülüğün halen o kötülüğe ait iyiliği ne kadar çok edindiğini görmekle ödüllenmiştir. Kişi birleşmiş olmakla sadece Kelim'ini ihsan etme amacıyla ıslah ettikten sonra ödüllendirilir. Bu aşamada, kişi bütünüyle iyi olan yaratılış amacıyla ödüllendirilir.

Mezmurlar, Davud için Evin Açılışı ilahisinde yazılanın anlamı budur. "Evin açılışı", tapınağı işaret eder. Çalışmada bir insanın kalbi, Yaradan için bir tapınak olmalıdır, şöyle yazıldığı gibi "Ben'i, aralarında yaşayabileceğim bir tapınak yapsınlar." Kişi Şehina'nın varlığıyla ödüllendirilmelidir, atalarımızın söylediği gibi "Merhametli olan, kalbe ihtiyaç duyar" yani Yaradan'ın tek ihtiyaç duyduğu şey, vermek istediklerini alması için kişinin kalbidir.

Ve kişi Birleşmiş olmakla ödüllendirildikten sonra, tapınağın inşası ile ödüllendirildiğini görür. Davud bununla ilgili olarak şöyle der: "Beni yükselttiğin ve düşmanlarımın sevinmesine izin vermediğin için Seni yücelteceğim Tanrım." Bu demektir ki, Keduşa'yı engelleyen tüm düşmanlardan -kendisi için alma arzusu- onu Yaradan korudu ve onu Keduşa'ya kabulle ödüllendirdi. "Ey Efendimiz, ruhumu cehennemden kurtardın, çukura düşmemem için beni canlı tuttun" sözlerinin anlamı budur.

Şöyle deriz (Babalarımızın Yardımı); "Sen ilk olansın, Sen son olansın ve Senden başka bizi kurtaracak Kralımız yok." Ayrıca şöyle deriz; "Dünya yaratılmadan önce de Sen vardın, bu Dünya yarıldıktan sonra da Sen varsın, Sen bu dünyanın içindesin, Sen sonraki dünya içinsin." Bunları kelimenin tam anlamıyla Yaradan'ın yüceliğiyle ilgili olarak algılarız. Ancak, çalışmada bu bize neyi anlatır?

Bilinir ki çalışma düzeninde, kişi yaptığı her şeyi ihsan etmek için yapma gücüne sahip olsun diye alma kaplarını ıslah etmelidir. Kişi çaba göstermeli ve elinden geleni yapmalıdır. O zaman, Yaradan'ın yardımı olmadan kendisi için almanın kontrolünden çıkmasının bir yolu olmadığını anlar. Kişi, Mısır'daki sürgünden yani alma arzusunun kontrolünden çıktığında bu, 'kurtuluş' olarak adlandırılır.

Kişi kendi başına sürgünden çıkmanın mümkün olmadığını tam olarak gördüğünde, kurtuluşun Yaradan'la ilgili olduğunu anlar. Yine de şunu sorar; "Alma arzusundan çıkmanın yalnızca Yaradan'a bağlı olduğunu ve bunun insanın yeteneklerinin ötesinde olduğunu kişi nasıl bilir?"

Cevap şudur; kişi, kendi bakış açısına göre yapabileceklerini zaten yapmıştır ama alma arzusundan bir cm bile uzaklaşamamıştır. Tersine, tüm eylemlerinin Yaradan için olacağı dereceye ulaşmak için, çalışmaya başladığından beri tamamen farklı görür - geriliyordur!

Diğer bir deyişle kişi o an her zamankinden daha fazla kendine-sevgiye batmış olduğunu görür. Bu sebeple kişi kurtarılış ile sürgünden çıkmakla ödüllendirildiğinde, İsrail halkını, sadece Yaradan'ın Mısır'dan çıkarabileceğini söyler yani kurtarılış, Yaradan'a aittir.

Ancak, sürgüne giriş yani alma arzusunun tahakkümüne teslim olmak kesinlikle insana aittir. Diğer bir deyişle kendisi için alma arzusunun üstesinden gelememek, insanın hatasıdır. Böylece, kişi sürgüne kendi başına gider.

Bununla ilgili yazılanlar, bize bunun, bizim anladığımız gibi olmadığını söyler. Kişi, "Eğer ben kendim için değilsem, kim benim için?" dese bile, her şey insanın kararına bağlıdır, kişi yine de her şeyin İlahi Yönetim altında olduğuna yani her şeyin Yaradan'a bağlı olduğuna inanmalıdır. Bununla ilgili şöyle denir: "Sen, bu dünya yaratılmadan önceydin." Bilinir ki Olam (dünya) sözcüğü, He'elem (yok olma) ve gizlilik kelimesinden gelir. Bilmeliyiz ki sürgünle ilgili olarak gelinecek iki anlayış vardır: 1) Kişi gizlilik ve yok oluş olduğunu hissetmediğinde ve 2) kişi gizlilik ve yok oluş aşamasında olduğunu hissettiğinde.

"Sen, bu dünya yaratılmadan önceydin" sözlerinin anlamı budur. Diğer bir deyişle kişinin gizlilik içinde olduğunu hissetmemesi, Yaradan'ın yaptığı bir şeydir. Bu, insanın iyiliği içindir zira kişi içindeki kötülüğü ıslah etmeden önce, kötüyü görmeme ıslahı vardır. Bu nedenle Yaradan, insanın gizliliğe ve yok oluşa girmesinden önce gelen durumu yaratmıştır.

"Sen, bu dünya yaratılmadan önceydin" sözünün anlamı budur yani gizlilik yaratılmadan önce. Sonrasında kişi, gizlilik ve yok oluş aşamasına gelir. Kişi bu aşamaya tam olarak tüm eylemlerinin ihsan etmek için olduğu dereceyi edinmek için, Tora ve Mitzvot'ta gösterdiği çabaya göre gelir.

"Sen, bu dünya yaratılmadan önceydin" sözlerinin anlamı budur. Dolayısıyla kişinin yok oluşa ve gizliliğe gelmesi olayı, Sen'dendir. "Sen, dünya yaratıldıktan sonrasın" denmesinin anlamı budur. Ve sürgünden sonra kurtuluş gelir ve bu "Sen ilk olansın, Sen son olansın" demektir.

Çalışmada İnsanın Kutsanmasının Oğulların Kutsanması Olması Ne Demektir?

Makale No. 14, Tav-Şin-Nun-Alef, 1990/91

Zohar'da şöyle yazılmıştır (VaYechi, Madde 371-372), "O, 'Ve Yusuf'u kutsadı ve 'çocukları kutsayacak' dedi." ayeti hakkında sorar. Bu ayete bakmalıyız, çünkü şöyle diyor: ' O, Yusuf'u kutsadı' ama burada Yusuf'a yönelik bir kutsama görmüyoruz; o, Yusuf'u değil, oğullarını kutsamıştır. Şöyle yanıt verir: 'Rabbi Yosi dedi ki, 'Et [of]' tam da bu, çünkü Et Malhut'u ima ediyor.' Oğullarının kutsanması olan 'kutsanmış Yusuf' diye yazılmıştır, çünkü oğulları Menaşe ve Ephraim Et denilen Malhut olarak kabul edilir. Ve oğulları kutsandığı zaman, önce kendisi kutsanır. Bu yüzden Yusuf da yazar, çünkü bir adamın oğulları onun kutsamasıdır."

Çalışmada, oğullar kutsanırsa Yusuf'un da kutsanacağının ne anlama geldiğini anlamalıyız. Bu bize ne anlatıyor?

Bilindiği üzere tüm çalışmamız Yaradan'la Dvekut'u [bütünleşme] edinmemiz gerektiğidir ki bu da form eşitliği, yani ihsan etmektir, tıpkı Yaradan'ın alttakilere ihsan ettiği gibi. Bu nedenle, bize Tora ve Mitzvot'ta (emirler/iyi işler) çalışma verildi, bunları ihsan etmek için yapmamız gerekiyordu. Bununla kişi, İsrail'in tamamı olarak kabul edilen Malhut de Atzilut olan ruhunun kökünde ıslah olur. Bu nedenle Malhut'a "İsrail'in meclisi" denir, çünkü tüm ruhlar ondan gelir.

Dolayısıyla, onlar ihsan etmek için çalıştıkları ölçüde, Şehina (Kutsallık) olarak adlandırılan Malhut'un, ZA veya Yesod de ZA olarak adlandırılan Yaradan ile birleşmesine neden olurlar, çünkü Yesod, Malhut'a ihsan eden "erdemli" olarak adlandırılır. Ancak Malhut kendisi için alırken, "Yaradan" olarak adlandırılan Verici ile hiçbir eşitliği yoktur ve bu, form eşitsizliği nedeniyle Şehina'nın Yaradan'dan uzak olması olarak kabul edilir. Bu, Yaradan'ın Malhut'a ihsan edemeyeceği ve dolayısıyla ruhların bolluğa sahip olmadığı olarak kabul edilir.

Yaradan aşağıdakilere ihsan edemediğinde, aralarındaki form eşitsizliğinden dolayı buna "Şehina'nın üzüntüsü" denir. Yani, alıcının bakış açısından, o bolluğu alamaz, çünkü eğer alttakiler için bolluk alırsa, hepsi Klipot'a (kabuklara) gidecektir, buna "almak için almak" denir. Vericinin bakış açısına göre de "üzüntü" olarak adlandırılır, çünkü yaratılışın düşüncesi, O'nun yarattıklarına iyilik yapmasıdır, ancak şimdi O onlara haz ve memnuniyeti veremez, çünkü yaratılanların sahip olacağı her şey Klipot'a gidecektir.

Bu nedenle, Verici, bebeğini beslemek isteyen ama bebeği hasta olan ve yemek yiyemeyen bir anne gibi, veremediği için üzgündür. Bu durumda, Verici'nin tarafında üzüntü vardır. Zohar'ın sözleriyle, bu, birleşmenin olamamasının, yani Veren'in alıcıya bolluk verememesinden dolayı duyulan üzüntü olarak kabul edilir. Alttakilere bolluk Veren'e, ZA'dan bolluğu alan Malhut denir. Bilgelerimizin sözleriyle buna "İsrail cennetteki Baba'sını besler" denir. Beslemek nedir? Bu, İsrail'in bolluk almaya uygun hale gelmek amacıyla kendilerini nitelikli hale getirmesidir. Bu, O'nun beslenmesidir, çünkü yaratılışın amacı budur, yani yarattıklarına iyilik yapmaktır.

Bu nedenle, aşağıdakiler ihsan etme amacıyla Tora ve Mitzvot ile meşgul olduklarında, yukarıda birleşmeye neden olurlar, bu da aşağıdakiler için bolluğu alan Malhut'un da verici olması anlamına gelir. Buna "Yaradan ile Şehina'nın birleşmesi" denir. Yani yukarıda memnuniyet vardır, çünkü aşağıdakiler bolluğun aşağıya doğru akmasına neden olur.

Fakat eğer aşağıdakiler ihsan etme amacıyla çalışmazlarsa, bu Şehina'nın üzüntüsüne neden olur. Yani, yukarıda, Şehina denilen Malhut'un yaratılanlara zevk ve haz verememesinden dolayı üzüntü vardır.

Bununla birlikte, Şehina'nın üzüntüsüyle ilgili olarak iki ayrım yapmalıyız. "Yaradan" olarak adlandırılan Verici'nin bakış açısından bir üzüntü olduğunu ve "oğulların annesi" olarak adlandırılan, İsrail'in ruhlarını oluşturan "İsrail meclisi" anlamına gelen Şehina'nın üzüntüsünün olduğunu fark etmeliyiz.

Ayrıca, "Ve bacakları ölüme gider" diye yazıldığı üzere, Klipot'a [kabuklara] canlılık vermeyi de Malhut'a atfederiz. "Bacaklarının" anlamı, "bacaklar" olarak adlandırılan sonundaki Malhut'tur. O, "Ölüm" olarak adlandırılan Klipot'a canlılık vermek ve onları ayakta tutmak için iner. Aksi takdirde Klipot var olamazdı. Klipot'a ihtiyaç duyulduğundan, "ve Tanrı onu Kendisinden korksunlar diye yarattı" diye yazıldığı gibi, Malhut onları sadece varlıklarını sürdürmeleri için, yani var olmalarını sağlayacak miktarda yaşatır.

Buna aynı zamanda "çok ince ışık" da denir, böylece var olabilirler. Yani, maddi dünyada bir zevkin olduğunu ve bütün dünyanın bu hazzı elde etmek için bu zevkin peşinde koştuğunu görüyoruz. Genel olarak bu zevk, "kıskançlık", "şehvet" ve "onur" denilen üç şeyle kıyafetlendirilmiştir. Hazzı bu maddi şeylerin içine yerleştiren ince ışık olmasaydı dünyada kim var olabilirdi? Çünkü haz olmadan yaşamak imkânsızdır, çünkü yaratılışın amacı O'nun yarattıklarına iyilik yapmaktır. Dolayısıyla iyilik olmadan yaşamak imkânsızdır.

Ancak, Yaradan dünyayı yarattıklarına iyilik yapmak için yarattığından, buna neden "Şehina'nın üzüntüsü" dendiğini anlamalıyız. Bu nedenle buna "Yaradan'ın kederi" denmesi gerekirdi. Yani, yaratılanların ihsan etmek için Tora ve Mitzvot'la meşgul olmadıkları gerçeği, Yaradan'ın ihsan edememesine neden olmaktadır, dolayısıyla üzüntü Malhut olarak adlandırılan Şehina'ya değil Yaradan'a atfedilmelidir.

Baal HaSulam şöyle dedi: Yaradan ile Şehina arasındaki fark nedir? O bunun tek şey olduğunu söyledi. Zohar'ın dediği gibi, "O Şohen'dir (ikâmet eden) ve o da Şehina'dır." Bu, her iki ismin de tek bir şey olduğu, ışık ve Kli'den [kap] oluştuğu anlamına gelir. Yani, Şohen'in ifşa olduğu yere Şehina denir. Dolayısıyla bunlar aynı şeydir, ancak ışık ve Kli arasındaki form eşitsizliği nedeniyle ışığın ifşa olmadığı durumlarda, Şohen'in ifşa olması gereken yerde Şehina'nın eksik olduğu kabul edilir.

Bu nedenle, Şohen form eşitsizliğinden dolayı alttakilere ifşa edilemediğinden, Şehina ile ilişki kurarız. Ve biz yalnızca Kelim'in (kapların) perspektifinden konuştuğumuz için, sürgüne "tozun içindeki Şehina", "Sürgündeki Şehina" diyoruz, çünkü ışıkların perspektifinden değil, Kelim'in perspektifinden konuşuyoruz. Bu nedenle buna "Şehina'nın üzüntüsü" denir, sanki o aşağıdakilere ihsan edememesinden dolayı acı çekiyormuş gibi. Ancak detaya inersek, burada "aşağıdakilere Veren" denilen Verici tarafında da bir üzüntünün olduğunu söylemeliyiz. Ama Kelim perspektifinden konuştuğumuzda buna "Şehina'nın üzüntüsü" diyoruz.

Yukarıdakilere göre, yukarıda memnuniyet olması için "O konuştu ve O'nun arzusu gerçekleşti". Bu, O'nun yarattıklarına iyilik yapma arzusunun gerçekleşmesi için, yaratılanların O'ndan zevk ve hazzı alacakları anlamına gelir; bu da yaratılanların yukarıda sebep olduğu sevinçtir - bilgelerimizin söylediği gibi, "O'nun katında hiçbir zaman göğün ve yerin yaratıldığı günkü kadar sevinç olmamıştır" - yaratılanlar doğru yolda yürüdüklerinde, tüm eylemleri Yaratıcılarına mutluluk ihsan etmek için olduğunda, ruhların kökü olan Malhut'un ruhlar için, yani ruhlar için aldığını ihsan etmek için çalışmasını sağlarlar, böylece ihsan etmek için alabilecek hale gelirler. Bu, yaratılanların, Yaradan ile O'nun Şehina'sının birleşmesine neden olması olarak kabul edilir.

Bununla, aşağıdakilere bolluk ihsan edilir, çünkü verilen bolluk ıslah amaçlıdır. Yani, form eşitliği içinde olan bu alma aracılığıyla, yukarıda bir haz vardır, çünkü bolluğun alınması sırasında, ihsan etmek için aldıkları ıslahtan dolayı orada hiçbir utanç yoktur.

Yukarıdakilere göre, şu sorduğumuzu anlayacağız, "Kişinin kutsanması oğullarının kutsanmasıdır" nedir? "Yaradan'ın oğulları" olarak adlandırılan oğullar, yani yaratılan varlıklar, bolluğu bir kutsama ıslahı olarak aldıklarında, yani onlar sadece Yaradan'a memnuniyet ihsan etmek istedikleri için almak istediklerinde, çünkü "kutsanma" ihsan etmek anlamına gelir, bu da Hesed'dir [merhamet], yani ihsan etmek anlamına gelir. Zohar'da ("Zohar Kitabı'na Giriş", Madde 37) yazıldığı gibi, Bet harfi Hesed'dir, kutsanmayı ifade eder, yani Hassadim'dir. Bet'e dahil olan Hohma'nın holüdür.

Bundan şu sonuç çıkar ki, oğulların kutsanmaya katılmasıyla, yani ihsan etmek için çalışmasıyla, yukarıdaki Malhut'un ZA ile bağ kurmasına neden olurlar. Buna "Yaradan'ın Şehina'sıyla birleşmesi" denir. Bu birleşmeden, oğullar ihsan etmeyle meşgul olduğundan, yukarıda da ihsan edebilirler. Bu, yukarıdaki kökteki kutsamanın oğullara kadar inmesine neden olur ve bu, İsrail halkının cennetteki babalarından bolluğu alması olarak kabul edilir.

Zohar'da şöyle yazılmıştır (Bereşit, Madde 131), "Şabat'ın [Sebt] büyük Mohin'ine 'miras' denmesinin nedeni, İsrailoğullarının cennetteki babalarından aldıkları tüm Mohin'in aşağıdan bir uyanış yoluyla olmasıdır, şöyle dedikleri gibi, 'Çabaladım ve buldum, inanın.' Bu, bu dünyada insanların mal satın alması gibidir. Sahip oldukları şey ne kadar büyükse, bunun için harcayacakları çaba da o kadar büyük olmalıdır. Ancak Şabat'ın ışıkları herhangi bir çaba gerektirmez.

Şabat ışıklarının çaba gerektirmemesinin nedeni, Şabat'ın cennetin ve yerin tamamlanması, her şeyin ıslah olduğu ıslahın sonunun bir görüntüsü olmasıdır. Dolayısıyla Şabat'tan önce, ıslahın sonuna ulaşana kadar altı bin yıllık çalışmayı ima eden altı hafta içi gün vardır. Aynı şekilde altı çalışma günü vardır ki bu da çalışma zamanıdır, Şabat ise dinlenme zamanıdır.

Bu nedenle bilgelerimiz şöyle demiştir (Avoda Zarah 3), "Şabat arifesinde çalışmayan kişi, Şabat'ta ne yiyecek?"

Bundan şu sonuç çıkıyor ki, kendini sevmenin kontrolünden çıkmak ve bir kutsama olan ihsan etme kapları ile ödüllendirilmek için çaba harcayarak, bununla oğullara ihsan edebildiklerinden, yukarıda bir memnuniyet vardır.

Artık Zohar'ın, "O Yusuf'u kutsadı" diye yazılanlara ne cevap verdiğini anlayabiliyoruz ve burada Yusuf'u kutsadığına dair bir kutsama bulamadık, daha ziyade oğullarını kutsamıştır. Oğulları kutsandığında kendisinin de kutsandığını açıklıyor. "Yusuf" diye de yazılmasının nedeni budur, çünkü "adamın oğulları onun kutsanmasıdır." Bu demektir ki, Yusuf'a "veren" denir ve onun "oğulları", diye açıklar Zohar: "Oğulları -Menaşe ve Efrayim- Et denilen Malhut olarak kabul edilir."

Bu, Et [of] olarak adlandırılan Malhut'un, Aleph'ten (İbrani alfabesindeki ilk harf) Tav'a (son harf) kadar tüm harfleri içermesi nedeniyle olduğu anlamına gelir, çünkü bu harflere Kelim ve bolluğun alıcıları adı verilir, yaratılan varlıklar için aldığından ona "oğulları" denir. Oğullarının kutsanmasıyla kendisinin de kutsanacağı sonucu çıkar. Yani, Yesod adı verilen, veren olan Yusuf, Malhut'un oğullar adına alabileceği durumda Malhut'a verir. O zaman Malhut'a "Oğulların annesi sevinir, Şükürler olsun" denir.

Aşağıdakiler ihsan etmek için Tora ve Mitzvot ile meşgul olduklarında, Malhut olan ruhlarının kökünde, Veren ile form olarak eşitlenmesine neden olurlar. Buna "birleşme" denir. O zaman bolluk aşağıdakilere akar. Böylece Malhut'un kendileri için bolluk alabilmesine neden olurlar. Bu nedenle Malhut'a "oğulların annesi mutludur" denir.

Hallelu-KoH [Hallelujah] Hellolu [övgü] anlamına gelir Yod-Hey [Yaradan] Hohma ve Bina olarak adlandırılır, bunlar Yusuf'un niteliğine ve Yesod olan Yusuf'tan Et olarak adlandırılan Malhut'a bolluk verirler. "Yusuf'u kutsadı" diye yazılanın anlamı budur ve "insanın kutsanması onun oğullarıdır." sözünün anlamı da budur. Oğullar kutsanırsa, zevk ve haz ihsan edebilen adam için bu bir kutsanma sayılır.

Ancak bu çalışma, tüm eylemlerinin ihsan etme amaçlı olması için, bedenin tüm organları buna karşı çıktığı için zor bir çalışmadır. Bu, kendi menfaati için alma arzusuyla yaratılan insanın doğasına aykırıdır. "Ve ben bir solucanım, insan değilim, insanın utancıyım ve insanlar tarafından hor görülüyorum" (Mezmurlar 22) sözlerinin anlamı budur.

"Ben"in, "Ben senin Efendin olan Tanrı'nım" anlamına geldiğini, ondaki bu niteliğin bir solucan gibi olduğunu, yani bir solucan kadar zayıf olduğunu yorumlamalıyız. "Ve bir insan değil" demek, "Ben senin Efendin olan Tanrı'nım" sözüne tutunmak istediğimde, onlar, akıllı ve makul bir insana mantığın ötesine geçmenin uygun olmadığını söylüyorlar demektir. Bu daha çok deli bir insana benziyor.

114

"İnsanın utancı", mantık ötesi inanç çalışmasıdır. İnsanın asıl amacının "Ben Efendin Tanrı'nım"'a tutunmak olduğunu düşünen bir kişi için bu durum utanç vericidir. Başka bir deyişle, "Ben"in "Efendiniz Tanrınız" olarak ödüllendirilmeyi istemesi, onun kişisel olarak ödüllendirileceği anlamına gelir ve buna "Tanrınız" denir. O zaman küfür ve lanet ediyorlar, yani bu çalışmanın insanlara değil meleklere ait olduğunu söylüyorlar, bir insanın bunu yapmak istemesi utanç vericidir, hem de onlara: "Fakat görüyorsunuz ki orada pek çok insan var Efendinin Tanrı'ları olmasıyla ödüllendirilmeye giden yolda yürüyorlar."

O zaman, bu insanlar hakkında basitçe "insanlar tarafından küçümsendiklerini" söylerler, yani kişinin bedenindeki dünya milletleri ona bu çalışmanın, kişinin "Benim Efendiniz Tanrınız" niteliğiyle ödüllendirilmesinin hor görülenlere, yani aşağılık insanlara ait olduğunu, onlarla konuşmanın bile utanç verici olduğunu, çünkü Yaradan'ın yolunda akılsız aptallar gibi yürüdüklerini söylerler.

Her durumda, kişi şikâyetlerinin üstesinden gelmek istediğinde, bu zor bir çalışmadır ve burada yükselişler ve düşüşler vardır. Kişinin ekstra çabaya ihtiyacı vardır çünkü dünya uluslarının kişinin içindeki argümanları, insana çabalarını boşa harcadığını göstermek için çalışmada bir zayıflık bulmaya hazırdır, çünkü bu çalışma onun için değildir ve ona mücadeleden kaçmasını tavsiye ederler. Kişi bunlara karşı duramayacak kadar güçsüzdür, yalnızca kişinin içindeki düşmanları yenmesine Yaradan'ın yardım etmesi için duasını arttırmalıdır.

"Kötülerin sıkıntısı çoktur ve Efendi'ye güveneni, Hesed [merhamet] onu kuşatır" ayetinin (Mezmurlar 32) anlamı budur. "Kötülerin sıkıntısı çoktur"un ne olduğunu anlamalıyız. Sanki bundan dolayı, "Efendiye güvenen kişiyi Hesed [merhamet] kuşatacaktır." Ancak çalışmada, tüm dünyayı kapsayan tek bir kişiden bahsediyoruz.

Bunun anlamı şudur: Kişi alma arzusunun kontrolü altında olduğu sürece, O'nun rehberliğinin iyi olduğunu ve iyilik yaptığını söyleyemediği için ona "kötü" denilir. Bu nedenle ihsan etmek için çalışmak istediğinde azap çeker. Bir kişi şunu sorar: "İhsan etmek üzere kutsal çalışmayı yapmaya başlamadan önce Tora ve Mitzvot ile meşgul olduğumda neden ızdırap çekmedim? Ödül ve cezaya inandığım için çalışmaktan keyif aldım ve her zaman mutlu oldum ve bu yüzden Tora ve Mitzvot'u yerine getirdim."

Ama artık kişi ihsan etme çalışmasına başladığı için Tora ve Mitzvot'la meşgul olmak istediğinde acı hisseder ve Yaradan rızası için herhangi bir şey yapmak onun için zordur. Her seferinde Keduşa'dan (kutsallık) ne kadar uzakta olduğunu görür, çünkü Keduşa form eşitliği anlamına gelir ve şimdi ondan uzakta olduğunu görür.

Cevap şudur: kişi şu anda Yaradan'dan daha da uzaklaşmış olduğu gerçeğine inanmalı ve ödül almak için çalıştığı zamandan daha kötü olduğunu hissettiği bu duygunun, gerçekten eskisinden daha kötü olduğu için olmadığına inanmalıdır. Artık ona daha fazla kötülük eklenmiş ve kişi bu yüzden daha da kötüleşmiş değildir. Aksine, kişi artık pek çok iyilik yaptığı için, içindeki kötülüğün onu yönettiği gerçeği ona ifşa olmuştur.

Öte yandan, iyiliğe sahip olmadan önce ona gerçek gösterilemezdi, çünkü kötü ve iyi her zaman dengeli olmalıdır. Buradan, bu çalışmanın kendisine göre olmadığını düşünecek ve mücadeleden kaçmak isteyecek kadar düşüşte olmadığı sonucu çıkar. Aksine, bu duygu ona tam da iyiye sahip olduğunda gelir.

Ancak o, Yaradan'ın kendisine bu acı hallerini hissetmesi için yukarıdan verildiğine inanır. Kişi henüz "kötülük" derecesindeyken, haz ve zevk rehberliğine inanamadığında, bu kişi galip geldiğinde buna "Efendi'ye güvenen" denir. O sırada kişi "Hesed etrafını saracak" diye ödüllendirilir. Yesovevnu'nun [onu çevreleyecek] Mesovav [sonuç] kelimesinden geldiğini yorumlamalıyız. Başka bir deyişle, kötülerin çektiği acılar, Hesed niteliğini hak etmesiyle Hesed'in sebebidir. Bundan şu sonuç çıkar: "Kötülerin sıkıntısı çoktur" onun Hesed ile ödüllendirilmesine neden olmuştur.

Çalışmada "Bu Yerde Benim İçin Bir Mucize Yaratan" Kutsaması Nedir?

Makale No. 15, Tav-Şin-Nun-Alef, 1990/91

Bilgelerimiz şöyle derler (Berahot 54), "Bir kişinin başına bir mucize geldi ve bir aslandan kurtuldu. Raba ona, 'Ne zaman oraya gelirsen, 'Bu yerde benim için bir mucize yaratanı, O'nu kutsa' diye dua et' dedi." Bunun bize çalışmada ne öğretmek için geldiğini anlamalıyız.

Yaratılışın amacının, O'nun yarattıklarına iyilik yapma arzusu olduğu bilinmektedir. Bu amaçla, yaratılanlarda zevk ve haz alma arzusu ve özlemi yaratmıştır. Aksi takdirde, haz için arzu yoksa, insan zevk alamaz, doğada gördüğümüz gibi, bir insanın bir şey için arzusu yoksa, zevk alamaz. Örneğin, eğer bir kişi aç değilse, yemek yemekten zevk alamaz, vs. Bu nedenle, Yaradan'ın doğamızda haz ve zevk alma arzusu yarattığını görüyor ve söylüyoruz.

Yaradan neden böyle bir doğa yarattı diye sormamalıyız. Çünkü bilgelerimiz şöyle der (Hagigah 11): "Eğer biri dünyanın yaratılmasından öncesini sorarsa, yazılı metin bize 'Tanrı'nın insanı yeryüzünde yarattığı günden beri' der." Bu, O'nun dünyayı yarattığında neden özellikle gördüğümüz bu doğayla yarattığına dair hiçbir şey soramayacağımız anlamına gelir. Sonuçta, farklı bir doğayla da yaratabilirdi. Bu konuda soru soramayız, ancak her şeyi "Seni eylemlerinden tanırız" yoluyla öğreniriz. Demek ki, daha öncesinden değil, gördüğümüz eylemlerden öğrenmeye başlıyoruz.

Ayrıca, dalın köküne benzemek istediğine dair başka bir doğa görürüz. Yani, yaratılanların kökü olan Yaradan'ın niteliği ihsan etmek ve almamak olduğu için, kişi de aynı şekilde utanç ekmeğini yemek zorunda kaldığında utanır. Zohar'ın sözleriyle, buna "utanç ekmeği" denir. Bu doğaya göre, kişi Yaradan'dan alma kaplarına, Veren olan Yaradan'ın niteliğiyle çelişen bir şey aldığında, hoşnutsuzluk hisseder. Bu nedenle, "Tzimtzum [kısıtlama] ve gizlilik" olarak adlandırılan bir ıslah vardır; burada, aşağı olanın "ihsan etme arzusu" olarak adlandırılan form eşitliği olmadığı sürece, kişi Keduşa'nın [kutsallığın] gizliliği ve saklanması altına yerleştirilir. Bu konuda şunu da sormamalıyız: Yaradan neden bir utanç doğası yarattı? Ve neden dalın köküne benzemesini istedi? Tüm bunlar yukarıdaki nedenden ötürü yaratılıştan öncesi hakkında soru soramayacağımız içindir.

Yaratılan varlıkların Kli'si haz alma arzusudur. Haz alma arzusu yaratılmadan önce hakkında konuşabileceğimiz hiçbir şey yoktur. Bu Kli'yi [kabı] Yaradan'a atfederiz, yani bu Kli ile çalışmamız gerekmez ama yaratılan herkes, eğer bu Kli'yi bozmadıysa, bu Kli mükemmeldir. Bu demektir ki, alma arzusu nerede haz almanın mümkün olduğu bir yer olduğunu görürse, hemen oraya koşar.

Bu durum "ihsan etme arzusu" olarak adlandırılan Kli için geçerli değildir, zira kişi form eşitliği ister. Bu Kli'yi yaratılan varlığa atfettiğimiz için, yani yaratılan varlık, form eşitliği istediği için, bu Kli'yi kişinin yapması gerekir, bu nedenle bunu yapmak kişiye bağlıdır.

Bu, Baal HaSulam'ın "Tanrı'nın yapmak için yarattığı" ayeti hakkında söylediği gibidir. "Yarattı" ifadesi "alma arzusu" olarak adlandırılan Kli'ye, "yapmak" ifadesi ise "ihsan etme arzusu" olarak adlandırılan Kli'yi yapmak zorunda olan yaratılanlara işaret eder. Bu Yaradan'ın yarattığı doğadan değildir. Aksine, O yaratmaya alma arzusuyla başladı ve siz, yaratılan varlıklar, ihsan etme arzusu yaratmalısınız. Bu nedenle, kişinin ihsan etmek için çalışmaya başlaması gerektiğinde, bu insanın yaratıldığı doğadan farklı bir doğadır.

Bu nedenle, Yaradan çalışmasında kişinin yapması gereken tek şey, bu Kli'yi yapmaktır ki bu da insanın yaratıldığı Kli'ye zıt bir eylemdir. Kişi ihsan etme çalışmasına girmeye başladığında, alma arzusunun, ihsan etme çalışmasını ne kadar engellediğini henüz hissetmez. Bu, bir ıslahtır, böylece insan içindeki kötülüğün ölçüsü hakkındaki gerçeği görmez, zira içindeki kötülüğü gördüğünde kesinlikle çalışmadan kaçacak ve bu çalışmaya başlamak bile istemeyecektir. Bu nedenle Maimonides, kişiyi önce Lo Lişma'da [O'nun rızası için değil], "bilgi edinene ve çokça bilgelik kazanana kadar" alıştırmamız gerektiğini ve daha sonra "ihsan etmek için" denilen Lişma [O'nun rızası için] konusunun onlara gösterileceğini söyler.

Kendisi için alma arzusuyla yönetilen bir kişinin "Mısır'da sürgün" olarak adlandırıldığını bilmeliyiz, zira bu çalışmaya başladığımızda, "Ve İsrailoğulları çalışmadan iç çektiler" diye yazıldığı gibi, kötülüğün üzerimizdeki hükmünün ölçüsü bize yukarıdan yavaş yavaş gösterilir. Bu demektir ki, Mısırlılar onları kontrol ettikleri için, yapmaya başladıkları ihsan etme çalışmasını gerçekleştiremeyeceklerini gördüler. O zaman, Mısır'daki sürgünden çıkamayacaklarını, ancak Yaradan'ın onları kurtarabileceğini anladılar. Buna "mucize" denir, çünkü kişinin kendi başına yapamadığı, ancak yukarıdan gelen yardımla yapabildiği her şeye "mucize" denir. Mısır'dan çıkış mucizesi de budur.

Kişi Yaradan'la Dvekut'u [bütünleşme] edinmek istediğinde, yükseliş ve düşüşleri olduğunu bilmeliyiz. Düzen şudur ki, düşüş sırasında kişi bir umutsuzluk durumuna geldiğinde, bazen öyle bir koşula gelir ki, harcadığı tüm emeğin boşa gittiğini düşünür. Kişi Yaradan çalışmasından tamamen kaçmak istediğinde, buna "başlangıcı düşünmek" denir. Fakat aniden, yukarıdan bir uyanış alır ve çalışma için canlılık ve tutku kazanır ve bir düşüş yaşadığını tamamen unutur. Aksine, yükselişten memnun olur. Bu durumda kişi yükselişten, düşüş sırasında kötülüğün hükmü altına girdiği zamankinden daha fazla keyif alamaz.

Kişinin hissettiği sürgünün, sürgünle değil, sürgünde olduğu için çektiği kötülük ve acı hissiyle ölçüldüğünü bilmeliyiz. O zaman, zulmedenlerin hükmü altında olduğu için eziyet çektiğinde ve onların kendisinden talep ettiği her şeyi yapmak zorunda olduğunda ve istediğini yapmaya hakkı olmadığında, ancak bedenindeki dünya uluslarının talep ettiği her şeye hizmet etmek ve yerine getirmek zorunda olduğunda ve onlara ihanet etmek için güçsüz olduğunda, hissettiği acı ve onlardan kaçma arzusu ölçüsünde, kurtuluşun tadını çıkarabilir.

Gördüğümüz gibi, İbrani bir köle hakkında şöyle yazılmıştır (Mısır'dan Çıkış 21:2): "İbrani bir köle satın alırsanız, o altı yıl hizmet edecek, yedinci yılda özgürlüğe kavuşacaktır." Kuşkusuz köle özgürlüğüne kavuştuğu, kendi başına olduğu ve üzerinde bir efendisi olmadığı için mutlu olmalıdır. Bununla birlikte, Tora'nın ne dediğini görüyoruz: "Ve eğer köle şöyle derse, 'Ben efendimi, karımı ve çocuklarımı seviyorum, özgür olmayacağım'." Kişinin köle olarak kalmak istemesinin mümkün olduğunu görüyoruz. Ve yine de, "Mısır'da köle olduğunu hatırla" diye yazılmıştır (Yasanın Tekrarı 16:12).

Bu, köle olmanın kötü bir şey olduğu anlamına gelir, ancak bazen kişi köle olarak kalmak ister. O halde, "Mısır'da köle olduğunuzu hatırlayın" diye yazılması ne anlama gelmektedir? Köle olmanın bu kadar kötü olduğunu kim söylüyor? Sonuçta, köle olmak isteyen insanlar var, şöyle denildiği gibi, köle "Efendimi seviyorum" dedi. Mesele şu ki, sürgün, kişinin sürgünde hissettiği acı ve ızdırabın ölçüsüne göredir. O ölçüde, kurtuluştan mutlu olmak mümkün olur. Bu, ışık ve Kli [kap] gibidir, yani bir şeyden çektiğimiz acı, o acıdan kurtulduğunda ışığı alabilecek olan Kli'dir.

Bu nedenle, Mısır'daki sürgünde, "Mısır'da köle olduğunu hatırla" yazıldığı yerde, bu, köle olmanın çok kötü olduğu anlamına gelir çünkü orada, Mısır'da İsrail halkı acı çekmiştir. Bu nedenle yazıda "Hatırlayın" denmektedir, yani orada çektiğimiz acıları hatırlamalıyız ve ancak o zaman Mısır'dan kurtuluştan dolayı mutlu olabiliriz.

Orada, Mısır'da, yazı şöyle der: "Mısırlılar onları köleleştirdiği için İsrailoğulları'nın iniltilerini de duydum ve Ben de antlaşmamı hatırladım." Mısır'da köle oldukları zaman, acı çektikleri için, "Mısır'da Firavun'un köleleriydik" diye yazılmıştır. Ayrıca, "Ve İsrailoğulları bu çalışmadan dolayı iç çektiler" der. Bu nedenle, "Mısır ülkesinden çıktığınız günü, yaşamınızın bütün günlerinde hatırlamanız için" yazıldığı gibi, Mısır'ı hatırlamamız emredilmiştir.

Dolayısıyla, "Kli olmadan ışık, eksiklik olmadan doyum olmaz" kuralına göre, Mısır'dan çoktan çıkmış olmamıza rağmen, Mısır'dan kurtuluşumuza sevinmeliyiz. Bu nedenle Mısır'daki sürgünü hatırlamalıyız, yani İsrail halkının Mısır'daki sürgünde nasıl acı çektiğini hatırlamalı ve tahayyül etmeliyiz. O zaman bugün bile Mısır'dan kurtuluşun tadını çıkarabiliriz.

Aksi takdirde, Mısır'dan kurtuluşa sevinemeyiz, çünkü acı çekenlere "sevinci alacak Kelim [kaplar]" denir. Bu nedenle görüyoruz ki, İbrani köle özgür kalmak istememiştir. Şunu sorabiliriz: Bir insan nasıl özgür olmak istemez? Bunun cevabı, köle iken acı çekmediği için, "Efendimi, karımı ve çocuklarımı seviyorum, özgür kalmayacağım" dediğinde açıklandığı gibi, özgür kalmak istememesidir. Ancak Mısır'daki sürgünle ilgili olarak, "Mısır ülkesinden çıktığınız günü hatırlamanız için" diye yazılmıştır, çünkü orada acı çektiler, "Ve İsrailoğulları çalışmaktan dolayı iç çekti" diye yazıldığı gibi.

Buna göre, sorduğumuz şeyi, çalışmada kişinin başına bir mucizenin geldiği yerde kutsamasının gerekmesinin ne anlama geldiğini anlayabiliriz. Mesele şu ki, kişi ihsan etme çalışmasına başladığında, yükseliş ve düşüş koşullarına gelir. Yükseliş, kişi alma arzusunun hükmü altına girdikten, onun tüm isteklerini yerine getirmek için köleleştirildikten ve onun üstesinden gelmek ve ona itaat etmek istemediğinden sonra, alma arzusu ondan daha güçlü olduğu için, o kişinin Yaradan'dan uzaklaştırılmanın acısını çekmesidir.

Sonrasında, kişi yukarıdan bir uyanış alır ve bir kez daha Keduşa'nın sevincini hissetmeye başlar. O zaman, kişi O'nun huzurunda "bir meşalenin önündeki mum gibi" kendini iptal etmek ister ve bu durumda yükseliş koşulunun keyfini çıkarır. Ancak, kişi yükselişten, çalışmada ilerleme elde edemez çünkü bu sırada Yaradan'dan aldığı yakınlaşmayı takdir etmez, çünkü bu Kelim'e [kaplara] sahip değildir. Başka bir deyişle, yükseliş sırasında, bir zamanlar bir düşüş yaşadığını unutur. Dolayısıyla, kişi şimdi Yaradan'a yakın olduğunu hissetse ve bunu takdir etse de, kısa süre sonra unutur.

Doğal olarak, artık bir Kli'ye, yani bir eksikliğe sahip değildir, ki takdir edebilsin, şöyle yazıldığı gibi, "karanlığın içinden gelen ışığın avantajı". Bu nedenledir ki, yükseliş sırasında kaydetmesi gereken ilerlemeyi kaydedemez.

Dolayısıyla, kişi yükseliş sırasında şunu hatırlamalı ve şöyle demelidir: "Şimdi yükselişte olduğum bu yerde, bir düşüş yaşadım ve Yaradan beni kurtardı ve beni cehennemden çıkardı ve 'Yaradan'dan uzaklaştırma' olarak adlandırılan ölümden çıktım ve 'Yaşamların Yaşamıyla bir miktar Dvekut' olarak adlandırılan Yaradan'a biraz olsun yakınlaşma ile ödüllendirildim."

Bunun için kişi müteşekkir olmalıdır, çünkü bununla şimdi acı çektiği bir duruma gelmiştir ve şimdi haz ve zevk modundadır, çünkü onu yaklaştıran Yaradan ona şu anda içinde bulunduğu yükseliş durumuyla doldurabileceği bir eksikliğin yeni Kelim'ini vermiştir.

Sonuç olarak, Yaradan'ın onu kurtardığı yerde sahip olduğu mucizeye bakarak şimdi edindiği yeni Kelim'de bir sevinç ışığı yayar. Bu nedenle, çektiği acıları dikkate aldığında, sanki şimdi o acıların alıcısıdır ve onları artık haz ile doldurmaktadır.

Dolayısıyla, kendisindeki düşüş halini tasvir etmesi, şimdi aldığı yükselişin "Kli olmadan ışık olmaz" kuralına göre, yeni Kelim'de yayılmasına neden olur. Böylelikle, yükseliş sırasında, sahip olduğu düşüş halini düşünmeye başladığında, düşüşünün acısı, yükselişin ışığının yayılabileceği Kelim olarak görülür.

Bu, yukarıda sürgün ve kurtuluşla ilgili olarak söylenene benzer; kişi sürgün sırasında hissettiği acıya göre kurtuluşun tadını çıkarabilir. Yani, sürgün, kurtuluşun Kelim'idir. Bu, kurtuluşun, sürgünde sahip olduğu Kelim'den daha fazlasını dolduramayacağı anlamına gelir. Bu nedenle çalışmada, bir kişi kendisine düşüş durumunu tasvir ettiğinde, bilgelerimizin söylediği gibi, bir kişinin "Bu yerde benim için bir mucize yaratan O'na şükürler olsun" şeklinde bir kutsama yapması gerektiği düşünülür.

Acıyı tasvir etmenin birçok yolu vardır. Örnek olarak, şafaktan önce kalkmak isteyen ve çalar saati kuran bir kişiyi ele alalım. Ancak alarm çaldığında, beden kalkmak istememektedir. Eğer şimdi yataktan kalkarsa beden acı çekeceğini hisseder. Buna rağmen yavaş yavaş üstesinden gelir ve eğitim yerine gelir. Birçok insanın oturup öğrendiğini gördüğünde, derslere katılma arzusu ve özlemi duyar, mutlu ve neşeli olur ve ne şekilde yataktan kalkıp eğitim yerine geldiğini unutur. Ve eğer kişi, içinde neşe olacak yeni bir Kelim almak istiyorsa, yataktan ne şekilde kalktığını, yani o zaman ne düzeyde bir arzuya sahip olduğunu ve şimdi hangi ruh hali içinde olduğunu kendine tasvir etmelidir. Sonrasında da şöyle diyebilir: "Bu yerde benim için bir mucize yaratan

O'na şükürler olsun", yani Yaradan'ın ona şimdi yakınlık vermesine. Kişi bundan, Yaradan'ın kendisini O'na yaklaştırmasından duyduğu sevincin yayılabileceği yeni bir Kelim edinir.

Aynı şekilde, kişi kendisini acı çektiği zaman ile haz aldığı zaman arasında kıyaslama yapmaya ve kendisini acıdan haz durumuna getiren mucize için şükretmeye alıştırmalıdır. Bu sayede Yaradan'a şükredebilecek ve iki zamanı birbiriyle kıyasladığında şimdi kendisine eklenen yeni Kelim'in tadını çıkarabilecektir. Kişi bundan yola çıkarak çalışmada ilerleyebilir.

Baal HaSulam'ın dediği gibi, kişinin Yaradan'dan büyük ya da küçük bir şey alması önemli değildir. Önemli olan kişinin Yaradan'a ne kadar teşekkür ettiğidir. Kişinin minnettarlığı ölçüsünde, Yaradan'ın verdiği şeyler de artar. Bu nedenle, minnettar olmaya, O'nun armağanını takdir etmeye dikkat etmeliyiz ki Yaradan'a yaklaşabilelim. Dolayısıyla, kişi yükseliş sırasında her zaman düşüş sırasında içinde bulunduğu duruma, yani düşüş sırasında nasıl hissettiğine baktığında, "karanlığın içinden gelen ışığın avantajı gibi" bir ayrım yapabilir ve şimdiden sevinç duyacağı ve Yaradan'a şükredeceği yeni bir Kelim'e sahip olur. Kişinin "Bu yerde benim için bir mucize yaratan O'na şükürler olsun" diye kutsaması gerektiğine dair yazılanın anlamı budur, yani şu anda bulunduğu yerde, yükseliş sırasında, çünkü daha önce bir düşüş durumu yoksa bir yükseliş de olamaz.

Ancak, kişi daha önce bir yükselişte değilse ve ondan inmemişse nasıl bir düşüş olabilir? Bunun yanıtı genellikle her insanın olduğu haliyle iyi olduğunu düşünmesidir. Yani kişi çevresindeki diğer insanlardan daha kötü durumda olduğunu görmez. Bu nedenle, dünyanın geri kalanının akışına ayak uydurur -biraz öğrenme, biraz dua etme, biraz hayırseverlik ve iyi işler yapma ve benzeri. Ama asıl kaygısı iyi kazanmak ve güzel bir eve, mobilyalara vs. sahip olmaktır.

Bu böyledir, çünkü Yaradan'la O'nun için ne kadar çalışması gerektiğine dair bir anlaşma yapmışsa, tüm manevi görevlerini yerine getirdikten sonra kendini tamamlanmış hisseder ve maddi durumunu iyileştirme konusunda endişelenmekte özgür olur. Bu kişi, her ne kadar maddeselliğini tamamlamaya çalışsa da, her zaman diğerlerine kıyasla eksik olduğunu görür. Bu da kişinin bütünlük halinde olması olarak kabul edilir.

Bununla birlikte, kişi ihsan etme çalışmasına başladığında, ihsan etme niyetinden ne kadar uzakta olduğunu gördüğü için bir düşüş durumuna gelir. Dolayısıyla, ihtiyacı olan tek şeyin, Tora ve Mitzvot'u [emirleri/iyi işleri] yerine getirmek olduğunu anladığı ve ihsan etme niyetine dikkat etmediği, ancak daha sonra yukarıdan bir uyanış aldığı ve bir meşalenin önündeki mum gibi O'nun huzurunda iptal olmaya başladığı ve önceki düşüş halini unuttuğu önceki dönemden şimdi düşüşe geçmiştir. Bu durumda, şimdi yükseliş halindeyken, "Bu yerde benim için bir mucize yaratan O'na şükürler olsun" diyebilir. Başka bir deyişle, daha önce bir yol kazası geçirmiş ve manevi yaşam konusunda bilinçsiz hale gelmiş bir durumdaydı. Yani, ihsan etmek için çalışması gerektiğini tamamen unutmuştu. Daha sonra, Yaradan ona yardım etmiş ve kendine gelmiş, yani Yaradan'la yeniden bağlantı kurmuştur. Kişi bu tasvirle, yeni Kelim alabilir, böylece Yaradan'ın ona yardım etmesinden bolca sevinç duyabilir.

Ancak, şunu bilmeliyiz ki, kişi Yaradan'dan kendisini O'nun çalışmasına yaklaştırmasını istediğinde, yani Yaradan rızası için kutsal çalışmayı yapmak istediğinde, kişi Yaradan'ın duasını duymadığını düşündüğünde ve zaten birçok kez dua etmiş olmasına rağmen, sanki Yaradan duasını duymamış gibi olduğunda, Baal HaSulam bu konuda şöyle der, kişi şimdi Yaradan'a dua ettiği gerçeğine inanmalıdır, bunun kendi uyanışıyla olduğunu söylememelidir, Yaradan'a kendisini yaklaştırması için dua etmelidir. Daha doğrusu, kişi dua etmeye gelmeden önce bile, Yaradan onun duasına zaten cevap vermiştir. Yani, kişi şimdi Yaradan'a dua edebileceği gerçeğini takdir etmelidir; bu Yaradan'la bağ kurmak olarak kabul edilir. Bu çok önemli bir şeydir ve Yaradan'ın kendisine dua etme arzusu ve özlemi verdiği gerçeğinden mutluluk duymalıdır.

Buna göre, bilgelerimizin söylediklerini (Megila 29) şöyle yorumlamalıyız: "Rabbi Şimon Bar Yohay, 'Gelin ve İsrail'in Yaradan'ının ne kadar düşkün olduğunu görün, çünkü nereye sürgün edilirlerse edilsinler, Şehina [Kutsallık] onlarla birliktedir' der." "İsrail'in sürgünü" ifadesini, kişinin içindeki İsrail niteliğinin Yaradan'dan uzaklaştığı şeklinde yorumlamalıyız, yani kişi acı çeker çünkü içindeki İsrail niteliği, yani her şeyi Yaradan rızası için yapması gereken Yaşar-El [Yaradan'a doğru] arzusu, bu arzu dünya uluslarının arzularının hükmü altında sürgündedir ve kişi bundan pişmanlık duyar.

Şunu sormalıyız: Kişi bu durumdan önce, daha büyük bir daire veya daha güzel mobilyalar almaktan uzak olduğunu hissederken, neden özellikle şu anda Yaradan'dan uzaklaşmış hissetmektedir? Birdenbire, farklı bir uzaklığın acısını çekmeye başlamıştır -Yaradan'dan uzak olduğunun! Bunun cevabı "Şehina onlarla beraberdir", yani Şehina ona Yaradan'dan uzak olduğu hissini vermiştir. Bu, "Kişi Yaradan'a dua etmeden önce, Yaradan ona dua etme arzusu ve özlemi verir" sözünün anlamıdır.

123

Çalışmada Efendi'nin Tanrı Olduğunu Bilmek İçin Neden "Kalbine Cevap Vermeye" İhtiyacımız Var?

Makale No. 16, Tav-Şin-Nun-Alef, 1990/91

Zohar sorar (VaEra, Madde 89-90), "'Bu günü bil ve kalbine cevap ver ki Efendi, O Tanrı'dır'. Şöyle sorar: 'Bu ayet, 'Bugün bil ki Efendi, O Tanrı'dır' demeli ve sonunda 'Ve kalbine cevap ver' demeliydi, çünkü Efendi'nin Tanrı olduğunu bilmek, kişiyi kalbine cevap vermek için yeterli kılar. Ve eğer kişi zaten kalbine cevap verdiyse, özellikle de zaten bilgiye sahipse bu böyledir. Ayrıca, 'kalbine' [çift Bet ile] yerine 'kalbine cevap ver' [tek Bet ile] denmeliydi. O da şöyle yanıtlar: 'Musa dedi ki, eğer bu konuda ısrar etmek ve Efendi'nin Tanrı olduğunu bilmek istiyorsanız, o zaman 'kalbinize cevap verin'. Kalbin [çift Bet ile], kalpte bulunan iyi eğilim ve kötü eğilimin birbirine karıştığı ve bir olduğu anlamına geldiğini bilin, böylece kötü eğilimin kötü nitelikleri iyi olacak, yani onlarla Efendi'ye hizmet edecek ve onlar aracılığıyla günah işlemeyecektir. O zaman Efendi'nin [HaVaYaH] Tanrı olduğunu, 'Tanrı' olarak adlandırılan yargı niteliğinin, merhamet niteliği olan HaVaYaH'a dahil olduğunu göreceksiniz."

Zohar, bir kişinin "Kalbine cevap verme" derecesine ulaşmadan önce "Efendi'nin Tanrı olduğunu" bilmesinin mümkün olmadığını söylediğinde bize ne öğretmek istediğini anlamalıyız. Çalışmadaki "Tanrı" niteliğinin ne olduğunu ve HaVaYaH olarak adlandırılan çalışmadaki merhamet niteliğinin ne olduğunu bilmeliyiz. Ayrıca çalışmadaki kötü eğilimin ne olduğunu ve çalışmadaki iyi eğilimin ne olduğunu da anlamalıyız. Başka bir deyişle, bir kişi Yaradan'la Dvekut'u [bütünleşme] edinmek istediğinde, çalışmadaki kötü eğilim nedir ve iyi eğilim nedir?

Genel halk için bu basittir: Tora ve Mitzvot'u [emirleri/iyi işleri] yerine getirenler iyi eğilimin yolunu izliyor olarak kabul edilirler. Eğer Tora ve Mitzvot'u çiğnerlerse, bu kötü eğilimin tavsiyesine uymak olarak kabul edilir. Peki, Yaradan'la Dvekut'a ulaşma yolunda yürürken, çalışmada ne vardır?

Yaratılanların, kişinin kendi iyiliği için alma arzusu denilen bir doğayla doğdukları bilinmektedir. Bu nedenle, insan kendisi için bir fayda sağlamayan hiçbir şey yapamaz. Bu nedenle Tora bize şöyle der: "Tora'ya ve Mitzvot'a uyarsanız, sizi ödüllendireceğim, çünkü şöyle yazılmıştır: 'Eğer emirlerime gerçekten itaat ederseniz, toprağınıza mevsiminde yağmur yağdıracağım ve yiyip doyacaksınız."

Maimonides şöyle der (Hilchot Teshuva, Bölüm 5), "Onlara sadece korkudan ve ödül almak için çalışmaları öğretilir. Çok bilgi edinene ve çok bilgelik kazanana kadar, onlara bu sır azar azar öğretilir." Buradan çıkan sonuca göre, halkın geneli için kötü eğilim ve iyi eğilim sadece Tora ve Mitzvot'un yerine getirilmesiyle ilgilidir, ancak ödül almak için çalışma yasağından hiç bahsetmezler.

Ancak, ihsan etme çalışmasından bahsederken, kötü eğilim ve iyi eğilimin tamamen farklı anlamları vardır. İyi eğilim, kişiyi O'nun yarattıklarına vermeyi dilediği hazzı ve memnuniyeti edinmeye yöneltmesi anlamına gelir, çünkü yaratılışın amacının O'nun yarattıklarına iyilik yapma arzusundan kaynaklandığı yazılıdır. Ancak utançtan kaçınmak için Tzimtzum [kısıtlama] ve yaratılanların Dvekut adı verilen form eşitliğine sahip olmadan önce iyiliği alamayacakları bir gizlilik vardır. Bu, her şeyi Yaradan'ın rızası için yaparak edinilir. O zaman, Tzimtzum kaldırılır ve iyinin içinde yayılması için yer açılır. Buna "iyi eğilim" denir.

Kötü eğilim, eğilimin kişiye sadece kendi yararı için, yani sadece almak için çalışmasını tavsiye ettiği durumdur. Bu, arzusu sadece ihsan etmek olan Yaradan'dan farklı bir form olduğundan ve bu form eşitsizliği insanın asla haz ve memnuniyet alamamasına neden olduğundan, bu eğilim "kötü" olarak adlandırılır çünkü ihsan etmek için çalışmasına izin vermeyerek kişiye zarar vermektedir, bu da kişinin haz ve memnuniyet alamamasına neden olmaktadır.

Yukarıdakilere göre, bir kişinin Yaradan'ı her iki eğilimle de sevmek için kendisiyle çalışması gerektiğinin ne anlama geldiğini yorumlayabiliriz. Mesele şu ki, kişi iki eğilime sahip olduğu sürece, bunlar ihtilafa düşer. Bazen iyi olan üstün gelir, bazen de kötü olan. Bu da iki gücün insanın içinde bir karışım halinde çalıştığını gösterir. Buna "ışık ve karanlığın birlikte çalışması" denir. Kötü olan teslim olmadığı sürece, kötü eğilimin Kelim'i [kapları] üzerinde bulunan Tzimtzum ve gizlilik -"kendisi için alma arzusu" olarak adlandırılır - kişiyi kontrol eder ve kişi haz ve memnuniyeti alamaz.

Dolayısıyla kişi iyiyi edinemez. Bu nedenle, "yargı" koşulundadır, yani Yaradan'ın merhametini görmediğini söyler, ki böylece Yaradan'ın dünyayı merhamet niteliğiyle yönettiğini söyleyebilsin, ancak kişi O'nun rehberliğini haz ve memnuniyet olarak göremediği için yargı niteliğiyle yönettiğini söyleyebilecektir.

Böylelikle, kişi ihsan etme kaplarına sahip olmadığı sürece, haz ve memnuniyet alabileceği bir Kelim'e sahip değildir. Doğal olarak, haz ve memnuniyetten yoksun kalır.

Kişi şöyle der: "Bunun için kim suçlanmalı? Sadece Yaradan, çünkü yaratılanlara vermesi gerekeni vermedi." Yani, yaratılış O'nun yarattıklarını memnun etmek için yaratıldığından, utanç ekmeği olmaması için yapılan ıslah nedeniyle, yaratılanlar, çalışmada "kötü eğilim" olarak adlandırılan insandaki doğuştan gelen kötülük nedeniyle bunu görmeye uygun değildir.

Buna göre, ne sorduğumuzu anlayabiliriz, "Çalışmada yargı nedir ve merhamet nedir? Ayrıca çalışmada iyi eğilim nedir ve kötü eğilim nedir?" "Yargı", "kendisi için alma arzusu" olarak adlandırılan alma kapları üzerinde bir yargıya varıldığı, ışığın onun içinde parlamadığı anlamına gelir. Buna göre, dünyada yargı olduğunu söylediğimizde, bu, dünyada hazzı ve memnuniyeti alabilecek ihsan etme kaplarının olmadığı anlamına gelir. Bu nedenle dünyada acı ve yokluk hüküm sürer.

Ancak dünyada "merhamet" olarak adlandırılan ihsan etme kapları olduğunda, bilgelerimizin "Ve O'na tutunmak için, O nasıl merhametliyse, siz de öyle merhametlisiniz" ayeti hakkında söyledikleri gibi, yani Yaradan veren olduğu için, insan kendisinin ihsan etme kaplarına sahip olduğunu görmelidir. İnsan ihsan etme kaplarına sahip olduğunda, Yaradan'ın merhamet niteliği ortaya çıkar, yani Yaradan, yaratılanların sahip olduğu merhamet Kelim'inde yaratılanlara haz ve memnuniyet ihsan eder.

Böylece, bir kişi ihsan etme kaplarını edindiğinde, yani kötü eğilim iyiye teslim olduğunda, bu kötü eğilimin zaten ihsan etmek için çalışmak istediği anlamına gelir. Buna "Kalbine cevap vermek" denir, yani her iki kalbe de. O zaman kişi "Efendinin [HaVaYaH], O'nun Tanrı olduğunu" fark eder. Başka bir deyişle, şimdiye kadar sadece merhamet vardı, yargı yoktu. Yani, gördüğü şey, O'nun rehberliğinin yargı olduğuydu, şimdi ise bunun merhamet niteliğine gelmek için bir neden olduğunu görür. Bu nedenle, şimdi " Efendinin, O'nun Tanrı olduğunu", yargı niteliğinin tümüyle merhamet olan HaVaYaH'a dahil olduğunu görür. Ancak "Kalbine cevap verme" koşuluna ulaşmadan önce, O'nun rehberliği kişiye iyi ve kötü olarak görünüyordu.

Bununla ayetin anlamını yorumlayabiliriz, "Ve Tanrı onu kendisinden korkulsun diye yarattı." Yani, Yaradan, Klipot'a [kabuklara] hükmedilsin diye bunu kasten yaptı, böylece "O'ndan korkulacaktı", yani Yaradan'ın yüceliğini edinme ihtiyacı yaratacaktı. Aksi takdirde, herkes Keduşa [kutsallık] bilgisi olmadan hareketsiz kalır ve Yaradan'ın yüceliğiyle ödüllendirilmek için çalışmaya ihtiyaç duymadan Tora ve Mitzvot'u yerine getirme çalışmasıyla yetinirdi. Onlar küçük bir çocukken sahip oldukları zihinle kalırlar ve Yaradan'ın yardımına ihtiyaç duymazlardı.

Bilgelerimizin ne dediğini bilmeli ve anlamalıyız: "Kötü eğilimi Ben yarattım; Tora'yı ise bir şifa olarak yarattım." Bu demektir ki, bir kişi sadece kötü eğilime sahip olduğunda, Tora'da bulunan şifaya ihtiyaç duyar. Aksi takdirde, Tora'ya ihtiyacı yoktur, çünkü Tora olmadan da Mitzvot'u yerine getirebilir. Ancak kişi kötü eğilime sahip olduğunda ve gelip "Bu çalışma senin için nedir?" diye sorduğunda veya Firavun'un " Efendi kim ki O'nun sesine itaat edeyim?" sorusunu sorduğunda ve onu yenmesi gerektiğinde, o zaman O'nun yardımına ihtiyaç duyar.

Zohar, Yaradan'ın yardımının Tora'nın ışığı olduğunu söyler. Bu, ona yukarıdan bir ruh verildiği ve bu sayede içindeki kötülüğün üstesinden gelebileceği anlamına gelir. Eğer Klipot olmasaydı, insanın yukarıdan Tora'nın yardımını almaya ihtiyacı olmazdı. Buna "Ve Tanrı kendisinden korkulsun diye onu yarattı" denir.

Yukarıdan gelen yardımla ilgili birçok mesele vardır:

1) Yardım basittir: Yaradan kişiye "kalıcı inanç" denilen cennetin krallığını verir. Bir kişi ihsan etme kaplarıyla ödüllendirilmeden önce, yaratılan ile Yaradan arasında form eşitsizliği olduğu için inanca sahip olmak imkânsız olduğundan, kişi henüz iyiyi almaya uygun değildir. Bu nedenle, kötüyü aldığında, sahip olduğu inanç ölçüsünü kaybetmelidir, zira bu kişinin Yaradan'a iftira atmaması için bir ıslahtır. Bu nedenle, kişi inançla ödüllendirilmeden önce, ihsan etme kaplarına sahip olmalıdır, çünkü kişi form eşitliğine sahip olduğunda, alma kapları üzerindeki Tzimtzum ondan kalkar ve kişi haz ve memnuniyet alır. Kişi ancak o zaman kalıcı inanç derecesine ulaşabilir. Buradan Yaradan'ın ilk yardımı vererek ona "ikinci doğa" olarak adlandırılan ihsan etme kaplarını vermesi gerektiği sonucu çıkar.

2) Kişi Klipot'tan sürekli rahatsızlık duyarak, her zaman Yaradan'ın yardımına ihtiyaç duyar. Bu sayede, kişi Yaradan'ın yardımına ihtiyaç duyar ve her seferinde yukarıdan aldığı yardım sayesinde, ruhunda sahip olduğu NRNHY'nin ona ifşa olması mümkün olur. Bilinir ki ihtiyaç olmadan dolum olmaz. Bu nedenle, Klipot Keduşa'nın

ifşa olmasının sebebidir, "Ve Tanrı onu kendisinden korkulsun diye yarattı" diye yazıldığı gibi.

Yukarıdakilere göre, Klipot'un kişiye gönderdiği düşünceler kişide eksikliklere neden olur ve eksikliklere "Kelim'deki eksikliği dolduracak doyumu alacak Kelim" denir. Başka bir deyişle, Klipot'un sorduğu sorular, ki bunlar kötülerin soruları ve Firavun'un sorularıdır, "Kim" ve "Ne" olarak adlandırılır, kişide bir eksikliğe neden olur ve bu da onu Yaradan'dan bu soruların üstesinden gelmesine yardım etmesini istemeye iter. Dolayısıyla bu Klipot kişinin Yaradan'la Dvekut'a giden doğru yolda yürümesini sağlar. O zaman, Klipot'un çalışma sırasında göründüğü gibi Keduşa'nın düşmanları olmadığını görürüz. Aksine, şimdi Keduşa ile ödüllendirilmeye neden olanların onlar olduğunu görüyoruz.

Bunun bir benzeri Zohar'da (Beresheet, Madde 175) yer alır, "'Ve Benimle birlikte Tanrı yoktur' SAM ve yılan olan diğer tanrıları ifade eder, çünkü o zaman SAM ve yılanın Yaradan ve O'nun Şehina'sı [Kutsallığı] arasında asla ayrım yapmadığı ve ruhlarımızın kurtarılması için koşturan bir hizmetkâr olduğu ortaya çıkacaktır. Yaradan'ın başlangıçtaki rehberliği tüm dünyada ortaya çıkacak ve o zaman, 'Günahkârlar yeryüzünden silinecek ve kötüler artık olmayacaktır'. Demek ki, 6,000 yıl boyunca bize görünenin, Keduşa'ya karşı çıkan bir yönetim olduğunun -ki bunlar SAM ve yılandır- tersine."

Buradan anlıyoruz ki, Keduşa'nın devam ettirmesi gereken Klipot meselesi, "Tanrı birini diğerinin zıttı yaptı" ifadesinde olduğu gibi, Klipot'un Keduşa'ya yardım eden bir hizmetkâr olmasına ihtiyaç duymamızdır. Bu ancak genel halka ve bireylere yönelik ıslahın sonunda, çalışmanın sonunda ifşa olur. O zaman, "ruhlarımızın kurtarılması için koşturan bir hizmetkârdan başka bir şey değildi" dediği üzere, mesele geriye dönüp bakıldığında ifşa olur.

Zohar'da (Tazria, Madde 6), "'Onun fiyatı incilerin çok üstündedir' denir. 'Değer' demeliydi, yani onu satın almak incilerden daha zor olmalıydı; neden 'fiyatı' deniyor' diye sorar. O da şöyle yanıtlar: " O, kendisine tam olarak bağlanmayan ve onunla bütünleşmeyen herkesi satar ve başka uluslara teslim eder. Ve böylece hepsi Tora'nın sırları ve içselliği olan o yüksek ve kutsal incilerden uzak kalırlar, çünkü onlarda hiçbir payları olmaz. 'Onun fiyatı incilerin çok üstündedir' sözünün anlamı budur."

Bu nedenle, diğer uluslar olan Klipot'un onları sattığı sonucu çıkar. Yani, "diğer uluslar" niteliği olduğu için, kişi Dvekut'u edinme yolunda yürümeye başladığında ve çalışmanın ortasında çalışmada ihmalkâr hale geldiğinde, yani onu kontrol eden ulusların yönetimi altına girdiğinde, onların kontrolünden çıkamaz ve Yaradan'la "form eşitliği" denilen Dvekut'u edinemez. O zaman, kişi bu çalışmayı yapamadığını ve bu yüzden onların yönetimi altında olduğunu düşünür.

Bu durumda yazı bize, kişinin diğer ulusların kontrolü altına girmesinin kendi iyiliği için olduğunu söyler, böylece kişi doğru yolda yürüdüğünü düşünerek kendini kandırmayacak ve yanlış yolda yürüdüğünü hissetmeden bu durumda devam edebilecektir. Bu nedenle, Keduşa'nın dışında "diğer uluslar" olarak adlandırılan Klipotlar vardır ve o zaman kişi bir düşüş durumunda olduğunu ve Keduşa ile hiçbir bağının olmadığını görür. Bu durumda, kişi onlardan nasıl kurtulacağı konusunda tavsiye almalı ve Yaradan'la Dvekut'a götüren doğru yolda ilerlemelidir. Buradan Klipa'nın [Klipot'un tekili] Keduşa'yı koruduğu sonucu çıkar.

Bunun anlamı şudur: Eğer Şehina'nın kişiyi kendi yönetimi altında olması için satabileceği bir Klipa olmasaydı, insan aşağılık halinde kalacak ve Dvekut'a giden yolda ilerlediğini düşünecekti. Ancak içinde bulunduğu eksiklikler kendisine yukarıdan gösterildiğinde, yolunu düzeltmesi gerektiğini hissedebilir. "Onun fiyatı incilerden çok daha yüksektir" sözlerinin anlamı budur, yani insanı Klipa'nın otoritesi altına sokan Şehina'dır.

Başka bir deyişle, kişi o anda kendini sevgiye ne kadar kaptırdığını ve veren olmak için hiçbir arzusu olmadığını görür. Yani, kendini sevmeye o kadar dalmıştır ki, kendisinin bu kadar aşağılık, en kötü insan olduğunu hiç düşünmemiştir. "Ve Tanrı onu kendisinden korkulsun diye yarattı" sözlerini, özellikle bu Klipa aracılığıyla, kendisini yönettiğini gördüğünde, bu onu Yaradan'la Dvekut'a ulaşmak için elinden geleni yapmaya iter şeklinde yorumlamamız gerektiği sonucuna varırız.

Ancak, kişi Klipot'un yönetimi altında olduğunu gördüğünde, kendisine "Kim" ve "Ne" gibi bilinen soruları gönderenlerin onlar olduğunu gördüğünden ve onlara kalbe yerleşecek doğru cevapları veremediğinden, bu basit soruları cevaplayamayacak kadar alçak olması gerektiğini düşünür. O zaman, kişi bunun düşündüğü gibi olmadığını, bu soruların gerçekten zor olduğunu bilmelidir.

Bu böyledir çünkü Yaradan Klipot'a zor sorular sorması için güç vermiştir, böylece kişi gerçek durumunu, Yaradan'dan farklı bir formda yaratıldığını ve form eşitliğine ulaşması gerektiğini bilecektir. Bu, insanın bu sorulara cevap veremeyeceği, dolayısıyla Yaradan'a ihtiyaç duyacağı, yani sadece Yaradan'ın ona cevap verebilmesi amacıyla yapılmıştır çünkü insanın tüm aklı her şeyi mantık dahilinde yapma temeli üzerine inşa edilmiştir ve insanın aklı sadece kendi menfaatini ilgilendiren şeyleri anlar. Bu nedenle onlar haklıdır.

Ancak şunu bilmeliyiz ki, bize mantık ötesinde Tora ve Mitzvot'a uyma yolu verilmiştir, çünkü aklımız sadece kendi yararımıza olan şeyleri anlar. Buna " mantık ötesi inanç" denir. Bir kişi mantığın ötesine geçmeden önce, ona gelen ve bedenin mantığı üzerine inşa edilmiş sorular soran herhangi birine, aklın anlayacağı şekilde cevap vermek imkânsızdır.

Bu nedenle, Klipa neden gelip bir insanın kesinlikle yanıtlayamayacağı bu soruları sordu? Klipot bunların doğru olduğunu ve bunlara yanıt alamayacaklarını bilir. Ancak soru, çalışmada bilinen kurala göre, Klipa'nın gelip bu soruları sorması, "Ve Tanrı kendisinden korkulsun diye yarattı" denildiği gibi, Keduşa tarafından gelir.

O halde kişiye bu sorular neden gelir? Cevap, ona bu soruların yukarıdan gönderilmiş olmasıdır, çünkü özellikle bu sorular aracılığıyla, mantık ötesi inanç Mitzvasını gözlemleyebilir. "Tanrı kendisinden korkulsun diye yarattı" ifadesinin anlamı budur. Bu, soruların ona, mantık ötesi inanç meselesini açığa çıkarabilmesi için bir fırsat vermek üzere geldiği anlamına gelir. Eğer soruları yoksa, mantık ötesi gittiğini bilemez. Ancak kişi bu soruları gördüğünde ve aklın zorunlu kıldığı yanıtları vermek istemediğinde, "Şimdi bu sorular bana geldiğine göre, mantık ötesi inanç emrini yerine getirebilirim ve bu fırsatı değerlendirmek istiyorum" der.

Buna göre, Yaradan bunların bir insanın akılla cevap veremeyeceği zor sorular olduğunu biliyorsa, bunları neden gönderdiğini anlayabiliriz? Cevap, şöyle yazıldığı gibidir: "Ve Tanrı bunu kendisinden korkulsun diye yaptı." Yani, özellikle bu sorular aracılığıyla, kişi "Yaradan'dan korkmak" olarak adlandırılan inanç emrini yerine getirebilir. Diğer bir deyişle, özellikle şimdi mantık ötesi inanç Mitzvasını yerine getirme fırsatına sahiptir.

Bilgelerimiz, "Kucağınıza düşen bir Mitzva'yı kaçırmayın" demişlerdir. "Kucağınıza düşen bir Mitzva "yı, "Kim" ve "Ne" soruları aracılığıyla "kucağınıza gelen" inanç Mitzvası olarak yorumlamalıyız. "Bunu kaçırmayın", aksine hemen kabul edin ve bu sorularla tartışmayın ve sorulara cevap vermeyi düşünmeyin. Aksine, soruları olduğu gibi kabul edin, çünkü şimdi inanç Mitzvasını yerine getirmek için bir fırsatınız var, bu yüzden soruları tüm sertliğiyle olduğu gibi kabul ederek "kaçırmayın".

Bu böyledir çünkü akılla, aklın savunduğu şeyle çelişen hiçbir şey bu yolda mantık ötesi inançla yürümeye değmez ve akıl daha üstündür. İşte bu yüzden "Bunu kaçırmayın" dediler, onların soruları aracılığıyla elde ettiğiniz fırsatı kaçırmayın.

Bu nedenle, "Bu çalışma senin için nedir" diyen günahkârların sorusu olan "Ne" sorusu aracılığıyla, sadece ihsan etmek için mi çalışmak istiyorsun? "Bundan ne kazanacaksın?" diye sorar. Yalnızca kendi çıkarın için çalışmalısın." Bu bir Kli [kap], yani Yaradan'ın ona eksiklik yerine vermesi için bir eksikliktir, çünkü günahkârın sorusu onu ihsan etmek için çalışma gücüne sahip olmaktan alıkoyar, buna "ikinci bir doğa ile ödüllendirilmek" denir, buna "ihsan etmek için" denir. "Kalbine cevap ver" ifadesinin anlamı budur, yani kötü eğilim de ihsan etmek için çalışacaktır.

" Efendi kim ki O'nun sesine itaat edeyim?" diyen Firavun'un soruları aracılığıyla, kişi bu sorunun üstesinden geldiğinde, Zohar'ın dediği gibi, "Kalbine cevap ver" ile ödüllendirildikten sonra, kalıcı inançla ödüllendirilir. O zaman, " Efendi, O Tanrı'dır" derecesine gelir.

Çalışmada, "Onun Kalbini Katılaştırdığım İçin," Nedir?

Makale No. 17, Tav-Şin-Nun-Alef, 1990/91

"Onun kalbini katılaştırdığım için" ayeti hakkında şunu sormalıyız: Yaradan neden Firavun'un kalbini en başta katılaştırmadı da ancak Firavun itiraf edip "Efendi erdemli olandır, ben ve halkım ise kötüyüz" dedikten sonra ayetin "onun kalbini katılaştırdığım için" dediğini görüyoruz? Ayrıca, tüm yorumcular şunu sormaktadır: Yaradan neden Firavun'u seçim yapmaktan mahrum bıraktı?

Çalışma sırasının, ödül almak için çalışmaya başlamamız olduğu bilinmektedir. Beden, ödüllendirileceğini duyduğu ölçüde ve acı çekmezse, bu, kişiyi Tora ve Mitzvot'u [emirleri/iyi işleri] yerine getirmek için çalışmaya yönlendirir. Yani, ödül ve cezaya inandığı ölçüde, Tora ve Mitzvot'u tüm detayları ve hassasiyetleriyle yerine getirebilmek için motivasyon kazanır.

Bu şekilde kişi her gün ilerlediğini görür ve bu nedenle çalışmasında ilerleme gördüğü için yaptığı çalışmadan zevk alır. Bunu, kişinin, çalışmasında ilerleme görmediği sürece hiçbir çalışma yapamayacağı kuralı izler. Bu tıpkı bir mesleği öğrenen ve bu meslekte ilerlemediğini gören bir kişinin yapacak başka bir şey, kendisi için daha kolay bir iş araması gibidir. Ancak ilerleme olmadan bir şey yapmak mümkün değildir. Bu, "Tanrı'nın yapmak için yarattığı" meselesinden kaynaklanır. Bu nedenle her şeyde ilerleme olması gerekir.

Bu, öğütme taşlarının etrafında dönen ve gün boyu daireler çizerek yürüyen ata benzer. Sürekli aynı yerde yürüdüğünden, gerçeği görmemesi için gözleri kapatılmalıdır, ancak her seferinde farklı bir yere yürüdüğünü düşünecektir. Yani, hayvanlar bile yaptıkları işte ilerleme görmek zorundadır ve çalışmadaki herhangi bir ilerleme, yalnızca ödül almak için çalıştığımızda görülür.

Ancak ihsan etmek için çalışmaya başladığımızda, form eşitliği olan, Yaradan'la Dvekut'a [bağlılığa] ulaşmak istediğimizde, kişi yaptığı şeylere bakamaz. Yani, şimdi ödül almak için çalışırken yaptığından daha fazlasını yaptığını görse de artık farklı bir ölçüsü vardır, bu da eylemlerinin ne ölçüde kendi iyiliği için değil de ihsan etmek için olmasını amaçladığıdır. O zaman bundan çok uzak olduğunu görür. Birçok yükselişi olmasına rağmen, yani derecesinde yükselmesine ve şimdi her şeyi Yaradan rızası için yapmak istemesine rağmen, bu sadece yukarıdan bir uyanış almış olmasından kaynaklanmaktadır. O zaman kişi, "meşalenin önündeki mum" gibi O'nun önünde iptal olmak ister.

Fakat daha sonra, bu koşuldan düşer ve bir kez daha kendini sevmenin içine düşer. O zaman daha da kötüleştiğini görür; yani her seferinde ihsan etme çalışmasından daha da uzaklaştığını görür, öyle ki birçok kez "başlangıcı düşünme" durumuna gelir.

Kişi kendine şunu sorar: "Neden ödül almak için çalıştığımda, çalışmadan iyi bir tat alıyordum, dua ediyordum ve isteyerek öğreniyordum ama şimdi ödül almak için çalışırken gösterdiğim çabadan daha fazlasını göstermek istediğimde, o zaman sahip olduğum tada sahip olmadığımı görüyorum?" Kişi şöyle sorar: "Şimdi Yaradan rızası için çalışmak istediğime göre, kendi iyiliğim için çalıştığım zamankinden daha fazla yakınlık hissetmem gerekirdi, ama şimdi tam tersini görüyorum! Çalışmada ilerlemediğim gibi, geriye de gidiyorum!"

Cevap, Baal HaSulam'ın söylediği gibi, kişi şu anda Yaradan'dan daha uzakta hissettiği her şeyin yukarıdan geldiğine inanmalıdır. Bu demektir ki Yaradan'ın kişinin gerçek ihtiyacını keşfetmesi için verdiği kalbin katılaşmasıdır, yani Yaradan'ın yardımı olmadan kişinin kendisi için alma arzusunun kontrolünden çıkamayacağını hissetmesidir, ancak sadece Yaradan'ın Kendisi yardım edebilir. Yani, Yaradan ona kendisi için alma arzusu doğasını verdiğinden, şimdi ona "ihsan etme arzusu" adında ikinci bir doğa vermelidir, zira Kli [kap] olmadan ışık olmaz, buna "eksiklik" denir. Yani, eksiklik dolumun içine tat katar.

Dolayısıyla kişiye dolum verildiği halde ihtiyacı olmadığında dolumun gerçek tadını tadamaz. İhtiyacı olmadan dolum verilirse, dolumu kullanamayacak, dolumun içinde ne olduğunu ortaya çıkaramayacaktır. Biri olmadan diğeri işe yaramadığı için eksikliğin, dolumun bir parçası olduğu sonucu çıkar. Buradan, kişiye yukarıdan bir dolum verildiği gibi, bir eksiklik de verilmesi gerektiği sonucu çıkar. Kişi şimdi ihsan etme çalışmasından daha uzakta olduğunu gördüğünde, eksiklik doyumun bir parçası olduğu için ona yukarıdan verilir. Dolayısıyla, yukarıdan olan doyumu verdiği gibi, O, eksikliği de verir.

Bununla sorduğumuz iki soruyu yorumlayabiliriz: 1) Neden Yaradan daha önce değil de özellikle Firavun, "Efendi erdemli olandır ve ben ve halkım kötüyüz" dedikten sonra, onun kalbini katılaştırdı? 2) "Onun kalbini katılaştırdığım için" diye yazıldığı gibi, neden onu bu seçimden mahrum etti?

Cevap şudur ki, başlangıçta, çalışmaya başlarken, kişi her şeyin kendisine bağlı olduğunu görmelidir. Ödül almak için çalıştığı sürece bu böyledir. O zaman kişi şöyle diyebilir: "Efendi erdemli olandır, ben ve halkım ise kötüyüz." Dolayısıyla, kişi ihsan etmek için çalışmak istediğinde yani Yaradan'la Dvekut'a ulaşmak istediğinde, gerçeği görmelidir: Bu insanın elinde değildir, zira doğduğu doğayla çelişir. Sadece Yaradan ona ikinci bir doğa verebilir, ancak eksiklik olmadan, dolumun gerçek tadı olmaz. Bu nedenle, Yaradan, kalbin katılaşmasını verir ki kişi, eksikliği sonuna kadar hissetsin.

Bu da Yaradan'ın neden daha sonra, yani Yaradan rızası için çalışmaya başladıktan sonra onun kalbini katılaştırdığını açıklar. Ayrıca, neden kalbinin katılaşmasına ihtiyacı vardı? Başka bir nedenden dolayı, eğer kişi gerçek eksikliği hissetmezse, gerçek dolumu alamaz, zira Kli olmadan ışık olmaz. Buradan şu sonuç çıkar ki, kalbin katılaşması onun zararına, onu Yaradan'dan uzaklaştırmak için değildi. Aksine, kalbin katılaşması, onu Yaradan'la Dvekut'a getirmek içindi. Bu nedenle, kişinin Yaradan'dan uzak olduğu zaman hissettiği eksikliğin de kişinin uyanışıyla değil, yukarıdan geldiğini görürüz.

Bununla bilgelerimizin (Avot 2:5), "İnsanların olmadığı bir yerde, bir insan olmaya çalışın." diye söylediklerini yorumlayabiliriz. Bunu çalışma içinde yorumlamalıyız. Kişi çalışmaya başladığında, ödül almak için başlar. Daha sonra burada hiç kimsenin olmadığını görür, zira çalışmada her şeyi tek bir kişiden öğreniriz. Bunun sonucunda, kalbinde insan niteliği olmadığını, sadece kendi çıkarlarından başka bir şey bilmeyen hayvanların niteliğinin olduğunu görür. Ve kendisi hakkında şöyle düşünür: "Bütün ulusların arasından bizi seçtin, bizi sevdin" diye yazıldığı gibi, seçilmiş halkın kalbinde bir hayvanın arzusundan başka bir şey olmadığı nasıl söylenebilir? Bilgelerimiz bu konuda şöyle der: "Kalbinde insan olmadığını gördüğün bir yerde, diğer insanların nasıl davrandığına bakma. Bunun yerine, bir insan olmaya çalış."

Başka bir deyişle, sizler kişinin bir hayvan değil bir insan olması gerektiği gerçeğini görmeye başladığınızdan, insanların geri kalanı bu farkındalığa ulaşmadıkları için - kalplerinde insan olmadığı için – bu, onların hala ihsan etme çalışması olan bireyin çalışmasına ait olmadıklarının bir işaretidir. "Bir yerde" sözlerinin anlamı budur, yani "insan olmadığı" bilgisinin geldiği bir yerde, bu farkındalığı alan bu kişinin bir hayvan değil, bir insan olmaya çalışması gerektiği anlamına gelir.

Dolayısıyla, kişi çoğunlukla kendini tamamlanmış hisseder. Dua eder, Tora öğrenir ve Mitzvot'u yerine getirir. Sadece niceliği artırması gerektiğini düşünür ama çalışmanın niteliği açısından inceleyecek hiçbir şeyi yoktur çünkü her şeyi Yaradan rızası için yaptığını düşünür.

Bu nedenle, kişi kendini eksik hissettiğinde, kendini sevmeye dalmış olduğunda ve ihsan etme konusundan uzak olduğunda, bu kişiden gelmez, daha ziyade yukarıdan bir uyanışla gelir. Bu demektir ki, yukarıdan, ona gerçek durumu, Yaradan'dan uzaklaştığı ve O'nun önünde iptal olmak istemediği bildirilmiştir. Yani kişi, kendi alçaklığını hissettiğinde, bunun kendisine Keduşa'dan [kutsallık] geldiğine inanmalıdır. Bu, Musa hakkında yazılana benzer (Çıkış 2: 11-12), "Kardeşlerinin yanına gitti ve onların acılarını gördü ve Mısırlı bir adamın, kardeşlerinden biri olan İbrani bir adama vurduğunu gördü ve hiç kimsenin olmadığını gördü."

Çalışmada, bir kişinin Musa'nın "Tora" adı verilen niteliğine sahip olduğunda, Mısırlı bir adamın, yani kendisi için alma arzusunun, "bir adam" olarak adlandırıldığını ve "Tora" adı verilen bu güçle İbrani adama vurduğunu gördüğünü tam olarak yorumlamalıyız. Bu demektir ki, İbranicede "insan", bir hayvanın yaptığını yapmayandır, yani insan hayvanın arzularını kullanmaz, yazıldığı üzere, "ve hiç kimsenin olmadığını gördü," yani, kendi kendine ondan bir insan ortaya çıkmayacaktır. Bu böyledir çünkü bu kişi "sadık çoban" (tüm İsrail'in inancına çobanlık eden) niteliği olan Musa niteliğine sahiptir ve bu güç, kişiyi gerçeği görmesi için uyandırır, kendi kendine "insan" niteliğini asla edinemez. "Ve kimsenin olmadığını gördü," ayetin anlamı budur. Bu, kişinin, Yaradan ile Dvekut'a ulaşabilmek için, Yaradan'dan, kendisine Yaradan inancını vermesini istemesine neden olur.

Ancak, bir kişi inançla ödüllendirildiğinde, bu hala eksiktir, zira artık "hayvan" değil "insan" olarak adlandırılmasına rağmen, Tora'nın niteliğini de edinmelidir çünkü özellikle Tora aracılığıyla kişi bütünlüğünü elde eder, zira "Tora, Yaradan ve İsrail birdir" koşulunu edinmelidir. Musa hakkında yazıldığı gibi, buna "konuşan niteliği" denir, "Ve Musa Efendiye, 'Lütfen, Efendi, ben sözlerin adamı değilim' dedi."

Çalışmada zaten "insan" niteliğinde olmasının yeterli olmadığını, ancak "sözlerin adamı" olmak istediğini, "Tora" olarak adlandırılan "konuşan" niteliğiyle ödüllendirilmek istediğini, zira özellikle Tora olan "konuşan" niteliğinin bütünlük olarak kabul edildiğini yorumlamalıyız.

Bununla birlikte, çalışmada "sol "un karşıtı olan "sağ" meselesi olduğunu unutmamalıyız. Yani, tıpkı "sol" yolunda olduğu gibi, kişi kendisinde ne kadar çok eksiklik görürse o kadar iyidir, zira eksikliğe "Kli [kap]" denir, dolayısıyla daha büyük bir eksiklik daha büyük bir Kli anlamına gelir. Aynı şey "sağ" için de geçerlidir: Kişi kendini ne kadar tam hissederse, Kli'si de o kadar büyük olur. Yani, kişi eksikliklerle dolu olduğunu ne kadar çok görürse, o kadar eksik olmayan ve bu nedenle duası o kadar içten olmayan birine kıyasla, edebileceği dua o kadar büyük olur. Dolayısıyla, özellikle eksiklik, duanın ölçüsünü belirler.

Ayrıca, doğru yolun bir kişinin bütünlük olduğunu hissetmesi gerektiği düşünülür. Burada da bütünlüğü hissettiği ölçüde, o ölçüde Yaradan'a şükredebilir. Yani, kişinin içinde bulunduğu bütünlük Yaradan'a olan minnettarlığın ölçüsünü belirler. Dolayısıyla, kişi bütünlüğe sahip olduğunu nasıl görebileceği konusunda tavsiye almalıdır. Ancak, bütünlüğünün yalan üzerine inşa edilmediğini de görmelidir. Şunu sormalıyız: kişi maneviyata ihtiyacı olmadığını görürse ve kendini sevmeye dalmışsa, bütünlüğe sahip olduğunu kendine nasıl söyleyebilir?

İlk önce, Yaradan ile olan bağımızı takdir etmeliyiz, bu demektir ki, insanın kendisini boş ve yoksun hissettiği, kalbinde maneviyata ihtiyaç olmadığını hissettiği durumda, ona bu duyguyu kimin verdiğine inanması gerekir. Genellikle kişi eksiği olan şey konusunda endişelenir ve ihtiyaç duymadığı şey konusunda endişelenmez. Bu nedenle şunu sormalıyız: İhtiyacı olmayan bir şey için ona endişeyi kim verdi?

Cevap şudur ki, gerçekte içsel bir arzusu vardır, Yaradan'a yakınlığa ihtiyacı vardır, ancak bu eksiklik hala içinde, eksikliğini nasıl tatmin edeceği konusunda tavsiye almaya ihtiyaç duyacak kadar ifşa olmamıştır. Bu nedenle, kişi en azından maneviyata ihtiyacı olduğu için memnun olmalıdır, oysa insanların geri kalanının maneviyatla hiçbir ilgisi yoktur.

Kişi bunu takdir ettiğinde, kendisi için önemli olmasa da bunu takdir eder ve bunun için Yaradan'a teşekkür etmeye çalışır. Bu, onun maneviyata önem vermesine neden olur ve bu sayede kişi mutlu olabilir. Bununla kişi Dvekut ile ödüllendirilebilir, zira Baal HaSulam'ın dediği gibi, "Kutsanmış olan Kutsanmış olana tutunur." Başka bir deyişle, kişi mutlu olduğunda ve Yaradan'a şükrettiğinde, Yaradan'ın ona biraz Keduşa vererek onu kutsadığını hisseder, o zaman "Kutsanmış olan Kutsanmış olana tutunur." Bu bütünlük sayesinde kişi gerçek Dvekut'a ulaşabilir.

Baal HaSulam, kişinin son derece alçaklık içindeyken bile, eğer Yaradan onun için bir zamanlar yükseliş sırasında hissettiği gibi büyük bir uyanışı aydınlatmış olsaydı, kesinlikle kutsal çalışmayı yapmaya istekli olacağını düşündüğü zaman, bunu kendine tasvir etmesi gerektiğini söylemiştir. Ama şimdi hiçbir şey hissetmediğine göre, bütünlüğe sahip olduğu konusunda kendini nasıl kandırabilir? O zaman kişi, bizlere, Yaradan'ın varlığını tüm organlarında hissetmekle zaten ödüllendirilmiş gibi kendine tasvir etmesi gerektiğini ve Yaradan'a nasıl teşekkür edip öveceğini söyleyen bilgelere inanmalıdır. Aynı şekilde, şimdi de sanki gerçek bütünlükle ödüllendirilmiş gibi Yaradan'a şükretmeli ve O'nu övmelidir.

Çalışmada Sağ Elimizi Sol Elimizin Üzerine Kaldırmalıyız Ne Anlama Gelir?

Makale No. 18, , Tav-Şin-Nun-Alef, 1990/91

Zohar sorar (Yitro, Madde 1), "'Ve Harun ellerini kaldırdı'. 'Ellerini' diye yazar [İbranice'de] Yod olmadan, bu da tek el anlamına gelir, zira sağ elini sol elinin üzerine kaldırması gerekiyordu." Bu, sağın solun üzerinde olmasının, sağın solu yönettiğine işaret ettiği anlamına gelir. Dolayısıyla bu, tek el olarak kabul edilir.

Çalışmada "sağ" ve "sol "un ne olduğunu ve sağı solun üzerine çıkarmamız gerektiğini anlamalıyız.

"Sağ "ın bütünlük anlamına geldiği, yani kişinin kendisi hakkında tam bir kişi olduğunu ve azla yetindiği için maddi veya manevi açıdan eksik olmadığını hissettiği bilinmektedir. Bu nedenle, bu kişi tüm ihtiyaçlarını tamamladığı ve kendisine merhamet niteliğiyle davrandığı için Yaradan'a minnettar olabilir. Bu demektir ki, kişi sahip olduğu hiçbir şeyi hak etmediğini ve diğer insanlara baktığında, onların kendisinden çok daha az şeye sahip olduğunu görür ve kesinlikle diğer insanlardan daha fazlasını hak etmediğini söyler. Bu kişi, her zaman mutludur ve Yaradan'a kendisini ödüllendirdiği için minnettar olabilir ve Yaradan'ın kendisini sevdiğini ve kendisinin de Yaradan'ı sevdiğini hisseder. Yaradan, onu sevdiği için her zaman morali yüksektir ve her zaman Yaradan'a ilahiler söylemek ve övgüler sunmak ister. Ve Yaradan hakkında ne kadar çok düşünürse, o kadar çok keyif alır, zira O'nun kendisinin ruh eşi olduğunu hisseder ve bu ona yüksek bir moral verir, eksiklikler konusunda hiçbir endişesi yoktur ve her şeyin iyi olduğu bir dünyada yaşadığını hisseder. Her zaman kendisini seven kişiyle konuşmayı arzular, yani her zaman Yaradan'ın sevgisini hisseder ve çevresindeki diğer insanları acınacak halde görür, zira hepsinin kederli bir hayat yaşadığını, anlamsız şeylere hayatlarındaki en önemli şeymiş gibi değer verdiklerini görür. Ve doyuma ulaşamadıkları için de mutlu olacakları hiçbir şeyleri yoktur. Kendisinin onlarla hiçbir ortak noktası yoktur çünkü onlarla konuşmaya başladığında onu anlamamaktadırlar. Onlar için merhamet dilemekten başka bir şey yapamaz.

Bununla birlikte, kişinin sol çizgide de yürümesi gerektiğini bilmeliyiz. "Sol", iyi olsun ya da olmasın, kişinin eylemlerini eleştirmek anlamına gelir. Yani kişi, bir yandan azla yetinir. Ancak diğer yandan, yaratılış amacı için ne yaptığını görmesi gerekir, çünkü O'nun yarattıklarına iyilik yapma arzusu, azla yetinmekle ilgili değildir. Aksine, O, yaratılan varlıklara bolca zevk ve haz vermek ister ve bu bakımdan kişi, kendisinin çıplak ve yoksul olduğunu görür. O zaman, Yaradan'a kendisini yakınlaştırması ve kendisine ihsan etme kaplarını vermesi için dua etmekten başka çaresi yoktur. Onlar aracılığıyla Yaradan'la Dvekut [bütünleşme] ile ödüllendirilecek ve "Tora, Yaradan ve İsrail birdir" sözünde olduğu gibi Tora ile de ödüllendirilecektir. Ancak ihsan etme kaplarını almadığı ve kendini sevmeye ne kadar dalmış olduğunu ve doğası gereği bu hükümranlıktan çıkmaktan aciz olduğunu ancak sadece Yaradan'ın ona bu konuda yardım edebileceğini ve daha fazlasını gördüğü sürece, sadece çalışmada ilerlemediğini değil, gerilediğini de görür! Ve bazen, mücadeleden kaçmak istediği bir duruma gelir.

Sonuç olarak bu sol, "bütünlük" olarak adlandırılan sağın gerçekten de tam tersidir. O zaman, kişi "Ne yapmalıyım?" diye sormalıdır. Demek ki, şimdi daha önce sahip olduğu tek çizginin, yani bütünlüğün, artık bütünlüğün "sağ" olarak kabul edildiğini gördüğünden, "sol" yoksa "sağ" da olamayacağından, bu "sol" onun için bütünlüğün önceki durumunu "sağ" haline getirmiştir ve şimdi "sağ" ve "sol "a sahiptir. Öyle ki, her biri bir diğeriyle çelişmektedir.

Ancak şunu bilmeliyiz ki bir insan sadece iki ayağı üzerinde ilerleyebilir, tek ayağı üzerinde değil, ARI'nın ("Övgüler Söyleyeceğim" şiirinde) dediği gibi, "Sağ ve sol ve aralarında bir gelin." Bunu, "sağ" ve "sol" aracılığıyla, "Şehina'nın [Kutsallığın] yüklenmesi" olarak adlandırılan gelinle ödüllendirildiğimiz şeklinde yorumlamalıyız. Ancak kişi tek ayak üzerinde yürüyemez.

Bu nedenle, kişi ellerini yani her iki elini de kaldırmalıdır; burada el kaldırmak, elinde ne olduğuna yani Yaradan'ın çalışmasına katılarak yaptığı tüm çalışmalardan ne edindiğine bakmak için eli kaldırmak anlamına gelir. Ancak, kişi sol eline baktığında ve Yaradan'dan ne kadar uzak olduğunu gördüğünde, bunun Yaradan'dan ayrılmasına neden olduğunu bilmelidir, zira iyi olmadığını gördüğünde, bu durumda "lanetli" olarak kabul edilir ve "Kutsanmış olan lanetli olana tutunmaz." Bu nedenle, kişinin bütünlük halinde çalıştığı sağ çizgiye geçmesi gerekir.

Ancak bütünlük, yalan üzerine değil, hakikat üzerine inşa edilebilir. Dolayısıyla, kişi sol elini kaldırdığında ve orada kusurlarla dolu olduğunu gördüğünde, o zaman nasıl tam bir insan olduğunu söyleyebilir ve iyi durumu için Yaradan'a şükredebilir?

Cevap şudur ki, daha azıyla yetinerek ve "Lo Lişma [O'nun rızası için değil] olsa da ve Kral'a hizmet etmek isteyen birine yakışır şekilde üstesinden gelemese ve çalışamasa da, çalışmaya biraz olsun tutunabildiğim için mutluyum" diyerek ve Yaradan'a kendisini çalışmaya tutunmakla ödüllendirdiği için teşekkür ederek, bunu takdir ettiği ölçüde, o ölçüde tam bir insan olarak kabul edilir. Ancak, kişi bilmelidir ki, azla yetindiği bu "sağ ", sol çizgide yürüdükten sonradır. O zaman azla yetindiği söylenebilir, yani sol ona ne kadar kusurla dolu olduğunu göstermiştir, bu nedenle azla yetindiğinde tam olarak kabul edilir çünkü çalışmadaki küçük şeyleri önemli olarak takdir etmektedir. Kişi bu sayede yükselebilir çünkü azla yetinerek doğruyu söylemiş olur. Öte yandan, tek bir çizgisi olan kişi azla yetinmiş olarak görülmez. Aksine, kendisini tam olarak görür ve azla yetinmez.

Bu, misafir ağırlayan ve her birine 300 gram ekmek veren bir kişinin durumuna benzer. Orada 200 gram ekmek yemeye alışmış insanlar vardır ve orada 400 gram ekmek yemeye alışmış insanlar vardır. Elbette, 200 gram ekmek yemeye alışkın olanların azla yetindiklerini, kendilerine verilen az ekmekle yetinmeleri gerektiğini söyleyemeyiz, çünkü onlar için ekmeğin 100 gramı zaten fazlalıktır. Aksine, yalnızca 400 gram ekmek yemeye alışkın olanların daha azıyla yetindikleri söylenebilir, çünkü daha fazlasına ihtiyaçları vardır ancak ellerinde hiç ekmek yoktur. O zaman azla yetindikleri ve kendilerine verdiği ekmek için ev sahibine şükrettikleri söylenebilir, sanki ekmek tüm ihtiyaçlarını karşılıyormuş gibi.

Buradan çıkarılacak ders ise şudur: Kişi tek bir çizgi üzerinde yürüdüğünde, çalışmaya ne kadar tutunmuşsa onunla yetinir ve bütün olduğunu, yani daha fazlasına ihtiyacı olmadığını anlar. Bunun yerine, kendisinin bir bütünlük halinde olduğunu, etrafındaki diğer insanların ise ona kıyasla daha aşağı olduğunu görür. Dolayısıyla daha azıyla yetinmiştir çünkü diğer insanlardan daha fazla mala sahip olduğunu görmüştür.

Ancak kişi sol elini kaldırdığında, yani çalışmada sahip olduklarının değerine baktığında ve "form eşitliği" olarak adlandırılan Yaradan'la Dvekut'a [bütünleşmeye] ulaşma yolunda yürümemiz gerektiğini anlamaya başladığında, bundan uzak olduğunu görür. O halde, kendini sevmeye ne kadar dalmış olduğunu gördüğünde, Yaradan'a hizmet ettiği için nasıl mutlu olabilir? Kişi bazen öyle bir düşüşe geçer ki,

Yaradan'ın, alma arzusunun hükmünden çıkmasına yardım etmesini bile isteyemeyecek kadar alçaldığını görür. O halde "bütünlük" olarak adlandırılan sağda çalışmak ve bu bütünlüğün yalan üzerine inşa edilmemesi nasıl mümkün olabilir?

Bunun cevabı, kişinin bilgelere inanması ve bilgelerin bize çalışmanın düzeninin, kişinin sağ çizgide, yani bütünlükte yürümesi olduğunu söylediklerini söylemesidir. Bu nedenle daha da güçlenir ve "Kim zengindir? Kendi payıyla mutlu olan." diyen bilgelere inancını gözlemler. Başka bir deyişle, azla yetinir ve tamamı Lo Lişma ama sadece kendi iyiliği için olsa da, çalışmada bir şeyler yaparak onu ödüllendirdiği için Yaradan'a minnettar olduğunu söyler.

Bu durumda, Yaradan'ın rızası için çalışmak istemez ve yine de Lo Lişma olmasına rağmen kendi payından memnun olur. Bu sevinçten dolayı, bilgelere olan inancını gözlemlediği için, Lişma'yı [O'nun rızası için] edinmekle ödüllendirilebilir, yani Yaradan ona yardım edecek ve ona "ihsan etme arzusu" denilen ikinci bir doğayı verecektir.

Buradan, kişinin Tora ve Mitzvot [emirler/iyi işler] çalışmasını takdir edebilmesi için, sadece azla yetinmesi gerektiği sonucu çıkar. Yani, kişi maneviyata az da olsa tutunmuşsa bunun değerini bilmeli ve bunu bir servet olarak görmelidir. Bu nedenle, kişinin tek bir çizgi üzerinde yürüdüğü zaman, sahip olduğu bu küçük anlayışı takdir etmesi gerekmez, zira bunun "az" olarak kabul edildiğini hissetmez. Aksine, kendini az çok tam bir insan gibi hisseder ve yalnızca başkalarının alçaklık içinde olduğunu görür. Ama Tanrı'ya şükürler olsun ki, Yaradan'a hizmet ettiğini hisseder ve bundan mutluluk duyar, sevinir ve bunun için Yaradan'a şükredebilir. Dolayısıyla, bir yandan tek bir çizgide yürüyen kişi, çok iyidir zira Yaradan'a karşı şikâyeti ya da talebi yoktur ve mutludur, morali de yüksektir.

Bu nedenle, bu tür insanlara çalışmalarında herhangi bir kusur olduğu söylenmemelidir, zira arkadaşının çalışmasındaki bir eksikliği ortaya çıkarmanın yasak olduğuna dair bir kural vardır, eğer arkadaşı bu eksikliği kendisi hissetmiyorsa veya en azından arkadaşı ona çalışmasından memnun olmadığını açıklamışsa. O zaman arkadaşına gerçeği, Yaradan'la Dvekut'a ulaşmak için kutsal çalışmayı yapmamız gerektiğini söylemek mümkündür. Aksi takdirde, bu, bir kişi sadece genel halk tarzında çalışabilirken ve bireyler tarzında çalışamazken, kişiye bir eksiklik gösterilmesi olarak kabul edilir. Buradan da Klipot'a [kabuklara] bir tutunma verdiğimiz sonucu çıkar. Dolayısıyla, kişi tek bir çizgi üzerinde yürüdüğünde iyi durumdadır. Bu, bu kişinin "cansız Keduşa'ya [kutsallık]" ait olması olarak kabul edilir.

Bununla birlikte, "Keduşa'nın bitkisel" olması, yani çalışmada ilerleme kaydetmesi, kişinin "sağ ve sol" olarak adlandırılan iki çizgi üzerinde yürümesini gerektirir. Sağa ihtiyacımız vardır çünkü herhangi bir eksikliği ortaya çıkarmak yasaktır, zira Keduşa'da bir eksikliğin olduğu yerde, Sitra Ahra'ya [diğer tarafa] bir tutunma vardır, ARI'nın dediği gibi, "Ibur'da [döllenme], tasvir eden güce ve tutan güce ihtiyacımız vardır." Ibur, bunun insanın Keduşa'ya girişinin başlangıcı olduğu anlamına gelir. Tasvir eden güç, gerçeği, yani çalışmanın bir tasvirini, yani kişinin içinde bulunduğu durum hakkında iyi bir tasvire sahip olup olmadığını gösterir. Başka bir deyişle, onun için çalışmayı aydınlatır, yani kişi çalışmasına baktığında, nasıl bir forma sahip olduğunu, bütünlük içinde olup olmadığını, ihsan etmek için mi çalıştığını yoksa her şeye rağmen ihsan etmek için çalışmak isteyip istemediğini gösterir.

Tutan güç, tasvir eden güç kişiye gerçeği gösterdiğinde, "çalışmanın başlangıcı" olarak adlandırılan Ibur sırasında, kesinlikle eksiklikler gördüğü ve Sitra Ahra'ya [diğer tarafa] bir tutunma olabileceği şeklinde değerlendirilir. Bu nedenle, fetüsün düşürülmemesi, yani Sitra Ahra'ya düşmemesi için tutan bir güç olmalıdır. Eksiklik olmasına rağmen, düşüğü önlemek için, tasvir eden güç, bu çalışmanın formunun ne olduğunu gösterir ve tutan güce "sağ" denir çünkü kişi, bütünlüğe kayar. Bu demektir ki, kişi kendi payıyla mutlu olmalıdır diyen bilgelere inanır, yani Tora ve Mitzvot'a ne kadar tutunursa tutunsun, bunu büyük bir ayrıcalık olarak görür, çünkü Yaradan'ın, kendilerinin sahip olduğu azıcık tutunma için düşünce veya arzu bile vermediği insanlar olduğunu görür. Buna "tutan güç" denir, ki böylece kişi çalışmadan düşmeyecek ve daha sonra doğacaktır, yani çalışmanın başında kendini Ibur'da tutma çalışmasından, sağ ve sol olmak üzere iki çizgiye sahip olacak ve doğumla ve Keduşa'nın Yenika'sında [emzirme] olmakla ödüllendirilecektir. Böylece, tasvir eden güç ve tutan güç sayesinde, Keduşa'da tam bir yeni doğan ortaya çıkacaktır.

Buna göre, Zohar'ın Harun hakkında söylediği, "'Ve Harun ellerini kaldırdı' ifadesinin [İbranicede] tek el anlamına gelen eksik bir Yod ile yazılmasının nedenini, sağı solun üzerine kaldırmamız gerektiği şeklinde yorumlamalıyız." Çalışmada bunun bize ne öğrettiğini sorduk. Yukarıdakilere göre, kişinin solda yürümesi gerektiği gerçeğini, sağın her zaman soldan daha yüksek olmasına dikkat etmesi gerektiği şeklinde yorumlamalıyız. Yani, kişi solda yürürken ve çalışmanın tasvirine bakarken, tamamlanmış olsun ya da olmasın, hemen sağa geçebileceğini, yani sağın her zaman daha önemli olacağını ve sola yalnızca sağa yardım etmek için, yani her zaman bütünlük içinde ve hakikat yolunda olmak adına yer açmak için ihtiyacı olduğunu görmelidir. Demek ki, kişi kendi payıyla mutlu olmalıdır ve buna "tutan güç" denir, çünkü kişinin solu uzun süre kullanmamasına dikkat etmeliyiz, zira kişi solu kaldırdığında, hatasını görür. Ve kurala göre, Keduşa'da bir eksiklik olduğunda, derhal Sitra Ahra'ya bir tutunma vardır. Kişinin Sitra Ahra'nın altına yerleştirildiği ve bu nedenle "sol" koşuluna girdiğinde, solda kalmayı değil, solun, sağa hizmet etmesini amaçladığını hatırlaması gerektiği sonucuna varılır. O halde sol, kendi ismini hak etmez çünkü amaç sadece sol için değil, solun, sağın amacı için gerekli olmasıdır. Bu nedenle sol, bir ismi hak etmez. Bu, sadece tek bir ele sahip olmak olarak kabul edilir, zira sağdan önce iptal edilmiştir. Bu nedenle Zohar "sağı solun üzerine kaldırmalıyız" der ve bu "onun eli" olarak kabul edilir, tektir, bu yüzden eksik bir Yod ile yazılmıştır.

Yukarıdakilere göre, duada söylediklerimizi, "Çadırların ne güzel Yakup, Senin evin İsrail" şeklinde yorumlamalıyız. Yakup'un Yod-Akev [İbranice: Yaakov (Jacob), Yod-Akev (Yod-topuk)] olarak adlandırıldığı bilinmektedir, bu da Katnut [küçüklük], topuklar, Keduşa'nın sonu anlamına gelir, Zohar'da şöyle yazıldığı gibi, "Esav'ın arkaya attığı Yod'u Yakup başa aldı." Çalışmada Yod'un Malhut olarak adlandırıldığı şeklinde yorumlamalıyız, bu da "inanç" olarak adlandırılan cennetin krallığıdır. Esav onu kullanmak istemez; onu toz olarak tatsız bir şey olarak görür. Daha doğrusu, sadece çalışmasından ne çıktığını, çalışmasından ne fayda elde ettiğini görecek şekilde çalışmak ister. Dua ettiğinde, dua ettiği şeyi hemen alacağı şekilde dua etmeye isteklidir. Ona "Yaradan'ın her ağzın duasını işittiğine inanmalısın" denildiğinde, bu, kişinin Yaradan'ın sadece önemli bir kişinin duasını işittiğini söylememesi gerektiği anlamına gelir, ancak önemsiz bir kişi dua ederse, Yaradan onun duasını işitmez, bu da Yaradan'ın duayı işittiğine inanmamak olarak kabul edilir. Baal HaSulam'ın dediği gibi, "Halkın İsrail'in her ağzından çıkan duayı merhametinle işitirsin" diye yazılı olana inanmak gerekir. Bu, Yaradan'ın merhametini isteyen herkesin, Yaradan'ın her ağzın duasını duyduğuna inanması gerektiği anlamına gelir, bu kişi, en aşağı seviyede olsa bile.

Bundan şu sonuç çıkar ki, eğer kişi, Yaradan'ın her ağzı işitmediğini söylerse, bu onun inanmadığı anlamına gelir. Bu nedenle, kişi, duasının kabul edilmediğini görse bile, mantık ötesi bir şekilde inanmalıdır ve buna Yod, yani cennetin krallığı denir. Kişi, Esav'ın arkaya attığı bu inancı, kendi üzerine almalıdır.

Ama Yakup, onu kafasına yerleştirdi. Bu yüzden Yod-Akev'dir, Yod Akev'den [topuk] önce gelir, yani topuk "son" ve "alçaklık" kişinin topuklarıyla çiğnediği şey olarak kabul edilir. Bu, önemsiz bir şey olduğu anlamına gelir ve kişi bunu başı olarak kabul eder, yani ona değer verir ve bu, kişinin bir şeyle ödüllendirildiği için kendini bütün olarak gördüğü çalışmadır. Yani, dua ederken, mümkün olduğunca çok dua ettiğinde, kişi bedenin kişinin düşündüklerinden etkilenmediğini görmesine rağmen, Yaradan'ın varlığını hissediyormuş gibi kendine tasvir etmeli ve inanmalıdır.

Yine de, kişi güçlendiğinde ve bilgelere inandığında, maneviyatla kurduğu bu küçük bağı takdir eder ve bilgelere inandığında, Yaradan'ın bu çalışmadan, kişinin düşündüğü diğer çalışmalardan daha fazla hoşnutluk duyduğuna, tam da kişi bedenin çalışmayı kabul ettiğini düşündüğünde, Yaradan'ın bundan hoşnutluk duyduğuna inanır. Bununla birlikte, kişi bu çalışmanın, Yaradan için önemli olduğuna tam da mantık ötesini kullanması gerektiği zaman inanır. Dolayısıyla, beden çalışmayı kabul etmediğinde, alçaklık çalışmasını takdir edebilmek için çok çalışması gerekir. Bu böyledir çünkü kişi solda yürüdüğünde ve "Ve Tanrın Efendin'i tüm kalbinle seveceksin" derecesine ulaşması gerektiğini anladığında, ki bilgelerimiz "her iki eğiliminle" derler, yani kötü eğilim de Yaradan'ın hizmetkârı olmayı kabul etmelidir ve doğal olarak, kişi bedenin çalışmayı kabul etmediğini gördüğünde, her halükârda bu çalışmanın bir anlamı olmadığını söyler, öyleyse neden boşuna çaba sarf etsin? Yine de bunun önemli bir çalışma olduğuna inanır.

Baal HaSulam'ın dediği gibi (Deneme, "Rav'a İnanç", Tav-Şin-Gimel, 1943), bir kişi tek bir otorite ile ödüllendirilmeden önce, yani artık birden fazla otoriteye sahip olmadığında, yani iki arzusu olduğunda, yani ihsan etme arzusu olduğunda, ama aynı zamanda kendisi için alma arzusunu kullanmak istediğinde, kişi yaptığı çalışmanın önemini bilemez. Yani, gerçek bu olmadığı halde çalışmasının önemsiz olduğunu düşünebilir. Ayrıca, bazen kişi, çalışmasını yükseliş olarak düşünür ki bu da doğru değildir. Bunun yerine kişi, son derece alçakta olsa bile çalışmasında bütünlük hissettiği bir yolda yürümesi gerektiğini söyleyen bilgelere inançla inanmalıdır. Bununla birlikte, biraz soldan da yürümeliyiz, sağa hizmet ettiği ölçüde.

Yukarıdakilere göre, "Çadırların ne kadar güzel Yakup" diye yazılanları yorumlamalıyız. Bunun anlamı şudur: Kişi "Yod-Akev çadırının" içindeyken, yani Keduşa'nın sonu olan "topuklar" durumundayken Yaradan'ı görmeli, takdir etmeye çalışmalı ve ona teşekkür etmelidir ve "Ne kadar iyi" demelidir. Başka bir deyişle, bu koşula değer verecek ve bunun iyi bir koşul olduğunu söyleyecek ve Yaradan'a teşekkür edecek yeterli akla sahip değildir. Daha sonra, "Yod-Akev çadırını" takdir ederek, İsrail'in zaten Roş [baş] olarak kabul edildiği "Yaşar-El [İsrail] evleri" ile ödüllendirilecektir. Yod-Akev derecesi sayesinde, Gadlut [yücelik] ve "Senin evlerin, İsrail" olarak adlandırılan derecenin Roş'u ile ödüllendirilecektir.

Çalışmada "Kalk Ey Efendimiz ve Düşmanların Dağılsın" Ne Anlama Gelir?

Makale No. 19, Tav-Şin-Nun-Alef, 1990/91

Kudüs Talmudu şöyle der: "Tanna Raşbi der ki, 'Elleri Tora'dan vazgeçmiş insanları görürseniz, sağlam durun ve kendinizi Tora'da güçlendirin, herkesin ödülünü alacaksınız."

İnsanların Tora'dan vazgeçmesinin ne anlama geldiğini anlamalıyız. Vazgeçmek, bir şeyi elde etmek için büyük çaba sarf eden ancak tüm çabalarının kendisine yardımcı olmadığını ve hala o şeyi elde edemediğini gören bir kişi ile ilgilidir. O zaman kişi umutsuzluğa kapılır. Eğer bir kişi insanların Tora'yı bulmaktan vazgeçtiklerini görürse, onlar çaba göstermiş olmalılar, o halde nasıl "sağlam durun ve kendinizi Tora'da güçlendirin" denebilir? Sonuçta, emeğin onlara yardımcı olmadığını görüyoruz, öyleyse kendimizi neyle güçlendirebiliriz?

Bilindiği üzere çalışmada, her şeyi tek bir beden içinde öğreniriz. Bundan, elleri Tora'dan vazgeçmiş insanları görmenin tek bir kişinin içinde olduğu sonucu çıkar. O halde, onların Tora'dan vazgeçtiklerini görmesi ne anlama gelir? Neden onların ellerinin Tora'dan vazgeçtiğini söylediğini anlamalıyız. "Eller "in ellerimizle aldığımız şey anlamına geldiği bilinmektedir. Peki, "ellerinin vazgeçmesi" ne anlama gelir? Bunun anlamı, almak istedikleri şeyi Tora'dan elleriyle almanın imkânsız olduğunu gördükleridir. Bu nedenle, Tora'dan almak istedikleri ama vazgeçtikleri şeyin ne olduğunu bilmeliyiz.

İnsanın kötü eğilim ve iyi eğilim ile yaratıldığı bilinmektedir. Kötü eğilim, kişi doğar doğmaz yaratılmıştır. Kişinin bu arzuyu edinmek için çalışmasına gerek yoktur, zira Yaradan insanı "haz ve zevk alma arzusu" adı verilen bu doğayla yaratmıştır. Dolayısıyla, doğadan geldiği için çok güçlüdür ve yardıma ihtiyacı yoktur. Kişi nerede bir şeyden zevk alabileceğini görse, o zevki elde etmek için hemen elinden geleni yapar. Buna göre şunu sormalıyız: "Eğer kişiye haz vermeye çalışıyorsa, neden ona "kötü eğilim" deniyor? Ne de olsa bu, kişiye kötü şeyler değil, zevkler getirmekle ilgilidir.

Cevap şudur ki, yaratılışın amacı O'nun yarattıklarına iyilik yapmak olduğundan, utanç meselesi olmaması için, bolluğun alma kaplarına ulaşmaması için bir ıslah yapılmıştır. Buna "Tzimtzum'un [kısıtlamanın] ıslahı" denir. Alma kaplarına sadece çok ince bir ışık girer. ARİ'nin yorumladığı şeyin anlamı budur; Malhut, Klipot'u [kabukları] besler, "Bacakları ölüme iner" sözünde olduğu gibi ve bedensel dünya bununla beslenir.

Yine de O'nun düşündüğü gerçek haz ve zevk, alma kaplarında parlamaz. Bu nedenle, "kişinin kendisi için alma arzusu" olarak adlandırılan kötü eğilimin, gerçek hazzı ve zevki alamayacağı sonucu çıkar. Dolayısıyla, kendisi için alma arzusu bozucu olduğundan, kişiyi bolluğu almaktan alıkoyduğu için "kötü eğilim" olarak adlandırılır.

Bu nedenle, insan kendisi için almak isteyen bir doğayla yaratıldığına göre, kötü eğilimin kontrolünden çıkma gücüne nasıl sahip olabilir? Bilgelerimizin buna cevabı şudur: "Böylece Yaradan İsrail'e şöyle dedi: 'Oğullarım, Ben kötü eğilimi yarattım ve onun için Tora şifasını yarattım. Ve eğer Tora ile meşgul olursanız, onun eline düşmezsiniz'"(Kiduşin 30).

Bu, sadece Tora aracılığıyla kötü eğilimin kontrolünden çıkabileceğimiz anlamına gelir. Bu demektir ki, kişi Tora öğrendiğinde, kötü eğilime boyun eğdirmeyi Tora'dan alıp almadığına her zaman bakmalıdır. Dolayısıyla, eğer kişi Tora'yı öğrenirse, Tora'dan kötü eğilimi bastıran Tora'nın şifasını almadığını görür.

Bu, kişinin Tora öğrenmek için harcadığı zaman ve çaba ölçüsünde, kötülüğünden hiç uzaklaşmadığını ama bazen tam tersini, geri çekildiğini gördüğü ve her gün yeni bir yaratılış olduğunu düşündüğü yani her gün "Belki bugün Tora'nın bana kötü eğilimi ikna edecek şifayı vermesiyle ödüllendirileceğim" diye düşündüğü, ama başarılı olamadığını gördüğü için umutsuzluğa düştüğü anlamına gelir. Sonra bilgelerimizin "Kötü eğilimi Ben yarattım; Tora'yı da şifa olarak yarattım" demelerine rağmen, iyi niteliklerle doğmuş bir kişi için bunun böyle olabileceğini söyler. Yine de kendi alçaklığını, bu seviyeye ulaşamayacağını görür. Bu nedenle, kendisi için olmadığı ve boşuna çalışarak zamanını boşa harcadığı için mücadeleyi terk etmelidir. Bu onu "başlangıcı düşünmek" denen bir koşula getirir.

"Elleri Tora'dan vazgeçmiş insanlar görürsen" diye yazılanın anlamı budur, yani Tora'dan kötülüğü yok edecek şifayı elde etmek amacıyla Tora ile meşgul olduğu tüm günler ve her gün onun için yeni bir yaratılış olduğundan, içinde birçok yaratılış olduğu sonucu çıkar. Şimdi, elleri Tora'dan vazgeçmiştir çünkü Tora'dan bu şifayu asla alamayacak bir durumdadır. Zira bu şekilde, alma arzusunun kontrolü altındadır. Dolayısıyla, şimdi ne yapmalıdır? Normalde kişi elde etmek istediği bir şeyden vazgeçtiğinde, onu bırakır ve ondan kaçar. Dolayısıyla mücadeleden kaçması gerekir.

Raşbi bu konuda şöyle der: "Karalı olun ve kendinizi bu konuda güçlendirin ve herkesin ödülünü alacaksınız." Raşbi'nin ne dediğini ve "Herkesin ödülünü alacaksınız" ile ne eklediğini anlamalıyız. "Karalı olun ve bu konuda kendinizi güçlendirin" dediğine inanması gerektiğini söylemesi neden yeterli olmuyor? Başka bir deyişle, pes etmememiz gerektiğine dair bilgelere inanmalı ve Yaradan'ın her ağzın duasını duyduğuna inanmalıyız. Neden ekliyor ve diyor ki, "ve herkesin ödülünü alacaksınız"? Herkesin ödülünü almazsa, kendini güçlendirmesi ve pes etmemesi mi gerekiyor?

Onun "Ve herkesin ödülünü alacaksınız" sözünü, bize kötü eğilimin iptalini getiren Tora'dan gelen şifayı almaktan vazgeçmemesinin nedeni olarak yorumlamalıyız. Şuna inanmalıyız ki, kişi ihsan etme çalışmasına başladığında, her seferinde kendini daha çok sevmeye daldığını görür. Bilgelerimizin dediği gibi, "Yahudi olmayan bir kişi yeni doğmuş bir çocuk gibidir", yani kişi cennetin krallığının yükünü üzerine aldığında her gün "İsrail" olur ve buna "Yahudi olmayan bir kişi yeni doğmuş bir çocuk gibidir" denir.

Dolayısıyla insan birçok yaratılıştan oluşur. Ve ne kadar çok yaratılış olursa, kişi hâlâ kalıcı inançla ödüllendirilmediğini ve Yaradan'dan ayrılmasına neden olan form eşitsizliği nedeniyle hâlâ Yaradan'dan uzak olduğunu görür. Buna kişinin yaratılanların Tora'dan yani "kötülüğün iptal edilmesi" adı verilen ilacı almaktan vazgeçtiklerini görmesi denir.

Soru şudur: "Kötü eğilimi Ben yarattım; Tora'yı bir şifa olarak yarattım" dediği gibi, Yaradan bize vaat ettiği şeyi neden onlara vermiyor? Şifasını neden ihsan etmek için çalışmak isteyen insanlara vermiyor?

Cevap, önceki makalelerde açıkladığımız gibi, "Kli [kap] olmadan ışık, eksiklik olmadan doyum olmaz" şeklindedir. Kişiye alabileceğinden yani içindeki iyilik ölçüsünden daha fazla eksiklik gösterilmediğinden, yani kişi kötünün üstesinden gelmekle meşgul olduğundan ve kötüyü iptal etmek için bir şeyler yaptığından, bu nedenle, yaptığı çalışmanın değerine ve ihsan etme arzusundan ne kadar uzakta olduğuna göre, her seferinde daha büyük bir eksiklik gösterilir.

Buradan şu sonuç çıkar ki, gerçekte Yaradan bir duayı işitir, ancak duanın cevaplanması kişinin ihtiyaç duyduğunu düşündüğü şekilde, yani doyum şeklinde değildir, çünkü insanın gerçekten ihtiyaç duyduğu şey eksiklik, yani gerçek bir arzudur, hayatında sadece Yaradan'a memnuniyet verme arzusuyla ödüllendirilmeyi istemektir. Ancak çalışmasının başlangıcında, kişi ihsan etmek için birazcık arzuya ihtiyacı olduğunu düşünür, yani Yaradan'a hoşnutluk getirebilmek için henüz bir ihtiyacı yoktur. Bu büyük bir arzu değildir çünkü kendine sevgi ile maddeleşmiş değildir.

Daha ziyade, ihsan etmek için ne zaman çalışmak istese, bunu yapabileceğini düşünmektedir. Dolayısıyla, kendi iyiliği için olmayan bir şeyi yapmaktan ne kadar uzak olduğunu hissetmek için henüz gerçek bir ihtiyacı yoktur. Bu yüzden bu halen Yaradan'ın tatmin etmesi gereken gerçek bir ihtiyaç olarak görülmez.

Dolayısıyla, ihsan etme yolunda yürümek isteyen bir kişinin duasına cevap vermenin başlangıcı, Yaradan'ın ona her seferinde daha büyük bir eksiklik göstermesi, ihsan etme çalışmasından uzaklaştırmasıdır. Kişinin Tora'nın ona şifa vermediğini görmesi onun iyiliği içindir, zira bu sayede Yaradan'ın daha sonra ona şifa vermesi için "eksiklik" adı verilen bir Kli alır.

Böylece, kişi ihsan etme arzusu için her seferinde daha büyük bir eksiklik aldığı ölçüde, eksikliğin doldurulmasını alabilecek daha fazla Kelim [kap] alır. Başka bir deyişle, kişinin ihsan etme arzusunu edinmek için büyük bir arzusu varsa, bu durumda arzulardaki artış "ihsan etme arzusu" olarak adlandırılan " doyumun alınması için Kelim'deki artış" olarak adlandırılır. Bu demektir ki, kişi Kelim'ine göre ihsan etmek için büyük bir arzu duyar. Bu, eksikliğin ölçüsüne göre, o ölçüde Tora'dan şifa alabileceği anlamına gelir. Sonuç olarak, Kelim'deki artışa göre, o ölçüde ışık alır.

Buna göre, "Raşbi herkesin ödülünü aldığını söylerken bize ne eklemiş oluyor?" diye sorduğumuz şeyi yorumlamalıyız. Kişi yaratılanların Tora'dan vazgeçtiklerini gördüğünde, Tora'nın onlara vermeyi amaçladığı şifayı, yani kötü eğilimin iptalini ellerine almadıklarını, tam tersine Raşbi'nin bu konuda şöyle dediğini yorumlamalıyız: "Hissettiğiniz tüm reddedilmelerin, her seferinde Yaradan'a yaklaşmaktan, 'Yaradan'la Dvekut [bütünleşme]' denilen form eşitliğinden daha da uzağa itildiğiniz her seferinde, bunun şifayı alabileceğiniz Kelim'i edinmeniz için olduğunu bilin."

Bundan şu sonuç çıkar ki, şimdi birçok reddedişten gelen birçok Kelim'e sahip olduğunuza göre, şimdi tüm Kelim ödül, yani doyumu alacaktır ve buna kişi herkes için, tüm reddedişler için ödül alacaktır denir, zira bu reddedişler "ödül" adı verilen dolumun alınacağı Kelim'lerdir.

Dolayısıyla, kişi "kötü" olarak adlandırılan alma arzusunun düşünceleri ve arzuları içinde olduğunu görerek, bunlar kişiye zarar verdiği için O'nun yarattıklarına iyilik yapması demek olan yaratılış düşüncesindeki hazzı ve memnuniyeti elde edemez, bunların aynı zamanda "Yaradan'ın düşmanları" olarak adlandırıldığını bilmeliyiz çünkü bunlar Yaradan'ı engeller ve O'nun yarattıklarına iyilik yapma planını gerçekleştiremez. Kişinin kendi iyiliği için alma arzusundan dolayı, Yaradan onlara ihsan edemez çünkü hepsi Sitra Ahra [diğer taraf] olan alma kaplarına gidecektir. Dolayısıyla, insanın içinde birikmiş olan bu kötülük, alma arzuları, "Yaradan'ın düşmanları ve insanın düşmanları" olarak kabul edilir.

Şimdi, "Efendimizi aradım ve O bana cevap verdi" diye yazılanı (Mezmurlar 34) yorumlayabiliriz. RADAK "aradım" diye yorumlamıştır, zira onların elindeyken, kalbinde Yaradan'ı aramış ve kendisini onlardan kurtarması için kalbinde O'na yalvarmıştır.

Çalışmada, Davut'un kişiyi onların ellerindeyken, alma arzusunun düşünce ve arzularının yönetimi altındayken gördüğünü, kalbinin Yaradan'ı aradığı şeklinde yorumlamalıyız. Demek ki, onların kendisini kontrol ettiklerini görmesine rağmen, kalbi Yaradan'dan kendisini onlardan kurtarmasını talep etti. Başka bir deyişle, dışarıdan onu yönetiyor olsalar da kalbinin içinde onların yönetimini protesto etti ve Yaradan'a onu onlardan kurtarması için yalvardı. Kişi kalbinde Yaradan'dan kendisini onlardan kurtarmasını talep etmiş ve yalvarmış ve onlar dışarıdan kendisini kontrol ettikleri için pes etmemiştir. Bilgelerimizin dediği gibi (Berahot 10), "Kişi boynuna keskin bir kılıç dayansa bile, merhametten mahrum kalmamalıdır." Böylece, düşüşler de eksikliğin doldurulmasına neden olur.

Yukarıdakilere göre, "'Kalk ey Efendimiz, düşmanların dağılsın, Senden nefret edenler önünden kaçsın' nedir?" diye sorduğumuzu yorumlamalıyız. Çalışmada, Yaradan'ın düşmanlarının kimler olduğunu, kişinin Yaradan rızası için çalışmasına izin vermeyenlerin kimler olduğunu yorumlamalıyız. Bunlar içimizde sadece kendi iyiliğimiz için çalışma arzusudur. Bu arzulara "Yaradan'ın düşmanları ve insanın düşmanları" denir.

Yaradan rızası için çalışamamak "Yaradan'ın düşmanları" olarak adlandırılır. Gerçi Yaradan'a hizmet edilmesi gerekmez. Aksine, O'nun için çalışarak, "ihsan etme kapları" olarak adlandırılan Yaradan'la Dvekut alırlar ve bu Kelim'de Yaradan onlara yaratılış düşüncesindeki hazzı ve memnuniyeti verebilir. Bu kendi için alma arzuları bunu kesintiye uğrattığından, O'nun yarattıklarına iyilik yapma arzusunun yerine getirilmesini engelledikleri sonucuna varılır.

Bu nedenle, "insanın düşmanları" olarak da adlandırılırlar, çünkü alma arzuları insanların Yaradan'ın onlara vermek istediği hazzı ve memnuniyeti alabilmelerini engeller. Bu kendileri için alma arzuları sadece Klipot'un [kabukların] içinde parlayan ve "çok ince ışık" olarak adlandırılan ışıktan alabilir. Bu ince ışık Klipot'a ait olan alma kaplarını aydınlatabilir.

Ancak gerçek ışık üzerinde bir Tzimtzum [kısıtlama] vardır, bu yüzden sadece "ihsan etme kapları" olarak adlandırılan Keduşa [kutsallık] kaplarında parlar, yani özellikle kişinin kendi iyiliği için değil, Yaradan'a memnuniyet ihsan etme arzusu üzerinde. Bu nedenle "Kalk ey Efendimiz, düşmanların dağılsın" diyoruz, çünkü alma arzusundaki tüm güç Şehina'nın [Kutsallığın] tozun içinde olmasından, Şehina'nın sürgünde olmasından kaynaklanır. Yani, Keduşa gizlendiği ve saklandığı için ve biz onun önemini görmediğimiz için, Yaradan'ın düşmanları ve insanın düşmanları başlarını kaldırır ve hükmetmek isterler.

Ancak, Malhut'un toz olarak görüldüğü, yaratılanların Yaradan'ın varlığını hissetmediği ama Klipot'un önümüzde durduğu ve Keduşa'nın gizlendiği ve önemini görmediğimiz gizlenme sırasında Yaradan bize yardım ederse bu böyle değildir. O zaman, Yaradan'ın düşmanları ve İsrail'in düşmanları hüküm sürer.

Zohar'da Malhut hakkında söylendiği gibi, o iyiyi ve kötüyü bilme ağacıdır. Kişi ödüllendirilirse, bu iyidir, yani kötünün üstü örtülür ve dışarıdan görülmez. Doğal olarak kötülük hüküm sürmez çünkü gizlenmiştir. Eğer ödüllendirilmezse, bu kötüdür, yani iyi gizlenir ve kötü dışa ifşa olur. O zaman kötü yönetir çünkü kötü ifşa olur ve iyi gizlenir.

Dolayısıyla, kişi bazen insanın amacının Yaradan'ın rızası için çalışmak olduğunu anladığını görür. Bu konuda hiçbir şüphesi yoktur ve bunun doğal olduğunu, başka türlü olamayacağını düşünür. Daha sonra, bu durumdan sonra önemli olanın sadece kutsal çalışmayı yapmak ve çoğunluğu takip etmemek olduğunu anladığında ve dahası, bazen halkın geneline baktığında, zeki insanların nasıl bu kadar yüzeysel şeylere dalabildiğini ve kutsal çalışmayla meşgul olmadıklarını anlayamaz.

Sonrasında kişinin kendisi de daha önce alay ettiği ve anlayamadığı her türlü aptalca tutkunun içine düşer. Artık kendisi de oradadır.

Böyle bir şeyin nasıl olabileceğini anlamamız gerekir. Bunun cevabı şudur: kişi daha sonra "ödüllendirilmeme" durumuna geldiğinde, iyilik ondan kaybolur ve kötülük onda ifşa olur. Dolayısıyla, dışarıda ifşa olan şeyin, yani kötünün peşine takılır. Seçme şansı yoktur; yalnızca dışarıda ifşa olanı yapar.

"Malhut'a 'iyilik ve kötülük ağacı' denir" sözlerinin anlamı budur. Bununla birlikte, tüm seçim meselesi ifşa edilen şeyle, yani "ödüllendirilme" ya da "ödüllendirilmeme" seçimiyle ilgilidir. Buna göre insanın yapması gereken tek bir şey vardır: Yaradan'a kötülüğün örtülmesi ve iyiliğin ifşa edilmesi için dua etmek. O zaman, kişi Yaradan rızası için çalışmayı emek olarak görecektir, zira Yaradan rızası için çalışmaktan başka bir şey anlayamayacaktır. O zaman, Yaradan'ın huzurunda kendini iptal etmek için hiçbir çabası olmayacaktır, çünkü bunun doğal olduğunu düşünecektir. Dolayısıyla, kişi daha önce imkânsız olduğunu düşündüğü her şeyin şimdi doğal olduğunu görür ve meşalenin önündeki bir mum gibi Yaradan'ın huzurunda kendini iptal etmek ister. Ve tüm bunlar kötünün gizlenmesinden ve iyinin dışarıda ifşa olmasından kaynaklanır.

"Kalk, ey Efendimiz ve düşmanların dağılsın" sözlerinin anlamı budur. Yaradan'ın "ayağa kalkması" için dua ederiz, tıpkı dua ettiğimiz ve "Merhametli Olan bizim için Davut'un düşmüş Suka'sını [kulübesini] kaldıracak" dediğimiz gibi, burada "Davut'un Suka'sı" Malhut'tur, yani toz içindeki Şehina'dır. Yaradan'dan onu düştüğü yerden kaldırmasını ve onun yükselmesini, yani dik durmasını dileriz.

Doğal olarak, herkes kendi benliğini iptal edecek ve kendisi için değil, sadece Yaradan için çalışmak isteyecektir. "Kalk ey Efendimiz" sayesinde, "Düşmanların dağılsın" gerçekleşecektir. Başka bir deyişle, Yaradan'ın düşmanları ve insanın düşmanları olan yaratılanların içindeki arzular dağılacaktır, "ve Senden nefret edenler Senin önünden kaçsınlar." Yani, "Kalk ey Efendimiz" olduğunda, Keduşa Panim [ön/yüz] durumunda olduğunda, o zaman "ve Senden nefret edenler önünden kaçsın" gerçekleşecektir, yani tüm düşmanlar ve nefret edenler kaçacaktır.

"Kalk, ey Efendimiz ve düşmanların dağılsın" ile ilgili olarak, düşmanların dağılmasının çalışmanın sonu olmadığını bilmeliyiz, ancak "Ve kötülüğü aranızdan söküp atacaksınız" diye yazıldığı gibi, çalışmanın kalbidir. Ancak bu sadece yaratılışın ıslahıdır, yaratılışın amacı değildir. Yaratılışın amacı alttakilerin haz ve memnuniyet almasıdır ki buna "Yaradan'ın isimleri" anlamında "Tora" denir.

Buradan, ilk anlayışın cennetin krallığı olan "inanç " olduğu ve ardından Tora'nın geldiği sonucu çıkar. "Çünkü Tora Zion'dan çıkacaktır" ayetinin anlamı budur. İnsan, Yaradan'ın isimleri olan Tora'nın niteliğiyle, yani yaratılış düşüncesindeki haz ve memnuniyetle ödüllendirilmelidir.

Ancak, insanın öncelikle "bütünlük" olarak adlandırılan "sağ" üzerinde yürümeye gayret etmesi gerektiğini unutmamalı ve Lo Lişma [O'nun rızası için değil] olsa bile Yaradan'ın kendisine Tora ve Mitzvot'u [emirleri/iyi işleri] yerine getirme yeteneği verdiği için mutlu olması gerektiğini söyleyen bilgelere inanmalıyız. Demek ki, kişi yaptığı her şeyin sadece kendi iyiliği için olduğunu ve Yaradan'ın iyiliği için hiçbir şey yapamadığını gördüğünde, bu da harika bir şeydir. Kişi bundan mutlu olmalı ve bunun için Yaradan'a şükretmelidir. Baal HaSulam'ın dediği gibi, kişinin yaptığı Lo Lişma, Yaradan için kişinin Lişma'ya [O'nun rızası için] atfettiği önemden daha önemlidir. Açıkçası, Lişma daha önemlidir, ancak Lo Lişma da Yaradan için önemlidir. Dolayısıyla, kişi Lo Lişma ile bile mutlu olmalıdır.

Çalışmada "Yeri Olmayan Hiçbir Şey Yoktur" Nedir?

Makale No. 20, Tav-Şin-Nun-Alef, 1990/91

Bilgelerimiz şöyle der (Bereşeet Rabbah 68:9), "Yaradan'a neden 'Yer' denir? Çünkü O dünyanın yeridir ve dünya O'nun yeri değildir. Ne yazılmıştır? 'Burada Benim yanımda bir yer var'. Böylece, Yaradan dünyanın yeridir ve O'nun dünyası O'nun yeri değildir." Ayrıca (Avot 4:3), "Yeri olmayan hiçbir şey yoktur" da denmiştir. Bunun bize çalışmada ne öğretmek için geldiğini anlamalıyız.

Çalışmada "yer", bir eksiklik yeridir. Bu demektir ki, eğer bir kişinin bir eksikliği varsa, bu eksikliğin giderilmesi için bir yeri olduğunu söylemeliyiz. Ancak kişinin hiçbir eksikliği yoksa, onun doldurulabileceği söylenemez, zira dolduracak biri yoktur. Örneğin, eğer kişi aç değilse, yemek yiyemez. Bu, kişinin açlığını giderecek bir yeri olmadığı şeklinde değerlendirilir ya da susamamışsa su içemez, çünkü doldurulacak bir yeri yoktur.

Yukarıdakilere bağlı olarak, "Dünyanın yeri" ile "Kutsanmış yer" yani Yaradan'ın yeri arasındaki farkı açıklamalıyız. Çalışmada bunu, Yaradan'ın, O'nun dünyasının yeri olduğu şeklinde yorumlamalıyız. Yani, yaratılışın ıslahı, "Yaradan'ın yeri" olarak adlandırılan eksiklik anlamına gelen Yaradan'ın yerinin, Yaradan'ın ihsan etmek istemesi yani eksikliğin olmasıdır.

Yaradan ile ilgili söylenebilecek eksiklik, O'nun yarattıklarına iyilik yapmak istemesidir. Bu ihsan etme arzusuyla onlar Yaradan gibi ihsan etmek istedikleri için dünya eksik olduğunda, o zaman dünya bütünlük içinde var olacaktır. O zaman, Yaradan onlara haz ve memnuniyet ihsan edebilecektir. Neden? Çünkü haz ve memnuniyet alınması bir nevi ıslah şeklinde olacaktır.

Bununla birlikte, O'nun dünyası O'nun yeri değildir. Bu demektir ki, eksiklik yani dünyada var olan arzu, alma arzusunun ta kendisidir. Bu Yaradan'a ait değildir, zira O kimden alacaktır? Dolayısıyla, O yani Yaradan'ın sahip olduğu ihsan etme arzusu, O'nun dünyasının üstlenmesi gereken ve alma arzusunun doğasını kullanmaması gereken şeydir, yaratılışın ("yoktan var olma" olarak adlandırılan) doğduğu eksikliktir. Buna "dünyanın yeri" denir.

İnsanın çalışması, sadece dünyada var olan arzunun doğasından nasıl çıkılacağı ve farklı bir arzunun yani ihsan etme arzusunun nasıl edinileceği ile ilgilidir. Bu zor bir çalışmadır ve bilgelerimizin de: "Kötü eğilimi Ben yarattım; Tora'yı da şifa olarak yarattım." dediği gibi, ancak Tora aracılığıyla elde edilebilir. Özellikle Tora sayesinde kendimiz için alma arzusunun kontrolünden çıkabilir ve ihsan etme arzusunu elde edebiliriz, zira bu sadece Tora'nın ışığının yardımcı olduğu ikinci bir doğadır.

Bundan, O'nun yani Yaradan'ın, dünyanın yeri olduğu, dünyanın, ihsan etme arzusu olan Yaradan'ın eksikliğini edinmesi gerektiği sonucu çıkar. Ancak, O'nun dünyası, yani alma arzusu, yani yaratılış perspektifinden dünyada olan eksiklik, yani kendi için alma arzusu, bu Yaradan'ın eksikliği değildir.

Bu yüzden "Kutsanmış yer" deriz. Bu demektir ki, kişi Yaradan'ın eksikliğini almakla ödüllendirildiğinde, ki bu ihsan etme arzusudur, kişi Yaradan'a kendisine O'nun yerini yani Yaradan'ın sahip olduğu ihsan etme arzusunu verdiği için teşekkür eder. Kişi bu ihsan etme arzusuna sahip olma derecesine ulaşmalıdır. Bu yüzden bize yeri yani ihsan etme arzusu olan O'nun eksikliğini verdiği için "Kutsanmış yer" deriz, zira Yaradan'ın bu arzusuyla, Yaradan onu haz ve memnuniyetle ile tatmin edebilir.

Buna göre, sorduğumuz şeyi yorumlamalıyız, Çalışmada "Yeri olmayan hiçbir şey yoktur" nedir? Bunun anlamı şudur: kişinin edinmek istediği bu şey yani ihsan etme arzusu, kişinin eksikliğini hissettiği şeydir, kişi önce çalışmalıdır ki edinmek istediği şey yani ihsan etme arzusu, önce bir yere yani gerçek bir eksikliğe sahip olsun.

Bu iki şekilde ifade edilir: 1) Eksiklik hissetmek, 2) Sadece Yaradan'ın kendisine yardım edebileceğini ve insanın kendisi için alma arzusunun yönetiminden tamamen çıkamayacağını hissetmesi.

"Yeri olmayan hiçbir şey yoktur" sözünün anlamı budur. Bu, çalışmanın sırasının, kişinin önce yeri, yani eksikliği hazırlaması gerektiği ve sonra Yaradan'ın eksikliğin doldurulmasını verdiği anlamına gelir.

Ancak şunu bilmeliyiz ki, her ne kadar insanın çalışmasının özü ihsan etme arzusundan yoksun olduğunu bilmek ve Yaradan'a eksikliğini gidermesi ve ona bu arzuyu vermesi için dua etmek olsa da kişi aynı zamanda bütünlük olarak kabul edilen sağ çizgide yürümelidir. Yani Yaradan'a teşekkür edebilmek için kişi kendini bütün olarak hissetmelidir, zira kişi, Yaradan'ın onun eksikliğini gidermesi amacıyla bir şey için dua ettiğinde, "lanetli" olarak kabul edilir ve "Lanetlenmiş olan, Kutsanmışa tutunmaz."

Bu nedenle bilgelerimiz (Berahot 32), "Kişi her zaman Yaradan'ı övmeli ve sonra dua etmelidir" demişlerdir, zira kişi Yaradan'ı övmeye başladığında, Yaradan'ın övgüsünü görür ve O'nu överse, o durumda bir bütünlük koşulu içinde olduğu kesindir yani kişi, bir kutsanma koşulu içindedir ve doğal olarak, "Kutsanmış olan Kutsanmışa tutunur". O zaman kişi yukarıdan gelen kutsamayı genişletebilir.

Düzen, kişinin kendi içinde Yaradan'ın ona vermiş olduğu iyi bir şey bulması olmalıdır. Şimdi eksik olsa da içinde Yaradan'dan aldığı ve Yaradan'a minnettar olabileceği iyi bir şeyin Reşimot'unu [hatıralarını] uyandırmalıdır. Kişinin neyden haz aldığı önemli değildir, sadece haz alması ve bunun için Yaradan'a teşekkür etmesi önemlidir. O zaman kişi bütünlük koşulundadır.

Başka bir deyişle, o zaman kişi Yaradan'la barış içindedir çünkü Yaradan, onu memnun etmiştir, bu yüzden kişi sahip olduklarından zaten memnun olabilir ve artık kendisine yardım etmesi için Yaradan'a gelebilir çünkü artık diğer tüm insanlardan daha kötü durumda olduğunu hissettiği bir üzüntü durumunda değildir. Bu duruma "lanetli" denir ve "Lanetlenmiş olan Kutsanmışa tutunmaz." Aksine, kişi şimdi "kutsanmış" koşulu içindedir. Bu nedenle, kişi, içinde Yaradan'a şükretmesini sağlayacak bir şeyler aramalıdır.

"Ve kimse Benim huzuruma eli boş çıkmayacak" ayetinin anlamı budur. Şöyle yorumlamalıyız: kişi Yaradan'dan bir şey istemeye geldiğinde, eli boş olmamalıdır, yani hiçbir şeye sahip olmamalıdır. Aksine, kişi önce Yaradan'ın kendisine verdiği ve Yaradan'ı kutsadığı bir şeyi, kendi içinde bulmaya çalışmalıdır.

Daha sonra, kişi Yaradan'dan isteyebilir çünkü Yaradan'dan ne aldığını düşünmektedir. Böylece, Yaradan'la zaten bir bağı vardır, çünkü Yaradan ona bu her ne olursa olsun bir şey vermiştir, ancak önemli olan Yaradan'a bunun için teşekkür edebilmesidir ve Yaradan'la halihazırda bir bağı vardır çünkü Yaradan kendisine ihsan ettiği için memnundur.

Dolayısıyla, kişi artık Yaradan'la bütünlük içinde olduğu için, Yaradan'ın onun dileklerini yerine getirmesi bir Segula'dır [çare/şifa/erdem]. Baal HaSulam'ın dediği gibi, bu sayede "Kutsanmış olan Kutsanmışa tutunur". Dolayısıyla, kişi üzüntünün Klipa'sına [kabuğuna] düşmemeye çok dikkat etmelidir, zira o zaman kişi "kutsanmış" durumdayken olduğunun aksine Yaradan'dan ayrıdır.

Ve en önemlisi, kişi "ödüllendirilmiş" bir durumda olmaya çalışmalıdır, yani Yaradan'a kendisinin ödüllendirilmesi için dua etmelidir, çünkü kişi "ödüllendirilmiş" bir durumda olduğunda, Tora ve dua için bir özlem duyar ve Keduşa'da [kutsallık] gördüğü her şeyi sever. Bu ona iyi bir ruh hali verir çünkü Keduşa ile ilgili her şeyde yaşamın tadını hisseder.

Ancak "ödüllendirilmediğinde", bunun tam tersi olur -Tora veya dua için hiçbir arzusu kalmaz. Keduşa'da yaptığı her şey ona zorla yaptırılır ve içsel gözlem yaptığında, Keduşa ile ilgili her şey hakkında, bunun kendisi için ölüm iksiri gibi olduğunu, etrafındaki tüm bu şeylerden hızla kaçmak istediğini söyler.

Etrafındaki insanların Tora ve Mitzvot [emirler/iyi işler] ile meşgul olduklarını ve yaptıkları işlerde iyi bir ruh haline sahip olduklarını görmesine rağmen, bedeni, insanların kendisinin hissettiği tadı almaları halinde, kendisinden daha iyi durumda olmayacaklarını söyleyerek kendini haklı çıkarır. Bazen, onların neden yapabildiğini ve kendisinin neden yapamadığını açıklamayı bile düşünmez. Bu demektir ki, onların Tora ve duaya olan coşkulu bağlılıkları, ona bu çalışmada bir özlem vermek için yeterli değildir. Gerçekte, bu kişi "ödüllendirilmeme" koşulu içinde olduğundan, Tora'nın onun için bir ölüm iksiri haline geldiğini söylemeliyiz.

Yukarıdakilere göre, bilgelerimizin şu söylediklerini yorumlamalıyız (Yoma 72), "Rabbi Yehoşua Ben Levi şöyle dedi: 'Neden 'Musa'nın koyduğu yasa budur' diye yazılmıştır? Eğer ödüllendirilirse, bu onun için bir yaşam iksiri olur; eğer ödüllendirilmezse, bu onun için bir ölüm iksiri olur.'"

Çalışmada bunu, eğer kişi ödüllendirilirse, Tora onun için bir yaşam iksiri haline gelir şeklinde yorumlamalıyız. Bu, kişinin Tora'da, duada ve Keduşa'nın her şeyinde yaşamın tadını hissettiği anlamına gelir. Ve eğer ödüllendirilmezse, Tora'sı onun için bir ölüm iksiri haline gelir. Bu demektir ki, Tora'da ve çalışmada ölüm iksirini yani ölüm iksirinin tadını hisseder ve mücadeleden ve çalışmadan kaçmak ister ve yaptığı her şey zorlamayla olur.

Bununla birlikte, insanın çalışma düzeninin iki yönde olduğunu bilmeliyiz: 1) Lo Lişma [O'nun rızası için değil], 2) Lişma [O'nun rızası için] yani ihsan etmek için. "Zohar Kitabı'na Giriş "te (Madde 29) dediği gibi, "Yetmiş yılımız boyunca çalışmamızın dört bölüme ayrıldığını bilin:

"Birinci Bölüm, dört saf olmayan dünya olan ABYA'nın ellerinin altından onun tam, bozulmuş ölçüsüyle, kısıtlama olmaksızın aşırı alma arzusunu elde etmektir. Eğer bu bozulmuş alma arzusuna sahip değilsek, onu ıslah edemeyiz çünkü 'kişi kendisinde olmayanı ıslah edemez', zira Klipot [kabuklar] ona hükmedecek ve ona kendi ışıklarından verecektir, kişiye çalışmak ve ıslah etmek için ihtiyaç duyduğu tüm malzemeyi sağlayacakır." Bu on üç yılın tamamlanmasıyla gerçekleşir.

"İkinci bölüm, on üç yaş ve sonrasıdır. Bu noktada, kişinin doğumundan bu yana alma arzusunda kıyafetlenmiş Keduşa [kutsallık] ruhunun Ahoraim'i [arka] olan kalbindeki noktaya güç verilir. Bununla birlikte, ancak on üç yıl sonra uyanmaya başlar (yukarıdaki nedenden dolayı) ve o zaman kişi, Keduşa dünyalarının sistemine girmeye başlar. Alma arzusunun birincil güçlendirilmesi sadece maneviyattadır. Yine de bu ilkinden çok daha önemli bir derecedir, zira bilgelerimizin dediği gibi, 'Kişi her zaman Tora ve Mitzvot Lo Lişma ile meşgul olmalıdır çünkü kişi, Lo Lişma'dan Lişma'ya gelir'. Ve bu bölümdeki son derece, Yaradan'a tutkuyla aşık olmaktır, ta ki tutkunun nesnesi tüm gün ve tüm gece boyunca kişinin gözlerinin önünde kalana kadar, şairin şöyle dediği gibi, 'Onu hatırladığımda, O benim uyumama izin vermez.'

"Üçüncü bölüm, Tora ve Mitzvot Lişma'da ödül almak için değil, ihsan etmek için çalışmaktır. Bu çalışma kişinin içindeki alma arzusunu arındırır ve onun yerine ihsan etme arzusunu yerleştirir. Kişi alma arzusunu arındırdığı ölçüde, NRNHY adı verilen ruhun beş kısmını almaya layık hale gelir."

Bu nedenle bizler, önce Lo Lişma'da çalışmamız gerektiğini görüyoruz, bu, Tora ve Mitzvot'ta kıyafetlenmiş olan haz ışığına duyulan arzu ve özlemi edinmek anlamına gelir. Kişinin sadece kendi iyiliği için yapması gereken bu çalışma, bedensel hazlardan daha büyük hazlar alma arzusunu memnun etmek için çalışmak anlamına gelir. Lo Lişma olarak adlandırılan bu çalışmanın nedeni, kişinin Yaradan'ına memnuniyet ihsan etmek için değil, sadece duygusal tatmin elde etmek için çalışmasıdır. Başka bir deyişle, kişi, Tora ve Mitzvot'u yerine getirirken kendi iyiliği için çalışır ve Yaradan'ın yararını düşünmez.

Kişi, duygusal tatmin elde etmek için Lo Lişma'da çalışmaya başladığında, Tora'dan ve çalışmaktan iyi bir tat almaya başlar, iyi bir ruh haline sahip olur ve Yaradan sevgisini hissetmeye başlar. O zaman, Keduşa'nın lütfuna sahip olur. Ancak, ihsan etme çalışmasına başlamak istediğinde yani kendi iyiliği için değil de Yaradan rızası için çalışmak istediğinde, sadece kendi iyiliği için çalışırken hissettiği tat ondan alınır.

Bu, kişinin kendisini kendi iyiliği için değil Yaradan rızası için çalışmaya alıştırması için böyledir. İkinci bölümün koşulu içindeki çalışmanın tadını hissetmeye alıştığından ve şimdi Lo Lişma'da çalışırken hissettiği aynı tatlılık tadını hissetmediğinden, kişi, Lişma çalışmasına başlamadan önce olduğu gibi çalışmadan iyi bir tat almadığını, zira o zaman olduğundan daha kötü hale geldiğini düşünür. Bu nedenle bu çalışmanın kendisine göre olmadığını anladığını ve mücadeleden kaçmak istediğini söyler.

Ancak gerçekten, kişi çalışmadan iyi bir tat almadığı gerçeğinin, şimdi daha önce sahip olduğu dereceden aşağı indiği için olmadığına inanmalıdır. Daha ziyade şimdi kişi, yukarıdan, kendisini Yaradan'ın rızası için çalışmaya alıştırması ve bu çalışmadan hoşlanıp hoşlanmadığını önemsememesi için yönlendirilmektedir. Bilakis, kişi kendisini Yaradan rızası için çalışmaya alıştırmalıdır. Baal HaSulam'ın dediği gibi ("Çalışmanın Düzeni, Baal HaSulam"), kişi çalışmasını Yaradan'a atfettiğinde, Yaradan çalışmasının şekli ne olursa olsun, Yaradan'ın onun çalışmasını kabul ettiğine inanmalıdır.

Buradan şu sonuç çıkar ki, kişi çalışmada iyi bir tat hissetmediğinde, şimdi sadece Yaradan rızası için yani Yaradan'ın onun çalışmasından haz alması için çalışma fırsatına sahip olduğunu söylemelidir, zira şimdi kişi çalışmada herhangi bir tat hissetmediğinden, lezzetin kendisini etkilediğini söyleyebilir.

Bununla birlikte, kişi üstesinden geldiğinde ve Yaradan'ın onun çalışmasından haz alması için çalıştığında, sadece Yaradan rızası için çalışacak bir yere sahip olmaktan haz almaya çalışmalı ve bundan iyi bir ruh hali elde etmelidir. Bu çalışma hakkında "Efendi'ye sevinçle hizmet edin" denmiştir. Bu demektir ki, kişi çalışmaya sahip olduğunu gördüğünde yani üstesinden gelmesi gereken bir yer olduğunu gördüğünde, beden özellikle alma arzusunun çalışmasından haz almasını istediğinden, üstesinden gelmeli ve özellikle çalışmalıdır çünkü Yaradan onun çalışmasından haz alacaktır, zira artık lezzetin onu çektiğini söylemek için çalışmada tat hissetmiyordur. Buna "çalışma" denir.

Kişi bu çalışmadan, artık sadece onu Yaratana memnuniyet verecek bir çalışma yapma şansına sahip olduğunu görerek sevinç duymalıdır. Yine de burada yükselişler ve düşüşler başlar, zira her seferinde kişiye Yaradan'dan neden uzak olduğu gerçeği hissettirilir çünkü bu doğaya aykırıdır.

Ancak şunu sormalıyız: Yaradan neden insanın kendi alma kaplarının üstesinden kendi başına gelemeyeceği ve Yaradan'ın yardımına ihtiyaç duyacağı şekilde yarattı? Baal HaSulam bu konuda şöyle demiştir: Eğer kişi Yaradan'ın yardımı olmadan içindeki kötülüğün üstesinden gelemeyeceğini görmezse, Keduşa'nın dışında kalır. O, bunun nedeninin, eğer insan içindeki kötülüğün üstesinden gelebilseydi, doğal olarak çalışmadan iyi bir tat alacağını ve azla yetineceğini söyler. Yani kişi, "Tanrı'ya şükürler olsun, Tora ve Mitzvot [emirler/iyi işler] ile meşgul oluyorum" diye hisseder ve her şeyi Yaradan rızası için yaptığını düşünür, o halde başka neye ihtiyacı olur ki? Bu nedenle, kişi, gerçekten Yaradan için çalıştığından, başka ne eklemesi gerektiğini görmez. Ve kişi bir eksiklik olmadan çalışamayacağı için, Keduşa'nın Katnut'unda [küçüklük/bebeklik] kalacaktır.

Ama kişi üstesinden gelemeyeceğini ve Yaradan rızası için çalışamayacağını görürse ve her seferinde Yaradan'ın yardımına muhtaç olduğunu gördüğü düşüş ve yükselişler yaşarsa, Yaradan'ın verdiği yardım da Zohar'ın yazılanlar hakkında şu söylediği gibidir; "Arınmaya gelene yardım edilir" kişi sorar "Ne ile yardım edilir?" ve o "Kutsal bir ruhla" diye yanıt verir.

Bu demektir ki, kişi her seferinde, talep ettiği yardıma göre daha yüce bir ruhla ödüllendirilir -başlangıçta Nefeş'in ışığı, sonra Ruah, ta ki ruhunun NRNHY'ı ile ödüllendirilene kadar. Bu nedenle, kişinin deneyimlediği yükseliş ve düşüşlerin yukarıdan kasıtlı olarak geldiği, böylece onlar aracılığıyla ruhuna ait olana ulaşacağı sonucuna varılır.

Ancak, kişi hala Lo Lişma'dayken ve ikinci bölünmede olduğu gibi, "Onu hatırladığımda, O benim uyumama izin vermez." cümlesinde olduğu gibi, Yaradan'a duyulan büyük özlem tarzında Lo Lişma'yı edinmemiş olsa bile, yine de ihsan etme çalışmasına başlamalı ve "Onu hatırladığımda, O benim uyumama izin vermez." denilen Lo Lişma koşulunu edinene kadar beklememelidir, zira kişi sonsuza kadar bu koşul içinde kalabilir. Ancak Lo Lişma koşuluna ulaştığında ve çalışmadan iyi bir tat aldığında, yukarıdan kendisine ihsan etmek için çalışmayı istemesi için bir uyanış verilir. İşte o zaman, yukarıdan kendisine ihsan etme arzusu verilene kadar, gerçek çalışma başlar.

Çalışmada, Purim'den Önce, Zahor (Hatırlama) Bölümünü Okumamızın Anlamı Nedir?

Makale No. 21, Tav-Şin-Nun-Alef, 1990/91

Ayet şöyle der: 'Mısır'dan çıktığınızda, yol boyunca Amalek'in size ne yaptığını, yol boyunca size ne olduğunu hatırlayın! Cennet'in altından Amalek'in anısını silin, unutmayın!'

'Amalek'in anısını silmek' için, neden Amalek'in bize ne yaptığını hatırlamamız gerektiğini anlamalıyız. Bu demektir ki, bize ne yaptığını hatırlamazsak, silemeyiz, ancak tam olarak hatırladığımız kadarını silebiliriz, daha fazlasını değil. Çalışmada, 'Amalek'in anısını silin' ifadesinin ne demek olduğunu anlamalıyız. Eğer bu anı hafızamızda değilse, hatırlamıyorsak, o zaman silemeyiz. Bu nedenle bize ilk olarak, 'Amalek'in size ne yaptığını hatırlayın' Mitzva'sı (emir/iyi iş) verilmiştir. Ancak o zaman Amalek'in anısına sahip oluruz ve böylece Amalek'i silme Mitzva'sını yerine getirebiliriz.

Bilindiği gibi Kli (kap) olmadan ışık ve bir eksiklik olmadan da dolum olmaz. Dolayısıyla, kişinin bir şey için gereksinimi yoksa hiçbir şey yapamaz. Bu nedenle, Amalek'i silme ihtiyacımız yoksa onu nasıl silebiliriz? Şöyle ki, kişi Amalek'in ne olduğunu ve de onu silme eylemini neden uygulaması gerektiğini bilmez. Bundan dolayı, öncelikle Amalek'in ne olduğunu ve bize yaşattığı sıkıntıları bilmeliyiz. Daha sonrasında, yol açtığı sorunları anladığımız ölçüde, 'Amalek'in anısını silme' emrini izlemeye hazır oluruz.

Başka bir deyişle, sebep olduğu sorunların anısına göre, kişi aynı ölçüde onu silmeye istekli olur. Yani, verdiği zararı hatırladığı kadarıyla, aynı ölçüde, onu dünyadan silmek ister. Eğer kişi kendisinde yol açtığı sıkıntıları hatırlamazsa, o zaman, onu silmeye ihtiyaç duymaz. Dolayısıyla, kişi, ancak hatırladığı kadarıyla silebilir, daha fazlasını değil.

Kişinin, Amalek'in sebep olduğu sorunları hatırladığı ölçünün dışında, silindiğini fark etmesi olanaksızdır. Bundan dolayı Amalek'i silmeye hazırlanmak için, kişi Amalek'in ne olduğunu yani İsrail halkına karşı rolünün ne olduğunu bilmelidir. Bu konuda ayet şöyle der: 'Mısır'dan çıktığınız zaman, yol boyunca Amalek'in size ne yaptığını, yol boyunca size ne olduğunu hatırlayın!'

Kişi, 'Amalek'in kendisine ne yaptığını' hissettiği ölçüde, 'Amalek'in anısını silmeyi' başarabilir. Yani, eğer kişi Amalek'in kendisine zarar verdiğini hatırlamazsa, silmek için bir sebebi olmaz. İnsan iç gözlem yaptığında, düşmanının kim olduğunu ve kimin ona zarar verdiğini görmek ister. Bu, kendi için alma arzusudur, zira Yaradan'ın ona vermek istediği haz ve memnuniyeti almasına engel olur.

Bu nedenle, kişi, alma arzusunun düşmanı olduğunu düşündüğü ölçüde, çektiği acıları bilmek ve hissetmek için yaptığı hazırlığın derecesine göre, buna baktığında, yalnızca bu ölçüde, Amalek'i dünyadan silmeye istekli olur. 'Amalek'in anısını silin' ifadesinin anlamı budur. Yani yalnızca bize yaptığı kötülüğü hatırlayabildiğimiz ölçüde silebileceğimizi bilmeliyiz.

Buna göre, Purim'den önce neden Zahor (hatırlayın) bölümünü okuduğumuzu anlayabiliriz. Öncelikle çalışmada Purim'in ne olduğunu anlamamız gerekir. Purim'in önemi, ARİ'nin (On Sefirot Çalışması, Bölüm 15, Madde 220), şu sözleriyle açıklanmıştır: 'Bu, 'Anıları, nesillerinden silinmeyecektir' şeklinde yazılanların anlamıdır.' Bu aydınlatma, her yıl Purim günlerinde gerçekleşir. Bundan dolayı gelecekte Esther parşömeni dışındaki bütün etkinlikler iptal edilecektir. Bunun sebebi, ne Şabat'ta ne de iyi günlerde, böyle bir aydınlatmanın olabilmesi için, asla böyle büyük bir mucizenin gerçekleşmemiş olmasıdır. Bu bakımdan, Purim'de, bütün diğer günlerden, hatta Şabat ve iyi günlerden bile daha fazla lütuf vardır.'

Ohr Pnimi yorumunda, Purim günlerindeki ışığın, yalnızca ıslahın sonunda parlayacağı, daha önce parlamayacağı şeklinde yorum yapar. Bu ışığa, 'Yaratılış amacının ışığı' denir. Şöyle ki, Hohma ışığı, alma kaplarında kıyafetlenir. Yani, kişi oradaki yaratılışın amacından gelen haz ve memnuniyeti almak ister. Hohma ışığı denen yaratılış amacının ışığı, kıyafetlenmeden parlayamaz ve Ohr Hasadim denen yaratılışın ıslahının ışığını giyinir. Islahın sonundan önce, Hohma'nın Gadlut'u denen Hohma ışığı, Hasadim ışığıyla birlikte parlayamaz.

O zaman, tutulan oruç ve yakarışlar yüzünden, Ohr (ışık) Hasadim'den uzanan bir mucize gerçekleşir ve sonra Ohr Hohma, Ohr Hasadim'in içinde kıyafetlenebilir. Son ıslahtan önce bu ışığın parlaması, mucize olarak kabul edilir. Çünkü doğası gereği, bu ışık, yalnızca 'gelecekte' denen koşulda, son ıslahta parlayabilir. Mucize, ışığın, son ıslahtan önce aydınlatmasıdır. Bu yüzden bilgelerimiz, 'Esther parşömeni dışındaki bütün etkinlikler iptal edilecektir. Çünkü Purim'in ışığı gelecekte parlayacak olan ışıktır.' demiştir.

Şöyle yazar (Şabat, s 88): 'Ve dağın eteğinde durdular.' Bu, O'nun, dağı onların üzerlerine sanki bir kubbe gibi yükselttiği ve 'Tora'yı alırsanız, çok iyi, ama almazsanız orası sizin mezarınız olacaktır' dediği anlamına gelir. Raba, 'Her ne kadar nesiller bunu, Ahasuerus zamanında almış olsa da, yazıldığı gibi, 'Önceden aldıklarını korudular,' demiştir.

Dolayısıyla, Purim'in önemini; bu zamana dek, yalnızca zorlama yoluyla aldıkları halde şimdi onların Tora'yı seve seve kabul ettiklerini aldıklarını görüyoruz. Bununla, Purim'den önce Zahor bölümünün anlamının ne olduğu sorusunu yorumlayabiliriz. Bunun sebebi, Kli olmadan ışığın olmamasıdır. Bundan dolayı, öncelikle Amalek'in ne yaptığını hatırlamalıyız. Zira çalışmada Amalek'e, 'kötü eğilim' denir. Amalek'in, İsrail halkına getirdiği sıkıntıları hatırlamamız gerekir. Daha sonra, bir Kli'ye, yani bir eksikliğe sahip olduğumuzda, o zaman oruç tutmak, haykırarak dua etmek mümkün olur ve o zaman 'Bu mucizenin sevgisinden dolayı, seve seve tutmak ve almakla' ödüllendiriliriz.

Bunu, Purim için hazırlanmamız izler. Hazırlığın, ışığı almak için ihtiyaç ve Kli (kap) olduğunu söylemeliyiz. Bu, eksikliği hissederek dolum alabileceğimiz anlamına gelir. Şabat safhasına gelmeden önce, bilgelerimizin, 'Şabat arefesinde çaba sarf etmeyen, Şabat'ta ne yiyecektir?' sözlerinde olduğu gibi, yalnızca altı iş günü vardır ve sonra Şabat geldiğinde dinlenme vardır.

Bu sebeple Şabat'ta çalışan, 'Şabat'ın kutsallığı bozmuş' yani dinlenmenin kutsallığını bozmuş kabul edilir. Aynı şekilde Purim için hazırlanmak, yeni doğanları, kadınları, en gencinden en yaşlısına kadar bütün Yahudileri, bir gün içinde yok etmek, öldürmek ve ortadan kaldırmak isteyen Haman'ın kötülüğünü hissetmektir.

Bundan dolayı kişi kalbindeki Haman'a, yani Keduşa'yla ilgili, Keduşa olarak kabul edilen her şeyi, nasıl da yok etmek istediğine dikkat etmelidir. Meselenin ölçüsüne bakmaksızın, en küçük olanı bile yok etmek ister. Kişi, bütün Yahudileri yok etmek isteyen Haman'ın kötülüğünün hissiyatının üstesinden gelmek için, gücü olmadığına hayıflanır.

'Bütün Yahudiler' ifadesini, kişinin, biraz olsun 'Yaradan'ın adı için' koşuluyla ilişkili olan her şeyi yok etme isteği olarak yorumlamalıyız. Buna, bir Kli ve bir eksiklik olan 'kötülüğün farkındalığı' denir. Daha sonra, Kli'deki eksikliği doldurmak için gelen, 'ışık' adı verilen dolumu alabiliriz. Bunun sonucu olarak, daha sonra İsrail, 'Ve Yahudiler düşmanlarına hükmetsinler diye, bunun tersine çevrilmesi' ile ve zorla değil, isteyerek Tora'yı almak ile ödüllendirilir.

Ancak mucizenin kalbi, 'Yahudilerin düşmanlarına hükmetmesindedir.'. Yani, kişinin kalbini 'Yahudiler' niteliği yönettiği zaman, Yaradan çalışması zorla değil, isteyerek, seve seve yapılabilir. Akabinde, mucizenin kalbi, kişinin Haman'ın kontrolünde olduğu ve Yahudilerin bütün niteliklerini yok etmek istediği safhadır. Ama kişinin kalbini Yahudiler yönettiğinde, bu çalışmayı zorla değil seve seve yapabilir.

Bilgelerimizin söylediği de budur, 'Sur şehri, yalnızca Kudüs'ün yıkımıyla inşa edilir ve karşılıklı olarak biri yükseldiğinde diğeri düşer.' Bu nedenle, kişinin kalbideki çalışma, Yaradan'ın kendisine ihsan etme arzusu vermesi içindir. Bu kalbin duasıdır, şöyle yazıldığı gibi, 'Arınmaya gelene yardım edilir.' Yaradan, kişiye ihsan etme arzusu verdiğinde, bu mucizenin kalbidir. Buna 'ikinci bir doğa' denir ve kişiye ikinci bir doğa vermek, yalnızca Yaradan'ın elindedir.

Purim'den önce, Zahor bölümünü bu yüzden okuruz. Ama Zahor bölümünden önce, Şekalim bölümünü okuruz. Bu bize çalışmada, Zohar'ın 'Şekalim, tartmak için Even (taş)' anlamına geldiğini söyler. Bu böyledir, çünkü kişi, çalışmasının Yaradan adına olup olmadığını görmek için ölçüp tartmalıdır. Şöyle ki, içindeki kötülüğün gücünü ve bunun Yaradan'dan uzaklaşmasına sebep olduğunu görmeden önce, kişinin Amalek'i silmesi mümkün değildir.

Bundan dolayı, iyi olup olmadığını görmek için, çalışma ölçüp tartıldığında kötülüğün farkındalığına gelebiliriz. Akabinde, kötülüğü ve bunun üstesinden gelemediğimizi hissettiğimiz ölçüde, yani bunu yenemediğimizi gördüğümüzde, bu halen 'kötülüğün farkındalığı' olarak kabul edilmez. Ancak bu, kişinin kötülüğün neden olduğu kayıpları görmesi ve kötülükten kurtulmak istemesi ama başaramaması demektir. Buna 'kötülüğün farkındalığı', yani kötülüğün hissiyatı denir. Başka bir deyişle, kişi kötülüğün sebep olduğu kayıpları gördüğünde, buna 'kötülüğün farkındalığı' denir.

Bu hissiyat, Tora ve Mitzvot'a (emirler/iyi işler) verdiği emek vasıtasıyla, Tora'nın içindeki ışık, kişiye Keduşa'dan ayrılmasına sebep olan, çok kötü bir durumda olduğunu hissettirdiğinde gelir. Ama kendini-sevmeye battığını hissetmiyorsa, bu kişiye zarar verir (ve buna kötülüğün tanınması denir). Tam olarak Tora ve Mitzvot vasıtasıyla çalışmasında yardım bulmaya çalıştığında, Tora, kişinin içindeki kötülüğü ona ifşa eder. Kişinin aldığı ilk yardım, günahkârın yani kötülüğün, kendisi için alma arzusunun, kötü olduğunu ve maneviyata zarar verdiğini fark etmektir. Kötülüğün farkındalığının anlamı, insan için zararlı olan alma arzusunun kötü olduğunun farkındalığıdır. Ve kişi bunun zararlı, kötü olduğunu hissettiğinde, kalbinin derinlerinden dua edebilir.

Ancak duanın neden kalbin derinlerinden gelmesi gerektiğini anlamalıyız. Bunun cevabı, bir özlemi olmadığı sürece kişinin hiçbir şeyin gerçek tadını alamayacak olmasıdır. Kişi talebinin Yukarıdan karşılanmasını istediğinde, gerçek bir eksikliğin olması istenir. Buna, 'kalbin derinlerinden gelen dua' denir; bilindiği gibi, 'kalp', 'arzu' anlamına gelir.

Dolayısıyla, kişi kendisine dolum verilmesi için dua ettiğinde, dolum için bir eksikliğe sahip olmalıdır. Bu sebeple, kişi kalbinde başka bir arzu taşıyorsa, arzusu, iki arzuya bölündüğünden, her ikisi de büyük arzular değildir, bu da büyük bir arzusunun olmadığının işaretidir. Ama eğer kalbinde sadece tek bir arzusu varsa, kişi kalbinin derinlerinden istiyor diye kabul edilir. Yani hiçbir arzusu arada değildir. Kişinin Tora öğrenme arzusu olabilir, ancak dinlenmek ve çabalamamak için de bir arzusu olabilir. Bu da, iki arzu olarak kabul edilir ve kişi, dinlenmekten de keyif aldığından, Tora'yı öğrenmek istemesi, tek bir arzu olarak kabul edilmez.

Bundan dolayı, Şekalim bölümünü, Zahor bölümünden önce okuruz. Zira öncelikle alma arzusunun kötü olduğunu bilmeliyiz. Daha sonra, akılda ve kalpte, alma arzusunu, İsrail halkının üzerinde göklere çıkarıldığında, 'Amalek'in size ne yaptığını hatırlayın!' diyebiliriz ve kötü şeyler yaptığını bildiğimiz için, Amalek'i yok etmek isteriz.

Çalışmanın sırasını bilmeliyiz, bir kaç muhakeme yapmalıyız:

1) Kişi, Tora ve Mitzvot'u izleme çalışmasına girmeye başladığında, eksiklik hissetmez. Zira az ya da çok Tora ve Mitzvot'u izlediğini bilir. Dolayısıyla, kötü olduğunu söylemek için sebebi yoktur.

2) Eylemlerini incelemeye başladığında, içinde kötülük olduğunu ve tam bir günahkâr olmasa da, günahkâr olduğunu hissetmeye başlar. Çünkü ondan daha kötü insanlar olduğunu görür. Bundan dolayı, kişiye 'tamamlanmamış bir günahkâr' denir.

3) İhsan etmek için çalışmak istediğinde, bu çalışmadan ne kadar uzak olduğunu görür. Dolayısıyla, günahkâr ona 'kim' ve 'ne' sorularıyla gelir. O zaman, hem aklen hem de kalben, 'tam bir günahkâr 'olduğunu gördüğü bir safhaya gelir.

4) Yükseliş safhasında olduğunda, kendisinin erdemli olduğunu yani sonsuza kadar yükseliş safhasında kalacağını düşünür. Ancak daha sonra, kişiye bir düşüş gelir ve kişi kendisinin günahkâr olduğunu görür. Bundan dolayı, kendisiyle ilgili ne söyleyeceğini bilemez. Kendisine, erdemli olarak göründüğünde, yükselişte olduğunu gördüğünden dolayı, tam bir günahkâr mı yoksa düşüşte olduğunu, günahkâr olduğunu gördüğünden dolayı, erdemli mi diyeceğini bilemez.

Kişi, kendisine yakın olduğu için, sevdiği bedeninden rüşvet alır ve gerçekte erdemli olduğunu, ancak 'tamamlanmamış, eksik bir erdemli' olduğunu söyler. Başka bir deyişle, beden kendisini haklı çıkardığında daha fazla haz alacağından, kişi kendisinin 'tamamlanmamış erdemli' olduğunu söyler. İnişleri olduğundan, 'günahkâr' safhasında olduğundan ve yukarıdaki nedenle, bedenden rüşvet kabul ettiğinden, düşüşte olduğu için 'günahkâr' olduğunu söylemek istemez. Bu yüzden, erdemli olduğunu, ancak tamamlanmamış, eksik olduğunu söylemeyi seçer, yazıldığı gibi (Deuteronomy 16:19), 'Rüşvet, bilgelerin gözlerini kör eder ve erdemlilerin sözlerini mahveder.'

Bunun bir örneğini, bu dünyanın davranış tarzında görebiliriz. Birçok insanın çekilişi kazanmak için piyango bileti aldığını görürüz. Milyonlarca katılımcı ve yalnızca bir kazanan olmasına rağmen, herkes piyangodaki büyük ödülü kendisinin kazanacağını düşünür. Yine de çekilişe katılır ve kazanabileceğini düşünür. Yani, şüpheli olmasına rağmen kazanabileceğini düşünür.

Öte yandan, milyonda bir kişinin araba kazası geçirdiğini ve Yaradan korusun insanların yaralandığını görüyoruz, ama piyango bileti alan kişi, piyango biletini satın almak için arabayla bir yere gitmek istediğinde, kaza geçirebileceğinden korkmaz. Bilet almaya giderken, kaza geçirebileceğini söylemez.

Bunun sebebi, kişi kendine yakın olduğundan, kendisiyle ilgili kötü bir şeyi görememesidir. Kötü bir şey varsa, bu, onun değil, muhtemelen başkalarının başına gelir. Piyangoyla kaza arasındaki farkı saptamasına rağmen, piyangoyu kendisinin kazanacağını umarken, araba kazasıyla ilgili olarak bunu, kendisinin değil, başka birinin 'kazanacağını' umar. Ve sonunda, 'Rüşvet, bilgelerin gözlerini kör eder ve erdemlilerin sözlerini mahveder.'

Bu yüzden, kişi çıkışları ve inişleri olduğunu gördüğünde, gerçekte erdemli olduğunu söyler. Öyleyse neden inişleri vardır? O zaman, inişleri boyunca inançsız, kötü olduğunu görür mü?

5) Kişi tam inançla ödüllendirildiğinde ve çalışmasını ihsan etmeye ve yalnızca ihsan etme kaplarına yönlendirdiğinde, yalnızca iyi eğilimle olsa bile, Yaradan

sevgisine sahip olduğu söylenebilir. Ancak, kötü eğilime ait olan alma kapları, bunlar, halen Keduşa'nın dışındadır.

6) Kişi, 'tövbeye' ulaştığı zaman, yani 'her iki eğilimiyle' Yaradan sevgisiyle ödüllendirildiğinde, yazıldığı gibi, iyi ve kötü, her iki eğiliminizle 'Ve Efendiniz Tanrı'yı, bütün kalbinizle seveceksiniz'. Bu kişinin, yani içindeki kötünün, alma kaplarının tövbe etmesi olarak düşünülür; ayrıca kişi Keduşa'ya (Kutsallık) girer ve bunlarla ihsan etmek için çalışabilir. Bu yüzden bilgelerimiz şöyle demiştir: 'Tövbe edenin durduğu yerde, tam erdemli duramaz'. Bunun anlamı, tam erdemlinin Keduşa'da duramayacağıdır. Yani, tam erdemli, kendi menfaati için alma kapları olan kötü eğilimin Kelim'ini (kaplar) kullanamaz. Böylece ıslah olurlar, Keduşa'ya girerler yani Yaradan adına çalışırlar.

Bunu, her şeyin, hafiften ağıra doğru derece izlemesi takip eder. Bu nedenle çalışma sırası Lo Lişma'dan (O'nun adına değil) başlar ve sonra Lişma'ya (O'nun adına) ulaşır. Buna göre, bilgelerimizin, 'aldılar ve korudular, daha önce aldıklarını korudular' sözleriyle, anlattıklarını yorumlamalıyız. Şöyle ki, şimdiye kadar bu zorla yapıldı, yazıldığı gibi: 'Ve onlar dağın eteklerinde durdular', ve şöyle açıkladılar: 'Dağı onların üzerine bir kubbe olmaya zorladı ve 'Tora'yı alırsanız çok iyi ama alamazsanız, orası sizin mezarınız olacaktır.'

Şimdiye kadar zorla idi, ama şimdi Purim'de isteyerek aldılar. Buna, 'çalışmanın sırası' denir. Yani, insanın çalışmasının başlangıcı, zorla olmalıdır. Doğası gereği, kişi Yaradan adına çalışmak istediğinde, bedeni itiraz eder. Bu, gerçekte, beden o kadar da itiraz etmediğinde, Lo Lişma'da başladığımız anlamına gelir. Zira küçük hazları bıraktığı için ödüllendirileceğine ve karşılığında büyük hazlar alacağına inandığında, yani, kişi, bedene, Tora ve Mitzvot'taki çalışmasının karşılığında, daha büyük bir ödül kazanacağını taahhüt ettiğinde, bu doğaya karşı değildir. Bu yüzden bu gerçekten ilk başlangıçtır.

Ama daha sonra, kişi ihsan etmek için çalışmaya başladığında, beden doğduğu yalnızca kendi menfaatini düşünme doğasıyla çeliştiği için, buna direnir. O zaman, çalışma zorlayıcıdır. Yani, kişi Yaradan adına çalışmakta bedenin hem fikir olup olmamasına bakmamalıdır. Tam tersine, beden buna razı olmasa bile, her şeyi zorla yapmalıdır.

Kişinin yaptığı bu zorlama, 'dua' olarak kabul edilir, zira 'Efendiniz, Tanrınızı sevin,' koşulunu izlemeye çalışıyordur. Ama Yaradan için bir sevgisinin olmadığını görür. Çünkü 'sevginin olduğu yerde, zorlama yoktur,' kuralı vardır. Doğrusu şu ki, kişi özellikle kişinin sevgi beslemediği biri için çalışmak istediği zaman, O'nun için çalışamaz.

Bu nedenle şunu sormalıyız: 'Kişinin Yaradan için bir sevgisi yoksa, neden O'nun için çalışır?' Yani, kişi neden zorla çalışmalıdır? Bunun cevabı bize verilen inançtır. Kişi inanmalıdır ki, kendine yaptığı bu zorlamayla, Yaradan'ı gerçekten de sevmek ister. Buna, 'dua' denir. Bununla, kişi 'mucizenin sevgisi yüzünden, seve seve kabul etti' ile ödüllendirilir. Şöyle ki, Yaradan onlara ihsan etme arzusunu, ikinci doğayı verir, Yaradan sevgisiyle ödüllendirilirler ve her şeyi seve seve alırlar.

Çalışmada "Dikenlerin Arasındaki Zambak" Nedir?

Makale No. 22, Tav-Şin-Nun-Alef, 1990/91

Zohar'da şöyle yazılmıştır (Ki Tissa, Madde 31-32), "'Dikenler arasındaki zambak nasılsa, kızları arasındaki karım da öyledir.' Yaradan İsrail'i yukarıdakine benzer kılmayı diledi, böylece yeryüzünde yukarıdaki zambağa benzeyen bir zambak olacaktı, o da Malhut'tur. Ve dünyadaki tüm zambaklardan daha güzel olan kokulu zambak, dikenlerin arasında yetişen tek zambaktır. Bu, kokması gerektiği gibi kokar, ki bunlar yetmiş ruhtur ve onları dikenlerin arasına getirdi, ki bunlar Mısırlılardır. O sırada aralarında zambak çiçek açmıştı. Yaradan zambağı aralarından seçmek istediğinde, dikenler kurudu, uzağa atıldı ve bir hiç olarak görülene kadar bozuldular."

Bir insanın üstteki zambağa benzemesinin bu çalışmada bizim için ne anlama geldiğini ve kişinin özellikle dikenlerin arasındayken neden diğer insanlardan daha seçkin ve daha iyi görüldüğünü anlamalıyız, şöyle yazıldığı gibi, "Bu yüzden yetmiş ruh daha iyi olabilmek için Mısır'a indi."

Baal HaSulam şöyle dedi: Malhut'a neden "zambak" deniyor? Bunun nedeni, kişinin cennetin krallığının yükünü ancak kendi içindeki alma arzusunu yenerek üstlenebilmesidir, çünkü o gelir ve kişiye ihsan etmek için yani kendi için değil, Yaradan için çalışmak istediğinde, şunu sorar, "Bu çalışma senin için nedir?" Yani, "Yaradan rızası için çalışmayı istemek sana ne kazandıracak?"

Pesah Bayramı'nda [anlatı] şöyle yazılmıştır: "Cevap şudur, 'Onun dişlerini körelt.'" Bu, onunla tartışmamamız, dişlerini köreltmemiz gerektiği, yani onu zorla yenmemiz gerektiği anlamına gelir. Şöyle ki, sorularıyla birlikte geldiğinde, kişi ihsan etmek için çalışmak istediğinde onun bu sorularla birlikte geldiğini hatırlamalıyız; o zaman "Neden?" diye sormaya yer vardır. Ancak kişi ödül almak için çalıştığında, bu kötü adamın soracak hiçbir şeyi yoktur), biz ona cevap vermemeli veya ne cevap vereceğimizi düşünmemeliyiz. Bunun yerine onun sorularına cevap bulmayı istemenin zaman kaybı olduğunu bilmeliyiz. Daha doğrusu, o gelip sorduğunda, kişi hemen ona güçle karşılık vermeli ve onu tartışmayla değil, güçle alt etmelidir.

Her seferinde, kişi bir kez dahi üstesinden gelmiş olsa bile, o yine de bundan etkilenmez ve kişi ne zaman Yaradan rızası için bir şey yapmak isterse sorularıyla birlikte gelir, burada çok sayıda "onun dişlerini körelt" vardır. Malhut'a "zambak" denmesinin nedeni budur. Başka bir deyişle, kişi "inanç" adı verilen cennetin krallığıyla ödüllendirilmek istediğinde, birçok "onun dişlerini körelt" sürecinden geçmelidir, bu nedenle Malhut'a "zambak" adı verilir. "Zambaklarla kazanmak"ın anlamının bu olduğunu, zaferin özellikle zambaklar aracılığıyla geldiği anlamına geldiğini söylemiştir.

Yukarıdakilere göre, "dikenler arasındaki zambak gibi" ifadesinin anlamını ve neden özellikle dikenlerin arasındayken diğer zambaklardan daha güzel olduğunu yorumlayabiliriz. Çalışmada dikenlerin ne anlama geldiğini bilmeliyiz. Maddesellikte dikenler zambağa batar ama bu çalışmada ne anlama gelir? Bu demektir ki, kötü adam gelip "Bu çalışma senin için nedir?" diye sorduğunda, bu sorularla kişinin aklını ve kalbini deler ve kişiye acı çektirir. Maddesellikte dikenler nasıl batıyorsa, sorular da kişiye öyle batar.

Kişi acı çeker, yani bu sorular onu çalışmadan uzaklaştırır, çünkü kişi her zaman kendi sorularının üstesinden gelemez ve Keduşa'dan [kutsallık] uzaklaştığını görmeye başlar, çünkü normalde bu sorular bir yükseliş sırasında, kişi ihsan etmek için çalışmanın değerli olduğunu anladığında gelir.

Ancak o birdenbire sorularıyla gelir ve kişi bunun üstesinden gelmelidir. O zaman, kişi gelir ve Yaradan'dan kendisine yardım etmesi için yardım ister, çünkü tek başına bunun üstesinden gelemeyeceğini görür. Buradan onun her zaman cennetin merhametine ihtiyacı olduğu sonucu çıkar.

Zohar'da yazıldığı gibi yukarıdan gelen yardım, kişinin her seferinde aldığı bir ruh olarak kabul edilir. Yukarıdan aldığı yardımın, kişiye içindeki kötülüğü yenme gücü veren ışık olduğu kabul edilir. Bu konuda, "Arınmaya gelene yardım edilir" denilmiştir.

"Dikenlerin arasındaki zambak gibi" sözünü de bu şekilde yorumlayabiliriz ve dünyadaki tüm zambaklardan daha güzel kokulu ve daha iyi olan zambak, dikenlerin arasında yetişen tek zambaktır. Başka bir deyişle, dikenlerin arasında olduğu için ona batarlar, yani cennetin krallığına. Bir kişi ihsan etmek için çalışmayı üstlendiğinde buna "zambak" denir.

O sırada kötü adam, "Bu çalışma senin için nedir?" sorularıyla gelir ve cennetin krallığının kalbine batırır. Her seferinde kişi üstesinden gelip dua etmeli ve yardım istemelidir. Bununla zambak güzel kokulu hale gelir, çünkü güzel koku, şöyle yazıldığı gibidir, "Ve onlar Yaradan korkusuyla kokladılar", bu, onlara batacak dikenleri olmayan dünyadaki tüm zambaklardan daha güzeldir. O zambaklar dikenlerin arasındaki zambak kadar güzel değildir.

Bu bize, kötülerin sürekli kendisine gelip " Bu çalışma senin için nedir?" sorusunu sorması ve kişi bunun üstesinden gelemediğinde paniğe kapılmaması gerektiğini öğretmek için geliyor. Kişinin bazen düşündüğü gibi, bu düşünceler kişiye, o Yaradan'ın çalışmasına uygun olmadığı için gelmez. Tam tersine, kötülerin ona gelmesinin nedeni, onun üst Keduşa'ya (kutsallık) erişmesine yukarıdan yardım etmek istemeleridir. Kişiye rahatsızlıklar verilmesinin nedeni, yardım isteme ihtiyacı duyması içindir.

Bu nedenle, kişi doğası gereği ihsan etmek için çalışmaya uygun olmadığını gördüğünde, o zaman yapacağı çalışma, ona yukarıdan yardım etmesi için Yaradan'a olan dualarını arttırmaktır, ki böylece ihsan etmek için çalışabilsin.

Tersine, sıradan bir zambak -yani ödül almak için Tora ve Mitzvot'u [emirleri/iyi işler] yerine getiren diğer insanlar- her ne kadar bu aynı zamanda bir zambak olarak kabul edilse de, bu demektir ki, beden Tora ve Mitzvot'u en iyi şekilde yerine getirmeyi ödül almak için bile kabul etmez ve bu emek ve çaba gerektirir. Çünkü bedenin karşı çıktığı ödül ve cezaya inanmamız gerekir, ancak doğaya aykırı olmadığı için, çalışma kendi menfaati için olduğundan, "Cennetin krallığı" olarak adlandırılan kalbindeki zambak, kendisine dikenlerin battığını hissetmek olarak kabul etmez.

Bu nedenle, Lo Lişma (O'nun rızası için değil) önemli bir şey olmasına rağmen, dikenlerin batmasına maruz kalmadığından, buna sadece "zambak" denir. Bu nedenle, üstesinden gelmesine yardım etmesi için Yaradan'a dua etmesine gerek yoktur. Doğal olarak, yukarıdan yardım alacağı Keduşa'yı da yukarıdan genişletmez. Bu nedenle ona sadece bir "zambak" denir.

Ama "dikenler arasındaki zambak" dünyadaki tüm zambaklardan daha güzeldir, çünkü dikenler, yani onun kötülerden çektiği acılar, her seferinde yukarıdan yeni güçler almasına neden olur ve bu sayede ruhu büyür. Bu yüzden o dünyadaki tüm zambaklardan daha güzeldir.

Buna göre, kötülerin her zaman "dikenler" adı verilen ve kalbindeki zambağa batan sorularla geldiğini gören kişi, bunun kendisinin bu ihsan etme çalışmasına layık olmadığına dair bir işaret olduğunu söylememeye dikkat etmelidir, zira bu onun için değildir, çünkü kötülüğün üstesinden gelecek güce sahip olmadığını görmektedir.

Daha ziyade, kişi her insanın Yaradan'la çalışma ve Dvekut'a (bütünleşme) ulaşma gücüne sahip olduğuna inanmalıdır, bilgelerimizin şöyle dediği gibi, "Kişi kendini her zaman yarı suçlu, yarı masum olarak görmelidir." Yani içindeki iyiliğin ölçüsüne göre kötülüğün ölçüsü de öyle olur. Aksi takdirde kişi kötüye boyun eğdiremez, çünkü iyiden daha fazladır. Bunu söyleyen bilgelerimize inanmalıyız ve bu o kadar kesindir ki, kişi erdemden yana karar verebilecektir. Dolayısıyla her zaman, her ne durumda olursa olsun kişinin içindeki kötü, iyiden daha fazla güce sahip değildir. Bu yüzden şöyle dediler: "Kişi eğer bir Mitzva yaparsa [Mitzvot'un tekili] mutludur, çünkü kendisini ve tüm dünyayı erdem tarafına mahkûm etmiştir."

Buna göre, "Zengin daha fazla vermeyecek, fakir ise yarım şekelden az vermeyecek" diye yazılanları yorumlamamız gerekir. Bunun çalışmamızda bizim için ne anlama geldiğini anlamalıyız. Bize seçim hakkı verildiğini bilmeliyiz, şöyle yazıldığı gibi: "İşte, bugün önünüze hayatı ve iyiyi, ölümü ve kötüyü koydum ve sen ve senin soyunun yaşaması için hayatı seçeceksiniz."

Seçimin, kişinin kendisi için hangisinin daha iyi olduğuna karar verebilmesi anlamına geldiği bilinmektedir. Bu, her ikisi de eşit olduğunda ve kişi hangisini seçeceğini bilemediğinde söylenebilir. O zaman bize, bilgelerimizin dediği gibi, kişinin kendisini "yarı suçlu, yarı masum" olarak görmesi gerektiği yönünde seçim yapma emri verilir ve o zaman seçimden bahsedebiliriz.

Bu demektir ki, kişi çalışmasında başarılı olamadığını görür ve mücadeleden kaçmak ister çünkü diğerlerinden daha kötü niteliklerle doğduğu ve zayıf bir karaktere sahip olduğu için Yaradan rızası için çalışamayacağını ve bu nedenle içindeki kötülüğün üstesinden gelecek güce sahip olmadığını görür, metin bize bu konuda kişinin içinde daha fazla kötülük olmadığını, ancak bunun iyiliğin ölçüsüne göre olduğunu öğretir.

Başka bir deyişle, bir kişi, bir başkasına göre zayıf bir karaktere veya daha kötü niteliklere sahip olduğunu görüyorsa, içindeki kötülüğün, içindeki iyilikten daha fazla güce sahip olmadığını bilmelidir; bunlar her zaman eşittirler, elli-elli. Bu nedenle, bir kişinin kendisinden daha iyi niteliklere sahip olduğunu görürse, onun için çalışmanın kendisinden daha kolay olduğunu ve bu nedenle diğerinin çalıştığını söylememelidir. Daha ziyade her insanın sahip olduğu iyiliğin ölçüsünde kötülüğünün de olduğu bilinmelidir. Dolayısıyla, eğer diğerinin daha iyi nitelikleri varsa, o da diğerinden daha kötü niteliklere sahiptir; çünkü kötü ve iyinin gücü her zaman eşittir.

Ayet bu konuda şöyle der: "Zengin daha fazla vermeyecek, fakir ise yarım şekelden az vermeyecek" ruhlarınızın kefareti olarak Efendi'ye bağışta bulunmak üzere. "Zengin" demek, kişi bilgi ve iyi nitelikler açısından zengin olsa bile yarım şekelden fazlasını vermeyecek demektir, çünkü "yarım" eksiklik anlamına gelir ve kişi bunu Yaradan'a bir katkı olarak verir, böylece O, kişinin eksikliğini tatmin eder, şöyle söylendiği gibi, "bir dua yarım eder." Kişi iyi niteliklere sahip olmanın yarıdan daha fazlasını verdiğini söyleyemez, tam olarak yarısını verir, çünkü yukarıdaki nedenden ötürü, sahip olduğu iyiliğe karşılık olarak başka bir kişiden daha fazla kötülüğe de sahiptir. Bundan şu sonuç çıkıyor ki, kişi asla yarıdan fazlasını vermez.

Aynı şekilde, "Fakir daha az vermeyecektir." Bu demektir ki, bilgide ve iyi niteliklerde fakir olan, üstün gelen ve mücadeleden kaçmayan kişiye Yaradan yardım eder. Kişi kendisinin bilgide fakir olduğunu gördüğü için başkasına göre daha az çaba gösterdiğini söylememelidir. Bu nedenle Yaradan ona yardım ettiğinde ve onu Kendisine yaklaştırdığında, kişi içindeki kötülüğün üstesinden gelmek için çalışmanın gücünün yarısından azını verdiğini söylememelidir. Aksine, o da yarısını vermiştir, çünkü içindeki kötülük o kadar güçlü değildir, doyumun kötüdeki güç eksikliğinden daha fazla olduğu söylenmiştir.

Aksine, her zaman elli ellidir, şöyle yazıldığı gibi, "Yoksullar yarım şekelden daha az vermeyecektir." Yani iyi ve kötü her zaman eşittir. Dolayısıyla kişi diğerlerinden daha fazla güç sarf etmesi gerektiğinden, kendisinin bu çalışmada yetersiz olduğunu söyleyemez. Aksine, bir kişi asla yarım şekelden fazlasını vermez.

Yazılanın anlamı budur, "Efendi'ye bağışta bulunmak". Yani, kişinin Yaradan'a vermesi gereken katkı sadece yarımdır, bu, kişinin Yaradan'ın bu doyumu sağlamaya yardımcı olacağına dair hissettiği eksiklik anlamına gelir. Doyum nedir? Cevap: Doyum, her zaman kişinin ihtiyacı olan şeydir. Dolayısıyla, kişi çalışmaya başladığında, Yaradan'ın ona ihsan etme arzusuna sahip olmasına yardım etmesi için bir eksiklik elde etmelidir, çünkü bu, bu arzuyu elde etmek, çalışmanın kalbidir.

Buradan yarımın, koşul için gerekli olduğu, kişinin bu arzuyu elde etmek için ne kadar ihtiyaç duyduğunu hissetmesi, yani ihsan etme arzusuna sahip olmamaktan dolayı acı çekmesi, ihsan etme arzusuna sahip olmamaktan kaynaklanan kaybı bilmesi anlamına geldiği sonucu çıkar. Kişi neyi kaybettiğini bildiği ölçüde, ihsan etme arzusu olsaydı ne kadar mutlu olacağını hissedebilir.

Bununla yarım bir şey elde eder, yani Yaradan'ın ona eksikliğini yukarıdan "ihsan etme arzusu" adı verilen ikinci bir doğa vererek tatmin etmesi için Kli'yi (kap) elde eder. Yazılı olanın anlamı budur, "Efendi'ye bağışta bulunmak için yarım şekel". Başka bir deyişle kişi, "dua yarım eder" sözünde olduğu gibi, ancak yarısını verebileceğini bilmelidir. Kişi, ışık ve Kli olan, yani ihsan etme arzusuna ihtiyaç duyan ve ihsan etmek için her şeyi yapabilen tam bir şekel veremeyeceğini bilmelidir.

Aksine, yarım şekel, yalnızca eksikliği gidermek için insanın çalışmasına aittir, doyum ise Yaradan'a aittir. "Gidin, ruhlarınızın kefaretini ödemek için Efendi'ye bağışta bulunun" diye yazılanın anlamı budur. Başka bir deyişle, Efendi'ye bir katkı vererek, ki bu yarısıdır, Yaradan diğer yarısını verir, buna "ihsan etme arzusu" denir, ki bu ikinci bir doğadır ve kişi bununla ruhu için kefarette bulunur, her şeyi Yaradan rızası için yapabilir.

Bu nedenle, kişi Yaradan'ın ihsan etme arzusunu vermesiyle ödüllendirildikten sonra, kişi kalıcı inançla ödüllendirilir, şöyle yazıldığı gibi ("Zohar Kitabı'na Giriş", Madde 138), bizi O'na yaklaşmakla ödüllendirdiği için Yaradan'a şükran duymalıyız. Yazıldığı gibi (Mezmurlar 68:32-33), "Tanrı'ya ilahiler söyleyin, ey yeryüzünün krallıkları, Efendi'ye övgüler sunun, Selah. En yüksek, kadim göklerde dolaşan O'na; O, Kendi sesiyle, çok güçlü bir sesle konuşacak."

"Yeryüzünün krallıklarının" Malhut adı verilen inançla ve "Yeryüzü" niteliğiyle ödüllendirilmiş olanlar olduğunu yorumlamalıyız. Onları inanç niteliğiyle ödüllendirdiği için Yaradan'a "Tanrı'ya şarkı söyleyin" şarkısını söylemelidirler. Ayrıca Malhut'a Tanrı denir, şöyle yazıldığı gibi: "Efendi'ye övgüler sunun, Selah. En yüksek, kadim göklerde dolaşan O'na; O, Kendi sesiyle, çok güçlü bir sesle konuşacak."

Neden Yaradan'a şarkı söylemeleri ve O'na teşekkür etmeleri gerektiğini anlamalıyız. Yaradan'ın Kendisine teşekkür etmek için ete ve kana ihtiyacı var mıdır? Cevap şudur: Yaratılan varlıklar sahip oldukları her şeyin Yaradan'ın onlara verdiği şeyler olduğunu bilmelidirler ki böylece Yaradan'ın sevgisini elde edebilsinler. Yaradan'ın sevgisi sayesinde, her zaman Yaradan'la Dvekut içinde olacaklardır, şöyle yazıldığı gibi ("Zohar Kitabı'na Giriş," Madde 138), o zaman O'nu iyilik yapan olarak edinirler. Ve eğer O'nu iyilik yapan olarak edinemezlerse, o zaman sapkınlığın yönetimi altında olmaları gerekir, çünkü "Yaratılanın O'ndan ifşa edilen kötülüğü alamayacağı bir yasadır, çünkü Yaratılanın O'nu kötülük yapan olarak algılaması, Tam Operatör'e uygun olmayan bir durum olduğu için, Yaradan'ın yüceliğinde bir kusurdur."

"O, Kendi sesiyle, çok güçlü bir sesle konuşacak." diye yazılanın anlamı budur. Başka bir deyişle, yaratılanlar Yaradan'ın sesini duymalarına izin verdiği için şarkı söylemeli ve O'na teşekkür etmelidir. Yani, Yaradan'ın onlara "kalıcı inanç" olarak adlandırılan Malhut niteliğini verdiğini hissederek, bunun Yaradan'dan geldiği hissiyatıyla, bu onlara Yaradan'ın sevgisini ekler, şöyle yazıldığı gibi, "O, O'nun sesiyle konuşacaktır." Ve O sesiyle ne diyecek? Cevap: "Çok güçlü bir ses." RADAK, O'nun güçlü bir ses olan sesiyle düşmanlara karşı konuşacağını yorumladı. Çalışmada düşmanların her seferinde almak için almak olarak uyanan alma arzusu olduğu biliniyor. Onlar insanın düşmanıdır, çünkü kişinin haz ve zevk almasını engellerler.

Bu nedenle kişi Yaradan'a inançla ödüllendirilmesinin Yaradan'dan geldiğine inanmalıdır. Bununla o, Yaradan'ın düşmanları bastıran sesiyle ödüllendirilir, bu da alma arzusunun teslim olduğu ve onun yerine ihsan etme arzusunun geldiği anlamına gelir ve o şimdi Yaradan için çalışmak ister. Bu, Yaradan'ın sesinden gelir, şöyle yazıldığı gibi, "Efendi'nin sesi güçlüdür" (Mezmur 29:4). Bizler, Efendi'nin sesinin insana düşmanları bastırma gücü verdiğini yorumlamalıyız.

(Orada) yazılanın anlamı budur: "Tanrı'ya güç verin." RADAK "Güç ver" -sözünü kelimelerle yorumluyor. Düşmanlara karşı intikamınızı kendi gücünüzle değil, O'nun gücüyle aldığınız için O'na güç verin.

Onun sözlerini "kelimelerle" yorumlamalıyız, yani onlar, kudretin tüm gücünü, bunu yalnızca Yaradan'ın yaptığını söylemişlerdir. Yani düşmanlarınızın, yani alma arzusunun önünüzde teslim olduğunu görmeniz, bu insanın gücü değil, yalnızca Yaradan'ın gücüdür. Bu, RADAK'ın dediği gibi, "O'nun gücü, düşmanlarınızdan intikamınızı aldı, sizin kendi gücünüzle değil."

"İsrail üzerinde, O'nun gururu ve O'nun gücü göklerdedir" diye yazılanın anlamı budur. RADAK'ın dediği gibi, "Yaradan'ın gururu ve büyüklüğü İsrail üzerinde görülür ve belirgindir, çünkü O, onlar adına düşmanlarla gurur ve güçle savaşır." Zohar'ın dediği gibi, "Yaradan zambağı aralarından seçmek istediğinde dikenler kurudu ve bir hiç olarak görüldü." Yani bunu Yaradan'ın kudretiyle yaptı, yani bütün düşmanları pes ettirdi. Başka bir deyişle, alma arzusu teslim oldu ve artık kişiyi ihsan etme arzusu yönetmektedir, bu "İsrail üzerinde, O'nun gururudur."

Başka bir deyişle, Yaradan'ın gururu ve büyüklüğü İsrail üzerinde görülür ve belirgindir, yani ihsan etme arzusu kontrol eder anlamına gelir ve bu, insanın gücüyle değil, Yaradan'ın gücüyle gelir. Bunun Yaradan'dan geldiği, O'nun yardımının her seferinde daha büyük bir ışıkla ödüllendirilerek geldiği, Zohar'ın söylediğine göre, O'nun yardımının "yeni bir ruh" gibi olduğu anlamına gelir. Böylece artık onun Yaradan'dan geldiği açıktır.

Kişinin ihsan etme kaplarına tek başına ulaşamamasının nedenini yorumlamalıyız. Cevap şudur: Eğer kişi ihsan etme kaplarına kendi başına ulaşabilseydi, çok az şeyle yetinirdi ve kendisini tam bir insan olarak hissederdi. O, Katnut'unda [bebeklik/küçüklük] kalırdı, çünkü ilerlemeye ihtiyacı olmazdı, çünkü her şeyi gerçekten Yaradan'ın rızası için yapıyor olurdu.

Kli olmadan, yani ihtiyaç olmadan ışık olmaz diye bir kural vardır. Ancak kişi kendisi ihsan etme kaplarını elde edemediğinde ve Yaradan'dan kendisine yardım etmesini istemek zorunda kaldığında, kişi O'nun yardımına ihtiyaç duyar. Bu sayede her seferinde Yaradan'dan yeni bir yardım alır ve onun tüm yardımı, onun ruhunun bir parçasıdır. Bununla kişi ruhunun kökündeki NRNHY'ı almakla ödüllendirilir.

Kişi, cennetin krallığının yükünü kayıtsız şartsız üstlenmek konusunda dikkatli olmalıdır. Buna "koşulsuz teslimiyet" denir. Yani kişinin şöyle demesine gerek yoktur, "Eğer Yaradan bana Tora ve dua konusunda güzel bir tat verirse, kutsal çalışmayı yapabileceğim. Aksi halde Yaradan'ın hizmetkarı olamam."

Bu, Zohar'da yazıldığı gibidir (Truma, Madde 710) ve biz, ayetin anlamının bu olduğunu öğrendik: "'Çayırlarda gezinenler O'nun için bir şarkı yükseltin', onlar Netzah ve Hod'dur, onlar uyluklardır. Meyve vermezler; hepsi hurma dallarındaki söğüt ağaçlarına benzer."

Lulav'daki (Sukot'ta şenlikli bir şekilde kullanılan palmiye dalı) söğütlerin, çalışmanın söğütler gibi yapılması gerektiğini ima ettiği biliniyor. Her ne kadar söğütlerin ne tadı ne de kokusu yoksa da Baal HaSulam'ın (Hoşana'da) yazılanlar hakkında söylediği gibi, "Sizi deredeki söğütlerle eğlendirmek için." Yani, çalışma sırasında hiçbir tat hissetmese ve derenin söğütleri gibi tat veya kokudan yoksun olsa bile, bunlar insan için büyük eğlenceler olmalıdır. Buna "koşulsuz teslimiyet" denir ve yazılanın anlamı budur, "O'nun huzurunda sevinin", bu demektir ki, sanki büyük kazanımlara sahipmiş gibi mutlu olun. Yaradan'ın huzurunda eğlenmenin anlamı budur ve buna inanmalıyız.

Çalışmada Bir İneğin Küllerinin Arındırılması Ne Demektir?

Makale No. 23, Tav-Şin-Nun-Alef, 1990/91

RAŞİ, "Bu, yasanın hükmüdür" şeklinde yorumlar: "Şeytan ve dünya ulusları, 'Bu Mitzva [emir / iyi iş] nedir ve sebebi nedir' demek için İsrail'le alay ettikleri için, onun hakkında, 'Bu Benim katımda bir kanun, bir hükümdür; ondan şüphe etmeye izniniz yoktur' diye yazılmıştır. "Ve senin için alsınlar": Her zaman senin adını taşıyacaktır. 'Kırmızı bir inek': Bu, kralın sarayını kirleten bir hizmetçinin oğluna benzetilebilir. 'Annesi gelsin ve dışkısını temizlesin' demişlerdir. Benzer şekilde, inek gelsin ve buzağının kefaretini ödesin."

Külleri arındıran ineğin yakılması meselesinin bu çalışmada bize ne ifade ettiğini anlamalıyız. Ayrıca, bu kırmızı ineğin ne anlama geldiği hakkında soru soranlara cevap verme konusunu da anlamalıyız. Normalde birisi bir soru sorduğunda, kişi, soran kişinin kabul edebileceği bir cevap alır. Ancak burada ineğin amacının ne olduğunu soruyor ve cevap "tüzük", "kararname" oluyor. Bu cevap kabul edilebilir mi? Ayrıca neden bunun bir tüzük olduğunu söylediğini ve ardından inekle ilgili alegoriyi verdiğini de anlamalıyız, "Annesi gelsin ve oğlunu temizlesin", bu da bunun için zaten bir sebep olduğunu, yani annenin oğlunu temizleyeceğini ima eder.

Çalışmada tüm bunları anlamalıyız. Yaratılışın amacının O'nun yarattıklarına iyilik yapmak olduğu bilinmektedir ve bu nedenle Yaradan yaratılanlarda haz alma arzusu ve özlemi yaratmıştır. Ancak, eğer utanırlarsa, haz eksik olacağından, yaratılanların haz ve memnuniyet alırken utanç duymamaları için, bir insanın haz ve memnuniyeti kendi hazzı için, yani Kral'ın hediyesinden haz almak için almadığına dair bir ıslah yapılmıştır. Aslında tam tersine, Yaradan'dan haz alarak O'nun arzusunun yerine gelmesinden haz duymak içindir. Başka bir deyişle, kişi Yaradan yarattıklarına iyilik yapmak istediği için Yaradan'ın emrini yerine getirir. Aksi takdirde, hazdan kendisi için vazgeçmiş olur. Bundan dolayı burada utanılacak bir durum yoktur çünkü yaptığı her şey Yaradan'ın rızası içindir ve kendi çıkarı için değildir.

Bununla birlikte, Baal HaSulam neden ihsan etmek için her şeyi yapmamız gerektiğine dair başka bir açıklama getirmiştir, çünkü doğası gereği, bir kişi yüksek moralli olduğunda ve hayattan zevk aldığında, sahip olduğu mülk ona tam bir tatmin sağlıyorsa, çaba göstermeye ve sahip olduğundan daha fazlasını elde etmeye ihtiyaç duymaz. Dolayısıyla, manevi hazlar kişiyi tatmin ettiğinden ve maneviyattaki en küçük bir derece bile herhangi bir maddesel hazdan daha fazla tatmin sağladığından, kişi azla yetinecek ve ruhundaki NRNHY'yi edinmeye ihtiyaç duymayacaktır.

Ancak kişi ihsan etmek için çalıştığında, tüm çalışması sadece Yaradan'ı hoşnut etmek için olduğunda, kişi manevi bir derece edindiğinde ve bu hazzı Yaradan hoşlanacağı için aldığında, "Dünyanın Efendisi, sahip olduğumdan daha yüksek bir derece istemiyorum, çünkü aldığım tüm hazlar sadece Seni hoşnut etmek istediğim içindir ve Sana zaten bolca haz verdim ve Senin çok fazla haz almanı istemiyorum; Sana yeterince verdim ve Sana daha fazlasını vermek istemiyorum" diyemez.

Bilmeliyiz ki, kişi ihsan etmek için aldığında, Yaratıcısına ihsan etmekten sürekli daha büyük bir tat alır. Sonuç olarak, kişi "Daha fazla haz almak istemiyorum çünkü azla yetiniyorum" diyemez. Görünen o ki, Yaradan rızası için çalışmak kişinin her seferinde daha yüksek bir derece almak zorunda kalmasına neden olur, çünkü Yaradan'a "Sana zaten bolca haz verdim ve sana daha fazlasını veremem" diyemez. İşte bu yüzden ihsan etmek için çalışmalıyız.

Neden ihsan etmek için çalışmamız gerektiğinin başka bir açıklaması daha vardır: Bunun nedeni form eşitsizliğidir. Maneviyatta, form eşitliğine "birleşme", Dvekut [bütünleşme] denir ve form eşitsizliği "uzaklığa" ve "ayrılığa" neden olur. Ve kişinin hayatta çabalaması gereken en önemli şey O'na tutunmak olduğundan, insanın kendisine dünyada Kral'ın sarayında olmaktan daha önemli bir şey olmadığını tasvir etmesi gerektiğinden, form eşitliği yoluyla, bilgelerimizin "O'nun niteliklerine tutunmak" hakkında söylediği gibi, "O nasıl merhametliyse, sen de öyle merhametlisin", bu sayede kişi Kral'ın sarayına girer ve her seferinde Kral'la konuşmakla ödüllendirilir.

Dolayısıyla, genel olarak, kendi iyiliğimiz için değil, Yaradan'ın rızası için çalışmamız gerektiğine dair üç neden vardır. Bu konuda şöyle yazılmıştır: "Bizi kendi ihtişamı için yaratan Tanrımız kutsaldır." Yaradan'a neden bizi kendi ihtişamımız için değil de Kendi ihtişamı için yarattığı konusunda teşekkür etmemiz gerektiğini anlamalıyız, zira eğer bizi kendi ihtişamımız için yaratmış olsaydı, tüm yaratılanlar

O'nu kutsardı. Yine de ayet, bizi Kendi ihtişamı için yarattığı için O'na şükretmemiz gerektiğini söyler. Bunda bizim yararımız nedir?

Cevap, Yaradan'ın O'na bir şey vermemize ihtiyacı olmadığını bilmemizin gerekliliğidir; yaratılışın tüm amacı, "O'nun yarattıklarına iyilik yapma arzusu" diye yazıldığı üzere, yalnızca yaratılan varlıkların iyiliği içindir. Yaratılanların yaratılışın amacına tam olarak ulaşılmasını engelleyebilecekleri için yukarıdaki üç nedenden dolayı bolluğu alabilmeleri amacıyla, 1) utançtan dolayı, 2) insanın azla yetinmemesi ve her birinin kendi ruhundaki NRNHY'yi edinmesi için, 3) form eşitliği olan Dvekut'tan dolayı, kişi Yaradan gibi ihsan etmek amacıyla çalışmalıdır.

Sonuç olarak, bizi Yaradan yarattı ve bize Tora'yı ve Mitzvot'u [emirleri/iyi işleri] verdi, bu sayede Yaradan'ın ihtişamına sahip olmak için her şeyi yapabilir hale gelebiliriz. Dolayısıyla, bizi Kendi ihtişamı için yarattığı için O'nu kutsadığımızda, bu O'nun bize rehberlik ettiği ve ihtişamı için çalışabilmemiz için bize araçlar verdiği anlamına gelir. Bu sayede, "O'nun yarattıklarına iyilik yapma arzusu" olarak adlandırılan yaratılış amacına ulaşabiliriz. Bilgelerimizin dediği gibi, "Yaradan dedi ki, 'Kötü eğilimi Ben yarattım; Tora'yı bir şifa olarak yarattım." Bunlar, her şeyi O'nun ihtişamı için yapabilmemizi sağlayan araçlardır. Bu nedenle O'na şükreder ve "Bizi ihtişamı için yaratan Tanrımız kutsaldır" deriz.

Kişinin ihsan etmek için çalışabilmesi, yani işleri kendi çıkarı için yapmaması için, bize akılda ve kalpte çalışma verilmiştir. "Akılla" demek, kişinin aklının ve mantığının onu yapmak zorunda bıraktığı şeylerin ötesine geçmesi gerektiği anlamına gelir. Buna "mantık ötesi" denir, yani kişi aklı ve mantığı yapmak istediği şeye karşı çıksa da buna inanır. Bu, bize mantık ötesi inanç Mitzvası'nın [Mitzvot'un tekili] verildiğini, yani aklın bize yapmamızı söylediği şeye itaat etmeyeceğimizi ve Tora'nın söylediği şeye inanmamızın emredildiği inancın, yaptığımız şey olduğunu ve inancın en büyük öneme sahip olduğunu ve aklın ve zekânın bizi yapmak zorunda bıraktığı şeyin daha düşük öneme sahip olduğunu söyleriz. Elbette daha önemli olanın peşinden gitmeliyiz ve buna "mantık ötesi inanç" denir.

Ancak inanç konusunda da üç şeyi ayırt etmeliyiz:

1) Örneğin, bir kişi dostuna 1.000 dolar verirse ve o kişi de bunu kabul ederse ve bundan tamamen emin olup inanırsa, bu adam benim dostum ve titiz bir insan olduğuna ve parayı verdiğine göre, orada mutlaka 1.000 dolar vardır diye düşünür ve saymaya gerek duymaz. Buna "mantığın altında inanç" denir. Başka bir deyişle, kişi ona inanır çünkü aklı inandığı şeye itiraz etmez, yani ona inanmakla akıl arasında bir çelişki yoktur. Bu da onun için inancın mantığın altında olduğunu ve mantığın daha önemli olduğunu gösterir. Yani, akıl itiraz etmediği için ona inanmaktadır. Ancak bu durum

akla ters düşerse muhtemelen inanmayacaktır. Bu yine de mantık ötesi bir inanç olarak görülmez.

2) Kişi ona "İşte 1000 dolar" der. Alıcı bunu üç kez sayar ve belirtilen miktarın orada olduğunu görür ve vericiye "Söylediğin gibi burada bu miktarın olduğuna inanıyorum" der. Bu kesinlikle inanç sayılmaz.

3) Kişi 1.000 doları üç kez sayar ve bir doların eksik olduğunu görür ama yine de parayı verene, "Sana inanıyorum ki burada 1.000 dolar var" der. Akıl ve zekâ burada daha az olduğunu söylese de, inandığını söyler. Buna gerçek " mantık ötesi" denir. Ancak mantık ötesi inancı sürdürmek, yani "ben aklımı iptal ediyorum, üç kere saymış olmamın bir önemi yok ama mantık ötesi inançla inanıyorum" demek, yani inancın akıldan daha önemli olduğunu söylemek, işte bu zor bir iştir.

Bununla, kişinin sahip olması gereken Yaradan inancının, aklını ve aklının ona söylediklerini iptal ettiği yerde, "Aklım dünyanın tozu gibi iptal olacak" diyerek, görüşünü Tora'nın görüşünden önce iptal ettiği düşünülür. Buna "aklın çalışması" denir.

Bir de kalbin çalışması vardır. Kalbe "arzu" denir. İnsan kendi iyiliği için alma, yani hayattan zevk alma arzusuyla yaratıldığından, Yaradan'ın rızası için çalışması gerektiği söylendiğinde, bu doğaya aykırıdır, öyleyse buna neden ihtiyaç duyulur? Bir kişinin yukarıdaki üç nedenden dolayı her şeyi Yaradan'ın rızası için yapması gerekir ve bu yüzden bu özel bir çalışmadır, çünkü bununla kişi her şeyi kendi iyiliği için yapmak istediği gerçeğini bilir, insan kendisi için alma arzusuyla doğduğundan, çalışmasını iki şekilde bölmelidir: 1) Zihinde, ki bu da kişinin inancının durumuna dikkat etmesi gerektiğidir. Ancak inançta kişi ödül almak için çalışabilir, yani Tora ve Mitzvot'u yerine getirebilir çünkü bu daha sonra onu ödüllendirecektir, yani bundan kendisi için fayda sağlayacak ve bu nedenle ayrı kalacaktır.

Dolayısıyla, "kalp" adı verilen bir başka özel çalışma daha vardır ki bu da "başkalarının sevgisi "dir. Eğer kişi sadece başkalarını sevmek için çalışırsa, yine de Keduşa'nın [kutsallığın] dışında kalacaktır, çünkü başkalarını sevmek yaratılışın amacı değildir, çünkü yaratılışın amacı O'nun yarattıklarına iyilik yapmaktır, yani yaratılanların Yaradan'dan haz ve memnuniyet almalarıdır. Ama eğer inançları yoksa, Yaradan'a inançları yokken Yaradan'dan nasıl bir şey alabilirler? Dolayısıyla, çalışma iki şekilde olmalıdır.

Ancak Baal HaSulam, inançla gitmemiz gerektiği ve Yaradan'ın bilme yoluyla O'na hizmet etmemize izin vermediği gerçeğinin, çalışmanın kişinin kendi iyiliği için olmaması için de olduğunu söyledi, zira eğer Yaradan yaratılanlara ifşa olsaydı ve onların inanca ihtiyacı olmasaydı, Yaradan'ın rızası için bir şey yapmak imkânsız olurdu. Maddesel hazları sadece ihsan etmek için almanın ne kadar zor olduğunu görebiliriz ve bu durum manevi hazlarda çok daha fazladır, çünkü manevi bir hazda en küçük bir parça bile maddesel hazlardan daha fazla haz alır, bu yüzden ihsan etmek için almak kesinlikle mümkün olmayacaktır. Dolayısıyla, iki şekilde çalışma vardır: 1) zihinde, 2) kalpte.

Buna göre, "Bir ineği küllerinden arındırmanın anlamı nedir?" diye sorduğumuz soruyu çalışmada yorumlamalıyız. Bilgelerimiz, "Çünkü Şeytan ve dünya ulusları, 'Bu Mitzva da ne?' diyerek İsrail'le alay ederler" diyerek, bu konuda "Bu bir tüzüktür" diye yazmasının nedeninin bu olduğunu söylerler. Kabul edilebilecek cevabın ne olduğunu sorduk, çünkü bunun neden böyle olduğunu soruyorlar ve soran kişinin nedenini anlayabilmesi için cevap vermemiz mantıklıdır. Ama cevap nedir? "Bu Benim katımda bir kanun, bir hükümdür; bundan şüphe etmeye izniniz yoktur."

Mesele şu ki, çalışmanın düzeni, çalışmaya zihinde başlamamız, yani mantık ötesi inancı üstlenmemiz gerektiğinden, bu nedenle, eğer dünya ulusları "Bu Mitzva nedir?" diye sormayıp sadece mantık ötesi inancı üstlenirlerse, bu birinci türden bir inanç olarak kabul edilir, ki bunun yukarıda kendisine 1.000 dolar veren ve miktarın belirtildiği gibi olduğuna inanan ve onları saymayan bir kişi gibi olduğunu söylemiştik.

Ancak gelip de "Bu Mitzva nedir ve sebebi nedir?" diye sorduklarında, bu üçüncü tür inanca benzer ki, bunun da saydığı ve sayımının eksik olduğu, ancak yine de ona mantık ötesi inandığı, yani verenin önünde aklını ve mantığını iptal ettiği zaman olduğunu söylemiştik. Buna " mantık ötesi inanç" denir. Dolayısıyla, kişinin bedenindeki dünya ulusları bu Mitzva'nın ne olduğunu ve sebebinin ne olduğunu sorduğunda, beden aklın ve mantığın üzerinde olan şeylerden hiçbir tat almadığından, doğru ve gerçek cevap bedene bu soruların kendisine yukarıdan gönderildiğine inandığını ve böylece şimdi mantık ötesi inanç Mitzva'sını yerine getirebileceğini söylemektir. Dolayısıyla, doğru cevap bunun özellikle bir kanun ve hüküm olmasıdır. Bu durumda, kişinin neden Kral'ın yararına çalışmak istediğine dair makul cevaplar vermesi yasaktır.

Bundan çıkan sonuç, kişinin tam olarak kanun ve kararnamenin cevabı sayesinde Yaradan'ın çalışmasında ilerleyebileceğidir. Kişi dünya uluslarının argümanlarının üstesinden gelemeyeceğini görse de bu konuda da mantık ötesi bir şekilde inanmalıdır ki, üstesinden gelememesinin nedeni zayıf bir karaktere sahip olması ve bu yüzden üstesinden gelememesi değil, daha ziyade yukarıda istenen şeyin bu olmasıdır - üstesinden gelemeyecek olmasıdır.

Ve bunun nedeni özellikle üstesinden gelememekle, şimdi Yaradan'ın üstesinden gelmesine yardım etmesi için dua etme fırsatını elde etmesidir. Bunun faydası, özellikle yukarıdan gelen yardım sayesinde, ruhunda NRNHY ile ödüllendirilmenin mümkün olmasıdır, zira kişi her yardım aldığında, bu yukarıdan bir aydınlatma almak suretiyle olur. Dolayısıyla, şimdi ruhun Gadlut'u [büyüklüğü/yetişkinliği] ile ödüllendirilme fırsatına sahiptir çünkü Yaradan'ın kendisine yardım etmesine ihtiyacı vardır. Zohar'ın, O'nun yardımının kişiye yukarıdan bir ruh vermek olduğunu söylediği bilinmektedir.

Bu nedenle, kişi bedeni gelip de "Tora ve Mitzvot'tan tat almadığını görüyorsan, neden bu kadar çaba sarf ediyorsun?" diye sorduğunda dikkatli olmalıdır. Kişi entelektüel olarak cevap vermenin yollarını düşünmemeli, bunun yerine bedene şöyle demelidir: "Bana bu argümanlarla yaklaştığın için sana minnettarım, çünkü mantıklı bir şekilde konuşursak, haklı olduğunu söylüyorum, yani sağduyu açısından bakıldığında, hareketsiz oturmam gerekir. Yine de mantık ötesi çalışıyorum ve sen üstesinden gelmeme izin vermiyor olsan da ben elimden geldiğince üstesinden gelmek istiyorum. Bu nedenle, sana üstün gelebilmek için Yaradan'ın yardımını istiyorum. Bu en iyi fırsat olmalı, çünkü bu sayede Keduşa'ya girmeye ve ihsan etmek için her şeyi yapmaya hak kazanabilirim. "Bu Benim katımda bir kanun, bir kararnamedir" cevabının, bir kişinin çalışmada ilerlemesi ve kalıcı inanca ulaşması için, Yaradan'ın ona akıl ve kalp ile ödüllendirilmesine yardım etmesi için gerçek cevap olduğu anlaşılmaktadır.

Yukarıdakilere göre, sorduğumuz şeyi yorumlayabiliriz, bir yandan bir ineğin herhangi bir sebep olmaksızın bir tüzük olduğunu söyler, ancak daha sonra bilgelerimiz "kralın sarayını kirleten bir hizmetçinin oğlu" hakkındaki alegori aracılığıyla bir sebep verir. 'Annesi gelsin ve dışkıyı temizlesin' derler. Benzer şekilde, inek gelsin ve buzağının kefaretini ödesin." Böylece, kırmızı inek için bir neden verirler ve cevap annenin gelip oğlunu temizlemesidir. Bu, kırmızı ineğin sebepsiz bir kanun olmasının cevabıdır. Bu, buzağının günahının Zohar'da ("Zohar Kitabı'nın Girişi," Madde 14) yazıldığı gibi olduğu anlamına gelir, "Buzağı ile günah işleyenler, 'Bunlar [ELEH] senin tanrıların, ey İsrail' dediler, çünkü o giysiyi lekelediler ve bolluk başka tanrılara gitti." Bu, " mantık ötesi inanç" olarak adlandırılan Hasadim'in giysisini kabul etmek istememek olarak kabul edilen Hasadim'in kıyafeti olmadan Hohma'nın ışığını almak istedikleri anlamına gelir.

Bu nedenle, kırmızı inek emri bununla ilgilidir, bu emir tamamen kanun ve kararnamedir, tamamen mantık ötesidir, çünkü bu ineğe "anne" denir ve kişi mantık ötesi inançla gitmek istememe günahını ıslah ederse, bununla günah ıslah edilmiş olur. Buradan kırmızı ineğin kendisi için bir mantık olmadığı sonucu çıkar. Aksine, kırmızı inek konusu tamamen mantık ötesi olduğu için, bu onların buzağı günahıyla istedikleri şeyi ıslah edecek, "Bunlar senin tanrıların İsrail" dediklerinde her şey mantık dahilinde olacaktır. Buradan kırmızı inek meselesinin tamamen mantık ötesi olduğu sonucu çıkar ki bu da saf olmayanı saflaştıran inanç meselesine işaret eder, çünkü Tuma'a [kirlilik] kişinin kendi menfaati için alma arzusundan gelir ve alma arzusundan kurtulmanın ıslahı mantık ötesi inanç çalışmasını kabul etmektir, çünkü ancak o zaman kişi Yaradan'dan yardım ister ve bununla alma arzusunun hükmünden çıkar. Buna "Mısır'dan çıkış" denir, çünkü "Benim ve bir elçi değil" diye yazıldığı üzere, onları Mısır'dan sadece Yaradan'ın Kendisi kurtarmıştır.

Sonuç olarak, külleri arındıran kırmızı ineğin anlamı, külün iptal edilen bir şeye işaret etmesidir, örneğin ineğin yakılmasından sonra, geriye sadece küller kaldığında, kişi Yaradan'ın arzusu önünde aklını ve arzusunu iptal ettiğinde, iptal etme anlamına gelir. O zaman, kişi Yaradan'ın ihsan etme arzusu ile ödüllendirilir. Bir kişi ihsan etme arzusuna sahip olduğunda, ona "saf insan" denir, çünkü o Yaradan'a memnuniyet getirmedikçe hiçbir şey yapmaz.

Yukarıdakilere göre, (Yotzer'de, "İnek" bölümü için) "saf olmayanı arındırmak, saf olanı 'kutsal' diyerek kirletmek" şeklinde yazılanları yorumlamalıyız. Aynı konuda iki zıtlığın nasıl olabileceğini anlamalıyız. Çalışmada, kişinin kendisini mantık ötesi inancı üstlenmeye hazırlamaya başladığında, hemen kirlendiği yorumunu yapmalıyız. Yani, bu çalışmaya başlamadan önce, ödül almak için çalıştığında, kendisinin erdemli olduğunu hissediyordu. Diğer bir deyişle, Tora ve Mitzvot'a uyduğunu görüyor ve içinde herhangi bir kusur bulmuyordu. Bu nedenle, saf olduğunu ve herhangi bir Tuma'ya sahip olmadığını biliyordu. Sadece başkaları için endişeleniyordu -Yaradan'ın yolunda yürümedikleri için ve inancı vermek istiyordu ama onu dinlemiyorlardı. Ama kendisiyle ilgili olarak, eğer sadece almak isterlerse, birçok insana dağıtmak için yeterli inanca sahip olduğunu biliyordu.

Ama ihsan etme ve Yaradan'a mantık ötesi bir şekilde inanma çalışmasına başladığında, gerçeği, kendi sevgisine dalmış olduğunu ve inançtan yoksun olduğunu görür. Bu da onun artık saf olmadığını gösterir. Buna "saf olanı kirletmek" denir. Ancak daha sonra, "saf olmayanı arındırmak" ile ödüllendirilir.

Çalışmada Kişinin Bir Oğul ve Bir Kız Çocuk Doğurması Ne Anlama Gelir?

Makale No. 24, Tav-Şin-Nun-Alef, 1990/91

Zohar'da (VaYikra, Madde 94-95) şöyle yazar, "O, bu yüzden onu erkek ve dişi olarak yarattı, böylece yukarıdaki gibi bütün olacaktı. Ve ondan ve karısından bir oğul ve kız dünyaya geldi ve o zaman o, yukarıdaki gibi bütün bir adamdır ve üstteki Kutsal İsim gibi aşağıyı da tamamlar. Bu böyledir çünkü Yod-Hey AVI'dir ve Vav-Hey oğul ve kızdır. Bu durumda kişi, üstteki Kutsal İsim'in adıyla çağrılır. Aşağıdaki Kutsal İsmi tamamlamak istemeyen, yani bir oğul ve kız doğurmak istemeyen bir kişinin, doğmaması onun için daha iyi olur, çünkü onun Kutsal İsimde hiçbir payı yoktur."

Çalışmada bunun, eğer kişinin bir oğlu ve bir kızı yoksa, doğmamasının onun için daha iyi olmasının bize ne ifade ettiğini anlamalıyız. Dünyada iki şeyi ayırt etmemiz gerektiği bilinmektedir: 1) Yaratılışın amacı olan "O'nun yarattıklarına iyilik yapması", yani yaratılanların zevk ve haz alması. Bu nedenle O, yaratılanlarda zevk ve haz alma arzusu ve özlemi duyacakları bir doğa yaratmıştır. Eğer yaratılanlar O'ndan haz ve zevk alırlarsa, bu Yaradan'a O'nun arzusunu yerine getirdikleri ve O'ndan zevk aldıkları için hoşnutluk getirir. 2) Yaratılışın ıslahı. Yaratılanların haz alırken utanç duymamaları için, yaratılanların sadece Yaradan'ı memnun etmek adına haz almaları gerekir, kendi çıkarları için değil. Bu, hayattan keyif almak istemelerinin sebebinin, bunu Yaradan'ın istemesi olduğu anlamına gelirken, kendileri açısından, Yaradan'a bağlanmak istedikleri için hazlardan feragat edeceklerdir, ki buna "form eşitliği" denir.

Bu nedenle, içimizde iki tür Kelim [kap] ayırt ederiz: 1) "İhsan etme kapları" ve bunların içine çekilen ışık, bu ışığa "Hasadim ışığı" denir. Bu ışık, "eril ışık" olarak adlandırılır, zira ışığın kıyafetlendiği Kli [kap] ihsan etme Kli'sidir ve erkek "ihsan eden" olarak adlandırılır.

Alma kaplarında kıyafetlenen ışığa "Hohma ışığı" veya "yaşam ışığı" denir ve Hohma ışığını alan Kli'ye "dişi", yani alan denir. Bu şu anlama gelir, bu ışığa "yaratılış amacının ışığı" denildiği için, ki bu "O'nun yarattıklarına iyilik yapmasıdır", yani Yaradan Verendir ve alttakilerin almasını ister, bu yüzden alma Kli'sine "dişi" denir, bu da Yaradan'dan alır ve Yaradan Verendir.

İhsan etme kaplarında ise durum tam tersidir -alttaki üsttekine ihsan eder. Bu yüzden alttaki "erkek" olarak adlandırılır, zira bilgelerimizin dediği gibi (VaYikra, Madde 98), "İsrail cennetteki babaları için verir."

Bu nedenle çalışmanın sırası şudur: insan, kendi iyiliği için alma arzusu doğasıyla yaratıldığından, insanın çalışmasının başlangıcı, yaptığı her şeyin Yaradan'ın rızası için olduğu bir koşula gelmeye çalışmasıdır. Ve burada kişi, yapabileceği her şeyi yapmaya başlar, yani Tora ve Mitzvot'u [emirleri/iyi işleri] yerine getirir, böylece "kötülüğün tanınmasını" edinir, yani yerine getirdiği Tora ve Mitzvot için ödül ister ve ödülü, kötülüğün tanınmasıdır, yani kendisi için alma arzusunun kötü ve yaşamına zararlı olduğunu, bu nedenle manevi yaşamla ödüllendirilemeyeceğini bilmesi ve hissetmesidir. Bu, kişinin "kötülüğün tanınması" olarak adlandırılan ödülüdür; artık kendisi için alma arzusunun zarar verici olduğunu ve ölüm meleği olduğunu bilmektedir.

Dolayısıyla, eğer kişi halen alma arzusunun ölüm meleği olduğunu hissetmediğini söylüyorsa, bunun, gerçeği görebilmek için daha fazla ışığa ihtiyaç duymasından kaynaklandığını bilmelidir, zira karanlıkta göremeyiz. "Ve Tora ışıktır" diye yazıldığı üzere, ışığa "Tora" denir. Bu sebepledir ki, kişi Tora'dan ışık almak niyetiyle Tora'da gayret göstermelidir ki, kendisine gerçek yaşamı, yani manevi yaşamı inkâr eden düşmanı ve ölüm meleğinin kim olduğu gerçeği ona gösterilebilsin.

Bu nedenle, kişi bazen "Arzu yokluğu günleri" denilen bir koşula geldiğinde, yani ne düşüncede ne konuşmada ne de eylemde hiçbir şey yapmak için bir enerjisi olmadığında, bunun nedeni Yaradan'ın insanı "Tanrı'nın yapmak için yarattığını" yapmak için yaratmış olmasıdır. Dolayısıyla, kişi çalışmasında ilerlemediğini gördüğünde, çalışma araçlarını kaybeder, yani motivasyonu kalmaz. O zaman soru şudur: Kişi böyle bir durumdayken ne yapmalıdır?

Cevap şudur ki, o zaman kişi bu durumun da -içinde uyanan bir arzu ve bu arzuyu doldurabilecek bir şey olmadığında, ancak o anda içinde bulunduğu durumu kabul etmek istediğinde- Yaradan'dan geldiğine ve ona kasten gönderildiğine "mantık ötesi" bir şekilde inanmalıdır. Ve bunun nedeni, "karanlığın içinden gelen ışığın avantajı gibi" olmasıdır.

Başka bir deyişle, kişi düşüşte olduğunu gördüğünde, daha sonra bu durumdan çıkmakla ödüllendirildiğinde, yükseliş durumunun önemini nasıl takdir edeceğini bilecektir. Yani, o zaman ışık ve karanlık arasındaki farkı ayırt edebilecek ve kendisini maneviyata yaklaştırdığı için Yaradan'a teşekkür edebilecektir. O zaman, konunun önemini takdir ettiğinde, Tora'nın ışığını yayma gücüne sahip olacaktır, zira o zaman "kutsanmış olan Kutsal Olan'a tutunur". Kişi bütünlüğünü, sahip olduklarıyla ne kadar kutsanmış olduğunu, Yaradan'ın onu ne kadar yakınlaştırdığını takdir ettiği ölçüde, "kutsanmış olan Kutsal Olan'a tutunur" diye yazıldığı gibi, kutsamayı da o ölçüde yayabilir.

Bu nedenle, eğer kişinin karanlığı yoksa, ışığı takdir edemez. Dolayısıyla, kişi Yaradan'a yakınlık elde edebildiği için, yükseliş halini nasıl takdir edeceğini bildiği zamanki kadar memnun olmaz. Bu nedenle, bunlar orantılıdır: Kişi kendisini O'na yaklaştırdığı için Yaradan'a ne ölçüde şükreder ve övgüde bulunursa ve Yaradan tarafından ne ölçüde kutsanmış hissederse, o ölçüde yukarıdan bolluğu çekebilir. Buradan, kişinin çekebileceği bolluk miktarının, kişinin "kutsanmış" koşulunda olduğu seviyeyle orantılı olduğu sonucu çıkar.

Kişi galip geldiğinde ve Yaradan'dan yardım istediğinde, kalbinde "alma arzusu" adı verilen bir zarar verici olduğuna ve bundan kurtulamayacağına karar verdikten sonra, yani birkaç yükseliş ve düşüşten geçtikten sonra, sonunda çıplak ve yoksul kaldığını görür. O zaman duası kalbin derinliklerinden gelir. Yani, Yaradan ona yardım etmezse bunun üstesinden gelemeyeceğini görür.

Her ne kadar kişi, mantık ötesinde sadece Yaradan'ın kendisine yardım edeceğine inandığını söyleyebilse de, mantık dahilinde bunu hissetmez, zira maneviyatta bir şeyleri edinmek için çaba ve emeği kendisinin sarf ettiğini bilir. Fakat kişi tüm çabalardan sonra, kendisi için alma arzusunun hükmünden kurtulamadığını gördüğünde, o zaman mantık dahilinde sadece Yaradan'ın ona yardım edebileceğini görür.

Sonuç olarak, bilgelerimizin dediği gibidir, "İnsanın eğilimi onu her gün yener ve Yaradan'ın yardımı olmasaydı, bunun üstesinden gelemezdi", Tora ve Mitzvot'u yerine getiren Yaradan'ın sıradan işçilerinin "mantık ötesinde" bunun böyle olduğuna, Yaradan'ın onlara yardım ettiğine inandıkları gibi, buna mantık ötesi bir şekilde inanmaya ihtiyaç duymaz. Aksine, ihsan etmek için çalışmak isteyen insanlar için, bu, mantık dahilindedir, Yaradan'ın alma arzusunun hükmünden çıkmalarına yardım edebileceğine mantık ötesinde inanmaları gereken noktaya kadar.

Bu, Zohar'da ajanlar hakkında yazıldığı gibidir; ajanlar, ev sahibinin kendi kaplarını kurtaramayacağını söylemişlerdir. Baal HaSulam bu konuda, İsrail topraklarına iftira atan ajanların, Malhut olan Eretz'e [toprak] atıfta bulundukları anlamına geldiğini söylemiştir. Ajanlar, Yaradan'ın da kendi Kelim'ini [kaplarını], yani Keduşa [kutsallık] Kelim'ini, yani ihsan etme kaplarını kurtarmaya yardım edemeyeceğini söylediler. Dolayısıyla herkes, kendi için almanın kontrolünden çıkmanın insanın gücü dâhilinde olmadığını, ancak Yaradan'ın yardım edebileceğine inanmamız gerektiğini biliyordu.

Bu durumda kişi, Yaradan'ın bu konuda yardım edebileceğinin doğru olup olmadığı konusunda şüpheye düşer zira Yaradan'dan kendisine yardım etmesini, ihsan etme arzusunu vermesini ve Yaradan sevgisi ile ödüllendirmesini defalarca istediğini ancak dualarına hiçbir cevap alamadığını söyler. O zaman, Yaradan'ın kendisine yardım edeceğine inanmak onun için zordur. Ama gösterdiği tüm çabalardan sonra, mücadeleden kaçmadan, ihsan etme arzusunu edinmekle ödüllendirilir ve o zaman mantık dahilinde görür ki, "Yaradan'ın yardımı olmasaydı, bunun üstesinden gelemezdi."

Sonuç olarak, şimdi Yaradan ona yardım ettiğine ve dualarını kabul ettiğine göre, Yaradan'dan kendisine yardım etmesini istediğinde, şöyle denildiği gibidir, "O, yasasıyla [Tora] kalplerimizi açacak ve kalplerimize O'nun korkusunu ve sevgisini yerleştirecek, O'nun arzusunu yerine getirmek ve O'na tüm kalbimizle hizmet etmemiz için." Kişi dualarını kabul ettiği için Yaradan'ı nasıl da över ve Yaradan'dan aldığı kutsamaya nasıl da değer verir. Artık kişi gerçekten "kutsanmış" olarak adlandırılır. Ve buna uygun olarak, "Kutsanmış olan Kutsal Olan'a tutunur" deriz ve o zaman kişi büyük bir aydınlanma alabilir çünkü onun "kutsanmış" niteliği büyüktür.

Bununla birlikte, kişi bir kez ihsan etme kaplarıyla ödüllendirildiğinde, bir oğul, yani bir erkek çocuk doğurmuş sayılır. Yani, "ihsan etme kaplarını" edinmiştir, bu da yaratılışın ıslahıyla ödüllendirildiği anlamına gelir ki bu da Hesed'dir [merhamet/lütuf], bu da Yaradan'a yukarıdan uzanan ihsan etme kaplarıyla hizmet etmek anlamına gelir ("Hasadim "in uzandığı Zeir Anpin'den, çünkü Hasadim'i ihsan eden ZA'ya "erkek" denir).

Buna göre hazırlığa "baba" denir, çünkü bir şey için yapılan hazırlığa "sebep" ve sonuca da "oğul" denir. Bu, kişinin bir erkek çocuk doğurduğu, şimdi ihsan etme arzusunu üzerine aldığı, bunun yaratılışın ıslahı olduğu, bu sayede zevk ve haz alabileceği anlamına gelir.

Dolayısıyla, kişi, "yaratılışın ıslahı" olarak adlandırılan bir erkek çocuğa sahip olduğunda, yaratılışın amacını, yani "O'nun yarattıklarına iyilik yapma arzusunu" edinmeye çalışması gereken zaman gelir. Bu, bolluğun yukarıdan aşağıya doğru geldiği, yani aşağıdakinin alıcı olduğu anlamına gelir. Bu, şimdi yaratılış amacının ışığını alan bir kız çocuğu niteliğinin doğması olarak kabul edilir. Bu, Veren'den alan bir dişidir ve buna HaVaYaH isminin son Hey'i olan Malhut denir.

Başka bir deyişle, şimdi HaVaYaH isminin Vav-Hey'ini işaret eden bir oğlu ve bir kızı vardır (HaVaYaH ismi Yod-Hey-Vav-Hey harflerinden oluştuğu için, burada Yod Hohma'dır, ilk Hey Bina'dır, buradan ZA niteliği genişletilir, Hesed olarak adlandırılır ve Hasadim'i alır. Malhut da Yod-Hey'den genişler, çünkü Hohma'yı alır, "kız evlat" olarak adlandırılır). Dolayısıyla, kişi çalışmasıyla "oğul" ve "kız" niteliklerini taşımakla ödüllendirildiğinde, kutsal ismi tamamlamış kabul edilir.

Eğer kişi çalışmasıyla bir oğul ve bir kız doğurmamışsa, kutsal ismi tamamlamamış demektir. Bu nedenle Zohar, doğmamış olmasının onun için daha iyi olacağını söyler, zira bilgelerimizin "Efendimiz yemin etti; Efendimiz Amalek'e karşı savaşacak" ayeti (Çıkış 17:16) hakkında söyledikleri gibi, insan ıslahlar yapmak ve kutsal ismi tamamlamak amacıyla dünyaya gelir. Onlar, "Yaradan, Amalek'in adını silmeden adının tamamlanmayacağına ve tahtının tamamlanmayacağına yemin etti" dediler.

HB olarak adlandırılan Yod-Hey isminin Vav-Hey'i aydınlatması gerektiğine dair yorum yapmalıyız. Bu, içinde Hasadim'in ışığının parladığı ihsan etme kapları olan bir oğul ve bir kız, yani bir erkek doğuran ve aynı zamanda Hohma'nın ışığının aydınlattığı alma kapları olan "kız" olarak adlandırılan Malhut'a uzanan insanın çalışmasıyla gelir. O zaman, kişi çalışmasıyla, Yod-Hey-Vav-Hey denilen kutsal ismi tamamlar ve bu Amalek'i silerek, yani kutsal ismi tamamlamak için Tora ve Mitzvot ile meşgul olarak gelir. Ve sonra "O birdir ve O'nun adı Bir'dir" denilen bütünlüğü ifşa edecektir.

Sonuç olarak, kutsal ismi tamamlamayan, bir oğul ve bir kız doğurmayan, yani içinde erkek olarak kabul edilen Hasadim'in ışığının parladığı ihsan etme kaplarını ıslah etmeyen kişi, "erkek" olarak adlandırılan bir oğul doğurmuş olsa bile, "dişi" yani içinde yukarıdan aşağıya yaratılanlara doğru parlayan ışık demek olan 'dişi' olarak adlandırılan Hohma ışığının parladığı Keduşa'ya girecek bir "kız" yani alma kaplarını doğurma işini tamamlamamıştır, çünkü bolluğun alıcıları "dişi" olarak adlandırılır, bize onun hala işini tamamlamadığı söylenir. Bu nedenle, onun için doğmamış olması daha iyidir çünkü kutsal isimde hiçbir payı yoktur.

Bu yukarıda söylendiği gibidir, kişi, Vav-Hey'i çekmemiştir, çünkü ışığı Vav-Hey'e çekmek alttakilerin eylemlerine bağlıdır. "Tanrı'nın yapmak için yarattığı" ifadesinin anlamı budur, aşağıdakilerin iyi eylemleri aracılığıyla çekmeleri gerekir. ARI'nın şöyle dediği gibi, "Aşağıdakilerin tüm işleri, ister iyi ister kötü işler olsun, sadece ZA ve Malhut olarak adlandırılan Vav-Hey'i ilgilendirir."

Yukarıdakilere göre, "Bu ay sizin içindir" yazısını yorumlamalıyız. "Güneşin altında yeni bir şey yoktur" [Hodeş (ay), Hiduş (yenilenme) kelimesinden gelir] şeklinde yorumlamalıyız. O halde, "Bu ay sizedir" diye yazılı olan yenilenmenin anlamı nedir? Bunun cevabı "size" dir, çünkü tüm yenilikler ve değişiklikler özellikle "sizedir", yani sizin içindir. Başka bir deyişle, Yaradan'la ilgili olarak, "Ben Efendiniz değişmem" diye yazılmıştır. Bu, Yaradan'la ilgili olarak hiçbir değişiklik olmadığı anlamına gelir. Aksine, tüm dereceler ve değişimler sadece alıcıların bakış açısına göredir.

Peki ama alıcılar açısından neden değişiklikler vardır? Ne de olsa, maneviyatta (hiçbir) değişiklik yoktur. Cevap şudur: herhangi bir ışığı almak ancak giysinin büyüklüğüne göre mümkün olduğundan, giysi ışıktaki değişiklikleri etkiler, böylece giysinin değerine göre ışıktaki kazanım da öyle olur.

Peki ışığın kıyafetlendiği giysi nedir? Bu giysi Ohr Hozer'dir [Yansıyan Işık]. Bu, zevk ve haz alırken utançtan kaçınmak için bir Tzimtzum [kısıtlama] ve gizliliğin olduğu bir ıslah olduğu için ışığı göremediğimiz, ancak kişinin ihsan etmek için alabildiği ölçüde görebildiğimiz anlamına gelir. Başka bir deyişle, kişi ihsan etmeyi amaçlayabildiği ölçüde, ışık ona ifşa edilir.

Dolayısıyla, Kli ışığı esasen kişinin Yaradan'a ihsan edebildiği ölçüde alabilir ve Yaradan rızası için olmadıkça hiçbir şey yapmaz. İhsan etmek için çalışma konusu doğaya aykırı olduğu için, bu çalışma çok ağır ilerler. Kişi ne ölçüde üstesinden gelirse, ihsan etmek için çalışmayı ne ölçüde başarırsa, o ölçüde giyinir ve ışığı edinir. Doğal olarak, alanların çalışmalarının değerine göre birçok derece oluşur, ancak Veren açısından bakıldığında hiçbir değişiklik yoktur. "Bu ay sizedir" sözlerinin anlamı budur, yani tüm değişiklikler sizin içindir, yani bu sizin çalışmanızdır, sizin içindir, alttakiler içindir.

Ve asıl çalışma, "mantık ötesi inanç" olan ek üstesinden gelmeye ihtiyaç duymamızdır, yani çalışmadaki her türlü yenilenme "mantık ötesi inançtan" gelir. Bunun tersine, "mantık dahilindeki inanç" ile çalışanlarda hiçbir yenilenme olmaz. "Güneşin altında yeni bir şey yoktur" sözlerinin anlamı budur, yani özellikle güneşin altında yenilenme yoktur, ama güneşin üstünde yenilenme vardır.

Çalışmadaki "güneş"in anlamını anlamalıyız. Güneş, gün boyunca parlar. "Gün", yazıldığı gibi (Pesahim 2), "'Katil şafakta kalkar; yoksulu ve düşkünü öldürür' anlamına gelir. Bu, ışığın gündüz olduğu anlamına mı gelir?" Bunun anlamı şudur: Eğer konu sizin için gün gibi açıksa, buna "güneş" denir, bu da bilmek anlamına gelir. Tersine, "gece" şüphe anlamına gelir. "Güneşin altında yeni bir şey yoktur" sözünün anlamı şudur: eğer güneş, yani bilgi, üstün bir öneme sahipse, yani kişinin aklı eylemlerin nedeni ise, bu bakımdan çalışmada yenilenme yoktur, çünkü çalışma akla itiraz etmediğinde, orada yenilenme olmaz.

Ancak kişi, güneşin üzerinde, yani mantığının ötesinde çalışmak isterse, o zaman çalışmada yenilenmeler olur, çünkü her seferinde günahkâr ona gelir ve Firavun'un sorusunu ve günahkârın sorusunu sorar, bunlara "Kim" ve "Ne" denir ve kişi bunlara cevap vermelidir. Bu çalışma size aittir. Bu sorular ve cevaplardan her zaman yenilikler ortaya çıkar, "Güneşin altında yeni bir şey yoktur" denildiği üzere, ancak güneşin üstünde, yani mantık ötesinde yenilikler vardır.

Mantık ötesi çalışma kayıtsız şartsız teslim olmaktır. Yani, kişi mantık ötesinde cennetin krallığının yükünü üzerine almalıdır. Kişi şöyle demelidir: "Çalışma hakkında hiçbir fikrim olmamasına ve çalışmadan hiçbir tat almamama rağmen Yaradan'ın hizmetkârı olmak istiyorum. Yine de, sanki bu çalışmada bir edinimim, hissim ve bir tat varmış gibi tüm gücümle çalışmaya istekliyim ve kayıtsız şartsız çalışmaya hazırım." O zaman kişi ileriye gidebilir ve o zaman içinde bulunduğu seviyeden düşebileceği bir yer yoktur, zira tam toprağın içindeyken bile çalışmayı üstlenir, çünkü topraktan daha aşağıda olmak mümkün değildir.

Bu, "Bir nesil gider, bir nesil gelir ve yeryüzü sonsuza dek ayakta kalır" (Vaiz 1) diye yazıldığı gibidir. Çalışmada, "Bir nesil gider ve bir nesil gelir" ifadesini yükselişler ve düşüşler olarak yorumlamalıyız. Gerçek şu ki, kişi bilgiye özlem duyar, yani mantık ötesinde değil, özellikle mantık dâhilinde çalışmak ister, yani beden çalışmanın ve Kral'ın Mitzvot'unu [emirlerini/iyi işlerini] yerine getirmenin faydalarını anlarsa, emek vermeye ve çalışmaya istekli olduğunu söyler. Ancak mantık ötesi inanma konusunda, beden bunu kabul etmez. Bunun yerine kişi durur ve bedeninin bunu anlamasını bekler, aksi takdirde kutsal çalışmayı yapamaz. Bazen bu düşünce ve arzuların üstesinden gelir ve bu da onun yükseliş ve düşüşlerine neden olur.

Yine de, kişi "toz" koşulunda çalışmak istediğine karar verdiğinde, yani çalışmada toz tadını aldığında bile, Yaradan rızası için bir şeyler yapabilmenin kendisi için çok önemli olduğunu söyler ve kendisi için hangi tadı hissettiğini umursamaz ve toz tadını aldığı bu çalışmayla, yani bedenin bu çalışmayla alay ettiğini söyler, bedene kendi görüşüne göre bu çalışmanın "Şehina'yı [Kutsallığı] tozdan yükseltmek" olarak kabul edildiğini söyler.

Başka bir deyişle, beden bu çalışmada toz tadı alsa da, kişi bunun Keduşa olduğunu söyler ve çalışmada ne kadar tat aldığını ölçmez. Aksine, Yaradan'ın bu çalışmadan keyif aldığına inanır, çünkü burada kişinin alacağı bir şey yoktur, çünkü bu çalışmada sadece toz tadı olduğu için hiçbir lezzet veya koku yoktur. Bu nedenle de kişi, bunun kutsal bir çalışma olduğuna inanır ve bundan mutluluk duyar.

Buna göre, "Bir nesil gider ve bir nesil gelir" ifadesini yükselişler ve düşüşler olarak yorumlamalıyız. "Bir nesil gider", yükseliş halinin kendisinden ayrıldığı anlamına gelir ve "bir nesil gelir", başka bir yükselişin kendisine geldiği anlamına gelir. Bu sonsuzdur. Ancak, "yeryüzü sonsuza dek ayakta kalır". Yeryüzü, kişi yeryüzüne yerleştirildiğini, içinde bulunduğu durumdan daha aşağı bir durum olmadığını hissettiğinde "toprak" olarak kabul edilir. Kişi "toprak" gibi çalışırsa, yani "toz" halindeyken bile çalışmayı kabul ederse, bu "sonsuza dek ayakta kalır", çünkü zaten toprağa yerleştirildiği için düşmez ve toprağı kutsar.

Tövbe Eden Kişinin Mutluluk İçinde Olması Ne Anlama Gelir?

Makale No. 25, Tav-Şin-Nun-Alef, 1990/91

Zohar'da (VaYikra, 109-113. maddeler) şöyle yazar: "Rabbi Yehuda başladı ve 'Efendi'ye sevinçle hizmet edin' dedi. Öğrendik ki, kişinin Yaradan için yapmak istediği herhangi bir çalışma, sevinçle, isteyerek yapılmalıdır, böylece kişinin çalışması bir bütün olacaktır. Eğer bunun, insan Efendisinin emrini ihlal ettiği ve Efendisinin önünde tövbe ettiği için mümkün olmadığını söylerseniz, kişi, O'nun huzuruna hangi yüzle çıkar? Kuşkusuz kırık bir ruhla, yani hüzünlü bir ruhla. O halde neşe nerede? Bu neşe ve şarkılar ortada yok. Gerçekten de, ne ile ıslah edilirler? Kohen (rahip) ve Levililer tarafından. Neşe, Kohen'de (rahip) mevcuttur çünkü o her zaman yargıdan uzaktır ve şarkı söylemek Levililer'dedir. Artık hiçbir sunu bulunmadığına göre (Tapınak yıkıldığından beri), kişi neşeyi ve şarkı söylemeyi nasıl devam ettirir? Kişinin Efendisi'ni övmesinin ve Tora'nın neşesinin yanı sıra Tora'yı söylemesinin de neşe ve şarkı olduğunu öğrendik. Böylece öğrendik ki (Berakot 8), 'Kişi her zaman iki açılış ölçüsüne girmeli ve duasını etmelidir. Düşünebiliyor musunuz, gerçekten iki açılış? Bunun yerine, Hesed ve korku, yani Gevura denilen iki açılışın ölçüsü diyelim ve bunlar sonsuz açılmalardır."

Çalışmada bize Kohen'in (rahip) sevinç içinde olmasının ve Levililerin şarkı söylemesinin ve ayrıca sevincin kalpte ve şarkının ağızda olmasının ve özellikle bu ikisi tarafından sununun ıslah edilmesinin ne anlama geldiğini anlamalıyız. Mesele şu ki, çalışmanın sırasının, ödül almak için Tora ve Mitzvot'ta [emirler/iyi işler] çalışmaya başlamamız olduğu bilinmektedir ve ödül, her zaman kişinin almak istediği şeydir, ancak ona verme arzusu yoktur, bunun yerine kendisinden istenen şeyi öder ve insanın çalışmasının ödülü budur.

Doğal olarak, her insanın, bedeninin talep ettiği şeye karşı bir tutkusu vardır. Bu nedenle insanlar arasında, çocuklar arasında ve çocuklarla yetişkinler arasında farklılıklar vardır. Örneğin, bazen küçük çocuklar yemek yemek istemediğinde onlara "Yemek yersen ödül alacaksın" denildiğini görürüz, örneğin onlara oyuncak alınması gibi. Bu durumda çocuklar yemek yiyerek oyuncak alabilmek adına taviz vermiş olurlar. Oyuncağı elde etmek için yemek yiyerek çaba gösterirler. Büyüklere "Çalışırsanız yemek yemenize izin veririz" denir. Demek ki, herkesin "ödül" dediği özel bir şey vardır.

Bu nedenle, Yaradan çalışmasından, Yaradan'ın bize Tora ve Mitzvot'u yerine getirmemizi emrettiğinden bahsederken, bu kesinlikle çaba olarak kabul edilir, zira insan doğası gereği dinlenmeyi sever ve kendisinden bir şey yapması ve dinlenmeyi bırakması istenirse, hemen "Daha fazla ne kazanacağım?" yani "Şu anda dinlenmekten aldığım hazdan daha fazla ne haz alacağım?" diye sorar. Emek sarf etmekten alacağı hazzın, dinlenmekten aldığı hazdan daha az olduğunu duyduğunda, bunu kesinlikle yapmayacaktır.

Bu nedenle, kişi kutsal çalışmayı yapmaya başladığında, kendisi için alma arzusunun bu çalışmadan, kendisi için alma arzusunun dinlenmekten aldığı hazdan daha fazla haz alacağını anlaması dışında, hazzın ne olduğu konusunda hiçbir fikri yoktur. Bu nedenle, kişiye çalışması karşılığında alacağı bir ödül vaat edilir; Zohar'da yazıldığı gibi, kendisine "bu dünyanın sayısız hazlarına" ve öteki dünyada da bir ödüle sahip olacağı vaat edilir. Kişi buna yani ödül ve cezaya inandığı ölçüde çalışmaya istekli olur.

Bu, kendi yararına ödül almak amacıyla "tek bir çizgide çalışmak" olarak kabul edilir. Buna "uygulamada çalışma" denir. Demek ki, kişi, Yaradan'a, O'nun Musa aracılığıyla bize Tora ve Mitzvot'u yerine getirmemizi emrettiğine, bunun karşılığında ödüllendirileceğimize ve aksi takdirde cezalandırılacağımıza inanmalıdır. Bu ikisi, bizi Tora ve Mitzvot'u yerine getirmeye zorlar.

Bilgelerimizin ifadesiyle, buna "korku ve sevgi" denir; bilgelerimiz şöyle der: "Korku gereklidir çünkü korkan kişi tekme atmaz ve sevgi gereklidir çünkü seven kişi nefret etmez." Ancak, kişi halen zihninin Katnut'unda [küçüklüğünde] iken "ihsan etmek için" terimini anlaması mümkün değildir. Kişi bir ihsan etme söz konusu olduğunu anlayamaz. Bunun yerine, kişi yalnızca kendisinin ihsan etmesinin karşılığında ödül almak amacıyla ihsan etmesi gerektiğini anlayabilir.

Ancak, bu da almak için olmasına rağmen yüksek bir derece olarak kabul edilir. Buna Lo Lişma [O'nun rızası için değil] derecesi denir ki bilgelerimiz bu derece hakkında şöyle der: "Lo Lişma'dan Lişma'ya [O'nun rızası için] geliriz çünkü Lişma'daki ışık kişiyi ıslah eder." Bu nedenle, kişi Yaradan'a hizmet ederken Lo Lişma'yı bile takdir etme konusunda dikkatli olmalıdır. Kişi, kendisine Tora ve Mitzvot'u yerine getirme arzusu ve özlemi verdiği için Yaradan'a minnettar olmalıdır. Ve "Yaradan'ın hizmetkârı" olarak adlandırılacağı gerçek çalışmaya girmenin ilk koşulu, herhangi bir ödül olmaksızın sadece Yaradan'ın rızası için çalışmaktır.

Diğer taraftan, kişi ödül almak için çalıştığında, "kendisi için çalışıyor" olarak kabul edilir, yani Yaradan'ın rızası için değil, kendi çıkarı için çalışıyordur. Ancak, kişi yaptığı çalışmayı takdir etmeli ve onu küçümsememeli, aksine Tora ve Mitzvot'u uygulamada gözlemleyerek kendisini ödüllendirdiği için Yaradan'a teşekkür etmelidir.

Ancak sonrasında kişi, yetişkinler ve çocuklarla ilgili alegoride olduğu gibi, ödül ve ceza için farklı bir şekilde çalışmalıdır; burada ödül, kişinin Yaradan'a ihsan etmekle ödüllendirilmesi olmalıdır, yani artık ihsan etmeyi amaçlayabilir ve bu sayede Yaradan'la Dvekut'u [bütünleşmeyi] başarabilir. Kişinin Tora ve Mitzvot'taki emeği için talep etmesi gereken ödül budur.

Ancak, kişi her şeyi kendi iyiliği için yapmaya alışkın olduğundan, her ne kadar yazılı olana, kişinin her şeyi "Yaradan'ın rızası için" yapması gerektiğine inansa da, bedeni buna direnç gösterdiğinden, bu doğasına aykırı olduğundan, kişi bunun gerçekten büyük bir şey olduğuna, yani ihsan etmek anlamına geldiğine ve bir kişinin Tora ve Mitzvot'u yerine getirmesine değecek kadar önemli olduğuna, bu şeyin, yani ihsan etmek anlamına gelen şeyin, Tora ve Mitzvot'taki çalışmasının karşılığı olarak alacağı ödülün tamamının bu olacağına karar veremez.

İhsan etme mevzusu kişi için çok önemli olmadığından, Yaradan'dan bir hediye olarak kendisine ihsan etme arzusu vermesi için, Yaradan'a kalbinin derinliklerinden dua etmeye ihtiyaç duymaz. Buradan şu sonuç çıkar ki, kişi ihsan etmek için çalışmanın değerli olduğunu anlamasına rağmen, bunun gerekliliğini hissedebilmesi açısından, buna sahip değildir. Bu yüzden kişi çalışmalıdır ki, Yaradan ona konunun gerekliliğini, ihsan etme arzusunun kişiyi yaratılışın amacına ki bu yaratılışın amacında bulunan haz ve zevkin edinilmesidir, nasıl getireceği konusunda aydınlatsın. Bu sebepledir ki, kişi Yaradan'dan kendisinin bu ihtiyacı hissetmesine yani bu arzuya ihtiyaç duymasına izin vermesini istemelidir, kişi kendisine ihsan etme arzusunu vermesi için Yaradan'dan kalbinin derinliklerinden talep etmelidir, zira eksiklik olmadan doyum olmaz.

Daha sonra, Yaradan'dan ona doyumu vermesini istemelidir, zira çoğu zaman kişi öyle bir duruma gelir ki, Yaradan'ın, alma arzusunu gözünde iğrenç hale getirmesine ve alma arzusundaki alçaklığı hissetmesine yardım etmesine dair hiçbir arzusu olmaz. Aksine, bunun tam tersini, Yaradan'ın alma arzusunun talep ettiği her şeyi yerine getirmesini ister. Bu nedenle, kişi alçaklık durumuna geldiğinde, Yaradan'dan kendisine ihsan etme arzusuna olan ihtiyacın gerekliliğini vermesini ve duanın kalbin derinliklerinden olmasını istemelidir. İşte o zaman, ona yukarıdan uyanış gelir.

Ancak, kişi tam bir alçaklık içinde olduğunu gördüğü bir koşula geldiğinde, kendi alçaklığını gördüğünde, kırılır ve paramparça olur, o halde nasıl olur da sevinç içinde olabilir, Zohar'ın şöyle dediği gibi, "Eğer bunun insanın Efendisinin emrini ihlal ettiği ve Efendisinin önünde tövbe ettiği için mümkün olmadığını söylüyorsanız. Kuşkusuz, kırık bir ruhla, sevinç nerede?"

Bu noktada şunu sormalıyız: Eğer kişinin alçaklık içinde olduğunu gördüğünde üzülmesi mantıklıysa, neden sevinç içinde olması gerekir? Bunun nedeni, "Efendi'ye sevinçle hizmet edin" diye yazılmış olmasıdır. Kişi neden imkânsız olan bir şeyi talep eder, zira bu ikisi bir konuda birbirine zıttır, bunu da anlamamız gerekir.

Baal HaSulam, "çıplak ve yoksul" koşulunda olduğunda, kişinin "lanetli" olarak kabul edildiğini söylemiştir ve "Rav'ına İnanç" makalesinde yazıldığı üzere, "Lanetli olan Kutsal Olan'a tutunmaz". Bu nedenle, kişi Yaradan'dan bir kutsama alamaz çünkü boş bir şey üzerinde kutsama yoktur. İşte bu yüzden Zohar, sunanun Kohenler ve Leviliyer tarafından ıslah edildiğini söyler, çünkü neşe Kohen'de, şarkı söylemek de Levililerde mevcuttur. Bunun nedeni de "Kohen'in" Hesed [merhamet] olması ve yargıdan uzak olmasıdır.

Kohen'in (rahip) Hesed olmasının ne anlama geldiğini bilmeliyiz. Hesed ihsan etmektir, yani kişinin kendisi için hiçbir şeye ihtiyacı yoktur, sadece başkalarına ihsan etmek için vardır ve Hesed koşulunda olan kişi, kendi payıyla yetinir, hiçbir şeye ihtiyacı yoktur. Sonuç olarak hiçbir eksiği yoktur, bu yüzden sevinç içinde olabilir, zira "yargı" bir eksikliğe işaret eder, çünkü yaratılanlarda var olan tüm eksiklik meselesi, alma kaplarının kullanılmasının yasak olduğuna ancak sadece ihsan etme kaplarının kullanılabileceğine dair bir yargı olmasından kaynaklanır, çünkü bolluğun alınabileceği tek yer orasıdır.

Bu nedenle, dünyada yargılar olduğunu söylediğimizde, bu, haz ve zevkin dünyada genişleyebileceği bir yer olmadığı anlamına gelir, zira dünya, üzerinde Tzimtzum [kısıtlama] ve yargı bulunan alma kaplarına gömülmüştür. Bu nedenle, ihsan etme kapları demek olan Hesed olan bir Kohen'in yargı ile hiçbir bağlantısı yoktur. Sevincin Kohen'de mevcut olduğu, çünkü yargıdan her zaman uzak olduğuna dair yazılanların anlamı budur. Demek ki, ihsan etme kapları, yargı demek olan alma kaplarından uzaktır.

Diğer taraftan, bir Levili, şarkı söylenen yerde, yani bir şarkının olduğu yerde, yargı olarak kabul edilir. Bilgemizin şöyle dediği gibi (Berahot 35), "Şarap dışında bir şey için ilahi söylenmez." Zohar'da şarabın, "sol çizgi" olarak adlandırılan Hohma'nın aydınlanması demek olan "Tora şarabı" anlamına geldiği açıklanır. Şarkı söylemek, "yargıların tatlandırılması" anlamına gelir, zira yargılar yukarıda da belirtildiği gibi, üzerinde, ayrılığa neden olan form eşitsizliği içinde oldukları için kullanılmalarının yasak olduğuna dair bir hüküm bulunan alma kaplarıdır. Bu nedenle o yargı yeri, bolluktan yoksun kalır.

Buna karşılık, alma kaplarını, ihsan etmek için çalışmak üzere ıslah ederken, bolluk gelir ve alma kaplarını doldurur. Dolayısıyla, yargılar, yani daha önce almak için çalışan alma kapları, ışıksız oldukları için acı bir durum içindedir, oysa şimdi ihsan etmek amacıyla çalışma ıslahını aldıklarından, Hohma'nın ışığı orada parlar, bu da yaratılışın amacının ışığıdır ve yaratılışın amacı, O'nun yarattıklarına iyilik yapmaktır. Böylece, acı olan şey, şimdi tatlı hale gelmiştir, "Şarap dışında bir şey için ilahi söylenmez" diye yazıldığı üzere, bu Hohma'dır.

"Şarkı söylemek Levililer'dedir" sözlerinin anlamı budur. Ve bu yüzden Levilier her zaman şarkı söylerler ve bu Kohen ve Levilier onun üzerinde dururlar ve onlarda Yaradan'ın çalışması tamamlanır. Yani, onlar aracılığıyla Yaradan'ın çalışması tamamlanır ki bu da üç çizginin ıslahıdır: Hesed [merhamet/lütuf], Din [yargı] ve Rahamim [merhamet]. Başka bir deyişle, kişi sağ ve sol aracılığıyla, sunu ile tamamlanır, yani kişi bununla Yaradan'a yaklaşır.

Ayrıca, şimdi Tapınak harap olduğuna göre, nasıl olur da neşe olur ve şarkı söylenir diye yazılanları yorumlamalıyız. Kişinin Efendisine yaptığı övgülerin ve Tora'nın sevincinin ve Tora'yı söylemenin neşe ve şarkı olduğunu söyler. "Bir Kohen'in" sağ çizginin çalışmasını ima ettiği şeklinde yorumlamalıyız, burada "sağ" bütünlük anlamına gelir ve bütünlük neşe getirir.

"Sağ"ın bütünlük anlamına geldiği ve kişi bir sunuda bulunmak istediğinde, yani Yaradan'a yaklaşmak istediğinde, Yaradan'dan zihnen ve kalben ne kadar uzak olduğunu hissettiğinde, kırgın ve üzgün olduğunda, sağın bütünlüğünü alacağına dair cevabı anlamalıyız.

Zohar, Efendisine yaptığı övgülerin kişiye neşe getirdiğini söyler. Şunu sormalıyız: Kişi, günahkâr olduğunu hissederken Yaradan'a nasıl bir övgü ve şükran sunabilir? Ancak, bilmemiz gereken şey, her şeyin iki tarafı olduğunu fark etmemiz gerektiğidir: 1) Bir tarafta, kişi Yaradan'a karşı günah işlediği için kırılmış ve paramparça olmuştur ve Keduşa'da [kutsallık] çıplak ve yoksun olduğunu hissettiği için üzgündür. 2) Burada madalyonun bir de diğer yüzü vardır ki, o da şu ana kadar manevi konular hakkında hiç düşünmemiş olmasıdır. Aksine, dünyevi meselelere dalmıştır ve dünyada maneviyat diye bir mesele olup olmadığını hiçbir şekilde hatırlamamıştır. Ama şimdi başka bir dünyaya gelmiştir; burada dünyevi meseleler hakkında hiçbir şey düşünmemektedir ama tüm endişesi neden bu kadar maddiyatçı olduğu üzerinedir. Dolayısıyla, bu açıdan bakıldığında, artık derece olarak yükselmiştir, yani ödülü ve cezası maddesel konularda değil, manevi olanlardadır.

Dolayısıyla, kişi artık Yaradan'a hizmet etme arzusuyla donatıldığı için, kural gereği, derecesi yükseldiğinde mutlu olmalıdır, bu yüzden Yaradan'dan ne kadar uzak olduğunu gördüğünde ve "Yahudi" olarak doğmasına rağmen, bunu bir Yahudi'ye yakışan şeyleri yapmak için, yani bir Yahudi'ye yakışan şekilde Yaradan'a inanca sahip olmak için kullanmaması ona acı verse bile, tüm endişesi diğer tüm bedenler gibi, yani yaratılan varlıkların ihtiyaçları gibi, bedenin talep ettiği ihtiyaçları tatmin etmektir. "Ve onlar uluslarla karıştılar ve onların eylemlerinden öğrendiler" diye yazıldığı gibi, Yahudilerin (Yaradan'la bağı olanlar) talep etmediklerini bile talep eder, yani bedeni Yahudi olmayanların (Yaradan'la bağı olmayanlar), גוי (Türkçe okunuşu goy) (yabancı)) tüm ihtiyaçlarını talep eder.

Dolayısıyla, kişi artık edindiği ve dünyada "Yaradan'la Dvekut" olarak adlandırılan maneviyatın var olduğunu biraz olsun hissettiği ve bundan uzak olduğu ve bu kalbini kırdığı ve bir sunuda bulunmak istediği için, yani Yaradan'a yaklaşmak istediği için, ki buna "sunuda bulunmak" denir, bir yandan Yaradan'dan uzak hissettiği için kırılmalı diğer yandan da artık Yaradan'a yaklaşmak istediği için mutlu olmalıdır.

Dolayısıyla bu açıdan kişi "Efendi'ye sevinçle hizmet edin" sözünü gözlemleyebilir. Peki ama neden mutlu olmalıdır? Yaradan'a onu yakınlaştırdığı için şükretmek için. Fakat kişi Yaradan'ın kendisini yakınlaştırdığını nasıl bilebilir? Cevap şudur: Kişi Yaradan'dan uzak olduğunu hissederken, Yaradan'ın kendisini yakınlaştırdığını bilmelidir.

Bu, kişinin bir şeyi uzaktan görmediği sürece, ondan uzak olduğunu bilmediği maddesel dünyada olana benzer. Bu demektir ki, kişi bir şey görürse, bunun kendisinden uzak ya da kendisine yakın olduğunu söyleyebilir. Ama eğer o şey kendisinden çok uzaksa ve onu hiç görmüyorsa, onun uzak ya da yakın olduğunu nasıl söyleyebilir? Aynı şekilde, burada çalışmada, kişi Yaradan çalışmasından uzak olduğunu hissettiğinde ve böylece Yaradan'dan uzaklığı nedeniyle kalbi kırıldığında ve Yaradan'ın kendisini yaklaştırmasını istediğinde, buna "sunuda bulunmayı istemek" yani kendisini Yaradan'a yaklaştırmak denir ve Yaradan'ın onu yaklaştırdığı kesindir.

Bunun kanıtı, kişinin O'nu uzaktan görmesidir, yani Yaradan'dan uzakta olduğunu hissetmesidir. Bu anlamda, kişi Yaradan'ın kendisini yaklaştırdığı ve Yaradan'ı uzaktan gördüğü gerçeğinden "sevinç" duymalıdır. Bu sevinç, kişinin Yaradan çalışmasına önem vermesine sebep olur. Yani, Yaradan'dan uzak hissetmesine rağmen, Yaradan'ın bir şekilde O'na yakın olduğunu söyler ve bu açıdan, kişi bundan bütünlüğe sahip olduğunu söylediğinde, zaten "kutsanmış" olarak kabul edilir. O zaman, Yaradan'ın onu yakınlaştırmasıyla yani Yaradan'a yakın olduğunu hissetmekle gerçekten ödüllendirilebilir, zira "kutsanmış olan Kutsal Olan'a tutunur".

Ancak, kişinin Katnut [küçüklük/bebeklik] durumundan çıkmaya ihtiyacı olmadığında, o zaman Yaradan ona Katnut'undan çıkması için daha yüksek bir derece vermek istese bile, "sağ" koşuluna bağlandığı için bütünlük durumunda olduğunda ve payından memnun olduğunda, ona nasıl bir şey verilebilir, zira bunun için Kelim'i [kapları] yoktur, yani payından memnun olduğu için Katnut'undan çıkmaya ihtiyacı yoktur.

Bu nedenle, kişinin "solda" yürümesi gerekir ki bu da "Levililerin", Gevura'nın, korkunun niteliğidir. Bu demektir ki, kişi eylemlerini değerlendirir ve "akıl" ve "kalp" niteliğinden yoksun olduğunu görür ve sonsuza kadar Katnut durumunda kalacağından ve Yaradan'la form eşitsizliği içinde kalacağından korkar, zira Yaradan Veren'dir, insan ise tamamen kendisi için almaya batmıştır. Ve ne zaman üstesinden gelmek istese, bunun insanın gücü dahilinde olmadığını görür. Dolayısıyla, kişi, böylece, kendisine yardım etmesi için Yaradan'a muhtaç hale gelir.

Kişinin Efendisine yaptığı övgülerin ve Tora'nın imzalanmasının neşe ve şarkı söylemek olmasının anlamı budur. Demek ki, sunu "sağ" ve "sol" niteliğinden gelir, yani her ikisiyle de kişi Yaradan'a yaklaşır çünkü kişi Kelim'i ve ihtiyacı soldan alır, çünkü o zaman Yaradan'ın ona yardım etmesine ve ona yukarıdan güç vermesine ihtiyacı vardır, buna "ruh" denir, kişi her üstesinden gelmek istediğinde yardım alır.

Ancak duanın cevaplanması, kişi neşe halindeyken, kendi payından memnun olduğunda ve daha yüksek bir derece almaya ihtiyaç duymadığında gerçekleşir. Daha doğrusu, kişi içinde bulunduğu durumdan memnundur ve Yaradan tarafından kutsanmış olduğunu hisseder. Bu durumda, "Kutsanmış olan Kutsal Olan'a tutunur" ve o zaman kişinin Dvekut ile ödüllendirilebileceği zamandır, zira zaten bunun için soldan Kelim'e sahiptir.

Böylece, kişi Yaradan'dan uzaklaştırıldığı için eksiklik ve acı hissedecek kadar eksik olmasına rağmen, payından memnun olduğunu söyleyebildiği noktada, bu onun "payından memnun" olması olarak kabul edilir. Ve sadece eksik olduğu durumda "payından memnun" olduğunu söyleyebiliriz, oysa hiçbir eksiği olmadığında, "payından memnun" olarak kabul edilmez, zira "payından memnun" aza razı olduğu anlamına gelir ve eğer hiçbir eksiği yoksa, o zaman "aza razı" olarak kabul edilmez, zira sahip olduğundan daha fazlasına ihtiyacı yoktur.

Bu, Baal HaSulam'ın bilgelerimizin söylediklerini (Megillah 12) yorumladığı gibidir: "İçmek yasaya göredir, zorlama yoktur." "Yasaya göre" nedir? Tora yasasına göredir. Tora'nın yasası nedir? İçmekten daha çok yemektir.

"Tora yasasının" "zorlama olmadığını" söylemiştir, yani kişinin buna ihtiyacı yoktur. Aksine, içmeden de yiyebilir, çünkü içmek "mantık ötesi inanç" anlamına gelir, burada Yaradan'ın dünyayı iyilik yapan ve iyi bir şekilde yönettiğine inanır. Her ne kadar bunu görmese de, yani akıl bunu reddetse de, kişi yine de buna inanır. O zaman, "Tora şarabı" olarak adlandırılan "içki" ile ödüllendirilir ki bu Hohma'dır, O'nun yarattıklarına iyilik yapma arzusu olan yaratılış amacının ışığıdır.

Bunu bilgelerimizin söylediği şu sözle anlayabiliriz: "Kişi her zaman iki açıklık ölçüsüne girmeli ve duasını etmelidir." Bu demektir ki, duasının kabul edilmesi, yani Yaradan'a yakınlık olarak kabul edilen bir "sunu" ile ödüllendirilmesi için, bir duanın sunumun yerinde olduğu yani Yaradan'a yakınlık ile ödüllendirilmek için sağda ve solda yürümesi gerektiği bilinmektedir. İki açıklık iki şeye ihtiyacımız olduğu anlamına gelir: 1) Kişinin neyin eksik olduğunu bilmesi ve bununla Yaradan'ın eksikliğini doldurabileceği Kelim adı verilen bir eksiklik ve bir ihtiyaç alması. Ama eğer eksikliği yoksa, doldurulması imkânsızdır. 2) Doyumu almak için bir zaman. Kişi eksik olduğunda, bu onu doldurmanın zamanı değildir, çünkü "lanetlenmiş olan Kutsal Olan'a tutunmaz". Dolayısıyla, bir bütünlük zamanına ihtiyacımız vardır, çünkü ancak o zaman doyumu alabiliriz. Bu nedenledir ki sağ ve sol olmak üzere iki bacağa ihtiyacımız vardır.

Çalışmada Bir Kısım İfşa Etmek ve İki Kısım Gizlemek Nedir?

Makale No. 26, Tav-Şin-Nun-Alef, 1990/91

Bu "bir kısmı ifşa etme" meselesini anlamalıyız. Bu, daha önce burada bir kısmın gizlendiği ve sonra birinin gelip, bir kısmı ifşa ettiği ancak iki kısmı gizlediği anlamına gelir. Böylece, şimdi onun ifşa ettiğinden önce olduğundan daha fazla gizlenmiş oldu. Bu demektir ki, o geldi ve şimdi öncekinden daha fazla gizledi. Bir kısmını ifşa etmeseydi daha iyi olmaz mıydı?

"Bir kısmını ifşa ettim, iki kısmını da gizledim" dediğinde, bize burada bir inceleme yeri olduğunu, ifşa ettiği şeyi incelememiz gerektiğini, çünkü meselenin herkese değil, sadece bilmesi gerekenlere ifşa edilmesi gerektiğini söylediği şeklinde yorumlamalıyız. Bu nedenle, bilmeye ihtiyacı olmayan insanlar, meseleleri anlamak için çaba sarf etmesin, kendilerini tamamlamak için bu bilgiden yoksun olduklarını hissedenler ise gizlediği meseleyi ifşa etmek için çaba sarf etsin diye iki kısmı gizlemek zorunda kalmıştır.

Bununla, insanın tamamlanmak için Tora ve Mitzvot [emirler/iyi işler] ile uğraşması demek olan ve insanın bunun için yaratıldığı çalışma konusunu yorumlamalıyız. Burada iki şeyi ayırt etmeliyiz:

1) Yaratılışın amacı. Yaratılışın amacı, yaratılanların Yaradan'dan haz ve zevk alacakları bir koşula gelmeleridir.

2) Yaratılışın ıslahı. Yaratılışın ıslahı, "form eşitliği" olarak adlandırılan Dvekut'u [bütünleşme] edinmektir, yani onların tüm eylemlerinin sadece Yaradan'ı hoşnut etmek için olmasıdır. Bu nedenle, bir ifşa söz konusu olduğunda ve kişi bunu ihsan etmek için

alamadığında, onu lekelemiş olur. Bu nedenle, kişi ihsan etmek için onu alana kadar her şey gizlilik içinde olmalıdır.

Bu nedenle, "Bir kısmını ifşa ettim ve iki kısmını gizledim" dediğinde, bu, konuya ihtiyacı olmayanların çalışmak ve ifşa etmek için çaba göstermeyecekleri anlamına gelirken, ihtiyacı olanlara, "Bir kısmını ifşa ettim ve iki kısmını gizledim" dendiğinde, onlar ifşa ettiği kısmı edinene kadar çalışmaya isteklidirler, zira Yaradan onlara yardım eder. Kişi uyanışı aşağıdan verdiğinde, yukarıdan yardım alır.

Bundan, O'nun meseleyi onlara layık olanlara ifşa ettiği sonucu çıkar. Kim layıktır? Çaba gösterenler. Onlar için ifşa ettikleri kısım onlara ifşa edilir. Yani, yaratılışın ıslahı niteliğine sahip olmayanlar, O'nun yarattıklarına iyilik yapmak olan yaratılış amacından hiçbir şey alamazlar.

Bununla birlikte, bu bir kısmı ifşa etme ve iki kısmı gizleme meselesi, çalışmaya hazırlık sırasında da geçerlidir. Başka bir deyişle, kişi çalışmaya başlamak istediğinde, bu başlangıçta bile geçerlidir, zira yukarıdan ödüllendirilmiş olanlara, onlar için parlayan bazı ışıklar gösterilir ve onlar büyük bir şevk ve güçle çalışmaya başlarlar.

Bu böyledir çünkü onlar yukarıdan bir ifşa almışlardır ve bu dünyadaki yaşamda en önemli şeyin maddesellik değil, maneviyat olduğunu görmüşlerdir. Onlar çok yakında Kral'ın sarayına girmekle ödüllendirileceklerinden ve Yaradan'la Dvekut ve Tora'nın tatları ve sırları ile ödüllendirileceklerinden emin hissederler. Kişi tüm bunları kendisine yukarıdan ifşa edilen kısmın ifşası ile hisseder.

Ancak, bir süre sonra, yukarıda kişinin ihsan etme çalışmasına başladığı görüldüğünde, Yaradan'a yaklaşmak için kendi başına büyümesi ve aynı zamanda "karanlığın içinden gelen ışığın avantajını" ayırt etmesi amacıyla Keduşa'dan [kutsallık] uzak olmanın nasıl bir şey olduğunu hissetmesi amacıyla, kişi sonrasında "iki kısmı gizleme" koşuluna gelir.

Kişi, neden ilk başta ihsan etme çalışmasının nasıl bir şey olduğunu bilmezken, maneviyatın bir ifşa olarak onu aydınlattığını ve zihninde bu ifşadan sonra ilerlemesi ve ileri gitmesi gerektiğini anladığını açıklayamaz, ama sonunda artık ihsan etme çalışmasına başlamadan öncekinden daha kötü durumda olduğunu görür. Kişi bu koşullara yanıt veremez.

Ama cevap şudur ki, kişinin çalışmaya başlayabilmesi için, çalışmaya başlamadan önce içinde bulunduğu koşuldan çıkması amacıyla kendisine güç verecek olan ifşanın yukarıdan verilmesi gerekir. Buna "yukarıdan bir uyanış" denir. Sonrasında, bu ifşa ondan alınır, ki böylece artık aşağıdan bir uyanış sağlayabilsin.

ARI'nin Pesah gecesinde, Yaradan, İsrail halkını Mısır'dan kurtarmak zorunda kaldığında, yukarıdan bir uyanış şeklinde onların üzerinde büyük bir ışık belirdiğini söylemesinin anlamı budur. Bu nedenle, o zaman Haya'nın Mohin'i aydınlatılmıştı ve hepsi yukarıdan gelen uyanışın gücüyle gerçekleşmişti. Ancak daha sonra, hepsi bir kez daha kendi yerlerine düştüler, yani daha sonra, İsrail halkı, Mohin'in Gadlut [büyüklük/yetişkinlik] anlayışını devam ettirmek için aşağıdan bir uyanış şeklinde çalışmak zorunda kaldı.

Benzer şekilde, burada da kişi çalışmaya başladığında ona bir kısım gösterilir şeklinde yorumlamalıyız. Diğer bir deyişle, yukarıdan kişiye bir aydınlanma gösterilir ve bu aydınlanma ona Yaradan'a hizmet etme gücü verir. Kişi, bunun insanın bu dünyada yaratıldığı amaç olduğunu hissetmeye başlar ve bu his ona yukarıdan, kutsal çalışma için bir ivme kazandırmak amacıyla bir ifşa olarak gelir.

Bu nedenle, daha sonra kişi ilerlemediğini, aksine gerilediğini ve kutsal çalışmanın bir kısmının kendisine ifşa edilmesinden önceki durumundan bile uzaklaştığını gördüğünde, bunun çalışmadan uzaklaştırıldığı için olduğunu düşünür.

Bu nedenle, kişi çalışmanın böyle olduğunu, kişiyi çalışmaya kabul etmek için "yukarıdan uyanış" adı verilen bir ıslah olduğunu bilmelidir; bu ıslah, kutsal çalışmaya girmeye muktedir olan kişiye verilir, yani kişi daha sonra aşağıdan bir uyanışla çalışabilecektir, zira kişi gerçek Kelim'i [kapları] özellikle aşağıdan uyanış yoluyla edinir. Bu nedenledir ki, sonrasında, çalışmasının başlangıcında sahip olduğu güven ışığını kaybeder.

Buna göre, "bir kısmı ifşa etmek ve iki kısmı gizlemek" sözlerini anlamalıyız:

1) Kişi çalışmasının başlangıcında "cansız Keduşa" koşulundadır, yani sadece eylemde bulunur ve düşünce üzerinde kafa yormaz.

2) Ona yukarıdan bir kısım gösterilir. O zaman, yeni bir dünya olduğunu hissetmeye başlar, yani çaba gösterirse Kral'ın sarayına girerek ödüllendirileceğini ve Tanrısallığı edineceğini hisseder. Bu durumda kişi, kendine olan güveninin gerçek bütünlüğe ulaşmasını sağlayacak kadar güçlü olduğunu görecektir. Kişi, diğer insanlara baktığında, onların Tora ve Mitzvot'u "cansız" tarzında nasıl yerine getirdiklerini gördüğünde, onlarla ilgili olarak hayvanlar gibi davrandıklarını, sebepsiz yere yaptıklarını ve Tora ve Mitzvot'un içinde ne olduğunu hissetmediklerini söyler. Bütün bunlar onun içinde, bir kısım ifşa ile ödüllendirildiği temeli üzerine inşa edilmiştir.

3) Daha sonra, yani çalışmadan sonra, kişi niyetinde ilerlemeye başladığında, yukarıdan gelen uyanışın gücüyle, "iki kısım gizleme" koşuluna gelir. Yani, bir düşüşe

geçer. Bu kasıtlıdır, böylece şimdi aşağıdan uyanışı verecektir, zira özellikle bu çalışmadan ışık için Kelim alır.

Başka bir deyişle, karanlığın tadını tatmadan önce, "karanlığın içinden gelen ışığın avantajı olarak" yazıldığı üzere, ışıktaki herhangi bir tadı ayırt etmek imkânsızdır. Bu demektir ki, herkes ışık ile karanlığı ayırt edebilse de, mümkün olduğu kadar ışıktan zevk almak, maddesellikte gördüğümüz gibi imkânsızdır.

Bütün bunların, kendimizin de görebileceği üzere, bir "dal ve kök" olarak maneviyattan uzandığına inanmalıyız. Bizler ayaklarımızın üzerinde yürür ve ellerimizi kullanırız. İyi olduğumuz için memnun olsak da, aynı zamanda sağlıklı olduğumuz için sevinemeyiz. Ancak, bazılarının bacakları, bazılarının elleri felçli olan hastaların bulunduğu bir hastaneyi ziyaret edersek, birisi oraya gidip onlara şifa verse ve böylece sağlıklarına kavuşup ellerini ve bacaklarını kullanabilseler, sağlıklı oldukları için nasıl da sevinirler?

Sonuç olarak, ellerini ve bacaklarını kullanamamaktan dolayı yaşadıkları karanlık, sevinçlerinin sebebidir. "Karanlığın içinden gelen ışığın avantajı olarak" ifadesinin anlamı budur. Maneviyatta ışık, onlara sadece neşe katmaz. Maneviyatta neşenin sadece ışığı edinmek için kullanıldığını bilmeliyiz. Başka bir deyişle, neşe Yaradan'ın ruhu için bir kıyafettir.

Başka bir deyişle, Tanrısallığın edinimi birçok isimde kıyafetlenir. Genel olarak buna "Tora" veya Hohma [bilgelik] denir. Yani, manevi haz, sadece haz değildir; Yaradan'ın isimlerinin ifşasıdır. Bu bizlere Kelim ve "ihtiyaç" olarak adlandırılan eksiklik aracılığıyla verilir. Bu nedenle aşağıdan bir uyanışa ihtiyacımız vardır, çünkü özellikle Tora ve Mitzvot'taki çalışmalarımızla "Tora ışığına duyulan ihtiyaç" olarak adlandırılan Kelim'i ediniriz.

Bu nedenle, kişi yaşadığı düşüşlerden dolayı telaşlanmamaya dikkat etmelidir, zira bu sayede "karanlığın içinden gelen ışığın avantajında" olduğu gibi, Yaradan'a yaklaşmanın önemini nasıl takdir edeceğini öğrenir. Çalışmadaki "bir kısmı ifşa etmek ve iki kısmı gizlemek" ifadesinin anlamı, Yaradan'la Dvekut'u edinene kadar çalışmada üç farkındalık yaşamamız gerektiğidir: 1) Kişi, "Keduşa'nın cansızlığı" koşulunda, sadece eylemde çalışırken. Buna tek çizgi denir. 2) Kişiye bir kısım gösterildiğinde, yani yukarıdan, Saran Işık olarak, Tanrısallıkta neyi edinmesi gerektiği gösterildiğinde. Kişi bu sayede büyük edinimler gerçekleştireceğine dair güven kazanır ve bunun uğruna yaşamaya değer olduğunu anlar ve yaşamı amaçsızca yaşayan diğer insanlarınki gibi olmayacaktır. 3) Daha sonra bir düşüş demek olan üçüncü koşula gelir. Bu, kişinin aşağıdan bir uyanış gerçekleştirmesi gereken zamandır. Bu duruma "iki kısmı gizlemek" denir. Başka bir deyişle, sadece ifşa olma hali kendisinden gizlenmekle kalmamış, şimdi "cansız" koşulu bile kendisinden gizlenmiştir ve niyet olmaksızın eylemlerde bile Tora ve Mitzvot'la meşgul olması zordur.

Bundan şu sonuç çıkar ki, artık iki gizlilik durumu vardır: 1) Bu kısmı ifşa etme koşulu, 2) Tora ve Mitzvot'la şevkle meşgul olduğu cansız koşulu. Bu koşul da kendisinden kalkmıştır.

Bütün bunlar neden? Neden şimdi, "Keduşa'nın cansızlığı" olarak adlandırılan ilk koşuldan bile daha fazla gizliliğe ihtiyaç vardır? Bunun cevabı, bunun şimdi daha azıyla yetinmeyeceği ve "cansız" koşulunda kalacağı için olduğudur. Dolayısıyla, bu kısmın tüm ifşası boşunadır, yani kişi Yaradan'a yaklaşmak için hiçbir eylemde bulunmamıştır. Ama şimdi zorlama olmadıkça hiçbir şey yapamayacağına göre, kutsal çalışmayı bir kez daha yapabilmenin yollarını düşünmeli ve bulmalıdır. Bu nedenle, şimdi iki kat daha fazla gizlilik olmalıdır.

Ancak kişi, zorlama sırasında beden bu çalışmadan tat almasa da, zorla yapılan çalışmayı küçümsememeye dikkat etmelidir. Zorlamayla çalışmanın önemini, dünyanın maddesel konulardaki davranış biçiminden anladığımız ve gördüğümüz şeylerden öğrenebiliriz.

Örneğin hem yetişkinler hem de çocuklar için geçerli olan yemek yemeyi ele alalım. Bunda sevgi de vardır, korku da, yani cezalandırılma korkusu da. Yemek yemek istemeyen küçük çocuklar olduğunu görüyoruz. Ebeveynler ne yapıyor? Bazen anne ve babalar çocukların yemek yemesini sağlamak için onlara güzel hikâyeler anlatıyorlar. Çocuklar güzel hikâyeler duymak istedikleri için yemek yiyorlar. Bazen de ebeveynlerin sabrı kalmadığında, yemek yemeleri için çocuklara vuruyorlar. Bazen de kişi iştahsız olduğunda, korkudan dolayı kendini yemeye zorluyor, çünkü birkaç gün yemek yemezse zayıflayacağından ve hatta uzun süre yemek yemezse ölebileceğinden korkuyor.

Buradan, kişinin korkudan dolayı zorla yemek yediği sonucu çıkar. Hiç kimse zorlamayla yemesinin iyi olmadığını söylemeyecektir, ancak severek yemesi kesinlikle daha iyi olurdu. Ancak en azından zorlamayla yiyebiliyorsa bu da iyidir. Ancak bazen sağlıklı bir insan bazı nedenlerden dolayı daha geç yemek zorunda kalır. Bu durumda da sevgi ile yemek yer. Öyle ki bazen yemeye başladığında sevginin kendisini terk ettiğine pişman olur. Başka bir deyişle, yemeye başladığı ölçüde, yediği her lokmadan sonra içindeki yeme aşkı azalır çünkü doyum yemek yeme sevgisini ortadan kaldırır. Yine de, kişinin ister sevgiden ister korkudan olsun yemek yemesi gerektiği herkes için açıktır.

Aynı şey Yaradan çalışmasında da geçerlidir. Kişinin Tora ve Mitzvot'u yerine getirirken yaptığı şeylerde de sevgi ve korku meselesi vardır. Yani, bazen Tora ve Mitzvot'la uğraşmaktan zevk alır ve moralini yüksek tutar ve bunun sebepleri önemli değildir. Bu, kişinin Tora ve Mitzvot'u gözlemlemekten dolayı iyi bir ruh haline sahip olduğu anlamına gelir, zira bu sayede daha sonra Lo Lişma [Onun rızası için değil] olarak adlandırılan koşulla ödüllendirilecektir.

Ya da başka bir sebepten dolayı, Kral'a hizmet ettiği için mutludur. Sebepleri eylemlerden ayırmalıyız. Başka bir deyişle, kişinin ne hissettiğini dikkate alırız, ona bu duyguyu yaşatan nedeni değil.

Yani, kişinin mutlu olduğu gerçeği "sevgiden çalışmak" olarak kabul edilir. Diğer bir deyişle, daha sonra ödüllendirileceği veya Kral'a hizmet ettiği için mutludur ama her şeyden önce mutludur. Buna "sevgiyle çalışmak" denir.

Bazen kişi, korkudan dolayı çalışır. Yani, bu dünyada cezalandırılmaktan ya da öteki dünyada cezalandırılmaktan korkar. O zaman kişi, bundan memnun değildir çünkü her şeyi zorlamayla yapar. "Zorlama", eğer bu olmasaydı kişinin daha mutlu olacağı ve bunun için cezalandırılmayacağı anlamına gelir.

Bu nedenledir ki, eylemleri korkudan, yani zorlamayla yaptığımızda bile eylemlerin beden üzerinde maddesellikte işlediğini görürüz. Bundan ders çıkarmalı ve çalışmanın da böyle yani zorlamayla da olsa böyle olduğuna inanmalıyız. Bu demektir ki, kişi Tora'da ve duada hiçbir tat bulamadığında bile, bunu zorlayarak yapmalıdır çünkü eylem kendi gereğini yerine getirir. Maddi eylemde olduğu gibi, kişi zorlayarak hareket ettiğinde, zorlama olmadan çalışsa bile bu iyi ya da kötü işler. Çalışmada da durum böyledir. Kişi Tora ve Mitzvot'u zorlama ile yerine getirse bile, bu kişinin içinde işler.

Bununla birlikte, çalışmayı sevgiyle ya da korkuyla yapması arasında kesinlikle bir fark vardır. Yine de bilmeliyiz ki, sevgiyle yaptığı çalışmada bile, sevgiyle çalışmak ile "Yaradan'ın Tora ve Mitzvot'u yerine getirmeme ihtiyacı var ama benim Tora ve Mitzvot'u kendim için yerine getirdiğimi söyleyebileceğim bir ihtiyacım yok" demek arasında fark vardır. Kişi, "Tora ve Mitzvot'u yerine getirirsem bu bana ne kazandıracak?" dediği için, onları hangi amaçla yerine getirmesi gerektiğini anlamadığını söyler.

Ancak kişi bunun karşılığında alacağı ödüle inanır ve bu yüzden Tora ve Mitzvot'u yerine getirir. Bu, ihtiyaç duyduğu şey için kendisine bir şey verilmesi gereken kişinin ödeme yapması gerektiği kuralına uyar. Bu nedenle, sevgiyle çalışır çünkü Yaradan ona çalışmasının karşılığını kesinlikle ödeyecektir.

Ancak kişi Tora ve Mitzvot'u, Tora ve Mitzvot kendisini ıslah edeceği için, yani ıslaha ihtiyacı olduğunu hissettiği için yerine getiriyorsa, bu bilgelerimizin dediği gibidir: "Yaradan, 'Kötü eğilimi Ben yarattım; Tora'yı da bir şifa olarak yarattım' dedi." Buradan, kişinin Tora ve Mitzvot'u kendisi için yerine getirmesi gerektiği sonucu çıkar. Kesinlikle Yaradan'dan Tora ve Mitzvot'u yerine getirdiği için kendisine ödeme yapmasını isteyemez çünkü Tora ve Mitzvot'u Yaradan'a fayda sağlamak için yerine getirmez zira Yaradan'ın, Yaradan için Tora ve Mitzvot'u yerine getirmesi için aşağıdakilere ihtiyacı yoktur. Aksine, bu insanın iyiliği içindir. Dolayısıyla, kişi sevgiden dolayı çalışmaktadır, çünkü bu sayede tam bir insan, ıslah olmuş bir kişi olacaktır. Bu durumda, Yaradan'ın onu Tora ve Mitzvot'u yerine getirme çalışması için ödüllendirmesi gerektiği söylenemez.

Buradan şu sonuç çıkar ki, Tora ve Mitzvot'u sevgiyle yerine getirmesi, daha sonra ödüllendirileceği için değildir. Aksine, bedeni ıslah edecek bir tedavi verdiği için Yaradan'a şükreder ve O'nu över. Maddesellikte olduğu gibi, birine şifa veren kişi, ilacın alıcısı, doktora ödeme yapar ve doktor, ilaç kullandığı için hastaya ödeme yapmaz.

Ancak şunu sormalıyız: İnsanın içinde Tora ve Mitzvot'u yerine getirerek ıslah edilmesi gereken ne gibi bir kötülük vardır? Demek ki, Tora ve Mitzvot olmadan insan kötülüğüyle kalacak ve acı çekecektir. Aksi takdirde, içindeki kötülükle kalmasına neden aldırsın ki? Bu, kişinin içindeki kötülüğü yok etmesi gerektiği, yoksa kötülükten acı çekeceği ve dünyada yaşayamayacağı ve ölmek zorunda kalacağı anlamına gelir. Ancak Tora ve Mitzvot'un erdemi sayesinde, kötülük ondan uzaklaşacak ve evinde iyi bir yaşam ve huzura sahip olacaktır.

Bunun cevabı, insanın yaratılışında var olan alma arzusudur. Bu arzu, kendi yararını gözetir ve başkalarının yararına dair hiçbir duyu ya da algıya sahip değildir. Kişi başkalarının iyiliği için çalışmayı ancak kendi iyiliği için alma arzusu bundan kazanç sağladığında anlayabilir. Buna "almak için ihsan etmek" denir.

Bu nedenle insanlar çalışmaya giderler; Yahudiler (Yaradan'la bağı olanlar), Yahudi olmayanlar (Yaradan'la bağı olmayanlar גוי (Türkçe okunuşu goy) (yabancı)) için, Yahudi olmayanlar, Yahudiler için, hepsi de kendisi için alma arzusunun alacağı ödüle göre. Ama gerçekten başkalarının iyiliği için mi? İnsan gerçekte böyle bir şeyin olabileceğine dair hiçbir his taşımaz. Kişi sadece başkalarının iyiliği için çalışmak diye bir şeyin var olduğuna inanabilir, ancak neden başkalarının iyiliği için çalışılması gerektiğini sormalıyız.

Buna verilecek yanıt, yaratılışın amacı ve yaratılışın ıslahı meselesidir. Yaratılışın amacı, O'nun arzusunun yarattıklarına iyilik yapmak, yani yaratılanların zevk ve haz almasını sağlamak olmasıdır. Bu nedenle, Yaradan'ın genel adı, İyilik Yapan İyi'dir.

Bununla birlikte, bir ıslah söz konusudur ki, kişi ihsan etmek için alması gereken bu iyiliği alırken utanç duymasın. İnsan ihsan etme doğasıyla değil, alma doğasıyla yaratıldığından, ihsan etmek için çalışabilmek üzere kendini ıslah etmelidir.

Kişi, bu arzuya sahip olmadan önce, Yaradan ve yaratılan varlıklar arasındaki form eşitsizliği nedeniyle çıplak ve yoksul bırakılır. Buna "kötülük" yani kendisi için alma arzusu denir. Kişi ihsan etmek için çalışmak üzere bunu ıslah etmezse, karanlıkta kalacaktır. Bu nedenle, kişi kötülüğünü ıslah etmek ve ihsan etmek amacıyla ikinci bir doğa edinmek üzere Tora ve Mitzvot'u yerine getirmelidir.

Buradan, kişinin Tora ve Mitzvot'u kendi iyiliği için yerine getirdiği sonucu çıkar. Demek ki, bir şifa olan Tora ve Mitzvot'u yerine getirerek, O'nun yarattıklarına iyilik yapması demek olan yaratılış amacına ulaşacaktır.

Bu sayede insan "evde barış" ile ödüllendirilecektir. "Ev" insanın kalbidir, Zohar'da yazıldığı gibi, "Güzel bir mesken onun kalbidir". İnsanın kalbi, Yaradan'la barış içinde değildir, zira tüm isteklerini yerine getirmediği için Yaradan'a şikâyette bulunur. Ancak bunun nedeni "form eşitsizliğidir". Bu nedenle, kişi ihsan etmek için çalışmak üzere kendini ıslah ettiğinde, Yaradan'dan haz ve zevk alır ve o zaman barış sağlanır. Buna "evde barış" denir.

"Önce Kadın Döllenirse Erkek Çocuk Doğurur" Ne Anlama Gelir?

Makale No. 27, Tav-Şin-Nun-Alef, 1990/91

Bilgelerimiz şöyle der (Berahot 60): "Eğer önce bir kadın döllenirse, bir erkek çocuk doğurur. Eğer önce bir erkek döllenirse, 'Eğer bir kadın döllenirse, bir erkek çocuk doğurur' denildiği gibi, kadın bir kız çocuk doğurur."

Bunun bizim için çalışmada ne anlama geldiğini anlamalıyız, böylece nasıl davranacağımızı bilebiliriz.

"Kabala Bilgeliğine Önsöz" adlı makalede yazıldığı üzere, bize verilen Tora ve Mitzvot'u [emirleri/iyi işleri] yerine getirme çalışmasının İsrail'i temizlemek için olduğu bilinmektedir: "'Temizleme'nin [İbranice] 'arındırma' kelimesinden türetildiği bilinmektedir. Bilgelerimizin dediği gibi, 'Mitzvot sadece İsrail'in arınması için verilmiştir'."

Yaratılanlar kendileri için alma arzusuna sahip bir doğayla yaratıldıklarından, yaratılışın amacı O'nun yarattıklarına iyilik yapmak olduğundan, bu nedenle yaratılanlarda zevk ve haz alma arzusu yaratmıştır. Bu, Veren olan Yaradan'la form eşitliğinde olmadığından, bize Yaradan'la form olarak eşitlenmemiz gereken çalışma verilmiştir, bu yüzden biz de kendimizi ıslah etmeliyiz ki yaptığımız her şey ihsan etmek için olsun.

Görüyoruz ki, verdiğimiz şeyler var ve aldığımız şeyler var. Örneğin, genellikle "ihsan etme eylemleri" olarak adlandırılan, insan ve Yaradan arasındaki Mitzvot ve insan ve insan arasındaki Mitzvot ile meşgul oluruz. Ayrıca, yeme ve içme gibi alma eylemleri de gerçekleştiririz ve bize form eşitliği çalışması verilmiştir, yani hem ihsan etme hem de alma eylemlerini ihsan etmek için gerçekleştirmeliyiz.

Kelim [kaplar] ile ışıklar arasında ters bir ilişki olduğu bilinmektedir. Yani, "erkek" olarak adlandırılan ışıklar vardır ve "dişi" olarak adlandırılan ışıklar vardır. "Erkek" bütünlük, derecesi aldığı ışıkla bütünlük içinde olmadığında "dişi" eksiklik anlamına gelir.

İki tür ışık vardır: 1) "Tam ışık" olarak adlandırılan yaratılış amacının ışığı, 2) Yaratılış amacının ışığı için yalnızca bir kıyafet olan yaratılışın ıslahının ışığı. Bu bir dişidir, yani eksiktir, ancak bütünlüğe ulaşmak için sadece bir araçtır.

İlk ışığa " Hohma [bilgelik] ışığı" veya "yaşam ışığı", ikinci ışığa ise genellikle VAK [Vav-Kzavot (altı kenar)] olarak adlandırılan " Hasadim [merhamet] ışığı" denir. Bu da hâlâ ilk üç Sefirot'tan yoksun olduğu anlamına gelir.

Bu nedenle, eğer bir kişi dişi Kelim'i, yani alma kaplarını kullanırsa, yani kişi ihsan etmek için alma kaplarını kullanmak üzere uyanmışsa, o zaman "bir erkek çocuk doğurur." Yani, bu çalışmadan, Hohma'nın ışığı doğar, bu ışık yaratılışın amacına ait olduğu için "erkek" olarak adlandırılan tam bir ışık, yaşam ışığıdır, çünkü Yaradan "alma arzusu" olarak adlandırılan alma kaplarını yaratılışın amacının ışığı için yaratmıştır.

"Eğer önce bir kadın döllenirse, erkek çocuk doğurur" diye yazılmıştır. Ancak bir kişi ihsan etme kaplarıyla, yani yalnızca ihsan etme eylemleriyle çalışırsa, ihsan etmek amacıyla çalışabilir, çünkü ihsan etme kaplarına "erkek" denir. O zaman, ondan sadece dişi ışık doğar, çünkü ihsan kapları üzerinde açığa çıkan Hasadim'in ışığı sadece Hasadim'in ışığını doğurabilir, buna "GAR'sız VAK [ilk üç]" denir, bu da GAR'ın yokluğunu gösterir. Hasadim'in ışığına " kıyafetlenen ışık" denir, yani Hasadim'in ışığı içinde Hohma'nın ışığı daha sonra kıyafetlenecektir. "Eğer önce bir erkek döllenirse, kadın kız çocuk doğurur" sözlerinin anlamı budur.

Zohar şöyle der (Tazria, Madde 60), "Gelin ve görün, Yaradan Malhut olan İsrail topluluğu ile birlikteyken ve ilk önce ona karşı arzu uyandırdığında ve onu büyük bir sevgi ve özlemle kendine çektiğinde, Malhut sağ taraftan erkeğin Hasadim'i ile dolar. Ve Yaradan önce sevgi ve arzu uyandırdığında ve Malhut daha sonra uyandığında, o zaman her şey Malhut olan dişi formundadır."

Bunun bize çalışmada ne anlattığını anlamalıyız. Yaratılanların Malhut'tan yayıldığı bilinmektedir. Bu nedenle, Malhut "İsrail meclisi" olarak adlandırılır ve İsrail halkı Malhut'tan uzanır. Bu nedenle Zohar, düzenin yukarıda olduğu gibi, bedensel dallara da uzandığını söyler. Buna göre, bir kişi Yaradan'a uyandığında, Yaradan'ın kendisini O'na yaklaştırmasını istediğinde, yani O'na bağlanmak istediğinde, ki buna "formun eşitliği" denir, bu kişinin Yaradan rızası için her şeyi yapmak istediği ama yapamadığı anlamına gelir. Bu nedenle, Yaradan'dan kendisine "ihsan etme arzusu" olarak adlandırılan gücü vermesini ister.

Kişi bu gücü arzuladığında, bir eksikliği olduğu için, yani Yaradan rızası için her şeyi yapma gücüne sahip olmadığı için, bu çalışma aracılığıyla Yaradan'dan kendisine bu gücü vermesini istemek için uyanır. O zaman, ona yukarıdan, ikinci bir doğa olan ihsan etme arzusunun gücü verilir. Buna "erkek bir çocuk doğurur" denir, yani "erkek" olarak adlandırılan bir ihsan etme arzusu. Bu, üsttekinin alttakine Hesed [merhamet] ışığını vermesi olarak kabul edilir, burada Hesed [merhamet] ihsan etmek anlamına gelir.

Başka bir deyişle, alttakinin eksikliğini hissettiği özlem çalışmasına "dua" denir. Bu, kişinin Yaradan'dan eksikliğini gidermesini istemesidir. O zaman, eksikliğin doyurulmasına "erkek" denir. "Ve önce onun için arzu uyandırır" diye yazılmıştır, yani onun arzusu, Malhut, "alma arzusu" olarak adlandırılır.

Başka bir deyişle, ona olan arzusu, ona tutunma arzusu, ki buna "form eşitliği" denir, kişi ihsan etme arzusunu istediğinde, buna Dvekut [bütünleşme] denir. "Malhut sağ taraftan erkeğin Hasadim'i ile doludur" sözlerinin anlamı budur. Bununla, "Eğer bir kadın önce döllenirse, erkek çocuk doğurur" sözünü, uyanışın kişiden geldiği şeklinde yorumlayabiliriz.

Ancak, bu tam olarak kişinin başlangıçta Yaradan'a yaklaşma arzusu olmadığı, yani uyanışı yukarıdan aldığı bir durum olabilir, çünkü maneviyat için alma arzusu meselesi vardır, yani Tora ve Mitzvot'u gözlemlemekten haz alabiliriz. Daha önceki makalelerde, ödül almanın verdiği hazda üç farkındalık olduğunu söylemiştik:

1) Kişi bu dünyada ödüllendirilecek ve öbür dünyada da ödüllendirilecektir. Yani, kişi Tora'yı ve Mitzvot'u ödüllendirileceği, karşılığını alacağı için yerine getirir. Başka bir deyişle, kişi, yaptığı şeylerden tat almaz ama Tora ve Mitzvot'u daha sonra ödüllendirileceği için gözlemler, bu yüzden şimdilik bundan zevk alır.

2) Kişi Mitzvot'u uygularken iyi bir tat alır, çünkü bu onun için aydınlanır, Kral'a hizmet etmekten zevk alır ve bu onun ödülüdür. Kişi, Tora ve Mitzvot'ta haz olduğuna dair kitaplardan ve yazarlardan duyduklarına inanır ve ayrıca yukarıdan bir uyanış alır ve Tora ve Mitzvot'u gözlemlemenin bu dünyanın hazlarından daha iyi olabileceğini hissetmeye başlar.

3) Kişi, bilgelerimizin Dvekut hakkında söylediklerini görür: "O'na tutunun, O'nun niteliklerine tutunun. O nasıl merhametliyse, siz de öyle merhametlisiniz." Bu nedenle,

kişi veren olarak çalışmak üzere uyanır ve bunun kişinin elinde olmadığını görür. O zaman, Yaradan'ın kendisine ihsan etmek için her şeyi yapabilecek gücü vermesini arzulamaya başlar. Bu, kişinin bir kadın, bir dişi olarak görüldüğünü, yani kendine sevgiye dalmış olduğunu hissetmesi olarak kabul edilir ve o zaman yukarıdan "erkek" niteliğini alır ve "ihsan etme arzusu" adı verilen ikinci bir doğa ile ödüllendirilir. "Eğer bir kadın önce döllenirse, erkek çocuk doğurur" sözlerinin anlamı budur. Yani, yukarıdan ona erkek olan Hesed verilir.

Ancak "Eğer önce bir erkek döllenirse, kadın kız çocuk doğurur." "Ve Yaradan önce sevgi ve arzu uyandırdığında ve Malhut daha sonra uyandığında, o zaman her şey dişi, Malhut şeklindedir" diye yazılmıştır. Benzer şekilde, "Eğer bir kadın önce döllenirse, bunun sebebi nedir? Bunun sebebinin alt dünyanın üst dünyaya benzemesi ve birinin diğerine benzemesi olduğunu öğrendik."

Bunu çalışmada şöyle yorumlamalıyız: Eğer erkek önce döllenirse, kadın bir dişi doğurur. Malhut'tan çıktığından, Yaradan'a "erkek" ve erkeğe de "dişi" denir. Bu nedenle, uyanış yukarıdan geldiğinde, yani Yaradan bir kişiyi yaklaştırdığında, kişi Yaradan'ın büyüklüğünü ve önemini hissetmeye başlar. O zaman kişi Yaradan'a bağlı olduğunu hisseder, Yaradan'ın yanındayken haz alır. Ardından, kişi Tora ve Mitzvot ile meşgul olmaya başlar çünkü bunda bir canlılık hisseder. Bu da onu Tora ve Mitzvot'la meşgul olmaya zorlayan tüm sebebin, "insanın" yani Yaradan'ın uyanmasından duyduğu haz olduğunu gösterir.

"Eğer bir erkek önce döllenirse, kadın kız çocuk doğurur" sözünün anlamı budur. Yani kişi yukarıdan bir uyanış aldığı için çalıştığında, bu çalışmadan sadece bir dişi doğabilir. Maneviyatta dişinin "almak ve ihsan etmemek" anlamına geldiği bilinmektedir. Burada çalışmayı, kişinin çalışmasını bu çalışmadan haz alma temeli üzerine inşa ettiği ve çalışmasına neden olan şeyin bu olduğu şeklinde yorumlamalıyız.

Buna "dişi" denir, yani kişi "maneviyat alma isteği" denen temel üzerinde çalışır. Ancak, ihsan etmek için çalışma gücüne sahip değildir çünkü tüm temeli yukarıdan uyanışla yukarıdan aldığı haz üzerine inşa edilmiştir. O zaman kişi, almak için maneviyat alma arzusu olan bir dişi niteliğiyle doğar. Ancak, "Eğer bir erkek önce döllerse, dişi bir çocuk doğurur" yani almak ve vermemek üzere yazıldığı gibi, ihsan etmek için çalışamaz.

Bu nedenle, bir kişi ödüllendirilirse, ona yukarıdan, insanın ihsan etmek için çalışması gerektiği, ancak ihsan etmek için çalışamayacağı gösterilir. Bu nedenle, kişi hâlâ ihsan temelinde çalışamadığı için düşüşün acısı çeker. Yani, kişi, kendi iyiliği için değil de ihsan etmek üzere çalışması gerektiğini gördüğünde, bunun kendisi için olmadığını gördüğü için bir düşüş yaşar.

Bazen bu düşüş kişinin mücadeleden kaçmasına neden olur. Eğer kişi ödüllendirilirse iyileşir ve ihsan etmek için çalışmanın ne anlama geldiğini görmeye başlar. Kişi bunun insanın elinde olmadığını görür ve o zaman insanın doğuştan sahip olduğu kendine olan sevginin kontrolünden çıkmasına yardımcı olması için Yaradan'a dua etmeye başlar ve Yaradan'dan kendisine yardım etmesini ister.

Bu, bir kişinin Şehina'nın [Kutsallığın] sürgününü, yani cennetin krallığı uğruna nasıl çalışacağını sormak zorunda kalması olarak kabul edilir. Bu zordur, çünkü dünya uluslarının yönetiminden insanın kişisel İsrail niteliğine kadar uzanır. Ayrıca, tüm İsrail'in "cennetin krallığı" olarak adlandırılan Keduşa [kutsallık] için çalışabilmesi için genel halk için dua edilmelidir. Kişi Malhut için çalıştığında bu anlayışa "Eğer bir kadın önce döllenirse, erkek çocuk doğurur" denir. Ama "Önce bir erkek döllenirse, kadın kız çocuk doğurur."

Bu nedenle, kişi yukarıdan bir uyanış almak için oturup beklememelidir. Aksine, kişi hangi durumda olursa olsun, başlamalı ve uyandırmalıdır, böylece Yaradan ona yardım edecektir.

Dua ile ilgili olarak, bir kişi Yaradan'a kendisine yardım etmesi için dua ettiğinde, dua ve talep arasında ayrım yapmamız gerektiğini bilmeliyiz. "Dua", bir kişinin bilgelerimizin bizim için düzenledikleri dua sırasına göre dua etmesi anlamına gelir. "Talep" ise bir kişinin özel olarak bir şey istemesidir. Dua ve talep bu şekilde yorumlanır.

Bunu şöyle açıklayabiliriz: Bilgelerimizin belirlediği şeyi kişi ağzıyla söylemelidir. Yani, duanın sözlerinde, Yaradan'ın onun söylediklerini duyacağını kastetmese bile, bu yine de bir dua olarak kabul edilir, çünkü biz onların söylediklerini dile getiririz ve onlar için bunlar kutsal sözlerdir. Örneğin, On Sekiz Duası'ndan sonra, bir kişi "Ruhum herkes için toz gibi olacak" diye dua eder. Elbette kişi Yaradan'ın duasını kabul etmesini istemez.

Bununla birlikte, kişi bunu duanın sözlerinde bir Segula [fazilet/erdem/çare] olarak söyler. Yani, bir Segula olarak, "Ruhum herkes için toz gibi olacak" demek, besin elde etmek için bile yardımcı olabilir. Bu böyledir çünkü bilgelerimizin oluşturduğu tüm dualar kutsal isimlerdir, bu da her şey için bir Segula'dır, yani her şeye yardımcı olur.

Ancak sözcüklerin anlamı kişinin ne düşündüğüne göre değişir, bu duaların zihnimizin üzerinde olduğunu bilmelidir. Bunlar daha ziyade kutsal isimlerdir. Onları Segula olarak kullanırız, çünkü onlar aracılığıyla Yaradan'la bağ kurarız. Bu yüzden tüm duaları ağızla söylememiz gerekir, çünkü kalbimizde anlamayız. Bu nedenle, bunu ağızla söylediğimizde, onların söyledikleriyle bağımız olur, çünkü söylediklerinin hepsi kutsal ruhla söylenmiştir ve kutsal isimler üzerine kurulmuştur.

Baal HaSulam, hasta bir kişi için dua etmek istediğimizde, On Sekiz Dua'da, "İyileştir bizi ey Tanrım ve iyileşeceğiz" dediğimizde, genel halkın sadece kelimelerin manasından anlayabilmesi nedeniyle, bunun alışılagelmiş bir durum olduğunu söylemiştir, ancak gerçekte, On Sekiz'deki tüm kutsamalar kutsal isimler olduğu için, "Ve iftiracılara" kutsamasında bile, hasta kişiden, Yaradan'ın ona bir şifa göndereceğinden bahsedebileceğimizi söylemiştir. Bu nedenle, onların ettiği duaları dile getirdiğimizde, onlarla, yani onların dualarıyla, yani onların niyetleriyle bir bağımız olduğunu söylemiştir.

Bu bir talepte böyle değildir. Bu, kişinin eksikliğini hissettiği şeydir. Bu özellikle kalptedir, yani kişinin ağzıyla ne söylediği önemli değildir, çünkü "istemek" kişinin ihtiyacı olan şeyi istemesi anlamına gelir ve insanın tüm ihtiyaçları ağızda değil, kalptedir. Bu nedenle, bir kişinin ağzıyla ne söylediğinin bir önemi yoktur. Aksine, Yaradan düşünceleri bilir. Dolayısıyla, yukarıda duyulan şey sadece kalbin talep ettiği şeydir, ağzın talep ettiği şey değil, çünkü ağzın karşılanması gereken bir eksikliği yoktur.

Bu nedenle, bir kişi dua etmeye geldiğinde, dua için hazırlanmalıdır. Bu hazırlık nedir? "Tanrın için hazırlan ey İsrail" (Şabat 10) diye yazılmıştır. Orada hazırlık yapmanın, herkesin kendi anlayışına göre yaptığı bir şey olduğunu söyler. Herkesin yaptığı hazırlığı, ne isteyeceğini bilmek olarak yorumlamalıyız, çünkü kişi ne isteyeceğini bilmelidir. Yani, kişi neye ihtiyacı olduğunu bilmek zorundadır.

Bu, bir kişinin pek çok ihtiyacı için isteyebileceği anlamına gelir, ancak normalde en çok ihtiyaç duyduğumuz şeyi isteriz. Örneğin, bir kişi hapisteyken, tüm endişesi Yaradan'ın onu hapisten kurtarmasıdır. Bazen kişinin hiçbir geliri olmamasına rağmen, ihtiyacı olmasına rağmen Yaradan'dan para da istemez, çünkü o zaman hapishanede olmanın acısını daha çok çeker. Bu nedenle, kişi en çok ihtiyaç duyduğu şeyi ister, yani kendisine en çok acı veren şeyi ister.

Bu nedenle, bir kişi kendisine yardım etmesi için Yaradan'a dua etmeye geldiğinde, önce neye sahip olduğunu ve neye ihtiyacı olduğunu görmek için kendini hazırlamalı ve incelemelidir, o zaman Yaradan'dan kendisine yardım etmesi için ne isteyeceğini bilebilir. " Sana derinlerden seslendim, Tanrım" diye yazılmıştır. "Derinlik", kişinin en dipte olduğu anlamına gelir, "Şeol'ün dibinde" denildiği gibi, yani kişinin eksikliği aşağıdadır ve tüm insanların en aşağısı olduğunu hisseder.

Başka bir deyişle, Keduşa'dan herkesten çok daha uzak olduğunu, yani hiç kimsenin gerçeği hissetmediğini, bedeninin Keduşa ile hiçbir ilgisi olmadığını hisseder. Bu nedenle, Keduşa'dan ne kadar uzak olduklar gerçeğini görmeyen bu insanlar kutsallık içinde yaptıkları çalışmalardan memnun olabilirken, o kendi durumundan dolayı acı çekmektedir.

Bu nedenle, kendini sorgulayan ve gerçeği görmek isteyen bu kişi, " Sana derinlerden sesleniyorum ey Tanrım" diyebilir, yani kalbinin en derin yerinden. Alıcı açısından buna "kalbin en derin yerinden gelen dua" denir. Yani kişi kendini incelemiş ve kusurunu görmüştür.

Ancak, kişi kendini dua için hazırladığında, Veren'e dikkat etmelidir. Bu en zor olanıdır, çünkü inanca bağlı olan herhangi bir şeyi bedenin kabul etmemesi gibi bir kural vardır. Kişi Yaradan'a dua ettiği için, Yaradan'ın "her ağzın duasını işittiğine" inanmalıdır, kişi Yaradan'ın kendi isteklerini yerine getirmesine layık olmasa bile.

Bu, insan ile insan arasındaki duada söylediğimiz gibidir. Normalde, biri diğerinden bir iyilik istediğinde iki koşul olmalıdır: 1) Dostu kendi istediği şeye sahip olmalıdır, böylece ondan isterse, dostu ona verebilecektir, çünkü o şeye sahiptir. 2) Dostunun iyi kalpli olması gerekir. Aksi takdirde, dostu istediği şeye sahip olabilir, ancak merhametli bir kişi olmadığı için vermek istemeyecektir.

Aynı şekilde, insan ve Yaradan arasında da bu iki koşul yerine getirilmelidir, bilgelerimizin dediği gibi (Hulin 7b), "İsrail kutsaldır. Bazıları ister ve sahip olmaz, bazıları sahip olur ve istemez." Bunu çalışma içinde yorumlamalıyız. Yaradan kişinin istediği şeye sahiptir, yani kişi Yaradan'ın onu kendisine yaklaştırmasını ve O'na hizmet etme ayrıcalığını vermesini ister. Başka bir deyişle, kişi Yaradan'dan kendisine ihsan etme arzusunu vermesini ister. O zaman, kişi Yaradan'ın insana ihsan etme arzusu verme gücüne sahip olduğuna inanır.

Ancak, Yaradan istemez, çünkü kişinin hâlâ bunu yapmaktan aciz olduğunu görür çünkü kişi hâlâ bunun için gerçek bir arzuya sahip değildir, zira kişi zaten Yaradan'a arzusunu tatmin etmesi ve ona dolumu, yani ihsan etme arzusunu vermesi için birçok kez dua ettiğini düşünür.

Ama "karanlığın içinden gelen ışığın avantajı olarak", kişinin aşağıdan uyanışı hala tamamlanmamıştır ve kişi Yaradan'dan istediği "ihsan etme arzusu" denen büyük armağanı anlamak için daha çok çalışmalıdır. Buna "O'nda var ama vermek istemiyor" denir. Ancak, kişi kutsal kabul edilir çünkü Yaradan'dan kendisini Yaradan'ın bir hizmetkârı olarak almasını istemektedir.

Bazen kişi Yaradan'dan kendisini yakınlaştırmasını ve kendisine Tora'da ve duada iyi bir tat vermesini ister. O zaman, kişi Tora ve çalışmadan tat alırsa, Yaradan'a hizmet etmeyi kabul edecektir. Peki ama öğrenmenin, dua etmenin ve 613 Mitzvot'un hepsini tüm detayları ve hassasiyetleriyle yerine getirmenin tadını alamıyorsa? Kişi bunu yapamayacağını söyler.

Bu nedenle, kişi, Yaradan'dan dileğini yerine getirmesini ister. Yaradan'a göre şöyledir: "İsrail kutsaldır. Bazıları ister ama sahip olmaz." Bu, Yaradan'ın kişiye Tora ve Mitzvot'un tatlarını vermek istediği ama "sahip olmadığı" anlamına gelir. Yani, bu şeyler Yaradan'da, alma kaplarında mevcut değildir ki, bir kişiye bunları alma kaplarında vermek mümkün olsun.

Bu "Yaradan ona veremez "in anlamıdır, çünkü Yaradan'ın alma kapları yoktur. Aksine, Yaradan'da her şey ihsan etme kaplarındadır. Kişi Yaradan'ın kendisine her şeyi insanın alma kaplarında vermesini istediği için, Tora ve Mitzvot'tan haz almak istediğini iddia ettiği için ve bu yüzden Yaradan'dan eksikliğini gidermesini istediği için, Yaradan'a göre buna "İnsanın istediğini insana vermek ister ve yarattıklarına iyilik yapma arzusundan dolayı vermek ister" denir. Ancak kişi Yaradan'dan insanın alma kaplarındaki her şeyi kendisine vermesini istediği için, Yaradan buna sahip değildir." Aksine, Yaradan sadece ihsan etme arzusuna sahiptir.

Bu nedenle, kişi Yaradan'dan alaması da Tora ve Mitzvot ile meşgul olmak istediği için yine de "kutsal" olarak adlandırılır. Dolayısıyla, bir kişi dua etmeye geldiğinde, ne için dua edeceğini bilmek amacıyla önce hazırlık yapmalıdır.

Çalışmada Kutsallık ve Saflık Nedir?

Makale No. 28, Tav-Şin-Nun-Alef, 1990/91

Zohar'da (Kedoshim, Madde 13) şöyle yazılmıştır: " 'Çünkü Ben Efendiniz kutsalım' yazıldığı için Tora'ya 'kutsal' denir. Bu üstteki, Kutsal İsim olan Tora'dır. Bu nedenle onunla meşgul olan kişi arınır ve sonra kutsanır; şöyle yazıldığı gibi, 'Kutsal olacaksınız.' 'Kutsaldınız' demiyor, 'Kutsal olacaksınız' diyor, gerçekten de olacaksınız. Yani bu, Tora aracılığıyla kutsal olacağınıza dair bir vaattir."

Tora sayesinde kutsal olacaksınız ve sonra 'Bu nedenle, onunla meşgul olan arınır ve kutsanır' dediğinde ne demek istediğini anlamalıyız. Bu yüzden neden Tora sayesinde kutsal olacağını ve sonra Tora sayesinde arınacağını ve ancak bundan sonra Tora'nın onu Keduşa'ya (kutsallık) getireceğini söyleyerek başladığını anlamalıyız. Kişinin Keduşa'ya muhakkak ulaşacağına dair vaatlerin neler olduğunu yani bunun onu Keduşa'ya getireceğinin kesin olmasının nedenini ve sebebini anlamalıyız.

Bilinir ki, yaratılışın amacı O'nun yarattıklarına iyilik yapma arzusudur. Buna göre, yaratılan varlıklar, haz ve memnuniyeti almalıdırlar. Gerçi Yaradan'ın yaratılanlara vermek istediği haz ve memnuniyetin, hayvanlar için uygun olan haz ve memnuniyetle aynı olmadığını ancak insanlar için uygun olduğunu anlamalıyız. ARİ'nin tüm maddesel hazların, kapların (Nekudim dünyasında olan) kırılması yoluyla, kutsal kıvılcımlar oradan Klipot'a (kabuklar) düştüğünde, oraya düşenlerden kaynaklandığına dair söylediklerine inanmalıyız. Ancak asıl hazlar Keduşa'dadır ve onlar 'kutsal isimler' olarak adlandırılır.

Yaratılanların haz ve memnuniyeti alabilmeleri ve hazları alırken utanç duymamaları için üzerlerine bir ıslah yerleştirilmiştir. Bu ıslah, Tzimtzum (kısıtlama) ve üst ışıktaki gizliliktir. Demek ki, kişi ihsan etme amacı olan alma arzusundaki ıslahı almadan önce, üst ışığın ifşası yoktur. Haz ve memnuniyetin tadını almamız gereken yerde, yerine getirdiğimiz Mitzvot'un (emirler/iyi işler) tadını yukarıda bahsi geçen nedenden dolayı alamayız. Böylece hazzı alırken, utanç olmaz çünkü hazzı aldığımızda ihsan etmeye yönelmemiz gerektiğine dair bir ıslah vardır. Aksi takdirde eylemlerde gizlilik ve saklanma vardır.

Bu nedenle Tora ve Mitzvot'u izlemeliyiz ki böylece bizi arındırsın. Saflık, Kelim'in "kir" olarak adlandırılan, kişinin kendisi için alma arzusundan arındırılması anlamına gelir, zira bu, her şeyi ihsan eden Yaradan'la form eşitsizliği içinde olmaktır. Bu nedenle, Kelim'i temizlemeden önce, onların içine iyi bir şey yerleştirmemiz mümkün değildir çünkü kirli bir Kli'ye (kap) yerleştirdiğimiz her şey bozulacaktır.

Bunun için iyi öğüt, "koşer yapmak (Yahudi yasalarına göre yenmeye uygun)" ve "hazırlık" olarak adlandırılan Kelim'imizi (kaplarımızı) arındıracak şeyler almalıyız ki böylece haz ve memnuniyeti alabilelim. Bu nedenle bizlere Zohar'ın "613 tavsiye" dediği yani alma kaplarının kirinden kendimizi nasıl arındıracağımıza dair 613 Mitzvot (emirler/iyi işler) verilmiştir.

Bu, "Zohar Kitabı'na Giriş"te ("Tüm On Dört Emir Ve Onların Yaratılışın Yedi Gününe Nasıl Bölündüğüne Dair Genel Açıklama", madde 1) yazıldığı gibidir: "Tora'daki Mitzvot'a Pekudin (Aramice teminatlar) ve 613 Eitin (Aramice tavsiyeler) denir. Aralarındaki fark, her şeyde Panim (ön/yüz) ve Ahor (arka/sırt) olmasıdır. Bir şeye hazırlığa Ahor, onun edinimine Panim denir. Benzer şekilde Tora ve Mitzvot'ta 'Yapacağız' ve 'Duyacağız' vardır. Duymakla ödüllendirilmeden önce 'O'nun sözünün uygulayıcıları' olarak Tora ve Mitzvot'u izlerken, Mitzvot'a '613 Eitin' denir ve Ahor olarak kabul edilir. 'O'nun sözünün sesini duymak' ile ödüllendirildiğinde, 613 Mitzvot, Pikadon (İbranice teminat) sözünden gelen Pekudin haline gelir.

Onun sözlerini, kişinin haz ve memnuniyeti alabilmesi ve form eşitliği demek olan Dvekut'ta olabilmesine dair sözlerini değerlendirmeliyiz, zira insan kendisi için alma arzusuyla yaratılmıştır ve kendisi için almaktan kendisini arındırmalıdır. Ama bu, doğasına aykırı olduğu için insanın elinde değildir. Bu yüzden, bizlere 'ihsan etme arzusu' denen gücü vermesi için O'nun yardımına ihtiyaç duyarız. Peki bu arzuyu nasıl alırız? Bu, Tora sayesinde alınır; bilgelerimizin şöyle dediği gibi, "Yaradan dedi ki, 'Kötü eğilimi Ben yarattım; Tora'yı da şifası olarak yarattım."

Dolayısıyla gerçek şu ki, Tora ve Mitzvot'u izlememizin amacı, Tora ve Mitzvot'un bize saflık getirecek olmasıdır. Buna "613 tavsiye" denir. 613 Eitin iki şeyle, ışık ve "ihtiyaç" denen Kli ile ilgili tavsiyelerdir. Başka bir deyişle bir ihtiyaç olmadıkça bir şeyleri almak imkânsızdır.

Bu nedenle kişi kötüyü hissetmek ve kendisi için alma arzusunun kötü olduğunu anlamak için Tora'yı öğrenmelidir. Bir başka deyişle, kişi, Yaradan'dan ihsan etme arzusunu edinme ihtiyacını ona vermesini istemelidir, zira ihsan etme arzusunu edinmesi gerektiğini anlaması halen bir ihtiyaç olarak kabul edilmez. Daha doğrusu kişi önce ihsan etme arzusuna neden ihtiyaç duyduğunu yani ihsan etme arzusuna sahip olmadığı için ne kaybedeceğini bilmelidir. Bu arzuya sahip olmamaktan dolayı büyük bir kayıp görmüyorsa, Yaradan'dan ona ihsan etme arzusunu vermesini kalbinin derinliklerinden isteyemez.

Üstelik kişi bazen Yaradan'ın kendisine bu arzuyu vermesini istemez. Peki kişi ihtiyaç duyduğundan emin olmadığı bir şey için nasıl dua edebilir? Buna çokta ihtiyacı olmadığının kanıtı, çoğu zaman bu arzunun kendisine verilmesini bile istememesidir. Dolayısıyla kişi bu arzuya olan ihtiyacı hissettirmesi yani Yaradan'ın bu arzuyu vermesine dair özlem duymak için Yaradan'a dua etmelidir zira kişi her zaman bu arzuya olan ihtiyacı anlamaz.

Bununla, tamamlayıcı duada ((Roş Haşana (yılın başlangıcı) ve Yom Kippur (Kefaret Günü) için)) söylenenleri yorumlayabiliriz: 'Ve halkının, talep etmek için ayağa kalkan İsrail evinin ağzında ol. Onları neyi isteyeceklerine dair bilgilendir.' Başka bir deyişle, Yaradan onlara Halkının elçilerini vermelidir. Demek ki, her insan kendi başına bir topluluktur ve halkın bir elçisine yani kendisi için dua edecek birine sahiptir. İnsana, 'Kendi içinde ve kendi başına bir dünya' dendiği bilinmektedir. Bu nedenle öncelikle Yaradan'dan talep etmesi gereken şeyi göndermesini istemeliyiz yani kişi önce ihsan etme arzusuna olan ihtiyacı hissetmeyi talep etmelidir ve yalnızca Yaradan ona bu ihtiyacı verebilir.

Dolayısıyla çalışmanın başlangıcı, kötülüğün tanınması yani kişinin Yaradan'dan alma arzusunun ne kadar kötü olduğunu hissetmeyi talep etmesidir. Alma arzusunun 'kötü' olarak adlandırılmasına dair farkındalığı kişinin hissetmesini yalnızca Yaradan sağlayabilir. Bu, Tora aracılığıyla kişinin kötülüğün farkındalığına varabileceği olarak kabul edilir yani kişi alma arzusunun ne kadar kötü olduğunu anlayabilecek ve o zaman alma arzusunun değiştirilip bunun yerine ona ihsan etme arzusunun verilmesini talep edebilecektir.

Gerçi eğer kişinin bir eksikliği yoksa yani kirli olduğu ve kendisi için alma arzusunun pisliğine batmış olduğu gerçeğinden dolayı acı çekmiyorsa, bu durumda Yaradan'dan ona acı veren diğer arzularını yani hislerinin yokluğunu tatmin etmesini ister. Yaradan'dan kalbinin tüm arzularını yerine getirmesini ister. Kişi, Yaradan'a tüm dileklerinin yerine getirilmesini sözlü olarak söylemese de, daha önceki makalede söylediğimiz gibi, talep kişinin ağzıyla söylediği şey değildir çünkü Yaradan'dan talep edilen şey yalnızca bir eksikliktir ve eksiklik ağızda değil, kalpte fark edilir. Bu nedenle Yaradan'dan talep ettiğimiz şeyi yüksek sesle söylememize gerek olmadığını bilmeliyiz çünkü yalnızca kalpte olan, bir talep olarak kabul edilir. Bu yüzden kişi Yaradan'a "Kalbimin tüm dileklerini yerine getir" demese de kalpteki talep zaten bir istek olarak kabul edilir.

Bu sebeple, kişi bilmelidir ki, Yaradan sadece kişinin kalbinde olanı dikkate alır. O'nun arzusu iyilik yapmak olduğundan, insan haz olmadan yaşayamayacağı için, kişi Keduşa'dan haz alamıyorsa, bedeni, bedensel şehvetten haz almalıdır. Kişi Tora ve Mitzvot'tan haz almaya alıştıysa, o zaman maneviyat için eksiklik hissetmediği düşüş sırasında bu eksikliği edinmek için çalışmalıdır ki böylece maneviyata ihtiyacı olmadığı için acı çeksin. Bu durumda kişi ara sıra Tora ve Mitzvot'tan almaya alıştığı şeyleri tamamlamak için, daha büyük bedensel şehvet ihtiyacı duyar.

Dolayısıyla düşüş sırasında kişi Tora ve Mitzvot'a bağlandığına dair bilinçli olmalıdır ki böylece Tora'nın ışığı onun için parlasın ve onun yokluğunu hissetsin yani Yaradan sevgisine ve korkusuna sahip olmadığı için acı çeksin. Kişinin, Keduşa'dan uzakta olmaktan dolayı kalbinde acı çekmesi için bu duyguyu Tora ve Mitzvot'a bağlanmaktan alabiliriz, böylece bu bizi kişinin neye ihtiyaç duyduğuna dair gerçeği hissetmeye getirecektir. Bu şekilde kişi tamlığa, bütünlüğe ulaşabilecektir. İşte o zaman kişi bu yolla Tora'yı alır ve buna, ihtiyacı yukarıdan yani Tora'nın gücü sayesinde aldı denir. Daha sonra kişi doyum alır, bu da ışık yani ikinci bir doğa olan ihsan etme arzusunun gücüdür. Bu, kişinin burada aldığı ihsan etme arzusuyla saflığı almak olarak kabul edilir, artık 'Kelim'in arınması' koşulundadır.

Yukarıdakilere göre, Zohar'ın söylediği, Tora sayesinde kutsal olacaksınız ve sonrasında "Bu nedenle buna bağlanan kişi arınır ve kutsanır.' ifadesine dair sorduğumuzu yorumlamalıyız Yanıt, Tora'nın şu iki şeyi yapmasıdır: 1) Arındırır yani eksiklik adı verilen Kli'yi verir. 2) Sonrasında Tora kişiye ışık verir.

Bir kişiye "Sana iyi bir şey vereceğim" denildiğinde, ilk olarak iyi bir şeyin ne olduğunun anlatıldığı ve sonra ayrıntıların verildiğine dair bir kural vardır. Bu demektir ki, öncelikle kişiye, "Keduşa ile ödüllendirileceksin" denir ve daha sonra ayrıntılar verilir yani "Keduşa'dan zevk alamazsın çünkü bunun çok önemli bir şey olduğunu bilmelisin. Bu nedenle öncelikle Tora, Keduşa'yı alman için sana Kli'yi vermelidir." denir. Kişi bu Kli'ye sahip olmadan önce doyum alamaz. Dolayısıyla Tora, Kli'nin yanı sıra ışığı da verir. Ama ilk başta Kli'den değil ışıktan bahsederiz ve sonra Kli hakkında da konuşuruz. Bu nedenle, "Kutsal olacaksınız" yazılmıştır.

Artık sorduğumuz soruyu anlayabiliriz, 'Kutsal olacağınızın' garantisi nedir? Çünkü 'Gerçekten de kutsal olacaksınız' yani Tora sayesinde kutsal olacaksınız diyor.

O'nun arzusu yarattıklarına iyilik yapmak olduğundan, ancak form eşitsizliği nedeniyle Tzimtzum (kısıtlama) ve gizlilik denilen bir ıslah olduğu, ışığın almaya uygun Kelim'e yani 'saflık' adı verilen ihsan etme ıslahına sahip olan Kelim'e sahip olmadan önce aşağıdakilere parlamadığı şeklinde yorumlamalıyız zira Tora sayesinde onlar arındırıldılar; bilgelerimizin şöyle söylediği gibi: "Kötü eğilimi Ben yarattım; Tora'yı da şifa olarak yarattım." Dolayısıyla Kelim, Tora aracılığıyla arındırılır çünkü "İçindeki ışık onu ıslah eder."

Bu nedenle, eğer saf Kelim'e sahip iseler, kesinlikle ışıkla ödüllendirilirler ve bu ışığa 'Keduşa' denir. Işıkta eksiklik yoktur yalnızca Kelim eksiktir. O yüzden saflığa Kli yani ihsan etmek için almanın ıslahı denir ve Kelim'in çalışması kendi içinde ve kendi başına bir düzendir yani kişinin yapması gereken tüm çalışma yalnızca almaya uygun olan Kelim'dir. Şöyle denildiği gibidir: "İnek, buzağının yemek istediğinden çok daha fazla beslemek ister." Dolayısıyla en önemli olan şey, Kelim'in arınmasıdır.

Bu nedenle, kişi bir kez Tora'yla meşgul olduğunda ve Tora onu, "Kötü eğilimi Ben yarattım; Tora'yı da şifa olarak yarattım." yazıldığı üzere saflığa getirdiğinde, kişi kesinlikle Yaradan'ın isimleri olan "ışık" olarak adlandırılan Keduşa ile ödüllendirilecektir. Bu yüzden Tora'nın Keduşa olarak adlandırıldığını söyler; şöyle yazıldığı gibi, "Çünkü Ben Efendiniz kutsalım."

Şu söylediklerinin anlamı budur: "'Kutsaldınız' demiyor ama 'Kutsal olacaksınız,' gerçekten de olacaksınız. Demek ki, bu, Tora aracılığıyla kutsal olacağınıza dair bir vaattir." İşte o zaman kişi bütünlükle ödüllendirilir ve "Ve Efendiniz Tanrınızı tüm kalbinizle seveceksiniz"i yerine getirebilir yani yukarıdan aldığı Keduşa sayesinde her iki eğilimiyle, iyi eğilimiyle de kötü eğilimiyle de. O zaman tüm beden Keduşa'nın önünde iptal olur. Dolayısıyla kötü eğilim de Yaradan rızası için çalışmayı kabul eder. Bununla bilgelerimizin söylediklerini (Berachot 35b) yorumlamalıyız, "İsrail Yaradan'ın arzusunu yerine getirdiğinde, onların çalışmaları başkaları tarafından yapılır."

Demek ki, kişi Yaradan'ın arzusunu yerine getirmekle ödüllendirildiğinde, Yaradan nasıl ihsan etmek istiyorsa insan da Yaradan'a ihsan etmek ister. İşte o zaman kişinin çalışması yani iyi eğilimle çalışmasıyla kendisine gelen bütünlük içinde olmasını isteyen kişi, ihsan etme arzusuyla ödüllendirildikten sonra, cennetin çalışması diğerleri tarafından yapılır. Diğerleri kimdir? Keduşa'ya karşı olan yani diğer taraf, Keduşa'nın diğer tarafı olan kötü eğilimdir. Ancak kişi, Yaradan'ın arzusu olan ihsan etme arzusu için çalıştığında, diğeri de kötü eğilim de Yaradan çalışmasını yapar.

Ancak kişi Yaradan'ın arzusunu yerine getiren insanların arasında olmakla ödüllendirilmeden önce, kötü eğilim onu kontrol ettiği için iyi eğilim de çalışamaz. Bu nedenle kötü eğilime "Yaşlı ve aptal kral" denir. "Kral" denir çünkü kişiyi her seferinde kontrol eder, dünyadaki her türlü düşünce ve arzu kişiye gelir. Bundan dolayı, iyi düşünce ve arzu kişiye geldiğinde, kişi bunun kendisine yukarıdan geldiğine inanmalıdır ve bunun için Yaradan'a şükretmelidir, zira bunun için Yaradan'a şükretmesiyle maneviyat her seferinde kişi için daha önemli hale gelir.

Kişi bilmelidir ki, maneviyatta sürgün, Keduşa'nın öneminin kişiden ayrıldığı anlamına gelir. Buna "Şehina (Kutsallık) tozun içinde" denir. Dolayısıyla miktarı ne olursa olsun Keduşa'daki küçük bir şey için Yaradan'a şükretmekle, bu maneviyata biraz olsun yardım ettiği için kişi Yaradan'a müteşekkir olmalıdır. Yukarıdakilere göre, bilgelerimizin şu söylediklerini (Avot, Bölüm 1:15) yorumlamalıyız: "Herkesi güler yüzle karşılayın."

Bu yüzden, kişiye her zaman ister hayvansal ister insani düşünceler yani hayvan seviyesine ait olmayan düşünceler ve arzular gelirse gelsin, normalde kişi bunun faydasını yani hangisini hangisine tercih edeceğini ölçüp tartar. Başka bir deyişle kişi insan seviyesine uygun olan şehveti, arzuları almak için hayvansal şehveti, arzuları reddedebilir. Ancak kişi şöyle der: "Hayvansal şehvetten vazgeçmek istiyorum ama karşılığında yüce ve önemli bir insanın statüsünü alıyorum. Demek ki, maddesellikten ödün vererek Tora ve duadan iyi bir tat alacağım, vazgeçmeye değer." Ancak küçük bir insan seviyesinde yani Tora ve Mitzvot'tan hiçbir tat almayan insan seviyesinde ve bunun için maddesel ihtiyaçlardan vazgeçmeli ve hayvansallıktan daha mutlu mu olmalıyım? Bu konuda kişi vazgeçmeye değmeyeceğini söyler.

Bununla ilgili olarak bilgelerimiz, "Herkesi güler yüzle karşılayın" demiştir. Demek ki, "insan" niteliğini alan biri olarak kabul edilen bir kişiye, insan olma düşüncesi ve arzusu geldiğinde, kişi "Öncelikle ben bu kişinin yüceliğini ve bana ne vaat ettiğini görmek istiyorum" dememelidir. Bunun karşılığı "her insan"dır yani kişi yüce ve önemli veya sıradan bir insan arasında ayrım yapmamalıdır. "Her" demek, ayrım olmaksızın herkes demektir, kişi "insan" niteliğinde olduğu yani düşünceleri ve arzuları insan olmaya ait olduğu müddetçe bunu güler yüzle karşılamalıyız yani bundan, bu düşünceden ve arzudan sanki bunu yüce bir insan olarak hissediyormuş gibi mutlu olmalıyız.

Kişi, bu arzuyu gönderdiği için Yaradan'a müteşekkir olmalıdır ve Yaradan'a şükretmek, O minnettarlığa ihtiyaç duyduğu için değildir. Aksine kişi Yaradan'a şükrederken düşüncesini odaklayarak Yaradan'la biraz olsun Dvekut'a (bütünleşmek) sahip olur, zira bir kişiyi sevmediğimiz müddetçe ona teşekkür etmek imkânsızdır.

Normalde bizler, bizim için iyi bir şey yapan birine teşekkür ettiğimizden, doğal olarak fayda gören kişi onu sever. Dolayısıyla kişi Yaradan'a sunduğu minnettarlığı düşündüğünde, bu Yaradan sevgisine neden olur. Bu yüzden kişinin aldığı insan niteliğinin önemi ve ölçüsü önemli değildir (ama "insan" niteliğinin bilgelerimizin söyledikleri şu söz anlamına geldiğini hatırlamalıyız: "Size 'insan' denir dünya milletlerine değil"). Aksine "güler yüz" kişinin insan niteliğini aldığı zaman sahip olduğu sevinci ifade eder. Bu demektir ki, kişi meselenin önemini genişletme gücüne sahip olabilmek için çaba sarf etmelidir. Kişi bu arzuyu ona Yaradan'ın gönderdiğine inanmalıdır, bu yüzden zihninde sanki Yaradan onunla konuşuyor ve "Oğlum sana söylediğim gibi davran" diyormuş gibi tasvir etmelidir.

Ancak kişi, ona gelen bu düşünce ve arzuyu takdir etmek ve yerine getirmek istediğinde, bedenindeki yetmiş ulusla ilgili düşünce ve arzular gelir ve ona güler: "Maneviyattaki bir şeylere dair hissettiğin böylesine küçük bir tat için mi maddesel ihtiyaçlara ihanet etmek istiyorsun?" Ona derler ki, "Böylesine küçük ve değersiz bir şey için kendi iyiliğine dair tüm önemi kaybetmek mi istiyorsun?"

O zaman kişi şunu söylemeye başlar: "'Bir Mitzva (emir/iyi iş) bir Mitzva'yı tetikler' diyen bilgelerimizin sözlerine inanıyor ve umuyorum. Bu yüzden umduğum şey bu olduğu için bununla bütünlüğü edinmekle ödüllendirileceğimden eminim." Bu kişi üstesinden gelmeli ve (On sekiz Dua'yı takip eden nakaratta yazıldığı üzere, "Yukarıdan bak ve gör ki bizler ulusların alay konusu olmuşuz" demelidir. "Uluslar" demek, kişinin bedenindeki yetmiş ulus demektir. Kişi kutsal çalışmayı yapmak istediğinde, onlar kişiyle alay eder ve kişi Yaradan'dan yardım istemelidir.

Yukarıdakilere göre bilgelerimizin, kişinin Yaradan çalışmasında onunla dalga geçen kişilerden utanmaması gerektiğine dair söylediklerini yorumlamalıyız. Bu demektir ki, kişi bütün dünyadan ibarettir. Bu nedenle insanın içinde yapmak istediği eylemler ve takdir etmek istediği küçük sözlerle dalga geçen ve bu tür eylemler yani herhangi bir niyette bulunamadığı bir Mitzva hakkında, bunları yapmak için çaba sarf etmeye değmeyeceğini söyleyen anlayışlar vardır. Bu yüzden bilgeler alay edenlerden utanmamaları gerektiğini söylemiştir. Aksine kişi Yaradan çalışmasıyla ilgili her şeyin önemli olduğuna inanmalıdır ve eğer kişi Mitzvot'u yerine getirirken hedefleyebilirse bu kesinlikle daha iyidir. Hal böyleyken en küçük eyleme bile paha biçilemez ve kişi bunu değerlendiremez.

Daha önce Baal HaSulam'ın, insanın görüşüne göre, bir Lişma (O'nun rızası için) eyleminin yukarıda çok önemli bir şey olduğunu bilen bir kişinin, bir Lo Lişma (O'nun rızası için değil) eyleminin, yukarıda Lişma'nın daha büyük ve önemli olduğunu düşündüğünden çok daha yüce ve önemli olduğuna inanması gerektiğini söylemiştik. Bu nedenle yaptığımız her şeyde Keduşa'nın eylemlerini yerine getirmekle ödüllendirileceğimize dair bilgelere inanmalı ve çaba göstermeliyiz. Herhangi bir niyet olmasa da bu bile yüce ve önemli bir şeydir ve bunun için Yaradan'a şükretmeliyiz.

Çalışmada Bir Başrahibin Bakire Bir Eş Alması Ne Anlama Gelir?

Makale No. 29, Tav-Şin-Nun-Alef, 1990/91

Zohar şöyle der (Emor, Madde 38): "Başrahibin bir bakire ile evlenmesi bir Mitzva'dır [emir/iyi iş]. 'Dul, boşanmış, saygısız bir kadın ya da bir fahişe, bunları almayacak, kendi halkından bir bakireyi eş olarak alacak.' diye yazılanın anlamı budur. 'Neden sadece bir bakireyi, kusursuz olanı, almak gerekiyor?' diye sorar. Şöyle cevap verir: 'Kadın bir kutsama kasesidir. Tadına bakılırsa kusurludur.' Bu, 'bir kutsama kâsesi' olarak adlandırılan Malhut'a ve Yaradan'ın huzurunda kurban sunan rahibin mükemmel ve kusursuz olması gerektiğine işaret eder, zira kusurlar rahipleri lekeler. Bedeninde mükemmel, Nukva'sında mükemmel, ki bununla 'Tamamen güzelsin, karıcığım ve sende hiçbir kusur yok'u yerine getirir."

Bir "başrahip", bir "bakire", bir "dul", bir "boşanmış", "saygısız bir kadın" ve bir "fahişe"nin çalışmada ne anlama geldiğini ve sadece, bir bakire, bakire lekesizdir demek olan lekesi olmayanı alması gerektiğini anlamalıyız. Bir bakirede hiçbir leke olmaması neyi gösterir ve kadının Malhut olan, bir kutsama kasesine işaret ettiğini söylemesiyle bağlantısı nedir?

ARİ, Malhut hakkında, onun her gün bir kez daha bakire olduğunu söyler (On Sefirot Çalışması, Bölüm 12, Madde 144), ki bu sadece bir nokta olarak kabul edilir ve Gadlut'u [büyüklüğü/yetişkinliği] edinene kadar yeniden inşa edilmesi gerekir. Şaar HaKavanot'ta (Bölüm 2) her günün ayrı olduğu yazılıdır ve "Dünyanın yaratıldığı günden sonuna kadar bir diğerine benzeyen tek bir dua yoktur. Ve her gün, o zamana kadar daha önce hiç ayrıştırılmamış olan yeni kıvılcımlar ayrıştırılır."

Çalışmada bunu anlamalıyız. Malhut, insanın her gün yeniden üstlenmesi gereken "cennetin krallığı" olarak adlandırılır. Dün cennetin krallığını üzerine alması yeterli değildir, aksine her gün kendi içinde yeni bir anlayıştır. Bu nedenle, cennetin krallığını üzerimize aldığımız her seferinde, Keduşa'nın [kutsallığın] dışındaki kıvılcımları ayrıştırdığımıza inanmalıyız. Buna şöyle denir (Şaar HaKavanot'ta): "Bu kıvılcımlar daha önce Klipot [kabuklar] arasında tutsaktı ve cennetin krallığını kabul ederek ve Tora ve Mitzvot [emirler/iyi işler] ile meşgul olarak Keduşa'ya yükseltildiler."

Duada (Dünyanın Efendisi, Omer sayımından sonra) "Bununla, tüm dünyalara büyük bolluk akacak." dediğimiz gibidir. Bu nedenle kutsal kitaplarda, bir kişinin Şema okuması sırasında cennetin krallığını kabul ederken, cennetin krallığını üzerine alması ve cennetin krallığının kabulünün adanmışlıkla olacağına niyet etmesi gerektiği söylenir. Ve her gün yeni bir anlayış olduğundan ve Gadlut'ta olması için Malhut'u inşa etmemiz gerektiğinden, her seferinde yenilenir.

Bu yüzden başrahip hakkında bir ima var. Çalışmada, Gadlut'ta Yaradan'a yakınlaşmak isteyen kişi olan Yaradan'ın hizmetkârına "başrahip" denir. "Cennetin krallığı" olarak adlandırılan bir "eş" almaya geldiğinde bir "bakire" almalıdır, çünkü bakire onun lekelenmediği anlamına gelir. Bakire, hiç ekilmemiş toprak için söylenen "bakir bir toprak" diye yazıldığı gibidir, tıpkı şöyle yazıldığı gibi: "O, bakir topraktı" (Avoda Zara 32), insanın hiç sürmediği.

Başka bir deyişle, kişi cennetin krallığının yükünü sanki cennetin krallığına daha önce hiç sahip olmamış gibi üstlenmelidir ve bu onun için yeni bir şeydir. Doğal olarak, şimdi hiç bilmediği yeni bir şey yapacağını düşünmelidir. Buradan şu sonuç çıkar ki, kendi üzerine aldığı bu kabul, cennetin krallığının kabulünün ne olduğunu ve cennet korkusunun kendisiyle olması için ne gerektirdiğini bilmek için ekstra bir inceleme gerektirir.

Bu, kişinin böylece onun için sürekli bir şey olsun diye ne yapması gerektiği üzerine tefekkür etmesi gerektiği anlamına gelir. Peki Yaradan cennet krallığının yükünü üstlenen bir kişiden ne ister. Ayet, "Tanrınız Efendi sizden Benden korkmanızdan başka ne ister" der ve korkunun ne olduğu üzerine tefekkür etmenizden başka. Fakat kişi, nedeni ne olursa olsun, cennetin krallığını kabul etme meselesini hatırlamayı bırakır ve sonra cennetin krallığını kabul etmek için yeniden uyanırsa onu kaybetmeden önce yaptığı gibi cennetin krallığını kabul etmeye devam etmesine ve "Gidip cennetin krallığını uyandırmalıyım", yani sürekli olacaktır, demesine gerek yoktur. Aksine, çalışmaya yeniden başlamalıdır.

Bunu, ölen ve değerli şeylere sahip olan bir insana benzetmeliyiz ve çocukları gelir ve babalarının onlara bıraktığı mirası almak isterler. Bilgelerimiz bu konuda şöyle demiştir (Avot, Bölüm 2:17): "Size miras bırakılmamış olan Tora'yı öğrenmek için kendinizi hazırlayın." Şöyle yorumlamalıyız: Eğer bir kişi her şeyi unutmuş bir duruma gelirse, yani bir düşüş yaşamışsa, sanki ölmüş gibidir. Şöyle ki, daha önce hayattaydı, yani Hayatların Hayatına yapışık olan cennetin krallığına sahipti. Bu, kişinin içinde sona erdiğinde, "Kötülere yaşamlarında 'ölü' denir" denildiği gibi, bu kişi ölü kabul edilir.

Maneviyatta sebep ve sonuç "baba ve oğul" olarak adlandırılır. Bu demektir ki, şimdi ona "oğul" deniyor ve babasının ölümünden sonra geriye kalanları üstlenmek istiyor. "Bu sizin mirasınız değil" şeklinde yorumlamalıyız. Aksine, kişi sanki şimdi doğmuş gibi ve şimdi cennetin krallığının yükünü üzerine almak istiyormuş ve miras alacak kimsesi yokmuş gibi, Yaradan'ın çalışmasında yeni bir sayfa açmalıdır.

Buna göre, sorduğumuz şeyi yorumlamalıyız, "başrahip" ve "sıradan rahip" çalışmada bize ne ifade ediyor? Bir "rahip"in Yaradan'a hizmet eden kişi olduğunu yorumlamalıyız. Bazı işçiler genel halka aittir. Bunlara "sıradan rahipler" denir. Ve bazıları Gadlut'a ulaşmak için bireysel tarzda çalışmak isterler, ki bu hakikat içinde çalışmaktır. Onlara "başrahipler" denir.

Başrahipler arasında, genel halktan tamamen farklı bir çalışma düzeni vardır -kişi Tora ve Mitzvot'u pratikte uygular ve niyet söz konusu olduğunda genel halka güvenir. Buna karşılık, aynı zamanda niyetle çalışmak isteyen, yani tüm eylemlerini Yaradan'ın rızası için amaçlamak isteyen insanlar vardır.

Başka bir deyişle, "sıradan rahip", çalışmasının genel halk tarzında olduğu ve "başrahip", çalışmasının bireyler tarzında olduğu anlamına gelir. Böylece, Zohar'ın söylediklerini yorumlayabiliriz '"Neden sadece kusursuz bir bakire almak gerekiyor?' O da şöyle cevap verir: 'Kadın bir kutsama kasesidir. Tadına bakılırsa, kusurludur.'" Bir başrahibin, yani Yaradan'ın gerçek bir hizmetkârı olmak isteyen kişinin, kendisinde zaten kusurlu olan bir eşi, yani cennetin krallığını almaması gerektiği, yani yaşadığı düşüşten önce sahip olduğu cennetin krallığını devam ettirmemesi gerektiği şeklinde yorumlamalıyız, zira bu kişi artık "bakire" değildir, çünkü daha önce bu cennetin krallığına sahip olmuştur ve kadın kusurludur.

Bu demektir ki, kutsama kasesi gibi, "Eğer tadına bakılırsa, kusurludur", yani bu Malhut, kişi düşüş yaşamadan önce zaten tadılmıştır. "Tadına bakılırsa, kusurludur"un anlamı budur çünkü zaten bir düşüş yaşamıştır. Demek ki, o bu Malhut'u zaten lekelemiştir, bu yüzden cennetin krallığının tadını hiç tatmamış gibi yeni bir cennet krallığını üstlenmeli ve çalışmada yeni bir sayfa açmalıdır.

"Dul, boşanmış, saygısız bir kadın ya da bir fahişe, bunları almayacak." diye yazılanlar hakkında sorduklarımızı yukarıdakilere göre yorumlayabiliriz. Dul bir kadın, kişi düşüş yaşadıktan sonradır, ki o zaman ölü olarak kabul edilir. O halde, düşüşten önce sahip olduğu cennetin krallığı olan önceki karısı, o kişinin dul eşi olarak kabul edilir.

Aynı şekilde, çalışmada, boşanmış nedir? Bu, ondan hoşlanmadığı için onu boşadığı anlamına gelir, çünkü bir kişi onun önemini hissetmediği için onun için çalışmayı kabul etmediği an, bu, erkeğin karısını boşaması olarak kabul edilir. Kadın boşanmak istemese de, adama merhamet ettiği için, yani Malhut adamın kendini sevmeye dalmış olduğunu görüp onun için üzüldüğünden, kadın kendi arzusuna rağmen onu boşar.

Yargının, bir kadının arzusuna karşı boşanması olmasının anlamı budur, zira erkek kadından hoşlanmadığı anda onu boşamış sayılır. Bu nedenle, "başrahip" olarak adlandırılan Yaradan'ın bir hizmetkârı geri dönüp boşanmış olan o kadını almayacaktır. Aksine, şimdi cennetin krallığının yükünü yeniden kabul etmeye başlamalı ve olup bitenleri dikkate almamalıdır.

"Saygısız"ı, yani saygısız bir kadını almaması gerektiğini de yorumlamalıyız. Bir kişi bir kez daha Yaradan çalışmasına uyandığında, eğer bu bir başrahip tarzındaysa, bu, Yaradan'ın yüceliği üzerinde çalışmak istediği anlamına gelir. Yani bilindiği gibi, bir insan emeğinin karşılığını almak için çalıştığında kimin verdiğine, önemli bir kişi olup olmadığına bakmaz. Aksine, ödüle bakar. Bu demektir ki, eğer mal sahibi basit bir kişiyse, ancak bir fabrikası olan ve maaş ödeyen önemli bir kişinin iki katı kadar ödüyorsa, kesinlikle daha yüksek ücret ödeyen kişi için çalışacaktır.

Ancak bir kişi maaşsız ama önemli bir kişiye hizmet etmek istediği için çalışıyorsa, o kişi her zaman kimin en önemli olduğunu görmeye çalışır ve onun için çalışmak ister. Dolayısıyla, Gadlut'ta çalışmak isteyen, yani çalışması Yaradan'ın yüceliği üzerine kurulu olan kişi, herhangi bir ödül olmadan çalışmak istediği için, ona "baş rahip" denir, zira bir rahip Yaradan'a hizmet eden, Yaradan'a yaklaşmak isteyen kişidir. "Aranızdan bir adam Efendi'ye bir adakta bulunursa" ayetini yorumladığımız gibidir. "Aranızdan", sununun "içinizden, kendinizden" olduğu anlamına gelir, yani kendisini Yaradan'a sunan kişiye "başrahip" denir.

O kişi saygısız bir kadını almamalıdır. Bu, ne zaman bir eş almaya gelse, daima bir bakire alacağı anlamına gelir, ki bakire hiç kocası olmamış biridir, yani kişi bu Malhut'u hiç kullanmamıştır. Aksine, her zaman yeni bir eş olmalıdır. Tersine, eğer bu Malhut'u daha önce kullanmışsa ve bir düşüş yaşayıp cennetin krallığını kabul etmeyi durdurduysa, bunun nedeni ona saygısızlık etmiş ve cennetin krallığını onurlandırması gerektiği gibi davranmamış ve onu hor görmüş olmasıdır. Bu nedenle, onu zaten kutsal saymamış olduğu için o anlayışı bir kez daha alamayacaktır.

Bunun yerine, bir başrahip her zaman bakire bir kadın almaya çalışmalıdır, yani kendisine şimdi kutsal çalışmayı yapmaya başladığını ve şimdiye kadar sahip olduklarının onu ilgilendirmediğini tasvir etmelidir. Aksine, bundan böyle onu koruyacağını ve ona saygı duyacağını umduğunu söyler. "Bakire bir eş alacak" sözlerinin anlamı budur.

"Dul, boşanmış, saygısız bir kadın ya da bir fahişe, bunları almayacak, kendi halkından bir bakireyi eş olarak alacak." diye yazılanları da yorumlamalıyız. Çalışmada, fahişenin ne olduğunu yorumlamalıyız. Mesele şu ki, başrahip cennetin krallığının yükünü üstlenmek istediğinde hiç ekilmemiş bir toprak için söylenen "bakir toprak" anlamına gelen bir bakire almalıdır. Doğal olarak, bu tür toprakların yiyecek için mahsul vermesi beklenemez. Bu, bir kişinin bu topraktan geçimini sağlayamayacağı anlamına gelir. Sadece, onu ekip biçtikten ve toprağa ihtiyacı olan her şeyi verdikten sonra o topraktan geçimini sağlayabilir, daha önce değil.

Bundan şu sonuç çıkar ki, bir kişi "eş" olarak adlandırılan cennetin krallığının yükünü kabul ettiğinde kadının, Zan uMefarness [emzirme ve idame ettirme] kelimelerinden, bir Zona [fahişe] olmasını istememeye dikkat etmelidir Yani, cennetin krallığının yükünü kabul etmek onu ayakta tutacaksa, yani Tora ve Mitzvot'la uğraşırken ondan beslenecekse, o zaman onu almaya isteklidir. Aksi takdirde bu kadını almayı kabul etmeyecektir ve buna çalışmada "fahişe bir kadın" denir.

Aksine, cennetin krallığını bir yük olarak, yani "yüke koşulan bir öküz ve yük taşıyan bir eşek gibi" koşulsuz olarak kabul etmelidir. Bu, meyve vermeyen "bakir bir toprak" olan "bakire kadın" olarak kabul edilir. Eğer kişi bu koşulları kabul ederse, başrahip olmakla, yani kendisini Yaradan'a yakınlaştırmakla ödüllendirilecektir.

Yukarıdakilere göre, bilgelerimizin şu söylediklerini çalışmada yorumlamalıyız (Kiduşin 70a): "Her kim zenginlik için bir kadınla evlenirse onun layık olmayan çocukları olur, 'Efendi'ye ihanet ettiler, zira yabancı çocuklar doğurdular.' dendiği gibi." Zenginlik için bir kadınla evlenmenin ne olduğunu anlamalıyız. Bu, çalışmada bir kadının "cennetin krallığı" olarak adlandırıldığı anlamına gelir ve kişi cennetin krallığının yükünü üstlenir çünkü kadının büyük bir servete sahip olduğunu duymuştur ve zenginlik, kadının onun ihtiyaçlarını karşılayacağı anlamına gelir, yani cennetin krallığı aracılığıyla Tora ve duadan iyi bir tat alacaktır. Aksi takdirde, eğitimle aldığı aynı yola devam etmesi onun için yeterlidir.

Şimdi onu ayakta tutan şey, yani bu dünyanın hazlarında şu anda bulduğu hiçbir besin onu tatmin etmiyor ve bu yüzden cennetin krallığını almak istiyorken, cennetin krallığı rızkını artırmıyor ve böylece kendini daha varlıklı bir şekilde idame ettiremiyorsa neden şimdi cennetin krallığının yükünü üstlenmesi ve çaba göstermesi gerekiyor?

Buna "zenginlik için bir kadınla evlenmek" denir, yani cennetin krallığını kabul etmesinin tek nedeni kendine-sevgiyi doyurmaktır. Buna, layık olmayan bir kadınla evlenmek de denir çünkü tüm kutsal kitaplarda cennetin krallığının kabulünün adanmışlıkla olması gerektiği yazılıdır ve bu konuda birçok yorum vardır.

Öğrendiğimize göre bunun anlamı, cennetin krallığını kendi iyiliği için değil, Yaradan'ın rızası için kabul etmesidir. Bu, cennetin krallığını kendi üzerine alarak, O'nun yüce isminin büyümesini ve kutsanmasını istediği anlamına gelir, kendi faydasını değil. Cennetin krallığını kendi iyiliği için kabul ederse, bu, "layık olmayan bir kadın" olarak kabul edilir. Buna "zenginlik için" denir çünkü "zenginlik", bundan kendini idame ettirebileceği, yani zenginlik aracılığıyla hayattan memnun olacağı anlamına gelir. Bunun yerine, kişi bir kadını Yaradan rızası için almaya çalışmalıdır, yani "kadın" olarak adlandırılan cennetin krallığı kendisi için değil, Yaradan rızası için olacaktır.

Şimdi, bir insanın neden mantık ötesi inancı kabul etmesi gerektiğini anlayabiliriz. Bu böyledir, çünkü genellikle kişi daima kârını düşünür. Çalışmadan bir şey kazanacağını görmezse, hareketsiz kalmayı seçer ve bir şey kazanmadığı sürece herhangi bir hareket yapmayı istemez.

Bu nedenle, kişiye, Yaradan rızası için, yani O'nun adını kutsamak için cennetin krallığını kabul etmesi gerektiği söylendiğinde beden sorar: "Cennetin krallığını üzerime almaktan ne elde edeceğim? Bunda benim kazancım nedir?" Denilir ki, "Bedenin anlayabileceği hiçbir kelime yoktur. Aksine, Kral'a hizmet etme ayrıcalığına sahip olmanın sizin için harika bir şey olduğuna inanmalısınız. Buna "mantık ötesi" denir çünkü bedene buna değer olduğunu anlayabilmesi için söylenecek hiçbir söz yoktur.

Bu nedenle, kişi kârı mantık dahilinde görmediğinde, ödülün ne olduğunu bilmediği için emeğin ödülden daha büyük olduğu kabul edilir, ancak emeği görür ve emekle ilgili olarak inanma ihtiyacı duymaz. Bu nedenle, kişi Yaradan korkusu ile ödüllendirilmediği sürece, her zaman emeğe bakar çünkü çalışmanın faydasını anlayamaz, sadece mantık ötesi inanır. Bu nedenle, bu çalışmaya "zorlu çalışma" denir ve cennetin merhametini gerektirir.

Böylece, "dermansız ve bitkin olduğun zaman, ve Tanrı'dan korkmadı" diye yazılanları anlayabiliriz (Yasa'nın Tekrarı 25:18). Bu, çaba sarf ettiğini görüp ancak yine de bu çalışmanın faydasını görmediği için sadece inanması gerektiği anlamına gelir. Bundan şu sonuç çıkar ki, kişi dermansız kalır ve bitkin düşer ve bunun nedeni hala Tanrı korkusuyla ödüllendirilmemiş olmasıdır.

Kişi bilmelidir ki, inanç Kli'dir [kap]. Kli düzgün bir şekilde tamamlanıp almaya uygun olduğunda bolluk hemen mantık ötesi olan inanç Kli'sini doldurur. Bolluğa "cennet korkusu" denir ve kişi "mantık ötesi inanç" olarak adlandırılan bu Kli'yi sağladıktan sonra bu ışığı elde eder. Kişi Yaradan korkusuyla ödüllendirilmeden önce çalışmaktan acı çeker çünkü ışık onun için parlamaz.

Demek ki, cennetin krallığının yükünü üstlenmek isteyen kişi mantık ötesi çalışmalıdır, yani çalışması kendisi için değil, Yaradan rızası için olacaktır. Buna "mantık ötesi" denir çünkü beden kendi yararına olandan başka bir şey anlamadığı için bununla hemfikir olmaz.

Şimdi, bilgelerimizin , "Fakir halk yoktur." sözlerini yorumlayabiliriz. Bilgelerimizin "Fakirlik yoktur, bilgide hariç" dediği gibi (Nedarim 41), "fakir"in "bilgide fakir" anlamına geldiği bilinmektedir. Baal HaSulam, Malhut'un "halk" olarak adlandırıldığını söyledi. Bununla, "Fakir halk yoktur"u, cennetin krallığının yükünü mantık ötesi kabul eden kişi anlamına geldiği şeklinde yorumlamalıyız, bu onun hiçbir mantığı olmadığı ve fakir olduğu ve bu yüzden cennetin krallığının yükünü kabul ettiği anlamına gelmez. Tam tersine; mantık ötesi olan, yani mantıktan bile daha önemli bir derecede durmaktadır. Çalışmada "üst" ve "alt" şöyledir: "Üst", üstün öneme sahip olmak, "alt" ise aşağı derecede öneme sahip olmak anlamına gelir.

"Fakir halk yoktur", cennetin krallığını mantık ötesi üstlenen kişinin "fakir", yani mantığı olmayan kişi olarak kabul edilmediği anlamına gelir. Buradan şu sonuç çıkar ki, çalışmanın özü mantığın üzerinde çalışmaktır çünkü bir kişi Yaradan rızası için çalışmak istediğinde buna "mantık ötesi" denir, yani bedenin görüşüne karşı. Bununla birlikte, bilgelerimizin "Kötü eğilimi Ben yarattım; Tora'yı şifası olarak yarattım." dediği gibi kişi, Tora'ya da ihtiyacımız olduğunu bilmelidir.

Bu, Bir Bilgenin Meyvesi kitabında yazdığı gibidir (Mektuplar, s. 115-116): "Ruhun, bedene girdiğinde amacı, köküne dönmeyi başarmak ve bedende kıyafetlenmişken O'na tutunmaktır, şöyle yazıldığı gibi: 'Tanrın Efendi'yi sevmek, O'nun tüm yollarında yürümek, O'nun emirlerini yerine getirmek ve O'na tutunmak.' Ancak, Yaradan'ın yollarını kim bilebilir? Nitekim '613 yolu olan Tora'nın anlamı budur. Bu yollarla yürüyen kişi sonunda arınacak ve bedeni Yaratıcısı ile arasında demirden bir duvar olmaktan çıkacaktır, 'Ve taştan kalbi etinizden alacağım.' diye yazıldığı gibi. O zaman

Yaratıcısına tutunacaktır. Bu nedenle, Üst Olan'ın (yani Tora'nın) emrini özlemek en iyisidir, çünkü 'Tora'nın sırları olan, Üst Olan'ın yollarını ve Üst Olan'ın emirlerini bilmeyen, O'na nasıl hizmet edecektir?'"

Bu nedenle kişinin Tora'yı edinmek için çaba göstermesi gerektiğini görürüz. Tora'yı edinmek için kişi cennetin krallığını mantık ötesi kabul etmelidir. Bu, kişinin görüşüne karşıdır, yani kendisi için hiçbir şeye ihtiyacı yoktur, sadece Yaradan'ın rızası içindir. Bununla, "Ve senin soyun yeryüzünün tozu gibi olacak" (Yaratılış 28:14) yazısını yorumlamalıyız. "Senin soyun" Banim [oğullar] anlamına gelir. Çalışmada Banim, Tora ve Mitzvot'ta Havana [anlayış] anlamına gelir. Yaradan Yakup'a Tora ve Mitzvot'ta anlayışın ancak kişi "toprağın tozu gibi" olmayı kabul ettiğinde edinileceğini vaat etti, yani kişi Tora ve Mitzvot'ta hiçbir duygu hissetmese ve sadece toz tadı alsa bile Tora ve Mitzvot'u yerine getirmeyi kabul eder, çünkü şöyle der: "Ben Yaradan için çalışıyorum. Eğer O'nun için bu şekilde çalışmamı istiyorsa, kabul ederim." O zaman Gadlut [yücelik] ve anlayış ile ödüllendirilir.

Çalışmada, Uzak Bir Yolda Olan Birinin İkinci Bir Pesah'a Ertelenmesi Ne Anlama Gelir?

Makale No. 30, Tav-Şin-Nun-Alef, 1990/91

Zohar şöyle der (BeHaalotcha, Madde 66), "Rabbi Yosi iki kez 'adam, adam' dedi. Neden? 'Yüksek bir ruhu almaya uygun bir adam olan, ancak kendisinin lekelenmesine neden olduğu için kendini lekeleyen bir adam' diye yanıtlar. 'Adam, adam', kişinin adam olmaya layık olduğu anlamına gelir, 'ya da uzak bir yolda', çünkü kendini kirleten kişi yukarıdan kirletilmiştir. Ve yukarıdan kirletildiği için, İsrail soyunun tutunduğu o yerden ve o yoldan uzak bir yoldadır. Rabbi Yitzhak şöyle dedi: "Şöyle yazılmıştır: 'Eğer [biriniz] bir ruh için ya da uzak bir yol için kirlenirse', 'ya da' kelimesinin anlamı budur. Rabbi Yosi şöyle dedi: 'Burada, 'bir ruh için kirlenir' derken, yukarıdan kirletilmeden önce anlamına gelir. Ama burada 'uzak bir yol' dediğinde, yukarıdan kirletildikten ve Sitra Ahra [diğer taraf] olan uzak bir yola düştükten sonra anlamına gelir. Bu, her ikisinin de yukarıda Keduşa'dan [kutsallıktan] yoksun olacağı ve İsrail Pesah'ı yaptığında onu yapamayacağı anlamına gelir."

Bilgelerimiz, "Kişi, kirletmeye geldiğinde onun için açılır; arınmaya geldiğinde ona yardım edilir." dediler (Şabat 104). Burada yazılanı, yani "kendini kirleten kişi yukarıdan kirletilir"i anlamalıyız. Onun için açıldığını değil, onun yukarıdan kirletildiğini söylüyor. Ayrıca, onun için neden açıldığını da anlamalıyız, zira "Yaradan yarattıklarına karşı şikâyette bulunmaz." RAŞİ bunu, Yaradan'ın yarattıklarına iftira atmadığı şeklinde yorumlar (Avoda Zara 3), öyleyse neden ona yukarıdan insanın zararına olan bir yardım veriliyor? Aksine, "Arınmaya gelene yardım edilir" diye yazıldığı gibi, ona yardım edilmeliydi. Kişiye kendi iyiliği için yardım edilmiyorsa, yukarıda en azından onun zararına bir eylemde bulunmamaları gerekirdi.

Kuşkusuz kelimenin tam anlamıyla birçok açıklama vardır, ancak bunu çalışmada yorumlamalıyız. Bilinir ki, kişi Tora ve Mitzvot'u [emirler/iyi işler] genel halk tarzında, yani ödül almak için yerine getirdiğinde ve ihsan etme niyeti konusuna dikkat etmediğinde çalışmada her gün ilerlediğini görür, zira gerçek budur. Uygulamada kişinin yaptığı her şey kendi adına kayıtlıdır ve Lo Lişma [O'nun rızası için değil] olarak adlandırılan bu durumda, kişi bunun Lo Lişma olduğunu göremez. Lo Lişma [O'nun rızası için değil] çalışıyorken burada bir eksiklik meselesi olduğunu, yani Lişma [O'nun rızası için] olması gerektiğini göremez. Bunun yerine, genel olarak yaptığı şeyler onun için parlar.

Sonuç olarak, kişi kendisinde herhangi bir eksiklik göremez. Yani, genel halk açısından, yaptığı şeylerin onun için Saran Işık olarak parladığı bir ıslah vardır, bu da eylemler seviyesinde bir ıslahtır. Bu nedenle, Tora ve Mitzvot'un uygulamasını hafife almamaya dikkat etmelidir, bu herhangi bir niyet olmadan, sadece eylemde olsa bile. Yani, kişi eylemlerini zorla yapsa bile, yine de bu büyük bir şey sayılır.

Dolayısıyla, ihsan etme niyeti ile henüz çalışamayan insanların şöyle bir ıslahı vardır: Yaptıkları şeylerde herhangi bir kusur bulmazlar böylece çalışmalarından mutlu olacaklardır, "Efendi'ye memnuniyetle hizmet edin." diye yazıldığı gibi. Tersine, bir kişiye bir düşünce ve arzu gelip Tora ve Mitzvot'u yerine getirmede niyet meselesi olması gerektiğini hissetmeye başladığında ve ödül almak için değil, ihsan etmek için hareket etmeye uyandığında, o zaman yeni bir düzen başlar.

Düzen şudur ki, o zaman, kişi solda çalışmaya geçer, ki bu, ihsan etmek için mi değil mi diye eylemlerini incelemeye başladığı zamandır ve Tuma'a [kirlilik] ve Tahara [saflık] adı verilen çalışmaya girer. Bu, Kelim'in [kapların] arındırılması üzerinde çalışmaya başladığı anlamına gelir.

Tuma'a'nın ne olduğunu bilmeden saflık üzerinde çalışmak imkânsızdır. Yani, Tuma'a meselesi olduğunun yazılmış olması yeterli değildir, kişi Tuma'a'nın hangi kayıplara neden olduğunu, kirlendiğini bilerek ne kaybettiğini, yani kirli olmasaydı ne kazanacağını ve artık kirlenmiş olduğuna göre ne kaybettiğini hissetmelidir.

Başka bir deyişle, ihsan etme çalışmasına başlamadan önce kirlilik ve saflık meselesi olduğunu bilmesine rağmen kirliliğin neden kötü olduğunu ve saflığın neden iyi olduğunu bilmiyordu. Bu nedenle, kişi kötülüğü tanımakla meşgul olmalı, yani kendisi için alma arzusunun Tuma'a olarak adlandırıldığını kavramaya çalışmalıdır. Yani, bu Tuma'a onu Keduşa'dan [kutsallıktan], yani Yaradan'dan uzaklaştırır, "Kutsal olacaksınız, çünkü ben Tanrınız Efendiniz kutsalım." diye yazıldığı gibi. Bu, sizin uzaklaştırılacağınız anlamına gelir, yani Yaradan nasıl veriyorsa, insan da tüm eylemlerinin ihsan etme niteliğiyle olmasına çalışmalıdır ve buna Keduşa denir. Bunun tam tersi ise Tuma'a olarak adlandırılır.

Kişi, Yaradan'dan, kendisi için alma arzusunda bulunan kötülüğü kavramasına yardım etmesini istemelidir, yani Yaradan, kişinin kendisi için alma arzusunun ona neden olduğu kaybı ve eğer ihsan etme arzusunun gücüne sahip olsaydı ne kadar kazanabileceğini hissetmesine yardım edecektir. Başka bir deyişle, büyük Tuma'a veya küçük Tuma'a ve büyük Keduşa veya küçük Keduşa, Tuma'a veya Keduşa'nın büyüklüğü ile değil, Tuma'a'nın getirdiği zarar ve Keduşa'nın getirdiği önem ile ölçülür, yani kişinin saf olmadığını bildiğinde ne kadar acı çektiği ve Keduşa'da olduğunu bildiğinde ne kadar haz alacağıyla.

Yukarıdakilere göre, bilgelerimizin "Kim kirletmeye gelirse, onun için açılır." dedikleri hakkında sorduğumuzu yorumlamalıyız. Şöyle sormuştuk: "Yaradan yarattıklarına karşı şikâyette bulunmaz", öyleyse neden "onun için açılır"? Bu, ona Tuma'a'ya daha çok girebileceğinin gösterildiğini ima eder, oysa kirletmeye gelmeden önce Tuma'a'nın yeri kapalıydı. Ne zaman ki kirletmeye geldi, sadece o zaman onun için açıldı. Yukarıdan, o kişiye merhamet edilmeliydi, "Ve O'nun merhameti O'nun tüm eylemleri üzerindedir." diye yazıldığı gibi.

"Kirletmeye gelen" sözünün anlamını yorumlamalıyız. Bu, ihsan etme çalışmasına başlamak isteyen kişinin, almak için çalışmanın zararını bilmediği sürece ihsan etmek için çalışamayacağı anlamına gelir, ki bu nedenle şimdi kendisi için alma arzusunda var olan kötülüğün ölçüsünü yani Keduşa'nın zıttı olan, Tuma'a olarak adlandırılan alma arzusunda bulunan kötülüğün ölçüsünün ne olduğunu bilmeye başlar. Yaradan'dan, "saf olmayan", yani ruh için saf olmayan denilen alma arzusunda bulunan kötülüğün ölçüsünü kendisine bildirmesini ister. Yaradan'dan kendisine yardım etmesini istediğinde buna cevap, alma arzusunun Tuma'a'sında var olan kötülüğü görmesi için "onun için açılır"dır.

İki anlayış vardır: 1) kirletmeye gelmek, 2) zaten saf olmadığını görmek ve şimdi gördüğünden daha fazlasını görmek istemek. Eğer daha fazlasını görmek isterse yukarıdan yardım edilir, burada Zohar'da "Kendini kirleten kişi yukarıdan kirletilir." yazıldığı gibi. Başka bir deyişle, onun için bir kez açıldığında ve kirletildiğini gördüğünde ve daha fazlasını, gerçeğin – yani Keduşa'dan çok uzakta olduğunun – gösterilmesini istediğinde, o zaman yukarıdan kirletilir. Yani, kendisi için alma arzusunda bulunan kaybın kendisine gösterilmesiyle yukarıdan yardım alır. Bu, "kötülüğün tanınması" koşuluna varmak olarak kabul edilir. O zaman, içinde

Yaradan'ın ona yardım edeceği ve ona saflık vereceği Kli [kap] adı verilen bir ihtiyaç doğar, "Ve sana saf su serpeceğim." diye yazıldığı gibi.

Bununla, "Zohar neden 'Kendini kirleten kişi yukarıdan kirletilir' der?" diye sorduğumuzu yorumlayabiliriz. Ne de olsa, Yaradan yarattıklarından şikâyet etmez! Cevap, yukarıdan kirletilmenin yardım olduğudur, yani alma arzusunun ne kadar kötü olduğu ve saf olmadığı gerçeğini görmesi için yukarıdan yardım edilir, çünkü neyin kötü olduğu hakkındaki gerçeği görmek istediği için şimdi bu yardımı istemektedir.

Buna göre, Rabbi Yitzhak'ın Rabbi Yosi hakkında sorduğu, "Eğer bir adam, bir adam, bir ruh için ya da uzak bir yolda kirliyse" ayeti hakkında, uzak bir yolun da Tuma'a olarak kabul edildiğini, ancak yukarıdan kirletildiğinde "uzak bir yol" olarak adlandırıldığını söylemesini yorumlamalıyız. "Ya da uzak bir yolda" diye yazılmıştır, bu da iki şey oldukları anlamına gelir, yani uzak bir yol Tuma'a değildir. Rabbi Yosi şöyle açıklar: "'Bir ruh için kirlidir' dendiğinde, yukarıdan kirletilmeden önce anlamına gelir. Ve burada, 'uzak bir yolda' dediğinde, yukarıdan kirletildikten ve Sitra Ahra olan uzak bir yola düştükten sonra anlamına gelir."

Tuma'a'da, çalışma açısından iki anlayış olduğunu yorumlamalıyız: 1) Kirletmeye gelen, yani alma arzusunun Tuma'a olup olmadığını görmeye gelen, yani kalbin aptallığına neden olan. O zaman, kötülüğü görmesi için ona açılır. Fakat bir kişi kirletmeye, yani içindeki kötülüğü görmeye gelmeden önce kişinin kötülüğü göremediğine dair yukarıdan bir ıslah vardır, çünkü kendi içinde düzeltebileceğinden daha fazlasının kişiye gösterilmemesi kuralı vardır. Maddesellikte olduğu gibidir; eğer hastalık tedavi edilemezse kişiye gerçek hastalığı söylenmez.

Bu nedenle, tam da kirletmeye gelen, gerçeği görmek isteyen için açılır. İlerlemek ister ve kendisi için alma arzusunda bulunan kötülüğün gerçek ölçüsünün gösterilmesi için dua ederse yukarıdan yardım edilir, yani yukarıdan kirletilir. Yani, Tuma'a'daki zarar kişiye yukarıdan gösterilir. O zaman, doğası gereği sahip olduğu alma arzusu yerine Yaradan'ın ona ihsan etme arzusunu vermesi ve yukarıdan bir armağan olan ikinci bir doğa verilmesi için kalbin derinliklerinden dua etmeye başlar.

Bununla, şu yazılanı yorumlamalıyız: "Bu, her ikisinin de yukarıdaki Keduşa'dan yoksun olacağı ve İsrail bunu yaparken Pesah Bayramı'nı yapmayacağı anlamına gelir." Başka bir deyişle, bir kişi hem birinci durumdayken, yani kirletmeye geldiği zaman, hem de ikinci durumdayken, yani çok uzak bir yoldayken, yani Keduşa'dan ne kadar uzakta olduğu yukarıdan gösterildiğinde, İsrail yaparken o Pesah'ı yapamaz.

"İsrail"in, onun zaten "İsrail" niteliğinde olduğu anlamına geldiğini, yani tüm eylemlerinin doğrudan Yaradan'a yönlendirildiğine işaret eden, zaten Yaşar-El

[Yaradan'a doğru] durumunda olduğu anlamına geldiğini yorumlamalıyız. Bu, sağ çizgide olmak olarak kabul edilir, ki bu da saflıktır, yani tüm eylemleri Yaradan'ın rızası için olduğunda, Kelim'in saflığı anlamına gelir. Buna Lişma denir, şöyle dendiği gibi: "Rabbi Meir der ki, 'Tora Lişma'yı öğrenene, Tora'nın sırları açıklanır.'" Bir kişi "İsrail" niteliği ile ödüllendirildiğinde bunun, Pesah sunusu sunma zamanı olduğunu yorumlamalıyız. İsrail saflık demektir ve bir kişi arındığında bu, Yaradan'a sunuyu kurban etme zamanıdır, ki burada sunu kurban etmek bütünlük demektir.

Bu, Zohar'da şöyle yazıldığı gibidir (VaYikra, Madde 109): "Rabbi Yehuda başladı ve dedi ki, 'Efendi'ye memnuniyetle hizmet edin.' Sunu çalışmasının böyle olduğunu söylerseniz bu mümkün değildir. Zira, bu adam Efendisinin emrini, Tora'nın emrini çiğnediğine ve Efendisinin önünde tövbe ettiğine göre, O'nun huzuruna hangi yüzle çıkacak? Gerçekten de, onlar ne ile ıslah olurlar? O'nun için sevinci ve şarkı söylemeyi tamamlayan rahipler ve Levililer sayesindedir."

Orada Sulam'da [Zohar'a Merdiven yorumu] bu konunun üç çizgi düzeniyle düzeltileceğini yorumluyor. Bu nedenle, Mısır'dan çıkış meselesi olan Pesah sunusundan bahsederken çalışmamızda, önce saflığa ulaşmamız gerektiğine, sonra yakınlaşmanın geldiğine ve Keduşa ile ödüllendirildiğimize dair bir bildirim olmalıdır. Bununla birlikte, kişi çalışmaya girmek için uyandığında bunun kendisine yukarıdan geldiğine, yani böylece Keduşa ile bağı olsun diye yukarıdan yakınlaştırıldığına inanmalıdır.

Kesinlikle, onu alçaklık durumundan çekip çıkardığı ve Keduşa'nın alanına yükselttiği için Yaradan'a minnettar olmalıdır, ve bu, rızık alacak daha yüksek bir yer olduğunu, rızkının hayvanlarınki gibi olmaması gerektiğini, "konuşan" seviyeden rızık alması gerektiğini hissetmeye başladığı anlamına gelir. Ve ne kadar minnettar olursa, bu hissini o kadar artırır.

Ama aynı zamanda, Yaradan'dan kendisini şu anda olduğundan daha yüksek bir koşula yükseltmesini, Tora ile ödüllendirilmeyi istemesi gerektiğini bilmelidir. Bu demektir ki, her ne kadar içinde bulunduğu durumun çok önemli olduğunu, yani dünyada daha büyük bir önem hayal edemediğini kendine tasvir etse de, yine de şöyle demelidir: "Şu anki durumumu çok önemli olarak tasvir etsem de, gerçek önemi tasvir edemem. Her ne kadar yüce bir durumu tasvir etsem de, Yaradan'a olabildiğince müteşekkir olmama rağmen, mantığın ötesinde, şu anda bulunduğumdan daha yüksek bir koşul olduğuna inanıyorum ve Senden bana daha büyük bir armağan vermeni istiyorum."

Bununla, "Her zaman özleyeceğim" diye yazılanı yorumlamalıyız (Mezmurlar 71). Bu demektir ki, hayal edebileceğimden daha yüksek dereceler vardır. Kişi şunu bilmelidir ki, mevcut durumu ne kadar takdir ederse etsin, aslında bundan daha önemlidir çünkü kişi maneviyatın küçücük bir anının bile değerini kavrayamaz. Yine de, mantık ötesinde buna inanır ve bunu ister.

"Her zaman özleyeceğim" sözlerinin anlamı budur, yani tasvir edebileceğimden daha fazla büyüklük olduğunu tasvir edebileceğim. "Ve Senin tüm görkemini artıracağım"ın anlamı budur. Bu demektir ki, şimdi Seni övmeme rağmen, Seni övebileceğimden daha fazla övebilmeyi talep ediyor ve Senin görkemini artırmak istiyorum.

Bununla birlikte, kişi manevi durumu üzerinde düşünmesi gerektiğinde ve kalbindeki yargıcın huzuruna çıkarıldığında, yargıç kişinin suçlu ya da masum olduğuna dair hükmünü verir, yani yargıç bazen ödemesi gereken borçları ödeyemediği için onu beraat ettirir. O zaman, kişinin merhamete ihtiyacı vardır. Yani, bazen, kalbindeki yargıç kötülere, kendilerini değil, Yaratıcısını kınayanlara aittir. Bu demektir ki, bu yargıçlar, kişinin Kral'a karşı suç işleyenlerin zindanına gitmesine neden olur, şöyle yazıldığı gibi (Mezmurlar 107): "Karanlığın ve ölümün gölgesinin sakinleri, yoksulluk ve demir tutsakları, çünkü Tanrı'nın sözlerine isyan ettiler ve Yüceler Yücesi'nin öğüdünü ellerinin tersiyle ittiler."

İyi yargıçlar var olmasına rağmen, onlar rüşvet almaktadırlar. Yani, kalbindeki yargıç kendi çıkarıyla ilgilenir; bu nedenle, her zaman insanın zararından yana olur. O zaman, kişinin Yaradan'dan merhamet dilemekten ve ona gerçek bir yargıç vermesini istemekten başka seçeneği yoktur. Kişi, Yaradan'dan başka gerçek bir yargıç olmadığını görür.

Bu bağlamda, Kral Davut'un şu söylediğini yorumlamalıyız (Mezmurlar 82): "Kalk, ey Tanrı, yargıla yeryüzünü, çünkü tüm ulusları Sen miras alacaksın", yani Yaradan yargıç olacaktır. O zaman, kişi Yaradan'dan güç alır, "çünkü tüm ulusları Sen miras alacaksın", çünkü o zaman kişi kalbindeki tüm ulusları miras alır.

Çalışmanın düzeni öncelikle tek bir şeyle ilgili olmalıdır: insanın mantığına karşı çalışmak. Yani, bir kişiye kendisi için değil, Yaradan rızası için çalışması gerektiği söylendiğinde bu, insanın mantığına aykırıdır. Ne de olsa, "Onlar sayesinde yaşayacaktır ama onlar yüzünden ölecek değildir" diye yazılmıştır. Bunun, O'nun yarattıklarına iyilik yapmak olan yaratılışın amacı ile çeliştiği sonucu çıkar.

Bunu İbrahim'in sınavı üzerinden yorumlayabiliriz. Bir yandan, Yaradan ona şöyle dedi: "Çünkü İshak aracılığıyla soyun devam edecek", ama sonra şöyle yazılmıştır: "Şimdi oğlunu, biricik oğlunu al ve onu orada yakmalık sunu olarak sun." Bunu çalışmada yorumlamalıyız. "Senin Ben [oğlun]", Havana [anlayış] anlamına gelen Bina kelimesinden gelir. "Senin biriciğin", insanın içinde var olan, ona zarar gelmemesi için kalbi ve ruhuyla koruduğu tek anlayış, yani kendi iyiliği için olan alma arzusu anlamına gelir. "Ve onu yakmalık sunu olarak sun", kişinin kendi iyiliği için olan alma arzusunu kesmesi, iptal etmesi ve alma arzusuyla değil, yalnızca ihsan etme arzusuyla çalışması demektir.

Daha sonra, "Delikanlıya dokunma" dedi. Bunu, alma arzusunu iptal etmesi gerektiğini söylemememiz gerektiği şeklinde yorumlamalıyız. Daha ziyade, kişi alma azusunu ihsan etmek için kullanabilmek için çalışmalıdır ve ihsan etmek için yönlendiremediği parçaları kullanması yasaktır. Bunu, O'nun ona şu söyledikleriyle yorumlayabiliriz: "Ve İbrahim gidip oğlu yerine koçu aldı." "Koç", Zohar'da yazıldığı gibi Bina olarak adlandırılır. Orada, "Neden bir boynuz değil de bir koç" diye sorar. Ve o, koçun Bina, boynuzun da Malhut olduğunu söyleyerek yanıt verir. Malhut'un "alma arzusu" olduğunu yorumlamalıyız. Bu nedenle, ihsan etmek için çalışmasını hedefleyemediğimiz alma kaplarının kullanılması yasaktır. Onların yerine, "ihsan etme kapları" olarak adlandırılan Bina'nın Kelim'ini kullanırız.

Buna göre, bir kişi iyi olmadığını, günahkâr olduğunu hissettiğinde, bunun ona birçok kötü eylemde bulunduğu için gelmediğini anlayabiliriz, zira bir kural vardır, " günah işlemek ve tekrarlamak, ona izin verilmiş gibi olur." Bundan dolayı, birçok günah kişiye suçunu hissettirmez. Daha ziyade, günahın büyüklüğü, insanın Yaradan'dan ne kadar uzakta olduğuna dair hissiyatıyla ölçülür. Başka bir deyişle, kişi Yaradan'ı hissettiği ve O'na inandığı ölçüde yüce Kral'dan ne kadar uzakta olduğunu hisseder.

Bu demektir ki, kişi bir günahkâr olduğunu hissettiğinde, Yaradan'ın ona dünyada bir Kral olduğunu biraz olsun hissettirdiğini bilmelidir. Yukarıdan aldığı bu his, günahkâr olduğunu hissetmesine neden olur. Ama Yaradan'la hiçbir bağı olmadığı zaman, dünyada Tora'yı Veren'in olduğunu bilmediği zaman Yaradan'ın önünde günah işlediğini ve Tora'ya aykırı kötü şeyler yaptığını nasıl hissedebilir? Daha doğrusu, günahın hissi, Kral'ın yüceliğine olan inancının ölçüsüne göredir, o ölçüde günahın ölçüsünü hissedebilir. Bu, günahın kusurlu olan kişide ölçüldüğü anlamına gelir.

Bu, bilgelerimizin "Utanç meselesi utandıran ve utanan kişiye göre değişir" dediği gibidir (Baba Kama, Bölüm 3). Utandıran akıllıysa, büyük olan birini utandırırsa bunun büyük bir günah olduğunu bilebilir diye yorumlamalıyız. Yani, utandıran kişi, utananın büyüklüğünü ve önemini takdir edecek zekaya sahiptir. Bu, onun büyük bir günah işlediği anlamına gelir.

Ancak utandıran kişi, utananın önemini takdir edecek zekaya sahip değilse, onun hakkında büyük bir günah işlediği ve birisinde kusurlu olduğu için büyük bir kefarete ihtiyacı olduğu söylenemez. Bu nedenle, günahın büyüklüğü, Kral'ın büyüklüğünün hissine göredir. Dolayısıyla, bir kişi erdemliyse ve Kral'ın büyüklüğüne dair bir anlayışa sahipse, kusuru kesinlikle sıradan bir insanınkinden daha büyüktür.

Bundan şu sonuç çıkar ki, bir kişinin sahip olduğu Kral'ın önemini her zaman kişinin hissiyatına göre ölçeriz. Bu nedenle, eğer kişi günah işlediğini hissediyorsa yukarıdan Keduşa'ya bir yaklaşma verilmiş olmalıdır ve bu yüzden günah işlediğini hisseder. Baal HaSulam'ın bilgelerimizin "Yaradan erdemlilere karşı saç teli kadar titizdir" dedikleri hakkında söylediği gibidir, şöyle yazıldığı gibi: "Ve onun etrafı çok fırtınalıydı." "Neden diğerlerinden daha fazla cezayı hak ediyorlar?" diye sordu. Dedi ki, erdemli olan kişi, Yaradan'ın kendisine karşı saç teli kadar titiz olduğunu söyler. Bu nedenle, kişi günah işlediğini hissettiğinde telaşlanmamalıdır. Aksine, bu onun yukarıdan yaklaştırıldığının bir işaretidir. Bu nedenle, üstesinden gelmeli ve cennetin krallığının yükünü üzerine almalıdır ve başarılı olacaktır.

Çalışmada Yoksullara Verilen Sadakanın Kutsal Adı Yapması Ne Anlama Gelir?

Makale No. 31, Tav-Şin-Nun-Alef, 1990/91

Der ki (BeHukotai, Madde 20), "'Yağmurlarınızı mevsiminde vereceğim'. Her biri sizin üzerinizde gücünü gösterecek. Onlar kim? Kutsal Ad'ı birleştiren, sizin yaptığınız bu ıslah. Yasa ve yönetmeliğin bu birleşimi size ihsan edecektir. 'Erdem ve adalet için Efendimizin yolunu izleyin' diye yazılmıştır. Madem 'Efendinin yolunu izleyin' yazıyor, neden 'Erdem ve adaleti yerine getirmek için' yazmasına gerek var? Şöyle yanıtlar: 'Tora'nın yollarını izleyen kişi, adeta erdem ve adaleti yerine getirmiş gibidir. Peki erdemli olmak ve adalet nedir? Yaradan'dır. Rabbi Şimon ağladı ve şöyle dedi: 'Efendilerinin yüceliğini bilmeyen ve dikkate almayan insanların vay haline, zira her gün Kutsal Adı kim anar? Yoksullara sadaka veren kişi. Bu uyanışı aşağıdan yapan, yani sadaka veren kişi, Kutsal Adı eksiksiz bir şekilde yapmış gibidir: Kişi aşağıda ne yaparsa, yukarıda da aynısını uyandırır."

Sadaka ile erdem ve adaletin birleşmesi arasındaki bağlantıyı anlamalıyız. Ayrıca, erdem ve adalet ile Kutsal Ad'ı yapmak arasındaki bağlantı nedir? Bir kişinin Kutsal Adı yapmasının ne anlama geldiğini de anlamalıyız, zira anlıyoruz ki Kutsal Ad insanı yaratır, insan Kutsal Adı yaratmaz.

Bunun, bize ne öğretmek için geldiğini çalışmada yorumlamalıyız. Tora ve Mitzvot'taki [emirler/iyi işler] çalışmamızın özünün, O'nun yaratılan varlıklara vermeyi düşündüğü hazzı ve zevki alabilmek olduğu bilinmektedir. Bütün gecikme, Veren'den yaratılanlara gelen bolluğu alacak Kelim'e [kaplara] sahip olmamamızdan kaynaklanır, bu da yaratılanların "O nasıl merhametliyse, siz de öyle merhametlisiniz" denilen form eşitliğine sahip olması, yani yaratılanların da Veren gibi ihsan etme kaplarına sahip olması anlamına gelir.

Bu nedenle, kişi cennetin krallığını üstlendiğinde, beden "Cennetin krallığını alma çalışmasından ne elde edeceksin?" diye sorar. Bilgelerimiz bu konuda şöyle der (Pesahim 50): "Kişi Lo Lişma [O'nun rızası için değil] olsa bile her zaman Tora ve Mitzvot ile meşgul olmalıdır, çünkü Lo Lişma'dan Lişma'ya [O'nun rızası için] gelir." Zohar'da yazıldığı gibi, bu dünyada ve öbür dünyada ödüllendirilmek için Tora ve Mitzvot'u yerine getirirken korku söz konusudur. Ancak önemli olan korku "O yüce ve hükmeden olduğu içindir", yani ödüllendirilmek için değil, yüce bir Kral'a hizmet etme ayrıcalığına sahip olduğunu söylediği içindir ve kişi bu nedenle Tora ve Mitzvot'u yerine getirmek ister.

Kişi, Kral'a hizmet etme meselesi olduğunu anlasa da, insanın bedeni sadece kendisine fayda sağlayan şeylerden haz alma arzusuna sahip bir doğayla yaratılmıştır. Beden, başkasına hizmet etmeyi anlayamaz, ki başkası bundan zevk alsın, yani yaptığı işten başkasının zevk almasından zevk alsın. Bu, mal sahibi için çalışan ve mal sahibinin çalışanın işinden gerçekten fayda sağladığı bir çalışan için, çalışanın mal sahibine "Bana ödeme yapmanı istemiyorum; senin için tamir ettiğim şeylerden keyif alman benim için yeterli çünkü bozuk aletlerinden şikâyetçiydin. Ama şimdi onları tamir ettiğim için bundan keyif alıyorsun ve yaptığım iş için herhangi bir ödeme istemiyorum." Bu doğaya aykırıdır. Aksine, eğer yaptığım işten keyif alıyorsan, yaptığım iş için talep ettiğimden daha fazla ödeme yapmalısın.

Buna göre, kişinin herhangi bir ödül olmaksızın Yaradan rızası için çalışma gücüne sahip olmasının nasıl mümkün olduğunu anlayabiliriz. İlk koşul, kişinin Tora ve Mitzvot'a uymak istemesidir ki bu ona "Tora'daki ışık onu ıslah eder" şifasını getirsin. Bu demektir ki, onlar aracılığıyla "ihsan etme arzusu" denilen ikinci doğayı elde edecektir. Bu durumda Kral'a herhangi bir ödül olmaksızın hizmet edebilecek ve tek ödülü Kral'ı memnun etmek olacaktır. Zohar, kişinin ihsan etme arzusunu edinmek için Tora ve Mitzvot'u gözlemlediği bu zamanı, "613 Eitin [Aramice: öğütler]" olarak adlandırır.

İkinci koşul, kişinin ihsan etme arzusunu edinmesinden sonradır. Bu, Zohar'ın "613 Pekudin [Aramice: teminat]" olarak adlandırdığı, 613 Mitzvot'ta bulunan zevk ve hazzı alma durumudur. Bu, Sulam'da [Zohar üzerine Merdiven yorumu] yazıldığı gibi, haz ve zevkin orada bir teminat olarak bulunduğu anlamına gelir.

Bu nedenle, cennetin krallığının yükünü üzerine alan kişinin çalışması, bunu "yoksullar için bir sadaka" olarak yapmaktır. Bilindiği gibi Zohar, Malhut'u "fakir ve yetersiz" olarak adlandırır. Bunu karşılığında bir şey almak istememek olarak yorumlamalıyız. Bu, fakir bir kişiye sadaka verip karşılığında hiçbir şey istememeye benzer. Yani, fakir kişinin minnettarlığını bile istemeyiz, çünkü gerçek sadaka "gizli verme" olarak adlandırılır, yani kişi kime verdiğini görmez. Bu nedenle, sadakanın verilmesi yoksulun minnettarlığını gerektirmez.

Dolayısıyla bir kişi, cennetin krallığının yükünü mantık ötesinde kabul ettiğinde, Yaradan'ın bunun için kendisine teşekkür etmesini ummaz. Bu nedenle beden, "Neden Tora ve Mitzvot'un yükünü üzerine alıyorsun?" diye sorar. Bu durumda, kişi Tora ve Mitzvot'u herhangi bir ödül olmaksızın yerine getirmek istediğinde, Yaradan'ın ona bedenin sorusunun üstesinden gelecek gücü vermesine ve kutsal çalışmayı severek yapacak güce sahip olmasına ihtiyaç duyar.

Bundan şu sonuç çıkar ki, kişi tamamen kutsal olan, içinde hiçbir atık karışımı olmayan bir çalışmaya ulaşmak için çalıştığında, Yaradan'ın yardımına muhtaç hale gelir. Cennetin krallığının yükünü yeniden üstlenmek istediği her seferinde, yeniden çalışması gerekir. Kişi, "Her gün, Klipot'a [kabuklara] düşen yeni anlayışların ıslah edildiğini ve bir günün diğerine ya da bir anın diğerine benzemediğini" söyleyen ARI'nın sözlerine inanmalıdır.

Bu nedenle, cennetin krallığının yükünü yeniden üstlenmek, yeni anlayışları Keduşa'ya [kutsallığa] doğru ıslah eder. Bu yüzden, kişi cennetin krallığını yeniden üstlenmek istediğinde, beden şöyle sorar: "Yaradan rızası için çalışarak ne elde edeceksin?" Ve Yaradan'dan bedenin mantık ötesi ona inancın gücünü vermesini istemekten başka bir yol yoktur. Bilgelerimizin sözleriyle, buna "Yaradan ona yardım etmeseydi, bunun üstesinden gelemezdi" denir.

Yukarıdakilere göre, Zohar'ın "Efendimizin yolunu izleyin" ayeti hakkında açıkladığı ilişki hakkında sorduğumuz soruyu, neden "erdem ve adaleti yerine getirmek için" yazılması gerektiğini yorumlamalıyız. "Tora'nın yollarını izleyen kişi, sanki erdem ve adaleti yerine getirmiş gibidir" diye cevap verir. Yukarıda söylendiği gibi, insan bedenin mantık ötesi cennetin krallığını üstlenecek güce sahip olmadığından, ancak Tora ve Mitzvot'un Segula'sı [erdem/nitelik/güç] ile, ki bu Yaradan'ın yoludur, Tora'nın yollarıdır, kişi fakirlere sadaka vermekle ödüllendirilir, zira "Tora'daki ışık kişiyi ıslah eder", o zaman "erdem ve adaleti" yerine getirmekle ödüllendirilir.

Söylediklerinin anlamı budur, Efendinin yolunu izleyerek, "erdem ve adaleti" yerine getirme derecesine ulaşacaklardır. Peki, "erdem ve adalet" nedir? Yani, Zohar'ın "Kutsal Ad'ı yapmak" olarak adlandırdığını söylediği bu birleşme nedir? Başka bir deyişle, sadaka vererek Kutsal Ad'ı yapmak ne anlama gelir?

Yukarıda söylendiği gibi, "erdem ve adalet" Yaradan'ın "adalet" ve Malhut'un "erdem" olarak adlandırıldığı anlamına gelir ki bu da yargı niteliğidir, Malhut, Yaradan'dan bolluğu alan bir Kli [Kelim'in tekili] olarak adlandırıldığı için üzerinde bir yargı vardır. Almak için alma kapları üzerinde Tzimtzum [kısıtlama] ve gizlilik vardır, yani Malhut olarak adlandırılan alıcı ile "Yaradan" olarak adlandırılan Verici arasındaki form eşitsizliği nedeniyle alma kaplarını oldukları gibi kullanmanın yasak olduğuna dair bir yargı vardır. Buradan, yukarıda bir ayrılık olduğu ve form eşitsizliği nedeniyle bolluğun yaratılanlara ulaşamadığı sonucu çıkar.

Bu nedenle, alttakilerin "fakirlere sadaka" vermeleri konusunda bir ıslah yapılmıştır. Çalışma açısından, onlar karşılığında hiçbir şey almadan fakirlere sadaka verirken ve bunun karşılığında hiçbir şey almak istemezken cennetin krallığının yükünü üstlendiklerinde, her biri ruhunun kökünde, yukarıda Malhut'ta, onun da sadece ihsan etmek için çalışmasına neden olur. Bu da Yaradan ve O'nun Şehinası'nın [Kutsallığının] birleşmesine neden olur. Bu, bir kişinin her şeyi ihsan etmek için yapmasıyla, "adalet" olarak adlandırılan sadakanın Yaradan'dan Malhut'a uzandığı anlamına gelir. Başka bir deyişle, "erdem" olarak adlandırılan Malhut'un aldığı bolluk sayesinde, Yaradan'dan aldığı şey nedeniyle artık ona "sadaka" denir.

Başka bir deyişle, alttakilerin Malhut'a sadaka vermesiyle, Yaradan da Malhut'a sadaka verir. O zaman, Malhut "sadaka" adını alır. "Fakirlere sadaka veren kişi, sanki Kutsal Adı olması gerektiği gibi tamamlamış gibidir" sözlerinin anlamı budur, yani onu, ona her şeyi veren Yaradan'a bağlar, sanki Kutsal Adı eksiksiz yapmış gibidir, "Kişi aşağıda ne yaparsa, yukarıda da o uyanır."

Bu, cennetin krallığının "fakir" olarak adlandırıldığı anlamına gelir, çünkü yaratılanlara verecek hiçbir şeyi yoktur. Yaratılanlar ona alma kaplarıyla gelirlerse, bu durumda o fakir ve yetersizdir zira yaratılanlar Malhut'ta, Malhut'un niteliğinde var olan almaya neden olurlar ve bu da Malhut ile Veren olan Yaradan arasında ayrılığa neden olur. Dolayısıyla, bu ad tam değildir çünkü bu ad açısından Yaradan'a İyi ve İyilik Yapan denir. Onlar Malhut'ta, ruhlarının kökünde var olan almaya neden olduklarından ve almanın niteliğinde bolluğun bir Tzimtzum'u olduğundan, bununla bolluğun daha aşağıda olanlara yayılmasını önlerler.

Ancak yaratılanlar sadaka verirlerse, yani eylemlerini ihsan etmek için yaparlarsa, ruhlarının kökünde ihsan etme arzusuna neden olurlar ve böylece yukarıda form eşitliğine neden olurlar ve bolluk yaratılan varlıklara akar. Daha sonra, İyi ve İyilik Yapan adı alttakilere ifşa edilir ve bu onların "Kutsal Adı bütünlük içinde" yapmaları olarak kabul edilir. Başka bir deyişle, her şey onların eylemlerinin ihsan etmek üzere yönlendirilmesiyle meydana gelir.

Dolayısıyla insan için iki koşul vardır: 1) Çalışmanın başlangıcında Lo Lişma'da başlamalıyız. Bu demektir ki, kişinin yaptığı her şey bu dünyada ve bir sonraki dünyada ödül almak içindir. Bu durumda, Yaradan kişi için "Ulusların Kralı" olarak adlandırılır, "Senden kim korkmaz, Ulusların Kralı" diye yazıldığı gibi.

Çalışmada, kişi kendi çıkarı için çalıştığında, "Yahudi olmayanlar[1]" olarak kabul edildiği şeklinde yorumlamalıyız. Kişi hâlâ eylemlerinin Yaşar-El [Yaradan'a doğru] olduğu "İsrail" niteliğine ulaşmamıştır. Bu da kişinin "Ulusların Kralı" olarak adlandırılan bir krala hizmet ettiğini gösterir. Dolayısıyla, "Ulusların Kralı, Senden kim korkmaz" diye yazıldığı üzere, korkusu olmasına rağmen, "Yahudi olmayan" koşulunda olan bir kişide, Kral'ın ne tür bir yüceliği olabilir?

Bunun çok önemli olduğunu bilmeliyiz. Demek ki, kişi Yaradan'la kurduğu her temasın çok önemli olduğunu bilmelidir. Bu nedenle, kişi bir ödül için çalıştığında, "Ulusların Kralı" derecesinden kesinlikle daha büyük bir derece olmasına rağmen, bu çalışmaları küçümsememeliyiz. Bu demektir ki, kişi "İsrail" niteliğiyle ödüllendirildiğinde, kesinlikle şu anki ediniminde, "İsrail" derecesindeyken, Yaradan'ın yüceliğini daha iyi anlar, öyle ki büyük bir Kral'a hizmet etmekten mutluluk duyar ve çalışmasının karşılığında hiçbir şey almaya ihtiyaç duymaz.

Yaradan rızası için çalışmakla ilgili olarak, bilgelerimizin söylediklerini yorumlamalıyız (Midraş Tanchuma, s 235b), "'Eğer kardeşin fakirleşir ve elini uzatırsa,' der yazı, 'Bir fakiri soyma, çünkü o fakirdir. 'Bir fakiri soyma' ne demektir? Fakirleri soyan bir kişi var mıdır? Hiçbir şeyi olmayan birinden ne çalınır ki? Ama eğer alışmışsanız, onu geçindirmeye alışmışsanız ve geri çekilmişseniz ve "Ben bunu daha ne kadar geçindireceğim?" demişseniz ve ona vermekten kaçınıyorsanız, böyle yapmışsanız, bilin ki onu soyuyorsunuz. Bu, 'Fakiri soymayın, çünkü o fakirdir' demektir."

Yukarıdakilere göre, fakirlere verilen sadakanın, insanlara geri verecek hiçbir şeyi olmadığı için "fakir ve yetersiz" olarak adlandırılan Malhut'a atıfta bulunduğu yorumunu yapmalıyız. Eğer kişi Yaradan'ın rızası için çalışır ve karşılığında hiçbir şey istemezse, sadece Yaradan'ın rızası için çalışır ama bazen çalışmanın ortasında aklına her zaman Yaradan'ın rızası için çalıştığı ve karşılığında hiçbir şey istemediği düşüncesi gelirse, bunun için kesinlikle daha yüksek bir derece ile ödüllendirilecektir, yani Tora'da ve çalışmada daha fazla tat hissedecektir, Kişi üzerine düşeni zaten yapmış olduğundan, yani hiçbir ödül almadan cennetin krallığını üstlendiğini söylediğinden, yani çalışmasının karşılığında Tora ve Mitzvot'ta bir tat bile almadığından, eğer niyeti zaten "Yaradan'la Dvekut [bütünleşme]" denilen Yaradan'ın rızası içinse, çalışmasında canlılık hissetmesi gerekirdi. Ancak, çalışmasında herhangi bir ilerleme görmez; bu

242

nedenle, bu ihsan etme çalışmasını durdurmak ve diğer insanlar gibi ödül almak için çalışmak ister.

Metin bu konuda şöyle der "Bir fakiri soyma, çünkü o fakirdir." Midraş sorar: "Fakirleri soyan bir kişi var mıdır? Hiçbir şeyi olmayan birinden ne çalınır ki? Ancak, eğer onu geçindirmeye alışmışsan ve geri çekilip, 'Bunu daha ne kadar geçindireceğim' diyorsan ve ona vermekten kaçınıyorsan, bil ki onu soyuyorsun."

Sonuç olarak metin, bizi şöyle dememamiz gerektiği konusunda uyarmaktadır: "Ben zaten ihsan etme amacına ulaşmak için çok çalıştım ve "fakirlere sadaka" adı verilen ihsan etme niyetiyle çalışırken edinilmesi gereken zevk ve hazzı elde edemedim. Ayrıca, yine de ihsan etmek amacıyla her şeyi yapabilmem için "güç" adı verilen ışığı edineceğime söz verildi; bu ışık, kişi Tora ve Mitzvot'u "613 öğüt" tarzında gözlemlediğinde, "Kelim'in tamamlanması için ışık" adı verilen ihsan etme kaplarını edinmek için ortaya çıkan ışıktır, böylece ihsan etmek amacıyla Kelim ile çalışabilirler." Kişi, Tora ve Mitzvot ile uğraştığı süre boyunca bu niyetle hareket etmesine rağmen, bu gücü de edinememiştir. "Bu nedenle" der kişi, "Sana birçok çaba sarf ettim ama hiçbir şey elde edemedim, bu yüzden bu çalışmayı bırakmak istiyorum."

Bu, "Bunu daha ne kadar sağlayacağım?" ifadesinin anlamıdır. Başka bir deyişle, Sana çok şey verdim ama karşılığında hiçbir manevi ilerleme elde edemedim. "Bu nedenle," der kişi, "daha ne kadar 'fakirlere sadaka' tarzında çalışmam gerekecek?" Bu noktada kişi mücadeleden kaçmak ve "Senden kim korkmaz, Ulusların Kralı?" tarzında çalıştığı zamanki genel halk gibi çalışmaya geri dönmek ister. Yukarıda da belirtildiği gibi, kişi Tora ve Mitzvot'u kendine olan sevgisi için yerine getirmeye çalıştığında, Yaradan rızası için çalışmak için yer yoktur. Bu durum, kişinin Tora ve Mitzvot'u gözlemlediği krala "İsrail Kralı" değil, "Ulusların Kralı" demesi olarak kabul edilir, çünkü o zaman kişi "İsrail" değil, "Yahudi olmayan" olarak kabul edilir.

Metin bu konuda uyarıda bulunur: "Mücadeleden kaçmayın; fakiri soymayın, çünkü o fakirdir." "Fakiri soymayın'" diye yorumlamalıyız. Bu, ona verdiğiniz sadakayı kesmemeniz gerektiği anlamına gelir, bu da cennetin krallığının herhangi bir ödül olmaksızın kabul edilmesi demektir, çünkü ona zaten pek çok sadaka verdiğinizi iddia etseniz de, bunun yanlış olduğunu bilin. "Çünkü o fakirdir" ifadesinin anlamı şudur: Fakir olan Malhut'un size bir şey vermesi gerektiğini düşündüğünüz sürece, onun fakir olduğunu söylememiş olursunuz. Yani, kişi Malhut'tan kendisini ödüllendirmesini talep ederse, ondan bir şey talep ettiği için "fakir ve yetersiz" olarak adlandırılan Malhut'un adını lekelemiş olur.

Aksine, kişi Yaradan'a, Malhut kendini gizlediğinde ve ona hiçbir yakınlık göstermediğinde bile onun için çalışabilmekten memnun ve mutlu olma gücü vermesi için dua etmelidir ve çalışmadaki tat sanki şimdi yeniden başlamış gibidir, yani bu tat için cennetin krallığını üstlenmede çalıştığını ve emek verdiğini söyleyebileceği herhangi bir tat hissettiğini söyleyemez.

Bu demektir ki, kişinin "İşte bu yüzden Tora ve Mitzvot'la uğraşıyorum" diyebileceği hiçbir dayanağı ya da desteği yoktur. Buna "dünyayı hiçbir şeyin üzerine asmak" denir ve "tamamen mantık ötesi" olarak adlandırılır. Bedenin doğasına tamamen aykırı olmasına rağmen, kişi bunun için, kendisine bu gücü vermesi için Yaradan'a dua eder. "Fakiri soyma, çünkü o fakirdir" diye yazılan şeyin anlamı budur. Kişi her zaman kalmak istemeli, cennetin krallığını kendi üzerine almalıdır ve bunun temeli "çünkü o fakirdir".

Bu, Baal HaSulam'ın ("Yiğit Bir Kadın" şiirinde) "Cazibe aldatıcıdır ve güzellik boştur; Efendi'den korkan bir kadın, övülecektir" diye yazılanlar hakkında söylediği gibidir. Kişi cennetin krallığının yükünü üstlendiğinde, bazen cennetin krallığının zarif olduğunu ve bazen de cennetin krallığında güzellik olduğunu hissettiğini söylemiştir. Metin bu konuda şöyle der: "Bunların hepsi yalandır." Yani, cennetin krallığını üzerine inşa ettiği tüm bu temel yanlıştır.

Ancak, kişinin üzerine aldığı cennetin krallığı olan "kadın", Yaradan korkusundan dolayı olmalıdır, yani korkusu Zohar'da yazıldığı gibi olacaktır, "Korkunun özü, O yüce ve hükmeden olduğu için olmalıdır" ("Zohar Kitabı'na Giriş," Madde 191), "En önemli olan korku, kişinin Efendisinden korkmasıdır, çünkü O yüce ve hükmedendir, tüm âlemlerin özü ve köküdür ve her şey O'nun yanında bir hiç sayılır ve kişi arzusunu o yere yerleştirecektir. "

Sonuç olarak duanın en önemli şey olduğu ortaya çıkar. Kişi, hem Tora'da hem de duada, çalışma ile ilgili herhangi bir şey için gerekli gücü vermesi için Yaradan'a dua etmelidir. Dolayısıyla, kişi Yaradan'dan kendisine bu çalışma için bir ihtiyaç, yani bir arzu vermesini istemelidir. Bazen kişi hiçbir şey için arzu duymadığı bir duruma gelir, yani önünde istemesi gereken, ona canlılık getirecek, bir şey elde etmek için çaba gösterme ihtiyacı verecek iyi bir şey görmez. Aksine, kişi elde etmek için emek vermeye değer olduğunu söyleyebileceği herhangi bir arzudan yoksun kalır. Bunu göremez.

O zaman, Yaradan'dan kendisine bir şey için arzu vermesini yani bu şeyin ona çalışma arzusu vermesini istemelidir. Kişinin anlayışına göre, talep Yaradan'ın ona zevk ve haz verecek bir şey görmesine izin vermesi olacaktır. Bilgelerimizin dediği gibi, "Göz görür ve kalp imrenir." Yani, Yaradan ona uğruna çalışmaya değecek bir şeyi görmesine izin verirse, kalpteki imrenme onu bu şeyi elde etmenin yollarını aramaya itecektir. Buradan, bir kişinin şu anda ettiği duanın sadece Kli [kap] olarak adlandırılan arzu amacı için olduğu sonucu çıkar.

Bu, bir kişinin etmesi gereken ilk duanın, Yaradan'ın ona bir eksiklik istemesi için vereceği bir arzu ve eksiklik olduğu anlamına gelir, böylece eksikliğin tatminini elde ederse, bu tatmin insanı bütünlük içinde dolduracaktır. Yani, Yaradan ona edinmesi gereken bütünlüğün ne olduğunu bildirecektir, kişi böylece gerçekten neye ihtiyacı olduğunu bilecektir. Ve gerçekten neye ihtiyacı olduğunu bilmek, Tora aracılığıyla gerçekleşir; Tora'nın Segula'sıyla, içindeki ışık kişiyi ıslah eder, yani Tora ona neyin eksik olduğunu bildirir.

Ancak kişi bunu Tora'dan talep etmelidir, yani Tora'nın onu gerçeğe ulaşması için yönlendirmesini istemelidir. Ayrıca, kişi kendisi ile Tora arasındaki bağı bulmalıdır, çünkü Tora ile olan bağını bilme arzusu zaten bir dua olarak kabul edilir. Bu demektir ki, kişi Tora öğrenirken zaten kendisini Yaradan'a bağlamaktadır, çünkü Tora ile meşgul olduğunda Yaradan'dan Tora ile Tora öğrenen kişi arasındaki bağı anlamasını istemektedir. Ve Yaradan'dan kendisine eksiklik vermesi için dua ettikten sonra, Yaradan'dan kendisine eksikliğin tatminini vermesini, yani insanın tamlık derecesine ulaşarak ödüllendirilmesini istemelidir.

Çalışmada Sancak Nedir?

Makale No. 32, Tav-Şin-Nun-Alef, 1990/91

Midraş Rabbah, "Her insan kendi sancağıyla" ayeti (Sayılar, Bölüm 2) hakkında şöyle der "Şöyle yazılmıştır, 'Senin kurtarışına şarkı söyleyeceğiz ve Tanrımızın adına sancaklarımızı dikeceğiz. İsrail Yaradan'a, 'Senin adınla bizim için gerçekleştirdiğin kurtarışına şarkı söyleyeceğiz ve o gün Efendi İsrail'i kurtaracak' dedi. 'Kurtaracak' diye yazılmıştır, sanki İsrail kurtulmuş ve O kurtulmuş gibidir. 'Ve Tanrımızın adına sancaklarımızı dikeceğiz', çünkü Yaradan adını bizim adımıza koydu ve 'Her insan kendi sancağıyla' denildiği gibi bizi sancak yaptı. Rabbi İssakar, 'Ve benim üzerimdeki sancağı sevgidir' der. Oturup Tora ile meşgul olan ve kuraldan kurala, ayetten ayete atlayan bir kişi için bile Yaradan, 'Ben ona düşkünüm; onun Benim üzerimdeki sancağı sevgidir ve onun Benim üzerimden atlaması sevgidir' der."

Şunları anlamamız gerekir:

1) Yaradan'ın Kendi adını bizim adımıza koyması ne anlama gelir?

2) Neden İsrail kurtulmuş ve O kurtulmuş gibi "kurtaracak" diye yazılmıştır ("kurtaracak" diye yazılan şeyle ilgili olarak, anlamın "ve kurtarılacak" olduğu yorumlanır).

3) "Kuraldan kurala atlama." Yaradan'ın adının İyilik Yapan İyi olduğu bilinmektedir. Yani, O her zaman yaratılanlara zevk ve haz vermek ister, bunun için de yaratılanlarda her zaman zevk ve haz alma arzusunu yaratmıştır. Buna göre, "Yaratılanlar neden zevk ve hazzı hissetmiyorlar, aksine tüm dünya yaşamda zevk ve tatmin eksikliğinden muzdariptir, çünkü her duyarlı insan "Hayatımızın anlamı nedir?" diye sorar.

Bunun cevabı Yaradan'ın bir ıslah yapmış olmasıdır, öyle ki Yaradan'dan haz ve zevk aldığımızda bundan utanç duymayalım, ki bu yaratılan olan alıcı ile veren olan Yaradan arasındaki form eşitsizliğinden kaynaklanmaktadır. Islah şudur ki, kişinin, ihsan etme arzusuna sahip olmadan önce, yani form eşitliği içinde olmadan önce, Yaradan'ın yaratılanlara vermek istediği gerçek bolluğu alması mümkün değildir.

Ve ihsan etme arzusu, insan doğasına aykırı olduğu için, insanın içinde dünyanın yetmiş ulusu olduğunu öğreniriz. Başka bir deyişle, Zohar'da yazıldığı gibi, her insan küçük bir dünyadır ve insanın içindeki İsrail niteliği, dünya uluslarının yönetimi altındadır. Bu, İsrail halkının dünya uluslarının arzularına karşı koyacak güce sahip olmadıklarında, uluslar arasında sürgünde olmaları olarak kabul edilir. Bu nedenle, İsrail halkı, Yaradan'dan kendilerini uluslar arasında bulundukları sürgünden kurtarmasını, yani Yaradan rızası için çalışabilmeyi diler.

Ayrıca bilgelerimiz, "Sürgünde olan İsrail, Şehina [Kutsallık] onlarla birliktedir" derler. Bunu Baal HaSulam'ın bilgelerimizin "Sürgüne gönderilen bir öğrenci, öğretmeni de onunla birlikte sürgüne gönderilir" sözü hakkında söylediği gibi yorumlamalıyız. Bunun, öğrenci sürgündeyken, yani bir düşüş yaşadığında, onun gözünde öğretmeninin de düşüşte olduğu anlamına geldiğini söyledi. Yani, bir kişi sürgündeyse, Tora'dan ve duadan tat almıyorsa, bunun nedeni hocasının da onunla birlikte sürgüne gitmiş olmasıdır, yani tüm Keduşa [kutsallık] meseleleri onda da düşüştedir ve her şeye sanki manevi hiçbir şeyin önemi yokmuş gibi bakar. Bu, maneviyatın da sürgünde olduğu şeklinde değerlendirilir.

Bununla şunu yorumlamalıyız: İsrail sürgündeyken, yani düşüşteyken ve dünya ulusları kişiyi kontrol ederken -ve dünya ulusları genellikle "kişinin kendi çıkarı için alma arzusu" olarak adlandırılır- o zaman Yaradan da onlar için sürgünde olur. Başka bir deyişle, Yaradan'ın önemine sahip değillerdir, çünkü Yaradan'ın yüceliğinin önemine sahip olsalardı, içindeki İsrail'e hükmedemezlerdi.

Bilindiği gibi, İsrail, kişinin tüm eylemleri doğrudan Yaradan'a yönelik olduğunda, Yaşar-El [Yaradan'a doğru] anlamına gelir. Ancak onların kontrolüyle, kişinin tüm eylemlerinin sadece kendi iyiliği için olmasını sağlarlar. Buna "Yaradan'ın rızası için değil, alma arzusunun iyiliği için" denir. İsrail niteliği sürgünde olduğunda, Yaradan da onlarla birlikte sürgünde olur, yani ihsan etme arzusu sürgünde olur ve ihsan etmek istedikleri kişi de sürgünde olur, Firavun'un söylediği şey hakkında yazıldığı gibi, "Efendi kim ki O'nun sesine itaat edeyim?" Yani, Yaradan'ın yüceliğini inkâr etti ve Yaradan'ın yüceliğine inanmaya izin vermedi, bu yüzden İsrail niteliği onların içinde sürgündedir.

Yukarıdakilere göre, sorduğumuz şeyi yorumlayabiliriz, Neden "İsrail sanki kurtulmuş gibi ve O kurtulmuş gibidir" diyor? Yani, İsrail'in kurtuluşu ile Yaradan'ın kurtuluşu arasındaki bağlantı nedir? Yukarıdakilere göre, İsrail'in sürgünü ve Yaradan'ın sürgünü aynıdır, çünkü kişi Yaradan'ın yüceliğini edindiğinde ve hissettiğinde, dünya uluslarının hiçbir kontrolü olmaz ve O'nun huzurunda iptal edilirler. Dolayısıyla, tüm sürgünün, O'nun yüceliğini bilmememiz olduğu sonucu çıkar.

Kişi, sürgünde olmasına neden olan gizlenme konusunda, eylemlerini ihsan etmek üzere ıslah etmesi gerektiğini bilmelidir. Aksi takdirde utanç duyacaktır. Bu nedenle, üst ışıkta gizlenme ve saklanma olmalıdır. Kişi kötülüğü hissettiği ölçüde, kendini sevmeye ne kadar dalmış olduğunu gördüğünde, o ölçüde Keduşa'dan [kutsallıktan] uzak olduğunu görür. Yani, Yaradan rızası için bir şey yapmaktan uzak olduğunu ve dünya uluslarının yönetimi altında olduğunu, içindeki İsrail niteliğinin ise sürgünden çıkmak adına tamamen güçsüz olduğunu görür.

Bu nedenle, kişinin içindeki İsrail sürgünden çıktığında ve kurtuluşla ödüllendirildiğinde, ulusların yönetimi nedeniyle sürgün sırasında kendisinden gizlenmiş olan Yaradan da artık ortaya çıkar ve Yaradan'ın yüceliği ifşa olur. Bu böyledir çünkü artık "Kişi ne ölçüde ihsan etmeyi amaçlamak isterse, o ölçüde Tzimtzum ve gizlilik ondan kaldırılır" kuralına uygun olarak Tzimtzum ondan kaldırıldığı için artık Tzimtzum'a [kısıtlama] ve gizliliğe ihtiyaç yoktur. Bu ayetin anlamı şudur: "Senin kurtarışına şarkı söyleyeceğiz ve o gün Efendi İsrail'i kurtaracak. Sanki İsrail kurtulmuş ve O kurtulmuş gibi, 'kurtaracak' diye yazılmıştır."

Ayrıca, sorduğumuz şeyi yorumlamalıyız: "Senin adına bizim için yaptığın kurtarışında şarkı söylediğimiz için, "Senin kurtarışına şarkı söyleyeceğiz" diye yazılması ne anlama geliyor? Ve yaratılışı yaratan Yaradan'ın adı nedir? O'nun adı, arzusu ihsan etmek olan İyilik Yapan İyidir. Bu nedenle, O yaratılanlarda alma arzusunu yarattı, yoksa yaratılanlar haz ve zevkin tadını alamazlardı, zira arzu ve özlem olmadan hiçbir şeyden keyif almanın mümkün olmadığını görüyoruz.

Ancak aynı zamanda Yaradan, haz ve zevki alırken utanç duyulmamasını da istemiştir. Bu nedenle, her şeyi ihsan etmek için almamızı ister. Bu O'nun içimizde yarattığı doğaya aykırı olduğu için -sadece alma ve ihsan etmeme arzusu- ihsan etmek için çalışmak istediğimizde, bunu yapacak gücümüz yoktur. Dolayısıyla, "Yaradan'ın adı" olarak adlandırılan bu gücü aldığımızda, yani biz de Yaradan'a ihsan etmek için çalışabildiğimizde, Yaradan'ın bize ikinci bir doğa verdiği kabul edilir (Baal HaSulam'ın bu konuda söylediği gibi, Yaradan kişiye ihsan etme arzusunu verdiğinde, buna "ikinci bir doğa" denir).

"İsrail Yaradan'a dedi ki, 'Biz Senin adına yaptığın kurtarışına şarkı söylüyoruz'" ayetinin anlamı budur. Yani, bize ihsan etme arzusu verdiğin kurtuluşla şarkı söylüyoruz ki buna "Yaradan'ın adı" denir. O, bize bu ismi verdi, yani artık biz de ihsan etme eylemlerini gerçekleştirebiliriz.

"Ve Tanrımızın adıyla sancaklarımızı dikeceğiz" diye yazılmıştır, çünkü Yaradan adını bizim adımıza koydu ve bizi sancak yaptı." Bu, şimdi adı "ihsan etme arzusu" olan Yaradan'ın adını desteklediğimiz anlamına gelir. Bu bizim kurtuluşumuzdur, Yaradan ihsan etme arzusu olan ismini bizim ismimize yerleştirmiştir, çünkü Yaradan, İsrail isminde yani Yaşar-El'de de ifade edilir, bu da İsrail'in tüm eylemlerinin doğrudan Yaradan'a yönelik olduğu ve kendi menfaatleri için olmadığı anlamına gelir. İsrail halkının Yaradan'ın adını desteklediği düşünülür ve bu İsrail halkının kurtuluşudur.

Yukarıdakilere göre, yazılanları yorumlamalıyız, "Rabbi İssakar, 'Ve onun üzerimdeki sancağı sevgidir' der. Oturup Tora ile meşgul olan ve kuraldan kurala, ayetten ayete atlayan bir kişi bile, onun atlayışı Benim üzerimde sevgidir." Atlamanın anlamını, insanın alma arzusuyla yaratıldığı ve ihsan etmek için çalışamayacağı şeklinde yorumlamalıyız. Bu nedenle bilgelerimiz şöyle der: "Kişi Lo Lişma [O'nun rızası için değil] olsa bile her zaman Tora ve Mitzvot [emirler/iyi işler] ile meşgul olmalıdır, çünkü Lo Lişma'dan Lişma'ya [O'nun rızası için] gelir" (Pesahim 50b).

Buradan, kişinin doğası gereği bu şekilde doğduğu için Lo Lişma'da çalışmak zorunda olduğu sonucu çıkar. Yine de Yaradan, onun Lo Lişma durumunu atlar ve Lişma'ya girmesine izin verir. Yaradan'ın yardımı sayesinde, burada bir atlama meselesi vardır, yani kişi doğasında olan -her şeyi kendi iyiliği için yapmak- her şeyi atlar ve Yaradan'ın rızası için çalışmaya başlar. Buna "ve onun Ben'im üzerimden sevgiyle atlaması" denir, burada Yaradan'ın bize olan sevgisinden dolayı, O bize sancaklar vermiştir. Başka bir deyişle, kişinin Lo Lişma ile meşgul olma kurallarından, Yaradan bize Lo Lişma derecesini atlama ve Lişma derecesine ulaşma gücü verir.

"Ayetten ayete" sözlerinin anlamı budur, yani kişi ayete Lo Lişma'da başlar ve hemen Lo Lişma'yı atlar ve Lişma derecesine ulaşır. "Ben ona düşkünüm ve onun sancağı Benim üzerimde sevgidir ve onun atlaması Benim üzerimde sevgidir" diye yazılmıştır. Bu demektir ki, sevgiden dolayı, Yaradan ona Lo Lişma'yı atlama ve Lişma'ya ulaşma gücü verir.

Bu sevgi, kişinin Lo Lişma'da çalışmaya başlaması olarak kabul edilir ve İsrail halkı, Yaradan rızası için çalışmayı arzulamış ama yapamamıştır. Dolayısıyla, Yaradan rızası için çalışmak istedikleri ama yapamadıkları bu arzu, yukarıdaki sevgiyi uyandırdı ve Yaradan onlara Lişma'da çalışma gücü verdi. "Yaradan onlara dedi ki, 'Nasıl sancak yapmayı arzuladıysanız, şüphesiz dileklerinizi yerine getiririm'" diye yazılanın anlamı budur.

Bu demektir ki, İsrail halkı "sancakların" farkına varmayı, yani Lo Lişma çalışmasını atlayıp Lişma'ya ulaşmayı arzulamış ve bunu kendi başlarına başaramayacaklarını görmüşlerdir. Dolayısıyla, aşağıdan bir uyanış gerçekleştirdiler, yani bunu arzuladılar ve "Ne zaman kendi menfaatimiz için çalışmayı atlayıp Yaradan rızası için çalışmaya gelebileceğiz?" dediler. Bu özlemle, yukarıdaki sevgiyi uyandırdılar ve bu yüzden şöyle yazılmıştır, "Yaradan onlara dedi ki, 'Nasıl sancak yapmayı arzuladıysanız, şüphesiz dileklerinizi yerine getiririm'." Sancak yapmayı arzuladıkları için, yani kendi çıkarları için çalışmayı atlamak istedikleri için, Yaradan onların dileklerini kabul etti.

Bu nedenle, Lo Lişma'da çalışmaya başlamamız gerekse de insanın çalışmasının kalbinin Yaradan'ın rızası için çalışmaya gelmek olduğu sonucuna varırız. Ancak, Yaradan'ın bize yardım etmesini ve bize Lişma'da yani insanın tüm eylemlerinin Yaradan'ı hoşnut etmek için olacağı şekilde çalışma gücü vermesini arzulamalıyız. Bu demektir ki, kişi cennetin krallığının yükünü, ondan ödül almayı ummadan yani ondan karşılığında bize bazı besinleri vermesini böylece ondan almanın karşılığında, onun için çalışmanın değerli olduğunu söyleyebileceğimiz bir talepte bulunmadan kabul etmelidir.

Aksine, her şey mantık ötesidir, çünkü bu bir yasadır. Başka bir deyişle, Malhut "bir yasa" olarak adlandırılır ve bir ödül olmadan, yani ondan herhangi bir besin almadan çalışmanın nasıl mümkün olduğunu anlayamayız. Eğer öyleyse, nereden besleneceğiz? Karşılığında bizi besleyecek ve yaşamımızı sürdürmemizi sağlayacak bir şey almadan nasıl çalışabiliriz?

Bu sorunun cevabı da mantık ötesidir, yani Yaradan'dan bize yaşama gücü vermesini ve hiçbir karşılık almadan ihsan etmek için seve seve çalışma gücüne sahip olmayı istemeliyiz. Ancak böyle bir şey nasıl yapılabilir, çünkü aynı konuda iki zıtlığı anlamamız düşünülemez?

Bir yandan, karşılığında hiçbir şey istemiyoruz. Daha ziyade, cennetin krallığını, bize herhangi bir besin vermeden kabul ediyoruz. Fakat herhangi bir besin istemediğimize göre, herhangi bir canlılık olmadan nasıl yaşayabiliriz?

Öte yandan, Yaradan'ın bizi yaşatmasını istiyoruz. Ama eğer çalışmamız için hiçbir şey istemiyorsak, O'nun bizi ne ile beslemesini istiyoruz? Cevap şu ki, karşılığında hiçbir şey istemediğimiz doğrudur, ancak Yaradan'ın bize çalışma gücü vermesini istiyoruz, ki böylece herhangi bir ödül alamayalım.

Bu nasıl olabilir? Bu şey Sana aittir. Yani, Sen bize bir mucize yaratacaksın ki hiçbir ödül almadan çalışabilelim. Bu mantık ötesi bir şey olduğu için, bizi nasıl desteklemen gerektiği konusunda Sana ne söyleyeceğimizi bilmiyoruz. Bunun yerine, Sen bizi mantığımızın ötesinde destekleyeceksin ve biz mantık ötesi gitmek istiyoruz, oysa insanın aklında böyle bir şey yoktur.

Dolayısıyla çalışmamız mantık ötesidir ve beslenmemizin de mantık ötesi olmasını isteriz. Mantık ötesi demek bir mucize demektir. Yaradan'dan bizi doğal bir şekilde değil, mucizevi bir şekilde beslemesini istediğimiz ortaya çıkıyor. Doğal yolla, bir kişi çalıştığında, çabası için karşılık ister. Ancak burada, kişi çalışmasında, çalışmasından dolayı değil, bir mucize nedeniyle, kendisine rızık verilmesini ister, yani doğal yolla değil.

Buna göre, bilgelerimizin (BaHar'ın başında) "Sina Dağı'nda" sözünü, "Şmita [her 7 yılda bir toprak işlemenin hafifletilmesi] ile Sina Dağı arasındaki bağlantı nedir?" şeklinde yorumlamalıyız. Çalışmada, Malhut'un yedinci Sefira olduğu için Malhut'a Şmita ve Malhut'a da Eretz [toprak] denildiğinin bilindiği yorumunu yapmalıyız (çünkü dünya Hesed ile başlar, "Çünkü 'Hesed [merhamet] dünyası kurulacak' dedim" ve Malhut Hesed'den yedinci Sefira'dır).

Bu, Malhut'tan meyve vermesini istemenin yasak olduğu anlamına gelir. Yani, meyve vermesi için toprağı işlemek yasaktır. "Toprağı işlemek", meyve vermesini istediğimizde çalışmak anlamına gelir; aksi takdirde, meyve vermeden toprağı kim işler ki? Başka bir deyişle, çalışmak bir kişinin emek vermesi ve emeğinin karşılığında ödüllendirilmesi anlamına gelir. Yani kişi emekten zevk almaz. Peki öyleyse, eğer çalışmaktan zevk almıyorsa, neden çalışır? Bunun nedeni ödül almak istemesi olmalıdır.

Bu nedenle, kişi cennetin krallığının yükünü üzerine alır ve herhangi bir ödül istemezse, bu, Malhut'un kendisini bir şekilde ödüllendirmesini istemediği için toprağı işlemediğinin bir işaretidir. Buna Şmita [hafifletme] denir, yani kişi toprağı ödül almak için işlememektedir.

Ancak kişi ödül almak için çalıştığında, buna "toprağı işlemek" denir. Çalışırken, bu "toprağın hafifletilmesi" olarak kabul edilir, yani toprağa hiç dokunmaz bile. Ona göre toprak, "toprağın Efendi için bir Şabat'ı [istirahati/dinlenmesi] olacak" olarak kabul edilir. Bu, tüm yeryüzünün, yani cennetin krallığının, Yaradan için olduğunu ve alma arzusunun Eretz ve Şmita olarak adlandırılan Malhut ile hiçbir teması olmadığını ima eder.

Bununla "Şmita ile Sina Dağı arasındaki bağlantı nedir?" sorusunu açıklayabiliriz. Bu, tüm Mitzvot'un [emirlerin/iyi işlerin] Şmita tarzında gözlemlenmesi gerektiği anlamına gelir, yani Mitzvot'u gözlemlemedeki niyet Şmita'daki gibi olmalıdır, yani "toprakta Efendi için bir Şabat olacak" tarzında. Başka bir deyişle, Yaradan'ın Mitzvot'unu, yapılan çalışma için herhangi bir ödül almak amacıyla değil, kişinin kendi üzerine aldığı ve Yaradan'ın Mitzvot'unu gözlemlediği cennetin krallığının tamamının

Şmita tarzında yani herhangi bir karşılık almak için değil, ihsan etmek amacıyla gözlemleriz.

Yukarıdakilere göre, "Ve eğer, 'Yedinci yıl ne yiyeceğiz, altıncı yıl sizin için Benim kutsamamı düzenleyeceğim' derseniz," (Levililer 25:20-21) diye yazılanı yorumlamalıyız. Soruyu çalışma içinde yorumlamalıyız. Çünkü cennetin krallığını herhangi bir ödül olmadan kabul etmeliyiz, yani kişi şöyle demez: "Çalışmada, duada ve Mitzvot'u yerine getirmede bana iyi bir tat vermen koşuluyla, cennetin krallığını üzerime alıyorum ve karşılığında bir ödül alırsam, kutsal çalışmayı yapmaya hazırım."

Ama her şey Yaradan içinse, nasıl olur da tadın ve mantığın ötesinde çalışabiliriz? Biz nereden yiyeceğiz? Yani, karşılığında hiçbir şey almadığımız bir çalışmada yaşamak için nereden besleneceğiz? Bu bizim mantığımıza ters! Aklımızla, Eretz olarak adlandırılan Malhut bize çalışmada biraz tat verirse, hissedeceğimiz bu tat sayesinde yiyecek bir şeyimiz olacağını anlarız. Başka bir deyişle, hissettiğimiz bu tada "besin" denir. Ancak yedinci günde çalışmamız yasaklanmışken, yani bu çalışmadan ödül talep etmemiz yasaklanmışken, yiyecek bir şeyi nereden alacağız?

Cevap şudur: "Altıncı yılda sizin için kutsamamı düzenleyeceğim." Altıncı Sefira Yesod'dur ve "erdemli Yesod" olarak adlandırılır. "Erdemli" ihsan eden anlamına gelir. Yalnızca ihsan etmek için çalışmakla, Malhut ve Yesod arasında form eşitliği olacak ve kutsama buradan yayılacaktır. Ancak bunun tersi olur ve Malhut'u almak için alırsanız, "İsrail meclisi" olarak adlandırılan ve tüm ruhların toplandığı Malhut olan ruhlarınızın kökünde ayrılığa neden olursunuz ve onu ayrı hale getirirsiniz. Bu nedenle Yesod, aralarındaki form eşitsizliği nedeniyle Malhut'a ihsan edemez.

Böylece, tam olarak Şmita'yı tutarak, yani sadece bu şekilde, size "Altıncı yılda sizin için kutsamamı düzenleyeceğim" diyorum. Başka bir deyişle, sadece Şmita'yı tuttuğunuzda ve kendiniz için alma arzunuz olmadığında, bunun yerine özellikle ihsan etmek için aldığınızda, veren Yesod ile Şmita meselesini gözlemleyen alttakiler tarafından da ıslah edilen Malhut arasında, kişinin kendi çıkarı için almaması için form eşitliğine yer vardır. O zaman form eşitliği vardır ve kutsama Malhut'a doğru genişleyebilir.

Buradan şu sonuç çıkar ki, kişi ihsan etmek için ve herhangi bir karşılık almadan çalışmak istediğinde, beden "Karşılıksız çalışmayı kabul edersek, çalışma için canlılığı nereden alacağız?" diye sorar. Cevap, mantık ötesi gittiğimiz şeklinde olmalıdır. Mantık dahilinde cevap vermek istemeyiz, ancak çalışmamız mantık ötesidir ve çalışma sırasında beslenmek için ihtiyaç duyduğumuz besinler de mantık ötesidir, yani bir mucizedir, çünkü doğaya aykırı olan her şey "mucizevi" olarak kabul edilir.

Bu nedenle, ihsan etmek için çalışmak istediğimizde çalışmamızın tüm temeli herhangi bir karşılığa dayanmaz, çünkü kişi kendi iyiliği için hiçbir şey istemiyorsa, Tora ve dua ile meşgul olurken, kendimizi neyle idame ettireceğimizi, yani beslenmeye ve canlılığa sahip olmak için çalışma gücünü nereden alacağımızı da bilmeyiz. Bu da Yaradan'dan, Tora ve Mitzvot'ta mantık ötesi yaşamak için kendisine besin vermesini istediği anlamına gelir ve mantık ötesi doğaya karşı demektir ve doğaya karşı edinilen herhangi bir şey, dayanılacak herhangi bir temel olmaksızın mucizeler yaratmak olarak kabul edilir.

Buradan şu sonuç çıkar ki, ihsan etmek için çalışmak isteyenler, beden "Ne yiyeceğiz?" diye sorduğunda, "Ve eğer 'Ne yiyeceğiz' derseniz?" diye yazıldığını bilmelidirler. Bedene mantık dahilinde bir cevap verilmemelidir. Aksine, cevap Yaradan'ın bize kutsamayı vereceği şeklinde olmalıdır, şöyle yazıldığı gibi, "ve Ben kutsamamı düzenleyeceğim" ve her kutsama bir mucize olarak kabul edilir, çünkü her şey en iyi şekilde düzene girdiğinde, kutsamalara ihtiyaç yoktur.

Ama beden gelir ve sorar, "Bilgelerimiz (Pesahim 64b), 'Kişi mucizelere güvenmez' ve yine bilgelerimiz (Pesahim 50), 'Her gün bir mucize gerçekleşmez' dedi." Buradan, bedene vermemiz gereken tüm yanıtların mantık ötesi olduğu, yani bedene "Mantık dahilinde haklısın ama ben mantık ötesi gidiyorum" demek gerektiği sonucu çıkar.

Çalışmada Yaradan'ın Birini Kayırması Ne Anlama Gelir?

Makale No. 33, Tav-Şin-Nun-Alef, 1990/91

Bilgelerimiz (Midraş Rabbah, Bölüm 11:7) "Efendi yüzünü sana dönecek [sana iyilik edecek]" ayeti hakkında şöyle demişlerdir: "Bir ayet 'Efendi sana lütfedecek' derken, başka bir ayet 'Yüzünü [lütfunu] dönmeyecek' der. Bu iki ayet nasıl birbiriyle uzlaştırılabilir? İsrail Yaradan'ın arzusunu yerine getirdiğinde, 'Efendi sizi kayıracak'. Yaradan'ın arzusunu yerine getirmedikleri zaman, 'lütfetmeyen'."

Bunu anlamalıyız. Eğer İsrail Yaradan'ın arzusunu yerine getirirse, neden kayırılmaya ihtiyaç duyulsun? Açıkladıkları şeyi anlamak için, öncelikle "Yaradan'ın arzusunun" ne olduğunu ve "Yaradan'ın yüzünün" ne olduğunu anlamamız gerekir. Yaratılış amacının, O'nun yarattıklarına iyilik yapma arzusu, yani onlara haz ve memnuniyet bahşetmek olduğu yazılı olduğu üzere, Yaradan'ın arzusunun ihsan etmek olduğunu öğreniyoruz. Kişi açık İlahi Takdir'le, Yaradan'ın dünyayı İyilik Yapan İyi olarak yönettiğine ulaşmakla ödüllendirildiğinde, Yaradan'ın yüzü "yüzün ifşası" olarak adlandır

Şöyle yazılmıştır ("On Sefirot Çalışmasına Giriş," Madde 83), "Yüzün ifşasının ilk derecesi, ödül ve cezanın İlahi Takdiri'nin tam bir açıklıkla edinilmesidir. Bu, kişiye ancak O'nun kurtarışı sayesinde, Kutsal Tora'da gözlerin harika bir şekilde açılmasıyla ödüllendirildiğinde ve 'akan bir pınar' haline geldiğinde gelir. Kutsal Tora'da kişinin kendi emeği ve seçimiyle yerine getirdiği herhangi bir Mitzva'da [emir/iyi eylem], kişi Mitzva'nın kendisi için öteki dünyada amaçlanan ödülünü ve günahın büyük kaybını görmeye hak kazanır."

Yukarıdakilere göre, burada yazılanlar hakkında sorduğumuz, "Yaradan'ın arzusunu yerine getirenleri, O'nun kayıracağı" yorumunu yapmalıyız, eğer Yaradan'ın arzusunu yerine getiriyorlarsa, neden "Efendi seni kayıracak" a ihtiyaç duysunlar?

Mesele şu ki, Yaradan'ın yüzü, O'nun rehberliğinin iyi ve iyilik yapan bir rehberlik olarak ifşa edilmesidir. Bir ıslah olduğu için, kişi ihsan etmek için çalışmak üzere alma arzusunu ıslah etmeden önce, O'nun İlahi Takdiri üzerinde bir gizlilik ve saklanma olacaktır. Dolayısıyla, kişi "O'nun arzusunu yerine getirenler" koşuluna ulaşmadan önce, yani Yaradan'ın arzusunun ihsan etmek olduğu gibi, insan da ihsan etmeyi istemelidir.

Form eşitliği olduğunda, Yaradan kişiye Tora'da gözlerin açılması demek olan yüzünün ifşasını verebilir ve kişi Yaradan'ın dünyayı iyi ve iyilik yapan bir şekilde yönettiğinin edinimi ile ödüllendirilir. Ancak bu, sadece kişi Yaradan'ın arzusunu yerine getirdikten sonra yani ihsan etme arzusuyla ödüllendirildikten sonra olabilir, çünkü özellikle o zaman Tzimtzum [kısıtlama] ve gizlilik kaldırılır.

İsrail Yaradan'ın arzusunu yerine getirmeden önce, Yaradan'ın kendilerine her şeyi alma kapları içinde vermesini istediklerinde, ki bu arzusu ihsan etmek olan Yaradan'ın arzusunun tam tersidir, " lütfetmeyecek olan" şeklinde ancak "Yaradan'ın yüzünün gizlenmesi" olarak adlandırılan Ahoraim [arka] şeklinde bir rehberlik olmalıdır. Bu "kayırmayacak olan" olarak kabul edilir ve bu ıslah sayesinde utanç meselesi olmayacaktır.

Aynı şekilde, yukarıdaki ayeti, kişi "Yaradan'ın arzusunu yerine getirmekle" ödüllendirilenler arasında olmakla ödüllendirilmeden önce, çalışmanın başladığı zamanla ilgili olarak yorumlamalıyız. "O'nun arzusunu yerine getirenler "i, Yaradan'ın arzusunu yerine getirenler arasında olmayı başarmak için yolda yürüyenler şeklinde yorumlamalıyız, zira onlar bu yolda yürüdüklerinde, zaten üzerinde yürüdükleri yolun adını almış olurlar. Bu, Baal HaSulam'ın "bilgelere bilgelik verecektir" şeklinde yazılanlar hakkında söylediği gibidir. "Burada 'aptallara bilgelik verecek' denmesi gerekirdi" diye sordu. Ve bunun zaten bilgeliği isteyenlere atıfta bulunduğunu söyledi; onlara zaten "bilge" denir çünkü bilgeliği edinme yolunda yürürler. Ve onlar aşağıdan bir uyanış sağladıkları için, onlara yukarıdan bilgelik verilir.

Burada da durum aynıdır: Onlar ihsan etme arzusunun gücünü edinmek istediklerinde, bu Yaradan'ın arzusunu yerine getirmek olarak kabul edilir. "Arınmak için gelene yardım edilir" kuralına göre, onlara Yaradan'dan yardım verilir. Bu nedenle, yazı onlara " Efendi sizi kayıracak" der, yani Yaradan onlara yüzünü gösterir, yani onlara yardım eder.

Peki bu yardım nedir? Zohar'da yazıldığı gibidir, "Arınmak için gelene yardım edilir." "Ne ile?" diye sorar. Cevap "kutsal bir ruhla" olur, buna "Yaradan'ın yüzü" denir, şöyle yazıldığı gibi: "Çünkü Senin yüzünün ışığıyla bize yaşam yasasını [Tora] ve merhamet sevgisini [Hesed] verdin." Başka bir deyişle, yüzün ışığı aracılığıyla, ihsan etmek olan Hesed sevgisini alırlar. Bu demektir ki, Yaradan onlara Hesed'i yani veren olmayı sevmeleri için güç verir.

Buna "Efendi yüzünü sana dönecek [seni kayıracak] ve sana selâmet verecek" denir. Selâmet demek, şöyle yazıldığı gibidir (Mezmurlar 85): "Efendimiz Tanrı'nın ne diyeceğini işiteceğim, çünkü O, halkına selâmet diyecek ve onları budalalığa döndürmeyecek." Dolayısıyla "selâmet" demek, Yaradan'ın "selâmet" demesi, kişinin bir daha günah işlemeyeceği ve Yaradan'la barış içinde olmakla ödüllendirileceği anlamına gelir. "Yaradan'ın arzusunu yerine getirdiklerinde" ifadesinin anlamı budur, "Efendi sizi kayıracak" dediği üzere onlar Yaradan'ın yardımını alırlar.

Ama "Yaradan'ın arzusunu yerine getirmedikleri zaman," Yaradan'ın arzusunu, yani ihsan etme arzusunu edinme yolunda yürümedikleri zaman, onlar için "lütfetmez" denir. Diğer bir deyişle, Yaradan onların arzularını tatmin ederek onlara yardım edemez, zira onların arzuları Keduşa'nın [kutsallığın] tam tersidir, o halde Yaradan, arzusuna ters düşen bir şeyi onlara nasıl verebilir, çünkü kişinin bu çalışmada yapması gereken tek şey, ihsan etmek üzere eylemlerini düzeltmektir? Eğer Yaradan onları kayırırsa, yani yardım alırlar da kendileri için alma arzusu için çalışırlarsa, sanki Yaradan onları yüzüstü bırakmış gibi olur. Dolayısıyla, Yaradan onları kayırmayarak onlara yardım eder, böylece onlar da kendilerine olan sevgide kalmazlar. Bu konuda şöyle denmiştir, "Kim kirletmeye gelirse, onun için açılır," ama arınmaya geldiğinde yardım edilenin aksine, ona yardım edilmez.

Şimdi tövbenin ne anlama geldiğini anlayabiliriz. Teşuva [tövbe/cevap/dönüş] bir şey aldığı ve aldığını (iade etmesi) gerektiği anlamına geldiğine göre, kişi ne cevap vermelidir? Mesele şu ki, insan kendi menfaati için alma arzusu olan bir doğayla doğduğu için, sadece insanın iyiliği için çalışmak istediğinde, yani Yaradan'ın onun alma kaplarını doldurmasını istediğinde, kişi bunun için tövbe etmeli, yani her şeyi Yaradan'ın rızası için yapmalıdır. Başka bir deyişle, kişi ne alırsa alsın, kendi iyiliği için almak istemez, aksine aldığı her şey Yaradan'a memnuniyet vermek içindir. Yaradan, "O'nun arzusu yarattıklarına iyilik yapmaktır," yazıldığı üzere, insanın almasını istediğine göre, bundan çıkan sonuç, kişinin aldığı her şeyin sadece iade etmek için olduğudur. Aksi takdirde, almak istemeyecektir. Bu Teşuva'dır [iade etmek], yani kişi aldığı her şeyi geri verir.

Bu, Zohar'da (Nasso, Madde 28) yazıldığı gibidir, "Tövbe eden kişi, sanki Malhut olan Hey harfini, HaVaYaH'ı tamamlayan Yod-Hey'in oğlu ZA olan Vav harfine iade etmiş gibidir. Bu kesinlikle tövbedir, çünkü 'Hey, Vav'a geri dönecektir'in harfleridir."

Ve Zohar'da (Nasso, Madde 31) şöyle der, "Malhut ve HaVaYaH'ın Hey'i olan bu tövbeye 'hayat' denir, 'çünkü ondan hayatın dalı çıkar' diye yazıldığı gibi, bunlar

İsrail'in ruhudur, 'hayat' denilen Malhut'un dalıdır. O, zahmetsiz ve emeksiz bir şekilde kişinin ağzından çıkıp ağzına giren bir Hevel'dir [ağız/nefes], ki bu BeHibaram'ın Hey'idir [yaratıldıklarında], çünkü Hey harfi ağız tarafından tüm harflerden daha kolay ifade edilir ve onun hakkında, 'Ve Efendinin suretini görür' denmiştir, zira Malhut'a 'Efendinin sureti' denir. Ayrıca, 'Kişi sadece gölgesinde yürüyebilir' ve o insanın başının üzerinde olduğu için, kişi dört arşın başı açık yürümemelidir, çünkü o insanın başından ayrılırsa, yaşam ondan hemen ayrılır."

Zohar'ın tövbenin Hey'in Vav'a geri dönmesi anlamına geldiğini söylediği sözlerini yorumlamalıyız. Mesele şudur ki, tüm çalışmamız gizli ve saklı olmasına rağmen cennetin krallığının yükünü üzerimize almaktır. Bu demektir ki, yaratılış düşüncesi O'nun yarattıklarına iyilik yapmak olsa da cennetin krallığı üzerinde bir Tzimtzum ve gizleme vardır, böylece seçim için yer olacaktır, yani insan cennetin krallığının yükünü kendini sevdiği için değil, Yaradan'ı hoşnut etmek için kabul ettiğini söyleyebilecektir. Eğer Kral ifşa olsaydı, insan kendini sevdiği için Kral'ın ifşasını kabul ederdi, zira dünyada Kral'ın yüzünü görmekten daha büyük bir zevk olmadığına inanmalıyız. Dolayısıyla, cennetin krallığının kabulü sırasında insan form eşitsizliğinden dolayı ayrılmaya zorlanmıştır, çünkü maneviyatta eşitsizliğin ayrılığa neden olduğu bilinmektedir.

Demek ki bu gizlilik, cennetin krallığının yükünü üstlenmemizin ve O'nun rehberliğinin iyi ve iyilik yapan şeklinde olduğuna inanmamızın zor olmasına neden olmaktadır. Ancak kişi form eşitliğini edinme yolunda yürüdüğünde, yani tüm eylemleri Yaradan rızası için olduğunda, amacı ihsan etmek olduğu ölçüde, o ölçüde gizlilik ve Tzimtzum [kısıtlama] ondan kaldırılır. O zaman kişi hazzı ve memnuniyeti edinebilir, çünkü o zaman Ohr Hozer [Yansıyan Işık] tarzında alır, yani sadece Yaradan'a memnuniyet getirmek istediği için zevk alır. Dolayısıyla, hazzın alınması ayrılığa neden olmaz. Bu durumda kişi, "Buzağının yemek istediğinden daha fazlasını, inek yedirmek ister" kuralına göre bolluğu alır. O zaman kişinin bir şey edinmek için daha fazla çalışması gerekmez çünkü üstteki zaten verebilir zira o zaten form eşitliğinin Kelim'ine [kaplarına] sahiptir. Buradan, insanın çalışmasının özünün ihsan etme kaplarını edinmek olduğu sonucu çıkar.

Yukarıdakilere göre, HaVaYaH isminden ayrıldığı için, "Malhut olan Hey geri dönecek" dediğinde, tövbenin ne olduğunu yorumlamalıyız. Bu demektir ki, Malhut, ruhların bütünüdür ve tüm ruhların ihtiyaçlarını karşılamalıdır. Yaratılan varlıklar (yapmaları gerektiği gibi) çalışırlarsa, yani her şeyi ihsan etmek için yaparlarsa, her biri ruhunun kökünde bir ihsan etme arzusuna neden olur. O zaman, Malhut, Veren olan Yaradan ile form eşitliği kazanır.

Dolayısıyla bolluk, Zohar'ın sözlerinde olduğu gibi, hiçbir çaba ve emek olmaksızın yaratılanlara dökülür, çünkü bolluğun verilmesi Yaradan'a aittir. O verecektir ve insanın bunu edinmek için çalışması gerekmeyecektir. Aksine, insanın tüm çalışması Kelim üzerinedir, böylece form eşitliğine sahip olacaklardır. Buna "yeryüzünün çalışması" denir, yani çalışma göklerin krallığının ihsan etmek için çalışması içindir.

"Cennet korkusu dışında her şey cennetin elindedir" (Berakot 33) diye yazıldığı gibidir. "Her şeyin" derken Yaradan'ın verdiği doyumu kastettiğini yorumlamalıyız. Bolluk içinde birçok çeşit vardır ama genel olarak bunlara NRNHY ya da Hohma ya da Hassadim denir. Yaradan, cennet korkusu dışında, insanın herhangi bir emeği olmadan tüm bunları verir; burada korku, kişinin ihsan etmek için çalışamayacağı korkusuna sahip olmak üzere çalışması gerektiği anlamına gelir. Bu insanın çalışmasıyla ilgilidir.

Başka bir deyişle, kişi ihsan etmeyi amaçlayamayacağından korkar. Biz alamama meselesini insana, verme meselesini ise Yaradan'a atfederiz. Buradan, cennet korkusunun, kişinin almaktan korktuğu anlamına geldiği sonucu çıkar, zira bu şekilde Yaradan'dan ayrılabilir. Bu çalışmayı, (biz) insana atfediyoruz. Yani, insanın tüm çalışması ihsan etme kaplarını edinmektir, ancak bu konuda endişelenmemize gerek olmadığından, bolluğu nasıl elde edeceğimize dair tavsiye almak insana düşmez. Aksine, tüm endişelerimiz ihsan etme arzusunu nasıl elde edeceğimiz olmalıdır, çünkü "yaşam" olarak adlandırılan Malhut, yaşamın kaynağıdır.

Bu, kişi "alan Kli" olarak adlandırılan Malhut'u şimdi "veren Kli" olarak geri döndürerek ihsan etme kaplarını edindikten sonradır, yani yaratılan varlıklar ruhlarının kökünde, yani Malhut'ta, onun almak için değil ihsan etmek için çalışacağı şeklinde bir ıslah gerçekleştirmişlerdir. O zaman Malhut onlara yaşam bahşeder, "çünkü ondan yaşam akar" diye yazıldığı gibi. Kişi bunu hiç çaba sarf etmeden ve emek harcamadan alır ki bu da BeHibraam'ın Hey'inin [yaratıldıklarında] anlamıdır. Başka bir deyişle, kişi son Hey olan Malhut'u Yod-Hey-Vav ile form eşitliği olacak şekilde ıslah ettiğinde, bolluk onu ıslah eden kişiye çaba ve emek olmaksızın yayılır.

Malhut'a "Efendimizin sureti" denildiği için, "Onun hakkında 've Efendimizin suretini görüyor' denildi" denmesinin anlamı budur. Bunu, tüm çalışmanın sadece "korku" üzerine yani bolluğu almamak, ihsan etmek amacıyla hedefleyememek üzerine olduğunu söylemek istediği şeklinde yorumlamalıyız. Bu Musa hakkında şöyle yazıldığı gibidir (Berahot 7), "'Ve Musa bakmaktan korktuğu için yüzünü sakladı. Dediler ki, 'Musa yüzünü sakladı' karşılığında, 'Efendinin suretini görmekle' ödüllendirildi."

Başka bir deyişle, "bakmaktan korktuğu için" yazıldığı gibi, çaba korku üzerinedir, ardından zahmetsiz ve çabasız ödül gelir, "çünkü Malhut'a 'Efendinin sureti' denir" denildiği gibi, Efendinin suretini, yani Malhut'u görmekle ödüllendirilir. "HaVaYaH'ın Vav-Hey'ine 'yaşam' denir" dediği gibi, tüm yaşamın Malhut'tan geldiği sonucu çıkar ki bu da çaba ya da emek olmadan gelir.

"Kişi sadece gölgede yürüyebilir" sözünün anlamı budur. Baal HaSulam "gölge"nin "karanlık" anlamına geldiğini ve gölgenin güneşin parlamadığı yer, yani gizlilik olduğunu söylemiştir. Başka bir deyişle, kişi cennetin krallığını mantık ötesi bir gizlilik olarak kabul ettiğinde, Keduşa [kutsallık] bilgisi ile ödüllendirilir. "Kişi ancak gölgede yürüyebilir" sözünün anlamı budur; kişi tam da cennetin krallığını kutsallığın basamaklarını tırmanabileceği bir "gölge" olarak kabul ettiği zaman. "Kişi yürüyebilir" ifadesinin anlamı budur.

Ayrıca, "Kişi başı açık dört arşın yürümemelidir" diye yazılanları da yorumlamalıyız. "Baş" bilgi ve akıl anlamına gelir. Başı örtmek, aklı örtmek ve ona bakmamak, ama mantığının ötesine geçmek anlamına gelir. "Dört arşın" insandır; bu onun boyudur. Bu, kişinin mantık ötesi inanç olmadan yürümesinin yasak olduğu anlamına gelir. Eğer kişi mantık dahilinde, yani "başı açık" yürürse, " Yaşam ondan derhal ayrılır." Bunun yerine, kişi özellikle başını örterse, Keduşa bilgisi ile ödüllendirilecektir.

Ancak bu mantık ötesi inanç çalışması sağlam bir akılla yapılmalıdır, çünkü ancak o zaman kişi mantık ötesi olanı anlayabilir. Aksi takdirde kişi mantık ötesi kavramının anlamı konusunda yanılgıya düşer. Bilgelerimizin şöyle dediği gibidir (Avot, Bölüm 4:23): "Komşunuz öfkeliyken onu yatıştırmayın." Nitekim kişi öfkelendiğinde, içinde bulunduğu durumdan memnun olmadığında ve iç gözlem yapmaya başladığında hatalara düşer ve bilgelerimizin dediği gibi (Sifrei Matot) doğru hesap yapamaz: " Kişi bir kez öfkelendiğinde, her hataya düşer."

İnsanın kendisine duyduğu asıl öfke, çalışma sırasında içinde bulunduğu duruma duyduğu üzüntüyle ifade edilir. Dolayısıyla, kişinin yaptığı tüm hesaplar yanlıştır, çünkü kendisi de iç huzurunun olmadığı bir durumdadır. Kişi bu durumdayken hiçbir hesaplama yapmamalı ve hiçbir hesaplama yapmadan cennetin krallığını kendi üzerine almalıdır. Ancak cennetin krallığının yükünü zorla üzerine aldığında ve öfkesi yatıştığında, neyin mantık ötesinde, neyin mantık altında ve neyin mantık dahilinde olduğunu bilmek için hesap yapabilir.

Şunu bilmeliyiz ki, bir kişi bir şeye öfkelendiğinde, kendisini rahatsız edici bir durumda hisseder. Böyle bir zamanda, Yaradan'ın dünyayı iyi ve iyilik yapan bir şekilde yönettiğine dair İlahi Takdire inanmak imkânsızdır. Dolayısıyla, bu durumda Yaradan'ın rehberliğine iftira atar ve doğal olarak inançtan uzaklaşır, zira yukarıdan gelen bir ıslah vardır ki bilgelerimiz buna "Kişi içine ahmaklık ruhu girmedikçe günah işlemez" demişlerdir. Bu, kişinin sahip olduğu Keduşa ruhunun ondan ayrıldığı anlamına gelir. Bu insanın iyiliği için yapılır, çünkü Keduşa ruhuna sahip olmadığında, sahip olmadığı şeyi lekeleyemez.

Dolayısıyla, kişi üzüntü durumuna düştüğünde, yani sevinç duyacağı hiçbir şey kalmadığında, Keduşa'dan ayrılmış olur. O zaman, tek bir tavsiye vardır, cennetin krallığının yükünü zorla üzerine almak ve Yaradan'a ona yardım etmesi için dua etmek, böylece kendi üzerine aldığı bu zorlamayı, "Efendimiz'e sevinçle hizmet edin" diye yazıldığı gibi, Yaradan sevinçle yapmasına yardım edecektir. Artık bu çalışma onun için zorunlu olduğuna göre, neşeyi nereden alacak?

Bu nedenle kişi, "Efendimize sevinçle hizmet edin" diye yazılanları yerine getirebilmesine yardımcı olması için Yaradan'a dua etmelidir. Ayrıca, o zaman, kişi "aşağıdan bir uyanış" tarzında üstesinden gelmeli ve durumunun üstesinden gelebilmesinin ve " mantık ötesi" olarak adlandırılan akla karşı bir şeyler yapabilmesinin büyük bir ayrıcalık olduğuna inanmalıdır.

Ayrıca, bir kez aklın üstesinden geldiğinde, bunu Yaradan'ın bir hizmetkârı olarak görmesi gerektiğine inanmalıdır. Yani, şu anda yapmakta olduğu bu üstesinden gelmeye "Yaradan'ın çalışması" denir, çünkü şu anda mantık ötesi bir inançla çalışmaktadır. Başka bir deyişle, beden bu çalışmayı kabul etmediği için, sadece şimdi "çalışıyor" olarak kabul edilir.

Bu nedenle, bedenin kutsal çalışmayı yapmak istemediği bir duruma gelindiğinde ve kişi yaşam ruhuna sahip olmadığı bir durumda olduğunda, bu kişinin Yaradan'a inancının olmadığı kabul edilen zamandır, çünkü Yaradan'a inanç neşe getirir. Dolayısıyla, kişi etrafındaki hiçbir şeye tahammül edemeyecek kadar sinirli ve öfkeli olduğunda, "putperest" olarak kabul edilir.

Bilgelerimizin dediği gibi, "Kim kızgınsa, o sanki puta tapıyor gibidir." Bu böyledir çünkü inancı yoktur. Dolayısıyla, kişi maneviyatla kurduğu her temas için Yaradan'a şükretmeye çalışmalıdır ve o zaman Yaradan'la olan bağını bütünleştirir. Başka bir deyişle, bedenin Keduşa'ya dair her şeyi reddettiği bir durumda olsa bile, Yaradan'la teması bunun üzerinden bile sürdürebilir, yani kişi o anda şunu söylemelidir, "çalışma arzum olmadığını hissettiğim gerçeğine, buna da 'bağlantı' denir."

Yani, kişi her zaman çalışmayı, çalışmak isteyip istemediğini düşünmediğini görür. Bunun yerine, maneviyatla hiçbir bağlantısı olmayan diğer meseleler hakkında düşünüp endişe etmelidir. Dolayısıyla, şimdi bir bağlantısı olduğu için, bunun için şükreder ve bu sayede çalışmaya yeniden başlayabilir ve bir Keduşa hayatı yaşamaya başlayabilir.

Kişinin kendisini Yaradan'a bağladığı bağda birçok farkındalık olmasına rağmen, herhangi bir bağ harika bir şeydir. Bu konuda şöyle yazılmıştır (Mezmurlar 48:11), "Adın nasılsa, Tanrım, yüceliğin de öyledir." Bu demektir ki, kişi Yaradan'ın yüceliğini ve önemini ne kadar takdir edebilirse, o ölçüde Yaradan'a şükredebilir ve övgüde bulunabilir. Açıkçası, kişi Yaradan'ın yüceliğini ve önemini kendine ne kadar çok tasvir edebilirse, Yaradan'a o kadar büyük övgüler sunabilecektir. Ancak, Yaradan'a teşekkür ettiği şey ne olursa olsun, bir şeyin üstesinden gelip Yaradan'ı övmekle, bu eylem zaten Yaradan'la bağ kurar ve bununla gerçekte kutsal çalışmayı yapmaya gelebilir. Dolayısıyla, her durumda, sadece dua yardımcı olur.

Çalışmada Meyvelerini Bu Dünyada Yemek ve Aslını Öbür Dünya İçin Saklamak Nedir?

Makale No. 34, Tav-Şin-Nun-Alef, 1990/91

Zohar'da (BeHaalotcha, Madde 140-144) şöyle yazılmıştır: "Rabbi Aba dedi ki, 'Bedenin tüm organlarına tutunan kalpteki kötülük, bunu onlara yapar. 'Güneşin altında gördüğüm bir kötülük var ve insanlara ağır geliyor. Bu kötülük, dünyevi meselelere hükmetmek isteyen ve bu dünyanın meselelerini hiç gözetmeyen kalpteki kötülüğün gücüdür. "Kalp neden kötüdür?" diye sorar. O da şöyle cevap verir: "Şu ayet bunu kanıtlıyor: 'Tanrı'nın kendisine mal, mülk ve onur verdiği, ruhu arzu ettiği hiçbir şeyden yoksun olmayan ve Tanrı'nın ondan yemesi için kendisine izin vermediği kişi, çünkü onu yabancı bir adam yiyecektir' (Vaiz 6).

"Bu şaşırtıcı bir ayettir, zira 'ruhu arzu ettiği hiçbir şeyden yoksun olmayan' diye yazıldığına göre, Tanrı neden ona ondan yemesi için izin vermeyecektir? Ne de olsa onun ruhu hiçbir şeyden yoksun değildir. Bir kişi bu dünyada yürür ve Yaradan ona servet verir, böylece kişi bununla öbür dünyada ödüllendirilecek ve sahip olduğu paranın, aslıyla, ana parasıyla kalacaktır. Asıl para nedir? Sonsuza kadar var olan paradır. Bu yüzden kişi bu aslı kendisinden sonra saklamalıdır ve bu dünyadan ayrıldıktan sonra aslını alacaktır. Çünkü bu asıl, ZA olan o dünyanın hayat ağacıdır, bu dünyada ondan gelen meyvelerden başka bir şey yoktur. Bu nedenle, bu dünyada bu meyvelerle ödüllendirilen bir adam onları yerken, onun tarafından üst yaşamla ödüllendirilmek üzere asıl onun için o dünyada kalır.

"Ve kim ki kendini kirletir ve kendi menfaatinin peşine düşerse ve ruhu ya da bedeni için hiçbir şeyden yoksun olmazsa, Tanrı ona ondan yemesi ve bu servetle ödüllendirilmesi için izin vermez."

Çalışmada, meyvelerini bu dünyada yemesi ve asıllarını öteki dünya için saklamasının ne anlama geldiğini anlamalıyız. Ayrıca, çalışmada "Tanrı'nın kendisine mal, mülk ve onur verdiği kişi" nedir? "Tanrı ondan yemesi için ona izin vermemiştir, çünkü onu yabancı bir adam yiyecektir" dedi.

Bilindiği gibi, çalışmada, "Tanrı'nın yapmak için yarattığı" yazılı olduğu üzere, "yapma" meselesi vardır. Bu, Yaradan'ın insanı zevk ve haz alma arzusuyla yarattığı anlamına gelir. Kişinin bir şeye duyduğu arzu ve özlem ölçüsünde, ondan zevk alma kabiliyeti de artar. Dolayısıyla, kendi iyiliğimiz için alma arzusuyla doğduk ve bunu Yaradan'a atfediyoruz.

Ancak, O bize Yaradan'ın yarattığı Kelim'in zıddı olan başka Kelim'ler [kaplar] yapmamız için vermiştir. Başka bir deyişle, yaratılanların yapması gereken Kelim, Yaradan'a ihsan etme arzusudur. Bu, Yaradan'ın yarattığı Kelim'in yaratılanların haz alması için olduğu ve yaratılanların yapması gereken Kelim'in de Yaradan'ın haz alması için olduğu anlamına gelir. Ancak, eğer insan alma arzusu doğasıyla doğduysa, bu doğa nasıl değiştirilebilir?

Bunun cevabı, bir Segula [çare/güç/erdem] olduğu ve bu Segula ile onların Yaradan'dan ikinci bir doğa alabilecekleridir. Bilgelerimiz bu konuda şöyle der: "Yaradan dedi ki, 'Kötü eğilimi Ben yarattım; Tora'yı da bir şifa olarak yarattım'," çünkü "Tora'daki ışık kişiyi ıslah eder." Yani, Tora'daki ışık sayesinde, sonunda ikinci doğayı, yani Yaradan'a hoşnutluk ihsan etme arzusunu edineceklerdir. O zaman, "form eşitliği" olarak adlandırılan Dvekut [bütünleşme] ile ödüllendirileceklerdir.

Ancak, ihsan etme arzusunu edinmeden önce, kişinin birkaç dereceden geçmesi gerekir:

1) Öncelikle, kişi bu arzuyu edinmemiz gerektiğini anlamalıdır, zira bir şeyler yapmak için geldiğimizde, etrafımızdaki insanlar da her şeyi Yaradan'ın rızası için yapmamız gerektiğini düşünüyorsa, gider ve insanların nasıl davrandığına bakarız. Doğal olarak, kişi Tora ve Mitzvot [emirler/iyi işler] ile meşgul olanları görmeye gider ve etrafındaki hiç kimsenin ihsan etme arzusunu edinmenin yollarını bulmakla ilgilenmediğini görür.

Kişinin bunu başkalarında görmemesinin nedeni basittir: Onlar ihsan etme niyetini edinme yolunda değildir. O zaman gerçeği görür. Bununla birlikte, ihsan etmek için Tora ve Mitzvot'la uğraşanlar, muhtemelen gizli çalışmaktadırlar, zira çalışmaları dışarıya ifşa olursa, çalışmalarına dışsallık karışacaktır, çünkü doğası gereği, kişi başkalarının, kendisinin ne yaptığına baktığını gördüğünde, diğerlerinin çalışmasını takdir ettiğini düşünür. Bu ona çalışması için güç verir ancak Yaradan çalışmasını emrettiği için değil, diğer kişi ona bakarak onu Tora ve Mitzvot'ta çalışmaya mecbur bıraktığı için. Dolayısıyla, Yaradan rızası için çalışmak isteyenler, çalışmalarını diğerlerinden gizlerler. Bu yüzden birinin ihsan etmek için çalışıp çalışmadığını görmek mümkün değildir.

Bu nedenle, kişinin ihsan etme arzusundan yoksun olduğunu hissetmeden önce çok çalışması gerekir. Bazen ihsan etme arzusuna ihtiyacı olduğunu anlamaya başlasa da, pek çok kişinin Tora ve Mitzvot ile meşgul olduğunu ve saygıdeğer insanlar olduklarını görür ve onların herhangi bir eksiklikleri olduğunu, ihsan etme arzusuna sahip olmadıkları için acı çektiklerini görmez. Dolayısıyla ilk çalışma, ihsan etme arzusu ile ödüllendirilme ihtiyacını edinmeye çalışmaktır.

2) Kişi ihsan etme arzusu için bu ihtiyacı edindiğinde, eksikliği edinmeye başlar başlamaz doyumu alamayacaktır. Bu böyledir çünkü eksiklik hissi aynı zamanda kişinin ihsan etme arzusuna sahip olmamaktan dolayı hissettiği acının ölçüsüne de bağlıdır. Ancak kişi buna ne kadar ihtiyacı olduğunu hissetmeye başladığında ve yukarıda kişinin gerçek bir eksikliğe sahip olacağına dair bir arzu olduğunda, o zaman yukarıdan eksikliği hissetmek üzere yardım alır. Bu demektir ki, ona bundan ne kadar uzak olduğu gösterilir, yani ihsan etme arzusunu edinmenin ne kadar zor olduğunu görür ki bu da onda büyük bir eksikliğe yol açar.

Peki, neden büyük bir eksikliğe ihtiyaç duyarız? Çünkü bir şey önemsiz olduğunda, onu kaybetmekten nasıl kaçınacağımızı bilemeyiz. Bu nedenle, kişi gerçek bir eksikliğe sahip olmadan önce, ona yukarıdan bu şey verilmez, çünkü eksiklik ve özlem o şeyi önemli kılar.

Ancak çalışma sırasında kişi istediğini elde etmenin zor olduğunu gördüğünde, çalışmadan kaçar. Şöyle der: "Ödüllendirilmiş ve Yaradan'ın ihsan etme arzusunu verdiği insanlar olduğuna inanıyorum. Ama bu onların benden daha kabiliyetli olmalarından kaynaklanıyor. Ancak benim gibi diğerlerinden daha kötü niteliklere sahip bir kişinin bunu hak etme şansı yok." Dolayısıyla kişi mücadeleden kaçar ve genel halk gibi çalışmaya başlar.

Sadece çalışmadan kaçmak istediğini ama hiçbir şey onları tatmin etmediği için gidecek başka bir yeri olmadığını söyleyenler, bu insanlar çalışmayı bırakıp gitmezler. Onlar yükseliş ve düşüşler yaşasalar da pes etmezler. Şöyle yazıldığı gibi, "Ve İsrail oğulları çalışmaktan dolayı iç çektiler, ve feryat ettiler, ve feryatları çalışmadan Tanrı'ya kadar gitti." Başka bir deyişle, Yaradan'a hoşnutluk vermek için çalışabilmek amacıyla,

Yaradan çalışmasında ilerleyemedikleri için çalışmaktan ağladılar. O zaman, Mısır'dan çıkışla ödüllendirildiler. Çalışmada buna "alma arzusunun kontrolünden çıkma ve ihsan etme çalışmasına girme" denir.

Bu nedenledir ki, insanın çalışmasının başlangıcı cennetin krallığını üstlenmektir, bu da eskiden sadece yaşlı ve aptal bir kralın arzusunu tatmin etmekle ilgilenirken, yani tüm çalışması sadece kendi iyiliği içinken, Yaradan'ı tüm organları üzerinde taçlandırdığında, yani tüm organları Yaradan'a hizmet ettiğinde, "cennetin krallığı" olarak adlandırılan farklı bir Kral'ı üstlendiği anlamına gelir. Bu, çalışmada "Mısır'dan çıkış" olarak adlandırılır, kişinin kendi menfaatinin yönetiminden çıkışı ve Yaradan'a hizmet etmeyi üstlenmesidir, "Ben size Tanrı olmak için sizi Mısır ülkesinden çıkaran Tanrınız Efendinizim" diye yazıldığı gibi. Bunu şu şekilde yorumlamalıyız: O, onları alma arzusunun yönetiminden çıkardı ve onlara ihsan etme arzusu verdi. Buna "size Tanrı olmak" denir, yani Benim rızam için çalışabilmeniz için size ihsan etme arzusunu verdim. Buna "Size Yaradan olduğumu hissetmeniz için güç verdim" denir.

Ancak, kişi alma arzusunun kötü bir şey olduğu hissini nasıl edinir? Eylemlerini ıslah etmesi gerektiğini ona kim bildirir? Sulam'da [Zohar'a Merdiven yorumu] şöyle yazar (Beresheet Bet, Madde 103): "Bu nedenle, Yaradan, kendisi için almaya, acı ve sert ızdıraplar yüklemiş, insana doğduğu andan itibaren bedensel acıları ve ruhun acılarını aşılamıştır - öyle ki, kişi kendi hazzı için bile Tora ve Mitzvot ile meşgul olsa, içindeki ışık sayesinde, kendisi için almanın doğasındaki alçaklığı ve korkunç yozlaşmayı hissedecektir. Bu durumda, bu alma doğasından uzaklaşmaya karar verecek ve 'Efendinin tüm işleri O'nun rızası içindir' diye yazıldığı üzere, kendisini tamamen sadece Yaradan'ı hoşnut etmek amacıyla çalışmaya adayacaktır. O zaman Yaradan onun gözlerini açacak ve kişi önünde mutlak mükemmellikle dolu bir dünya görecektir. İşte o zaman, dünyanın yaratıldığı zamanda olduğu gibi O'nun sevincine ortak olur (çünkü bilgelerimiz şöyle der: "O'nun huzurunda hiçbir zaman göklerin ve yerin yaratıldığı günkü gibi bir sevinç olmamıştır")."

Sonuç olarak, Tora'nın bu ışığı, kişiye eksiklik verir, bu nedenle Yaradan'dan kendisine cennetin krallığının yükünü üstlenme gücü vermesini ve tüm eylemlerinin ihsan etmek için olmasını isteme ihtiyacı duyacaktır. Kişi sonrasında, cennetin krallığı ile ödüllendirildiğinde, "Tora" adı verilen ve Yaradan'ın isimleri olan başka bir derece daha vardır. Bu, "Tora, Yaradan ve İsrail birdir" olarak kabul edilir.

Yukarıdakilere göre, Zohar'ın şu sözlerini yorumlamalıyız: "Çünkü bu asıl, ZA olan o dünyanın hayat ağacıdır ve bu dünyada ondan gelen meyvelerden başka bir şey yoktur, bu yüzden meyveleriyle ödüllendirilen bir adam onları bu dünyada yerken, aslı onun için bir sonraki dünyada kalır."

Yazılanları, "Ve aslı bir sonraki dünya için kalır" şeklinde yorumlamalıyız, ki bu ZA'dır, zira ZA "Tora" olarak adlandırılır ve buna "o dünya" yani bu dünyadan sonra gelen "bir sonraki dünya" denir, çünkü bu dünya Malhut olarak adlandırılır ve bir sonraki dünya, daha sonra gelir. Zohar bu dünyayı ZA, yani hayat ağacı, Tora olarak adlandırır.

Çalışmanın sırasının, önce kişinin cennetin krallığı ile ödüllendirilmesi gerektiği, bunun ihsan etmek için olması gerektiği bilinmektedir. Ama kişi nasıl ihsan etmekle ödüllendirilebilir? "Kötü eğilimi Ben yarattım; Tora'yı da bir şifa olarak yarattım" sözünün anlamı budur. Sonuç olarak bu, Tora aracılığıyla, yani onun içindeki ıslah eden ışık aracılığıyla olur. Böylece, Tora kişi için cennetin krallığına ulaşmak adına Eitin (öğütler) olur, çünkü Malhut [krallık] "bu dünya" olarak adlandırılır ve ıslah eden ışık "meyveler" olarak adlandırılır. Başka bir deyişle, kişi yaptığı çalışmanın meyvelerini görür, yani Tora'da çaba göstermiş ve ondan meyve almıştır ve bu meyveler çalışmanın ödülüdür. Bu nedenle, bunu, "Tora'dan meyve" yediği, yani Tora aracılığıyla "onu ıslah eden" ihsan etme arzusuyla ödüllendirildiği şeklinde yorumlamalıyız. Buna "613 öğüt" denir.

Daha sonra 613 Pekudin [Aramice: teminatlar] konusu gelir ki bu zaten "Tora, Yaradan ve İsrail birdir" de olduğu gibi gerçek Tora'dır. Buna "gerçek Tora" denir. Bu, "ZA, Tora olan hayat ağacıdır" dediği gibidir ve bu, Tora olarak kabul edilen sonraki dünya için onun aslıdır. Buna "gerçek Tora'nın aslı" denir. Öte yandan, bu dünya olarak kabul edilen cennetin krallığı, orada Tora sadece meyvelerdir, yani kişiyi ıslah eden sadece Tora'nın ışığıdır, ZA ise "gerçek Tora'nın aslı" olarak adlandırılır. Bu, "onların bu dünyadaki meyveleri" olarak kabul edilir ve Malhut, yani daimi inanç olarak adlandırılır. Daha sonra "öteki dünya" olarak adlandırılan, yani Malhut'tan sonraki başka bir derece gelir. Burası ZA, yaşayanların ülkesi, gerçek Tora olarak kabul edilir.

Yukarıdakilere göre, "Kalp neden kötüdür?" diye sorduğu şeyi yorumlamalıyız. "Tanrı'nın kendisine zenginlik, mal mülk ve onur verdiği, ruhu arzu ettiği hiçbir şeyden yoksun olmayan ve Tanrı'nın ondan yemesine izin vermediği bir adam, çünkü yabancı bir adam onu yiyecektir" diye yazıldığı gibi olduğunu söyler. "Madem 'Ruhunun arzuladığı hiçbir şeyden yoksun değildir' diye yazılmıştır," diye sorar, "Tanrı neden ona bunlardan yeme izni vermemiştir?" Ne de olsa, "Ruhu için hiçbir şeyden yoksun değildir". Bu konuda, bu dünyada meyvelerini yiyen bir kişinin cennetin krallığına atıfta bulunduğunu söyler. İçindeki ışık onu ıslah ettiğinde, bu ışığa "meyveler" denir. Daha sonra, "aslı onun için öteki dünya için vardır" koşuluna gelir, yani "gerçek Tora" ile ödüllendirilir ve buna "bütünlük" denir.

Bununla Zohar, "Kendini kirleten ve kendi menfaatinin peşine düşen ve ruhu ya da bedeni için hiçbir şeyden yoksun olmayan" kişinin, "Tanrı'nın ona ondan yeme izni vermediğini" ve bu zenginlikle ödüllendirildiğini açıklar. "Zenginlik" ifadesini, "Bilgisi dışında fakir olan hiç kimse yoktur" şeklinde yorumlamalıyız, yani kişi Tora öğrenmekle ve tüm kuralları bilmekle ödüllendirilmiştir ve mal mülk sahibidir, yani Tanrı'ya şükürler olsun ki Tora, Mitzvot ve iyi işlerden oluşan büyük bir mal varlığına ve onura sahiptir ve Tora'nın yüceliği nedeniyle herkes ona saygı duyar. Yine de, "Tanrı ona ondan yemesi için izin vermez."

Bunun nedeni, kişinin zenginliğe, onura ve iyi işlere sahip olmasına rağmen, "Ruhu için hiçbir şeyden yoksun değildir" diye yazıldığı üzere, kendi yararına, yani kendi iyiliğine yöneldiği yani tüm kaygısı kendi çıkarında bir eksiklik olmaması olduğu için, doğal olarak Keduşa'dan [kutsallık] yiyecek hiçbir şeyin olmaması, hepsinin Sitra Ahra'ya [diğer tarafa] gitmesidir.

"Yabancı bir adam onu yiyecek" diye yazılanın anlamı budur. Bu demektir ki, Klipot [kabuklar] her şeyi almıştır çünkü kişinin tüm çalışması, Klipot'un otoritesi olan alma arzusu içindir. Sonuç olarak, kişinin Tora'nın bilgisine sahip olduğunu düşündüğünde sahip olduğu tüm servet ve Tora ve Mitzvot'un mülkiyeti olan mal varlığı, Klipot'un hükmü altındadır.

Bu sayede "Kalp neden kötüdür?" diye sorduğunu anlayacağız. Alma arzusunda var olan kötülüğün ne olduğunu yorumlamalıyız. Bu konuda şöyle cevap verir: "Şu ayet bunu kanıtlar: 'Tanrı'nın kendisine mal ve mülk verdiği bir adam' diye yazılmıştır." Yani, Yaradan Keduşa'da birçok şey yapmasına izin vermesine rağmen, hepsi kendi yararına olduğu için, hepsi başka bir otoriteye gitmiştir. "Çünkü onu yabancı bir adam yiyecek" sözlerinin anlamı budur, yani Klipot, çünkü Keduşa için değil onlar için çalışmıştır. Ancak bilmeliyiz ki, kişi eylemlerini ıslah ettiğinde, Klipot'tan her şeyi alır ve her şey Keduşa'ya geri döner, şöyle yazıldığı gibi, "Zenginlikleri yuttu ve onları kusacak."

Yukarıdakilere göre, "içindeki ışık onu ıslah eder" ile ilgili olarak "bu dünyadaki meyveler" meselesi vardır, ki bundan cennetin krallığını alır, burada çalışma, alma arzusunun hükmünden çıkmak ve her şeyi ihsan etmek için yapmak içindir. Sonrasında, "Aslını öbür dünya için saklama" meselesi vardır ki bu da Tora'nın anlamı olan "Yaradan'ın isimleri "dir.

Zohar'ın söylediklerini şöyle yorumlayabiliriz (BeHaalotcha, 26-27. Maddeler): "Şöyle yazılmıştır: 'Ve Zebulun'a dedi ki: 'Sevinin, Zebulun, dışarı çıkarken ve İssakar, çadırlarınızda' dedi. Bu, onların birlikte olduklarını öğretir. Biri dışarı çıkıp savaşırken, diğeri oturup Tora ile meşgul oldu. Biri diğerine ganimetinden pay verirken, bir diğeri de öbürüne Tora'sından pay veriyordu. İssakar Tiferet, Zebulun ise Malhut'tur. Zebulun'un savaşa gitmeyi miras almasının nedeni budur, çünkü o Malhut olarak kabul edilir, bu da savaşlar yoluyla bolluk anlamına gelir. İssakar'ın payı ise Tora'dır. Bu yüzden bir araya geldiler, böylece Zebulun İssakar aracılığıyla kutsanacaktı, çünkü Tora'daki kutsama, herkes için bir kutsamadır."

Çalışmada İssakar ve Zebulun arasındaki ortaklığın tek bir bedende olduğu şeklinde yorumlamalıyız. Yani çalışma iki şekilde düzenlenmelidir: 1) Cennetin krallığı tarzında, ki o zaman kendine olan sevginin kontrolünden çıkmak ve tüm eylemlerinin ihsan etmek için olmasını üstlenmek üzere eğilimin savaşı vardır. O zaman, kişi savaşlar aracılığıyla ganimet alır. Yani, alma arzusunun güçlerini alır ve onları ihsan etme arzusuyla değiştirir. Bu, savaş yoluyla ona boyun eğdirdiği ve alma arzusunun her şeyi kişinin arzusuna yani tüm eylemlerinin yalnızca ihsan etme arzusuna göre yapması gerektiği şeklinde değerlendirilir. Peki Zebulun niteliği savaşı kazanma gücünü nereden alır? İssakar'dan, yani İssakar'ın Tora'sından alır.

Bu,"Kötü eğilimi Ben yarattım; Tora'yı da bir şifa olarak yarattım" diye yazıldığı gibidir. Bu nedenle, "ve diğeri bir diğerine, Tora'sından bir pay verir" denir. İssakar Tifferet'tir." Zebulun, İssakar'ın Tora'sından savaşları kazanma gücüne sahiptir. Bu, kişinin "bu dünyada onların meyvelerini yediği", yani Tora'nın kendisine getirdiği meyveleri gördüğü şeklinde değerlendirilir. Başka bir deyişle, Tora'daki ışık sayesinde, meyvelere "çalışmadan elde edilen kazançlar" denildiği için, ihsan etme arzusu ile ödüllendirildiğini görür.

Bu, 613 Eitin [Aramice: öğütler] olarak kabul edilir ve İssakar'ın "bu kişiye, meyvelerini yediği Tora'sından bir pay verdiği" düşünülür. Bu, "ve biri ganimetinden bir pay verir" denmesinin anlamıdır. Zebulun'un ona verdiği ganimetler sayesinde oturur ve Tora ile meşgul olur, yani Zebulun ona ganimetlerinden vermemiş olsaydı, Tora ile ödüllendirilemeyecekti.

Burada Yaradan'ın isimleri olan Tora açısından konuştuğumuzu, gerçek Tora olan 613 Pekudin'den [teminat] yorumlamalıyız. Söylendiği gibi, kişi ihsan etmek için inançla, cennetin krallığıyla ödüllendirilmeden önce, gerçek Tora ile ödüllendirilmesi mümkün değildir; o zaman alma arzusu teslim olur ve ihsan etme arzusu hüküm sürer.

Bu nedenle, Malhut ihsan etme arzusuna, Malhut'un savaşlarla kazandığı bir arzuya sahip olduğunda, bu onun savaştan ganimet alması olarak kabul edilir. Ona ihsan etme arzusu verdiğinde, "Tora'nın çadırında oturabilir" ve bu anlayışa Tiferet, ZA adını verir. Ancak derecesinde hala ihsan etme arzusu yoksa, gerçek Tora için yer yoktur. Çalışmada buna "İssakar ve Zebulun arasındaki ortaklık" denir, bu Malhut'un savaşa gitmesi ve "Tora" olarak adlandırılan ZA'nın Malhut'a Tora'sını vermesi anlamına gelir.

Başka bir deyişle, Tora'daki iki tavrı ayırt etmeliyiz: 1) "İçindeki ışık kişiyi ıslah eder." Buradan Malhut'a kadar uzanan bir "meyve" anlayışı vardır. 2) "Asıl Tora", ki buna "öteki dünya için asıl olanı korumak" denir. Bu, özellikle Malhut'un "meyveler" olarak kabul edilen "Tora'nın ışığı" aracılığıyla ödüllendirildiği ihsan etme arzusuna sahip olma niteliğinden sonra gelir.

Bu, bilgelerimizin dediği gibi, el Tefillin'inin baş Tefillin'inden önce gelmesidir, zira el Tefillin'i, der Zohar, Malhut olarak kabul edilir, zayıf eldir, güçlendirilmeye ihtiyacı vardır, çünkü cennetin krallığında alma arzusuna boyun eğdirmek için gereken tüm savaşlar vardır. Daha sonra Tora olarak kabul edilen baş Tefillin gelir.

Çalışmada "Casuslar" Ne Anlama Geliyor?

Makale No. 35, Tav-Şin-Nun-Alef, 1990/91

Zohar'da (Shlach, Madde 82) şöyle yazar: " Rabbi Yosi dedi ki, 'Her şeyi karalamak için kendilerine bir danışman edindiler. 'Her şey' nedir? Dünya ve Yaradan'dır. Rabbi Yitzhak dedi ki, 'Dünya, bu doğru. Peki ya Yaradan? Bunu nasıl bilebiliriz? Ona şöyle dedi: 'Bu, 'Yine de güçlü olan halktır' ayetinin anlamıdır, yani 'güçlü olan halk' için onları kim yenebilir? Başka bir deyişle, Yaradan bile onların üstesinden gelemez. Böylelikle Yaradan'a iftira attılar."

Çalışmada Yaradan hakkında böyle bir şeyin nasıl söylenebildiğini anlamalıyız, zira Yaradan'a yaklaşmak isteyen insanlardan bahsediyoruz. Onların, Yaradan'ın yüce olduğuna inanmadıkları nasıl söylenebilir? Zohar'da (Madde 63) şöyle yazar, "'Ve toprakları gezmekten geri döndüler. 'Döndüler' demek, kötülüğün tarafına döndüler ve 'Bundan ne elde ettik' diyerek gerçeğin yolundan geri döndüler demektir. Bugüne kadar dünyada iyilik görmedik. Tora'da çalıştık ve ev boş. Bu dünya ile kim ödüllendirilecek? Bu kadar çaba göstermemiş olsaydık daha iyi olurdu. O dünyanın bir kısmını bilmek için emek verdik ve öğrendik. Tora'da öğrendiğimiz gibi, o üst dünya iyidir, ama onunla kim ödüllendirilebilir?"

Eğer her şeyin doğru olduğunu söyleyip "ama bununla kim ödüllendirilebilir?" diye soruyorlarsa, casusların günahının ne olduğunu anlamalıyız. Başka bir deyişle, "Tora'da bildiğimiz gibi, üst dünya iyidir, ama onunla kim ödüllendirilebilir?" diye yazıldığı gibi, iyiliğe layık olmadıklarını söylüyorlardı. Öyleyse günah neden bu kadar ağırdır?

Midraş Rabbah'ta (Şlach 15:7) şöyle der, "Rabbi Yehoşua, 'Onlar (casuslar) neye benziyorlardı? Oğlu için iyi ve varlıklı bir aileden güzel bir kadın ayarlayan bir kral gibi. Kral oğluna, 'Güzel bir kadın, iyi ve varlıklı bir aileden' dedi. Oğlu babasına inanmadığı için, 'Gidip onu göreceğim' diye cevap verdi. Derhal, bu konu babasının kafasını

270

karıştırdı ve sinirlendirdi. Babası şöyle dedi: "Ne yapmalıyım? Eğer ona, 'Onu şimdi sana göstermeyeceğim' dersem, o da kızın çirkin olduğunu ve bu yüzden onu göstermek istemediğimi söyleyecektir. Sonunda ona, 'Onu gör, ama bana inanmadığın için, yemin ederim ki onu evinde görmeyeceksin, çünkü onu oğluna vermeyi tercih edeceğim' dedi."

Bu kafa karıştırıcıdır, çünkü Yaradan'ın toprakların iyi olduğunu gösterdiğini, ancak casusların orada iyi bir şey görmediklerini söyledikleri için iyi toprakları görmediklerini ima eder. Bunun yerine, orada sadece kötü şeyler gördüklerini söylediler, çünkü "Bu, sakinlerini yutan bir ülkedir" dediler. Peki, kralın oğluyla ilgili olan bu alegori nedir?

Yukarıdakileri anlamak için öğrendiklerimizi, önümüzde iki şey olduğunu anlamalıyız: 1) yaratılışın amacı olan zevk ve hazzı almak, 2) zevk ve hazzı nasıl edineceğimiz.

Çünkü görüyoruz ki herkes haz ve zevk almamız gerektiği konusunda hemfikir olsa da emek olmadan hiçbir şey edinilemez. Emek, bize istediğimizi vermek istemesi için ev sahibine bir miktar ödeme teklif etmek zorunda olmamızdır. Çalışmada buna "ihsan etme arzusu" denir, çünkü sadece ihsan etme kaplarında bol miktarda Keduşa [kutsallık] elde edebiliriz, bu da öğrendiğimiz gibidir, "Ben kutsal olduğum için sen de kutsal olacaksın", yani her şey ihsan etmek için olmalıdır.

Kişi ihsan etme kaplarını edinmeden önce, üst rehberliğe yerleştirilen Tzimtzum [kısıtlama] ve gizlilik altındadır, böylece insan gerçeği göremez. Yani, Baal HaSulam'ın kişinin ravına [öğretmenine] ravın bizim için düzenledikleri hakkında-"sağ" üzerine bir çalışma düzeni- inanması gerektiği konusunda söylediği gibi (Şamati kitabında, "Rav'a İnanç" makalesinde), kişi O'nun rehberliğini, yaratılanlara iyi ve iyilik yapma rehberliğinde nasıl davrandığını göremez. O zaman, kişi kendisine Yaradan'a tam bir inançla zaten ödüllendirilmiş gibi tasvir etmeli ve Yaradan'ın tüm dünyayı iyi ve iyilik yapan bir şekilde yönettiğini, yani tüm dünyanın O'ndan sadece iyilik aldığını zaten organlarında hissetmelidir.

Ve kişi kendisine baktığında çıplak ve yoksul olduğunu görse bile, bu konuda şöyle demelidir: "Onların gözleri var ama görmezler," burada "onlar", kişi "onlar" olarak adlandırılan birden fazla otorite altında olduğu sürece, gerçeği "görmezler" anlamına gelir. Peki birden fazla otorite nedir? İki arzudur.

Bu, insanın kendi iyiliği için alma arzusuna sahip olduğu anlamına gelir ki bu, arzusu ihsan etmek olan Yaradan'ınkinden farklı bir arzudur ve kişi sadece kendi iyiliği için almak ister. Dolayısıyla, kişi Yaradan'ın ona verdiklerini eleştirmeye kalktığında, sadece acı ve ızdırap görür, çünkü dünyada iki arzu vardır.

Bu nedenle, kişi Yaradan'a şükretmesi ve "Ne mutlu 'Dünya olsun' diyene" demesi gerektiğinde, Yaradan'ın bize bollukla dolu bir dünya verdiği için övgü ve şükran duyması gerekirken, tam tersini gördüğünde, o zaman kişi çaba göstermeli ve mantık ötesi gitmeli ve gördüğü her şeyin gerçek olmadığını söylemeli ve "Gözleri var ama görmezler" diye yazılan gerçeğe inanmalıdır.

O halde kişinin çalışması ve emek vermesi gereken her şey, ihsan etme arzusunu edinmek içindir, çünkü ancak o zaman Yaradan'ın nasıl bollukla dolu bir dünya yarattığını görebilir, öyle ki bilgelerimiz şöyle demişlerdir: "O'nun huzurunda hiçbir zaman cennetin ve dünyanın yaratıldığı günkü gibi sevinç olmamıştır." Bu böyledir çünkü Yaradan için zaman diye bir mesele yoktur. Bu nedenle, yaratılışın amacı yazıldığı gibi, "yarattıklarına iyilik yapma arzusu" olduğundan ve O'nun için geçmiş ve gelecek aynı olduğundan, ıslahının sonunda yaratılışın bütünlüğünü anında gördü. Doğal olarak, o zaman yaratılanların aldığı hazzı ve zevki gördü.

Bununla birlikte, kişi ihsan etme arzusunu edinmek için çalışmaya başladığında, yükselişler ve düşüşler düzeni başlar, zira her şeyde biri için iyi olan ve diğeri için kötü olan şeyler vardır. Ancak her şeyin dengeli olması gerekir. Bu nedenle, çoğu zaman kişi ikisi arasındaki orta yolu tutmaz, bir tarafa diğerinden daha fazla eğilir ve her şeyi mahveder.

İhsan etme çalışmasında kişinin "sağ ve sol" olarak adlandırılan iki çizgi üzerinde yürümesi gerektiği bilinmektedir. "Sağ" bütünlük anlamına gelir ve "sol" ise çalışmada "ıslah gerektiren bir yol" olarak adlandırılır. Bu nedenle, çalışmada iki düzenimiz vardır:

1) Bütünlük durumuyla ilgili olan şarkılar ve övgüler. Bu demektir ki, kişi Yaradan'ın rehberliğinden, O'nun kendisine davranış şeklinden memnun olduğunda, Yaradan'ın kendisine verdiği iyilikler için Yaradan'a teşekkür eder.

2) Dua ve yakarış, kişi eksikliklerini gördüğünde ve Yaradan'dan ihtiyaçlarını karşılamasını istediğinde söz konusudur. O zaman kişi Yaradan'dan dileğini yerine getirmesini ister. Ancak, bu ikisi birbirinin zıddı olduğu için, yani kişi Yaradan'a şükrettiğinde ve kuşkusuz insan şükrettiğinde, kişi Yaradan'a çokça şükretmeye çalışmalıdır, çünkü şükran Yaradan'ın kişiye verdiği iyiliğin ölçüsüne göre değerlendirilmelidir. Dolayısıyla, meselenin büyüklüğünü ve önemini kendine tasvir etmek insana düşer.

Başka bir deyişle, kişi Yaradan'ın kendisine verdiği bu iyiliği hak etmediğini söyler. O halde nasıl olur da eksik olduğunu söyleyebilir? Elbette, dua kalbin derinliklerinden gelmelidir, yani kişi ihtiyacını tüm organlarında hissetmelidir, yoksa dua kalbin derinliklerinden gelmeyecektir. Dolayısıyla, kişi aldığı tüm iyilikler için Yaradan'a teşekkür ettikten sonra, eksik olduğunu söylemesi ve Yaradan'a isteklerini yerine getirmesi için dua edip ağlaması nasıl mümkün olabilir?

Dolayısıyla, bu iki şey düşüşlere ve yükselişlere neden olur, zira her biri bir diğerini iptal eder. Yine de neden her ikisine de ihtiyacımız olduğunu ve neden dua veya şükrün yeterli olmadığını, aksine her ikisinin de gerekli olduğunu anlamalıyız, ancak aynı anda aynı taşıyıcıda olamayacakları için, bunları ardışık olarak düzenleriz.

Başka bir deyişle, önce Yaradan'a şükrederiz çünkü O bizi tüm ulusların arasından seçti, O'nun yüceliğine kıyasla alçak ve aşağı olmamıza rağmen, yine de bizi bütün ulusların arasından seçti. Bilgelerimizin şöyle dediği gibi, "Kişi her zaman Yaradan'ı övmeli ve sonra dua etmelidir." Dolayısıyla, kişi Yaradan'a kendisine iyi davrandığı için teşekkür ettiğinde, yani Yaradan ona ihtiyacı olan her şeyi verdiğinde, eksik olan şeyler için dua etmek ve duanın kalbin derinliklerinden gelmesi için nasıl bir yer vardır?

Bunun cevabı, bir yandan kişinin çalışma sırasında canlılık alması gerektiğidir. Kişi yaşamak için hiçbir şeye sahip olmadığında, perişan olur ve Tora ve Mitzvot'u gerektiği gibi yerine getiremez, çünkü şöyle yazılmıştır: "Bugün sana emrettiğim bu sözler kalbinde olacak. Onları oğullarına özenle öğreteceksin ve evinde otururken, yolda yürürken, yatarken ve kalkarken onlardan söz edeceksin."

Böylece Tora ve Mitzvot'a uymada tam bir düzen vardır. Eğer kişinin aklı yerinde değilse, çalışması da olması gereken düzende yapılamaz. Dolayısıyla, kişi Yaradan'ı övdüğünde ve Yaradan'ın yüceliğini ve önemini kendine olabildiğince tasvir ettiğinde, bundan canlılık elde edebilir ve Yaradan'ın önemini, Yaradan'ın kendisine bir düşünce ve O'nunla konuşma arzusu verdiğini hissedebilir. Kişi bundan memnuniyet duymalıdır.

Kişi, tüm dünyanın övgüyle bahsettiği, neslin en yücesi olan o büyük adam kendisiyle konuşmasına izin verse nasıl bir ruh hali içinde olacağını hayal etmelidir; onunla konuşabilmenin verdiği bu hazzı hissettiğinde, dünyada hiçbir şeye ihtiyacı olduğunu hissetmeyeceği için ne kadar da mutlu olurdu. Kişinin her zamankinden daha fazla hissettiği haz ona tüm endişelerini unutturur ve tüm bedeni kendini o anda aldığı hazza bırakır. Yani, hazzı alırken o anda almakta olduğu hazdan başka bir şey düşünebiliyorsa, bu o anda almakta olduğu hazzın eksik olduğunun bir işaretidir.

Dolayısıyla, kişi kendisine Yaradan'ın O'nunla konuşmasına izin verdiğini tasvir ettiğinde, ne söylediği önemli değildir, yalnızca Yaradan'la konuşma fırsatına sahip olmasının önemi vardır, kişi bundan böyle böyle bir ayrıcalığa sahip olduğu için zevk ve haz almalıdır. Dolayısıyla, sağın çalışması kişinin Yaradan'la konuştuğuna ve o anda hiçbir şeye ihtiyacı olmadığına inanmasıdır.

Ancak kişi bilmelidir ki, inanca bağlı olan herhangi bir şey söz konusu olduğunda, özellikle bu çalışma bir ıslah olarak kabul edildiğinden ve ıslahla ilgili olan her şey bedenin direncini harekete geçirdiğinden, beden bu çalışmayı kabul etmez. Bu, Nekudim dünyasında meydana gelen kapların kırılmasına kadar uzanır. Bu nedenle, bu konuda çok çalışma vardır.

Baal HaSulam sağın çalışması hakkında, kişi sağa, yani sol çizgiye zıt bir çizgide çalışmaya başladığı için onu önemsememeye başladığında, sağın çalışmasının bütünlük ve hakikat içinde çalışmak olduğunu, yani kişinin Yaradan'ın yüce ve önemli olduğuna ve insanın tamamen alçak olduğuna inanması gerektiğini söylemiştir. Buradan her ikisinin de doğru olduğu sonucu çıkar. Bu çizgide yürümek zordur ve beden buna itiraz eder. Sağ koşulunda, kişinin kendi payıyla mutlu olduğu ve hiçbir şeye ihtiyaç duymadığı için "kutsanmış" olarak kabul edildiğini söyledi. O zaman kişi "Kutsanmış olan Kutsal Olana tutunur" yoluyla yukarıdan bolluk almaya uygundur. Bu nitelikte, kişi Yaradan ile Dvekut'a [bütünleşmeye] sahiptir. Dolayısıyla, tam da bu durumda, kişi derece olarak yükselebilir.

Bununla birlikte, kişinin ıslah edilmesi gereken kusurları nasıl gördüğünü görmenin yolu olan sol çizgide de yürümeliyiz. Başka bir deyişle, sağdaki çalışma sadece Yaradan'ın yüceliğini tasvir etmek ve O'nun yüceliğine ve önemine inanmaktır. Ancak solun niteliği kişinin içinde hiçbir kusur kalmaması için kendini ıslah etmek amacıyla özellikle kendine bakması ve içindeki kusurları görmesidir. Ancak kişinin görmesi gereken asıl kusur, içindeki kötülüktür, yani bulmamız gereken yani aramamız ve bulmamız gereken kötülüğün özünün ne olduğudur.

Kuşkusuz her insan içinde kötülük olduğunu bilir. Mesele şu ki, kötülüğün kökenini bilmeliyiz, bu da kişinin dünyada var olan iyiliği elde etmesini engelleyen şeydir.

Dünya bir amaç için yaratılmıştır ve dünyanın yaratılış amacının O'nun yarattıklarına iyilik yapma arzusu olduğu söylenmiştir. Zira insan dünyada eziyet çeker ve "Neden bize böyle görünüyor?" diye sorar. Bu nedenle kişi, hazzın alınması sırasında utanç duymamak için yaratılış amacında bir ıslah olduğunu bilmesi gerektiğini söyleyen bilgelere inanmalıdır. Bu, ancak bolluğun alınması sırasında, ihsan etmek için olacaksa olabilir. Bu durumda utanç için yer yoktur.

Dolayısıyla, kişi ancak o zaman, ihsan etme kaplarını edinmemiz gerektiğine, aksi takdirde yaratılanların alması gereken iyiliği edinmesinin mümkün olmadığına dair bilgelere inandığında, işte o zaman tüm kötülüğün yalnızca kendi iyiliği için alma arzusu olduğunun farkına varır ve insan bunun kökünü kazımak için her şeyi yapmalı ve onun yerine "ikinci doğa" olarak adlandırılan ihsan etme arzusunu edinmelidir. O zaman, yaratılış düşüncesindeki zevk ve haz ile ödüllendirilecektir.

Yukarıda anlatılanlara göre, iki şekilde çalışmalıyız:

1) Sağın yolunda, ki bu kişinin bütünlüğe sahip olduğunu ve durumundan memnun olduğunu hissedecek şekilde çalıştığı ve bunun için Yaradan'a şükredebileceği zamandır. Bu, yukarıdan bolluk alabileceği ve Keduşa'nın [kutsallık] basamaklarında ilerleyebileceği zamandır. Ancak, bu yukarıdan bolluk alma zamanı olmasına rağmen, kişinin hiçbir eksiği yoktur, yani bolluğu alacak Kelim'i [kapları] yoktur, bu yüzden "sol" olarak adlandırılan diğer çizgiye geçmelidir.

2) Bu, kişinin kendisine yönelttiği eleştiri yoluyla "sol" yoludur. Sağ çizgi, kişinin sadece Yaradan'a baktığı anlamına gelir, yani Yaradan'ın yüceliğinin ölçüsünü anlamak ve öğrenmek için, kendisi hakkında değil, neyi kaçırdığını görmek için. Daha doğrusu, sahip olduklarına, yani Yaradan'ın ona verdiklerine bakmak ve bunun için Yaradan'a şükretmek ister.

Oysa solun yolu kendini incelemek, ne kadar kötülüğü olduğunu ve içindeki kötülüğün ne olduğunu görmek ve onu ıslah etmeye çalışmaktır. İşte o zaman yeryüzünü karalayan casuslar meselesi başlar. "Yeryüzü" cennetin krallığı anlamına gelir, çünkü onlar cennetin krallığı konusunun kendileri için olmadığını söylemişlerdir.

Yukarıda yazılanlara göre, "Rabbi Yosi dedi ki, 'Her şeyi karalamak için kendilerine bir danışman edindiler. 'Her şey' nedir? Dünya ve Yaradan'dır. 'Ayetin anlamı budur, 'Yine de güçlü olan halktır', yani onları kim yenebilir? Başka bir deyişle, Yaradan bile onların üstesinden gelemez. Böylece Yaradan'a iftira attılar."

"Her şeyi kendimiz için yapma doğasıyla doğduk, öyleyse Yaradan'a fayda sağlamak, yani ihsan etmek için her şeyi yapmak amacıyla cennetin krallığının yükünü nasıl kabul edebiliriz? Sonuçta, çalışmaya birçok kez başladık ve bize göre yapabileceğimiz her şeyi yaptık. Ancak Yaradan ihsan etme amacına doğru ilerlememize hiç yardımcı olmamakla kalmadı, hatta geriye bile gittik. Dolayısıyla, Yaradan'ın bile alma arzusunun kontrolünden çıkmamıza yardımcı olamayacağına karar vermeliyiz. Aksi takdirde, biraz daha ilerlemiş olurduk. Fakat ihsan etme arzusunu edinmek için verdiğimiz onca emekten sonra, bize göre bunların hepsi boşa gitmiştir. Dolayısıyla ne maddi dünyaya ne de manevi dünyaya sahip olduğumuz bir durumdayız."

İşte bu yüzden şöyle yazılmıştır: "Biz bundan ne elde ettik? Bugüne kadar dünyada iyi bir şey görmedik. Tora'da emek sarf ettik ve ev boş. Bu dünya ile kim ödüllendirilecek?" Bu demektir ki, çalışmalarında ilerleyemediklerini gördüler. Peki günahları neydi? Yaradan'a inanmaları gerekirdi ki, çalışmada hissettikleri tüm bu düşüşler ilerlemedikleri için değil, kişinin hedeften uzak olduğunu her gördüğünde, bunun O'nun kurtarışı için gerçek bir ihtiyaç bulması için olduğuna inanmaları gerekirdi. Ve bu ihtiyaç "doyumu alacak bir Kli [kap]" olarak adlandırılır. Ancak orada eksik olan ve bu nedenle devam edemeyip mücadeleden kaçmak istedikleri şey, sağ çizginin eksikliğiydi.

"Sağ"ın anlamı, kişinin çalışma sırasında canlılığa sahip olması gerektiğidir ve canlılığı özellikle bütünlükten alırız, bunu da tam olarak kendimize değil Yaradan'a baktığımızda edinebiliriz ve tüm çaba kendimizle yani ne edindiğimizle, çalışmada biraz ilerleme kaydetmekle ilgili değil de Yaradan'ın yüceliğini düşünmektir. Daha ziyade, Yaradan'la bir miktar bağlantımız olduğu için ne kadar büyük bir ayrıcalığa sahip olduğumuzu düşünmeliyiz.

Bu demektir ki, kişi bir emri yerine getirdiğinde veya bir kutsama söylediğinde şöyle demelidir: "Yaradan'ın emirlerini yerine getirerek O'nun arzusunu yerine getirdiğime inandığım için mutluyum. Kral'ın emirlerine, Mitzvot'a [emirlere/iyi işlere] verdiğim önemden daha fazla önem vermemiz gerektiğini anlamama rağmen, eylem eksik olsa da eylemin önemini takdir edemiyorum. Yine de bu eylemler çok önemli olmasa bile, Yaradan'ın bana Tora ve Mitzvot'u gözlemleme konusunda bir şeyler yapma arzusu ve özlemi vermiş olmasından dolayı mutluyum. Yine de bu benim için önemlidir çünkü artık Yaradan'ın arzusunu yerine getirdiğimi söyleyebilirim."

Kişi bundan canlılık ve neşe almalıdır çünkü Yaradan'ın yüce olduğu bir gerçektir. Dolayısıyla, kişi çalışmasında bir şey yapma arzusuna sahip olduğunda, bu çok önemlidir. Kişi bir şeyleri zorlamayla yaptığında bile bunun yine de önemli olduğuna inanmalıdır zira eylem açısından eklenecek bir şey yoktur ve eylem kendi işini yapar.

Bu nedenle, casuslar sağdan gitmedikleri için, onlar da mücadeleden kaçmak istediler ve Yaradan'ın bile onlara yardım edemeyeceğini söylediler. Yani, Yaradan'ın onları Tora'nın bizi zorunlu kıldığı şekilde değil, kendi anladıkları şekilde yakınlaştırması gerektiğini anladılar, yazıldığı gibi, üçüncüsü gelip aralarında karar verene kadar birbirini inkâr eden iki yazı vardır. Bu nedenle, sol çizgide yürümek için yoldan çıkan ve sağı terk eden casuslar, gelip toprağı miras alamayacaklarını gördüler.

Tüm bunlar, Musa'nın onlar için ayarladığı gibi yanlış yoldan gitmelerinden kaynaklanıyordu.

Bu, oğlu için bir eş ayarlayan ve "Onu sana göstereceğim (ama) yemin ederim ki onu evinde görmeyeceksin, çünkü onu oğluna vermeyi tercih edeceğim" diyen bir kral hakkında yazılanların anlamıdır. Ama casuslar onu görmediler, o güzel ve iyi ve zengin bir aileden mi geliyor diye sorduk! Çalışmada "baba ve oğul"u "sebep ve sonuç" olarak yorumlamalıyız. Şimdiki zamana "baba", geleceğe ise "oğul" denir. Maneviyatta "görmek" edinim anlamına gelir. Onlar yanlış yolu seçtikleri için, bunu "evinizde", yani içinde bulundukları durumda, alma kaplarında göremediler. Aksine, "oğlunuza", yani tövbe ettikten sonra, ihsan etme kaplarıyla ödüllendirildiğinizde, Yaradan'ın atalarımıza vaat ettiği toprakların mirasında bulunan tüm erdemleri görebileceksiniz.

Çalışmada "Barış, Barış, Uzaklara ve Yakınlara" Nedir?

Makale No. 36, Tav-Şin-Nun-Alef, 1990/91

Zohar şöyle der (Korah, Madde 5-8), "Korah ihtilaf yoluna gitti. İhtilaf nedir? Yukarıdan ve aşağıdan uzaklaşmak ve reddetmektir. Dünyanın ıslahını reddetmek isteyen kişi, bütün dünyalarda kaybolur. İhtilaf, barıştan uzaklaşmak ve onu reddetmektir. Barışa karşı çıkan kişi, O'nun Kutsal Adına karşı çıkmış olur, zira O'nun Kutsal Adına 'Barış' denir. Dünya sadece barış üzerinde durur. Yaradan dünyayı yarattığında, dünya O gelene ve onların üzerine barışı tesis edene kadar var olamazdı. Peki bu nedir? Şabat'tır. Bu nedenle, barışa karşı çıkan kişi, dünyadan kaybolacaktır. Rabbi Yosi şöyle der: "Şöyle yazılmıştır: 'Senin Tora'nı [yasanı] sevenler barışa kavuşurlar'. 'Ve onun bütün yolları barıştır' diye yazıldığı gibi, Tora barıştır. Korah, Musa'nın yukarıdaki barışını, yani sağ ve sol arasında barışı sağlayan 'Tora' denilen orta çizgiyi ve aşağıdaki barışı bozmak için geldi. Bu yüzden yukarıdan ve aşağıdan, ateşle ve toprağın ağzıyla cezalandırıldı."

O'nun Kutsal Adı "Barış" olduğu için, dünyanın neden sadece barış üzerinde var olabileceğini söylediğini anlamalıyız. Buradan, dünyanın var olamamasının nedeninin, Yaradan'ın "Barış" olarak adlandırılması olduğu sonucu çıkar.

Yaradan'ın adıyla olan bu bağlantıyı anlamalıyız. Basit bir ifadeyle, eğer bir ihtilaf varsa, dünyanın var olamayacağını herkes anlar. Fakat bunun Yaradan'ın adıyla ne ilgisi olabilir? Ayrıca, neden "Ve barış nedir?" dediğini de anlamalıyız. O, barışın Şabat [Şabat] anlamına geldiğini söyler ve Rabbi Yosi de barışa "Tora" dendiğini söyler. Dolayısıyla, Şabat ve Tora'nın barışa işaret ettiği nasıl ifade edilir?

İlk olarak, birçok kez bahsettiğimiz iki ilkeyi tekrarlamalıyız: 1) yaratılışın amacı, 2) yaratılışın ıslahı, yani yaratılışın amacına ulaşmak için ne yapmamız gerektiği.

Yaratılışın amacının, "O'nun yarattıklarına iyilik yapma arzusu" dediği üzere, yaratılan varlıkların zevk ve haz alması olduğu bilinmektedir. Bu amaçla, O, yaratılan varlıklarda haz alma arzusu yaratmıştır. Başka bir deyişle, bir şeye karşı özlem yoksa, ondan zevk alamayız. Eğer bazen kişinin herhangi bir şeyden zevk alabildiğini görüyorsak, o kişi kendini durduramaz ve o zevki almak istemez. Bazen bir kişinin bir hazdan vazgeçtiğini görüyorsak, bu vazgeçmeye değecek özel bir nedenden dolayı olmalıdır, çünkü kişi alma arzusunun doğasına karşı gelemez. Dolayısıyla, yeterince iyi bir neden varsa, kişi almak istediği zevklerden vazgeçecektir.

Bu iki nedenden dolayı gerçekleşebilir: 1) Bir ödül nedeniyle, yani kişi o anda istediği hazdan vazgeçerse onun yerine daha büyük bir haz alacaktır. 2) Ceza nedeniyle. Bu demektir ki, kişi bu zevkten vazgeçmezse, bu nedenle büyük acılar çekecek ve acı çekmemek için bu zevkten vazgeçmenin kendisi için daha iyi olduğunu görecektir.

Dolayısıyla, kişinin artık haz alma arzusundan vazgeçmiş olması, bu tavizin kendi çıkarı için çalışmak istememesinden kaynaklanmadığı anlamına gelir. Aksine, o anda istediği şeyden vazgeçmezse, bunun kendi yararına zarar vereceğini görür ve bu yüzden vazgeçer. Bu nedenle, kişinin bir zevkten vazgeçerek doğasına aykırı bir şey yaptığını, yani alma arzusunu lekelediğini söylemiyoruz. Aksine, yaptığı her şey alma arzusunun yöntemine göre olmuştur.

Başka bir deyişle, insanların ne yaptığına bakmamalıyız, çünkü bazen bir şeyden vazgeçerler ama bu o kişinin çalıştığına dair bir işaret değildir. Bunun yerine, amacı da görmeliyiz.

Örneğin, bir kişi yemek yeme arzusundan vazgeçebilir. Eğer birisinin, kendisinin zevklerden vazgeçen bir kişi olduğunu görebileceğini biliyorsa, bu onun Yaradan'ın bir hizmetkârı olduğunun bir işaretidir ve bu nedenle ona saygı duyacak insanlar vardır. O zaman kişi üstesinden gelme gücüne sahip olur, çünkü daha büyük bir haz alır ki bu da saygıdır. Durum genellikle böyledir.

Ancak istisnalar da vardır. Kendilerini alçaltabilenler, yani bir ihtiras elde etmek için saygıdan vazgeçebilenler vardır. Ayrıca, ihtiraslarından vazgeçmeyenler de vardır ama bu saygıdan dolayı değildir, tam tersidir, söz gelimi kişi gizlilik içinde çalışırsa yiyebileceği çok şey vardır ve insanlar onun nasıl yediğini görmek zorunda kalacak ve kalplerinde onu hor göreceklerdir. Kişi bundan gizlilik içinde çalışma becerisi kazanmak için saygıdan feragat eder, zira bu çalışma sayesinde daha da büyük bir zevkle ödüllendirilebilir, çünkü alçakgönüllü olan kişi Yaradan'la Dvekut [bütünlük] ile ödüllendirilir.

Bu, kişinin, insanların kendisine saygı duymasından tatmin olmak istemediği anlamına gelir, zira insanlar onun kendilerinden üstün olduğunu düşündüklerinde, ona saygı duyacaklarına dair bir kural vardır ve saygı her şeyi ele geçirir, dolayısıyla saygı için bir tutku geliştiren kişi bundan kurtulamaz ve saygıyı elde etmek için çalışmak ve çabalamak zorundadır. Bu durumda Yaradan rızası için hiçbir şey yapamaz. Bu nedenle, bize her şeyi gizlilik içinde yapmamız ve böylelikle saygı görmememiz öğütlendi. Bu sayede kişi, saygının hükmü altına girmekten kurtulabilir. O zaman, ihsan etmek için çalışmaya kendini alıştırabilir.

Buna göre, küçük zevklerden feragat eden ve bunun yerine büyük bir zevk alan kişinin alma arzusunu kusurlu bulmadığını görürüz. Kişi bazen büyük hazzı, bazı tutkularını tatmin ederek elde eder; bazen de büyük haz saygı vb. yoluyla gelir.

Bazen de kişi, küçük bir haz, yani küçük bir tutku alır zira bununla büyük bir hazdan, yani saygıdan vazgeçtiğini bilir. Soru şudur: Kişi neden büyük bir hazdan feragat etmek istesin ki? Çünkü büyük bir hazdan feragat etmenin karşılığında, daha yüksek bir derece elde etmek ister. Örneğin, saygıdan feragat ederek, Yaradan ile Dvekut ile ödüllendirilmek ister.

Bu bağlamda, kişinin yemek yemek gibi küçük bir haz aldığını ve saygı gibi büyük bir hazdan vazgeçtiğini söylemeyiz. Daha ziyade, küçük hazdan da vazgeçmediğini ancak sadece ona bakan ve bu kişinin akıllı olmadığını söyleyen insanların gözünde vazgeçtiğini söylemeliyiz zira kişi, küçük bir tutkudan vazgeçmek istemez çünkü bu tutkudan vazgeçerse daha büyük bir haz alabilecektir ancak küçük bir tutkunun üstesinden gelme gücüne bile sahip değildir. Buradan, yolu gizlilik olan bir kişi hakkındaki gerçeği bilmenin imkânsız olduğu sonucu çıkar.

Artık yaratılışın ıslahıyla ilgili olarak tartıştığımız konuya, yani kişinin her şeyi ihsan etmek için yapması gerektiği konusuna geri dönüyoruz. İnsan yalnızca kendi yararı için alma doğasıyla yaratıldığından, ona doğasına karşı gelmesi nasıl söylenebilir, zira beden "Bundan ne elde edeceğim?" diye sorar. Kuşkusuz ona şunu söylemeliyiz: "Eğer ihsan etmek için çalışırsan, yaratılış amacında bulunan haz ve zevkle ödüllendirileceksin."

Böylece yanıt, alma arzusunun, kişinin ihsan etme amacı olmaksızın alma arzusuyla şu anda alabileceğinden daha büyük bir haz alacağıdır. O zaman beden şöyle der: "Öyleyse o zaman benim de faydalanacağımı söylüyorsun. Yani, ihsan etmek için çalışırsam bundan kendime fayda sağlayacağımı anlıyorum" der. Bu durumda kişi, kişinin bundan kendisi için bir fayda sağlamadan yapabileceği bir şey görmediğini söyler.

Bunun yanıtı, kişinin doğasına aykırı bir şeyi nasıl yapabileceğini akılla anlamanın imkânsız olduğudur. Bu nedenle kişiye, "Söylediğin doğru; insanın doğası gereği neyin ihsan etmek için olduğunu anlaması imkânsızdır" denir. Bu nedenle bilgelerimiz, "Kişi her zaman Tora ve Mitzvot Lo Lişma [O'nun rızası için değil] ile meşgul olmalıdır, çünkü Lo Lişma'dan Lişma'ya [O'nun rızası için] gelecektir" demişlerdir. Kişi sonra Lo Lişma'yı öğrendiğinde, Sulam'da [Zohar'a Merdiven yorumu] (Bereşit Bet, Madde 103) dediği gibi, "içindeki ışık onu ıslah eder", "Kişi kendi zevki için bile Tora ve Mitzvot [emirler/iyi işler] ile meşgul olursa, içindeki ışık sayesinde, kendisi için almanın doğasındaki alçaklığı ve korkunç yozlaşmayı yine de hissedecektir. O zaman, bu alma doğasından uzaklaşmaya karar verecek ve kendisini tamamen sadece Yaratıcısına hoşnutluk vermek için çalışmaya adayacaktır. Böylece Yaradan onun gözlerini açacak ve önünde hiçbir eksikliğin olmadığı mutlak mükemmellikle dolu bir dünya görecektir."

Yukarıdakilere göre, insanın kendi iyiliği için değil, ihsan etmek için çalışmanın ne anlama geldiğini anlayamadığını görüyoruz. Lo Lişma'da bile Tora ve Mitzvot'la meşgul olarak bunu özellikle anlamaya başlayabiliriz. Bununla birlikte, içindeki ışık, kişinin kendi iyiliği için değil, sadece Yaradan'ın rızası için çalışmasının değerli olduğu konusunu görmesini sağlayabilir.

Ancak Tora ve Mitzvot'taki çare olmadan, insanın aklı, kişinin alma arzusunu memnun edebileceği bir haz vermediği sürece bir şey yapmanın mümkün olduğunu anlamaz. Dolayısıyla, kişiye her şeyi Yaradan'ın rızası için yapması söylendiğinde ve böyle bir şeyi anlayamadığını gördüğünde, verilecek cevap, insana verilen dış akılla bunu anlamanın imkânsız olduğunun doğru olduğudur, ancak ona şöyle denir: "Bekleyerek zamanını boşa harcadığını bilmelisin ve eğer kişi bunu öğrenirse, ihsan etme arzusunu edinmek için bununla nasıl meşgul olacağını anlayacağını ve bu arada Yaradan'ın ona bu arzuyu vermesi için dua ederek bekleyeceğini söylemelisin. Kişi bu şeye ihtiyacı olduğunu anlamadan önce, eğer ihtiyacı olduğunu bilmiyorsa, Yaradan'a kendisine bir şey vermesi için nasıl dua edebilir? İhsan etme arzusunu istediğini söyleyebilir, ama ihtiyacı olan şeyin bu olduğuna dair kalbinin derinliklerinden nasıl dua edebilir?

Bunu dışsal akılla anlamanın bir yolu yoktur, ancak uğruna yaratıldığı hedefe ulaşma yolunda yürümek isteyen kişi, kişinin her şeyi kendi iyiliği için değil, ihsan etmek için yapması gerektiğini söyleyen bilgelere inanmalıdır. Yani, tüm eylemlerinin ihsan etmek için olduğu bir yolda yürümesi gerektiği gerçeğini ki kişi bu arzuyu alamaz. Sadece Yaradan ona bu ikinci doğayı ve bunun ihtiyacını Lo Lişma'da bile Tora ve Mitzvot'u gözlemleyerek alacağı inancını verebilir, çünkü "içindeki ışık onu ıslah eder."

Dolayısıyla, burada Yaradan'ın iki şey verdiğini görüyoruz: 1) Kişinin ihsan etme arzusuna ihtiyacı olduğunu anlaması ve bunu Tora'daki ışık aracılığıyla alacağına dair ihtiyaç. Sonrasında, kişi ihsan etmek için her şeyi yapabilme gücü demek olan ışığı da alır.

Buna göre, sorduğumuz şeyi yorumlamalıyız: Yaradan'ın adı "Barış" olduğuna göre, dünyanın sadece barış üzerinde durmasının nedeni nedir? Aralarındaki bağlantı nedir diye sorduk?

Cevap şudur ki, ihtilafın olmadığı yerde barış yapmak mümkün değildir, çünkü ancak ihtilafın olduğu yerde barış olabilir, bu nedenle önce dünyada var olan ihtilafın ne olduğunu bilmeli ve bunun için barış yapmalıyız, çünkü Yaradan'ın adı "Barış "tır ve ancak o zaman dünya var olur.

Yaradan'ın arzusunun yarattıklarına iyilik yapmak olduğu bilinmektedir. Dolayısıyla, tüm yaratılanlar Yaradan'dan haz ve zevk almaları gerektiğini hissederler. Bunun sonucu olarak, haz ve zevk almadıklarında, neden kendilerine haz ve zevk vermediği konusunda Yaradan'la ihtilafa düşerler. Utancı önlemek için, her şeyin ihsan etmek için yapılması gerektiğine dair bir ıslah olduğundan, Yaradan, neden ihsan etmek için çalışmak istemedikleri konusunda yaratılan varlıklarla ihtilaf halindedir.

Dolayısıyla burada iki zıt görüş olduğu ortaya çıkmaktadır: 1) Yaratılan varlıklar, Yaradan'a şöyle der: "Bırak da zevk alalım; arzularımızı, yani alma arzumuzu bollukla tatmin edelim ki 'Dünya var olsun' diyebilelim, zira sahip olduğumuz bolluğu hissediyor ve bundan zevk alıyoruz." 2) Yaradan der ki, "Ben de yarattığım dünyadan zevk almak istiyorum ve tüm sevincim sizin zevk almanızdır, çünkü Benim yaratma amacım buydu, şöyle yazıldığı gibi, 'O'nun arzusu yarattıklarına iyilik yapmaktır'. Bununla birlikte, 'utanç' adı verilen herhangi bir tatsızlık olmaksızın, hazzınızın tam olmasını istiyorum."

Bu nedenle, yaratılan varlıklar bu ihtilafı hissettiklerinde, Yaradan'la barışmak isterler, zira aksi takdirde dünya var olamaz. Yani, dünya yalnızca yaratıldığı amaç için var olmalıdır. Eğer bu amaca ulaşılamazsa, o zaman dünyaya neden ihtiyaç duysunlar ki, çünkü dünya yaratılan varlıklar eziyet çeksinler diye yaratılmamıştır?

Dolayısıyla, Yaradan'ın adı "Barış"tır çünkü Yaradan'ın adını ifşa etmek mümkün değildir, zira O'nun genel adı İyilik Yapan İyidir, ancak Yaradan ile yaratılan varlıklar arasında bir ihtilaf varken, İyilik Yapan İyi ismi nasıl ifşa edilebilir?

Bu nedenle, dünyanın tam olarak barış sayesinde var olabileceğini görüyoruz. Barış demek barış yoluyla Yaradan'ın iyi olduğunu ve iyilik yaptığını hissetmek mümkündür demektir, zira onlar barışı tesis edildikten sonra yani yaratılan varlıklar, yaratılan varlıkların her şeyi Yaradan'ın rızası için yapmasını isteyen Yaradan'ın arzusunu kabul ettiklerinde Yaradan'dan haz ve zevk alırlar.

Buna "Yaradan'ın arzusuna benzemek" denir, Yaradan'ın arzusu, sadece yaratılan varlıklara ihsan etmektir. Aynı şekilde, artık yaratılan varlıklar da Yaradan'ın arzusuna benzer hale gelirler, çünkü onlar da sadece Yaradan'a ihsan etmek isterler. Bu durumda, form eşitliği yoluyla, yaratılış düşüncesinde var olan hazzı ve zevki ifşa etmek mümkün olur ve o zaman Yaradan'ın adının İyilik Yapan İyi olduğu ortaya çıkar.

Bununla, barışın özellikle bir ihtilafın olduğu yerde olması hakkında, Yaradan'ın dünyayı neden başlangıçta bir ihtilafla yarattığını sorduğumuzu anlayacağız. Bunun cevabı, zıt şeylerin olduğu her yerde bir ihtilafın var olduğudur. Dünya alma arzusunun Kli'si [kabı] ile yaratıldığından, aksi takdirde, bir şeyi alma arzusu olmadığında, ondan zevk almak mümkün olmadığından; bu nedenle, yaratılış kendisi için almayı isteme doğası ile yaratılmıştır. Daha sonra, içinde utanç meselesi kalmayacak şekilde ıslah olması için, yaratılan varlıkların ikinci bir doğayı edinmesi, yani arzusu ihsan etmek olan Yaradan'ın arzusunu edinmeleri gerekir. Bu yüzden bundan bir ihtilaf ortaya çıkmıştır.

Dolayısıyla bu ihtilaf gereklidir. Yani, yaratılan varlıklar, bu ihtilafın konusunu anlamazlarsa, yaratılışın amacına asla ulaşamazlar ki bu da O'nun yarattıklarına iyilik yapmasıdır, zira neyin eksik olduğunu bilmezsek herhangi bir şeyi ıslah etmemiz mümkün değildir. Dolayısıyla, arzular arasındaki ihtilafı bir kez bildiğimizde, aralarında barış yapabiliriz.

Yukarıdakilere göre, "Barış nedir?" diye sorduğumuz soruyu yorumlayabiliriz. O, barışın Şabat olduğunu söyler. Rabbi Yosi, barışın Tora olduğunu yani Tora aracılığıyla kişinin bu ihtilafı hissettiğini söyler, zira Tora, Lo Lişma'da bile, içindeki ışığın, kişinin ihsan etmek için çalışması gerektiğini görmesini sağlar. Dolayısıyla Tora sayesinde kişi önce ihtilafa düşer, sonra da neyin ıslah edilmesi gerektiğini bilir. Daha sonra, "Tora Lişma" ile ödüllendirildiğinde, Tora barışı sağlar, yani kişiye ihsan etme arzusunun gücünü verir, ki bu da her şeyi Yaradan'ın rızası için yapmanın anlamıdır. Bundan çıkan sonuca göre, kişi Tora aracılığıyla iki şey elde eder: Kli'yi, yani eksikliği ve ışığı, yani her şeyi ihsan etmek için yapabilme gücünü.

Barışın Şabat olarak adlandırıldığını söylediğinde, barışın Tora olarak adlandırıldığı yorumuna itiraz etmez, çünkü bilgelerimiz şöyle der (Avoda Zara 3),

"Yaradan onlara dedi ki, 'Şabat arifesinde çalışan Şabat'ta yiyecek. Şabat arifesinde çalışmayan ise Şabat'ta nereden yiyecek?"

Bu sözü çalışma içinde anlamalıyız. Bunun anlamı şudur: Şabat'a "barış" denildiğine göre, orada bir ihtilaf yoksa kişi nasıl barışla ödüllendirilebilir? Peki ihtilaf nedir? Bilgelerimizin dediği gibi, "Kişi her zaman iyi eğilimi kötü eğilime karşı kışkırtmalıdır." RAŞİ bunu, kişinin onunla savaşması gerektiği şeklinde yorumlar (Berakot 5). Savaş, iyi eğilimin Yaradan'la aynı arzuya, yani ihsan etme arzusuna sahip olmak olduğu ve kötü eğilimin de alma arzusu olarak adlandırıldığı için, kişinin bir ihtilaf yaratmaya çalışması gerektiği, yani bunların iki zıt arzu olduğu anlamına gelir. O zaman Şabat gelir ve barışı sağlar.

Ama ortada bir ihtilaf yoksa, Şabat'ın barışı sağladığını nasıl söyleyebiliriz? İşte bu yüzden, "Şabat arifesinde çalışmayan, Şabat'ta nereden yiyecek?" der. Buradan, çabanın ihtilaf olduğu, yani alma arzusu olan kötü eğilime karşı savaşmak anlamına geldiği sonucu çıkar.

Ancak, Şabat neden "barış" olarak adlandırılır? Zohar'ın yazdığı gibi, "Şabat nedir? Yaradan'ın adıdır" (Zohar'da Şabat sabah yemeğine getirilmiştir). Yaradan'ın adının "Tora" olduğu bilinmektedir, bilgelerimizin şöyle dediği gibi, "Tora'nın tamamı Yaradan'ın adlarıdır." Buradan, hem Şabat'ın hem de Tora'nın barışı sağladığı sonucu çıkar. Bu demektir ki, Tora'nın "Yaradan'ın adı" şeklinde ifşa edilmesiyle, yaratılan varlıklar ve Yaradan arasında barış sağlanır, çünkü yaratılan varlıklar haz ve zevk alarak ödüllendirilmekten, Yaradan da yaratılış amacına ulaşılmasından keyif alır. Başka bir deyişle, O'nun yarattıklarına iyilik yapma arzusu tam olarak ifşa olur.

Yukarıdakilere göre, Korah'ın "ihtilaf yoluna gittiğini" ve dünyanın ıslahını reddetmek isteyen kişinin tüm dünyalardan kaybolacağını söyleyen Zohar'ın sözlerini yorumlamalıyız. Dünyanın ıslahının, her şeyin ihsan etmek için çalışması olduğu şeklinde yorumlamalıyız. Korah ihtilaf yoluyla gitti ve daha sonra ıslah olan barışa ulaşmak zorunda kaldı. Ancak Korah ihtilafta kalmak istedi. Bu yüzden dünyanın ıslahına karşı çıktı. Bu nedenle, "Barışa karşı çıkan O'nun Kutsal Adına karşı çıkmış olur, çünkü O'nun Kutsal Adına 'Barış' denir" der.

Bu, O'nun adı "Barış" olduğu için, Yaradan ve yaratılan varlıklar arasında barış yapıldığı anlamına gelir, yani Yaradan'ın adı, O'nun iyilik yapan iyi olduğu ortaya çıkar. Dolayısıyla, "form eşitsizliği" olarak adlandırılan ihtilaf yüzünden, iyi ifşa olmaz. Bu da yaratılan varlıkların, Yaradan ile ihtilaf içinde olduğu anlamına gelir. Ancak kaplar açısından, yani arzular açısından barış yapıldığında, dünyada "ihsan etme arzusu" olarak adlandırılan tek bir arzu olduğu ortaya çıktığında, o zaman dünyadaki tüm zevk ve haz da açığa çıkacaktır.

Çalışmada "Tora" Nedir ve "Tora'nın Yasası" Nedir?

Makale No. 37, Tav-Şin-Nun-Alef, 1990/91

Zohar'da (Hukat, Madde 2) şöyle yazar: "Burada, 'Bu Tora'nın yasasıdır' diye yazılmıştır. Ayrıca, 'Bu Tora'dır' diye de yazılmıştır ve 'Tora'nın yasası' diye yazılmamıştır. 'Bu Tora'dır' ifadesi, her şeyin tek bir birlik içinde olduğunu göstermek içindir. Bu nedenle, ZA ve Nukva'nın tek bir birlik içinde olduğunu gösteren 'Ve bu Tora'dır' diye yazılmıştır. Ancak Vav eklenmemiş olan 'bu', 'Tora' olarak adlandırılan ZA'dan gelen 'yasa' denen Tora'nın yasası, Malhut'tur. Bununla birlikte, ZA olan Tora'nın kendisi değil, sadece Tora'nın Din'i [yargısı], Malhut demek olan Tora'nın hükmüdür."

Çalışmada "Tora'nın yasası" ile Tora'nın kendisi arasındaki farkı anlamalıyız. Tora'nın yasası Malhut'la ilgilidir, Tora ise ZA ile ilgilidir. Ayrıca, "üzerine hiç boyunduruk takılmamış" kırmızı inek hakkında yazılanları da anlamalıyız. Bilgelerimizin ne dediğini görüyoruz (Avoda Zarah 5b), "Tana de Bei Eliyahu, 'Kişi her zaman Tora'nın sözlerini, yüke koşulan bir öküz ve yükü sırtlayan bir eşek gibi üzerine almalıdır'." Bunun anlamı yükü üstlenen kişi için bunun iyi bir şey olduğudur. Kuşkusuz bu, bilgelerimizin şöyle dediği gibi (Avot, Bölüm 3, 6), Tora'nın yüküyle ilgilidir: "Tora'nın yükünü üstlenen kişinin üzerinden Malhut'un [krallık] yükü kaldırılır." O halde, hakkında "üzerine hiç boyunduruk takılmamış" denilen ve saf olmayanı arındırmak için gelen kırmızı inek için neden "üzerine hiç boyunduruk takılmamış" yazılmıştır?

Yükün ne olduğunu anlamalıyız [İbranice'de Ol hem "boyunduruk" hem de "yük" anlamına gelir], "Kişi kendini her zaman yüke koşulan bir öküz ve yükü sırtlayan bir eşek gibi görmelidir" derler. "Yük"ün, mantık ötesi bir çalışma olan "zorlama" anlamına geldiğini görüyoruz. Sahibinin, toprağı sürmesi için boyunduruk taktığı bu öküz, sahibi için neden çalışması gerektiğini anlamaz. Ayrıca, öküzün, sahibini yemesine ve içmesine izin verdiği için onu sevdiğinden, onun için çalıştığını söyleyemeyiz. Eğer bunun nedeni, sahibinin iyi kalpli olması ve bu yüzden öküzün tüm ihtiyaçlarını karşılamasıysa, öküz, muhtemelen sahibinin öküzün ihtiyaçlarını karşılamak zorunda kalmadan da onunla çalışabileceğini bilir, bunu kesinlikle yapabilir. Ancak sahibi, öküzün tüm ihtiyaçlarını karşılamazsa, öküzün çalışacak gücü olmayacağını da bilir. Bu nedenle, öküzü memnun etmek istediği için değil, öküzle birlikte çalışabilmek için öküze her şeyi verir. Başka bir deyişle, öküzün sahibi, öküzün çalışma gücüne sahip olması için ihtiyacı olan her şeyi vermezse, topraktan ürün ve mahsul elde edemeyeceğini bilir. Dolayısıyla tüm servetini öküzün gücünden alır. Bu nedenle, sahibi, öküzü beslediğinde, bunu öküzü sevdiği için değil, öküzün çalışacak güce sahip olması için yapar. Aynı şekilde, öküzün sahibi için çalışmasının nedeni zorunluluktur ve öküz, sahibinin ona bakmadığını gördüğünde hemen çalışmayı bırakır. Buna zorlama denir.

Şimdi cennetin krallığının yükünün ne olduğunu ve kişinin üstlenmesi gereken Tora'nın yükünün, yani zorlamanın ne olduğunu anlayabiliriz. Kişinin bedeni, bir öküz ya da eşek gibidir ve bedenimizle bir öküz ya da eşekle çalışır gibi çalışmalıyız. Kişi bedeniyle çalışarak, bedeninin çalışması sayesinde zenginlikle ve manevi niteliklerle ödüllendirilecektir. Ayrıca, öküz ve eşek çalışmak istememesine rağmen, öküze zorla çalışması için boyunduruk taktığımızdan, kişi bedenine bir öküze olduğu gibi dikkatli davranmalıdır. Kimse öküzün görüşünü dikkate almaz; o istese de istemese de işe koşulur.

Bununla birlikte, bedene karşı da düşünceli olmalıyız, yani ona ihtiyacı olanı, bedenin talep ettiği şeyi vermeliyiz. Ancak bedene ihtiyacı olanı verdiğimizde, bunun nedeni, kişinin bedeni sevmesi, yani alma arzusu olmamalıdır. Aksine, bu, aksi takdirde beden çalışamayacağı için olmalıdır. Dolayısıyla, bir kişinin ihtiyaçlarını karşılamak için bedeni incelemesinin tek nedeni sevgi değil, öküzün ihtiyaçlarını karşılayan bir mal sahibinde olduğu gibi, yalnızca mal sahibinin yararı içindir, öküzün sevgisi için değil.

Ayrıca, kişi bedeninin arzularını tatmin ederken, bunu onu sevdiği için değil, "öküzün gücüyle daha çok ürün" yazıldığı gibi, bu sayede bedeninin toprağı işlemesini ve meyve vermesini sağlamayı amaçlamalıdır. Bu, kişinin bedeniyle çalışırken öküzle çalışırken olduğu gibi dikkatli olması gerektiği anlamına gelir. Yani, öküzün ihtiyaçlarını karşılamasının nedeni, öküzün ihtiyaçlarını karşılamak zorunda kalmadan öküzle birlikte çalışabilseydi kesinlikle daha mutlu olacak olmasıdır.

Aynı şekilde, kişi bedenin ihtiyaçları için bir şeyler yapmak ve bedenin ihtiyaçlarını karşılamak zorunda kalmayıp tüm zamanını kutsal çalışmaya ve cennetin ihtişamını artırmaya adasaydı ve beden hiçbir rahatsızlık duymadan çalışsaydı daha mutlu olacağını anlamalıdır. Ancak, Yaradan insanın görmesini ve bedenin ihtiyaçlarıyla ilgilenmesini istiyorsa, kişi ne yapabilir?

Yukarıdakilere göre, "cennetin krallığının yükü" ve "Tora'nın yükü"nün yani çalışmayı kabul etmese bile bedenle zorlayıcı bir şekilde çalışmanın anlamını zaten biliyoruz. Tüm bunlar yüke koşulan öküz ve yükü sırtlayan eşek örneğini izlemelidir. Bununla birlikte, bir kişinin bedenin üstesinden gelebilecek güce sahip olması ve bir öküz gibi bedenle zorlayıcı bir şekilde çalışması zorlu bir iştir. Kişi bu gücü hangi kaynaktan alabilir? Bilgelerimiz bu konuda şöyle der: "Yaradan, 'Kötü eğilimi Ben yarattım; Tora'yı da bir şifa olarak yarattım' dedi." Bu demektir ki, kişi, Lo Lişma [O'nun rızası için değil] bile olsa, sadece Tora ile meşgul olur ve Tora ile meşgul olmayı amaçlar ki böylece Tora'nın ışığını alabilsin ve bu da ona, çalışmayı kabul etmediğinde bedeni zorlama gücü verecektir.

Bedenin direnci, öncelikle her şeyi kendi çıkarı için değil de Yaradan'ın rızası için yapmak istediğinde ortaya çıkar. Burada beden tüm gücüyle direnir, çünkü şunu iddia eder: "Neden beni ve benim alanımı ölüme mahkûm etmek istiyorsun? Bana kişinin kendi çıkarı için değil, sadece Yaradan'ın rızası için çalışması gerektiğini söyleyerek geliyorsun ki bu gerçekten de her şeyden alma arzusunun iptal edilmesi demek. Bana bilgelerimizin şöyle dediğini söylüyorsun: 'Tora sadece onun uğruna kendini ölüme mahkûm eden kişide var olur', bu da kişinin kendi çıkarına olan her şeyi ölüme mahkûm etmesi ve sadece Yaradan'ın yararını gözetmesi anlamına geliyor ve bundan önce kişi Tora ile ödüllendirilemez." Bununla birlikte, kişi bu doğaya karşı koyacak güce sahip olmasının gerçekçi olmadığını görür.

Bu durumda kişinin Yaradan'a dönüp şöyle demekten başka çaresi yoktur: "Şimdi Sen bana yardım etmediğin sürece kaybolduğumu gördüğüm bir duruma geldim. Bu benim doğam olduğu için, alma arzusunun üstesinden gelecek güce asla sahip olamayacağım. Daha doğrusu, sadece Yaradan başka bir doğa verebilir."

Kişi bunun Mısır'dan çıkış olduğuna, bilgelerimizin ("Pesah Haggadası"nda [hikâye/anlatı]) söylediği gibi Yaradan'ın İsrail halkını Mısır'ın yönetimi altından kurtardığına inandığını söyler: "Ve Efendimiz bizi Mısır'dan çıkardı, bir melek ya da bir elçi tarafından değil, Yaradan'ın Kendisi tarafından; Ben Efendinizim, O benim, bir başkası değil."

Kişi de artık kendisini alma arzusunun hükmünden sadece Yaradan'ın kurtarabileceğini ve kendisine ikinci bir doğa verebileceğini görmektedir. Başka bir deyişle, ilk doğayı Yaradan nasıl verdiyse, ikinci doğayı da Yaradan'ın Kendisinden başka verebilecek kimse yoktur. Bu nedenle, o zaman kişi tüm kalbiyle, kalbinin derinliklerinden dua eder ve duanın kabul edilme zamanı budur.

Ancak şunu sormalıyız: Neden kişi alma arzusuna karşı zorlayıcı bir şekilde çalışmaya ihtiyaç duyar? Bunun cevabı, hazzı ve zevki alırken utanç duyulmaması için bir ıslahın söz konusu olmasıdır. Dolayısıyla burada iki şeye ihtiyaç vardır: 1) Bir yandan kişi zevk ve haz almayı arzular. Aksi takdirde, eğer hazlara karşı bir tutku yoksa, kişi haz alamaz. 2) Kişi ihsan etmek amacıyla zevk ve haz almalıdır.

Buradan her ikisine de ihtiyacımız olduğu sonucu çıkar. Demek ki, önce Lo Lişma denilen alma arzusuyla çalışmaya başlarız ve sonra kişiye ihsan etmek için çalışması öğretilir. Başka bir deyişle, Tora ve Mitzvot'u [emirleri/iyi işleri] gözmleyerek, kişi veren olmak ister, yani böylece ikinci bir doğa ile ödüllendirilir, bu gücü ona Yaradan verir, şöyle yazıldığı gibi, "İçindeki ışık kişiyi ıslah eder" ve daha sonra "ihsan etmek için almakla" ödüllendirilir.

Bu, şöyle yazıldığı gibidir (Avot, Bölüm 6), "Rabbi Meir der ki, 'Tora Lişma [O'nun rızası için] ile meşgul olan herkes birçok şeyle ödüllendirilir. Dahası, tüm dünya onun için değerlidir ve Tora'nın sırları ona ifşa edilir."

Buradan şu sonuç çıkar ki, kişi daha sonra haz ve zevk alacağı bir duruma gelir ve o zaman artık zorlanmaya gerek kalmaz, çünkü zorlama dönemi sadece ihsan etme kaplarını edinmek içindir, böylece herhangi bir tatsızlık olmadan haz alınabilir, zira bu sayede utanç meselesi ıslah edilmiş olur, dolayısıyla kişi her şeyi Yaradan'ın rızası için yapabilir.

Yukarıdakilere göre, sorduğumuz şu soruyu yorumlamalıyız: Neden kırmızı inek hakkında "üzerine hiç boyunduruk takılmamış" diye yazılmıştır? Kırmızı ineğin boyunduruksuz olmasının neyi ima ettiğini sorduk. Yukarıdakilere göre, kırmızı inek ile kastedilenin saf olmayanları arındırmak olduğunu yorumlamalıyız. Peki arınma yoluyla ne elde ederler? Tüm Tuma'a [kirlilik] meselesinin alma arzusunu ima ettiği bilinmektedir. "Beden" olarak adlandırılan alma arzusuyla zorlayıcı bir şekilde, "yüke koşulan bir öküz ve yükü sırtlayan bir eşek gibi" çalışmalıyız. Bu zorlayıcı çalışma sadece kişi saflıkla ödüllendirilmeden öncedir. Kişi saflıkla ödüllendirildikten sonra, ki bu bize kırmızı inek konusunu işaret eder, "üzerine hiç boyunduruk vurulmamış" bir çalışmayla ödüllendirilir. O zaman, çalışması artık zorlayıcı değildir ve Yaradan'a sevgiyle hizmet eder.

Bu nedenle, iki zamanı ayırt etmeliyiz:

1) Kişi Kelim'in [kapların] ihsan etmek amacıyla çalışması için arındırılmasıyla ödüllendirilmeden önce. O zaman, çalışması zorunludur ve buna "bir yasa" denir. Yani

beden gelir ve "Bu çalışma senin için nedir?" diye sorarsa, ona deriz ki, "Sen alma arzusunun aklıyla soru soruyorsun. Buna verecek bir cevabım yok ve haklısın. Bununla birlikte, mantık dâhilinde cevap vermek istemiyorum" deriz, yani alma arzusu da bunu anlasın diye. Bu, alma arzusu için çalışıyorum anlamına gelecektir, yoksa asla çalışmayı kabul etmezdi.

Bu nedenle, kişi o zaman şöyle der: "Ne elde edeceğim' yani alma arzusu 'bu çalışmadan' ne elde edecek? diye sorarken haklısın. Bu yüzden sana senin için çalışmak istemediğimi söylüyorum. Neden mi? Çünkü beden anlamasa da mantık ötesinde Yaradan rızası için çalışmamız gerektiğini söyleyen bilgelere inanıyorum ve bu çalışmayı 'yüke koşulan bir öküz ve yükü sırtlayan bir eşek gibi', yani zorlamayla kabul ediyorum."

2) Kişi şöyle der: "Ama bir kez saflıkla ödüllendirildiğimde, çalışmam zorlama yoluyla değil, sevgi yoluyla olacaktır. Bununla birlikte, şimdi daha sonra sevgiyle çalışacağım diye zorlamayla çalıştığımı kastetmiyorum." Bu sanki alma arzusu içinmiş gibi olurdu, zira daha sonra kişi haz ve zevk alacaktır. Aksine, kişi daha sonra sevgiyle ödüllendirileceğini söylediğinde, bu farklı bir nedenden kaynaklanır: Bu onun için sadece kendi çıkarı için değil de gerçekten Yaradan'ın rızası için çalışıp çalışmadığını anlaması için bir işaret olacaktır.

Bu böyledir çünkü Yaradan haz ve zevk vermek ister ancak biz halen alacak bir Kelim'e sahip değiliz zira ihsan etmek için çalışmıyoruz. Dolayısıyla, bu, kişinin ihsan etmek için çalışıp çalışmadığının bir işaretidir. Demek ki, henüz haz ve zevk almadıysa, bu hâlâ alma arzusunun hükmü altında olduğunun bir göstergesidir. Bununla birlikte, amacı haz ve zevki almak değil, gerçekten ihsan etmek için çalışıp çalışmadığını bilmektir.

Duvnalı Sayer, "Beni çağırmadın Yakup, çünkü Benim için çabaladın İsrail" ayeti hakkında şöyle demiştir. Şöyle der: Eğer Tora ve Mitzvot'u yerine getirirken çaba sarf ediyorsanız, bu Benim için, yani Yaradan rızası için çalışmadığınızın bir göstergesidir, çünkü Yaradan rızası için çalışan kişi Tora ve Mitzvot'ta çaba sarf etmez. Aksine, Kral'a hizmet ettiğini bildiğinde haz hisseder. Dolayısıyla, kişi alma arzusunu memnun etmek istediği için değil, Yaradan rızası için çalıştığını kesin olarak bilmek için, zorlamayla değil, sevgiden dolayı çalışmak ister.

"Üzerine hiç boyunduruk vurulmamış olan" sözlerini bununla yorumlamalıyız. Bu, onu almadan önce üzerinde hiçbir boyunduruk olmadığı anlamına gelir. Çalışmada, bunun bize neden "üzerine hiç boyunduruk vurulmamış" bir çalışma olması gerektiğini ima ettiğini yorumlamalıyız, bu da kırmızı inek vasıtasıyla arınan kişinin, kırmızı inekten arınma alarak, zorlamayla değil, sevgi koşulunda çalışmakla ödüllendirileceğini ima eder. Başka bir deyişle, Yaradan rızası için çalışmaya direnen beden, arınarak Yaradan rızası için çalışmayı kabul eder, çünkü o zaman "Ve Tanrın Efendini tüm kalbinle seveceksin" sözünü her iki eğilimiyle de yerine getirir. Bu, kötü eğilimin de Yaradan'a hizmet etmeyi, yani ihsan etmek için çalışmayı kabul ettiği anlamına gelir.

Yukarıdakilere göre, neden Malhut'a "Tora" değil de "Tora'nın yasası" dendiğini ve ZA'ya "Tora" dendiğini yorumlamalıyız. Çünkü cennetin krallığı bir yasa gibi mantık ötesi üstlenilmelidir, bu nedenle Malhut'a "yasa" denir. Ancak daha sonra, ZA olarak adlandırılan Tora ile ödüllendiriliriz ve ikisi birleşir. Buna "Yaradan'ın Şehina [Kutsallık] ile birleşmesi" denir. Başka bir deyişle, cennetin krallığını bir yasa olarak kabul ederek, tamamen akıldan uzak bir şekilde, bilgelerimizin şöyle dediği gibi, "Çünkü Şeytan ve dünya ulusları, 'Bu Mitzva [emir/iyi iş] nedir ve sebebi nedir' diye İsrail'le alay ederler, bu nedenle onun hakkında, 'Bu bir yasa, Benim nezdimde bir hükümdür; ondan şüphe duymanıza izin yok' diye yazılmıştır."

Dolayısıyla, kişi cennetin krallığının yükünü üstlendiğinde, Tora ile ödüllendirilir. "'Yasa budur' denmesinin anlamı, her şeyin tek bir birlik içinde olduğunu göstermektir." Bu, sonunda her şeyin birleştiği anlamına gelir ve o zaman O'nun yarattıklarına iyilik yapmak olan yaratılış düşüncesinin ifşa olacağı kesindir, zira alma arzusu ihsan etme arzusuyla birleşmiş ve form eşitliği sağlanmıştır. Bu durumda artık iki arzu yoktur, tek bir arzu vardır: Yaradan'ın yaratılanlara ihsan etme arzusu. Ve yaratılan varlıkların alma arzusu iptal edilir ve Yaradan'ın ihsan etme arzusuna dahil edilir ve bu da dünyada tek bir otorite olduğu anlamına gelir. Buna "tekil otorite" denir ve böylece dünyada zevk ve haz görünür hale gelir.

Ancak çalışma sağ ve sol olmak üzere iki çizgide yapılmalıdır. "Sağ" "tamlık", "sol" ise "eksiklik" anlamına gelir ve burada bir ıslaha ihtiyaç vardır. Kişi "Tora'nın yasası" tarzında çalıştığında, yani cennetin krallığının yükünü üstlenmek ister ama beden buna karşı çıkar ve onunla savaşırsa, bu koşula "sol çizgi" denir, çünkü o zaman kişi eksikliğini, Yaradan'ın sevgisinden ne kadar uzak olduğunu hisseder. Bu, bedenin "Kim" ve "Ne" sorularıyla geldiği zamandır. O zaman, kişinin canlılık elde edeceği hiçbir şeyi yoktur, zira kişi bir eksiklikle yaşayamaz.

Bu çalışmaya "kötülükten uzaklaşmak" denir, yani kişi ister akılda ister kalpte olsun, insanın içinde bulunan ve "alma arzusu" olarak adlandırılan kötülükten uzaklaşmalıdır. Bu çalışma gereklidir, zira bu ilk temeldir, kişi cennetin krallığının yükünü üstlenmelidir, ama aynı zamanda metin şöyle der: "Yapılacak daha çok şey var, yani "tamlık" olarak adlandırılan sağın çalışması."

Sağın çalışması ayette "ve iyilik yap" olarak adlandırılır. Bunu, kişinin iyilikle meşgul olması gerektiği ve iyiliğin "tamlık" olarak adlandırıldığı şeklinde yorumlamalıyız. Başka bir deyişle, kişi ne kadar iyiliğe sahip olduğunu hesaplamalıdır, buna "ve yap" denir, yani çalışmalı ve ne kadar iyiliğe sahip olduğunu hesaplamalıdır. Yani, kişi Keduşa'nın [kutsallığın] her şeyini büyük bir servet olarak görmeli ve Keduşa'ya tutunduğu her şeyin, bu küçük bir tutuş bile olsa, Yaradan'ın ona Keduşa'ya tutunması için bir arzu ve özlem verdiğine inanmalıdır ve bu Lo Lişma olsa bile, yine de çok önemli bir konudur. Kişi sahip olduğu azıcık iyilik için Yaradan'a şükretmelidir ve bundan kişi canlılık ve yüksek ruh hali elde edebilir. Kişi bundan, "Efendimiz'e sevinçle hizmet edin" diye yazılı olanı elde edebilir. Dolayısıyla kişi sağını ve solunu muhafaza etmelidir ve bu da "Kötülükten ayrılın ve iyilik yapın" ayetinin anlamıdır.

Ancak kişinin içinde bir soru belirir. Örneğin, bütün gün meşgul olmuş ve dünyada Yaradan çalışmasının bir gerçekliği olduğunu hatırlayacak zamanı olmamıştır. Sonrasında, bütün günü çalışmayla hiçbir bağlantısı olmayan konularla geçirdiğini hatırlamıştır. Şimdi ne yapmalıdır? Tüm bu zaman boyunca çalışmaya bağlanmadığı için üzülmeli mi yoksa iç gözlem yapıp şöyle mi demelidir: "Şimdi bana dünyada manevi bir gerçeklik olduğunu ve Keduşa için bir şeyler yapmamız gerektiğini kim hatırlattı? Şimdi bana bu düşünceyi veren Yaradan olmalı. Bu nedenle, Yaradan'a teşekkür etmeli ve Yaradan beni Kendisine çağırdığı için mutlu olmalıyım." Kişi bundan dolayı mutlu olmalı ve Yaradan'a teşekkür edip övgüler mi sunmalı yoksa bütün gün boyunca çalışmadan tamamen uzaklaştırıldığı için pişmanlık mı duymalı? Bütün gün Yaradan'dan uzak kaldığı doğrudur ve şimdi Yaradan'ın ona içinde bulunduğu durumu bilmesi için bir uyanış verdiği de doğrudur. O halde soru şudur: "Kişi ne yapmalıdır?"

Baal HaSulam'ın söylediğine göre, "Kişi düşündüğü yerdedir, oradadır." Dolayısıyla, eğer bir kişi, Yaradan'dan uzaklaştırıldığı zamanı düşünür ve bundan pişmanlık duyarsa, o zaman Yaradan'dan uzak olduğu, gün boyu uğraştığı önemsiz konuları düşündüğü koşula bağlanmış olur. Dolayısıyla, kişinin düşüncesinin Dvekut'u, maddi olmayan konulardadır. Bu nedenle, şu anda sahip olduğu iyiliği yani şimdi Keduşa için ne yapacağını düşünebileceği gerçeğini düşünmesi daha iyidir. Kişinin ne yaptığı önemli değildir, sadece Tora ve Mitzvot ile meşgul olmak istemesi yeterlidir. Yukarıdaki "Kişi düşündüğü yerde, oradadır" kuralına göre, şu anda zaten Tora ve Mitzvot ile bağlantısı vardır.

Şimdi ayeti farklı bir şekilde yorumlamalıyız: Artık "kötülükten ayrılmalı", yani ayrıldığı zamanki kötü durumunu düşünmemeli, bunun yerine "iyilik yapmalı", böylece şimdi yapmak istediği her şey, şimdi yapması gereken iyilikle ilgili olacaktır.

Yukarıdakilere göre şu soruyu sormalıyız: Kişi "sol" koşulunda olduğu ve yalnızca eksiklikleri düşündüğü, dolayısıyla da eksikliklere bağlı olduğu için sol tarzında nasıl çalışır?

Bunun yanıtı şudur: kişi ancak önce sağ çizgideyse sol çizgide çalışmalıdır. Ancak tam bir bütünlük halinde olduğunda ve "yükseliş" olarak adlandırılan çalışmadan iyi bir tat aldığında, aklının ve kalbinin iyi olup olmadığını görmek için sola da zaman ayırmalıdır. Bundan sonra, "yaşamın ruhu" olarak adlandırılan "Yaradan'ın verdiği ruh" ile ödüllendirilecektir.

Çalışmada "Sağ Çizgi" Nedir?

Makale No. 38, Tav-Şin-Nun-Alef, 1990/91

Bilgelerimiz şöyle der (Avot de Rabbi Natan 11:2): "Tora'nın sözleriyle kendini yücelten kişi sonunda alçalır ve Tora'nın sözleriyle kendini alçaltan kişi sonunda yücelir."

Özellikle Tora'nın sözleriyle gururlanmanın neden yasak olduğunu anlamalıyız. Ne de olsa, genel olarak, "Çok ama çok alçakgönüllü ol" (Avot, Bölüm 4:4) diye yazıldığı üzere, gururlanmak yasaktır. Ayrıca, "Kim gururlu olursa, Yaradan 'Ben ve o aynı yerde yaşayamayız' der" denmiştir. Peki, neden özellikle Tora'nın sözleri hakkında konuştular?

Tora ve Mitzvot'a [emirlere/iyi işlere] uyma konusunda iki anlayışımız olduğu bilinmektedir: 1) 613 Eitin (öğütler [Aramice]), 2) 613 Pekudin [Aramice: depozit]. Bu iki anlayış bize dünyada var olan iki anlayıştan gelir: 1) yaratılışın amacı, 2) yaratılışın ıslahı.

Yaratılışın amacı konusunda, yaratılanlarda haz ve memnuniyet almak için bir arzu ve özlem yarattığı O'nun yarattıklarına iyilik yapma arzusu, haz almaları için yaratılan bu Kli [kap] Yaradan'dan gelir. Dolayısıyla, bu Kli tamamlanmıştır. Başka bir deyişle, kişinin kendisine bir Kli yapmak üzere çalışmasına gerek yoktur, çünkü bu ona doğası gereği gelir, zira kişi nerede haz alınacak bir şey olduğunu görse, "Göz görür ve kalp imrenir" diye yazıldığı üzere, hemen onu arzular.

Ancak daha sonra bir ıslah yapılmış, haz ve memnuniyet alınırken utanç duyulmasını önlemek amacıyla bir Tzimtzum [kısıtlama] ve gizlilik getirilmiştir, bu nedenle bizler orada bir haz olduğunu göremeyiz. Doğal olarak, kişi hazzı ve memnuniyeti görmez ki Yaradan'ın yaratılan varlıklara vermek istediği bu hazzı ve memnuniyeti özlesin. Ancak bir kez ihsan etme kaplarına sahip olduklarında, bu Kelim'de [Kli'nin çoğulu] haz almak suretiyle, haz alırken duydukları utanç üzerlerinden kalkacaktır. O zaman, gizlilik ortadan kalkacak ve Yaradan'ın yaratılanlara vermek istediği hazzı ve memnuniyeti göreceklerdir.

Bununla birlikte, Kli'miz doğamıza aykırı olduğundan, tüm çalışmamızın ihsan etme kaplarını yapmak olduğunu bilmeliyiz. Ama insan kendi doğasına nasıl karşı gelebilir? Bu nedenle, Tora ve Mitzvot'u, almak için yerine getirmeye başlarız; Zohar'ın dediği gibi, Tora ve Mitzvot'u korkudan dolayı yerine getirmeliyiz.

Bu korku ikiye ayrılır: 1) Tora ve Mitzvot'u sağlık ve rızık gibi bu dünyadaki ödül ve cezalar için yerine getirmek ve 2) Tora ve Mitzvot'u öbür dünyadaki ödül ve cezalar için yani cehenneme değil cennete gitmek için yerine getirmek.

Dolayısıyla bu iki anlayış, insan doğası olan alma arzusuyla çelişmez. Daha sonra, kişi "Keduşa'nın [kutsallığın] cansızlığı" çalışmasına girer ve "cansız" herkesin çalışmaya başladığı ilk niteliktir. Bu tüm kolektifle ilgilidir, yani ışık saran ışık olarak tüm İsrail'e yani Tora ve Mitzvot'u kavrayan herkese parlar, Saran Işık onlarda parlar, çünkü Saran Işık demek ışığın Kelim'in dışını aydınlatması demektir, zira ışık, bir Kli'ye ihtiyaç duyar, ki böylece Kli'nin ışıkla eşitlik sağlaması mümkün olsun.

Başka bir deyişle, ışık ihsan etmeyi amaçladığından, aynı şekilde Kli de ihsan etmeyi amaçlamalıdır. Bir kişi Kelim'ini ihsan etmek için çalışmak üzere nitelikli hale getirmediği sürece, ışık Kli'nin dışında kalır. Ancak oradan Kli'ye parlar ve bu sayede Kli yavaş yavaş ışıkla eşit olma ihtiyacını edinir ve ışıkla nasıl eşit olacağı konusunda yani "alma arzusu" olarak adlandırılan Kli'nin ihsan etmek amacıyla çalışma gücüne sahip olması için tavsiye arar.

Zohar, Tora ve Mitzvot'u korkudan dolayı yerine getirmenin bir yolu olduğunu söyler: 3) Kişi Tora ve Mitzvot'u "O yüce ve hükmeden" olduğu için yerine getirir. Bu demektir ki, kişiyi Tora ve Mitzvot'u yerine getirmeye iten korku, bunun alma arzusunun hoşuna gitmesi yani Tora ve Mitzvot'u yerine getirerek hoşuna gidecek bir ödül almak istemesi değildir. Aksine, Kral'ın yüceliği ve önemi kişiyi zorunlu kılar zira Kral'a hizmet etmek ister ve Tora ve Mitzvot'taki emeği için herhangi bir ödül istemez. Aksine, Kral'a ihsan etmek amacıyla yaptığı şeyler onun için bir zevktir.

Ancak, Kral'ın yüceliği ve önemi üzerinde Tzimtzum [kısıtlama] tarafından yapılan bir gizleme varken, kişi Kral'ın yüceliği ve önemine dair bu duyguyu nasıl edinebilir? Ve eğer öyleyse, Yaradan'ın yüceliğini nereden alır?

Burada, kişinin Kral'ın yüceliğine ve önemine inanması gereken yerde "mantık ötesi inanç" tarzında bir çalışma başlar. Bu çalışma, kişinin Yaradan'dan "O'nun yüce isminin büyümesini ve kutsanmasını" istemesi yani Yaradan'ın yüceliğinin ve öneminin dünyada ifşa edilmesini istemesi olarak kabul edilir. Kişi alma arzusuna daldığı sürece, " İlahi Takdirde, Yaradan'ın dünyayı iyi ve iyilik yapan bir şekilde yönettiğini gizleme" denilen bir ıslah olduğunu öğrendik.

Aksi takdirde, ihsan etmek amacıyla bir şeyler yapmanın mümkün olacağı bir seçim için yer olmayacaktır. Küçük hazlardan vazgeçmenin ve "Eğer ihsan etmek için değilse, onları kullanmak istemiyorum" demenin daha kolay olduğu bilinmektedir. Ancak büyük hazlardan vazgeçmek kesinlikle zordur. Bu nedenle İlahi Takdir'de gizlilik olması gerekiyordu.

Ancak, bir insanın bu dünyada var olabilmesi için, yaratılışın amacı yarattıklarına iyilik yapmak olduğu için, haz olmadan yaratılanların var olması mümkün değildir, bu nedenle ARI, Nekudim dünyasında meydana gelen kapların kırılmasıyla, kıvılcımların Klipot'a [kabuklara] düştüğünü ve iptal edilmemeleri için Klipot'u ayakta tuttuğunu söyler. Bunlara Zohar'ın ifadesiyle "minik ışık" denir ve maddesel hazların tümü bu minik ışıktan yayılır.

Öte yandan, gerçek haz Tora'da kıyafetlenmiştir. Dolayısıyla, hazların manevi hazlar kadar büyük olmadığı maddesel hazlar üzerinde, onları ihsan etmek amacıyla nasıl alacağımıza dair pratik yapmaya başlarız. Kişi ihsan etme çalışmasına ne ölçüde girerse, Tora ve Mitzvot'taki hazzın üzerindeki gizlilik ve saklanma da o ölçüde ondan uzaklaşır.

Ancak, kişi küçük hazların üzerinde ihsan etmek için çalışma gücünü nasıl elde eder? Sonuçta, kişi sadece kendi iyiliği için çalışabilir. Öyleyse, nasıl bir şekilde başlayabilir ki, kendi çıkarından feragat edebileceği bir şeye sahip olsun? Bunun cevabı bilgelerimizin bu konuda söyledikleridir: "Yaradan dedi ki, 'Kötü eğilimi Ben yarattım; Tora'yı da bir şifa olarak yarattım, çünkü Tora'daki ışık kişiyi ıslah eder." Başka bir deyişle, bir kişi Tora ile meşgul olduğunda, Tora'nın ona ışık vermesini, kendi iyiliği için değil Yaradan'ın rızası için çalışmayı istemeyi amaçlamalıdır. Bu anlayışa "613 Eitin (öğütler [Aramice])" denir. Başka bir deyişle, bunlar sadece " Yaradan'la Dvekut" olarak adlandırılan form eşitliğinin nasıl edinileceğine dair öğütlerdir.

Bir kişi "ihsan etme arzusu" olarak adlandırılan Kli ile ödüllendirildikten sonra, Yaradan'ın isimleri olan Tora ile ödüllendirilir. Zohar'ın sözleriyle, bu idrake "613 Pekudin [Aramice: teminat]" denir, yani her Mitzva'da [Mitzvot'un tekili], o Mitzva'ya ait özel bir ışık saklıdır. Bu Tora, "Yaradan'ın isimleri" olarak kabul edilir.

O zaman kişi, "O'nun yarattıklarına iyilik yapma arzusu" olarak adlandırılan yaratılış düşüncesinde var olan hazzı ve memnuniyeti edinebilir ve sonra da "Tora,

295

İsrail ve Yaradan birdir" idrakiyle ödüllendirilir. Bir Bilgenin Meyvesi kitabında (Cilt 1, s 118) yazıldığı üzere, kişinin edinmesi gereken anlayış budur.

Bununla birlikte, insanın çalışmasının kalbi, kişi Yaradan'ın yüceliği nedeniyle Tora ve Mitzvot'u yerine getirmek istediğinde, yani tüm eylemlerinin ihsan etmek için olduğu bir duruma ulaşmak istediğinde başlar. O zaman, her şey mantık ötesi inanç üzerine inşa edildiğinden, kişiye yükselişler ve düşüşler gelir. Bu nedenle, inanç kişi için bazen parlar, bazen de parlamaz. O zaman, kişi "O'ndan başkası yok" diye inanmalıdır, yani "Dünyada Yaradan'ın gücünden başka bir güç yoktur."

Baal HaSulam, kişinin düşüşleri de Yaradan'ın verdiğine inanması gerektiğini söylemiştir, yani kişi Yaradan'ın her ağzın duasını işittiğine mantık ötesi bir şekilde inanmalıdır. Bu demektir ki, hem önemli bir kişinin duasını hem de sıradan bir kişinin duasını duyar. Başka bir deyişle, kişi sıradan bir insan olduğunu, Tora'dan ve çalışma gücünden yoksun olduğunu hissetse bile, eğer Yaradan'ın kendisini yakınlaştırması için dua eder ve Kral'a herhangi bir ödül olmaksızın hizmet etmek isterse, dua yoluyla Yaradan ona her şeyi verir.

Ancak, bedeni bunu kabul etmezse kişi ne yapabilir? Bu nedenle Yaradan'dan kendisini Yaradan'a hizmet edecek bir hizmetkâr olarak kabul etmesini ister. Kendisinin başkaları karşısında hiçbir erdemi olmamasına rağmen, Kral'ın hizmetkârı olmak için kendisini uyandıran içsel bir dürtü hisseder. Yine de beden üzerinde hiçbir kontrolü yoktur, bu yüzden Yaradan'dan kendisine yardım etmesini ister. Bu, kişinin Yaradan'ın her ağzın duasını işittiğine inandığı şeklinde değerlendirilir.

Ancak, kişi bir eksiklik hissettiğinde ve kendi alçaklığını hissettiğinde ve kişinin eksikliklerle yaşayamayacağına aksine sadece doyumla yaşayabileceğine çünkü kişinin sadece bütünlüğün tadını hissettiği yerde yaşayabileceğine dair bir kural olduğu için, ona çalışması için " sağ çizgi" adı verilen başka bir yol verilmiştir. Kişi bu şekilde bütünlüğü hisseder. Ancak burada, kişi "sol çizgiden" çıkmak istediğinde, bu çalışmada "sol" olarak adlandırılan ıslahı gerektiren bir şeydir ve ıslah özellikle bozukluğun olduğu durumlarla ilgilidir. Ancak o zaman ıslahtan söz etmek mümkündür.

Bu nedenle, kişi sol çizgide beden üzerinde hiçbir kontrolü olmadığını gördüğünde ve kendi yararı dışında hiçbir şey yapmak istemediğinde, nasıl sağ çizgiye geçebilir ve bütünlüğe sahip olduğu için mutlu olabilir ve Yaradan'ı kendisini O'nun çalışmasına yaklaştırdığı için övebilir ve O'na teşekkür edebilir? Sonuçta, bunlar birbirini inkâr eden iki yazıdır.

Mesele şu ki, Baal HaSulam'ın dediği gibi, Yaradan'ın çalışmasında her zaman "sağ" ve "sol" olarak adlandırılan çelişkiler vardır. Bu üst dünyalarda da böyledir ve üçüncü çizgi gelip aralarında karar verene kadar, "Üçüncü yazı gelip aralarında karar verene kadar" yazıldığı üzere, birbirleriyle çelişki içindedirler. Çalışmanın düzeninde de üst köklerden uzanan çelişkiler olduğunu söylemiştir. Bir yandan, yazının "ve kalbi Efendi'nin yollarında yüceydi" dediğini görüyoruz. Diğer yandan bilgelerimiz, "Çok ama çok alçakgönüllü olun" diyorlar. Ancak bunlar teker teker iki zaman için geçerlidir ve sadece çalışmanın sonunda tek seferde uygulanırlar. Başka bir deyişle, kişi orta çizgiye geldiğinde, bilgelerimizin dediği gibidir, "Bir kişide üç ortak vardır: Yaradan, babası ve annesi. Babası beyazı verir; annesi kırmızıyı verir ve Yaradan da ruhu verir," çünkü sadece orta çizgide hepsi bir aradadır.

Bu nedenle, kişi sol çizgide yürüdüğünde, bilgelerimizin dediği gibi, gururlu olmalıdır, "ve kalbi Efendi'nin yollarında yüceydi." Başka bir deyişle, kişi bilgelerimizin söylediğini söylemelidir (Sanhedrin 37), "Bu nedenle, her biri 'Dünya benim için yaratıldı' demelidir." Bu, kişinin O'nun yarattıklarına iyilik yapma arzusu olan yaratılış amacına ulaşmaya çalışması gerektiği anlamına gelir.

Bu nedenle, kişi yaratılış amacının kendisinde gerçekleşmesi için çabalamalı ve hedefe ulaşmadan önce eksik olmalı ve Yaradan'ın yarattığı varlığa yakışan bütünlüğü elde edemediği için pişmanlık duymalıdır. Buna eksiklik anlamına gelen "sol" denir.

Ancak, kişi bütünlüğe ulaşmadan ve eksik olmadan önce ne yapmalıdır, zira kişi eksikliklerle yaşayamaz ve canlılık almalıdır ve canlılığı sadece bütünlükten alabilir, çünkü kişi bundan haz ve memnuniyet alır, bununla var olabilir. Ancak soldan yaşamak mümkün değildir.

O zaman kişi "bütünlük" olarak adlandırılan sağ çizgiye geçmelidir. Ancak kişi çıplak ve yoksul olduğunu gördüğünde bütünlüğü nasıl edinebilir? Bütünlüğü neyle elde edebilir? Yani, bu durumda neyden haz ve memnuniyet alabilir?

Cevap şudur: O zaman kişi, Tora ve Mitzvot için arzu ve özlem duyma ayrıcalığına sahip olmayan diğer insanlardan daha önemli olduğunu görmediğini söylemelidir. Bu, onların Lo Lişma'ya [O'nun rızası için değil] ihtiyaçları bile olmadığı anlamına gelir. Yine de Yaradan'ın ona Tora'da bir şeyler yapmak ve çalışmak için bir arzu ve özlem verdiğini görür. Çalışmada herhangi bir tat hissetmese de çalışma açısından, bir şeyler yapma ayrıcalığına sahiptir. Tek şey niyetinin yanlış olmasıdır, ancak Yaradan'ın başkalarına Tora'da ve çalışmada bir şeyler yapma arzusu ve özlemi vermemiş olmasına rağmen, kendisinin bazı kavramlara sahip olduğunu görür ve bunun harika bir şey olduğuna inanır. Henüz konunun önemini hissetmese de yine de bu yukarıdaki nedene inanır.

Dahası, kişi Tora ve Mitzvot ile uğraştıklarında mutlu olan birçok insan olduğunu görür. Onlar mutludurlar ve seküler insanları sadece hayvanlar olarak görürler ama niyetleri hakkında hiçbir düşünceleri yoktur. Bu nedenle, kişi neden yaptığı çalışmada bütünlük hisseden onlar kadar mutlu olmasın? Neden daha büyük bir bütünlüğü hak etsin? Bu demektir ki, kişi ihsan etmek için çalışamadığını görürse, kendini eksik hisseder. Kim onun onlarınkinden daha yüksek bir dereceyi hak ettiğini söylüyor?

Buradan, kişinin kendini alçaltması ve diğerlerinden daha yüksek bir dereceyi hak etmediğini söylemesi gerektiği sonucu çıkar ve kişi bundan bütünlüğü alabilir, yani Yaradan'ın çalışmasına dair sahip olduğu azıcık kavrayışla mutlu olabilir. Bundan dolayı gün boyu mutlu olmalıdır.

Yukarıdakilere göre, "Neden 'Tora'nın sözleriyle kendini yücelten herkes sonunda alçalır ve Tora'nın sözleriyle kendini alçaltan herkes sonunda yücelir' diye yazılmıştır?" diye sorduğumuz şeyi yorumlamalıyız. Bilgelerimiz "Çok ama çok alçakgönüllü olun" dediklerine göre, neden özellikle Tora'nın sözleriyle ilgili olarak yasaklandığını sorduk.

Bunun cevabı, bu ifadenin Yaradan'ın yolunda hakikat yolunda yani tüm çalışmalarının sadece ihsan etmek için olmasını isteyenleri anlattığıdır. "Ve kalbi Efendinin yollarında yüceydi" diye yazılanları yerine getirirler ve "gurur" kişinin kendi çıkarı için bir şey istemesi değildir. Aksine, kişi Yaradan'ın huzurunda iptal olmak ister ve kendisi için "alma arzusu" denen bu arzuyu öldürmek ister. Bilgelerimizin söylediği şeyi uygulamak ister: "Tora sadece onun için kendini ölüme terk eden kişide var olur."

Buradan şu sonuç çıkar ki, kişinin gururu, hakkında "Gururlu olan kişi için Yaradan, 'Ben ve o aynı yerde yaşayamayız' demiştir" denilen gururlu kişi için değildir. Aksine, burada onun gururu, kendi alma arzusunu öldürmek istemesi ve sadece kendi iyiliğini düşünen diğer insanlar gibi olmak istememesidir.

Ve yine de kişinin alçaklık içinde olması, yani azla yetinmesi gereken bir zaman olduğunu söylediler. Başka bir deyişle, kişinin diğerlerinden daha fazla Yaradan'ın hizmetkârı olması gerekmez. Aksine, genel halk eylemde çalıştığı ve niyete dikkat etmediği için, onlar bununla yetinir ve her şeyi seve seve yaparlar, her biri yetiştirilme yoluyla aldığı dereceye göre. Bu nedenle, o zaman şöyle der: "Ben de 'kendi halkım arasında yaşıyorum' ve yüceliğe ihtiyacım yok."

Bunu gerçekten de anlamalıyız, çünkü kişinin Lişma koşuluna ulaşma yolunda çalışması daha iyidir! Bunun yanıtı, Lişma derecesine ulaşmadan önce çok çalışmamız gerektiğidir. Bu arada, çalışma sırasında yükselişler ve düşüşler olur çünkü bu çalışma insanın doğasına aykırıdır. Bir kişi ihsan etme arzusuna ulaşma yolunda hala ilerlemediğini gördüğünde, o zaman eksiktir ve kişi eksikliklerden canlılık ve neşe alamaz. Dolayısıyla o anda canlılıktan yoksundur.

Buna "solun çalışması" denir. Dolayısıyla, kişi sağın çalışmasına geçmelidir; burada "sağ" bütünlük anlamına gelir. Kişi bütünlük halinde olduğunu hissettiğinde, bundan neşe ve canlılık elde edebilir ve Yaradan için yaptığı çalışmadan zevk alabilir ve Yaradan'ın çalışmasına biraz olsun tutunarak kendisini ödüllendirdiği için Yaradan'a şükredebilir. Aksi takdirde, kişi var olamaz ve üzüntü durumuna düşmek zorunda kalır.

Kişi üzüntü halindeyken çalışamaz. Aksine, tüm zevklerini uykuda bulabilir, çünkü kişi uykudayken acılarından kaçmış gibi hisseder. Bu nedenle, bir kişi genel halkın çalışmasına girmelidir. Ancak daha sonra kişi bir kez daha solun çalışmasına girer, ancak bu sınırlı ve ölçülü olmalıdır. Çoğu zaman, Yaradan ona yardım edene ve ona orta çizgiyi verene kadar kişi sağın çalışmasında olmalıdır, şöyle denildiği gibi, bir insanda üç ortak vardır: Yaradan, babası ve annesi.

Yukarıdakilere göre, "Kovalarından su akacak" (Sayılar 24:7) yazısını yorumlamalıyız. "Su" Tora olarak adlandırılır. "Kovaları", su çekmek için kullanılan kova anlamına gelen "kova" kelimesinden gelir. Dli [kova] ise yoksulluk anlamına gelen Dal [yoksul] kelimesinden gelir ve "bilgi dışında yoksulluk yoktur".

Ayet bize Tora ile ödüllendirilmek isteyen, yani Yaradan'ın Tora'da gözlerini açmasını isteyen kişinin, Tora'da gözlerin açılmasıyla ödüllendirilene kadar pek çok aşamadan geçmesi gerektiğini anlatmak için gelir. Tora'ya uygun Kelim ile ödüllendirilmeden önce Tora ile ödüllendirilmenin imkânsız olduğunu bilmeliyiz.

Bu nedenle 613 Pekudin ile ödüllendirilmeden önce, 613 Pekudin derecesine ulaşmak için gerekli olan kapları nasıl edineceğimize dair öğütler olan 613 Eitin'i yerine getirmemiz gerekir. İşte o zaman, sol çizgi ve sağ çizgi meselesi ortaya çıkar. Başlangıçta tek bir çizgi olması gerektiği bilinir, daha sonra sol çizgiye geçilir ve ardından tek çizgi sağ çizgi haline gelir. O zaman, tek çizgi sağ çizgi haline geldiğinde, tek çizgi üzerinde yani sadece eylemde bulunarak ve bunun ihsan etmek için olup olmadığını düşünmeyerek neşe ve canlılık içinde yürümek zordur.

... Şimdi solda çalışma zamanı gurur koşulu geç göre, "Efendinin yollarında kalbi yüksekti" de olduğu gibi, kişi genel halk gibi olmak istemeyip bireyler gibi çalışmak istediğinde, daha sonra kendini nasıl alçaltabilir ve daha önce "tek çizgi" olarak adlandırılan yolda nasıl yürüyebilir?" Bu da başka bir çizgi olduğunu hala bilmediği anlamına gelir, ancak şimdi sol çizgi meselesi olduğunu gördüğüne göre, kendini nasıl alçaltabilir ve terk ettiği yolu geri alabilir ve "benim için değil sıradan insanlar için uygun olduğunu söylediğim yola geri dönüyorum" diyebilir? Dolayısıyla, kişinin artık "sağ çizgi" olarak adlandırılan yola geri dönmesi zordur.

Bize bunu kişinin "fakir ve yetersiz" durumuna geri dönmesi gerektiğini anlatmaya gelir, sanki kişinin artık " sağ " olarak adlandırılan bütünlük yoluna geri dönmesi için hiçbir nedeni yokmuş gibidir. Ancak her seferinde sola dönmesi gerekir. Bunun sonucunda kişi "sağ" koşuluna geri dönerek fakirleşir. Ve birçok Dal [fakir] ve yetersizden bir kova yapılır ve kova kovalara dönüşür ve onlardan su akar ve suya "Tora" denir.

Başka bir deyişle, kişi bu kovalar sayesinde daha sonra Tora ile ödüllendirilecektir. " Tora'nın sözleriyle kendini yücelten kişi sonunda alçalır" sözlerinin anlamı budur, çünkü kişi kendini alçaltmalı ve sağda yürümelidir ve kendini alçaltıp sağda yürüyen kişi yükseltilir ve Tora ile ödüllendirilir.

Çalışmada Sağın Soldan Daha Büyük Olması Ne Anlama Geliyor?

Makale No. 39, Tav-Şin-Nun-Alef, 1990/91

Zohar şöyle yazar (Nasso, Madde 174): "Bu Mitzva [emir/iyi eylem], rahibin her gün parmaklarını göstererek halkı kutsamasıdır, zira parmaklar üsttekini ima eder, sağdaki beş parmak soldakilerden daha önemlidir, çünkü sağ, soldan daha önemlidir. Bu nedenle, rahip, halkı kutsarken, sağ soldan daha yukarı kaldırılmalıdır."

Çalışmada neyin "sağ", neyin "sol" olduğunu ve sağın neden soldan daha önemli olduğunu anlamalıyız.

İnsanın çalışma düzeninde, kişi, form eşitliği demek olan Yaradan'la Dvekut'u [bütünleşmeyi] edinmek istediğinde, yani ihsan etmek için her şeyi yapmak istediğinde, iki ayrım yapmamız gerektiği bilinmektedir: 1) Kişinin düşündüğü ve yaptığı her şeyde hiçbir eksikliğin olmadığı bir bütünlük koşulu, 2) Kişinin düşündüğü ve yaptığı her şeyin eksikliklerle dolu olduğu bir eksiklik koşulu.

Bu iki koşula da ihtiyacımız var. Bütünlük hali, kişinin kendi durumundan canlılık, neşe ve haz alabilmesidir. Kişi yaptığı her şeyde eksiklik hissettiğinde, yaşamını sürdürmek için hiçbir şeyi kalmaz, zira insan hayatta olduğu sürece haz alması gereken bir doğayla yaratılmıştır. Bu, yaratılış amacından kaynaklanır; bu da "O'nun yarattıklarına iyilik yapma arzusundan" kaynaklanır. (ARI'nin sözleriyle, buna "dünyaları ayakta tutmak için Zivug [çiftleşme]" denir, çünkü canlılık olmadan, dünya iptal olur. Dolayısıyla bu konuya "ebedi Zivug" denir). Bu ancak kişi azla yetinir ve sahip olduğu payla mutlu olur ve diğer insanlardan daha fazlasını hak etmediğini söylerse mümkün olabilir.

Çalışmada bu, Yaradan'ın kişiye Keduşa [kutsallık] içinde bir şeyler yapma arzusu ve özlemi verdiği gerçeğiyle, bu paydan mutlu olduğunu söylemesi olarak kabul edilir. Başka bir deyişle, kişi Tora ve Mitzvot'u [Mitzva'nın çoğulu] herhangi bir anlayış ve niyet olmadan da yerine getirebildiği için mutludur. Kişi, Tora'da ve yaptığı çalışmada kendisinin sahip olduğu azıcık bağlılığa bile sahip olmayan birçok insan olduğunu gördüğünü söyler. Maddesellikte olduğu gibi, azla yetinmek isteyen bir kişi, kendisinin yarısı kadar bile geliri olmamasına rağmen mutlu yaşayan insanlara bakmalıdır. Buradan yola çıkarak kişi, maddesellikteki payıyla mutlu olabilir.

Aynı şey maneviyat için de geçerlidir. Kendisi Tora ve Mitzvot'a biraz olsun tutunduğu için mutluyken, Tora ve Mitzvot'a hiç tutunamayan insanlar olduğunu gördüğünde kendi payından mutlu olur. Kişi bu sayede canlılık kazanır, yani kendisine Tora ve Mitzvot'ta biraz olsun anlayış verdiği için Yaradan'ı yüceltebilir ve övebilir. Unutmamalıyız ki, kişi Yaradan'a şükran duyduğunda, o anda Yaradan'a yakınlık halindedir, çünkü kişinin duyduğu şükran şimdiki zaman ve geçmiş içindir. Bundan da kişinin bütünlük içinde olabileceği sonucu çıkar.

Ancak kişi O'nun, kendi kalbinin dileklerini yerine getirmesi için dua ettiğinde, dua sırasında, Yaradan'ın her ağzın duasını işittiğine dair bir inançla güçlenmelidir. Aksi takdirde, Yaradan'ın her ağzın duasını işittiğine inanması gerektiğinden, kişinin duası kalbinin derinliklerinden gelemez. Baal HaSulam, dua sırasında kişinin "Çünkü Sen her ağzın duasını işitirsin" diye yazılı olana inanması gerektiğini söylemiştir, burada "her ağız" demek, değersiz, yani eksikliklerle dolu ve erdemlerden yoksun bir ağız bile olsa, yine de Yaradan, sadece kişi kalbinin derinliklerinden dua ederse, yani Yaradan'ın her ağzı işittiğine dair yazılı olana mantık ötesi bir şekilde inanırsa, herkese yardım eder demektir. Ancak o zaman kişi tüm kalbiyle, yani hiçbir şüphe duymadan dua edebilir.

Sonuç olarak, kişi "sol" tarzında çalıştığında, yani bakıp kendisinin çıplak ve yoksul olduğunu gördüğünde ve Yaradan'ın kendi isteklerini yerine getirmesini istediğinde, o zaman Yaradan'ın kendisine yardım edeceğine inanması zordur ve tüm kalbiyle dua edebilmesi için çok büyük bir güçlenmeye ihtiyacı vardır. Bu nedenle, kişi şüphe içinde yaşadığından eksiklikler için duadan canlılık almaz. Yani, kişi birkaç kez dua ettiğini görür ve sanki Yaradan onun duasını duymuyor gibidir. Bu nedenle, duadan canlılık elde etmesi zordur.

Ancak kişi sağın yolunda, bütünlük yolunda yürüdüğünde ve yaptığı her şeyden mutlu olduğunda, Yaradan'ın kendisine Tora ve Mitzvot'ta bir şeyler yapmasına izin vermesi ayrıcalığından dolayı, o zaman eksikliklere bakması yasaktır zira kişi canlılığı sadece bütünlükten alır. Bu nedenle, kişi Yaradan'ın tüm erdemleriyle tam olduğunu görmek için her türlü çabayı göstermeli ve O'nun dünyayı nasıl mutlak bir mükemmellik içinde yönettiğine dair dünyadaki her tasviri kendine resmetmelidir. Baal HaSulam'ın dediği gibi, kişi Yaradan'ın dünyayı buna eklenecek hiçbir şeyin olmadığı bir noktaya kadar tam bir zevk ve haz içinde yönettiğine mantık ötesi bir şekilde inanmalıdır. Ve kişi ihsan etme arzusuna ulaşmadan önce bunu göremese de, yine de bunun böyle olduğuna inanmalıdır.

Dolayısıyla, kişi bütünlük yolunda yürüdüğünde ve Yaradan'a şükrettiğinde, Yaradan'a şükredip şükretmediğini zaten bilir çünkü Yaradan'ın yüceliğine zaten bir dereceye kadar inancı vardır ve bu yüzden Yaradan'a şükreder, çünkü Yaradan kendisi gibi alçak bir insanı, O'na hizmet etmeye, yani Mitzvot'una uymaya çağırmıştır. Başka bir deyişle, kişi Tora ve Mitzvot'ta bir şeyleri yerine getirebilir, çünkü Yaradan ona Tora ve Mitzvot'ta bir şeyler yapma düşüncesi ve arzusu vermiştir ve bu, Yaradan'ın kişiyi çağırdığı ve ona "Benim için bir hizmette bulunman için sana Keduşa [kutsallık] sarayına girme izni veriyorum" dediği şeklinde değerlendirilir.

Buradan, kişinin geçmiş ve şimdiki zaman için duyduğu minnettarlıktan şüphe etmemesi gerektiği sonucu çıkar. Aksi takdirde, tamamen mantık ötesi gitmezse, Yaradan'a şükretmekte güçsüz kalır. Diğer taraftan, dua gelecek içindir. Bu durumda, kişi Yaradan'ın kendisine yardım edeceğinden emin olamaz, zira gelecek hakkında hiçbir şey söyleyemez.

Buradan şu sonuç çıkar ki, kişi sağın tarzında olduğu kadar solun tarzında da çalışmalıdır ve "sağın" bütünlük anlamına geldiğini ve bunun ebedi olması gerektiğini açıklamıştık, zira kişi sadece bütünlükten canlılık elde edebilir, ancak kişi hiçbir eksikliği olmadığı için bütünlükten daha yüksek bir seviye yaratamaz. Dolayısıyla, ileriye gitmesi gerektiğini söyleyen kişi, daha yüksek bir dereceye çıkması gerektiğini düşünmektedir (buna ARI'nın sözleriyle "ruhları doğurmak için bir Zivug" denir ve bu Zivug kalıcı değildir, sadece yükseliş sırasında gerçekleşir).

Başka bir deyişle, bütünlük demek, kişinin Hesed [merhamet/lütuf] ile meşgul olması demektir, her ne kadar bu niyetsiz bir eylem olsa da, onun için önemlidir ve payına düşenle mutlu olur, çünkü kişi bundan canlılık kazanır. (Yukarıda söylendiği gibi, buna "dünyaları ayakta tutacak bir Zivug" denir ki bu da "O merhameti arzuladığı için" tarzında Hasadim'dir [merhametler]. Kişinin hiçbir şeye ihtiyacı yoktur ve payına düşenden memnundur ve buna "ebedi Zivug" denir.)

Bununla birlikte, daha yüksek bir dereceye ulaşmak için, ki buna "ruhları doğurmak için Zivug" denir, zira ruhları doğurmanın anlamı bütünlükten değil sadece eksikliklerden gelebilir, bu Zohar'da şöyle yazıldığı gibidir: "Arınmak için gelen." Yani, kişi kendisinin saf olmadığını gördüğünde, yani insanın kalbindeki Tuma'a [kirlilik] olan alma arzusunun yönetimi altında olduğunu ve her şeyi yaptığı halde, alma arzusunun kontrolünden çıkamadığını gördüğünde, o zaman Yaradan'a kalbinin derinliklerinden kendisine yardım etmesi için dua eder. O zaman bilgelerimizin söylediği, "Arınmak için gelene yardım edilir," sözü gerçekleşir. Ve Zohar sorar, "Ne ile?" O da "Kutsal bir ruhla" diye yanıtlar.

Bu nedenle, özellikle eksikliklerden, yani kalbin derinliklerinden gelen bir duadan bir ruh yaratabileceğimizi görüyoruz. Bununla ARI'nın ruhları doğurmak için Zivug'un sürekli olmadığı ama özellikle bir yükseliş sırasında gerçekleştiğine dair sözlerini yorumlayabiliriz. Bu, kişi her seferinde daha yüksek bir dereceye yükselmek ve daha yüksek bir ruha ulaşmak istediğinde, kendi içinde dolduracağı bir eksiklik araması gerektiği anlamına gelir. Bu özellikle Yaradan'dan yardım talep ettiği ve yeni ruhların doğmasına neden olduğu zamandır. Başka bir deyişle, kişi daha azıyla yetinmediğinde ve kendi eksikliğini hissettiğinde, bu ona ruhunda NRNHY'yi edinene kadar yukarıdan daha fazla ruh verilmesine neden olur.

Buradan, bütünlük anlamına gelen sağın yolunun sürekli olması gerektiği sonucu çıkar çünkü kişi her şeyi canlılıkla yapmalıdır ve eksikliklerden, kişi eksik olmaktan canlılık elde edecek kadar keyif almaz. Bu nedenle, bir eksiklik olan soldan kişi canlılık elde edemez, zira kişi eksik olduğunu gördüğünde neyle mutlu olabilir? Dolayısıyla, genel olarak, kişi her zaman sağ çizgide olmalıdır. Tora'ya ve çalışmaya ayırmaya alışkın olduğu zamanın sadece bir kısmını, düşüşte olmadığı, ama özellikle yükselişte olduğu özel bir zamanı belirlemelidir. Bu durumda eksikliklerini gördüğünde üzüntüye kapılmayacağından emin olacaktır.

Daha doğrusu, o zaman güçlenecektir; içten bir dua edebilecektir, yani Yaradan'ın her ağzın duasını işittiğine dair güven, dua sırasında onun için parlayacaktır. Ancak çalışmanın geri kalan saatlerinde, sadece sağ yolda yürümelidir, çünkü sağ yolda her zaman Yaradan'la bütünlük içindedir. Dolayısıyla, o zaman, ARI'nın dediği gibi, Saran Işık'tan alır, Saran Işık uzaktan parlar. Bu demektir ki, Baal HaSulam, kişi hala form eşitliğinden uzak olsa bile, yani kişi hala ihsan etme arzusuyla ödüllendirilmemiş olsa bile, Saran Işık onun için parlar ve kişi bundan canlılık ve neşe alır, oysa solda durum tam tersidir demiştir.

Yukarıdakilere göre, yazılanları yorumlamalıyız (Sayılar 26:53-54), "Bunlar arasında toprak miras olarak paylaştırılacak. Büyük olanın mirasını artıracaksın, küçük olanın mirasını azaltacaksın." Tora yorumcuları şöyle sorarlar: Eğer "Büyüklere mirası artıracaksın" deniyorsa, "küçüklere mirası azaltacaksın" olduğu açıktır, öyleyse küçüklerle ilgili tekrar neden? Bunu çalışmanın içinde yorumlamalıyız. Çalışmada, her şeyi tek bir kişinin içinde öğrendiğimiz bilinmektedir. Yani, "büyüklere artıracaksın ve küçüklere azaltacaksın" aynı kişi için geçerlidir.

Bu nedenle "büyük" ve "küçük"ü yorumlamalıyız. "Büyük" "bütün" anlamına gelirken, "küçük" "eksik" anlamına gelir. Öğrendiğimiz gibi, sağ çizgi "bütünlük" olarak adlandırılır, dolayısıyla sağ çizgi "büyük" olarak adlandırılır; kişi "Çalışmada sahip olduğum herhangi bir anlayış" derken, Yaradan'ın kendisine Tora ve Mitzvot'u yerine getirme düşüncesi ve arzusu verdiğine inanır ve halkın geri kalanından daha önemli olmadığını söyler. Daha doğrusu, sol çizgide çalışmaya başlamadan önce, yaptığı çalışmada canlılık ve haz duyduğu gibi, bunun çok önemli olduğunu ve bunun için kesinlikle büyük bir ödül alacağını biliyordu, bu yüzden şimdi sol çizgide yürümeye başladığına göre, "Çok ama çok alçakgönüllü ol" yazıldığı üzere, alçakgönüllülük içinde olmalıdır. Başka bir deyişle, kişi sol çizgide yürümeye başladıktan sonra bile, sol çizginin ona gösterdiği eksikliklerini ki bu eksiklikleri "Efendinin yollarında kalbi yüksekti" koşulundan almıştır, ama şimdi kendini alçaltması gerektiğinde sağ çizgide çalışmaktadır, bu çok büyük bir iştir çünkü bunlara "birbirini inkâr eden iki yazı" denir ve kişi tek çizgide yürürken durum böyle değildi.

Gerçi Yaradan'ın yolları böyledir. Kişi çalışmanın düzeninin böyle olduğuna dair bilgelere inanmalıdır. Dolayısıyla, kişinin yaptığı çalışmanın sağda olması ya da tek bir çizgide olması arasında büyük bir fark vardır. Ama öğrendiğimize göre, iki çizgiye ihtiyacımız var. Her ikisi de aynı anda aynı konuda olamaz. Aksine, her seferinde biri olabilir.

Şimdi soru eğer iki çizgiye ihtiyacımız varsa ve biraz sağa biraz da sola zaman ayırmamız gerekiyorsa, kişinin çalışmasının ne kadarını sağ çizgide yürümeye, ne kadarını da sol çizgide yürümeye ayırması gerektiği olacaktır.

Yukarıda söylenenlere göre, "Büyüklere miraslarını artıracaksın" yazısını yorumlamalıyız. "Büyük", "bütünlük" olarak adlandırılan çalışma ve "büyük" denilen "sağ çizgi", yani bütünlük anlamına gelir. "Onların mirasını artıracaksın" demek, Tora ve Mitzvot'a bağlanma zamanınızın çoğunu vererek, sağ çizgiye ayırdığınız zamanı artıracaksınız demektir.

"Ve küçüklere, onların mirasını azaltacaksın" dendiğinde, "azaltmak" eksiltmek anlamına gelir, bir eksiklik "sol çizgi" olarak adlandırılır, burada kişi, tek çizgiyi bırakıp ihsan etme çalışmasına başladığında ne kazandığını düşünmeye başlar. Kişi, bu çalışmada sadece ilerlemediğini, hatta gerilediğini görür. Yani, artık tek çizgide yürürken sahip olduğu canlılığa ve neşeye sahip değildir. Yaradan'a kendisine ihsan etme arzusunun gücünü vermesi için dua etmesine rağmen, bunun için birçok kez dua ettiğini ama yukarıdan fark edilmediğini görür, bu yüzden birçok kez mücadeleden kaçmak ister. Her ne kadar ruhların doğumu, özellikle sol çizgiden geldiği için sol çizgi üzerindeki çalışma önemli olsa da, yine de bilgelere inanarak sol çizgiyle tam da yükseliş zamanında meşgul olabileceğimize inanmalıyız, çünkü o zaman kişi güçlüdür ve dua yoluyla solun üstesinden gelebilir. Ancak sadece kısa bir süre için, şöyle yazıldığı gibi, "Küçüklere miraslarını azaltacaksın", burada "azaltmak" çalışma zamanınızın çoğunu buna ayırmayacağınız anlamına gelir.

"Küçük" kelimesinin iki anlamı olduğu anlaşılmaktadır: 1) "eksik" anlamında "küçük", örneğin bu kişinin az geliri var derken olduğu gibi, 2) az zaman.

Dolayısıyla, "küçük olana doğru eksileceksin" yazdığında, "eksilmek" eksiklik anlamına gelir. İhsan etme çalışmasında eksilme ve "eksiltme" zamanında eksilmedir. Buna göre, sağın soldan daha büyük olmasının ne anlama geldiğini ve ayrıca Zohar'ın "rahip halkı kutsadığında, sağı soldan daha yükseğe kaldırmalıdır" demesinin ne anlama geldiğini yorumlamalıyız. "Sağ "ın Hesed olan bütünlüğe işaret ettiğini yorumlamalıyız. Hesed, kişinin vermek dışında hiçbir şeye ihtiyacı olmadığı anlamına gelir. Bu nedenle, kişi alçaklığını hissettiğinde ve Yaradan'ın kendisine Tora ve çalışma konusunda biraz anlayış vererek Hesed yaptığını söylediğinde, bunun için Yaradan'a teşekkür eder.

Bu nedenle, çalışmada insanları kutsayan rahipten bahsettiğimizde, tüm konular aynı kişiyle ilgili olduğu için, "rahip" Yaradan'ın bir hizmetkârıdır. "Halkı kutsar" demek, çalışmada "halk" olarak adlandırılan kişinin kendisi demektir. Bilgelerimizin dediği gibi (Sanhedrin 37), "Bu nedenle, her biri 'Dünya benim için yaratıldı' demelidir." Bu nedenle, çalışmada tüm dünyayı tek bir kişinin içinde öğreniriz. "Kişi sağını solundan daha yükseğe kaldırmalıdır" ki sağın soldan daha önemli olduğunu bilsin, her ne kadar soldan yeni ruhların doğumuyla ödüllendiriliyor olsak da.

Yine de kişi, eksikliklerle meşgul olduğunda bundan canlılık alamaz. Bu nedenle, sağ üzerinde de çalışması gerekir. Zohar bize zamanımızın çoğunu, sağ tarafa ayırmamız gerektiğini söyler. Bu yüzden "rahip sağı solun üzerine çıkarmalıdır" der, çünkü sağ daha önemlidir. Ve Zohar'da (Pekudei, Madde 683), "En önemlisi, solun sağdan daha büyük olmamasıdır" der. Bu, bilgelerimizin (Yevamot 63), "Düşük dereceli biri bir kadın alır" (bir kişi bir eş almak için derecesinden aşağı inmelidir) sözünün anlamıdır.

Orada, üst dünyalardaki dereceler tarzında konuşur. Yukarıda, üst derecelerde olduğu gibi, aşağıda da, kişinin Tora'da gözlerini açmakla ödüllendirilmesinden önce bile, insanın çalışmasında böyledir. Orada "sol" kelimesinin anlamı, Hohma'nın ışığının parladığı, yani alma kaplarının içinde olduğu zamandır. Kuşkusuz, bu ihsan etmek için olmalıdır ve kişi halen sağı, yani Hasadim'in ışığını almamıştır. Buna "sol" denir, çünkü eksikliğin olduğu her şeye "sol" denir.

Bu durumda ıslahın yolu, "sağ" olarak adlandırılan Hasadim'in ışığının Hohma'nın ışığından daha büyük olması gerektiğidir. Yani, Hohma'nın ışığı yarım dereceden fazla olmamalıdır ve Hohma'nın ışığını koruyan ve böylece ihsan etmek için kalan "sağ" olan Hasadim'in ışığı Hohma'nın ışığından daha büyük olmalıdır. O zaman, Hohma'nın ışığı derecelerde mevcuttur ve bu, rahibin kutsadığı zaman, sağı solun üzerine çıkarması gerektiği, yani Hesed'in soldan daha önemli olması gerektiği anlamına gelir.

"Bu, 'aşağı dereceden biri bir kadını alır' sözünün anlamıdır" diye yazılanın anlamı budur. Bu demektir ki, kişi Malhut olan Hohma'nın ışığını almaya geldiğinde, Malhut'un "alt Hohma" olarak adlandırıldığı yerde, onu Gadlut [büyüklük/yetişkinlik] durumunda almamalıdır. Daha ziyade "alt derece", yani kişi Malhut olan "kadın" olarak adlandırılan Hohma'nın ışığını almaya geldiğinde, onun zaten düşüş durumunda olacağını, yani sahip olduklarının sadece yarısına sahip olduğunu tecrübe etmelidir. O zaman kişi Hasadim alabilir ve Hasadim Hohma'dan daha fazla olacaktır. O zaman "Aşağı dereceden biri bir kadın alır" sözü gerçekleşecektir.

Yukarıda söylenenlere göre, "Rabbi Elazar, 'Kişi her zaman duadan önce sıkıntıya düşmelidir' dedi" (Sanhedrin 44b) yazısını yorumlamalıyız. Şöyle yorumlamalıyız, kişi önce bütünlük olarak kabul edilen sağın tarzında çalışmadan solun çalışmasına başlamaz, yani hiçbir eksiği yoktur ve Yaradan'ın çalışmasına biraz olsun tutunmasını sağladığı için Yaradan'a şükreder ve över ve ardından solun çalışmasına başlar. O zaman, kişi sıkıntıda olduğunu, ne Tora'ya ne de Yaradan'a hizmet eden biri için uygun bir çalışmaya sahip olmadığını görür. Bu durumda, Yaradan'ın çalışmasından, yani O'nun için çalışmaktan bir başka deyişle kendi çıkarı için değil, sadece Yaradan'ı hoşnut etmek amacıyla çalışmaktan ne kadar uzak olduğunu hisseder. O zaman, bedenin buna nasıl itiraz ettiğini görür ve sadece ihsan etmek amacıyla bir şey yapabileceğini asla göremez.

Sonuç olarak, kişi solun yoluna başladığında, buna "sorun" denir ve kendisine yardım etmesi ve "ikinci doğa" olarak adlandırılan ihsan etme arzusunu vermesi için Yaradan'a dua etmekten başka çaresi yoktur. O zaman, dua kalbin derinliklerinden gelir ve Yaradan onun duasını duyar.

Buna göre, bilgelerimizin "Kişi her zaman duadan önce sıkıntıya düşmelidir" sözünü yorumlamalıyız, zira sol koşulunda çalışmaya geldiğinde ve içinde bulunduğu alçaklık durumunu gördüğünde, kişi umutsuzluğa düşebilir ve mücadeleden kaçmak isteyebilir. Buna "sıkıntı " denir ve kişi önce dua etmelidir, yani öncelikle sıkıntı halindeyken dua etme gücüne sahip olup olmayacağını görmelidir. Aksi takdirde, sol çizgi çalışmasına başlamamalıdır. Bu, "halkı kutsayan rahibin sağı soldan daha yükseğe kaldırması gerektiği" şeklindeki sözlerinin anlamıdır. Başka bir deyişle, sağ soldan daha büyük olmalıdır. Bu, sağın çalışmasından solun çalışmasına geçmek için doğru zamanı beklemesi gerektiği anlamına gelir.

"Bütünlük" olarak adlandırılan sağın çalışmasının genel halkın çalışması olduğunu unutmamalıyız. Bu uygulamada yani Yaradan'ın emri nedeniyle ve bu dünyada ve bir sonraki dünyada ödül almak için Tora ve Mitzvot'u yerine getiren bir çalışmadır. Buna "uygulamada çalışma" denir. Ancak "solun çalışması" olarak adlandırılan ihsan etme niyetine dokunmaz. Dolayısıyla, kişi çalışma sırasında bütünlük hisseder.

Bu bütünlük çalışmasına "tek çizgi" denir. Genel halkın aynı bütünlük çalışması, kişi niyetle çalışmaya başladığında, aynı tek çizgi, yani genel halkın uygulaması, farklı bir isim alır: Artık buna "sağ çizgi" denir. Dolayısıyla, yeni bir isim olan "sağ" ismini aldığında, uygulamanın bütünlüğü çizgisi üzerinde çalışmaya geçmek artık zordur.

Çalışmada Gerçek ve Yalan Nedir?

Makale No. 40, Tav-Şin-Nun-Alef, 1990/91

Gerçek ve yalanın Yaradan'ın çalışmasıyla nasıl ilgili olduğunu anlamalıyız. Bu, kişinin bu bir yalan olsa bile Yaradan'ın hizmetkârı olabileceği anlamına gelir. Böyle bir şey nasıl söylenebilir?

Zohar'da ("Zohar Kitabı'na Giriş," Madde 175) şöyle yazar: "Yaradan'ın payı yoksulları sevindirmektir, çünkü bu günlerde, bayramlarda, Yaradan kendi kırık Kelim'ini [kaplarını] görmeye gelir ve onların sevinecek hiçbir şeyleri olmadığını görür. Onlar için ağlar."

Bu sözleri Sulam'da [Zohar'a Merdiven yorumu] şu şekilde yorumlar: Öncelikle bilgelerimizin yorumunu anlamamız gerekir (Midraş Rabbah, Bölüm 6), dünyanın yaratılışı sırasında, meleklere, "İnsanı kendi suretimizde yaratalım" dediğinde, Hesed [merhamet], "Yaratılmasına izin ver, çünkü o Hassadim [merhamet] eder" dedi; Gerçek, "Yaratılmasın, çünkü yalan söyler"; Tzedek, "Yaratılsın, çünkü erdemlidir"; Barış, "Yaratılmasın, çünkü hep kavgalıdır" dedi. " Yaradan ne yaptı? Gerçeği aldı ve onu yeryüzüne attı.

Bilgelerimizin şu sözlerini biliyoruz: "Kişi her zaman Lo Lişma [O'nun rızası için değil] olsa bile Tora ve Mitzvot [emirler/iyi işler] ile meşgul olmalıdır, çünkü Lo Lişma'dan Lişma'ya [O'nun rızası için] gelir." Kişi aşağılığı nedeniyle, Yaratıcısı'nı hoşnut etmek için O'nun Mitzvot'una hemen bağlanamaz. Doğası gereği, kendi iyiliği için değilse, harekete geçemez. Bu nedenle, kişi önce Mitzvot Lo Lişma'ya, yani kendi çıkarı için bağlanmalıdır. Ancak yine de Mitzvot'u yerine getirirken Keduşa'nın [kutsallığın] bolluğunu çeker ve çektiği bolluk sayesinde nihayetinde Mitzvot Lişma'ya katılacaktır.

Gerçek, insanın yaratılışı hakkında şikâyette bulunarak, "O tamamen yalancıdır," vs. dedi, başlangıçtan itibaren Tora ve Mitzvot'a tamamen yanlış bir şekilde, yani Lo Lişma olarak bağlanan böyle bir insan nasıl yaratılabilir? Ama Hesed dedi ki, "Bırakın yaratılsın, çünkü merhamet eder," vs. bu sayede yavaş yavaş ıslah olacak ve tüm Mitzvot'ları ihsan etmek için yerine getirebilecektir. Aynı şekilde, Barış "O hep kavgalıdır" diye şikâyet etti, ama Tzedek "Bırakın yaratılsın" dedi, çünkü yoksullara yaptığı sadaka Mitzvası [Mitzvot'un tekili] sayesinde, Lişma ile meşgul olana kadar yavaş yavaş ihsan etme niteliğine yaklaşacaktır. Onların tüm iddialarını dinledikten sonra, Yaradan, Hesed ve Tzedakah melekleriyle hemfikir oldu ve Gerçeği yere attı, yani ilk başta Lo Lişma'da Mitzvot'a bağlanmaya izin verdi, çünkü yalan da olsa sonunda Lişma olacak ve o zaman Gerçek yeryüzünden yükselecektir.

Maimonides bu konuda şöyle der (Hilchot Teshuva, Bölüm 5): "Bu nedenle, küçüklere, kadınlara ve eğitimsiz insanlara öğretirken, onlara sadece korkudan ve ödül almak için çalışmaları öğretilir. Çok bilgi edinene ve çok bilgelik kazanana kadar, bu sır onlara azar azar öğretilir."

Maimonides'in sözlerinden, Yaradan'ın çalışmasına Lo Lişma'da başlamamız gerektiğini ve onlara Lişma diye bir mesele olduğunu bile açıklamamamız gerektiğini görüyoruz. Daha ziyade, onlar ödül almak için Tora ve Mitzvot'u gözlemlediklerini ve bunun gerçek bir bütünlük olduğunu bilmelidirler ve buna miktar dışında, yani Tora ve Mitzvot'u gözlemlemek için daha fazla zaman ve çaba harcamak dışında eklenecek bir şey yoktur. Onlar, Tora ve Mitzvot'u gözlemleyerek bol miktarda ödül alacakları için mutlu olmalıdırlar.

Sonuç olarak, Yaradan'ın tam hizmetkârları olabilmeleri için, Lişma meselesi olduğunu bilmemeleri gerekir, çünkü hala Lişma'yı çalışmaya başlamaya hazır değillerdir. Dolayısıyla, onlara asıl çalışmanın Lişma olduğu söylenirse, "Asıl çalışma bu değilse, Tora ve Mitzvot Lo Lişma'yı nasıl gözlemleyebiliriz?" diyeceklerdir. Ve hala Lişma'yı çalışamadıkları için, her iki şekilde de elleri boş kalacaktır.

Başka bir deyişle, Lo Lişma onlar için önemli olmayacak ve Lişma'yı çalışamayacaklarını göreceklerdir. Bu nedenle, onlara ihsan etmek için çalışmamız gereken bir konu olduğunu açıklamak yasaktır. Ama bilmedikleri zaman, kendilerinin Yaradan'ın gerçek hizmetkârları olduklarını ve erdemli olduklarını düşünürler. Dolayısıyla, Yaradan'ın hizmetkârları oldukları için mutlu olduklarından ve Tora'yı ve Mitzvot'u kendileri gibi gözlemlemeyen diğer insanları hayvanlar ve canavarlar olarak gördüklerinden ve onların hayvanlar ve canavarlar kadar beyinleri olmadığını düşündüklerinden, çalışmak için güçleri olacaktır.

Bu incelemelerle ilgili olarak Hayat Ağacı'nda (Beit Shaar HaKavanot, Madde 107'de sunulmuştur) şunları yazmıştır "Yaradan Tora'yı ve Mitzvot'u İsrail'e sadece ruhun kıyafeti olan gümüşü ayıklamak, temizlemek ve içindeki pisliği çıkarmak için verdi. İnsanın Tora ve Mitzvot'taki niyeti sayesinde ruhun kıyafeti tamamlanır. Tora aracılığıyla, Yetzira'nın Noga'sı temizlenir, Ruah'ın kıyafeti olur ve uygulamalı Mitzvot aracılığıyla, Asiya'nın Noga'sı temizlenir ve Nefeş'in kıyafeti olur."

Bu, niyet olmadan Mitzvot ve Tora'nın yerine getirilmesinin doğru olmadığını söyleyemeyeceğimiz anlamına gelir. Daha ziyade, ARI'nın sözlerinden, insanın tüm eylemleri aracılığıyla, Keduşa incelemelerinin, kapların kırılması sırasında onların düştükleri Klipot'tan [kabuklardan] ayıklandığı ima edilir. Ancak, "ve uygulamalı Mitzvot aracılığıyla, Asiya'nın Noga'sı temizlenir ve Nefeş için bir kıyafet haline gelir" denildiği gibi, niyetsiz Mitzvot ile niyetsiz Tora arasında ve bir niyet ile yerine getirilen Tora ve Mitzvot arasında ayrım yapmalıyız.

"Yalan" olarak adlandırılan Lo Lişma ile ilgili olarak, yaratılışın amacı O'nun yarattıklarına iyilik yapmak olduğundan ve insanın bunu pratikte elde edebilmesi, yani dünyadaki haz ve zevkin ifşa olduğunu görebilmesi için, yaratılanların dünyada ifşa olan haz ve zevki görebilecekleri gerçek Kelim'e sahip olmadan bunu göremeyecekleri şeklinde yorumlamalıyız.

Bu nedenle, yaratılanlar için, yaratılışın amacının gerçekten O'nun yarattıklarına iyilik yapmak olduğu henüz ifşa olmamıştır, zira dünyada her biri kendi tarzında azap çektiklerini görmektedirler. Bu nedenle, yaratılanlar Tora ve Mitzvot'u ihsan etmek amacıyla gözlemlemedikleri sürece, yaratılışın amacında iyilik yapmak olduğu gerçeğini göremedikleri yorumunu yapabiliriz.

Dolayısıyla bu, Tora ve Mitzvot'u gözlemleyen ve ihsan etme amacı ile ödüllendirilmemiş olanlarla ilgili olarak, gerçekte niyetleri olmasa bile Tora ve Mitzvot'u gözlemleyerek Keduşa için incelemeler yapılmış olsa da, yani eylemleri aracılığıyla Keduşa artmış olsa da, bu sadece Keduşa'nın varlığı ile ilgilidir. Bununla birlikte, yaratılanlar yine de eylemleriyle neler olduğunu, yani Lo Lişma olsa bile çalışmalarıyla hangi ıslahların yapıldığını göremezler.

Buradan, yalandan bahsettiğimizde, Lo Lişma'nın "yalan" olarak adlandırıldığını söylediğimizde, bunun yaratılanlara ilişkin olduğu sonucu çıkar. Yani, niyet olmadan Tora ve Mitzvot'u yerine getirme konusundaki gerçeği hala görememektedirler. Ancak gerçekte, ıslahlar ve incelemeler Keduşa'da yapılır.

Tora ve Mitzvot'taki her bir eylemin o kadar çok ıslah ettiğine dair ARI'nın sözlerine inanmalıyız ki, gördüklerimizle ilgili olarak şunu sormalıyız: Eğer bir kişi komşusunun

Şabat'a saygısızlık etmemesini sağlayabiliyorsa, örneğin komşusu, onun yardımına ihtiyaç duyuyorsa ve bu sayede komşusu Şabat'a uyacaksa, o zaman kişi Şabat'a saygısızlık etmeyecek şekilde davranmalıdır.

Ama burada kişinin Şabat'a uyma niyeti yoksa ve arkadaşının kendisine dayattığı emri yerine getiriyorsa, bu çalışmadan ne gibi bir iyilik çıkabilir diye sormak gerekir. Bununla birlikte, niyetimiz olmasa bile yaptığımız her bir eylem kendi görevini yerine getirir. Bu, Keduşa için incelemeler yapmasıdır, ancak yaratılanlar hala alma arzusunun hükmü altında olduklarından, lekelemiş olabilecekleri için bu ıslahları göremezler.

Bu nedenle, kişi kendisi tarafından yapılan ıslahları görmeden önce, eylemleri aracılığıyla açığa çıkan bolluktan henüz alamaz. Dolayısıyla, ifşa edilen bolluğu görmediklerinde, alacakları bir şey olduğunu görmedikleri için de lekeleyemezler. Ancak kişi Tora'daki her bir eylemin ve çalışmanın önemli olduğuna inanmalı ve bu yüzden inanmalıdır.

Kişi ancak "ihsan etme arzusu" denilen ikinci doğayı almakla ödüllendirildikten sonra, yaratılışın amacının O'nun yarattıklarına iyilik yapmak olduğu gerçeğini görmekle ödüllendirilecektir. Lo Lişma'nın "yalan" olduğunu söylediğimizde, bu insanın bakış açısına göredir, çünkü insan hala yaratılışın amacının O'nun yarattıklarına iyilik yapmak olduğunu görememektedir.

Buna göre, Lişma'nın neden "gerçek" olarak adlandırıldığını anlayabiliriz, çünkü kişi Lişma ile ödüllendirilerek, "Yaradan sevgisi" derecesine ulaşmalıdır. Demek ki, kişi Yaradan'dan bolluk aldığında, yaratılışın amacının O'nun yarattıklarına iyilik yapmak olduğu gerçeğini görür. Dahası, kişi İlahi Takdir'in tüm yaratılanlara iyi ve iyilik yapan bir şekilde davrandığını görmekle ödüllendirilmelidir.

Kişi Yaradan'ın kendisine bizzat nasıl iyi ve iyilik yapan bir şekilde davrandığını gördüğünde bu büyük bir derecedir. Ancak, kişi Yaradan'ın tüm yaratılanlara bu şekilde davrandığını görmelidir -iyi ve iyilik yapan bir şekilde. Bu nedenle, Lişma'ya "gerçek" denir, çünkü kişi Lişma koşulunda çalışarak, Yaradan'ın tüm yaratılanlara iyi ve iyilik yapan bir şekilde davrandığı gerçeğini görmekle ödüllendirilir.

Bu, "On Sefirot Çalışmasına Giriş "te (Madde 97) yazıldığı gibidir: "Bu nedenle bilgelerimiz Tora'nın uygulanmasındaki gerekli koşul konusunda bizi uyarmışlardır; Tora özellikle Lişma olacaktır, öyle ki kişi Tora aracılığıyla yaşamla ödüllendirilsin, çünkü Tora bir yaşam Torasıdır ve kişi zihnini ve kalbini Tora'da 'Kral'ın yüzünün ışığını' bulmaya, yani 'yüzün ışığı' olarak adlandırılan açık İlahi Takdir'i edinmeye ayarlasın."

Başka bir deyişle, kişi Lişma ile ödüllendirilmediği sürece, yüzün gizliliği içindedir, yani Yaradan'ın dünyayı İyilik Yapan İyi olarak nasıl yönettiğini henüz görememektedir. Dolayısıyla, bir yalan durumundadır. Yani, onların yaratılışın amacının O'nun yarattıklarına iyilik yapmak olduğunu söylediklerini söylediğinde, bu bir yalandır, çünkü biz bunun tam tersini görüyoruz.

Ancak Tora Lişma'yı öğrenen kişi, gerçeği görmekle ödüllendirilir çünkü kendisi Yaradan'dan aldığı hazzı ve zevki görmekle ödüllendirilmiştir. Dahası, kişi bir bütünlük durumuna gelmeli ve Yaradan'ın yarattıklarına iyilik yapmak amacıyla tüm dünyaya nasıl davrandığını görmelidir. Buradan, gerçeğin ve yalanın kişinin kendisinin edinimiyle ilgili olduğu sonucu çıkar. Buna göre, yalan olarak kabul edilen Tora Lo Lişma'yı öğrenen kişi, sadece gerçeği, Yaradan'ın dünyayı iyi ve iyilik yapan bir şekilde yönettiğini görmeye uygun olmadığı için öğrenir.

ARI'nın dediği gibi, insanın Keduşa'daki tüm eylemleri ıslahlar yapar, ancak kişi yine de Tora ve Mitzvot ile yapılanları, yaratılanların niyeti bile olmadan, yani Lo Lişma'da bile, ancak kendi iyilikleri için yaptıklarını göremez. Bu nedenle Maimonides, Mitzvot'un uygulanması kendi

içinde ıslahlar yaptığından, ödül almak için çalışmanın sırasına çocuklarla ve kadınlarla başlamamız gerektiğini söyler.

Baal HaSulam bilgelerimizin söyledikleri hakkında şöyle der (Avot, Bölüm 3:18): "İsrail sevilir, çünkü onlara 'Yaradan'ın çocukları' denir. 'Siz Tanrınız Efendinizin çocuklarısınız' denildiği gibi, 'Yaradan'ın çocukları' olarak adlandırıldıkları için çok sevilirler. 'Yaradan'ın çocukları' olarak adlandırılmanın genel olduğunu, ancak fazlasıyla kayrılmanın kişisel olduğunu söyledi. 'Büyük ayrıcalıklı' olmanın ne olduğunu sorar. Şöyle cevap verdi: 'Büyük ayrıcalık, bunun onlar tarafından bilinmesidir, yani kendilerine 'Yaradan'ın çocukları' dendiğini bilmeleri ve hissetmeleridir."

Burada da benzer şekilde yorumlayabiliriz. Yani, Lo Lişma olarak adlandırılan, ihsan etme niyeti olmayan eylem açısından, İsrail halkı "Yaradan'ın çocukları" olarak adlandırılır, çünkü Tora ve Mitzvot'u pratikte yerine getirirler, bu da ARI'nın dediği gibi büyük ıslahlar yapar. Ancak, bu onlar tarafından bilinmemektedir. Başka bir deyişle, çalışmalarıyla hangi ıslahların yapıldığını göremezler.

Tersine, Lişma ile ödüllendirildikten sonra, ne yaptıkları onlar tarafından bilinir hale gelir. "Rabbi Meir şöyle der: 'Tora Lişma ile uğraşan herkes birçok şeyle ödüllendirilir. Dahası, tüm dünya onlar için değerli olur ve Tora'nın sırları onlara ifşa edilir."

"Tüm dünya onlar için değerli olur" ifadesini, kişinin yaratılışın amacı hakkındaki gerçeği, yani O'nun yarattıklarına iyilik yapmak olduğunu zaten gördüğü şeklinde yorumlamalıyız. Bunun kanıtı, o anda, zevk ve hazzı hissettiği için "tüm dünyanın onun için değerli olduğunu" görmesidir.

Ayrıca, "Tora'nın sırları ona ifşa edilir" ifadesinin anlamını da yorumlamalıyız. Bu, kişinin Tora ve Mitzvot'taki çalışmaları sayesinde yukarıda nasıl ıslahlar yapıldığını görmekle ödüllendirildiği anlamına gelir. Ancak Tora ve Mitzvot Lişma ile meşgul olmakla ödüllendirilmeden önce, Tora ve Mitzvot'taki çalışmaları aracılığıyla ıslahlar yapılsa da, ihsan etme kaplarıyla ödüllendirilmeden önce bunu göremez.

Buna göre, bilgelerimizin söylediklerini (Avot 1:17), "En önemli olan öğrenmek değil, çalışmaktır" şeklinde yorumlamalıyız. Burada önümüzde iki şey vardır: 1) eylemler, 2) niyetler.

Bir yandan, niyetin en önemli şey olduğunu anlıyoruz. Başka bir deyişle, kişi iyi ya da kötü bir şey yaptığında, eyleme değil niyete bakmalıyız. Örneğin, iki kişi arasındaki bir çatışmada, biri bıçağını alıp diğerini bıçaklıyor. Elbette bu kötü bir eylemdir. Mağdur onu dava ediyor ve suçlu bunun için para cezasına çarptırılıyor.

Suçlu şunu iddia ediyor: "Ben bu adamı sadece elinden bıçakladım ve sadece çizdim, ama ona para cezası ödemek zorundayım. Oysa kısa bir süre önce bu adamın hastaneye gittiğini ve doktorun karnını yarıp bir şey çıkardığını ve doktora çok para ödediğini gördüm. Ve ben, ona neden olduğum küçücük bir kesik için, ona para ödemek zorundayım, o doktorla olanın tam tersi öyle mi?!"

"Bunun cevabı basit," dedi yargıç. "Biz niyeti takip ederiz. Onu zevk almak istediğin için bıçakladığına göre, aldığın zevkin bedelini ödemek zorundasın. Ama cerrah bıçakla etini kestiğinde hastanın zevk almasını istemiştir. Bu nedenle hasta, doktora ödeme yapmalıdır." Dolayısıyla önemli olanın eylem değil niyet olduğunu görüyoruz. Öyleyse bilgelerimiz neden "Önemli olan öğrenmek değil, eylemdir" demişlerdir?

Maneviyatta, Tora ve Mitzvot'la ilgili olarak, ARI'nın sözlerinde olduğu gibi, en önemli olan çalışmadır; Mitzvot'un yerine getirilmesiyle, kutsal kıvılcımların incelemeleri Klipot'tan [kabuklar] ayıklanır. Ancak, kişi ihsan etme kaplarına sahip olmadan önce bunu göremez aksi taktirde yaptığı çalışmayla ne yapıldığını görecek ve alma kaplarına gidecek ve hepsini Klipot'a geri gönderecektir. Buradan, en önemli olanın çalışma olduğu sonucu çıkar.

Ancak kişi ihsan etmek için de niyet edebilirse, o zaman eylemin üzerinde yatan niyet sayesinde daha yüksek bir dereceye yükselir, yukarıda söylendiği gibi, "İnsanın Tora ve Mitzvot'taki niyeti sayesinde ruhun kıyafeti tamamlanır. Tora aracılığıyla

314

Yetzira'nın Noga'sı temizlenir, Ruah'ın kıyafeti olur ve uygulamalı Mitzvot aracılığıyla Asiya'nın Noga'sı temizlenir ve Nefeş'in kıyafeti olur."

Bu nedenle, en önemli şey eylemdir ve eyleme niyeti de eklemeliyiz. Dal ve kök söz konusu olduğunda, burada meydana gelen tüm bedensel şeylerin, üst köklerden türediğine inanmalıyız. Yani, bedensel eylemler nasıl bedeni ıslah ediyorsa ve onlar olmadan beden var olamıyorsa, ruhla ilgili konularda da durum aynıdır: Tora ve Mitzvot yerine getirilmeden ruh beslenemez ve var olamaz.

Bu durum Beit Shaar HaKavanot kitabında (Madde 83) şöyle anlatılır: "Bil ki, Adam HaRişon'da, tüm dünyaların ve tüm ruhların tüm incelemeleri sıralandı ve tüm hayvanlar sıralandı. Ancak cansız ve bitkisel olanlar tam olarak ayıklanmamıştı; bu yüzden onları ayıklamak için yemek yerler. Günah işlediklerinde, ruhlar ve hayvanlar Klipot'un derinliğine geri döndüler ve sadece saf hayvanlar bizim yememizle ayıklandı, aynı şekilde cansız ve bitkisel olanlar da."

Dolayısıyla, pratikte özellikle yememiz yoluyla, cansız, bitkisel ve hayvansal olanın ayıklandığı ve ihtiyacımız olan tek şeyin buna niyeti eklemek olduğu sonucu çıkar. Ancak eylem olmadan niyetin bir faydası olmaz. Bu nedenle, "Önemli olan niyetse neden Tefillin koyalım?" dememeliyiz. Kişi Tefillin'in niyetini amaçlayabilir ve pratikte gözlemlemesine gerek yoktur." Bununla birlikte, eylem asıldır ve niyet de ilavedir.

Bu nedenle, maddesellikte olduğu gibi, bir kişi yemeyi veya içmeyi amaç edinir ama pratikte yemez veya içmezse, ölecektir. Aynı şekilde, eğer bir kişi Tora ve Mitzvot'u uygulamada gözlemlemezse, beslenmesini Tora ve Mitzvot'taki çalışmalardan alan ruhunun üzerinde yaşayacağı hiçbir şey olmayacaktır.

"Önemli olan öğrenmek değil, eylemdir" sözünün anlamı budur, yani pratikte fiili bir eylem. Daha sonra, ek olarak, kişinin yaptığı eylemler üzerinde bir niyete de ihtiyacımız vardır. Bu "cansız Keduşa [kutsallık]" olarak kabul edilir. Bu cansızlıktan bitkisel, canlı ve konuşan koşuluna ulaşabiliriz.

Yukarıdakilere göre, Yaradan'ın kırık Kelim'ini görmeye gelmesiyle ilgili olarak yukarıda söylenenleri anlayabiliriz, çünkü kişi sonunda Lişma'ya ulaşacak ve Gerçek yeryüzünden yükselecektir. Orada şöyle der (s 173 [İbranice]), "Bu, dünyanın yaratılmasından önce meydana gelen kapların kırılmasının anlamıdır. Keduşa kaplarının kırılması ve ayrılmış BYA'ya düşmeleriyle, Keduşa kıvılcımları onlarla birlikte Klipot'a düştü ve onlardan Klipot'un alanına zevkler ve her türlü tutku geldi, bunlar insanın alması ve zevk alması için aktarıldılar ve böylece her türlü günaha neden oldular. Ancak, bununla birlikte bize Tora ve Mitzvot'u verdi, öyle ki kişi henüz Lo Lişma'dayken, yani kendi zevki için, bayağı arzularını tatmin etmek için bunlarla meşgul olmaya başlasa bile, sonunda bunlar aracılığıyla Lişma'ya ulaşacak ve yaratılış amacı ile ödüllendirilecektir, yaratılış düşüncesindeki tüm hoşluğu ve iyiliği almak için, O'nu hoşnut etmek için."

Çalışmanın düzenindeki kuralı hatırlamalıyız; kişinin iyi olup olmadığını görmek için kendini incelemesine gerek yoktur. Yani, eğer bir kişi iyi olmadığını görürse, iyi olmasına yardım etmesi için Yaradan'a dua etmesi gereken zamandır. Bu, özellikle kişinin Yaradan'a biraz yakınlık duyduğunu hissettiği zamandır. O zaman, içinde bulunduğu durumu eleştirel bir gözle değerlendirmesine izin verilir. Ancak kişi çalışmadan uzaklaştığını hissettiğinde, yani çalışma için bir arzusu olmadığında, o zaman kendini incelememeli ve dua etmemelidir. Aksine, dikkatini vermeli ve şöyle demelidir: "Çalışmaya ne kadar tutunursam tutunayım, bundan memnunum ve bunun için Yaradan'a şükrediyorum." Ancak o zaman Yaradan'a kendisini daha da yakınlaştırması için dua etmemelidir. Ve Yaradan'a kendisini yaklaştırması için dua etmesi gereken duaya gelince, bu özellikle çalışmada bir miktar yükselişe sahip olduğunda olmalıdır.

Bu, Zohar'da (VaEra, Madde 102) yazıldığı gibidir, "Gelin ve görün, gündüzleri yargıları tamamlamak için Tora ile meşgul oldu ve geceleri gün gelene kadar şarkı söylemek ve övmekle meşgul oldu çünkü gün boyunca 'sol' olan yargıları tamamlamak ve incelemekle meşgul oldu. Geceleri ise övgülerle meşgul olurdu ki bunlar Hasadim'dir."

Dolayısıyla, yukarıdaki açıklama, özellikle "gündüz" sırasında, yani bir yükseliş sırasında, kişinin yargıları sıralamak için solla meşgul olmasıdır. Ancak "geceleyin", yani hava aydınlanmadığında, övgülerle meşgul olur.

Kişi Kötü Niteliklerle Doğmuşsa Ne Yapmalıdır?

Makale No. 41, Tav-Şin-Nun-Alef, 1990/91

Zohar'da (Nasso 41) şöyle yazar: "Kişinin eylemleri üzerindeki Partzuf'u yansıtır, bu yüzden kişi onların yüzlerinin üzerlerindeki biçime tanıklık ettiğini söyler ya da dünyanın dört elementi olan ateş, rüzgâr, su ve tozun Merkava'sından [yapı], ki bunların içinde ne iyi eğilim ne de kötü eğilim vardır. Aksine, onlar dünyadaki hayvanlar gibidirler."

Bu, bedenin birleşmesinin bir kişide nitelikleri doğurduğu ve bunun kötü eğilimle ilgili olmadığı anlamına gelir. Örneğin, eğer kişi "su" elementine daha fazla sahipse, ihtiraslıdır. Eğer "ateş" elementine daha fazla sahipse, huysuzdur. Eğer "rüzgâr" elementine daha fazla sahipse, kibirli ve "toz" elementine daha fazla sahipse, tembeldir. Ancak bunun kötü eğilimle hiçbir ilgisi yoktur. Bu, bir kişide var olan ve SART'un dört niteliğinden uzanan tüm niteliklerin kötü eğilimle hiçbir ilgisi olmadığı anlamına gelir.

Soru şudur: Kötü eğilim nedir? Bu konuda şunu söylemeliyiz ki, kötü eğilim kişiyi Yaradan'ın arzusuna karşı bir şeyler yapmaya iten şeydir. Kişi önce Yaradan'a inanmalıdır ve sonrasında Yaradan'ın arzusuna karşı bir şeyler yaptığını söylemek mümkündür ve o zaman kötü eğilim yüzünden günah işlemeye başlar ve halkı İsrail'e Tora'yı veren Yaradan'a itaat etmek istemez.

Aksine, (Yaradan'a inancı olmayanların) başkalarına zarar vermelerinin tek nedeni, Zohar'ın sözlerinde söylendiği gibi, dört elementin birleşmesidir: "Dört elementin içinde ne iyi eğilim ne de kötü eğilim vardır. Aksine, onlar dünyadaki hayvanlar gibidirler", Yaradan'a olan inançla hiçbir bağlantıları yoktur. Ancak insan için, inanç meselesinin olduğu yerde, Yaradan'a inanmadığı zaman kötü eğilim meselesi başlar ve Yaradan'a inandığı zaman iyi eğilim başlar. Bu demektir ki, Yaradan'a inanan, yani ödül ve cezaya inanan kişide, kötü eğilim ve iyi eğilim çalışmaları başlar. Ancak Yaradan'a inançla ilgisi olmayanlar hayvanlar gibidir.

Yine de, Zohar'ın söylediğini, onların dört elemente ait olduklarını ve kötü eğilim ya da iyi eğilimle hiçbir bağlantıları olmadığını söylemek zorundayız. Bu, çalışma söz konusu olduğunda böyledir. Ancak ifşa olanlar, yani kurallar söz konusu olduğunda, onlar mahkemelerin kendilerine uyguladığı her türlü cezaya ve hükme tabidirler, çünkü orada kişi "Benim kötü bir eğilimim yok ve cezalandırılmayı hak etmiyorum" diyemez ve dört unsurdan geldiğini söyleyemez.

Zohar'ın, fiili uygulama açısından konuştuğu ifşa edilmiş Tora'nın perspektifinden değil, çalışmanın perspektifinden konuştuğunu söylemeliyiz. Zohar daha ziyade, bir kişinin dört elemente ait olduğu ama yine de kötü eğilimle bir bağlantısı olmadığı söylenebilecek olan çalışmanın düzeninden bahseder, çünkü çalışmada, bir kişinin Yaradan'a inanmaya başladığı andan itibaren kötü eğilimden bahsetmeye başlarız. Ancak o zaman, iyi eğilimden ya da kötü eğilimden söz ederiz.

Bununla birlikte, ödül ve cezaya olan inanç konusunda da iki ayrım yapmamız gerekir: 1) Ödül ve ceza, kişi doğru yolda yürürse, karşılığında bu dünyada mutlu olacağı ve öteki dünyada da mutlu olacağı bir ödül alacağı şeklinde yorumlanır. Ve eğer doğru yolda yürümezse, mutsuz olacaktır. 2) Ödül ve ceza, bilgelerin bizim için düzenledikleri gibi kişi doğru yolda yürürse ve onların sözlerine inanırsa, o zaman ödül Yaradan'a yaklaşmak olacaktır şeklinde yorumlanır. Tersine, eğer Yaradan'ın yollarında nasıl yürüyeceğimizi bizim için belirleyen bilgelere inanmazlarsa, cezalandırılacaklardır. Ceza, Yaradan'dan uzak olmaları ve Yaradan'a yaklaşmaları için yardım verilmeyecek olmasıdır. Yani, ödülleri onlara yukarıdan ikinci bir doğa olan ihsan etme arzusunun verilmesi olacaktır ve cezaları da kendilerini sevmeye dalmış olarak kalmaları ve ilerleyemedikleri için acı çekmeleri olacaktır.

Bu, onların "kötü eğilimin hükmü altına girdikleri", Yaradan'dan ayrıldıkları ve O'nunla bağ kuramadıkları şeklinde değerlendirilir ve kötülüğün hükmü altına girmeleri onları incitir. Yani, bir kişinin cezalandırıldığını ama cezalandırıldığını hissetmediğini, yani kötülüğün hükmü altında olmaktan acı çekmediğini söyleyemeyiz.

Aksine, "ceza" kişinin kötü eğilimin kontrolü altında olduğu için acı çektiği, yani acı çekerek kötü olduğunu hissettiği anlamına gelir. Bu, bir kişinin "kötü eğilimin hükmü altına girmesi", yani kötü eğilimin kişiye zarar vermesi olarak kabul edilir. Bunun tersine, kötü eğilimin hükmü altına giren ama acı çekmeyenler, çalışma açısından, hala kötü eğilime sahip olmadıkları, halen "kötülük" olarak adlandırılan alma arzusunun hükmü altına girdiklerini hissetmedikleri kabul edilir.

Ancak şunu anlamalıyız ki, bedenin birleşmesine göre bir kişi iyilik yapmaktan acizse ve iyilik yapmak için diğer insanlardan daha fazla çaba sarf etmesi gerekiyorsa, Zohar'ın kişinin yaptığı kötülüğün bir canavar gibi olduğunu söylemesi bize nasıl yardımcı olur? Kişinin iyilik yapabilmesini sağlayacak tavsiye nedir? Diğer bir deyişle, kişinin daha sonra iyi eğilimi ve kötü eğilimi edinmesine ne yardımcı olabilir?

Bilgelerimiz şöyle der (Roş Aşana [Yahudi yeni yılının başlangıcı] 17), "Tanrın Efendinin gözleri onun üzerindedir, bazen daha iyi, bazen daha kötü. Bazen daha iyisi için - nasıl? Eğer İsrail halkı yılın başında tamamen kötüyse ve kendilerine az yağmur verilmişse, ama sonunda tövbe ederlerse, onlara ekleme yapmak mümkün değildir, çünkü hüküm verilmiştir. Bunun yerine, Yaradan onları ihtiyacı olan toprağa, toprağa göre zamanında döker." (RAŞİ, "onlara ihtiyaç duyan toprağı" tarlalar, bağlar ve bahçeler olarak yorumlamaktadır). "Zamanla daha kötüsü için, nasıl? Eğer İsrail halkı yılın başında tam bir erdemlilik gösterirse, onlara birçok yağmur verilir, ama sonunda yoldan çıkarlar. Onları azaltmak imkansızdır, çünkü karar zaten verilmiştir, ancak Yaradan onları zamanında değil, onlara ihtiyaç duymayan toprağa döker. (RAŞİ, "zamanlarında değil" - ekimden önce ve "onlara ihtiyaç duymayan toprakta" - ormanlarda ve çöllerde şeklinde yorumlar).

Çalışmada bu konunun bize ne öğretmek için geldiğini anlamalıyız. Zohar'ın söylediğine göre, dört elementin birleşimine göre yaratılan ve iyi eğilim veya kötü eğilimle hiçbir bağlantısı olmayan, ancak dünyanın hayvanları gibi olan insanlar vardır. Bu, iyi eğilim ve kötü eğilimin, kişinin kötülüğün üstesinden gelebileceği bir seçim meselesi olduğu anlamına gelir. Ancak "hayvan" niteliğinde, sahip oldukları niteliklerin değiştirilemeyeceği anlamına gelir. Dolayısıyla, kişi kötü niteliklerle doğmuşsa ve doğası değiştirilemiyorsa ne yapmalıdır? İyi eğilimin kötü eğilimin üstesinden gelme çalışması olan seçime nasıl sahip olabilir?

Yukarıdakilere göre, kişi içinde çok az iyilik bulunan kötü niteliklerle doğmuş olsa da, doğru yolda yürüdüğünde, yani Yaradan'dan kötülüğün üstesinden gelmesine yardım etmesini istediğinde, içindeki kötülük diğer insanlardan daha büyük olsa da ve doğasını değiştirmek imkânsız olsa da, Yaradan'ın ona içinde çok az iyilik bulunan niteliklerini kullanma gücü verdiği şeklinde yorumlamalıyız. Bununla birlikte, kişinin içinde işleyen her ne iyilik varsa, yani Yaradan ona yukarıdan yardım ediyorsa, kişi sahip olduğu güçleri doğru yerde kullanır.

Örneğin, kişi sadece bir saat öğrenecek güce sahipse, özellikle Tora'nın ışığını getiren kitaplardan öğrenir, yani onlar aracılığıyla Yaradan'ın çalışmasının önemini edinir ve Yaradan'a tutunmanın değerli olduğuna dair bir uyanış yaşar. Ve çalışma ile ilgili birazcık düşünce olduğunda, "Bu çalışmadan ne elde edeceğim?" diye düşünmez. Aksine, "Kral'a ne verebilirim ki O'nunla bağ kurabileyim?" diye düşünür. Dua ettiğinde, yetenekli olmadığını ve büyük ve derin düşünceler üretemeyeceğini bildiğinden, dua ederken sadece Kime dua ettiğini, yani Kiminle konuştuğunu ve O'ndan kendisine ne vermesini istediğini tahayyül eder. "Alçaklığımı, insanların geri kalanından daha kötü olduğumu biliyorum, bu yüzden insanların geri kalanı kötülüklerinin üstesinden gelebilir ve Senin yardımına bu kadar ihtiyaç duymazlar, oysa benim ne gücüm ne de aklım var, bu yüzden bana merhamet et" der. Kişi kalbinin derinliklerinden dua ettiği için, Yaradan onun duasını işitir. Dolayısıyla, kişi tüm küçük güçlerini doğru yerde ve doğru zamanda kullanır.

Ancak bir kişi dört unsur aracılığıyla iyi niteliklere ve erdemlere sahip olmaya mahkûm edilir, ancak ödüllendirilmezse, yani doğru yolda yürümezse - Yaradan'dan doğru yolda yürümesine yardım etmesini istediğinde, armağanları ihtiyaç duyulmayan bir yerde kullanılır. Bu demektir ki, tüm güçler ve yetenekler, "zamanında değil, ekimden önce" yazıldığı üzere, çalışmayla ilgili olarak maneviyatta hiçbir şey vermeyecek bir yere gider. Başka bir deyişle, kişinin çalışması, harcadığı büyük çaba ve derinliğe rağmen, hiçbir şey vermeyecektir. "Onlara ihtiyaç duymayan bir toprakta-ormanlarda ve çöllerde" ifadesinin anlamı budur. Bu, tüm güçlerin ve armağanların ve tüm iyi niteliklerin büyümeyecek bir yerde kullanıldığı anlamına gelir, yani bu onu Yaradan'la Dvekut'a [bütünleşmeye] götürmeyecektir. Başka bir deyişle, kişi doğru rehberi bulma zahmetine girmeyecek ve özellikle Yaradan'a yaklaştıran kitaplardan öğrenmeye dikkat etmeyecektir.

Sonuç olarak, insanın dört unsurdan yaratılmış olmasının kötü eğilim ya da iyi eğilimle hiçbir bağlantısı yoktur. Ancak daha sonra, kişi çalışmaya başladığında ve Yaradan'a yaklaşmak istediğinde, o zaman kötü eğilim meselesi başlar, kişi içinde kötülük olduğunu görmeye başlar ve bu ona acı verir. Ardından, kişi iyi niteliklere sahip olmadığını gördüğünde, kendisine yardım etmesi için Yaradan'a dua eder. O zaman, Yaradan onun tüm güçlerini ve sahip olduğu azıcık yeteneği çağırır. Yaradan her şeyi bir araya getirir ve kişinin sahip olduğu tüm güçleri yoğunlaştırır, böylece her şey Yaradan'la birlikte Dvekut'u edinmek için olur.

Dolayısıyla, her ne kadar insanın karakterinin değişmediği söylense de, kötü eğilim aracılığıyla, kişi çalışmaya başladığında ve Yaradan'dan uzaklaştırılmaktan dolayı acı çektiğini gördüğünde, dua aracılığıyla, kişi Yaradan'a dua ettiğinde ve yazılanlara inandığında, "çünkü Sen her ağzın duasını duyarsın, " yani yetenekli olmayan ve üstesinden gelme gücü olmayan ve aynı zamanda kötü niteliklere sahip olan ve diğer insanlardan daha kötü olan bir kişiden gelen bir ağız bile ve bu ona dört unsurdan (ateş, rüzgar, su ve toz) yaratıldığı için gelir ve vücudundaki dört unsurun birleşmesine göre kötü niteliklere sahiptir. Dolayısıyla kişinin buna ekleyeceği hiçbir şey yoktur.

Yine de kişi Tora ve Mitzvot [emirler/iyi işler] üzerinde çalışmaya başladığında, Sulam'da [Zohar üzerine Merdiven yorumu] yazdığı gibi, iyi eğilim ve kötü eğilim meselesi olduğunu bilmesine neden olur (Beresheet Bet, Madde 103), "Kişi kendi zevki için bile Tora ve Mitzvot ile uğraşırsa, içindeki ışık sayesinde, kendisi için almanın doğasındaki alçaklığı ve korkunç yozlaşmayı yine de hissedecektir. O zaman, bu alma doğasından uzaklaşmaya karar verecek ve kendini tamamen sadece Yaradan'a memnuniyet ihsan etmek için çalışmaya adayacaktır. O zaman Yaradan onun gözlerini açacak ve kişi önünde hiçbir eksikliğin olmadığı, mutlak mükemmellikle dolu bir dünya görecektir."

Yukarıda anlatılanlara göre, kişi dört elementle doğmasına ve ne iyi eğilimle ne de kötü eğilimle hiçbir bağlantısı olmamasına ve dünyadaki hayvanlar gibi olmasına ve bu niteliklerin değiştirilememesine rağmen, Tora ve Mitzvot'a bağlanarak, iyi eğilim ve kötü eğilim meselesi olduğunu bilir ve hisseder ve sonra kötü eğilimin kontrolünden çıkmasına yardım etmesi için Yaradan'a dua edebilir. O zaman kişi tüm güçlerini doğru yerde kullanmaya odaklanır. Yani, sahip olduğu güçler ne olursa olsun, bunları kendisine Yaratan'la Dvekut'a ulaşma becerisi verebilecek ölçüde kullanması yeterlidir.

"Zaman zaman daha iyisi için - nasıl?" sözünün anlamı budur. Eğer İsrail yılın başında tamamen kötüyse ve kendisine az yağmur verilirse." Bunu, doğduğunda bedenin birleşmesi açısından kötü niteliklere sahip olduğu şeklinde yorumlamalıyız. Bu, onlara "az yağmur verildiği" şeklinde değerlendirilir. "Yağmurlar", çalışmada "yakıt [veya motivasyon]" olarak adlandırılan meyve veren güçtür. "Sonunda tövbe ederler, onlara bir şey eklemek mümkün değildir çünkü hüküm verilmiştir" diye yazılmıştır. Bu, onların zaten bedenin dört unsurda birleşmesiyle doğdukları anlamına gelir, ancak "Yaradan onları zaman içinde onlara ihtiyacı olan bir toprağa döker." Yani, yakıt olan yağmurlar, birlikte çalıştığımız güçler, sadece gerekli olan şey için kullanılmak üzere yoğunlaştırılır.

Örneğin "ateşi" ele alalım. Bir yandan insan ateşten zevk alır. İnsan ateşe sahip olduğunda yemek pişirebilir, onu karanlığı aydınlatmak için kullanabilir ve kışın onu ısıtabilir. Bu nedenle, esasen ateşin dünyaya onu ıslah etmek için geldiğini söyleyebiliriz. Öte yandan, eğer bir kişi dikkatli olmaz ve onu yanlış kullanırsa, bu ateş dünyaya yıkım ve felaket getirir, çünkü onun aracılığıyla insan bazen daha önce çok zengin olsa bile fakir ve yoksul olur. Bazen ateş dünyaya ölüm getirir.

Aynı şekilde, çalışmada, insanın güçleri dünyaya ıslah getirebilir. Kişi güçlerini ıslah düzenine göre kullanırsa, güçler dünyaya haz getirir. Yukarıda söylendiği gibi, eğer bir kişi ıslah yolunda yürürse, sahip olduğu küçük güçler onun tamamlanması için yeterlidir. Dünyaya zarar verebilecek bir şeyin bile, örneğin "ateş" denilen bu gücü ıslah yolunda kullanırsak, tüm dünyanın bundan yararlandığını görürüz.

Çalışmada da durum aynıdır: Yaradan gerekli yardımı verdiğinde, "yağmur" adı verilen yakıtın gücü kişinin meyve vermesi için yeterlidir, çünkü Keduşa'da [kutsallık] bir kural vardır, kişinin çalışmada meyve vermesi gerekir, oysa Sitra Ahra [diğer taraf] ile ilgili olarak, "Başka bir tanrı kısırdır ve meyve vermez" denir.

Yukarıdakilere göre, bilgelerimizin söylediklerini yorumlamalıyız (Nidah 16b), "Rabbi Hanina Bar Papa der ki, 'Gebelik üzerine atanan meleğe Laila [İbranice: gece] denir. Bir damla alır ve onu Yaradan'ın önüne koyar ve O'na şöyle der: 'Dünyanın efendisi, bu damla ne olacak? Güçlü mü olacak yoksa zayıf mı, bilge mi olacak yoksa aptal mı, zengin mi olacak yoksa fakir mi? Ama günahkâr ya da erdemli' dememiştir. Rabbi Hanina'nın dediği gibi, 'Cennet korkusu dışında her şey cennetin elindedir'."

Baal HaSulam bu konuda şunu sordu: Eğer bu damla aptal olmaya mahkûm edilmişse, daha sonra daha iyisi için bir seçim nasıl olabilir? Ne de olsa, kişinin içine ahmaklık ruhu girmedikçe günah işlemeyeceğine dair bir kural vardır. Öyleyse, kişi ahmaklık ruhuyla doğduğuna göre, nasıl iyiyi seçebilir ve ahmaklık ruhu içindeyken kendini günah işlemekten koruyabilir?

İnsanla ilgili olarak açıkladığımıza göre, insan kötü niteliklere sahip olduğu dört elementin birleşmesine göre doğduğunda, ancak bu kötü eğilim veya iyi eğilimle bağlantılı değildir, ancak dünyanın hayvanları gibidir, yine de Tora ve Mitzvot'la kendi yararı için bile meşgul olarak, içindeki ışık sayesinde, kendisi için almanın doğasında var olan alçaklığı ve korkunç yozlaşmayı hissedecektir. O zaman kendini tamamen sadece Yaradan'ı hoşnut etmek için çalışmaya adamaya karar verecek ve o zaman Yaradan onun gözlerini açacaktır.

Ayrıca burada, damlanın aptal olmaya mahkûm edilmesine rağmen, Tora Lo Lişma [O'nun rızası için değil] ile meşgul olarak, içindeki ışığın onu ıslah edeceğini yorumlamalıyız. Yani, Tora Lo Lişma'daki ışık onun için parlayabilir, böylece içindeki kötülüğü hissedecektir. Yani, bir aptalın hissetmeyeceğine dair bir kural olmasına rağmen, çünkü aptal olmaya mahkûm edilmiş bir damladan doğan biri iyi veya kötü arasındaki farkı nasıl hissedebilir, bu doğumun kendisi açısından, aptal olmaya mahkûm edildiği damla açısından böyledir. O zaman, "bir aptal hissetmez" olarak kabul edilir. Ancak kişi Tora'nın ışığı sayesinde, iyi ya da kötü hissini öyle bir ölçüde alır ki, Tora'nın ışığı sayesinde aldığı kötünün farkına vararak, gözlerini açmakla ödüllendirilir.

Ancak şunu sormalıyız: Yaradan neden bir damlayı aptal olmaya mahkûm eder? Sanki Yaradan kasten onun doğuştan sahip olduğu niteliklerin üstesinden gelememesine neden oluyor gibi görünmektedir. Baal HaSulam'ın dediği gibi yorumlamalıyız, Yaradan çoğu zaman bir kişiye öyle bir şey yapar ki, sanki Yaradan o kişinin zararına hareket ediyormuş gibi görünür. Ancak "Yaradan yarattıklarından şikâyet etmez" kuralına göre şunu sormalıyız: Yaradan neden insanın üstesinden gelememesine neden oluyormuş gibi görünmesini sağlıyor?

Cevap, Yaradan'ın yaratılanların O'nun eylemlerinde sınırlı olmadığını bilmelerini istemesidir. Yani, Yaradan'la Dvekut'a ulaşmak kişinin elinde değildir, bunun yerine bu özellikle yukarıdan gelen yardımla gerçekleşir, Yaradan bir kişiye "ihsan etme arzusu" adı verilen ikinci bir doğa verdiğinde ve Yaradan için ona çok ya da az yardım etmesi fark etmez. Ayrıca, burada Yaradan'ın damlayı aptal olmaya mahkûm ettiği gerçeğini de yorumlamalıyız, bu insanın Yaradan'a göre büyük ya da küçük güçlere sahip olmak, çok bilge ya da aptal olmak arasında bir fark olmadığını bilmesi içindir. Ancak kişi Yaradan'dan kendisine yardım etmesini istemesi gerektiğini anlarsa, Yaradan ona yardım eder. Yani, Tora'nın ışığını aldıktan sonra, "kendi yararı için alma arzusu" olarak adlandırılan kendi zevki için uğraştığı Tora aracılığıyla, Yaradan'dan isterse, Yaradan'ın gözlerini açmasıyla ödüllendirilir ve ona mutlak mükemmellikle dolu bir dünya gösterilir.

Yukarıdakilere göre, bilgelerimizin söylediklerini yorumlayabiliriz (Taanit 7), "Tora Lişma [O'nun rızası için] ile meşgul olan herkes, Tora'sı onun için bir yaşam iksiri olur. Ve kim Tora Lo Lişma ile meşgul olursa, Tora onun için bir ölüm iksiri olur."

Bu kafa karıştırıcıdır: Bir kişi Yaradan'ın rızası için yaptığı eylemlerle ödüllendirilmeden önce, hala Lişma'yı öğrenemez. Öyleyse neden (Pesahim 50), "Kişi her zaman Tora ve Mitzvot Lo Lişma ile meşgul olmalıdır, çünkü Lo Lişma'dan Lişma'ya gelir" demişlerdir. Kendisine ölüm iksiri koyan bir kişinin önce Lo Lişma'yı öğrenmesi gerektiği nasıl söylenebilir?

Yukarıdakilere göre yorumlamalıyız ki, dört unsurdan oluşan insanın henüz ne kötü eğilimle ne de iyi eğilimle bağlantısı vardır. Aksine, Sulam'da [Zohar'ın Merdiven yorumu] söylendiği gibi, orada kişinin kendi zevki için Tora öğrenerek, buna Lo Lişma yani kişinin kendi yararı için denir, yine de, Sulam'da söylendiği gibi, "İçindeki ışık aracılığıyla, kendisi için almanın doğasındaki alçaklığı ve korkunç yozlaşmayı hissedecektir. O zaman bu alma doğasından uzaklaşmaya karar verecek ve kendini tamamen sadece Yaradan'ını hoşnut etmek için çalışmaya adayacaktır. O zaman Yaradan onun gözlerini açacaktır."

Dolayısıyla bu, sadece Tora'nın ışığı aracılığıyla, Tora Lo Lişma'yı öğrenerek, Tora'daki ışığın, Lişma'yı, yani ihsan etmek amacıyla öğrenirse, yaşam ışığıyla ödüllendirileceğini ve bollukla dolu bir dünya göreceğini anlamasını ve hissetmesini sağlayacağı anlamına gelir. Eğer bunu yapmaz da kendini algılamaya devam ederse, durumu "ölüm iksiri" olacaktır. Yani, kendini algılamada var olan yozlaşmayı hissedecek ve Yaşamların Yaşamından ayrı kalacaktır.

Özellikle Lo Lişma'yı öğrenmeye başladığında, Tora'daki ışık onun neyin "yaşam iksiri" ve neyin "ölüm iksiri" olduğunu anlamasını sağlar. Bu sayede daha sonra gözlerinin açılması ile ödüllendirilecek ve bollukla dolu bir dünya görecektir.

Çalışmada "Öküz Sahibini Bilir, vs., İsrail Bilmez" Ne Demektir?

Makale No. 42, Tav-Şin-Nun-Alef, 1990/91

"Öküz sahibini, eşek efendisinin yemliğini bilir; İsrail bilmez, Benim halkım anlamaz" diye yazılmıştır. Sorunun ne olduğunu anlamalıyız, çünkü öküzün bildiğini ve eşeğin sahibinin yemliğini bildiğini, ancak İsrail'in bilmediğini söylüyor. Demek ki insanın hayvandan daha fazla aklı var, o halde İsrail neden bilmiyor ve "Halkım yaratılan varlıkları besleyenin ve onlara rızık verenin kim olduğunu anlamaz" diyor?

"Öküz sahibini bilir" sözünün İsrail gibi olmadığını söyleyebiliriz. Öküz ve eşek, İsrail'in aksine kendilerini kimin beslediğini görürler ve İsrail halkı da kendilerini besleyenin kim olduğunu görmez ve sadece Yaradan'ın onlara ihtiyaç duydukları her şeyi verdiğine inanmak zorundadırlar.

Başka bir deyişle, İsrail halkı Yaradan'ın dünyayı beslediğine ve rızıklarını sağladığına inanmalıdır. Öyleyse soru şudur: Neden öküz ve eşek kendilerine kimin rızık verdiğini biliyor da İsrail bilmiyor? Eğer İsrail öküz ve eşek gibi Yaradan'ın kendilerine yiyecek verdiğini görebilseydi, öküz ve eşek gibi olurdu, öküz ve eşekle aynı bilgiye sahip olurdu. Ama "Elini açarsın ve her canlının arzusunu yerine getirirsin" şeklinde yazılmış olana inanmalıyız, çünkü bu sadece inançla olabilir, öküz gibi bilgiyle değil.

Bu nedenle, "İsrail neden bilmiyor?" sorusunun ne olduğunu anlamalıyız. İlk olarak, Tanrı'nın insana neden inanç verdiğini anlamalıyız. Bu demektir ki, biraz aklı olan herkes anlar ki, eğer Yaradan insanların Tora ve Mitzvot'a [emirlere/iyi işlere] uymasını isteseydi, eğer insan O'nun İlahi takdirini açıkça görebilseydi ve Yaradan'ın dünyayı iyi ve iyilik yapan bir rehberlikle yönettiğine inanmak zorunda olmasaydı, aksine herkes O'nun İlahi takdirini görebilseydi, o zaman tüm dünya Yaradan'ın hizmetkârı olur ve Tora ve Mitzvot'u sevgiyle uygulardı.

Açık İlahi Takdir şöyle yazılmıştır ("On Sefirot Çalışmasına Giriş," Madde 43): "Örneğin, Yaradan yarattıklarıyla açık bir İlahi Takdir oluştursaydı, örneğin, yasak bir şeyi yiyen herkes hemen boğulur ve bir emri yerine getiren herkes bu maddesel dünyadaki en güzel hazlara benzer harika hazları keşfederdi. O halde, hangi aptal bu yüzden hayatını hemen kaybedeceğini bile bile yasak bir şeyi tatmayı düşünür? Ayrıca, hangi aptal herhangi bir emri mümkün olduğunca çabuk yerine getirmeden bırakır?"

Peki Yaradan neden bunu yapmadı da her şeyi bilmemiz gereken şekilde değil de inanmamız gereken şekilde yarattı? Baal HaSulam, Yaradan'ın her şeye kadir olduğuna inanmamız gerektiğini söyledi. Öyleyse neden özellikle bilgi yolundan değil de inanç yolundan gitmemizi seçti? Yaradan, yaratılış amacına nihai olarak ulaşmak için inanç yolunun daha iyi olduğunu anlamış olmalı ki bize inanç yolunu verdi.

İnançla ilgili olarak birçok yorum vardır. Yani, her biri kendi anlamına sahiptir. Ancak gerçekte, kişinin seçtiği herhangi bir inanç anlayışına "inanç" denir. Bu, "On Sefirot Çalışmasına Giriş "te (Madde 14) belirtildiği gibidir: "'Tora'sı zanaatı olan kişi' ifadesini, kişinin inancının ölçüsünün Tora uygulamasında açıkça görüldüğü şeklinde yorumlamalıyız çünkü Umanuto [zanaatı] kelimesinin harfleri [İbranice'de] Emunato [inancı] kelimesinin harfleriyle aynıdır. Bu, dostuna güvenen ve ona borç para veren bir kişinin durumuna benzer. Ona bir pound verebilir ama iki pound isterse ona borç vermeyi reddeder. Ona yüz pound da verebilir ama daha fazlasını veremez. Ayrıca, hiç korkmadan tüm mal varlığını da ona emanet edebilir. Bu son inanç 'tam inanç' olarak kabul edilir ve önceki formlar 'eksik inanç' daha ziyade 'kısmi inanç' olarak kabul edilir. Benzer şekilde, biri Yaradan'a olan inancı ölçüsünde Tora'yı uygulamak ve çalışmak için kendine günde sadece bir saat ayırır ve üçüncüsü Tora ve çalışma ile meşgul olmadan boş zamanının tek bir anını bile ihmal etmez."

Yukarıdakilere göre, her Yahudi'nin inanç niteliğine sahip olduğunu görüyoruz. Peki, Yaradan neden özellikle inanç yolunu seçmiştir? Çünkü yukarıda da belirtildiği gibi, inanç yolu bir kişinin yaratılış amacına ulaşması yani O'nun yaratılış düşüncesindeki "yarattıklarına iyilik yapma arzusu" olan haz ve memnuniyeti edinmesi için en mükemmel yoldur.

Ancak, amacın tamamlanmasına ulaşmak için kişinin izleyebileceği yolların neler olduğunu anlamalıyız. Cevap, insanın yaratılışın ıslahını gerçekleştirmesi gerektiğidir. Bu, Yaradan'ın yaratılanlarda yarattığı alma kaplarının, bu arzunun, arzusu ihsan etmek olan Yaradan'dan form olarak zıt olduğu anlamına gelir. Dolayısıyla, insan ihsan etme arzusunu edinerek kendini ıslah etmelidir. Buna "yaratılışın ıslahı" denir ve insanın tüm çalışması budur, Yaradan'la "form eşitliği" demek olan Dvekut'u [bütünleşmeyi] edinmek.

Dolayısıyla, eğer Yaradan'ın dünyayı yönlendirdiği rehberliğin iyi ve iyilik yapma şeklinde olduğu ifşa olsaydı, insanın seçmesi, yani ihsan etmek için Tora ve Mitzvot'u yerine getirmesi tümüyle imkânsız olurdu. Aksine, başka bir sebep kişiyi ceza olan Tora ve Mitzvot'u yerine getirmeye zorlardı, yani "On Sefirot Çalışmasına Giriş" bölümünde söylendiği gibi, Yaradan'ın emri nedeniyle değil, kendi menfaati için yerine getirirdi.

Dolayısıyla, O'nun rehberliği gizlidir ve insan inanmalıdır ve ondan sonra seçim için yer olacaktır. Başka bir deyişle, kişinin ihsan etmek üzere çalıştığını söylemek için yer vardır. Bu demektir ki, kişi Tora ve Mitzvot'tan hiçbir tat almamasına rağmen Tora ve Mitzvot'la meşgul olur, yani Tora'nın tadı ve Mitzvot'un tadı onu bunları yerine getirmeye zorlayan sebep olarak gösterilemez, çünkü henüz hiçbir tat almıyordur.

Ancak hazzın bilindiği ve inanılmadığı maddesel hazlarda, kişinin bir şeyde gördüğü haz onu bu hazzı almaya zorlar. Bu nedenle, eğer Tora ve Mitzvot'taki haz ifşa olsaydı -ARI'nın dediği gibi, gerçek haz vardır, maddesel hazlar sadece "ince bir ışık" olan Klipot'a [kabuklara] düşen kutsal kıvılcımlardan daha fazlası değildir -Tora ve Mitzvot'taki haz ifşa olsaydı, yaratılanlar kesinlikle kendi menfaatleri için Tora ve Mitzvot'u yerine getirmeye zorlanırlardı.

Kişi Tora ve Mitzvot'u, içinde herhangi bir tat hissettiği için yerine getirmiyorsa, durum böyle değildir. Aksine, kişi bazen Tora ve Mitzvot'u, bedeni buna karşı çıksa da zorlama ile yerine getirir. Yine de şunu sormalıyız: Neden kişi kendini zorluyor ve dinlenmek isteyen alma arzusunun üstesinden geliyor? Kişi, insan ile hayvan arasındaki tüm farkın bu olduğunu söyler. Bir hayvanın beyni yoktur; ne yapacağını ya da yapmayacağını sadece haz belirler.

Oysa akılla doğmuş olan insan artık hazza temel olarak yani bu onun rehberidir ve nerede daha fazla haz varsa oraya gitmesi gerekir diye bakmaz. Aksine, kişi her zaman hakikat yolunda yürümesi gerektiğini düşünür, yani çalışmanın ölçüsünün hakikat olduğunu düşünür. Kişi bu yolda yürür ve haz duygusuna bakmaz, onun rehberi budur. Bunun yerine kişi her zaman hakikati, şu anda yapmak üzere olduğu şeyin kendisi için gerçekten iyi bir şey getirip getirmeyeceğini düşünür.

Bu nedenle, kişi "inanç" olarak adlandırılan cennetin krallığını üstlendiğinde, Yaradan rızası için Tora ve Mitzvot ile meşgul olmak istediğinde ve Yaradan'a memnuniyet getirmek istediğinde, yaptığı şeyi değil, gerçeği dikkate alır. Başka bir deyişle, Yaradan bize Tora ve Mitzvot'u verdiğine göre, O'nun Mitzvot'una uyarak O'nu memnun etmek için O'nun arzusunu yerine getirmek ister.

Bu nedenle, örneğin bir kişi Tzitzit [saçaklı zorunlu bir Yahudi iç giysisi] taktığında, bedenin Tzitzit takmasından hoşlanıp hoşlanmayacağına bakmaz, özellikle de bilgelerimizin dediği gibi (Şabat 133) çok güzel bir Tzitzit takmaya dikkat ettiğinde, "Bu benim Tanrımdır ve O'nu öveceğim. O'nun önünde kendinizi Mitzvot ile süsleyin. O'nun için güzel bir Suka [Çardaklar Bayramı çadırı], güzel bir Lulav [Çardaklar Bayramı palmiye dalı], güzel bir Şofar [üflemek için koç boynuzu], güzel bir Tzitzit, güzel bir Tora kitabı yapın."

Ancak kişi her zaman Yaradan'ı nasıl memnun edebileceğine bakar. Yani, Yaradan'ın bize Yaradan'ı sevme emrini vermesinin, Yaradan'ın bizim sevgimize ihtiyacı olduğu için olmadığını bu akılla anlar. Aksine, Yaradan'ın bize yapmamızı ve emirlerine uymamızı emrettiği her şey sadece bizim iyiliğimiz içindir. Başka bir deyişle, kişi bu sayede yaratılış amacına, yani O'nun yarattıklarına iyilik yapma amacına ulaşacaktır.

Ancak kişi, başkalarının iyiliği için değil, kendi iyiliği için "alma arzusu" denen bir doğaya sahip olduğunu bilir. Bu durum, insanın bir hayvan gibi olmadığını, özellikle nerede haz alacağını hissederse, orada haz almak için çaba gösterebileceğini söyleyebileceğimizi anlamasına rağmen, bunu söylemesini zorlaştırır. Ancak, kişiye Yaradan'ı sevmesi gerektiği söylenirse, kişi bunu ancak Yaradan'ın yüceliğini ve önemini gördüğünde anlayabilir, ancak o zaman sevgiden bahsedebiliriz.

Ama kişi Yaradan'ın önemini görmez ve inanmak zorunda kalırsa, işte burada insanın çalışması yani insan niteliğiyle ilgili olan çalışma, hayvan niteliğiyle ilgili olmayan çalışma başlar, çünkü inanç konusu bir hayvanın çalışması değil, insanın çalışmasıdır.

Bununla birlikte, inancın ölçüsü hayvanın sahip olduğu bilginin ölçüsüyle aynı olmalıdır. Aksi takdirde, onun için inanç ve bilgi arasında bir fark varsa, bu yine de "inanç" olarak kabul edilmez.

Başka bir deyişle, insan hayvan gibi olmalıdır: Hayvan nasıl sadece gördüğünü biliyorsa, insan da hayvanın bildiği gibi inançla hareket etmelidir. Aksi takdirde insan ile hayvan arasında ne fark kalır? Dolayısıyla, inanç bilgi gibi olmalıdır.

Yukarıdakilere göre, "Öküz sahibini bilir, eşek sahibinin yemliğini; İsrail bilmez, Benim halkım anlamaz" diye yazılanlar hakkında ne sorduğumuzu yorumlamalıyız. İsrail'i nasıl öküz ve eşeğe benzetiyor? Sonuçta, öküz ve eşek kendilerini kimin beslediğini görürken, İsrail görmüyor ve inanmak zorunda, bu durumda benzerlik nerede?

Cevap şudur: İnsan ve hayvan arasındaki temel fark, hayvanın bilgisinin olmamasıdır. Bu nedenle, hayvanlar arasında bir eylemi gerçekleştirip gerçekleştirmemeyi belirleyen tek şey haz duygusudur. Ancak aklı ve bilgisi olan insan için, meseledeki hazzı değil, meseledeki hakikati göz önünde bulundurmak gerekir.

Bu nedenle, bize inanç verildiğinde, "ve onlar Efendimize ve kulu Musa'ya inandılar" diye yazıldığı üzere, O bize bu çalışmayı verdiğinde, İsrail'in bilme yani inanç koşulunda olması gerekir, bu da tıpkı bilmenin hayvanlar için olduğu gibi İsrail'in üstlenmesi gereken bir şeydir.

Bununla ilgili bir soru var: İsrail'deki inanç neden hayvanlar için bilmekle aynı olmalıdır, bunun onların temeli olduğu düşünülürse? Ve ayrıca, İsrail neden " anlamaz", yani inançları bilgi gibi değildir?

"Benim halkım anlamaz" diye yazılmıştır. "Halkım" "sıradan insanlar" anlamına gelirken, "İsrail" zaten daha yüksek bir derecedir, çünkü İsrail'in Li-Roş [başım var] harflerine sahip olduğu bilinmektedir. Bu yüzden "İsrail anlamaz" diyor. Neden? Çünkü "Benim halkım anlamıyor". "Benim halkım" olduklarında, edinmeleri gereken inancın ölçüsünü anlamak için, kısmi inancın inanç için yeterli olduğunu düşündüler. Bu nedenle, azla yetindiler ve kendilerinin "İsrail" olduğunu düşündüler, ancak yine de "tam inanç" ile ödüllendirilmediler, ki bu durum hayvanlardaki bilmeye benzesin.

Buradan, çalışmanın düzeninin, kişinin bilmek gibi olan inanca ulaşması gerektiği sonucu çıkar. Başka bir deyişle, kişi Yaradan'ı hoşnut etmek için her şeyi yapmamız gerektiğini anlamaya başlar. Bu nedenle, kişi bu yolda yürürken, bedeninin yapmak istediği şeyden hoşlanmadığını gördüğünde, bedenine şöyle demelidir: "Senin hoşuna gidecek bir şey yapmayacağım; Yaradan'ın hoşuna gidecek bir şey yapacağım. Bu nedenle, benden istediğin şey, sen kabul edene kadar bunu yapmaktan kaçınmam, Yaradan'ın rızası için yaptığım şeyi hesaba katmıyorsun."

Ama beden sorar, "Yaradan'ın rızası için çalışmaktan ne elde edeceksin?" yani "Bundan ne zevk alacaksın?" Sonuçta, kişi ödül olmadan hiçbir şey yapmaz, o halde "Bunun karşılığında almayı umduğun ödül nedir?"

Cevap, "Ve onlar Efendimize ve O'nun kulu Musa'ya inandılar" diye yazıldığı üzere, bize inanç Mitzvası [Mitzvot'un tekrarı] verildiği şeklinde olmalıdır: "Ben de büyük bir Kral'a hizmet ettiğime inanıyorum, ancak Yaradan'ın yüceliğini hâlâ hissetmiyorum. Yine de O'nun yüceliğine inanıyorum ve yüce bir Kral'a hizmet etmekten zevk alıyorum ve bu benim için bir zevktir. Bu nedenle, tüm soruların sadece inançla ilgili olabilir. Ama tam bir inançla inandığımda, inancım bilmek gibidir."

Bir kral ya da yüksek rütbeli bir bakan ya da ünlü biri, üstün bir kişi hakkında bilgi sahibi olduğumuzda, bu büyük kişinin önünde teslim olmanın doğamızın bir parçası olduğunu görürüz. Bunun dinle hiçbir ilgisi yoktur; küçüklerin büyüklere hizmet etmesinin bir ayrıcalık olması doğanın bir kanunudur. Ancak büyüklük ve küçüklüğün ifşa olmadığı ve inanmamız gereken yerde bir çalışma vardır çünkü insan doğası gereği aklıyla görmediği ve anlamadığı sürece hiçbir şey yapamaz.

Dolayısıyla, kişi inancı bilmek gibi kendi üzerine aldığında, artık bedenle tartışmasına gerek kalmaz, çünkü bedene şöyle der: "Bana her şeyi söylediğini görüyorum çünkü tek bir şeyi, kendi üzerime aldığım inancı kabul edemeyeceğini söylüyorsun. Dolayısıyla, inanç hakkında böyle bir iddiayla, seninle tartışacak hiçbir şeyim yok. Bu nedenle sana şu anda ne yaptığımı söylüyorum ve sen bunu kabul etmiyorsun. Yine de senin rızanı beklemiyorum, çünkü benim için inanç bilgi gibidir."

Bu nedenle, insanın tüm çalışması inancın gücünü edinmektir, çünkü insan içindeki kötülüğü tartışarak yenemez, zira dışsal akılda beden her zaman haklıdır. Ancak kişi bedene mantık ötesi bir inançla karşılık verirse bedeni yenebilir.

Bu nedenle kişi Keduşa'da [kutsallık] bir şey yapmadan önce, şimdi yapacağı Keduşa eylemi sayesinde, çalışmasının karşılığında inancı alacağına hazır olmalıdır. Yaradan'a inançtan başka bir şeye ihtiyacı olmadığına inanmalıdır ve Yaradan ona inancı, mantık ötesi şeyler yaparak, yani zorlama ile verdiğinde edinebilir. Bu, kişinin çoğu zaman kendini zorlaması ve zorlama sayesinde Yaradan'ın yüceliğine ve önemine olan inançla ödüllendirilmeyi amaçlaması gerektiği anlamına gelir.

Ancak kişi bilmelidir ki, ihsan etmek için çalıştığında, yükselişleri ve düşüşleri olacaktır. Bu böyledir, çünkü yükselişler ve düşüşler sayesinde kişi iyiyi kötüden ayırt etme yeteneğini ve fırsatını elde eder, çünkü bilinmektedir ki kişi sahip olduğu şeyin zıddına sahip olmazsa hiçbir şeyi yeterince anlayamaz.

Bu konuda, "karanlığın içinden gelen ışığın avantajı gibi" diye yazılmıştır, yani karanlığın içinden gelmedikçe ışığın önemini fark edemeyiz. Kişi karanlıktan dolayı acı çekmiş ve eziyet görmüştür, bu yüzden ışık geldiğinde onu nasıl takdir edeceğini bilmiştir. Aynı şekilde bir kişi, karşısında düşüşler olmadıkça yükseliş koşulunun önemini takdir edemez. Ancak o zaman ışığın, yani yükselişin önemini takdir edebilir.

Öte yandan bu, bir bebeğe mücevher ve taşlar vermeye benzer; bebek bunların değerini bilmez ve insanlar gelip ondan iyi şeyleri alır, çünkü bebek mücevherleri neden saklaması gerektiğini bilmez. Doğal olarak, isteyen herkes çocuklardan iyi şeyleri alır.

Aynı şekilde, Keduşa'nın [kutsallığın] değerini bilmeyen bir kişiye, çalışmasında ilerlemesi için biraz Keduşa verilirse, Sitra Ahra [diğer taraf] gelir ve onu ondan alır, çünkü edindiği azıcık Keduşa'nın Sitra Ahra'nın Keduşa'yı elinden çekip almaması için dikkat gerektirdiğini anlayamaz.

Bu nedenle, kişi düşüş yaşadığında, sahip olduğu şeylerin Reşimot'u [hatıraları/anıları] ile kalır ve o zaman Sitra Ahra'nın onu elinden çekip almaması için nasıl dikkatli olması gerektiğini bilir. Bu nedenle, kişi Yaradan'ın her şeyi yaptığına inanır ve Yaradan'ın her şeyi insanın iyiliği için yaptığına şüphe yoktur, bu nedenle aldığı düşüşlerde, Yaradan'ın ona bu koşulları kendi iyiliği için gönderdiğini söyler.

Bu kişiye, Yaradan'ın kendisini gözettiğini görmemesine rağmen mücadeleden kaçmama gücü verir, yani kişi Yaradan'ın kendisine yardım ettiğini hisseder. Kişi çalışmasında ilerlememekle kalmaz, hatta geriler. Yine de eğer Yaradan'ın ona düşüşler göndererek yardım ettiğine inanırsa, o zaman artık mücadeleden kaçmaz.

Bunun yerine, Yaradan'ın ona yardım ettiğini, ancak kişinin anlayacağı şekilde, yani yükselişlerde yardım etmediğini söyler. Aksine, Yaradan ona düşüşler aracılığıyla yardım eder. Bu yüzden bu inanç onu daha güçlü kılar ve böylece mücadeleden kaçmaz. Bunun yerine, Yaradan'ın yardımını bekler ve Yaradan gözlerini açana ve Yaradan'la Dvekut ile ödüllendirilene kadar çalışmaya devam edecek güce sahip olmak için dua eder.

Yukarıdakilere göre, bilgelerimizin söylediklerini (Berachot 54), "Kişi iyiyi kutsadığı gibi kötüyü de kutsamalıdır" şeklinde yorumlamalıyız. Bunun anlamı şudur: Eğer kişi Yaradan'ın dünyayı iyi bir şekilde yönettiğine ve iyilik yaptığına inanıyorsa, neden içinde kötülük olduğunu hissediyor? Sanki Yaradan ona kötülük yapıyormuş gibi. Bu nedenle, bilgelerimiz kişinin bu kötülüğün daha iyisi için olması gerektiğine inanması gerektiğini söylemişlerdir.

Çalışmada, kişinin "tüm eylemlerinin Yaradan'ın rızası için olduğu" bir şekilde çalışmaya başladığında, yani yaptığı her şeyin kendi iyiliği için değil Yaradan'a ihsan etmek istediği için olduğunu gördüğümüzde, o zaman yükseliş ve düşüş koşullarına girdiğini anlamalıyız.

İnanç onun için parladığında, kişi yükseliş halindedir. Yani, sadece Yaradan'ın rızası için çalışmanın değerli olduğunu anlamıştır. Sonrasında bir düşüş gelir, "Kendi iyiliğim için değil de Yaradan'ın rızası için çalışarak ne elde edeceğim?" gibi düşünceler aklına gelir. Bazen yaşadığı düşüş o kadar derindir ki mücadeleden kaçmak ister.

O zaman soru şudur: Neden ihsan etme çalışmasına başlamadan önce her zaman yüksek bir ruh hali içindeyken, şimdi çoğu zaman çalışmadan tamamen uzak olduğunu ve her şeyi zorla yaptığını hissediyor? Ama bir kural vardır, "bir Mitzva bir Mitzvayı tetikler", öyleyse neden bir düşüş almıştır?

Cevap şudur ki, bir kişinin "kötülük koşulu" olarak adlandırılan düşüşte olduğunu hissetmesi de onun iyiliği içindir, çünkü özellikle her ikisi ile Yaradan'ın yardımı ile ödüllendirilebilir. "Kişi kötülüğü kutsamalıdır " sözünün anlamı budur.

Çalışmada "Sırtımı Göreceksiniz, Ama Yüzüm Görünmeyecek" Ne Demektir?

Makale No. 43, Tav-Şin-Nun-Alef, 1990/91

Bilinmektedir ki, O'nun yarattıklarına iyilik yapmak olan yaratılış amacına ulaşmak için çalışma düzeni şu iki şekildedir:

1) Mantık ötesi inanç demek olan "aklın" tarzı, "mantığa karşı" denilen bir tavırdır. Yani bir şeyin yapılmaya değer olup olmadığını kişinin aklı belirler. Kişinin mantığına karşı gelemeyeceği kuralına göre, bundan şu sonuç çıkar ki, akıl bunun değerli olduğunu anlamasa bile, kişi Yaradan'a hizmet etmeyi üstlenir. Ve bununla birlikte, kişi Yaradan'a nasıl hizmet edeceğimizi bizim için belirleyen bilgelere inanmayı üstlenir.

Onlar akla göre değil, Tora'nın kurallarına göre hareket etmemiz gerektiğini söylemişlerdir ve buna "akıl" denir.

2) "Kalp" yani alma arzusunun tavrı ve kişi bu arzuya karşı çalışmalıdır, yani ihsan etme arzusunu edinmek için çalışmalı ve bir şeyler yapmalıdır. Buna "kalp" denir.

İnsan doğası gereği kendisi için alma arzusuyla doğduğundan, ihsan etmek için çalışmak istediğinde, ona alma arzusunun kötü olduğu gösterilir. Ancak, alma arzusunun kendisini ne kadar kontrol ettiğini yani onun ne kadar kötü olduğunu ve kişinin kendi başına onun kontrolünden çıkamayacağı noktaya kadar bizi kontrol ettiğini hemen görmemelidir.

Eğer kişi içindeki kötülüğün gücünü ve bu kötülük yüzünden Yaradan'dan ne kadar uzak olduğunu görseydi, şöyle derdi: "İçimdeki kötülüğün kontrolü diğer insanlardan daha güçlü, peki onu nasıl yenebilirim? Boş yere çaba harcıyorum çünkü hepsi boşa gidecek, çünkü alma arzusunun kontrolünden çıkmanın bir yolunu göremiyorum ve alma arzusu tümüyle kötüdür, yani Dvekut'a [bütünleşme] ve form eşitliğine ulaşmanın önündeki tek engeldir. Bu nedenle, bu mücadeleden kaçmak benim için daha iyidir.

Ama kötülük bir anda gösterilmediği ancak yavaş yavaş, kişiye bir yükseliş verilerek gösterildiği için, yükseliş sırasında Yaradan'a yakın olduğunu hissettiği ve artık Yaradan'ın kendisine yardım etmesine ihtiyaç duymadığı için artık kötülüğü olmadığını düşünür çünkü sonsuza kadar bu akışta kalacağını düşünür, zira artık her şeyin saçmalık olduğunu ve önemli olanın Yaradan'a yaklaşmak olduğunu görür, ancak kişi tüm kalbiyle dua edebilmek için içindeki tüm kötülüğü görmelidir, çünkü ancak o zaman tam bir Kli'ye, yani gerçek bir eksikliğe sahip olur, bu nedenle yukarıdan bir düşüş alır. Başka bir deyişle, ona alma arzusunda bulunan ve üzerine düşünmediği kötülükten biraz daha gösterilir. Bu tekrar tekrar devam eder ve her seferinde ona biraz daha fazla kötülük gösterilir. Kişi bu mücadeleden kaçmazsa, kötülüğünün dibine ulaştığında, Yaradan ona gerekli yardımı verir ve bu yardım kişiyi içindeki kötülüğün kontrolünden kurtarmak için ona gelir. O zaman, kişi "ikinci doğa" olarak adlandırılan ihsan etme arzusuyla ödüllendirilir ve ardından "Gözlerin Tora'da açılmasını" alır.

Dolayısıyla, çalışmanın düzeni kişinin kendi görüşüne göre nasıl olması gerektiğini düşündüğü gibi değildir. Aksine, Yaradan'ın farklı bir düzeni vardır. Bu konuda şöyle denmelidir: "Çünkü Benim düşüncelerim sizin düşünceleriniz, sizin yollarınız Benim yollarım değildir" (Yeşaya 55). Başka bir deyişle, kişi dünyanın düzeninin, bir kişinin bir bilim veya meslek öğrenmesi ve uzmanlık alanını tam olarak kavrayana kadar her gün daha fazla ilerlemesi ve anlaması olduğunu anlar. Bu nedenle, kişi öğrenirken aldığı şekliyle çalışmaya bir kez alıştığında, bu, üzerinde çalışmamız gereken tek şeyin uygulama olduğu anlamına gelir. Başka bir deyişle, kişiye inancı üstlenmesi, Yaradan'a inanması ve bizim için Tora ve Mitzvot'u [emirleri/iyi işleri] yerine getirme yolunu belirleyen bilgelere inanması öğretilir ve kişinin Tora ve Mitzvot ile meşgul olurken hatırlaması gereken tek şey, Musa ve onu takip eden bilgeler aracılığıyla bize emretmiş olan Yaradan'ın Mitzvot'unu yerine getirdiği ve bununla bu dünyada ve öteki dünyada ödüllendirileceğimizdir. İnsanın Tora ve Mitzvot'ta çalışmaya başlama şekli budur.

Buna "uygulamada çalışma" denir, yani kişi Tora ve Mitzvot'u yerine getirirken Yaradan'ın emrini yerine getirdiğini hatırlamalıdır. Buna "genel halkın çalışması" denir. Buna aynı zamanda "cansız Keduşa [kutsallık]" da denir.

Sonrasında, kişi uygulamada çalışmaya alıştığında ve bunu memnuniyetle yerine getirdiğinde, Yaradan'ın Mitzvot'unu yerine getirmekle ödüllendirildiği için, artık niyetten bahsedebiliriz. Ancak, kişi Tora ve Mitzvot'u genel halk gibi, yani uygulamada yerine getirmeden önce, o kişiyle niyet hakkında konuşamayız. Maimonides'in dediği gibi, Lişma [O'nun rızası için] olarak adlandırılan niyet, herhangi bir kişiye açıklanmaz. Aksine, "Bilgi edinene ve çokça bilgelik kazanana kadar, bu sır onlara yavaş yavaş gösterilir."

Bu, genel olarak "cansız Keduşa" olarak adlandırılan İsrail'in, inancın onlar için "Saran Işık" olarak parladığı ve bundan dolayı kişinin Tora ve Mitzvot'u uygulamada yerine getirebileceği anlamına gelir. Ancak, Tora ve Mitzvot'u halen genel halk gibi bile yerine getirmeyen kişilerle niyet hakkında konuşmak kesinlikle mümkün değildir.

Buna karşılık, genel halk açısından iyi durumda olan, ancak aynı zamanda niyet meselesi olduğuna dair içsel bir dürtü hissedenler, Lişma adı verilen, tüm işleri Yaradan'ın rızası için yapma meselesi olduğunu duyduklarından, kalplerinde Yaradan'ın rızası için Tora ve Mitzvot'la meşgul olan insanlar arasında olma arzusu uyanır.

"Yaradan'ın rızası için" ile ilgili birkaç yorum vardır. 1) Kişi Tora ve Mitzvot'u Yaradan'ın rızası için yerine getirir, yani Tora ve Mitzvot'u saygı veya para için değil, sadece Yaradan Musa aracılığıyla Mitzvot'unu yerine getirmemizi emrettiği için yerine getirir. Bu yüzden yerine getiririz, saygı ya da para için değil. Buna "Yaradan'ın rızası için" yani Yaradan bize Tora ve Mitzvot'u yerine getirmemizi emrettiği için denir.

Ancak kişi bunun karşılığında Yaradan'ın kendisini ödüllendirmesini ister, bilgelerimizin şöyle dediği gibi, "Çalışmanızın karşılığında ev sahibinizin sizi ödüllendireceğine güvenebilirsiniz" (Avot, Bölüm 2:21).

"Yaradan'ın rızası için" hususunda ikinci bir anlam daha vardır. Kişiyi Tora ve Mitzvot'u yerine getirmeye mecbur eden sebep kendi çıkarı değildir, Yaradan'ın önemi ve yüceliği onu Tora ve Mitzvot'la meşgul olmaya zorlamaktadır. Başka bir deyişle, kişinin Tora ve Mitzvot ile meşgul olmak istemesinin nedeni Kral'a hizmet etmek ve O'nun emirlerini yerine getirmektir.

İlk "Yaradan'ın rızası için" tavrında açıkladığımız üzere, kişinin Tora ve Mitzvot'u yerine getirmesinin sebebi Yaradan'ın onu ödüllendireceğine dair arzusudur, zira Tora ve Mitzvot'u insanlar için yerine getirmiyor, Tora ve Mitzvot'ta yaptıklarını Yaradan'dan başka kimse bilmesin diye gizlice çalışıyor, dolayısıyla Yaradan'ın onu ödüllendirmesini istiyordur. Sonuç olarak, sebep, kendi menfaatidir.

Ancak kişi sadece Kral'ın yüceliğinden dolayı çalışmak istediğinde, buna "Yaradan'ın rızası için" denir, yani bu ödülün niyeti Yaradan'a hizmet etmektir. Bu, Sulam'da ("Zohar Kitabı'na Giriş," Madde 191) yazıldığı gibidir, "Kişi Yaradan'dan korkmalıdır (bu yüzden Tora ve Mitzvot'u yerine getirir) çünkü O yücedir ve her şeye hükmeder."

Bu nedenle, kişi ödül almak için değil de niyeti Yaradan için çalışmak olduğunda, yani Yaradan'ın yüceliği onu Tora ve Mitzvot'u yerine getirmeye zorladığında, buna Lişma denir. Demek ki, Tora ve Mitzvot'u yerine getirmesinin sebebi ödül değil, Yaradan'ın yüceliğidir. Bu nedenle şunu sormalıyız: Eğer kişi bir ödül için çalışmıyorsa, "Çalışmanızın karşılığında sizi ödüllendirmesi için ev sahibinize güvenebilirsiniz" demeleri ne anlama gelir?

Bunu, ödül almak için çalışmayanların, ihsan etmek için çalışmak istedikleri şeklinde yorumlamalıyız. Ancak beden buna karşı çıkar ve kendileri için alma arzusunun üstesinden gelemezler. Yine de bunu arzularlar ve herhangi bir ödül olmaksızın çalışabilmelerine yardımcı olması için Yaradan'a dua ederler. O zaman, Yaradan dualarını duyar ve onlara "ihsan etme arzusu" adı verilen ikinci bir doğayı verir ve onların ödülü, sadece Yaradan'ın rızası için çalışmakla ödüllendirilmeleridir.

Ancak şunu bilmeliyiz ki, kişi tam olarak ihsan etmek için çalışmaya başladığında, bu dereceye ulaşmak istediğinde, bu doğasına aykırı olduğundan ve kişi buna kendi başına gelemeyeceğinden, ancak eksiklik olmadan doyum olmayacağına dair bir kural olduğundan, Yaradan ona ihsan etme arzusunu vermelidir, çünkü "eksiklik" olarak adlandırılan bir kabın olmadığı yerde bir şeyi doldurmak imkânsızdır ve ihsan etme eylemlerini gerçekleştirememekten kaynaklanan eksiklik de kişinin kendi elinde olmadığından, kişinin ihsan etmek için çalışması gerektiğine dair bu his, kişinin "Hangi amaçla ihsan etme eylemlerini gerçekleştirmek istiyorum?" diye sormasına neden olur. " Dolayısıyla, kişi öncelikle ihsan etme arzusu olmadığında eksik olduğunu yani form eşitsizliği nedeniyle Yaradan'dan ayrıldığını hissetmelidir. Ne var ki, kişi bunu da hissedemez, daha ziyade bu yani kendisi için alma arzusunda var olan kötülük hissini, bununla Yaradan'dan ayrı düştüğünü, bunu da anlayamaz zira "İhsan etmek için her şeyi yapmaktan ne elde edeceksin?" diye sorar. İşte bu sorularla, ihsan etmek için her şeyi yapma arzusunu ve ihtiyacını kaybeder.

Böylece, kişi Lo Lişma'yı [O'nun rızası için değil] öğrendiğinde bile Tora'da parlayan ışık sayesinde, bu ışık kişiye eksikliği ve ihsan etme arzusunu edinme ihtiyacını hissetme yeteneği verir. Bununla birlikte, kişiye alma arzusundaki tüm kötülük gösterilmez, ancak her seferinde az miktarda gösterilir. Kişi her düşüşten sonra, ayrı düştüğünü ve çalışma arzusu olmadığını gördüğünde, kendisine bir yükseliş verilir. Ve her yükselişten sonra, kendisine tüm kötülükler gösterilinceye kadar bir düşüş daha alır. Sonrasında, tam bir eksikliğe sahip olduğunda, yukarıdan ihsan etme arzusunu alır. Ancak çalışmanın ortasında, kişi bir düşüş yaşadığında, mücadeleden kaçmak ister. Bu duruma Ahoraim [arka/sırt] denir, yani çalışmada çektiği inanç onun için parlamaz ve anlar ki Yaradan ona anlayacağı şekilde davranmalıdır, ancak Yaradan, çalışmadaki düzenin bir kişinin öğrendiği her mesleğe benzer olması gerektiğini ve her gün ilerlediğini düşünen kişinin istediğini değil, Kendi istediğini yapar. Oysa burada kişi her gün gerilediğini yani her gün bir Ahoraim koşulunda olduğunu görür. Ancak gerçek şu ki, Yaradan ona Kendi düşündüğü gibi davranmaktadır, kişinin düşündüğü gibi değil.

Buna göre, çalışmanın düzeninin insanın bakış açısının tam tersi olduğunu görürüz, çünkü insan her seferinde derecesinde bir yükseliş yaşayarak, hedefin tamamlanmasına ulaşacağını anlar, ancak Yaradan bunun tam tersini düşünür - çünkü eğer kişi yükseliş durumunda kalırsa, kendini tamamlanmış olarak görecektir. Öyle ki, kendi çalışmasında herhangi bir eksiklik görmeyecek ve o zaman cansız koşulunda kalacaktır. Kişi, alma arzusundan dolayı içindeki kötülüğün, kendisini Tora ve Mitzvot ile meşgul olmaktan alıkoyduğunu görmeyeceği için, kötü olduğunu hissetmeyecek ve Ahoraim'in ne olduğunu, yani Tora ve Mitzvot'un parlamamasının ne anlama geldiğini bilmeyecektir. Aksine, Yaradan'a hizmet ettiği ve O'nun emirlerine uyduğu için her zaman mutlu olacaktır. Yukarıdan fazlalık verilmemesine dair bir kural vardır, yani kişi özü kaçırdığını hissetmediğinde, ona daha fazlasını vermek yasaktır.

Bir kişi hayatın gerekliliklerinden yoksun olduğunda, yani "Yaradan'la Dvekut" olarak adlandırılan, "tam inanç" denilen yaşam nefesinden yoksun olduğunda, ona fazlalıkların, yani kişinin ihtiyacı olduğunu hissetmediği ve onsuz yaşayamayacağı şeylerin verilmesi gerektiği söylenemez. Maneviyatta buna "fazlalıklar" denir. Yani, kişi o olmadan hayatının değersiz olacağı noktaya kadar çok ihtiyaç duyduğu bir şeyi Yaradan'dan istediğinde, buna "gereklilik" ve "gerçek bir arzu" yani tatmin edilmeye değer bir eksiklik denir. Ancak kişinin arzusu o kadar da büyük değilse, bu "gereğinden fazla" olarak kabul edilir.

Bu nedenle, kişi Tora ve Mitzvot'tan uygulamada tatmin olduğunda, kurtuluşa o kadar da muhtaç olmadığı için, kendisine daha büyük bir derece verilmesi gerektiği söylenemez. Buradan şu sonuç çıkar ki, kişi tam bir alçaklık içinde olduğunu hissetmedikçe, kutsallık basamaklarını tırmanamaz. Buna "Ahoraim koşulu" denir. Dolayısıyla, kişi Ahoraim koşulundayken, "yukarıdan yardım alma arzusu" olarak adlandırılan bir Kli [kap] alabilir. Ve yukarıdan gelen yardıma "ruh" denir, çünkü Zohar'da "Arınmak için gelene yardım edilir" diye yazılmıştır. "Neyle?" diye sorar ve cevap "kutsal bir ruhla" olur.

Kişi her yardım istediğinde, ruhunda NRNHY'ı edinmekle ödüllendirilene kadar daha büyük bir derece alır.

Bununla sorduğumuz şu soruyu yorumlamalıyız: "Ve sırtımı göreceksiniz ama yüzüm görünmeyecek" nedir? "Ve göreceksiniz" diye yorumlamalıyız. Bu demektir ki, eğer kişi "görmekle", yani Tora'da yani Yaradan'ın isimleri olan Tora'da gözlerinin açılmasıyla ödüllendirilmek istiyorsa, kişi yükseliş sırasında, Tora ve Mitzvot'un kendisi için parladığını ve ona doyum verdiğini gördüğünde ve her seferinde daha yüksek bir dereceye sahip olmak istediğinde bununla ödüllendirilemez, bu tıpkı kişinin bir mesleği veya bir bilimi öğrendiğinde istediği şeyi elde etmede her seferinde ekleme yaptığını gördüğü maddesel konularda olduğu gibidir. Dolayısıyla kişi her zaman Panim [yüz/ön] olarak adlandırılan yükseliştedir.

Maneviyatta ise durum tam tersidir. Özellikle Ahoraim koşulundan, aydınlatmayan koşullardan, yani özellikle düşüşlerden, kişinin içinde her seferinde daha fazla kötülük yani alma arzusundaki kötülüğün ölçüsü, bu kötülüğün kişiyi yaratıldığı hedefe ulaşmaktan nasıl alıkoyduğu ortaya çıkar. Bu böyledir çünkü kişi gerçek eksikliği hissettiği bir koşulda olmadığı sürece Yaradan'dan yardım alamaz. Bundan çıkan sonuç şudur ki, kişi gerilediğini gördüğünde Yaradan'ın kendisine bakmadığını söyleyemez. Aksine, kişinin hissettiği bu Ahoraim yukarıdan gelir. Demek ki, Yaradan ona alma arzusundaki kötülüğü göstererek yardım etmiştir.

Dolayısıyla kişi ilerlemektedir, ama kişinin kendi anlayışına göre değil, Yaradan'ın anlayışına göre, "Benim düşüncelerim sizin düşünceleriniz değildir" diye yazıldığı gibi. Bu demektir ki, Yaradan ona öncelikle her seferinde alma arzusundaki kötülüğün ölçüsünü daha fazla hissettirerek yardım eder, çünkü yukarıda söylediğimiz gibi, ona tüm kötülüğü bir kerede ifşa etmek mümkün değildir, ancak her seferinde ona küçük bir miktar ifşa edilir, çünkü eğer kişi tüm kötülüğü bir kerede görürse, mücadeleden kaçacaktır. Bu nedenle, kötülüğün gerçek ölçüsünü görene kadar ona azar azar gösterilir. Bu durumda O'nun yardımına gerçekten ihtiyaç duyar ve o zaman ruhundaki NRNHY'ı genişletmekle ödüllendirilir.

"Ve sen Benim sırtımı göreceksin" diye yazılmış olanın anlamı budur. Kişi tam olarak Ahoraim'in koşulları aracılığıyla hedefle ödüllendirilebilir.

Bununla, "Efendi sevgisini size yöneltmedi, sayıca bütün halklardan üstün olduğunuz için sizi seçmedi, çünkü siz bütün halkların en küçüğüydünüz" (Yasanın Tekrarı 7:7) diye yazılanları yorumlayabiliriz.

Bunun bize ne öğretmek için geldiğini sormalıyız? İsrail halkının tüm uluslardan sayıca daha fazla olduğunu düşünen var mıdır ki, ayet bize Yaradan'ın bizi İsrail halkı tüm uluslardan sayıca daha fazla olduğu için seçtiği yanılgısına düşmeyelim diye mi geliyor? Bunun yerine, ister İsrail'den ister dünya uluslarından bahsedelim, çalışmadan bahsettiğimizde, Zohar'da yazıldığı gibi, "Her insan kendi içinde küçük bir dünyadır" şeklinde yorumlamalıyız.

Bu nedenle, bazen bir kişinin, içindeki İsrail'in niteliğinin, içindeki dünya uluslarının niteliğinden daha büyük olduğu bir koşulda olduğu yorumunu yapmalıyız. Başka bir deyişle, kişi yükseliş koşulundadır. Bu, Tora ve Mitzvot'ta tamamlandığını hissettiği zaman böyledir. Bu nedenle, kişi bununla Yaradan'ın sevgisiyle ödüllendirilebilir, zira bu, kişi doğru yolda yürüdüğünü hissettiğinde, kişinin görüşüne göre, genel halk tarzında çalıştığında ve bu nedenle Yaradan'ın onu sevmesi gerektiğini hissettiğinde mantıklıdır, buna şu cevap gelir: "Efendi sevgisini size yöneltmedi, sayıca herhangi bir halktan daha fazla olduğunuz için sizi seçmedi."

Soru şudur: Yaradan'a bütünlük içinde hizmet ettiğini hisseden bir kişiyi Yaradan neden kayırmaz? Cevap yukarıda söylendiği gibidir, kişi Yaradan'ın sevgisiyle ödüllendirilmek için Yaradan'ın yardımına ihtiyaç duymaz, zira uygulama açısından tam olduğunu, "cansız Keduşa" olduğunu hisseder.

Ancak ayet der ki, "tüm halkların en küçüğü olduğunuz için" sizi kayırıyorum. Başka bir deyişle, özellikle tüm halkların en azı olduğunuzu, dünya uluslarının tüm arzularının sizi yönettiğini ve içinizdeki İsrail'in bir ismi hak etmediğini hissettiğiniz ve içinizdeki kötülüğü gerçek ölçüsünde gördüğünüz bu koşulda, size yardım etmem için dua edersiniz. Ve şimdi gerçek bir ihtiyacınız olduğu için, ihsan etmek adına bir şey yapmaktan ne kadar uzak olduğunuzu hissettiğiniz için, işte o zaman size yardım etmek için doğru zaman gelir, zira o zaman fazlalıklar için değil, gereklilikler için istiyorsunuzdur.

Kişi yükseliş halindeyken, fazlalıklar dışında Yaradan'ın kendisine yardım etmesine ihtiyaç duymaz, çünkü şöyle yazılmıştır: "Efendi sevgisini size yöneltmedi, sayıca herhangi bir halktan daha fazla olduğunuz için sizi seçmedi," çünkü o zaman gereklilikler için Bana ihtiyaç duymazsınız, zira durumunuz "sayıca herhangi bir halktan daha fazladır" ve içinizdeki kötülüğü uygulama olan genel halk niteliğinde yönettiğinizi hissedersiniz. Öyleyse Yaradan sizi neden istedi? Tam olarak "tüm halkların en azı" olduğunuz koşullardan, dünya ulusları, içinizdeki İsrail niteliğini yönettiğinde ve siz Bana tüm kalbinizle "Yardım et!" diye haykırdığınızda.

Ancak o zaman sizi severim ve ancak o zaman atalarınıza toprağın mirası konusunda verdiğim tüm sözleri tutabilirim, çünkü artık Benim kutsamamı alacak

Kelim'e [kaplara], yani ihsan etme kaplarına sahipsiniz, çünkü kişi ihsan etme kaplarına sahip olduğunda, yukarıdan gelen kutsamayı alabilir.

Sonuç olarak, yukarıda anlatılanlardan da anlaşılacağı üzere, kişi, düşüş sırasında kötü ona gelip onunla tartıştığında ve ona, "Görüyorsun ki çalışmada ilerlemiyorsun, bu yüzden sana ihsan etme çalışması olan bu yoldan kaçmanı ve genel halkın çalıştığı şekilde, yani sadece uygulamada çalışmanı tavsiye ediyorum" dediğinde etkilenmesine gerek yoktur. Bu seçim zamanıdır - üstesinden gelmek ve "Şimdi gerçeği, Yaradan'dan ne kadar uzak olduğumu ve sadece O'nun yardım edebileceğini görüyorum" demek ve "Çünkü Sen her ağzın duasını işitirsin" diye yazılana yani yardım edilmeye layık olmasa bile Yaradan'ın yine de yardım edeceğine inanmak. Bu nedenle, "Kesinlikle yukarıdan yardım alacağım, çünkü Yaradan'ın şimdi bana edeceği yardımın gerçekten "ölüyü diriltmek" olduğunu hissediyorum" der. Ancak kişi ödüllendirilmemişse, mücadeleden kaçar ve bu çalışmanın yetenekli olanlara ait olduğunu ama kendisinin buna uygun olmadığını söyler. Oysa bilgelerimiz bu konuda şöyle der: "Efendimizin yolları düzdür; erdemliler bu yollarda yürür, günahkârlar ise bu yollarda başarısız olur." Bu yüzden sakın kaçmayın!

Çalışmada İsrail'in Toprağın Mirası ile Ödüllendirilmesinin Sebebi Nedir?

Makale No. 44, Tav-Şin-Nun-Alef, 1990/91

Ayet şöyle der (Tesniye 9:5), "Onların ülkesini miras alacak olmanız, erdemli olmanızdan ya da kalbinizin tamlığından değil, ulusların kötülüğü yüzünden, Tanrınız Efendinizin onları önünüzden kovması ve Efendimizin atalarınıza ettiği yemini yerine getirmek içindir."

Bunu anlamalıyız, çünkü Yaradan'ın İsrail halkına toprağın mirasını vermesinin nedeninin, yazıldığı gibi "Tanrı'nız Efendinizin önünüzden kovduğu ulusların kötülüğü yüzünden" olduğunu ima eder. Yani, "ulusların kötülüğü" olmasaydı, toprağın mirasının verilmesinde herhangi bir fayda olmazdı. İkinci nedeni de anlamalıyız. Bunun "Efendimiz atalarınıza ant içtiği için" olduğunu söyler. Yemin olmasaydı, Yaradan'ın bu toprakları İsrail halkına vermesi gerekmeyecek miydi?

Bunu anlamak zordur. Bilgelerimiz "Dünya sadece İsrail için yaratıldı" derler. Bu, dünyada var olan tüm iyi şeylerin, İsrail için olduğu anlamına gelir. Bu, İsrail halkına iyi, geniş ve imrenilen toprakların, süt ve bal akan bir toprağın verilmesinin farklı nedenleri olduğu anlamına gelir.

Metin iki neden sunmaktadır: 1) ulusların kötülüğü, 2) atalarınıza ettiği yemin.

Yine de yazı bize, O'nun bize ülkeyi miras olarak vermesinin nedeninin, erdemimiz ve kalbimizin tamlığı olduğu yanılgısına düşmememiz gerektiğini söyler. Aksine, yukarıda belirtilen iki nedenden dolayıdır.

Baal HaSulam yazılanlar hakkında şöyle der (Yaratılış 15:7-14), "Ve ona, 'Bu ülkeyi miras alman için sana veriyorum' dedi. İbrahim, 'Onu miras alacağımı nereden bileceğim?' dedi. O da İbrahim'e, 'Şunu kesin olarak bil ki, senin soyundan gelenler, kendilerine ait olmayan bir ülkede yabancı olacaklar, onlara dört yüz yıl eziyet edecekler ve sonunda büyük bir servetle çıkacaklar' dedi."

İbrahim'in, "Orayı miras alacağımı nereden bileceğim?" sorusuna Yaradan'ın verdiği yanıtın ne olduğunu sordu. Yaradan, "Şunu kesin olarak bil ki, senin soyundan gelenler kendilerine ait olmayan bir ülkede yabancı olacaklar ve daha sonra büyük bir servetle çıkacaklar" dedi. Bu, cevabın "Nasıl bileceğim?" sorusuna verildiği anlamına gelir. Yani, İbrahim miras hakkında garanti istediğini söyler, bu yüzden Yaradan ona cevap verir, böylece bu cevapla toprağın mirasından emin olacaktır. Bu nedenle, cevabı anlamalıyız, çünkü cevap mirasın garantisini içerir.

Bunun, Yaradan ona "miras alman için sana bu toprağı vereceğim" dediğinde, İbrahim'in bu toprağın büyüklüğünü ve önemini gördüğü anlamına geldiğini söyledi, zira toprağın mirası meselesi, yukarıdan gelen tüm ışıkları alan ve ruhlara bahşeden Malhut'a atıfta bulunur, çünkü Malhut'a "İsrail meclisi" denir.

İbrahim, "Kli olmadan ışık olmaz", yani "eksiklik olmadan doyum olmaz" kuralına göre, Yaradan İsrail'e yukarıdan birazcık aydınlatma ve uyanış verirse, azla yetineceklerini ve daha yüksek derecelere ihtiyaç duymayacaklarını gördü. Sonuç olarak İbrahim, İsrail halkının toprak mirasını almasının hiçbir yolu olmadığını gördü, zira buna ihtiyaçları yoktu.

"Nasıl bileceğim?" sorusu buydu. Yaradan'ın kendisine söylediklerine inanmadığından değil. Aksine, sorusu, onların buna ihtiyacı olduğunu göremediğini söylemesiydi. Bu, ona ihtiyacı olmayan bir kişiye, değerli bir şey vermek gibidir. Ondan zevk almaz. Bundan çıkan sonuç, onlara toprak mirası verilse bile, ihtiyaçları olmadığı için ondan zevk alamayacaklarıdır. Verenin bakış açısından her şey yolunda olsa da alttakinin ihtiyacı yoksa, veren ne yapabilir? İbrahim de bunu sordu.

Cevap şuydu: "Şunu kesin olarak bil ki, senin soyundan gelenler yabancı olacaklar." Bu demektir ki, "kendilerine ait olmayan bir ülke" olarak adlandırılan Mısır'da sürgünde olacaklar, yani Yaradan rızası için çalışmak isteyen İsrail halkını, Mısırlılar kontrol edecek. Her seferinde İsrail halkı, sürgünden çıkmak isteyecektir, şöyle yazıldığı gibi (Çıkış 2:23), "Ve İsrailoğulları çalışmaktan dolayı iç çektiler ve feryatları Tanrı'ya yükseldi." Genel olarak, dünya uluslarına "kendisi için alma arzusu" denir. Ancak, alma arzusunda birçok arzu vardır ve her arzu belirli bir ulusa atfedilir. Bu nedenle genel olarak "dünyanın yetmiş ulusu" olarak adlandırılırlar ve bu da arzudaki yetmiş anlayışa tekabül eder. Bu, "biri diğerinin karşısında", yani Keduşa'nın

342

[kutsallığın] yedi Sefirot'unun karşısında, her biri on Sefirot'tan oluşan ve birlikte yetmiş ulusu oluşturan HGT NHYM şeklinde uzanır.

Ayrıca, Yaşar-El [Yaradan'a doğru] adını taşıyan "İsrail" anlayışı da vardır. Bunlar kişinin kendisi için alma arzusunun tam tersidir, daha doğrusu bu, Yaradan'a ihsan etme arzusu olarak ayırt edilir. Başka bir deyişle, kişi Yaratıcısını memnun etmek ister.

Bu nedenle, Mısırlılar onları kontrol ettikleri için, tüm çalışmalarını Yaradan için değil, Mısırlılar için yapmak zorundaydılar. Bu yüzden "Ve İsrailoğulları çalışmaktan dolayı iç çektiler" diyor. Yani İsrailoğulları, Yaradan için çalışmak istedi ama Mısırlılar onları kontrol etti; bu yüzden iç çektiler. Yani, sadece ilerlemediklerini değil, gerilediklerini de gördüler. Bu yüzden şöyle yazılmıştır: "Ve çalışmalarından dolayı Tanrı'ya feryat ettiler."

Sonrasında, sürgünden kendi başlarına çıkamayacaklarını gördüklerinde, "Ve feryatları Tanrı'ya yükseldi" yazıldığı üzere, Yaradan'dan yardım istediler. Demek ki, Yaradan Mısır'daki sürgünden çıkmalarına yardım etti. Bu, Zohar'ın "Arınmak için gelene yardım edilir" sözüyle ilgili söylediği şeydir. "Ne ile?" diye sorar. Ve cevap verir, "Kutsal bir ruhla."

Bu, özellikle kötülüğün yönetimi altında oldukları zaman, kötülüğün yönetimini - her seferinde daha fazla- gördükleri anlamına gelir. O zaman kişi, iki şeyi hissetmeye başlar: 1) Mısırlıların yönetimi olan alma arzusu o kadar kötüdür ki, onu Yaradan'dan uzaklaştırır. Yani, ihsan etmek için çalışmaya başlamadan önce, alma arzusunun kendisine ne kadar zarar verdiğini bilmiyordur. Bu bilinen nedenden dolayı böyledir, çünkü kişiye kötülüğün gücü bir kerede gösterilmez. Aksine, ona azar azar gösterilir, aksi takdirde hemen çalışmadan kaçacak ve bunun kendisine göre olmadığını söyleyecektir.

Yukarıdakilere göre, Lişma [O'nun rızası için] meselesinin, kişiye çalışmanın başında ifşa edilmediğini söyleyen Maimonides'in şu sözlerini yorumlamalıyız: "Bilgi edinene ve çokça bilgelik kazanana kadar, bu sır onlara azar azar gösterilir." "Onlara bu sır azar azar gösterilir" ifadesinin ne anlama geldiğini anlamalıyız. "Azar azar" diye bir şeyin nasıl olabileceğini anlamalıyız. Sonuçta, bir kişiye her şeyi Lişma yapması gerektiği söylendiğinde, ona her şey açıklanır. İfşa edilecek başka ne vardır?

"Onlara gösterilir" dediğinde, Lişma meselesinin bu sırrını onlara gösterenin kim olduğunu yorumlamalıyız. "Bilgi edininceye ve çokça bilgelik kazanıncaya kadar" dediğini de anlamalıyız. Birinin "bilgi edininceye ve çokça bilgelik edininceye kadar" ile ödüllendirildiğini kim bilir?

Bunu, Zohar'ın ayet hakkında söylediği gibi anlayabiliriz, "Ya da günah işlediğini ona bildir." "Bunu ona kim bildirdi?" diye sorar ve "Yaradan" diye cevap verir. Neden Yaradan'ın ona günah işlediğini bildirdiğini söylediğini anlamalıyız. Onu ne şekilde bilgilendirmiştir? Bunu Sulam'da [Zohar'ın Merdiven yorumu] yazılan şekilde yorumlamalıyız (Bereşit Bet, Madde 103), "Eğer kişi kendi zevki için bile Tora ve Mitzvot ile meşgul olursa, içindeki ışık sayesinde, kendisi için almanın doğasındaki alçaklığı ve korkunç bozukluğu yine de hissedecektir. O zaman bu alma doğasından uzaklaşmaya karar verecek ve kendini tamamen Yaradan'a memnuniyet ihsan etmeye adayacaktır. O zaman Yaradan onun gözlerini açacak ve kişi önünde hiçbir eksiği olmayan, mutlak mükemmellikle dolu bir dünya görecektir."

Artık Yaradan'ın ona "günah işlediğini" nasıl bildirdiğini anlayabiliriz. Bir kişi Lo Lişma'yı [O'nun rızası için değil] öğrendiğinde bile, içindeki ışığın ona, alma arzusunun tüm kötülüklerin nedeni olduğunu, insanın yaratılan varlıklara vermek istediği bu zevk ve hazzı alma yeteneğini engelleyen şey olduğunu bildirdiğini yorumlamalıyız. Ve Tora'daki ışık, Yaradan'ın insana günah işlediğini bildirmesi olarak kabul edilir.

Maimonides'in, neden bir kişiyi Lişma'da değil de Lo Lişma'da çalışmaya alıştırmamız gerektiğini söylediğini de yorumlamalıyız. Bu böyledir çünkü Lişma meselesi kişiye Tora'nın ışığını almasıyla ifşa olur. Dolayısıyla, kişi, Lo Lişma'da bile Tora ile uğraşmazsa, Tora'nın ışığını nereden alacaktır? Maimonides, bu nedenle Lo Lişma ile başlamamız gerektiğini söyler.

Bununla sorduğumuz soruyu anlamış oluruz: "Onların "çokça bilgelik" ile ödüllendirilip ödüllendirilmediklerini kim bilebilir, ki onlara Lişma konusunu açıklamaya izin verilsin? Cevap şudur: Tora'daki ışık, onların Tora'nın ışığından ne kadar ilham aldıklarını bilir ve bu ölçüde onlara Lişma konusunu açıklamak mümkün olur.

Bununla Maimonides'in söylediği şeyi, bu sırrın onlara azar azar gösterildiğini anlayacağız. Bu, Yaradan'ın rızası için meselesinin, kişinin kendi iyiliği için olmadığı anlamına gelir. Kişi neyin kendi iyiliği için olmadığını hissetmelidir ve bu ona Tora'nın ışığını ifşa eder. Dolayısıyla, her seferinde ışık ona, alma arzusundaki kötülüğün miktarını gösterir, zira kişi, Tora'dan aldığı ışık sayesinde, her seferinde alma arzusunda var olan kötülüğün bir kısmını görür. Bu yüzden kendisine "azar azar" gösterildiğini söyler.

Kötülük iki şekilde yorumlanır: 1) kötülüğün niteliği, yani kişinin kendisi için almakla ne kadar kaybettiği 2) bedenin ihsan etme çalışmasına ne kadar itiraz ettiği.

Kişi, bu ikisini, Tora'daki ışıktan azar azar alır. "Onlara bu sır azar azar gösterilir" sözlerinin anlamı budur. Yani, kişi Lo Lişma'da Tora'dan aldığı ışık sayesinde, yukarıdaki iki meseleyi ifşa eder. Başka bir deyişle, kişi üstesinden gelebildiğini gördüğünde, alma arzusunda bulunan kötülüğün ölçüsü ve bedenin direncinin ölçüsü, her seferinde daha büyük ölçüde ortaya çıkar. Bu nedenle "azar azar" denmektedir, yani her seferinde ışık, kişiye ifşa olur ki buna bir kerede ifşa olması mümkün değildir denir.

Şimdi sorduğumuz soruyu anlayabiliriz: Yazı neden özellikle ulusların kötülükleri sayesinde ülkenin mirası ile ödüllendirildiklerini söylüyor? Bunun nedeni, Yaradan'ın İbrahim'e vaat etmiş olmasından, bu şekilde, yani İsrail, sürgünde Mısırlılardan dolayı acı çektiğinden, yani dünyanın tüm ulusları, içlerindeki tüm kötü niteliklerle, İsrail halkını kontrol etmek istediğinden ve İsrail halkı özellikle her şeyi yetmiş ulusun iyiliği için değil, Yaradan'ın rızası için yapmak istediğindendir. O zaman, eksikliği hissedecekler ve onları yenmek için güçsüz olduklarını göreceklerdir.

O zaman, şöyle yazıldığı gibi olacaktır, "Ve İsrailoğulları çalışmaktan dolayı iç çekti ve feryatları Tanrı'ya yükseldi." O zaman, Yaradan onlara bunun için gerekli yardımı yapacaktır. Yani, her seferinde, "kutsal bir ruh" ile ödüllendirilecekler ve bu, İsrailoğulları'nın toprağın mirasını almaya ihtiyaç duymalarının nedeni olacaktır, zira kendilerini dünya uluslarının kontrolünden kurtarmak için bunu zorunluluktan alacaklardır.

"Ama bu ulusların kötülükleri yüzünden Tanrınız Efendiniz onları önünüzden kovuyor" sözlerinin anlamı budur. Başka bir deyişle, özellikle ulusların kötülüğü sayesinde, Yaradan onlara İsrail topraklarının mirasını verebilir, zira onlar bu kötülüğün, Yaradan'a yaklaşmayı engellediğini ifşa ettiklerindeki kötülük hissi, maneviyatta "yakın ve uzak" meselesi form eşitliği meselesi olduğu için, ihtiyacımız olan tek şey budur. Işık ve Kli [kap] arasında form eşitliği olduğunda, ışık Kli'de kıyafetlenir.

Dolayısıyla, "ulusların kötülüğü" olarak adlandırılan kötülük hissi, kötülükten kurtulma ihtiyacına neden olur ve akabinde kişi, kendini kendi için almaktan arındırmaya başlar ve bunun kendi elinde olmadığını görür. O zaman, bilgelerimizin dediği gibi, "Arınmaya gelene yardım edilir" diyerek, Yaradan'a kendisine yardım etmesi için dua etmeye başlar. Zohar'ın sözlerinde belirtildiği gibi, ona kutsal bir ruh verilir. Başka bir deyişle, her seferinde kendisine bir ruh verilmesiyle yukarıdan yardım alır. Buradan, yükseliş ve düşüşlerin, toprağın mirasını alma ihtiyacına ve arzusuna neden olan sebep olduğu sonucu çıkar.

Bu nedenle, bunun nedeninin "Efendi'nin atalarınıza yemin etmesi" olduğunu söyler. Yani, bunun nedeni O'nun atalarınıza yemin etmiş olması ve bu nedenle onlara toprağın mirasını veriyor olması değildir. Sorduk, ama bilgelerimiz "Bereşit [başlangıçta], İsrail'den başka Reşit [başlangıç] yoktur" diye yazılanlar hakkında söylediler. Buradan, her şeyin İsrail için olduğu ve atalara ettiği yeminden dolayı olmadığı sonucu çıkar.

Yine de İsrail halkı, toprağın mirasını almaya hak kazandığında, toprağın mirasına ihtiyaç duyduklarında, "ama bu ulusların kötülüğü yüzünden, Tanrınız Efendiniz, onları önünüzden kovuyor" dediği gibi, İsrail çocuklarının toprağı miras almasının nedeninin bu olmasını yorumlamalıyız.

Bilindiği gibi "toprak" Malhut olarak adlandırılır ve Malhut'a "İsrail meclisi" denir, zira "İsrail" olarak adlandırılan ZA'da var olan her şeyi içinde toplar. Buna "Yaradan'ın ve O'nun Şehinası'nın [Kutsallığı] birleşmesi" denir. Bu birleşme sayesinde, bolluk ruhlara akar.

Tüm bunlar, yaratılış düşüncesinin başlangıcından gelir, bilgelerimizin şöyle dediği gibi, "İsrail'den başka başlangıç yoktur." Bu, O'nun yarattıklarına iyilik yapma arzusu olan yaratılış amacının, İsrailoğulları'na atıfta bulunduğu anlamına gelir. Peki ama bu zevk ve hazzı ne şekilde alacaklar? Metin bize bu konuda, onların almaya uygun hale getirilmelerinin ana nedeninin, "ulusların kötülüğü" ve ayrıca "Efendinizin atalarınıza ettiği yemini yerine getirmek" olduğunu söyler. Ülkenin mirası, İbrahim "Miras alacağımı nereden bileceğim?" diye sorduğunda O'nun İbrahim'e bildirdiği gibidir. Yaradan'ın cevabı, İsrailoğulları'nın sürgünde, yani "ulusların kötülüğünde" olacağı şeklindeydi.

Dolayısıyla, kişi içinde bulunduğu durumda bir eksiklik hissetmedikçe kutsallık basamaklarını tırmanamaz. Yani, hissettiği eksiklikler ve acılar, ona kendi eksikliklerini gidermek için bir yol bulma ihtiyacı verir. Ancak içinde herhangi bir eksiklik hissetmezse, her ne kadar çalışmada eksiklikleri olduğunu bilse de bu ona acı vermez, bu nedenle bu eksiklik tatmin edilemez çünkü bunun için tavsiye aramaz ve aşağıdan bir uyanış olmadan, yani kişi Yaradan'dan kalbinin derinliklerinden talep etmeden, dua cevaplanamaz, çünkü kişi yokluktan dolayı acı çekmiyorsa, tüm kalbiyle isteyemez.

Midraş'ta şöyle yazıldığı gibi, "İyiyi aramak" (Mezmurlar 23), "'Çünkü Tanrın Efendin, boş otursan bile, ellerinin bütün işlerinde seni kutsadı. 'Ellerinin bütün işleri'nin anlamı şudur: Kişi yaparsa kutsanır, yapmazsa kutsanmaz."

Bu nedenle aşağıdan bir uyanış olmadan, yani aşağıdan olanın çalışması olmadan, kutsamanın gelmeyeceğini görüyoruz. Soru şudur: Neden? Yanıt şudur: Kişi çalışmaya başladığında, çalışma ona bu ihtiyacı verir. Bu demektir ki, bu konuya duyulan ihtiyaçta bir fark vardır. Bu, kişinin istediği şeyi elde etmeyi ne ölçüde istediğini anlamamız gerektiği anlamına gelir, zira bir kişinin istediği şeyi edinmek için yaptığı çalışma ve aldığı tavsiyeler, bu husustaki eksikliği artırır, böylece kişi bunu edindiğinde bundan keyif alabilecektir.

Bu yüzden, çalışmadan bahsederken, insanın içinde çalışmada yükselmek için bir ihtiyaç olsa da bu ihtiyaç yine de onun içinde bu konuyla ilgili bir gereklilik yaratmaz. Doğal olarak, kendisine yukarıdan bir şey verildiğinde ve o hâlâ kendisine verilen şeyi nasıl takdir edeceğini bilmediğinde, onu Sitra Ahra'da [diğer tarafta] kaybedecektir, zira maneviyatta bir şeyi nasıl takdir edeceğini bilecek kadar bilge olmayacaktır.

Bilgelerimizin dediği gibi (Hagigah 4), "Aptal kimdir? Kendisine verileni kaybedendir." Yani, kişi kendisine yukarıdan bir yakınlaştırma verildiğinde, bunu nasıl takdir edeceğini bilmediğinde, bu yakınlaştırma ondan derhal ayrılır ve yakınlaştırmayı nasıl koruyacağını bilemediği için bir düşüş yaşar.

Normalde, kişinin Kral'ın sarayına bir dereceye kadar girmesine izin verilirse, endişelenir ve Kral'ın evine girmenin yollarını arar ve Kral'ın sarayında bulunmakla yetinmez. Bu nedenle, kişi, biraz daha yaklaştırıldığında, yaklaştırıldığı için mutlu olur ve ilerlemenin yollarını bulma konusunda endişelenmez. Bu nedenle de o kişi dışarı atılır. Sonrasında, "yol kazası" olarak adlandırılan bir düşüş yaşar, yani Kral'a yaklaşırken bir kaza geçirir.

Bu demektir ki, başka bir araba onun arabasına çarpmıştır, yani maddesel dünyanın arabası, ihsan etme arzusunun arabasına çarpmıştır ve ardından ihsan etme arzusundan dolayı sahip olduğu tüm canlılık ondan ayrılmış ve bilinçsiz kalmıştır. Başka bir deyişle, artık manevi yaşama sahip olmadığını hissetmektedir. Daha doğrusu, yavaş yavaş iyileşene ve şu anda yaşadığı tüm canlılığının yalnızca kendisi için alma arzusundan kaynaklandığını hissetmeye başlayana kadar, işte o zaman, ihsan etme çalışmasına nasıl yeniden gireceği konusunda bir kez daha tavsiye aramaya başlar.

Sonuç olarak, bir eksikliğe sahip olmak, ihsan etme çalışmasının derecelerini yükseltmeye ihtiyaç duymak için, ona yukarıdan bir düşüş verilir, ki bu yüzden ilerlemeye ihtiyaç duysun, zira gerçek bir ihtiyaç olmadan, edinmesi gereken şeyi alamaz. Dolayısıyla, kişi kendisini bir trafik kazası geçirmekten korumak istiyorsa, kendisini alma arzusunun arabasıyla kaza yapmayacak şekilde korumalıdır. Bu sayede kendisine verilen şeyi, yani elde ettiği yükselişi kaybetmeyeceğinden emin olacaktır.

Yukarıdakilere göre, "Mısır ülkesinde köle olduğunuzu ve Tanrınız Efendinizin sizi oradan çıkardığını hatırlayın" (Tesniye 5:15) yazısını yorumlamalıyız. Çalışmada, kişinin yükselişe gelmeden önce bir düşüş yaşadığını hatırlaması gerektiğini, yani Yaradan'ın ona içindeki kötülüğü hissettirdiğini yorumlamalıyız. Başka bir deyişle, kişi bu hissin, Mısırlılar arasında bir köle olduğu hissinin, yani Yaradan'ın rızası için hiçbir şey yapma izni olmamasının, ama yaptığı her şeyin sadece insanın içindeki Mısırlıların iyiliği için olmasının, bunun Yaradan'dan geldiğine inanmalıdır.

Sonrasında, kişi, artık yükseliş durumunda olduğunu ve Keduşa'ya [kutsallığa] bir şekilde yakın olduğunu hissettiğinden, ileriye gitmesi gerektiğini hatırlamalıdır. Bu nedenle, daha önce bir köle olduğu için, yani düşüş durumunda olduğu için, şimdi de içinde bir eksiklik bulması gerektiğini hatırlamalıdır, ki böylece ilerlemeye ihtiyaç duysun. Aksi takdirde kendisine yukarıdan bir düşüş verilmesi gerekecektir zira bir ihtiyaç olmaksızın kişi ilerleyemez ve içinde bulunduğu durumda kalmak zorundadır. Bu nedenle, kendisine bir düşüş verilmesine ihtiyaç duymamak için, yükseliş sırasında içinde bir eksiklik yeri bulmalıdır. "Mısır ülkesinde köle olduğunuzu ve Tanrınız Efendinizin sizi oradan çıkardığını hatırlayın" diye yazılmış olanın anlamı budur.

Dolayısıyla, kişinin çalışmaya genel halk gibi, yani uygulamada başlaması ve bunun Yaradan'ın rızası için olmasını amaçlaması gerekir. Bu, kişinin Tora ve Mitzvot'u [emirleri/iyi eylemleri] gözlemlediği anlamına gelir, çünkü Yaradan bize yaşamın Tora'sını vermiştir, Yaradan'ın bize emrettiklerini gözlemlediğimiz takdirde ödüllendirileceğiz, bilgelerimizin şöyle dediği gibi, "Çalışmanızın karşılığında sizi ödüllendirmesi için ev sahibinize güvenebilirsiniz." Bu sayede hem bu dünyada hem de öbür dünyada mutlu olacağız.

Gerçek şu ki, inanmamıza izin vermeyen görüş ve düşünceler bize gelse de Yaradan'dan bize inanma gücü vermesini istemeliyiz. Daha sonra, "ödül almak için değil" olan daha yüksek bir derece vardır. Daha doğrusu, kişi Tora ve Mitzvot'u gözlemlemenin, kendisi için büyük bir Kral'a hizmet ediyormuş gibi kabul edildiğini hissetmekle ödüllendirilir. Buradan da toprakları miras almaya geliriz.

Çalışmada Yargıcın Mutlak Surette Doğru Hüküm Vermesi Ne Anlama Gelir?

Makale No. 45, Tav-Şin-Nun-Alef, 1990/91

Bilgelerimiz şöyle der (Şabat 10): "Mutlak surette doğru hüküm veren her yargıç, yaratılış işinde Yaradan'a ortak olmuş gibidir."

Aşağıdakileri anlamamız gerekir:

1) "Doğru hüküm" nedir ve "mutlak surette doğru hüküm" nedir? Görünüşe göre doğru bir hüküm olabilir, ancak genel olarak doğru olmasına rağmen "mutlak" yine de eksik olacaktır. Ayrıca, "mutlak surette" ne anlama gelmektedir? Yani, "mutlak surette" bize ne katar?

2) "Sanki yaratma işinde Yaradan'a ortak olur" ifadesinin anlamı nedir?

3) Neden özellikle "mutlak surette doğru" ise yaratma işinde Yaradan'a ortak olabilirken, sadece "doğru" ise ortak olamaz? Bunun nedenini, yani "mutlak surette doğru" olmak ile yaratma işi arasındaki bağlantıyı anlamalıyız.

Bilindiği gibi yaratma işi, yani dünyanın ve içindekilerin yaratılması, O'nun yarattıklarına iyilik yapmak amacıyla gerçekleşmiştir. Bu anlamda dünya hem eksiklik hem de eksikliğin giderilmesi ile ortaya çıkmıştır. Buna "Ein Sof [sonsuzluk/sonu olmayan] dünya" denir. O zaman, üst ışık yaratılışın tüm gerçekliğini doldurmuştur.

Ancak, utanç meselesini önlemek için, Tzimtzum [kısıtlama] adı verilen bir ıslah vardı, bu bir gizleme ve saklamadır, böylece Yaradan'ın yaratılanlara vermek istediği haz ve zevk, Yaradan'a memnuniyet bahşetmeyi amaçlamadan önce dünyada görünmeyecektir.

Bu nedenle, utanç meselesini ıslah etmek yaratılışa düşer, yani ihsan etmeyi amaçlamaları gerekir. Yaratılanlar kendileri için alma arzusuna sahip bir doğayla yaratıldıklarından, Yaradan yaratılanların onlara vermek istediği bolluktan zevk almalarını istediğinden, onlarda bu konuda bir arzu ve özlem yaratmıştır. Bu nedenle, eğer yaratılanlar tam tersine hareket etmek, ihsan etmek amacıyla almak zorundaysa, bu çok fazla çalışma gerektirir. Bunun için zevk ve hazzı almaya uygun Kelim'i [kapları] yapmamız gerektiği ve zevkleri alırken herhangi bir utanç olmayacağı düşünülür.

Dolayısıyla, Yaradan'dan bolluğu alması gereken Kli'nin [kabın] iki farkındalıktan oluştuğu sonucuna varılır: 1) haz alma arzusu, 2) niyetin ihsan etmek için olması gerekir.

Yaratılışın amacının gerçekleştirilmesi için, yani yaratılanların haz ve zevk alması için, Kelim'in yapımındaki iki ortağa dikkat etmeliyiz: 1) alma arzusunu veren Yaradan, 2) yaratılanların aldıkları şeyi hangi niyetle almaları gerektiği. Buna "ihsan etmek için almak" denir.

Hazzı ve zevki almaya uygun olan Kli bu ikisinden oluşur.

Buna göre, sorduğumuz şeyi yorumlamalıyız: "Sanki yaratma işinde Yaradan'a ortak olur" demeleri ne anlama gelir? "Sanki" demelerinin bize ne anlattığını anlamalıyız. Mesele şudur ki, haz ve zevk olan ışığın perspektifinden bakıldığında, sadece Yaradan verir. Bu konuda bir ortaklıktan söz edemeyiz. Ancak Kli ile ilgili olarak, burada bir ortaklıktan söz edebiliriz çünkü Yaradan alma arzusunu ve haz alma özlemini vermiştir ve yaratılanlar da Kli'nin diğer yarısını, yani ihsan etme arzusunu vermiş olurlar. Başka bir deyişle, Kli'nin alma arzusu olan kısmını Yaradan'a atfederiz ve Kli'nin diğer kısmı olan ihsan etme arzusunu da yaratılanlara atfederiz; bu yaratılanların yaptığı şeydir. Dolayısıyla, Kli'de iki ortak vardır.

Bu, Zohar'da ("Zohar Kitabı'na Giriş," Madde 67) yazıldığı gibidir, "'Ve Siyon'a, 'Sen Benim halkımsın' dersin. 'Sen Benim halkımsın [Ami]' demeyin, 'Sen Benimlesin [İmi]' deyin, Ayin'de bir Hirik ile, bu Benimle ortaklık anlamına gelir. Ben yeri ve göğü konuşmamla yarattığım gibi, siz de Benimle birliktesiniz." Yani, Ben yaratmaya alma arzusunu yaratarak başladım ve siz de tamamlamalısınız, yani alma arzusunun üzerine ihsan etme niyetini yerleştirmelisiniz. Buna "ortaklık" denir.

Ortaklığın öncelikle Tzimtzum'un ve alma kapları üzerinde yapılan gizliliğin bir sonucu olarak ortaya çıktığı anlaşılmaktadır. Yani, Tzimtzum'un ıslahı nedeniyle ışık ayrılmıştır, ancak "ihsan etmek için" denilen ıslah sayesinde, Kli'nin ihsan etme arzusu olduğu ölçüde, ışık bir kez daha parlayabilir.

Buna göre, şunu sormalıyız: "Tüm dünya O'nun ihtişamıyla doludur" diye yazılmıştır ve Zohar'da da "O'ndan boş bir yer yoktur" (Yaradan'ın olmadığı hiçbir yer yoktur) diye yazılmıştır. Bu, dünyada hiçbir gizlilik veya Tzimtzum yeri olmadığı anlamına gelir. Yine de, kişi bir düşüşe geçtiğinde, gizlilik ve Tzimtzum'un hükmü altında olduğunu ve maneviyatı hissetmediğini görürüz.

Mesele şu ki, Yaradan'ın bakış açısından Tzimtzum yoktur ve "Tüm dünya O'nun ihtişamıyla doludur." Ancak, "Dünya yaratılana kadar Sen varsın ve dünya yaratıldıktan sonra da Sen varsın." Nasıl ki dünya yaratılmadan önce (Olam [dünya] He'elem [gizlenme] ve saklanma anlamına gelir), Yaradan hala tüm gerçekliği dolduruyordu; aynı şekilde, "dünya yaratıldıktan sonra (gizlenme ve saklanma yaratıldığında), Yaradan da tüm gerçekliği doldurur ve Yaradan'dan boş bir yer yoktur. Bununla birlikte, O yaratılanlardan gizlenmiştir; ıslah nedeniyle O'nu hissetmezler, ki böylece utanç söz konusu olmasın.

Buradan şu sonuç çıkar ki, kişinin çalışmada hissettiği gizlilik ve saklanma, özellikle Yaradan'la Dvekut [bütünleşme] ile ödüllendirilmek istediğinde başlar, şöyle yazıldığı gibi, "ve O'na bağlanmak için", ki bu form eşitliği meselesidir. Bu, Yaradan'ın yarattıklarını memnun etmek istediği gibi, insanın da Yaradan'a memnuniyet getirmeyi hayattaki tek kaygısı haline getirmeye çalışması gerektiği anlamına gelir.

Kişinin kendini kandırmaması ve kendisi için hiçbir kaygısı olmadığını ve niyetinin sadece Yaradan'a ihsan etmek olduğunu söylememesi için, yukarıdan bir düşüş verildiğinde, Tora ve Mitzvot'ta [emirler/iyi işler] herhangi bir lezzet hissetmediğinde, gerçek durumunu, kendisi için bir arzusu olup olmadığını ve tüm düşüncelerinin Yaradan'ın iyiliği için mi yoksa kendi iyiliği için mi olduğunu görebilir. Düşüş sırasında kişi şöyle demelidir: "Tora ve Mitzvot ile meşgul olduğumda nasıl hissettiğim umurumda değil, zira tüm düşüncelerim Yaradan'a fayda sağlamak içindir. Bu nedenle, üzerime düşeni yapıyorum ve Yaradan'ın bundan keyif alacağına inanıyorum. Bu şekilde düşünmemiz gerektiği yönündeki düşünceye gelince, bunu bilgelere olan inancımdan alıyorum." Diğer taraftan, amacı kendi yararı olduğunda, kişi bunun aksini söyler.

Bu, Baal HaSulam'ın "Çalışmanın Düzeni" makalesinde (Madde 4) yazıldığı gibidir, "Çalışmayı Yaradan'a atfederken, kişi çalışmanın nasıl göründüğüne bakmaksızın Yaradan'ın çalışmamızı kabul ettiğine inanmalıdır." Kişi çalışmayı sadece Yaradan'a atfetmelidir; bu yeterlidir.

Bu nedenle, düşüş sırasında, kişi çalışmadaki gerçek durumunu görebilir. Ancak asıl önemli olan nokta, o anda kendisini "Tüm dünya O'nun ihtişamıyla doludur" inancıyla güçlendirmesi gerektiğidir. Bu nedenle, kişi alçaklık durumunda olsa bile, bu yerde "Tüm dünya O'nun ihtişamıyla doludur" diyemeyiz dememelidir. Aksine, kişi "O'nun ihtişamı dünyayı doldurur" diye yazıldığına ve bunun sadece kendisinden gizlendiğine ve bunun seçim yapabilmesi ve kendi iyiliği için değil, ihsan etmek için çalışması için yapıldığına inanmalıdır, çünkü kendi yararını amaçladığı için severek çalışamaz, zira kendisi için alma arzusu herhangi bir tat hissetmez.

Bu durumda, kişi artık sadece Yaradan'ın rızası için çalıştığını söyleyebileceği bir yere sahip olduğu için memnun olabilir. Eğer bu çalışmanın üstesinden gelemiyor ve mutlu olamıyorsa, şöyle demelidir: "Gerçeği, gerçeğin çalışmasından uzak olduğumu gördüğüm için mutluyum. Dolayısıyla, şimdi Yaradan'dan kalbimin derinliklerinden bana yardım etmesini isteme şansım var. Aksi takdirde, kaybolacağım çünkü üstesinden gelmek ve kendim için alma arzusunun yönetiminden çıkmak için güçsüz olduğumu görüyorum."

Bu nedenle, çalışmanın sırasının, kişinin Tora ve Mitzvot'taki çalışması için ödül istemesi olduğunu görürüz, bu sayede Yaradan rızası için çalışmayı başaracaktır. Yaratılışın amacı "O'nun yarattıklarına iyilik yapmak" olduğu için, kişinin haz ve zevk alabileceği ihsan etme kaplarını edinmesi gerektiği düşünülür.

Bilgelerimizin dediği gibi, "Tora ve Mitzvot sadece İsrail'i arındırmak için verildi." Yani, Tora ve Mitzvot'u yerine getirmeleri karşılığında istedikleri ödül arınmaktır, yani Tora ve Mitzvot'u yerine getirerek, bilgelerimizin dediği gibi, "İçindeki ışık onu ıslah eder" arzusuyla ödüllendirilecekleri niyettir.

Buna göre, sorduğumuz soruyu şöyle yorumlamalıyız: "Mutlak surette doğru hüküm veren her yargıç, yaratma işinde Yaradan'a ortak olur" demeleri ne anlama gelir? Soru şudur: "Doğru" nedir ve "mutlak doğru" nedir?

Bunun cevabı, yazdığım gibi (Makale No. 44, Tav-Shin-Nun-Aleph), "Yaradan'ın rızası için" ile ilgili iki anlayış vardır: 1) Kişi insanların saygısı ya da para için çalışmaz. Aksine, Tanrınız Efendiniz ile alçakgönüllülükle çalışmaktadır ve tüm çalışması Yaradan'ın bize emrettiği Tora ve Mitzvot'u yerine getirmek içindir. Bu nedenle, kişi Yaradan'dan kendisine bu dünyada yaşam, sağlık, rızık ve benzeri şeyler vermesini ister. Ayrıca, Tora'da yazdığı gibi, "Eğer itaat edersen, tarlana ot vereceğim" diyerek onu bir sonraki dünyada ödüllendirmelidir. Yani, Yaradan onu ödüllendirecektir. Bu da demek oluyor ki, yerine getirdiği Mitzvotlar sadece Yaradan'ın rızası içindir.

2) Kişi Yaradan'ın rızası için çalışır ve niyeti bile Yaradan'ın rızası içindir. Yani, herhangi bir ödül istemez ama her şey Yaradan'ın rızası içindir. Bu, amacın da Yaradan'ın rızası için olması olarak kabul edilir.

Bu nedenle, salt "doğru"nun kişinin sadece eylemlerinin Yaradan'ın rızası için olduğu anlamına geldiğini, ancak yine de niyetini Yaradan'ın rızası için yapamayacağı şeklinde yorumlamalıyız. Bu nedenle, çalışma açısından konuşurken, kendini yargılamak ve çalışmadaki durumunu görmek isteyen herhangi bir kişinin dürüst bir yargıç olması gerektiği anlamına gelir.

Kişi tüm eylemlerinin Yaradan'ın rızası için olduğunu gören dürüst bir yargıç olsa da, bu yargıç yine de "yaratma işinde Yaradan'a ortak olmuş gibi" olamaz. Bu demektir ki, yaratma işi, niyetin O'nun yarattıklarını memnun etmek olduğu dünyanın yaratılmasıdır. Utanç ekmeğinden kaçınmak için, yaratılanların ihsan etmek için amaç olan Kli'nin diğer yarısını yapması gerektiği şeklinde bir ıslah yapılmıştır. Ve kişi doğru hüküm verdiği için, henüz zevk ve hazzı almaya uygun değildir, çünkü ışıkla arasında hala form eşitsizliği vardır. Dolayısıyla, ortak olamaz.

Tersine, mutlak surette doğru yargılayan bir yargıç, yani niyeti aynı zamanda Yaradan'ın rızası için olan bir yargıç söz konusu olduğunda, o zaman zaten alma kaplarında bir ıslah vardır, dolayısıyla Kli ile ışık arasında bir eşitlik vardır. Bu durumda, ışık o Kli'de parlayabilir ve o yargıç bir ortak olur, çünkü Kli'nin ortaklığını yani alma arzusunun Kli'sinde olan ihsan etme arzusunu vermiştir, buna "ihsan etmek için almak" denir. Bu, kişinin ancak şimdi Kli'yi tamamlamış olması nedeniyle, yaratma işi olan yaratılışın amacının alttakilere ifşa edilebileceği anlamına gelir, çünkü utanç meselesi ıslah edilmiştir, zira onlar zaten ihsan etmek üzere her şeyi alabilirler.

Ancak, kişi durumunu değerlendirmesi, Yaradan'ın sevgisini kendine olan sevgiye tercih edip etmediğini görmesi için bir yargıç yerleştirdiğinde ve yargıç meselenin gerçeğini belirlemesi gerektiğinde, bu onun asıl çalışması olmamalıdır. Aksine, asıl çalışması "doğru" olanı yapmak, yani Tora ve Mitzvot'la meşgul olmak ve Tora ve Mitzvot'la meşgul olmakla ödüllendirildiği için bundan bütünlük ve sevinç almak olmalıdır. O anda Tora ve Mitzvot'a ne kadar sevgi duyduğu önemli değildir. Aksine, Mitzvot'u herhangi bir koşul olmaksızın yerine getirmenin, kişinin yaptığı çalışmanın şekli ne olursa olsun, bu çalışmayı Yaradan'a atfetmesinin harika bir şey olduğuna inanır, çünkü Yaradan her şeyi kabul eder.

Bu çalışmaya "sağ" ve "bütünlük" denir ve kişi bundan canlılık alır, daha sonra ""solda"" da yürüyecek güce sahip olur, yani çalışmasının gerçek doğası hakkında doğru bir yargıda bulunacak bir yargıç yerleştirir. Ancak bu, Yaradan'a hizmet etmeye ayırdığı zamanın sadece bir kısmı olmalıdır. Çalışma zamanının çoğunluğu sağda olmalıdır. Bu iki ayak olarak kabul edilir, zira tek ayak üzerinde yürümek ve çalışmada ilerlemek mümkün değildir.

Bununla yazılanları yorumlamalıyız, " 'Barış, barış, uzaklara ve yakınlara' dedi Efendi, 've onu şifalandıracağım." Çalışmada "uzak" ve "yakın "ı yorumlamalıyız. "Uzak" sol çizgi anlamına gelir. Yani, kişi çalışmada nasıl davrandığını yargılamak üzere bir yargıç yerleştirdiğinde, Yaradan'dan ne kadar uzakta olduğunu görür. "Yakına" kişinin sağ çizgide çalışmaya döndüğü zaman, yani sadece bütünlüğü gördüğü zaman anlamına gelir. Bu demektir ki, kişi çalışmaya değer verir ve Tora ve Mitzvot'a birazcık olsun tutunmayı bile bir servet olarak görür, zira azıcık bir yakınlığı bile hak etmemektedir. Dolayısıyla, " sağ" koşulunda, kişi "Yaradan'a yakın" olarak kabul edilir.

Ancak bu iki çizgi birbiriyle çeliştiği için birbirine zıttır. O zaman orta çizgi gelir ve aralarında karar verir ve barış yapar. Yaradan'ın "orta çizgi" olarak adlandırıldığı bilindiğinden, bu Yaradan'ın ikisi arasında barış yapması olarak kabul edilir.

Çalışmanın sırasının tek bir çizgi üzerinde çalışmaya başlamak olduğu bilinmektedir, bu da sadece eyleme bakan genel halkın çalışmasıdır. Orada herkes çalışmadan az ya da çok memnundur. Bilmeliyiz ki tek bir çizgi üzerinde, Saran Işık genel olarak parlar, bu da uzaktan parlayan ışıktır. Yani kişi henüz form eşitliğinden uzaktır ama bu ışıktan aydınlanma alır. O zaman, onda "birbirini inkâr eden iki yazı" meselesi yoktur, çünkü kişinin sadece tek bir yolu vardır.

Ancak kişi sol çizgiye geçtiğinde, tövbe etmek istediğinde, bu ancak durumunu incelemesi için bir yargıç yerleştirdiğinde olabilir. Eğer yargıç dürüstse, kendisinin iyi olmadığını, yani yaptığı her şeyin kendi çıkarı için olduğunu görür. O zaman kişinin tövbe etmek, yani Yaradan'a dönmek, Yaradan'a bağlı kalmak ve ayrılmamak için dua edecek yeri olur. Böylece onun tek çizgisi sağ çizgi haline gelir.

Yukarıdakilere göre, bilgelerimizin söylediklerini yorumlamalıyız (Midraş Rabbah 19), Reuben tövbe ile başladığında, şöyle yazıldığı gibidir, "Çocuk gitti ve ben, nereye gideyim?" Bunu, tövbe sırasının kişinin "Çocuk gitti" demesiyle başladığına işaret ettiği şeklinde yorumlamalıyız.

İnsanın içinde iki güç olduğu bilinmektedir: 1) yaşlı ve aptal bir kral, 2) zavallı bir çocuk, şöyle yazıldığı gibi (Vaiz 4), "Zavallı ve bilge bir çocuk, yaşlı ve aptal bir kraldan daha iyidir." Bu, kişi tövbe etmeye başladığında, neye tövbe edeceğini bilmesi gerektiği anlamına gelir. Ruben'in, "Çocuk gitti, ben nereye gideyim?" sözü bunu ima eder. Yani, "iyi eğilim" olarak adlandırılan çocuk gitmiştir ve kişinin gördüğü tek şey bedenin tamamen "kötü eğilim" olan yaşlı ve aptal kral tarafından kontrol edildiğidir ve iyi eğilimin "ihsan etme arzusu" ve kötü eğilimin "alma arzusu" olarak adlandırıldığı bilinmektedir.

Dolayısıyla, kişi alma arzusunun kendisini kontrol ettiğini ve bu kontrolün kendisine zarar vererek Yaradan'dan uzaklaşmasına neden olduğunu görmeden önce, halen tövbe edecek bir şeyi yoktur. Sadece "çocuğun gittiğini" gördüğünde, tövbe edecek bir eksiklik yeri edinir, yani Yaradan'a geri döner ki buna "Yaradan'la Dvekut [bütünleşme]" denir. Bu demektir ki, daha önce Yaradan'dan uzak olduğu yerde, şimdi Yaradan'a yakın hale gelmiştir ve buna "tövbe" denir.

Buna "Islah gerektiren her şeye 'sol' denir." kuralına uygun olarak, "sol çizgi" de denir. Kişinin aynı zamanda "sağ" denilen bütünlük içinde olması gerektiğinden, "birbirini inkâr eden iki yazı yaratır, böylece üçüncü yazı gelecek ve aralarında karar verecektir." Başka bir deyişle, o zaman Yaradan kişiye ihsan etme arzusunu verir ve kişi böylece gerçek bütünlüğü elde eder. Yani, o zaman "Tora, İsrail ve Yaradan birdir" denilen Tora ile ödüllendirilir.

Ancak, unutmamalıdır ki çalışma esas olarak "bütünlük" olarak adlandırılan sağda olmalıdır, kişi sağdan yakıt alır, yine de çalışmadaki ilerleme, yani haz ve zevk alma hedefinin tamlığına ulaşmak, özellikle sola bağlıdır, çünkü orada kişi eksikliğini görür ve Yaradan'ın eksikliğini tatmin etmesi için dua ederek bu eksikliği giderebileceği bir yeri vardır. Kişi sadece Yaradan'ın yardımıyla ilerler, Zohar'ın yazdığı gibi, yukarıdan gelen yardıma "kutsal bir ruh" denir. Kişi yaratılışın amacı olan haz ve zevke ulaşarak ödüllendirilene kadar bu şekilde ilerler.

Şimdi yazılanları yorumlayabiliriz (Mezmurlar 78), "O, hizmetkârı Davut'u seçti ve onu ağıllardan aldı, süt emen kuzuların bakımından, halkı Yakup'a ve mirası İsrail'e çobanlık etmesi için yetiştirdi." Davut'u neden hizmetkâr olarak seçtiğini yorumlamalıyız; onun diğerlerine göre ne gibi erdemleri vardı? Bu konuda şöyle der: "Ve onu ağıllardan aldı." "Ağılları" yiyecek olarak yorumlamalıyız. Peki, onun yiyeceği neydi? Koyun diyor. Baal HaSulam'a göre koyun, "çıkışlar" anlamına gelir.

Demek ki, kişi Yaradan'ın çalışmasından çıktığını, düşüşte olduğunu hissettiğinde, bundan endişe duymamalıdır. Aksine, bu ona Yaradan'a kendisini kötülüğün kontrolünden kurtarması ve O'na yaklaştırması için dua etme fırsatı verir. Bu nedenle, yaşadığı her çıkış kişiye yakıt ve ne için dua edilmesi gerektiğini verir. Diğer taraftan, kişi her zaman yükselişte olduğunda, ilerlemeye ihtiyaç duymaz. "Ve onu koyun ağıllarından aldı" sözlerinin anlamı budur.

Ayrıca, "Onu yukarı çıkardı" diye de yazılmıştır. "Yukarı" sözcüğünü yükselmek olarak yorumlamalıyız. "Onu yukarı çıkardı", yükselişlerden sonra, yani düşüşlerden sonra, onu "halkı Yakup'a çobanlık etmesi için" getirdi anlamına gelir. "Yakup" Yod-Akev [topuk] olarak kabul edilir, zira topuk "inanç" olarak adlandırılır ve kişinin topuklarıyla çiğnediği bir şeydir. Yani, daha düşük öneme sahip bir şeydir. Başka bir deyişle, özellikle yükselişlerden sonra gelen ve düşüşler olan durumlardan, özellikle de düşüşlerden, inancına çobanlık edecektir.

Bu, düşüşlerden inancı genişletmek için güç aldığı anlamına gelir. "Yakup O'nun halkı" yani Yaradan'ın halkı sözlerinin anlamı budur. "Ve İsrail O'nun mirası", inanç olan Yod-Akev durumuna düşüşler aracılığıyla ödüllendirildikten sonra, "toprağın mirası" ile ödüllendirildiği anlamına gelir. Bu yüzden "İsrail" diye yazılmıştır, çünkü daha sonra Yaşar-El [İsrail, anlamı: Yaradan'a doğru] derecesini elde etmiştir. Sonra da yaratılışın amacı olan toprağın mirasını edinmiştir. "İsrail O'nun mirasıdır" sözlerinin anlamı budur.

Ancak, çalışmadaki birincil önemin sağ çizgiye verilmesi gerektiğini unutmamalıyız. Biz sol koşulunda da ilerleriz, ama sağ olmadan yürüyemeyiz, çünkü "Efendinize sevinç içinde hizmet edin" diye yazıldığı gibi, kişi sevinç içinde olmalıdır ve bunu sadece sağ çizgiden alabilir. Her ne kadar bu sol çizgiyle çelişse de, kişi yüksek ruh halinde olmalıdır, bu da ancak kişi Yaradan'a ve bize kişinin tüm eylemlerini takdir etmeye çalışması gerektiğini söyleyen bilgelere inandığında elde edilir, bunlar hala olması gerektiği şekilde olmasa bile, kişi yapabildiği küçük şeyler için bile Yaradan'a teşekkür ettiği ölçüde, bu onu Yaradan'a bağlar.

Çalışmada Sevilenin Oğlu ve Nefret Edilenin Oğlu Nedir?

Makale No. 46, Tav-Şin-Nun-Alef, 1990/91

Midraş, (Baal HaTurim'de sunulan) "Bir adamın iki karısı varsa, biri sevilir diğerinden nefret edilir" diye yazılanlar hakkında şöyle der. Diyor ki, "'Eğer bir adamın iki karısı varsa' Yaradan'dır. 'Sevilenler' O'nun yüzünü gösterdiği putperestlerdir, 'nefret edilenler' ise O'nun yüzünü gizlediği İsrail'dir."

Bunu anlamalıyız, çünkü Yaradan'ın kendi halkı olan İsrail'i sevdiğini yazan tüm yerlerle çelişmektedir, çünkü şöyle yazılmıştır (Malaki 1:2-3), "'Seni sevdim' diyor Efendi. Ama siz, 'Bizi nasıl sevdin' diyorsunuz." "Esav Yakup'un kardeşi değil miydi?" diye soruyor Efendi. 'Yine de Yakup'u sevdim, Esav'dan nefret ettim." Ayrıca, "Kendi halkı olan İsrail'i sevgiyle seçen" diyoruz.

Bunu çalışma içinde yorumlamalıyız: Bilindiği gibi bu çalışmada her şeyden tek bir beden içinde söz ediyoruz. Bu nedenle "iki eş" ifadesini, onların aynı bedende oldukları şeklinde yorumlamalıyız. Bu, insanın içinde iki güç olduğu anlamına gelir: 1) kişinin kendi yararı için alma arzusu, 2) ihsan etme arzusu, her şeyi Yaradan'ın rızası için yapma arzusu.

Bu ikisine "iki eş" denir. Başka bir deyişle, insanın içindeki "dünyanın yetmiş ulusu" ve "İsrail" niteliğini tespit etmeliyiz. "Dünya uluslarını" kişinin kendi çıkarı için alma arzusuna atfederiz ve "İsrail'i" Yaradan'a ihsan etme arzusuna atfederiz.

Bu iki arzunun yukarıdan geldiğini bilmeliyiz, yani onları sadece Yaradan verir ve onları kendi başına almak insanın elinde değildir. Aksine, "kendisi için alma arzusu" olarak adlandırılan ilk güç, kişiye herhangi bir çaba sarf etmeden gelir. Kişi doğar doğmaz bu güce sahip olur. Ancak ikinci güç olan "ihsan etme arzusu" emek sarf etmeden yukarıdan gelmez. Bu demektir ki, kişi önce bunu edinmenin yollarını aramalıdır ve ancak o zaman yukarıdan ihsan etme arzusunu alır. Ancak bu arzu emek sarf edilmeden verilmez.

İhsan etme arzusunun emek olmadan verilmemesinin ve alma arzusunun emek olmadan verilmesinin nedenini anlamalıyız. Bu böyledir çünkü yaratılış amacına, yani yarattıklarına iyilik yapma amacına ulaşmak için, O'nun haz alma arzusunu içeren bir yaratılış yaratması gerekiyordu, zira arzu olmadan hiçbir şeyden haz almak mümkün değildir. Dolayısıyla, Yaradan, yaratılışın içine haz alma arzusunu yerleştirmiştir.

Bu demektir ki, eğer insan doğduğunda buna sahip olmasaydı, "yaratılan" olarak adlandırılması imkânsız olurdu, çünkü bu bize yaratılışın "yoluktan var olma" meselesini gösterir, yani kişinin ihtiyacını tatmin etmek istediği bir arzu ve ihtiyaç yaratılmıştır. Bu nedenle bu arzu, herhangi bir çaba sarf etmeden hemen gelir. Başka bir deyişle, alma arzusu olmasaydı, hiçbir gelişme olmazdı, dolayısıyla dünyada hiçbir şey olmazdı, zira bizler her şeyi yalnızca bizi ilerlemeye iten alma arzusunun gücüyle öğreniriz. Bu nedenle bu arzu bize herhangi bir çaba sarf etmeden gelir.

Ancak ihsan etme arzusuna gelince, Yaradan bunu bize herhangi bir çaba sarf etmeden vermez. Bu demektir ki, yaratılışa sahip olduğumuzda ve Yaradan'ın yaratılanlara doyum vermesi gerektiğinde, Yaradan onlara onların talep ettikleri ve ihtiyaç duyduklarını söyledikleri şeyi verir. O zaman Yaradan onların eksikliğini doldurur. Bu nedenle, bir kişinin Tora ve Mitzvot'ta gösterdiği tüm çaba, ihsan etme arzusunun eksikliğini edinmek içindir. Demek ki, insan haz alma arzusu olmadan bu dünyada yaşamayacağını anlar, yani kişi haz alabilmesi için alma arzusuna verecek hiçbir şeyi olmadığını görürse, dünyada var olamayacağını bilir, zira kişi canlılık olmadan yaratılışın amacı olan Yaradan'ın yarattıklarına iyilik yapma amacına ters düşer.

Aynı şekilde, kişi Yaradan'la Dvekut'u [bütünleşme] edinmesini sağlayacak ihsan etme arzusuna sahip olmadıkça, bu dünyada ne yaşamı ne de hazzı olmayacağını hissetmelidir. Başka bir deyişle, hayatta hiçbir tatmini olmadığını görür. Bu nedenle, bütünlüğü edinmek ister, çünkü yaratılışta haz ve mutluluk olmalıdır. Ancak, ihsan etme arzusu olmadan kişi bütünlüğe ulaşamaz. Bu duruma "eksiklik ve ihtiyaç" denir ve kişi böyle bir eksikliğe sahip olduğunda, yukarıdan, Yaradan'dan "ihsan etme arzusu" adı verilen ikinci arzuyu alır.

Bu nedenle, kişi ihsan etme arzusu için bir eksiklik edinmek amacıyla elinden gelen her şeyi yapmalıdır. Ancak, kişi bilmelidir ki, ihsan etmek için her şeyi yapmak istemesine rağmen, beden kendi yönetiminden çıkmasına izin vermez ve bu da kişinin düşüşlerine ve yükselişlerine neden olur. Bu demektir ki, alma arzusu ihsan etme arzusuna galip geldiğinde, yani alma arzusu kişiye kendisinin haklı olduğuna dair arzular ve düşünceler getirdiğinde, yani ona kendini sevme konusunda daha büyük bir tat verdiğinde, bu demektir ki "dünya milletleri" olan alma arzusu her seferinde daha fazla tat alır ve böylece daha fazla güç kazandığında, ihsan etme arzusuna duyulan ihtiyacı ortadan kaldırır.

Dolayısıyla, kişinin ihsan etme arzusuna olan ihtiyacı edinmek için verdiği tüm emek kendisinden ayrılır ve kişi düşüş sırasında kendisi için alma arzusuyla hemfikir olur. Bununla birlikte, daha sonra kişi iyileşir ve ihsan etme arzusu ihtiyacını edinmek için bir kez daha çalışmaya ve emek harcamaya başlar ve ardından alma arzusu bir kez daha galip gelir. Dolayısıyla yükselişlerin ve düşüşlerin nedeni budur.

Bu durum, kişi O'nun yardımı olmaksızın gerçek ihsan etme arzusuna değil ama ihsan etme arzusuna duyulan ihtiyaca bile ulaşmanın imkânsız olduğu kararına varıncaya kadar devam eder; öyle ki birkaç kez zaten sahip olduğundan daha fazla çaba sarf edemeyeceğini gördüğü bir duruma gelmiştir. Bu nedenle çalışmadan kaçmak ister.

Ancak şunu sormalıyız: Yaratıcı neden yükselişler ve düşüşler olmasını sağladı? Yukarıda söylendiği gibi, insanın ilerlemesi ve azla yetinmemesi için. Bu nedenle kişi yukarıdan bir düşüş alır. Başka bir deyişle, kişinin derecesi düşürülerek ilerlemesine yardımcı olunur. Bu, onun düşünmesine ve yukarıdan kendisinden neyin istendiğini ve bunun için derecesinden indirildiğini görmesine neden olur.

Bu da kişinin yardım için Yaradan'a dua etmesine neden olur. Kişinin yukarıdan aldığı yardım, ona Zohar'da yazıldığı gibi, "kutsal bir ruh" tarafından yardım edildiği, bir ruh edineceği hazırlıktır. Buradan hem yükselişlerin hem de düşüşlerin yukarıdan geldiği sonucu çıkar. Demek ki, düşüşler de kişiye yardım eder ve onlar sayesinde ulaşması gereken hedefe ulaşır.

Bununla Zohar'ın söylediklerini yorumlamalıyız (VaYishlach, Madde 4), "Eğer bir insan arınmak için gelirse, kötü eğilim onun önünde teslim olur ve sağ solu yönetir. Ve hem iyi eğilim hem de kötü eğilim, insanı gittiği tüm yollarda tutmak için birleşir, zira şöyle yazılmıştır: 'Çünkü O, sizi tüm yollarınızda tutmaları için meleklerini üzerinizde görevlendirecektir."

Kötü eğilimin insanı doğru yolda yürümekten alıkoyduğunun nasıl söylenebileceğini anlamamız gerekir. Ne de olsa, kişiye Tora yolunda yürümemesini öğütler, onu tüm yollarında başarısızlığa uğratır ve onu Yaradan'ın rızası için çalışmaktan alıkoyar ama sadece kendi çıkarı için çalışır. Bu nedenle, kötü eğilimin kişiye nasıl yardımcı olduğunu bilmeliyiz.

Kötü eğilim kişiye Tora'nın ruhuna yabancı düşünceler verdiğinde, kişinin aldığı düşüşler onun düşüşüne neden olur. Kişinin düşüncesine göre, kötü eğilim ona kendisini sevmenin Yaradan'ı sevmekten daha önemli olduğu hissini vermiş olmalıdır ve düşüşlerin nedeni de budur.

Fakat gerçekte, kişi her şeyi Yaradan'ın yaptığına inanmalıdır. Başka bir deyişle, bu düşüşleri kişiye Yaradan gönderir ki, insana çalışmasında ivme kazandırsın ve böylece azla yetinmesin. Kişi Tora ve Mitzvot'ta elinden geleni yaptığını hissettiğinde, niyetinin Yaradan'ın rızası için mi yoksa kendi çıkarı için mi olduğunu ayırt edemez, zira kişi genel halk tarzında çalıştığında, bir aydınlatma kişinin üzerinde Saran Işık olarak parlar ve ona tatmin verir, böylece çalışmasında herhangi bir eksiklik hissetmez.

Ancak kişi bireyler tarzında çalışmak istediğinde, yani amaç özellikle eylem değil de Yaradan'ın rızası için olduğunda (Madde No. 45, Tav-Shin-Nun-Aleph'te söylendiği gibi), o zaman yukarıdan iyi olmadığı kendisine bildirilir ve bundan dolayı bir düşüşe geçer. O zaman kişi gerçek durumunu görür ve kendini sevmenin kontrolünden çıkmak için bir yol aramaya başlar.

Dolayısıyla, kendisine düşüş koşulunu getiren kötü eğilim olmasaydı, kişi yükseliş durumunda kalır ve Yaradan'la Dvekut hedefine ulaşmaya ihtiyaç duymazdı. Buradan kötü eğilimin kişinin "cansız Keduşa [kutsallık]" koşulunda kalmasını engellemek ama daha ziyade ilerlemesini sağlamak için Yaradan'ın bir meleği, bir habercisi olduğu sonucu çıkar. Bu nedenle şöyle der: "Çünkü O, sizi her yolunuzda tutmak için meleklerini üzerinizde görevlendirecektir." Dolayısıyla, kötü eğilim de kişiyi koruyan Yaradan'ın bir elçisidir.

Yukarıdakilere göre, Midraş'ın sözleriyle ilgili olarak sorduğumuz şeyi yorumlamalıyız: "'Eğer bir adamın iki karısı varsa' Yaradan'dır. 'Sevilenler' puta tapanlardır." Yaradan'ın puta tapanları sevdiği nasıl söylenebilir? "Bir adamın iki karısı varsa" dendiğinde, Yaradan'ın bir kişiye iki eş verdiği, yani iki arzu verdiği, birinin sevildiği, yani kişinin kendi iyiliği için alma arzusu anlamına geldiği şeklinde yorumlamalıyız. Buna "puta tapanlar" denir, yani Yaradan'ın rızası için değil, kişinin kendi çıkarı için.

Bu arzuya "sevilen" denir, yani yaratılanlar bu arzuyu severler çünkü Yaradan onlara yüzünü göstermiştir. Başka bir deyişle, Yaradan dünyayı yarattıklarına iyilik yapma arzusu nedeniyle yaratmıştır. Bu, Yaradan'ın onlara yüzünü, yani alma arzusunu gösterdiği şeklinde değerlendirilir, çünkü hazza duyulan bir özlem yoksa haz almak imkânsızdır. Bu nedenle, Yaradan haz alma arzusuna yüzünü gösterir. Yani, kişi kendisi için yaptığı her şeyden zevk alır ve bu da O'nun kişiye yüzünü göstermesi olarak kabul edilir.

Peki, buna neden "puta tapanlar" deniyor? Bunun cevabı, utanç meselesinden kaçınmak için, almak için almanın yasak olduğuna dair bir ıslah olduğu içindir. Almak için alan kişi çalışmada "puta tapan" olarak adlandırılır. Başka bir deyişle, Yaradan'ın rızası için değil, kendi çıkarı için çalışır. Çalışmada buna "yabancı çalışma", "puta tapma" denir. Her ne kadar eylemler açısından kişi, "İsrail" ve "Yaradan'ın hizmetkârı" olarak kabul edilse de ihsan etmek olan çalışma açısından buna "puta tapma" yani bize yabancı olan çalışma denir.

Kişi sadece kendi çıkarı için çalışma doğasıyla doğduğundan, ki kişi buna "sevilen" der, Yaradan onlara yüzünü gösterdiğinden, kişi kendi çıkarı için çalıştığı sürece çalışma arzusuna sahiptir, zira doğası gereği alma arzusu için çalışmayı sever. Ama kişi Yaratan'ın rızası için çalışmak istediğinde, yani kendisine değil Yaratan'a fayda sağlamak istediğinde, bu arzu kişideki "İsrail" niteliğine aittir ve bu arzuya "nefret" denir, zira Yaradan onlardan yüzünü gizler.

Başka bir deyişle, kişinin "İsrail" ile ödüllendirilmesi için, Yaradan yüzünü onlardan gizler, çünkü kişi ihsan etmek amacıyla alabilmek için, tüm eylemlerinin Yaradan'ın rızası için olduğu bir şekilde yürümek istediğinde, Tora ve Mitzvot [emirler/iyi işler] üzerinde bir gizleme ve Tzimtzum [kısıtlama] olmalıdır, böylece Tora ve Mitzvot'u herhangi bir ödül olmaksızın, sadece Yaradan'ın rızası için yerine getirdiklerini söyleyebileceklerdir. Bu doğasına aykırı olduğu için, beden bu çalışmadan nefret eder. Ve eğer bir kişi özellikle Yaradan'ın rızası için çalışmak istiyorsa, alma arzusunun üstesinden gelme ve ona boyun eğdirme gücü vermesi için Yaradan'a dua etmekten başka çaresi yoktur.

"Arınmak için gelene yardım edilir" diye yazıldığı gibi, kişi bu gücü yukarıdan alır. Yani, ona yukarıdan bir ruh verilir. Bir kişide özellikle "İsrail" niteliğine karşı nefret olması halinde, beden ihsan etmekten nefret ettiği için bunun üstesinden gelemez. O zaman, yukarıdan yardım isteyerek kişinin gerçekten "İsrail" derecesi ile ödüllendirilmesi için yer vardır.

Söylenenlerin anlamı şudur: insanda var olan iki güçten -kötü eğilim ve iyi eğilim- kişi amacın tamamlanmasına ulaşabilir, çünkü her ikisi de onu doğru yoldan ne sağa ne de sola sapmaktan alıkoyar, ancak Yaradan'ın yaratılanlara vermek istediği hazzı ve mutluluğu almak olan amacın tamlığına ulaşmaya gelir.

Bu nedenle "sevilen eş" puta tapanlar, "nefret edilen eş" ise İsrail'dir. Buna, bu iki gücün, alma arzusu ve ihsan etme arzusunun, "insan" ve "hayvan" olarak da adlandırıldığını eklemeliyiz. Demek ki, insandaki alma arzusu, içinde sadece kendi çıkarı olan hayvanların niteliğine ait bir "hayvan" olarak kabul edilir ve "konuşan", insanın başarması gereken ve yukarıdaki nedenden dolayı sadece büyük çabalarla başarabileceği ihsan etme arzusu olan "insan" niteliğidir, çünkü kişi doğası gereği Yaradan rızası için nasıl bir şey yapacağını anlayamaz.

Bu demektir ki, kişi kendi "hayvanının" taleplerini tatmin etmekle ilgilenir, ancak içindeki "insanın" talep ettiği şeyi kişi tatmin edemez. Aksine, bu Yaradan'dan ona " hayvanını" yenme gücü vermesini istemeyi gerektirir, çünkü Yaradan'ın yardımı olmadan, yönetim "insan" niteliğinden ve "İsrail" niteliğinden nefret eden düşünce ve arzulara verilir, ki bu da "insan" niteliğidir, bilgelerimizin şöyle dediği gibi, "Size 'insan' denir ve puta tapanlara 'insan' denmez" (Yevamot 61). Dolayısıyla, "nefret edilen kadın", Yaradan'ın yüzünü gizlediği "İsrail "dir.

Yukarıdakilere göre, bilgelerimizin söylediklerini (Avot 1:15), "Her insanı hoş karşılayın" şeklinde yorumlamalıyız. Bunun bize çalışmada ne anlattığını anlamalıyız. Bir kişi "insan" niteliği için bir şey yapmak istediğinde ve "insan" niteliğinden nefret edildiğinden, insanın tüm kaygıları sadece "hayvanının" taleplerini karşılamak olduğundan ve beden hayvan niteliğini sevdiğinden, ancak "insan" niteliği olan "İsrail "e gelince, beden ondan nefret ettiğinden; bu nedenle bilgelerimiz gelip "Her insanı hoş karşılayın" diye uyardılar; burada "her", "insan" olarak algılanan her şey anlamına gelir.

Başka bir deyişle, eğer "insan" niteliğiyle ilgiliyse, küçük bir şeyi bile takdir etmeliyiz. Bilgelerimiz bize "insan" niteliğini hoş karşılamaya çalışmamız gerektiğini ve Yaradan yüzünü onlardan gizlediği için bize nefret ediliyormuş gibi görünmediğini söylediler. Aksine, mantık ötesi gitmeli ve her insanı bedenimizin aklının bize söylediğinin ötesinde hoş karşılamalıyız. Yani, "insan" niteliğine uygun şeyler yapmalıyız.

Her ne kadar içimizdeki "hayvan " bağırıp çağırsa ve insan niteliği için yapmak istediğimiz işlerin aklı başında insanlar için uygun olmadığını söylese de talepkâr bir hayvan olduğumuz için bu kabul edilebilir ve kanıt da bedenin bu çalışmayı sevmesidir. Ancak "insan" niteliği için çalışmak istediğinde, bedenin bundan nefret ettiğini görürsünüz. Açıkçası akıl mantıklıdır, çünkü "hayvan" niteliği için çalışmanın makul ve akıllı bir kişi için uygun olduğunu, "insan" niteliği için yapmak istediğiniz çalışmanın ise bir "hayvan" eylemi olduğunu, yani akılsız olduğunu söyler.

Bilgelerimiz bize bu konuda bedenin söylediklerine kulak asmamamız gerektiğini, onun bir "insan" iddiasında bulunduğunu, bunun yerine her "insan niteliğini" hoş karşılamamız ve "Akla ve mantığa göre insan niteliğinden nefret edilse de bilgelerin sözlerine inanıyor ve onları hoş karşılıyorum" dememiz gerektiğini söyler.

Bilgelerimizin "İnsanı ve hayvanı Sen kurtarırsın, ey Efendimiz" sözünü bu şekilde yorumlamalıyız. Bunlar, akıllarında insanlar kadar kurnaz olan ve hayvan gibi davranan insanlardır. Yani, rasyonel olarak bakıldığında haklısınız ve bir insan sevdiği yolda yürüse de, yine de "hayvan gibi davranır", akılsızdır ve mantık ötesi bir inançla hareket eder.

Ancak, Tora ve Mitzvot'u uygulamada her detayı ve hassasiyetiyle gözlemleyerek, eylemler sayesinde, Yaradan'ın bize yukarıdan yardım etmesiyle ödüllendirileceğimize inanmalıyız, böylece ilerlemek için güce sahip olacağız ve insanın yaratılış amacında var olan hazzı ve mutluluğu alması olan hedefi edinmekle ödüllendirileceğiz. Bu böyledir çünkü Tora ve Mitzvot'u koşulsuz olarak, sadece Yaradan'ın emri nedeniyle yerine getirdiğimizde, buna aşağıdan uyanış denir. Bu sayede, ışık ve bolluğun yukarıdan yayılması sağlanır ve onlar kötülüğün yönetiminden çıkabilir.

Bu, bilgelerimizin (Machilta adına RASHI) "Kanı gördüğümde, sizin üzerinizden geçip gideceğim ve sizi yok edecek hiçbir bela başınıza gelmeyecek" (Çıkış 13:12) yazılı olan şey hakkında söyledikleri gibidir. ("Kanı gördüğümde mi?" diye sorar. Ama O'nun huzurunda her şey ifşa olur! Ama Yaradan dedi ki, 'Emirlerimle meşgul olduğunuzu görmek için bakarım ve üzerinizden geçer giderim."

Bilgelerimizin, başlarına bir bela gelmesin diye, yani "ölüm" denilen kötülüğün kontrolünden çıkmak için, "Hayatlarında kötü olanlara 'ölü' denir" dedikleri gibi, bize uygulamada çalışma verildiğini görüyoruz. Yaptığımız çalışma sayesinde, "Ve bu sizin için bir belirti olacaktır" dediği gibi, Yaradan bize ifşa olur. Ne öğreniyoruz? "Gerçekleştirdiğiniz Mitzva'ya karşılık olarak, size merhamet edeceğim." Böylece Mitzvot uygulaması sayesinde kişi, "kötü eğilim" olarak adlandırılan alma arzusunun hükmünden kurtulur ve ihsan etme arzusunu edinmekle ödüllendirilir.

Ancak, tek bir çizgide yürüyen, uygulamayla yetinen kişi, Yaradan'ın rızası için çalıştığında ve niyetin de Yaradan'ın rızası için olacağını düşünmediğinde, Dvekut [bütünleşme] denilen ihsan etme arzusunu edinemez. Bu böyledir zira kişinin hiçbir eksikliği yoktur. Dolayısıyla, zaten bir çizgiden sağ çizgiye geçmiş olan bu insanlar, alçaklıklarını gördüklerinde, kişinin içinde Yaradan'ın rızası için bir şey yapmak isteyen tek bir organ olmadığını gördüklerinde, Yaradan'ın onları ölümden, yani kendine olan sevginin hükmünden kurtarması için özlem duyarlar. O zaman, Yaradan'ın kendisine ifşa olmasıyla ödüllendirilme yolu, yani ihsan etme arzusuyla ödüllendirilme, ki bu kişi Yaradan'a bağlı olduğunda, Tora ve Mitzvot'u gözlemlemenin ödülünün Yaradan'la Dvekut olmasını istediğinde, kişi sadece uygulama sayesinde bununla ödüllendirilebilir. "Yaptığın Mitzva'ya [Mitzvot'un tekili] karşılık olarak, sana merhamet edeceğim" ifadesinin anlamı budur. Yani, O bize merhamet eder ve bizi alma arzusunun hükmü olan ölümden kurtarır.

Bununla birlikte, insanın ıslah yolunda olmayan her şeyi yapabileceğini görüyoruz. Bunun hem yetişkinler hem de küçük çocuklar için geçerli olduğunu görüyoruz. Ve özellikle de bunu küçük çocuklarda görüyoruz çünkü yetişkinlerde her şey zaten çeşitli nedenler gerektiriyor, bu yüzden de gerçeği göremiyoruz. Ama çocuklarda bunu daha açık bir şekilde görüyoruz; çocuklar bütün gün çalışabilirler ama onlardan bir şey yapmalarını istediğimizde, bu iş için enerjilerinin olmadığını söylerler. Bunun, kapların kırıldığı Nekudim dünyasına kadar uzandığını bilmeliyiz. Bu nedenle ıslahla ilgili olmayan her şeyi yapacak gücümüz vardır. Ancak ıslahla ilgiliyse, bedenin direnci nedeniyle zaten bir emek söz konusudur.

Bu nedenle, kişi tek bir çizgide yürüdüğünde, Tora ve Mitzvot'u her şekilde gözlemleyebilir. Ancak sağ çizgide ilerlediğinde, çalışma ıslah yolunda olduğunda, kişi "doğru" yolda yürümek için büyük çaba sarf etmelidir. İşte bu yüzden güçlenmeye ihtiyacımız vardır.

Çalışmada Sağ ve Solun Zıtlık İçinde Olması Ne Anlama Gelir?

Makale No. 47, Tav-Şin-Nun-Alef, 1990/91

Ayet şöyle der (Yasanın Tekrarı 29:8): "Bu antlaşmanın sözlerini tutun ve onları yapın ki, yaptığınız her şeyde bilge olasınız." Neden "Yaptığınız her şeyde bilge olabilmeniz için onları tutun ve yapın" dediğini anlamalıyız. Bu, yapmanın "yaptığınız her şeyde bilge olabilmeniz" için olduğuna işaret eder. Buradan, yapmanın bir hazırlık gibi olduğu ve yaparak, yaptıklarımızda bilge olabileceğimiz sonucu çıkar.

Bu da demek oluyor ki, burada çalışmada ayırt edilmesi gereken iki husus vardır: 1) Eylem, şöyle yazıldığı gibi, "ve onları yapın." 2) Yaparken öğrenmek, şöyle yazıldığı gibi, "böylece yaptığınız her şeyde bilge olabilirsiniz." Görünüşte bu bir çelişkidir: Bir yandan, bu "ve onları tutun ve yapın" diye yazıldığı gibi, asıl önemli olanın eylem olduğu anlamına gelir. Ama diğer yandan, "böylece yaptığınız her şeyde bilge olabilirsiniz" denmektedir. Bu, yapmanın sadece akıl ve bilgi ile anlayışa ulaşmak için bir araç olduğuna işaret eder.

Zohar 613 Mitzvot [emir/iyi eylem] içinde iki ayrım yapmamız gerektiğini söyler: 1) İlk anlayışı "613 Eitin [Aramice: öğütler]" olarak adlandırır. 2) İkinci anlayışı "613 Pekudin [Aramice: teminat]" olarak adlandırır.

Aralarındaki fark, Eitin'in o şeyin amaç olmadığı, sadece amaca nasıl ulaşılacağına dair bir tavsiye olduğu anlamına gelmesidir. Bu yüzden, neden 613 Mitzvot'un sadece öğüt olduğunu söylediğini ve sonra da bunlara "613 Pekudin" dendiğini anlamak zordur.

Sulam'da [Zohar'a Merdiven yorumu] ("Zohar Kitabı'na Giriş," "On Dört Emrin Genel Açıklaması ve Yaratılışın Yedi Gününe Nasıl Bölündükleri," Madde 1) şöyle yorumlar: "'O'nun sözünün sesini' duymakla ödüllendirildiğinde, 613 Mitzvot, Pikadon [İbranice: çünkü her Mitzva'da [Mitzvot'un tekili], ruhun ve bedenin 613 organı ve tendonundaki benzersiz bir organa karşılık gelen benzersiz bir derecenin ışığı biriktirilir. Dolayısıyla, kişi bu Mitzva'yı yerine getirirken ruhunda ve bedeninde ilgili organa ve tendona ait olan ışığın derecesini artırır."

Bu nedenle, onun Sulam'da yorumladıklarına dayanarak, basitçe şunu söylediği şeklinde yorumlamalıyız: "Her şeyde Panim [ön/yüz] ve Ahor [arka/sırt] vardır. Bir şey için yapılan hazırlığa Ahor, o şeyin edinilmesine ise Panim denir. Benzer şekilde, Tora ve Mitzvot'ta da 'Yapacağız' ve 'Duyacağız' vardır. Tora ve Mitzvot'u 'O'nun sözünü yerine getirenler' olarak gözlemlerken, 'O'nun sözünün sesini duymakla' ödüllendirilmeden önce, Mitzvot'a '613 Eitin' denir ve Ahor olarak kabul edilir."

Buna göre, sorduğumuz soruyu anlayabiliriz: Neden "Onları tutun ve yapın" diyor? Bu, yapmanın en önemli şey olduğuna işaret eder ve ardından "böylece bilge olabilirsiniz" der. Yani, size "Bunları yapın" dediğimde, bu sadece eylemleri edinmek için bir hazırlıktır. Buradan asıl önemli olanın öğrenme, akıl ve zihin olduğu, eylem olmadığı sonucu çıkar.

Bunun cevabı, asıl olanın eylem olmasıdır zira eylemler olmadan hiçbir şey edinemeyiz. Ancak eylemler aracılığıyla "form eşitliği" olarak adlandırılan Dvekut'u [bütünleşmeyi] edinebiliriz, zira Lo Lişma'dan [O'nun rızası için değil] Lişma'ya [O'nun rızası için] geliriz. Dolayısıyla, asıl önemli olan eylemlerdir.

Eylemlerin kendisinde iki ayrım yapmamız gerekir:

1) Henüz araç oldukları zaman eylemlerin kendileri. Bu demektir ki, bunlar yalnızca ihsan etme kaplarını edinmek için bir hazırlıktır. Eylemler aracılığıyla "ihsan etme arzusu" olarak adlandırılan Kelim'i [kapları] edindikten sonra, kişi eylemlerde kıyafetlenmiş olan ışığı edinir.

Bu, kişinin ihsan etme kapları ile ödüllendirilmeden önce yaptığı tüm eylemlerin, o zaman bile ışığın Tora ve Mitzvot'ta kıyafetlenmiş olsa da, Tora ve Mitzvot'ta kıyafetlenmiş bir teminat olduğu anlamına gelir. Başka bir deyişle, kişi Tora ve Mitzvot'ta ne olduğunu görememiştir çünkü hâlâ ışığa uygun Kelim'e sahip değildir. Ancak daha sonra, ihsan etme kapları ile ödüllendirildiğinde, Tora ve Mitzvot'ta kıyafetlenmiş olan ışığı alır ve o zaman görerek ödüllendirilmeden önce, ışığın zaten 613 Mitzvot'ta kıyafetlenmiş olduğunu, ancak orada bir teminat olarak bulunduğunu görürüz.

Bu nedenle, önce eylemin en önemli olduğunu söylemesi bir çelişki değildir, çünkü "ve onları yapın" diye yazılmıştır, zira bizler eylemle başlarız ve eylemle bitiririz, ancak arada yani ihsan etme kapları ile ödüllendirilmeden önce veya ihsan etme kapları ile ödüllendirildikten sonra bir ayrım vardır. Bu, kişinin eylemler aracılığıyla Kelim ile ödüllendirildiği ve sonra da eylemler aracılığıyla ışık ile ödüllendirildiği anlamına gelir. Buna "yaptığın her şeyde bilge olasın diye" denir, yani daha sonra "Öğren ve Beni bil" ile ödüllendirilir.

Ancak, ihsan etme kaplarıyla ödüllendirilmeden önce, kendi iyiliğimiz için değil de Yaradan'ın rızası için çalışmakla ödüllendirilmek istediğimizde, bu çalışmada birçok yükseliş ve düşüş olduğunu unutmamalıyız. Bedenin, Yaradan'la Dvekut'a ulaşmayı amaçlayan çalışmaya itiraz ettiği ve bir kez insanın içindeki iyiliğin, bir kez de insanın içindeki kötülüğün galip geldiği bilinmektedir. Buna "eğilimin savaşı" denir. Başka bir deyişle, eylemde bir çalışma vardır, bu da yaptıkları eylemlerin saygı, para ve benzeri amaçlar için değil, Yaradan rızası için olmasını hedeflemesi gereken genel halkın çalışmasıdır.

Dolayısıyla, Yaradan'ın rızası için çalışmak isteyenler, eylemlerini gizlilik içinde yaparlar. Gizliliğin ölçüsü, Baal HaSulam'ın dediği gibi, kişinin tıpkı çevresindeki insanlar gibi davranmasıdır. Başka bir deyişle, kişi çevresinde dikkat çekmemelidir. Çevresinde uygulanan gelenekleri önemsemediğini veya bazı konularda çevresinde alışılagelenden daha katı olduğunu gösterirse, o kişinin çalışması artık gizlilik durumunda değildir, çünkü insanlar belirli bir ortamda bulunduklarında, içlerinden biri o ortamdakilerden farklı bir şey yaparsa, o kişi toplumun dikkatini çeker ve herkes ona bakar. Dolayısıyla kişinin yaptığı çalışma gizlilik içinde değildir.

Bu kişiler, çalışmadaki tadı, İsrail'in geneline parlayan Saran Işık olarak hissederler. Bu, "Ben onların kirliliklerinin ortasında onlarla birlikte yaşayan Efendiyim" diye yazıldığı gibidir. Bu demektir ki, kişi kendine olan sevgisinden arınmamış olsa da ve tüm çalışması Yaradan'ın onu bu dünyada ve bir sonraki dünyada ödüllendirmesi için olsa da, onlar yine de Yaradan rızası için çalışıyor olarak kabul edilirler.

Bu çalışmada, kişi kendi ilerlemesini görebilir, zira her gün Tora ve Mitzvot eklemektedir. Doğal olarak, bu çalışmadan canlılık ve neşe elde edebilir ve "Efendimiz'e sevinçle hizmet edin" diye yazılanları gözlemleyebilir. Bu çalışmaya "tek çizgi" denildiği bilinmektedir. Başka bir deyişle, kişi "Yaradan rızası için "in özel dikkat gerektiren bir şey olduğunu bilmez. Aksine, halkın geri kalanı gibi, "Kişi her zaman Tora ve Mitzvot'la meşgul olmalıdır, Lo Lişma [O'nun rızası için değil] olsa bile, çünkü Lo Lişma'dan Lişma'ya [O'nun rızası için] gelir" diyen bilgelerimize inanır. Ancak, bu çalışma ve niyetin zaman ve çalışma gerektirdiğini düşünmez. Bilgelerimizin "Lo Lişma'dan

Lişma'ya geliriz" dediği gibi, bunun herhangi bir özel çalışma olmaksızın kendiliğinden geldiğini düşünür. Bu nedenle bu çalışmaya "tek çizgi" denir.

Ancak kişi Yaradan'ın rızası için çalışmanın özel bir çalışma olduğunu, bu çalışmanın genel halkla ilgili olmadığını, sadece yukarıdan bir uyanış alanların niyetinin de ihsan etmek olması gerektiğini, bunun özel bir şey olduğunu anlar ve kendi rızası için değil de Yaradan'ın rızası için çalışıp çalışamayacağını incelemeye başlarsa, beden bu çalışmaya karşı çıkar, çünkü insan doğası gereği kendi yararına olmayan hiçbir şeyi anlamaz.

İşte burada yukarıda bahsedilen yükselişler ve düşüşler başlar. Kişinin eylemleri üzerinde yaptığı inceleme, ister Yaradan'ın rızası için ister kendi iyiliği için olsun, alçaklığını ve bu çalışmadan ne kadar uzak olduğunu gördüğünde, kişi Yaradan'a kendisi için alma arzusunun üstesinden gelme gücü vermesi için dua etmelidir.

O zaman, bazen beden şöyle der: "Yaradan'a yardım etmesi için kaç kez dua ettiğini gördün ama hiç yardım almadın. Dolayısıyla, bu çalışma sana göre değil demek ki." Kişi bu tür şikâyetlerin üstesinden her zaman gelemez. Bu durumda kişi ölü gibi, tamamen cansız kalır ve doğal olarak bu çalışmada sebat edemez ve devam edemez.

Bu yol, çalışmada "sol çizgi" olarak adlandırılır, çünkü ıslah gerektiren her şeyin "sol" olarak adlandırılması kuralı vardır.

Bu nedenle, çalışmada kişi bu şekilde, yani çalışmasının bütünlük içinde olup olmadığını incelemekle meşgul olmamalıdır. Bunun yerine, söylendiği gibi ("Çalışmanın Düzeni," Madde 9), "Soldaki çalışmada günde yarım saat yeterlidir."

İnsanın çalışmasının çoğunluğu "bütünlük" olarak adlandırılan sağ çizgide olmalıdır. Bu çalışmada kişi, çalışmasının bütünlük içinde olup olmadığını görmek için eleştiri yapmamalıdır. Kişi şöyle demelidir: "Tora ve Mitzvot'taki eylemlerim eksik olsa da, bana Keduşa'ya [kutsallık] biraz olsun tutunmam için akıl ve arzu verdiği için Yaradan'a yine de minnettarım. Yani, sahip olduğum anlayış ne olursa olsun, bunu büyük bir şans olarak görüyorum, çünkü dünyadaki birçok insanın Tora ve Mitzvot ile hiçbir bağlantısı olmadığını görüyorum, bu yüzden bana verilen paydan dolayı mutluyum. Ve bunun önemli bir şey olduğuna inandığım için, maneviyatla olan bu küçük temas benim için bu dünyadaki tüm hayatımdan daha önemli. Bana sahip olduğumdan daha fazlasının verilmesini hak etmiyorum ve geri kalan zamanda üstesinden gelemeyeceğim her türlü saçmalıkla kafam karışıyor. Bu nedenle gün boyu mutluyum ve bu bana yüksek bir moral veriyor, çünkü kendi alçaklığımı biliyorum. Bu nedenle, bana ayrıcalık tanıyan bu küçük parça için Yaradan'a şükrediyorum."

Yukarıdakilere göre, "Tanrın Efendinin sana verdiği bütün nimetlerle sevineceksin" (Yasanın Tekrarı 26:11) diye yazılanları yorumlamalıyız. Bunu anlamamız gerekir. Kişi bolluk içindeyse sevinmesi mi emredilmelidir? Kişi bolluğa sahip olduğunda doğal olarak mutlu olur. Bunun aksi söz konusuysa, yani bolluk yoksa, o zaman mutlu olmasının emredilmesi gerektiği söylenebilir. Dolayısıyla, "O'nun sana verdiği bütün nimetlerle sevineceksin" ifadesi ne anlama gelmektedir?

Bunu çalışma içinde yorumlamalıyız. Burada sağın ve solun çalışması söz konusudur. Kişi zaten ihsan etme kaplarını edinme yolunda yürümeye başladığında, sol çizgiye çoktan girdiğinde, yani gerçeği görmek istediğinde, kendisi için değil de Yaradan rızası için çalışıp çalışamayacağını görmek istediğinde, "sağ" "bütünlük" olarak adlandırılır. Bu, kişinin çalışmasında yükseliş ve düşüşlere neden olur ve sonuç olarak kişinin çalışmaya devam etmek için yakıtı kalmaz. Oysa sol çizgi ona gerçeği, bütünlüğüne çoktan ulaşmış olduğu konusunda kendini kandırmaması gerektiğini gösterir.

Bununla birlikte, çalışmak için motivasyona sahip olmak için, kişi bunu ancak çalışmada bütünlük hissettiğinde elde edebilir. O zaman yaptıklarından keyif alır. Bununla birlikte, sağ ve sol birbiriyle çeliştiğinden, yani kişi ya bütünlüğe sahip olduğunu ya da eksik olduğunu hissettiğinden, tek bir konuda iki zıtlık nasıl olabilir?

Bunun yanıtı, tek bir konuda olmalarına rağmen yine de iki zamanda olmalarıdır. Yani, kişinin alçaklık içinde olması gereken bir zaman vardır ve kişinin gurur içinde olması gereken bir zaman vardır. Baal HaSulam'ın dediği gibi, çalışmada her zaman iki zıtlık vardır: 1) Bilgelerimiz "Çok ama çok alçakgönüllü ol" demişlerdir. Buradan, insanın çalışmasının özünün ruhen alçakgönüllü olmaya çalışmak olduğu sonucu çıkar. 2) "Ve Efendimizin yollarında yüreği yüksekteydi" diye yazılmıştır. Bu, kişinin gururlu olması, yani gururlu olmaya çalışması ve halkın geneline bakmaması gerektiği anlamına gelir. Bunun yerine, genel halktan daha yüksekte olmaya çalışmalıdır. Bu durumda şunu da sormamız gerekir: Bir konuda nasıl iki zıtlık olabilir? Burada da, bunun birbiri ardına gelen iki zamana işaret ettiği yanıtını vermeliyiz, çünkü o zaman her ikisi de var olabilir.

Ancak, bu karşıtlıklara neden ihtiyaç duyduğumuzu sormalıyız. Yani, neden bu karşıtlığa ihtiyacımız var ve neden tek bir yol -ya alçaklık ya da gurur- yeterli değil?

Bunun yanıtı, birbirleriyle çelişeler de hem sağ hem de sol olmak üzere iki çizgi üzerinde yürümemiz gerektiğidir. Yani, tam olarak birbirleriyle çeliştiklerinde, yaratılış amacını, yani O'nun yarattıklarına iyilik yapma arzusunu edinmek için ihtiyacımız olan sonucu verirler. Bu demektir ki, form eşitliğinin anlamı olan ihsan etme kaplarıyla kendimizi ıslah etmeden önce Yaradan'dan haz ve zevk almamız mümkün değildir.

Bu nedenle, insan doğası gereği kendi yararına alma arzusuyla doğmuş olsa da, kişiye Tora ve Mitzvot'u gözlemlemesi söylendiğinde, Tora ve Mitzvot'u gözlemleyerek bu dünyada ve öbür dünyada ödüllendirileceğini söylemeliyiz. Kişi ödül ve cezaya olan inancı ölçüsünde Tora ve Mitzvot'u yerine getirir. Yaradan'ın rızası için çalışıyor olsa da, yani ödülünü insanlardan değil Yaradan'dan almak istese de, insanlar nasıl çalıştığını görsün diye Tora ve Mitzvot'la uğraşmadığından, ama çalışması sadece Yaradan'ın rızası için olduğundan, Yaradan'ın emri nedeniyle, buna yine de Lo Lişma denir.

Yani, kişi uygulamada Tora ve Mitzvot'la sadece Yaradan'ın rızası için uğraşsa da, niyeti kendi menfaatidir. Dolayısıyla buna Lo Lişma denir. Yine de bilgelerimiz, "Kişi her zaman Tora ve Mitzvot Lo Lişma ile meşgul olmalıdır, çünkü Lo Lişma'dan Lişma'ya gelir" derler. Kişi, "Ben kendi halkımın arasında yaşarım" demelidir, yani herkes halkın geri kalanı gibi çalışmalıdır. Ancak özel ilgi olmaksızın kişi Lo Lişma'da kalacak ve yaratılış amacına asla ulaşamayacaktır.

Bu nedenle o zaman kişi şöyle demelidir: "Ve Efendimizin yollarında yüreği yükseklerdeydi", yani "Halkın geneli gibi alçaklık derecesinde olmak istemiyorum. Yaratılış amacına ulaşmam gerekiyor." Bu, kişinin Yaradan'ın sevgisini, kendine olan sevgisine ne kadar tercih ettiğini görmek için eleştiri içinde çalışmaya başlaması olarak kabul edilir. Bu eleştiri kendisini eksik kılar ve kişi kendine olan sevgisinin yönetiminden nasıl çıkacağı konusunda tavsiye aramaya başlar.

Ancak, burada, bu durumda, kişinin içindeki alma arzusu ile şu anda içinde olan ve ihsan etme arzusunu edinmek isteyen arzu arasında bir savaş olduğunda, bazen ihsan etme arzusu galip gelir, bazen de tam tersi olur ve alma arzusu galip gelir. Bu nedenle o sırada yükselişler ve düşüşler olur. Kişi bilmelidir ki, eksiklik halindeyken, canlılık alabileceği hiçbir şeyi yoktur ve o zaman Tora ve Mitzvot'ta çalışmaya devam etmek için yakıtı kalmaz. İşte bu yüzden sağ çizgiye geçmelidir.

Sağ çizgi aslında tek bir çizgidir. Yani, Lo Lişma denilen, sadece eylemde çalışırken sahip olduğu aynı çalışma düzeni şimdi de uygulanmalıdır. Bu demektir ki, yaptığı çalışmanın Lişma olup olmadığına dikkat etmesine gerek yoktur, aksine şimdi diğer insanlardan daha önemli olmadığını söylemelidir ve Lo Lişma'da çalışan diğer insanlar çalışmadan memnun ve moralleri yüksek olduğu için, aynı şekilde onlardan daha kötü olan kendisi de kesinlikle çalışmada daha önemli bir yeri hak etmemektedir.

Başka bir deyişle, diğer çalışanlarla karşılaştırıldığında bile, hem nicelik hem de nitelik olarak onlardan daha düşük bir derecededir ve kendisine maneviyatta bir şeyler yapma düşüncesi ve arzusu verdiği için Yaradan'a teşekkür etmelidir, çünkü bu onu Tora ve Mitzvot'ta biraz çalışmayla ödüllendiren Yaradan'ın bir hediyesidir, zira Tora ve Mitzvot'la hiçbir bağlantısı olmayan birçok insan olduğunu gördüğü için bu kadarını bile hak etmemektedir. O zaman, kişi kendini bütünlük içinde hissettiğinde, o kişiye "kutsanmış" denir. Baal HaSulam bu konuda şöyle der: "Kişi kendini kutsanmış hissettiğinde, "Kutsanmış olan, Kutsal Olan'a tutunur" diye yazıldığı gibi, Kutsal Olan'a tutunabilir.

Bu nedenle, kişi tam da bu durumdayken, çalışma için yakıt alır. Kişi sol çizgide çalıştığında, "ve kalbi Efendimizin yollarında yükseklerdeydi" demesi gereken bir durumdadır. Yani, genel halkı dikkate almamalı, tersine genel halktan daha yüksek bir derecede olmalıdır. Bu ancak sol çizgide çalıştığı zaman geçerlidir.

Sonrasında, bilgelerimizin "Çok ama çok alçakgönüllü ol" dediği sağ çizgiye geçmelidir. Bu nedenle kişi gerçekten alçakgönüllüdür. O zaman kişi diğerlerinden daha önemli olmadığını bilmeli ve yukarıdan kendisine Tora ve Mitzvot'ta bir şeyler yapma arzusu ve özlemi verildiği için mutlu olmalıdır. "Tüm iyi şeylerden sevinç duy" sözlerinin anlamı budur, yani kişi bundan sevinç duymalıdır.

Şimdi neden sağ ve solun çalışmada zıtlık içinde olması gerektiğini anlayabiliriz. Bu böyledir çünkü kişi iki şekilde çalışmalıdır: 1) Bütünlük içinde. O zaman çalışma için yakıt alabilir, çünkü olumsuzluk üzerine yaşamak mümkün değildir. Dolayısıyla, kişi zamanının büyük çoğunluğunu sağ çalışmasıyla geçirmelidir. Fakat kişi çalışmasından tatmin olduğunda, ilerlemesine kim sebep olur? Sonuçta kişi bir eksiklik hissetmiyorsa, tatmin olduğu için yolunu değiştirmez diye bir kural vardır.

Bu nedenle sol çizgiye geçmeli, kişinin eylemlerini, bunların ihsan etmek için yapılıp yapılmadığını incelemeliyiz. Bu sayede kişi neyi düzeltmesi gerektiğini görebilir, ki böylece yaratılış amacına ulaşabilsin ve kişinin çalışmasında gördüğü eksiklik onu ilerletsin.

Başka bir deyişle, eğer kişi doğru yolda yürümediğini görürse, kesinlikle kendini düzeltmek isteyecektir, çünkü inceleme sırasında kişi gerçeği görebilecektir, zira gerçeğin yolunda yürümüyorsa, şöyle yazıldığı gibidir (Tesniye 28:41), "Oğulların ve kızların olacak ama onlar senin olmayacak, çünkü onlar esarete gidecekler."

"Bunlar Nuh'un nesilleridir; Nuh erdemli bir adamdı" diye yazılanlar hakkında söylendiği gibi, çalışmada "oğullar ve kızların" erdemlilerin iyi işleri olduğunu yorumlamalıyız. Şöyle sordular: "'İşte bunlar Nuh'un neslidir' denirken oğullarının adları anılmalıydı. Neden 'Nuh erdemli bir adamdı' deniyor? Aksine, erdemli kişilerin başlıca çocuklarının iyi işler olduğunu öğreniyoruz."

Buna göre, "Oğullarınız ve kızlarınız olacak" diye yorumlamalıyız. Bunun anlamı şudur: İyi işler yapacaksınız, ama hangi iyi işleri yaptığınızı görmek istediğinizde, görecek hiçbir şeyiniz olmayacak. Ancak, Tora ve Mitzvot'la uğraştınız ama yine de bu çalışmada bir şey yaptığınızı hissetmiyorsunuz. "Ama Tora ve Mitzvot ile uğraştınız, peki yaptığınız iyi işler nereye kayboldu?" diye sormalıyız.

Bunun cevabı, onların "esarete" gittiğidir. Yani, Klipot [kabuklar] tarafından esir alındılar. Bu yüzden ufukta kayboldular ve siz onları göremezsiniz. Bu durum insanı, kendisi için alma arzusunun hükmünden nasıl çıkacağı konusunda tavsiye aramaya iter. Baal HaSulam, kişinin tövbe ettikten sonra, Klipot'a düşen tüm çalışmalarını Keduşa'ya geri getirdiğini söyler, "Zenginliği yuttu ve onu kusacak" diye yazıldığı gibi.

Ama kişi tövbe etmeden önce, "İşte deniz, büyük ve geniş, içinde sayısız sürü, hem küçük hem de büyük hayvanlar var" yazıldığı üzere, yaptığı çalışma Sitra Ahra [diğer taraf] denizini oluşturur. Bunların, kişinin sahip olduğu ve kendisinden kaybolan, o denize düşen küçük ve büyük hayvanlar olduğunu söyledi. Ancak kişi daha sonra hepsini geri alır.

Bu nedenle her iki çizginin de gerekli olduğu sonucu çıkar. Tam olarak zıt olmaları nedeniyle, yaratılışın amacına, yani "yarattıklarına iyilik yapmak" amacına ulaşmak için gerekli sonucu verirler. Şunu da bilmeliyiz ki, bütünlük olan "sağ" ile ilgili olarak, kişi bunu ancak kendini alçaltabildiği zaman kullanabilir. Ancak sol çizgiye gelince, onu tam olarak gurur koşulundayken kullanabilir.

www.ingramcontent.com/pod-product-compliance
Lightning Source LLC
Chambersburg PA
CBHW030226100526
44585CB00012BA/230